suhrkamp taschenbuch
wissenschaft 135

Friedrich Engels nannte *Das Mutterrecht* »eine vollständige Revolution«. Revolution – das war die radikale Umkehrung des herrschenden Gesellschaftsverständnisses, des »patriarchalischen Vorurteils«. Daß dieses Verdienst dem Basler Gelehrten des 19. Jahrhunderts, Johann Jakob Bachofen, zukommt, darin sind sich die unterschiedlichsten Vertreter der Anthropologie, Psychoanalyse und Geisteswissenschaften, der Gesellschaftstheorie und Soziologie – Cunow, Reich und Fromm, Bebel, Benjamin und König, Bernoulli, Meuli u. v. a. – einig. Umstritten ist seine mythologische und altertumswissenschaftliche Forschungsmethode, seine Erschließung soziologischer Verhältnisse aus künstlerisch und mythisch vermittelten Darstellungen. Aber Bachofen – dieser in den verschiedensten Wissenschaftszweigen immer diskutierte, aber nie recht populär gewordene Gelehrte – lenkte den Blick auf andere Gesellschaftsformationen und war damit den Sozialisten seiner Zeit Vorbild; in der Art, *wie* er dies tat, erkannten auf der anderen Seite die Kosmiker, allen voran Klages, die Beschwörung einer versunkenen Symbol- und Bilderwelt. Die vorliegende Neu-Edition versucht den Weg zu diesen Entdeckungen und der Wirkungsgeschichte wieder gangbar zu machen und die aktuelle emanzipatorische Diskussion begründet voranzutreiben.

Hans-Jürgen Heinrichs, geboren 1945, studierte Philosophie, Germanistik, Theaterwissenschaft und Anthropologie. Nach der Publikation vor allem literarischer und literaturtheoretischer Arbeiten (*Spielraum Literatur. Literaturtheorie zwischen Kunst und Wissenschaft*, 1973, u. a.) veröffentlichte er in den letzten Jahren Aufsätze zum Strukturalismus und zur Psychoanalyse-Theorie-Diskussion. Seit 1977 Herausgabe der Ethnologischen Schriften von Michel Leiris (Bd. I: Die eigene und die fremde Kultur, Frankfurt/M. 1977). Er lebt als freier Schriftsteller und wissenschaftlicher Publizist in Frankfurt. Er ist auch der Herausgeber des Materialienbandes zum *Mutterrecht* (stw 136).

Johann Jakob Bachofen
Das Mutterrecht

Eine Untersuchung über die
Gynaikokratie der alten Welt nach ihrer
religiösen und rechtlichen Natur

Eine Auswahl herausgegeben von
Hans-Jürgen Heinrichs

Suhrkamp

Die Erstausgabe von J. J. Bachofens *Das Mutterrecht* erschien 1861 im Verlag Krais und Hoffmann, Stuttgart.

suhrkamp taschenbuch wissenschaft 135
Dritte Auflage, 10.–12. Tausend 1980

Satz: IBV Lichtsatz KG, Berlin.
Druck: Nomos, Baden-Baden.
Printed in Germany.
Umschlag nach Entwürfen von Willy Fleckhaus und Rolf Staudt.

Inhalt

Vorwort

1. Editorische Vornotiz:

»Bachofens Zutrauen zu seinem Leser ist rührend groß.« (Karl Meuli)

Gewöhnlich affiziert uns das Chaos mehr in der Vorstellung als in der Wirklichkeit, und Labyrinthe reizen zwar zum Hindurchgehen, aber meist nur solange es ein übersichtliches Vergnügen ist.

Meine Arbeit am *Mutterrecht* beschränkte sich darauf, die originäre labyrinthische Denk-, Sprach- und Formenwelt zu erhalten, sie aber so weit zu reduzieren, daß möglichst nicht nur Spezialisten den Gang über die ersten Seiten hinaus fortsetzen.

Die Edition einer Arbeit wie *Das Mutterrecht* ist zwar äußerst mühsam, aber prinzipiell unproblematisch, wenn man dem Vorliegenden nichts nehmen will, sondern ihm nur noch, im Sinne der Vervollständigung, Daten hinzufügt. In dieser Hinsicht ist die Arbeit der Herausgeber der Gesammelten Werke (Karl Meuli und Mitarbeiter) ›nach Maßgabe dessen vollendet, was ihnen zu erreichen möglich war‹. Andere, die es mit einer handlichen Ausgabe – Auswahlbände aus dem Gesamtwerk mit dem Hauptstück *Mutterrecht* – versuchten, erreichten Lesbarkeit, auch nach Maßgabe dessen...; jeder auf seine Weise, nach seinen Vorstellungen, Motivationen und Abhängigkeiten: Rudolf Marx am knappsten: *Mutterrecht und Urreligion* – mehr ein Lesebuch alter Mythen und Sagen (seine Ausgabe wurde übrigens, 1967, ins Englische übersetzt), Wolfgang Keiper brachte nur drei Bände einer geplanten Gesamtedition heraus, Manfred Schröter und Carl Albrecht Bernoulli gingen gewissenhaft und gründlich vor. Schröter: Gleich Bachofens Liebe und Treue zu seiner Mutter, bekenne sich auch seine Ausgabe »zu dem gleichen Geist liebender Ehrfurcht, der, fast mehr der Toten als der Lebenden gedenkend, dem Vermächtnis schon Dahingegangener zu dienen strebt – so eigenwillig und vermessen auch das Unternehmen selber scheinen mag.« Die Ausgabe »wendet sich im letzten Grunde nur an die gereiften Leser, die der Tiefe solcher Mythendeutung und den Werten ihres weltanschaulichen Gehalts selbständig und auf Grund des eigenen Erlebens des Weltsinnes gegenüberstehen...«[1] Und Bernoulli: »Was Bachofen schrieb, ist oft genug ein dichtbelaubter, undurchdringlicher Busch. Täte nun da die Heckenschere ihr gründliches Werk, so könnte fortan wohl eine sauber zugestutzte Buchskugel den wohlgepflegten Garten der Alterstumsforschung zieren; unser Bachofen ist dann allerdings nicht mehr. Wir möchten ihm so begegnen, wie er wirklich war und wuchs, und schrecken auch vor einem verwilderten Anblick nicht zurück. Mag er undurchdringlich bleiben, nur soll er nicht zierlich verblasen sein. Einer nachweisbar frisierten Auffassung werden wir unserseits stets als willkürlich zu widersetzen uns nicht abhalten lassen.«[2]

Zwischen Perfektion(swahn) und Verstümmelung sollte sich, nach diesen Vor-Bildern, eine ›lesbare gekürzte Originalausgabe‹ ergeben. Ich lese Bachofen, Schuler, Klages oder George, nicht weil ich deren Lebensgefühl, Denk- und Schreibweisen teile, und nicht, um ihnen den Ungeist nachzuweisen. Mich interessieren die von ihnen aufgeworfenen und verzerrten Problemfelder, die Denkmöglichkeiten, Verhaltungsweisen, Perspektiven, die mein heutiges Verständnis, das natürlich nie nur das eines einzelnen ist, erweitern. Ich ediere nicht im Dienst der Lebens- und Werkvollendung Bachofens.

In einem Brief vom 2. 12. 1861 schreibt Bachofen an Meyer-Ochsner: Das Buch »enthält manches, was besser weggeblieben wäre.« (GW, X, S. 249)

1. *Zugrunde gelegt* wurden: die 1. Auflage von 1861 (Krais und Hoffmann, Stuttgart) und die 2. Auflage von 1897 (Benno Schwabe & Co, Basel); als Entscheidungshilfe dienten mir die Auswahlausgaben und vor allem die vollständige, kommentierte Ausgabe des *Mutterrechts* in den Gesammelten Werken, Bde. II und III (= 3. Auflage, 1948, Benno Schwabe & Co, Basel).

Diese 3. Auflage stimmt im wesentlichen mit der ersten Auflage überein: »Die Handschrift des ›Mutterrechts‹ ist nicht erhalten... Wir sind... ausschließlich auf den Druck von 1861 angewiesen. Der zweite Druck von 1897 gibt sich in Format, Ausstattung und Typen als genaue Kopie des ersten; die modernen Auswahlausgaben folgen denn auch dem verbreiteteren zweiten Druck, offenbar in der Meinung, er sei nach einem mechanischen Verfahren originalgetreu reproduziert. In Wirklichkeit ist diese zweite Ausgabe neu gesetzt und durch eine große Zahl von Druckfehlern, zum Teil sogar sehr schlimm, entstellt.«[3]

Die Edition Meulis gliedert außerdem den Text in sinnvoller Weise (was allerdings in dem Auswahlband von Schröter/Bäumler auch gelungen ist[4]) und hat die Vorteile einer durchgängig, aber »schonend« modernisierten Rechtschreibung und der Korrektur von inkonsequenten Schreibweisen sowie von grammatikalischen und orthographischen Fehlern. (Ich habe in dieser Edition auch mißverständliche und verwirrende Schreibweisen – etwa »Epheu« oder »allmählig« – modernisiert, aber den ganzen Text durchziehende Schreibweisen – wie z. B. »c« statt »k« – gelassen.) In Meulis Ausgabe stehen außerdem die umfangreicheren Anmerkungen am unteren Rand der Seite (durchaus in Bachofens Sinn) und überladen damit nicht den Text. Sie wurden allerdings von dem Herausgeber umfangreich erweitert und vervollständigt. Ich habe diese nicht übernommen. Warum? Da Bachofen in der Regel nicht nur zitiert oder auf ein Werk hinweist, sondern die entsprechende Textstelle und auch das Werk diskutiert bzw. umschreibt, dürfte, außer für den Spezialisten, in den meisten Fällen kaum Anlaß sein, die entsprechende Passage nur für sich zu überprüfen. Allerdings kann von Fall zu Fall das Interesse bestehen, den Gesamtzusammenhang rekonstruieren zu wollen. Aus diesen Gründen habe ich schließlich die Zitat- bzw. Wortbelege, so wie sie von Bachofen aufgeführt worden sind, in der Regel (zusammenfassend) übernommen und auf die (generell) vervollständigenden Angaben z.B. Edition, Jahreszahl, Seitenzahl u. a.), wie sie Meuli eingetragen hat, verzichtet. Bei diesen Arbeitsschritten zeigte sich jedoch, daß trotz der überreichen und verwirrenden Quellenbelege bei Bachofen die von ihm benutzte Literatur im wesentlichen übersichtlich ist. Meulis Edition (inkl. Sachregister – das bei einem Auswahlband ja nur Stückwerk wäre – und einem »Verzeichnis wichtiger Stellen« sowie Bild-Tafeln) ist jedoch als verdienstvolle wissenschaftliche Arbeit zu empfehlen. (Diese Ausgabe ist knapp 1200 Seiten stark, wovon rund 1000 Seiten Text sind mit durchschnittlich 1/4 bis 1/5 Anmerkungs-Text pro Seite.)

2. Da das *Textverständnis* ohne Kenntnis des Griechischen wesentlich beeinträchtigt ist, wurden alle griechischen Sätze, Satzteile und Wörter von den Herren Dr. Lutz Lenz, Lothar Kreuzer und Thomas Mausbach recherchiert und übersetzt und durch ›‹-Klammer kenntlich gemacht. (In einigen Fällen wurden einzelne griechische Wörter auch nur in der lateinischen Umschrift oder in Umschrift und Übersetzung wiedergegeben.) Bot die Textvorlage

bereits neben dem griechischen Zitat eine deutsche Übersetzung, wurde der griechische Text ohne Vermerk gestrichen. Ein griechisches Zitat wurde ohne deutsche Übersetzung auch in manchen Fällen gestrichen, wenn der Inhalt zusammenfassend im Text dargelegt, in der Anmerkung belegt wird oder nur paraphrasierende Funktion hat. Die lateinischen Passagen wurden durchweg nicht übersetzt. Im Text vorkommende unbestimmte Hinweise auf andere Auffassungen wurden, sofern sie nur einen Satz betrafen und hauptsächlich aus griechischem Zitat bestanden, in die Anmerkungen genommen und abgekürzt (als: [»vgl. auch...«]).[5] Standen auf einer Seite 5, 10 und mehr Anmerkungen, die alle Zitatbelege aus 1 oder 2 Büchern enthielten, habe ich diese in den meisten Fällen zu einer Anmerkung zusammengefaßt und den Beleg vereinfacht.[6] *Alle Auslassungen*, die größere Passagen betreffen, sind – editorisch näher gekennzeichnet – durch eine kurze Zusammenfassung ersetzt.

Wird ein Zitat im Werkzusammenhang des entsprechenden Autors von Bachofen diskutiert – und nicht nur von ihm für den in Rede stehenden Diskurs als Beleg gebracht – wird der Zitatbeleg in der Regel im Text belassen. Vorausgesetzt, daß er nicht Teil einer umfangreicheren Anmerkung ist, und der Textteil nicht ohnehin schon datenüberfrachtet ist. Der Beleg wird dann in runder Klammer hinter den Namen des Autors, natürlich nur, insofern er überhaupt genannt ist, angeführt.

Insgesamt ist für den Leser dieser Ausgabe der engste Kreis mutterrechtlicher Kulturen (Lykien, Kreta, Athen, Lemnos) – in Bachofens Verständnis – lückenlos ›auszuschreiten‹, und er wird sich dann mit dem Ausgewählten und Zusammengefaßten der weiteren Kreise (Ägypten, Indien und Zentralasien u. a.) begnügen können oder aber in Bachofens Gesamtwerk ›eintreten‹ wollen. Entsprechend der Vollständigkeit, in der die ersten Kapitel abgedruckt wurden, sind auch die Anmerkungen hier ausführlicher beibehalten worden. Bachofens eigene Vorrede wurde ebenfalls nicht gekürzt.

3. Ich habe den *Anmerkungsapparat* in der vorliegenden Ausgabe wesentlich reduziert und die Anmerkungen geschlossen an den Schluß des Bandes gesetzt. Die hochgestellten Nummern im Text zeigen diese an, und mit Hilfe der Seitenzählung am unteren Rand in eckiger Klammer (in dem Anmerkungsteil) sind sie auch wieder im Textteil auffindbar. Die Querverweise in den Anmerkungen

auf andere Stellen oder Anmerkungen im *Mutterrecht* sind weitgehend gestrichen. Die in Anmerkungen von Bachofen angegebenen griechischen Textauszüge und vom Text wegführenden Hinweise auf andere Publikationen wurden zumeist gestrichen. Ist das Zitat bereits im Text belegt und wird es in der Anmerkung nur noch weiter präzisiert, wurde nur der Beleg im Text beibehalten. Auch Hinweise in den Anmerkungen auf Ausstellungsobjekte in Museen oder Sammlungen wurden bis auf ganz wenige wichtige Ausnahmen gestrichen. Wurde eine sehr materiallastige Anmerkung auf *einen* Hinweisbeleg bzw. im Verhältnis wenige Angaben reduziert, wurde dies, wie alle Textkürzungen, durch [...] gekennzeichnet. Die Auslassungen eines Satzteils bzw. weniger Sätze, die sich zumeist auf Ausstellungsobjekte beziehen, und z. T. auch später von Bachofen oder von späteren Herausgebern berichtigt wurden bzw. heute keine Gültigkeit mehr besitzen, habe ich gekennzeichnet durch: [..]. Nur in den Fällen, in denen die überreichen Anmerkungen interessante Einzelheiten zur Problematik lieferten – was natürlich meiner subjektiven Beurteilung unterlag – wurden diese vollständig aufgenommen. Einzelne, geringfügige Vervollständigungen (Erscheinungsort-, -jahr, oder genauerer Titel) wurden, sofern mir dies wichtig erschien und recherchierbar war, ohne Vermerk eingefügt.

Die benutzten Abkürzungen sind weitgehend die Bachofens. Uneinheitlichkeiten und heute ungebräuchliche Zählungen und Ausgaben wurden, so weit möglich, korrigiert. Etwa wurden die differierenden Angaben: Plutarch. Qur. rom., Plutarch Qu.r. zu: Plutarch, Qu.rom.; oder Quaest. symp. und symp. zu: Quaest. conv.; die Angabe »p« fiel bei Werken wie denen von Plato, Strabo u. a. weg; die Pindar-Belege wurden auf *eine* Ausgabe zurückgeführt usw.

Auch die so mühevoll erarbeitete Ausgabe von Meuli ist nicht frei von diesen Uneinheitlichkeiten, ungebräuchlichen und lükkenhaften Angaben. Angesichts der Material-Überfülle ist auch unser Anmerkungsapparat teils reduziert, teils komplettiert und korrigiert, teils antiquiert. Ohne die Hilfe von Herrn Lenz, Herrn Kreuzer und Herrn Mausbach wäre er mehr das erste und das letzte; ohne Marias Hilfe wäre das Chaos nicht entflechtet worden.

> das mögliche und unmögliche in allen möglichen variationen ausschöpfen, sich erschöpfend, das nicht vorhandene ins vorhandensein transformieren, das vorhandene zurückverfolgen bis zum unerklärlichen ursprung, an einem ende einen neuen anfang machen (Detlev Hartmann)

Bachofens *Mutterrecht* ist ebenso wie andere Werke, die nicht vom Himmel gefallen sind, gemacht. Sie haben eine Vorgeschichte im Leben des Autors, eine Entstehungsgeschichte im Werk- und Epochenzusammenhang und eine Wirkungsgeschichte.

Dieses Bezugsganze ist im Fall Bachofens seit Erscheinen der Originalausgabe (1861) in einigen großen Schritten in Angriff genommen worden. Dabei ging es den verschiedenen Parteien entweder um die kritische Herausarbeitung seiner Konzeption oder um Würdigung und äußere Vervollständigung eines Lebenswerkes. Die detaillierte und belegende Rekonstruktion dieser Zusammenhänge ist Sache des Bandes *Materialien zu Bachofens ›Das Mutterrecht‹* (stw 136). Hier soll in erster Linie die Konzeption des *Mutterrechts* umrissen werden.

Das Mutterrecht stellt für Bachofen eine »geschichtliche Erscheinung« dar, die einer noch weitgehend unbeachteten »Kulturperiode« und einer fremden »Gesittung«, ja noch viel umfassender: einer »ursprünglichen Kultur«, einem »Weltalter selbständigen Gepräges« angehört;[7] es ist ein »Urrecht« (214). Dessen Fremdartigkeit – sowohl in unserem heutigen als auch bereits im hellenischen Bewußtsein – gilt es im Verstehen, im Tiefernehmen, in dessen eigenen Grundgesetzen, in der eigenen Ordnung, zu beschreiben und aufzuklären. »Es ist der höchste Gedanke der folgenden Untersuchung, das bewegende Prinzip des gynaikokratischen Weltalters darzulegen und ihm sein richtiges Verhältnis einerseits zu tiefern Lebensstufen, andererseits zu einer entwickeltern Kultur anzuweisen. Meine Forschung setzt sich also eine viel umfassendere Aufgabe, als es der für sie gewählte Titel anzuzeigen scheint.« (1)

Das Mutterrecht ist also *das* Prinzip des gynaikokratischen (frauenherrschaftlichen) Zeit- und Weltalters, wie dies Bachofen in kosmischer Erweiterung sagt. »Auf die Untersuchung des Wesens der mutterrechtlichen Kultur folgt die Betrachtung ihrer Geschichte. Jene hat uns das Prinzip der Gynaikokratie enthüllt, diese sucht ihr Verhältnis zu andern Kulturstufen zu bestimmen...« (28). Geschichtlichkeit und Wesensbestimmtheit des Mutterrechts – das ist für Bachofen Basis und Ausgangspunkt für die Rekonstruktion der Vorwelt; Zusammenhalt gibt die strukturalistische Perspektive: »überall System« (9, 30) – »Wenn es irgendwo Gesetze gibt, muß es überall welche geben«.[8]

Bachofen macht es dem Leser nicht leicht, eindeutige Anhaltspunkte in diesen weiten Räumen und Dimensionen zu finden. Man hat sich immer wieder die Unterschiede zwischen Matriarchat, Frauenherrschaft und einzelnen rechtlichen sowie kulturellen Erscheinungen angenommener bzw. erforschter matriarchalischer und gynaikokratischer Gesellschaften und Strukturen zu vergegenwärtigen. Übersehen hat Bachofen die Differenz zwischen Verehrung und realer sozialer Stellung der Mutter/Frau durchaus nicht (vgl. 33 und 93), wie dies meist gesagt wird, nur hat er sie nicht konsequent bestimmt und durchgeführt.

Mutterrecht ist einmal eine ethnologisch-ethnographisch beschreibbare Größe. Sie läßt noch keineswegs auf Gynaikokratie schließen, aber in der Gynaikokratie wirkt sich das Mutterrecht politisch und dessen Wesen gesamtgesellschaftlich aus. Dies ist die Auswirkung des Muttertums als eines Prinzips, dessen Erscheinungsformen (Liebe, Frieden, Freiheit, Gleichheit, Brüderlichkeit, Humanität, Allgemeinheit u. a.) das Leben nicht entarteter gynaikokratischer Völker bestimmt haben sollen. Mutterrecht wird also auch auf eine ihm eigene Gesinnung hin untersucht.

Das wichtigste Merkmal, das von dieser Gesinnung in der Gynaikokratie zum Tragen gekommen sei, ist für Bachofen der »Religionscharakter des Weibes« (20) und die »religiöse Weihe des Muttertums« (16, 104, 308). »Die religiöse Grundlage der Gynaikokratie zeigt uns das Mutterrecht in seiner würdigsten Gestalt...« (18) Das Weib ist Statthalterin und Pflegerin des Mysteriösen, das als das »wahre Wesen jeder Religion« (22ff., 300, vgl. auch 399) gesehen wird. Nun gibt es sehr viele Entwicklungsstufen der Gynaikokratie. Das wahre religiöse Muttertum sei in der »ehelichen Gynaikokratie« zur vollen Blüte gekommen. Die Menschheit wächst durch den »Zauber des Muttertums« zur »Gesittung«, zu einem »geregelten Dasein« empor (12, 26f.), und diese Stufenleiter der »notwendigen Erziehungsperiode der Menschheit« (27, 94) stellt sich in der Abfolge von der hetärischen zur ehelichen Gynaikokratie dar – nach dem Vorbild des Übergangs vom Sumpfleben zum Ackerbau (33 ff., 52 ff., 74 ff., 254 ff.)

Die gesamte »gynaikokratische Gedankenwelt« denkt sich Bachofen generell als »Ausfluß«[9] der »mütterlich-tellurischen Betrachtungsweise des menschlichen Daseins«, der »mütterlichen Weltperiode« (10, 11). *Kosmischer Träger* des Muttertums sei die Erde, der des Vaterprinzips die Sonne, und der der ehelichen Gynaikokratie der Mond (52 ff.) – als die »Grenzregion zweier Welten« (54, 318, vgl. auch 418, 319/20, 392, 402), die »Grenzscheide der tellurischen und der solarischen Region« (99), noch im »Dunstkreis der Erde« (131). Diese Beziehung zwischen Geschlechtsverhältnissen und kosmischen Erscheinungen versteht Bachofen ›selbstlos‹ als einen »Gedanken der Weltgeschichte« (54), als Ausdruck eines Gesetzes und einer Harmonie (100 ff., 129 ff., 134 ff., 170).

Im Ansatz ist seine Untersuchung gleichermaßen spekulativ (»Weltalter«, »Weltperiode«, »Ausfluß« u. a.) wie deskriptiv (»Familienzustand«, »Matriarchat« u. a.). Er wendet sich gegen die Abstraktion und Spekulation, aber in der versuchten Abstraktion vom patriarchalisch geformten Denken seiner Zeit und von den vereinzelten Fakten, in der Spekulation über Urgeschichte und uranfängliches Dasein hat seine Forschung ihr Medium, was er auch einmal andeutet: im Sinne der objektiven Wahrheit betreibe er »Empirie und Spekulation zugleich, eine in der geschichtlichen Entwicklung der alten Welt selbst geoffenbarte Philosophie« (51 f.). Sein Blick richtet sich auf »eine Grundanschauung« und den »inneren Zusammenhang«, auf die Struktur, die Gesetzmäßigkeit, die Ordnung und den menschlichen Geist. »Nicht Regellosigkeit, sondern System, nicht Willkür, sondern Notwendigkeit tritt uns entgegen… Überall System, überall Zusammenhang, in allen Einzelheiten Ausdruck eines großen Grundgesetzes, das in dem Reichtum seiner Manifestationen die höchste Gewähr innerer Wahrheit und Naturnotwendigkeit besitzt.« (2, 9) Die menschliche Natur und ihre Produkte sind für ihn gesetzmäßig und gleichartig. Bachofen zielt auf diese Erkenntnis, ja auf das »Wesen der Erkenntnis«, was die für seine Überlegungen notwendige »größte Erweiterung des Gesichtskreises« geradezu nach sich ziehe (2).

Mit demselben Anspruch und methodologischen Zugriff beginnt Bachofen auch seine etwa gleichzeitig erscheinende Schrift *Versuch über die Gräbersymbolik der Alten.* Er weist nachdrücklich darauf hin, daß Verstehen im Verknüpfen von Allgemeinem und Besonderem geschieht und sich derart »das Ganze«, die Einheit, darzustellen habe, die in sich die Mannigfaltigkeit – noch erkennbar – aufgenommen hat.[10]

Bachofens Rede vom Ganzen ist immer gebunden an das durch den Geist rekonstruierte, erschlossene Ganze, an das Verstehen. Das Verstehen zeichnet sich gegenüber dem Wissen durch Verhältnisfassen und Kausalverständnis, durch Tiefernehmen, genetisches Erfassen und geschichtliches Rekonstruieren einer Struktur in ihrem Ursprung, ihrem Fortgang und ihrem Ende aus. Dabei ist zu beachten, daß jeder vermeintliche Anfang schon immer Fortsetzung ist. Mythos und Geschichte sind für Bachofen zwei Weisen, in denen sich Geschehen überliefert – gleichberechtigte, die Kontinuität menschlicher Entwicklung gleichermaßen erfassende, Sageweisen. Die Weise, in der er sich dieser Quellen für die Erschließung der Uranfänge menschlichen Seins – bei der er sich im wesentlichen ohne Vorgänger, Mitstreiter und Verstehende sieht – bedient, erfordert eine eingehendere, auch am Gesamtplan seines Werkes orientierte Untersuchung.

In Studien und Vorarbeiten seit etwa 1855 und in vierjähriger Drucklegung (während der Bachofen laufend Nachträge lieferte) entstand dieses »schwer befrachtete, scheinbar formlose und in seiner unglücklichen äußeren Gestalt fast unleserliche Riesenwerk über das Mutterrecht«, das, »wenn es überhaupt gelesen wurde, nur schweigender, bestenfalls bedauernder Verständnislosigkeit« begegnete.[11] Wurden die anfänglichen Vorträge *Über das Weiberrecht* u. a. von den Fachkollegen in der Altertumswissenschaft und Archäologie noch wohlwollend und auch zustimmend aufgenommen, vernichtete der 1859 publizierte *Versuch über die Gräberymbolik* Bachofens wissenschaftlichen Ruf. Seine geisteswissenschaftlich/historische, auf Einfühlung in das Fremde, auf zusammenhängendes tiefes Verständnis objektiver Gesetzmäßigkeiten, auf verstehende Rekonstruktion und Sinngebung, auf Selbst-Findung konzentrierte Betrachtung – in objektivitätsgläubiger Steigerung und bei Vernachlässigung seiner Einsicht in die subjektive Bezogenheit des Forschers auf seinen Gegenstand, auch als »Selbstentäußerung« (15) gekennzeichnet –, seine durch die Romantik geprägte Idee vom Ganzen und Organischen, stießen auf das Mißtrauen der Akademiker, die er entweder nicht respektierte – die Wortphilologen, »Mikrologen der vollendetsten Sorte, dürr und ideenfeindlich« – oder die ihm in ihrer fachspezifischen Gelehrsamkeit keine Anregungen boten.[12] Er zog es vor – im Dienste ›der Wahrheit‹ – lieber antik als modern zu sein. (19)

Das betraf vor allem auch seinen Umgang mit der Zahlensymbolik, in der die für seine Arbeit zuständigen disziplinarischen Vertreter einfach nicht mehr die »Wissenschaft aller Wissenschaften«[13] sahen. In Bachofens symbolorientiertem Denken hat die Zahlensymbolik die höchste erklärende Funktion, zumal für die Entwicklungsperiode der Menschheit und die sie konstituierenden Prinzipien, während etwa die ebenso sehr bedeutsame Symbolik der linken (= der Mutter- und der Nacht-) Seite ihren Stellenwert weniger in der Gesamtkonzeption als in der Erläuterung eines Phänomenkreises hat. Rückblickend erscheint einem die Abhandlung der Zahlensymbolik in Bachofens *Vorrede* und deren Verwertung in den beiden ersten Kapiteln geradezu dürftig; zum Tragen kommt sie vor allem in den Kapiteln »Athen« (141, 165, 169, 185, 199), »Ägypten« (243 ff., 249/51, 265 ff.) und »Der Pythagorismus« (404, 408 ff.), am Rande in »Elis« (339 ff.). Diese Symbolik ist über weite Strecken in sich völlig schlüssig und auch aufschlußreich, aber was ihr zugetraut wird, kann nur – auch wenn wir die Abwehr, die wir gegen solche Erklärungsversuche entwickelt haben, gering zu halten bestrebt sind – als eine subjektiv verzerrende Fixierung, als die systematisierte Hoffnung auf eine durchgängige, objektive Erklärungsperspektive gesehen werden.

Der damaligen akademischen Welt erschien Bachofen insgesamt als »bedauernswertes Opfer der symbolischen Verwirrungen«, man spottete über seine »Symbolwut« oder über seinen »höheren Blödsinn«.[14] (Von den Ausnahmen wird vor allem im *Materialienband* die Rede sein.) Die Wissenschaft, von der Bachofen einmal sagte, daß man sie nicht wähle, sondern von ihr »auserkoren« würde,[15] stand ihm also nicht gerade bei.

Aber von welcher Seite sollte auch der Beifall kommen? Von den Fachakademikern nicht – blieben nur die freien Geister, Außenseiter, Neuerer, Progressive? Nur spärlich, denn Bachofen war, zumindest nach außen hin, stock-konservativ und nie von der »Christentumsfeindlichkeit« des kurzzeitig nahestehenden Nietzsche »gefährdet« (was jedoch bei eingehender Analyse seiner Wünsche – vgl. 387 – äußerst fragwürdig erscheint). Burckhardt erregte in politischen Fragen seinen »Argwohn«, manche waren ihm »zu wenig konservativ«, andere so »sympathisch-konservativ«. Sein »Streben« habe auf »ewige Grundgesetze« und »erzieherische Bestimmung« gezielt. Politisch sei er nur im »platonischen Sinn« gewesen, »nämlich besorgt um den ganzen Menschen«, und dies in seinem Wesen »als ausgesprochen religiöse Natur«.[16] (Dies alles wird noch unten diskutiert werden.) Daß auch das Problem der mutterrechtlichen Kulturen letztlich ein religiöses sei – diese Tendenz in Bachofens Forschung ist zu beachten, richtet man sein ethnologisches oder gesellschaftstheoretisches, sein psychologisches oder emanzipatorisches Interesse heute zurück auf die von Bachofen gemachten Entdeckungen zu den Verwandtschaftsstrukturen, Familien- und Gesellschaftsverhältnissen, zum Mutterrecht und zur Gynaikokratie.

Der Reiz des Religiösen, die organischen Naturkräfte, die Erdmütter und Sumpfvegetationen (= ›natürlicher Prototyp der Regellosigkeit hetärischer Zeugung‹), die Macht der Götter und die »Mysterieneier«, die Faszination der Nacht und des Todes sind einige der Klippen, die man zu überspringen hat, will man sich vom heutigen Erkenntnisinteresse her wieder dieser so überreichen Materialsammlung und aus den Mythen und Künsten, Papyri und Grabinschriften schöpfenden Geistes- und Naturgeschichte nähern. Und andre, wie Engels, Kelles-Krauz oder Bloch, Morgan, Benjamin, Fromm oder Reich, haben dies ja auch vorgemacht.

Die Lektüre des *Mutterrechts* erfordert auch einen wohlwollenden Blick, um über den monumentalen Konstruktionen und den Kuriositäten den Gedankengang und das ganze Unternehmen nicht zu gering zu schätzen. Zwar ist in der vorliegenden Auswahl ja gerade das Ungetüme und ›Seltsame‹ entschieden reduziert, aber nicht getilgt. Was »Frauenzimmer« mit »Erdmaterie« zu tun hat (158), »ob das Ei älter sei oder die Henne« (188/89 – die Annahme des »weiblichen Ureis« entscheidet darüber, 284), wie es sich mit den Greisen verhält, »welche die ihnen eigenen Feuchtigkeiten schon verloren haben«, und wie mit den »Saftlosen«, den Toten (159), wie mit der »Heiligkeit der Eier und der Bohnen« (406) – das steht ernsthaft zwischen ernsthaften Darlegungen, und hier zeilenweise zu streichen, wäre mir wie das Nachziehen eines Scheitels auf eines anderen Kopf vorgekommen.

Ist Bachofens Forschung aktuell bzw. begründet zu aktualisieren? Trotz des Rückgangs auf altes Recht und Wesen der Frauen und Mütter deckt der eingeschlagene Weg der Betrachtung und Reetablierung bei ihm so gar nicht *den* Kampf der unterdrückten

Frauen. Bachofen schwankt zwischen der Anerkennung der weiblichen aktiven Rolle sowie großer fraulicher Fähigkeiten, wie sie manche Autoren den Frauen zuschreiben – schließlich geht es ihm ja um die Wiederentdeckung und Bedeutung alter mutterrechtlicher Kultur – und dem Pathos für das männliche geistige Prinzip, für die Loslösung vom stofflichen weiblichen Prinzip. Wie der Erde Durst sei auch des Weibes Verlangen »nach stets frischer Befruchtung«. (GW, 396) »Sie hegt und trägt den eingesäten Samen nur.« (157, vgl. auch 191) Einerseits stellt Bachofen positiv die aktive Rolle der Frau heraus (sie wählt ihren Mann, ja ihre Männer, denn sie sei nicht da, »um in den Armen eines Einzelnen zu verwelken«, 31, 232, 82/83), andererseits möchte er ihren Wirkungsbereich so eng wie möglich eingegrenzt wissen: an einer »Philosophie physischer Grundlage« könne sie sich beteiligen, obwohl sie eigentlich der Philosophie nicht würdig sei und zum »Ausschwatzen« neige; »vor des Mannes höherer Kraft« beuge sie sich »gerne«, 399, 261, 243.

Seine Arbeit ist dem emanzipatorischen Streben eher gegenläufig, zumindest demjenigen, das die Mutter-Funktionen und die typisch fraulichen ›Naturbestimmungen‹ – »das schwächere Geschlecht« (20) – im wahren Matriarchat abstreifen bzw. umleiten will. Dafür kann man Bachofen nicht auf seine Fahnen schreiben. (Seine Rede von der Einen Mutter und der mütterlichen Bestimmung, der allzeit gebärenden und Erotischen Mutter hat zuletzt Karin Struck in ihrem Roman *Die Mutter* am pathetischsten ›fortgeführt‹.)

Bachofen breitet vor uns die Traditionen, Gesellschaftsformationen aus, die den Impuls zur Veränderung etablierter und verhärteter Machtverhältnisse und hierarchischer Strukturen geschichtsbewußt anstacheln. Man soll sich jedoch von den Forschungsergebnissen und dem »Stand des Bewußtseins« nicht täuschen lassen: Die Motivationen, die einer Suche nach dem Mutterrecht oder dem Vaterrecht, nach dem Paradies oder dem Elend die nötige Durchhaltekraft und Konsequenz geben – die objektiven Verhältnisse sind zu durchgängig schlecht bzw. veränderungsbedürftig, als daß sie hinreichend erklären könnten, warum sich die Menschen ›das Ganze‹ so aufteilen, wie sie es tun –, bestimmen den Gegenstandsbereich entscheidend mit. Durch was man bestimmt ist, verlegt man in einigen Teilen aus innerer Notwendigkeit nach außen in die Welt, den Kosmos, die gegenwärtige oder vergangene Gesellschaft. Darin liegt Aufdeckung und Verbergung, Wahrheit und Unwahrheit beschlossen. So findet Bachofens »religiöse Natur« durch seine »objektive« Forschung ihr Pendant in den alten mutterrechtlichen Kulturen, angefangen bei den Lykiern, deren »Benennung nach der Mutter als Ausfluß einer religiösen Anschauung« (62) ›erkannt‹ wird. Um nicht mit seiner christlichen Einstellung, die ohnehin den Geradlinigeren schon verdächtig erschien, in Konflikt zu kommen, mußten die Pelasger (ein Stamm der vorhellenischen Bevölkerung, neben den Karern und Lykiern u. a.), deren Symbole und Mysterien dazu herhalten, »in Naturform vorgebildet« zu haben, »was das Christentum auf das höhere geistige Gebiet übertragen hat. Das alte Gesetz ist nicht umgestoßen, sondern erfüllt und vollendet«.[17]

Bachofens Umgang mit der Religion und der Frau/Mutter ist gleichermaßen durch die Tendenz nach rücksichtsloser Offenheit und nach Verschleierung, durch Selbständigkeit im Denken und durch Verfallenheit an moralische und ethische Gebote bestimmt. Der Zusammenhang, in den er die Religion und die Frau/Mutter ursächlich bringt, ist selbst ein Verschleierungsverhältnis. Denn die von ihm dem Weib zugesprochene »Begierde nach (religiöser) Bekehrung« ist nichts anderes als das Streben nach Umkehrung der Herrschaftsverhältnisse, was Bachofen auch im Nachsatz andeutet: diese Begierde besitzt »in dem Gefühl der Schwäche und in dem Stolze der Unterjochung des Stärkeren einen mächtigen Antrieb« (20, vgl. auch 30, 92, 299 und 307) – und dieses »Gefühl« führt ja auch schließlich zur Blutrache (42).

Am Kult und Mysterium, an den frühesten Formen geschlechtlichen Umgangs interessiert, entwirft er Bilder einer erregenden Vorwelt. Erregend aber ist gerade nicht – und das ist bisher immer falsch gesehen worden – die regellose Geschlechtermischung, die zufällige Mischung, bei der sich Bachofen nie aufhält – interessant daran ist für ihn mehr der Prototyp: die »regellose Sumpfzeugung«, der »Sumpfkot«, das »Urchaos«, »die Selbstumarmung der Urmaterie« (255, 187, 421, 425, 188, 194, 245) –, sondern das System, die Ordnung im Kult, im Mysterium. Diese Faszination am Arrangement überdeckt Bachofen in der Weise, wie er, entsprechend dem Gebot seiner Zeit, die äußere Form der ehelichen Gynaikokratie herausstellt. Das ›Rohsinnliche‹ und ›Tierische‹ (92, 93) des Geschlechtslebens wird in der Vorstellung von der (An-)Ordnung vergeistigt und geduldet. »...der Übergang zur Ehe bringt feste Gliederung in jene chaotisch-einheitliche Masse der Menschen und Güter.« (97) Damit wendet er erst einmal den Vorwurf, wollüstig, ›verwerflich lüstern‹ zu sein, ab – »die schmerzliche Erinnerung einer so unwürdigen Kindheit« (29) – und kann sich gleichzeitig der Ordnung, der »strengen Zucht und Ordnung« (39, 40, 121, 364, 365), der »festen Gliederung« (97) zuwenden. Nur die Grenze (Zucht, Sitte, Gebot, Moral...) ermöglicht die Überschreitung. (Von den Cumaeern wird berichtet, daß sie »das ehebrecherische Weib auf einem Esel, dem geilsten aller Tiere, in der Stadt herumführten«, 95).

Was Bachofen vorschwebt, ist die Lust tiefer Ewigkeit (Nietzsche): »Wenn die hetärische genußlose Begattung mit dem Drachen der finsteren Tiefe Psyche in immer neue Leiden, immer bittrere Täuschungen hineinführt, so erhebt dagegen die Ehe zu der Wonne ewigen Vereins im Reiche des Lichts und bereitet... Genuß ungetrübter Seligkeit« (309) – das Ehe-Verhältnis als die Ermöglichung der Verwandlung des »unreine(n) Eros schlammiger Tiefen«, des Tierischen, zu »ewiger Einigung«, zur »ungestörten Wonne« –, gemäß dem »ordnenden regelnden Prinzip der Rhythmik und Orchestik« (310, 277). Meister dieser Adeligung des Sinnlichen durch »Verknüpfung mit dem Übersinnlichen«, ja der von den Frauen »ersehnte und gesuchte Heiland« (!) ist Dionysos (311). »Er erweckt in dem Weibe das Gefühl der Penia und gibt sich als Plutos dar. Er wird zu gleicher Zeit zum leiblichen und geistigen Befruchter... läßt seinem Munde Honig und Nektar zugleich entströmen... Jenes ›Rasen‹ der Bacchen... wurzelt in den Tiefen des weiblichen Gemütslebens und wird durch die unlösbare Verbindung der beiden gewaltigsten Mächte, religiöser Erregung und sinnlicher Sehnsucht, zu der Wut einer Begeisterung gesteigert« – die »Glut des aus Religion und Sinnlichkeit gemischten Orgiamus« (311). Ziel ist die »erotische Geisteskultur«, die veredelte, verfeinerte »erotische Glut der Seele« (314, 388).

Deren Theorie und Praxis werden vor allem im Mittelteil des Kapitels »Orchomenos und die Minyer« und im »Lesbos«-Kapitel ausgeführt. Darin ist die Intensität des unmittelbar Beteiligtseins an der Versuchung, der »sinnlich-erotischen Macht« (312), der »erotischen Rasereien« (389) und dem Ekel, der Abwehr und der Verklärung der Hingabe als Hingabe an einen Gott und der Verfeinerung des Tierischen im Geistigen. Angezogen und abgestoßen von der Lust entwickelt Bachofen Theorie und Praxis der »religiösen Natur dieser Erregung« (379), des »heiligen Eros«, der »Überschreitung«, des »Festes«, der »Organisation der Lust«; »die Ausschweifung ist das Gegenteil der Zügellosigkeit«, »die Religion fordert ihrem Wesen nach die Überschreitung der Verbote«.[19]

Ganz konsequent in diesem Sinne hat auch Sappho »gegen nichts so sehr geeifert als gegen die hetärische Entartung des Daseins« (315).

»Auf Erziehung ihres Geschlechts ist Sapphos Bestreben gerichtet, daraus entstehen alle Freuden und Leiden... Mit ruheloser bebender Seele wirbt Sappho um die Gegenliebe der Mädchen ihres Volks; sie, die größere, bemüht sich dienend um die geringeren... Dem Ungeregelten... tritt sie entgegen.« (379) Das steigert sich sogar bis zur Forderung nach dem »züchtigen Blick«, als »Beweis der innern Zucht der Seele« (380).[20]

Nach außen hin verhält sich Bachofen wie einer, der ständig die Hände nach verbotenen Früchten ausstreckt und sich gleich darauf selbst auf die Finger schlägt. Dieser Art sagt er aber auch, was er meint. Seine Rede wird da pathetisch, wo er die Frau bzw. die Mutter besingt, aber mit ihr handeln bzw. von ihr loskommen möchte: »An das Weib knüpft sich (zwar)... der Genuß jedes höhern Gutes an« (26ff.), aber die Zuneigung zu Apollo, der sich »vollständig von jeder Verbindung mit dem Weibe« befreite (53) und zu Dionysos, dem »Väterlichen« (317) ist unverkennbar. Erst das Geistige erhebe den Vater über die ihm im Mutterrecht bloß zukommende Funktion des »Besamers«, des »Sämanns, der, wenn er den Samen in die Furche gestreut, wieder verschwindet« (124/125, 70, 75). Seinem »überstofflichen Lebensprinzip« folgend, muß der Mann das Niedere, das Stoffliche, hinter sich lassen, die »metaphysische Reinheit« zu erlangen (72). Und dieserart würde letztlich, wie im »Schlußakt der Tragödie«, das Weib ihrer eigentlichen Bestimmung (»Liebe und Befruchtung«) wieder zugeführt – »müde ihrer amazonischen Heldengröße« (73, 74, vgl. 136).

Bachofens Überlegungen zur Frau sind durch sein Mutterbild vielfach gebrochen. Wo er ihre Sinnlichkeit hervorhebt, nimmt er sie zugleich derart zurück, daß in des Weibes Naturanlage »das Sinnliche und Übersinnliche stets unlösbar« verbunden sei (22), wendet er seinen Blick auf das Jenseitige, auf die Welt der Gräber und des Todes. Er schwärmt von der »Macht einer die sinnlichen und übersinnlichen Bedürfnisse gleichmäßig befriedigenden Religion« (38). Sein Mutterbild ist dafür in drei Gestalten gegenwärtig: als eigene Mutter, als »die irdische Mutter« und als »tellurische

Urmutter« (vgl. auch die Rede von den »stofflichen Ureltern«, 113ff. und 189/90); verbunden sind sie im Mysterium, im Kult und im Gebären. Dagegen richtet er das »göttliche Vaterprinzip« (die Sonne »in ihrer üppigsten Manneskraft« und allzeugende Urväter, 53, 63) auf, das ebenfalls auf zwei andere Gestalten verwiesen ist: auf den eigenen Vater und das »männlich-schaffende«, »phallisch-zeugende« Prinzip (49, 53, 300, 353, 360). Erst bändigt die Frau »des Mannes urerste ungezügelte Kraft« (94) – auch des »wilden Pferdes Zügelung ist des Weibes Tat« (95) –, dann schreitet er selbständig, kraft des männlichen Prinzips, weiter in höhere Regionen.

Diese Sichtweise ist einmal *mythenzerlegend und geschichtsforschend* begründet. Das ist natürlich nie übersehen worden, die Fülle des Materials ist überwältigend. Die *ideologische* Durchsetzung wäre im einzelnen aufzuschlüsseln: »Aus Nord stammt das Heil, aus Nord der reine Lichtheld.« (227) Die *subjektive lebensweltliche* Verstrickung ist von Meuli u. a. als Psychologisieren abgelehnt worden, sie haben Bachofens großartige, von ihm selbst meist in Objektivitätsgläubigkeit verdunkelte Einsicht übersehen: »Jeder sieht und vergöttert nur sein eigenes Lebensgesetz.« (387)

Als eine solche, das Mutterrecht (neben mythen- und geschichtsforschender Grundlegung) durchziehende Vergötterung, habe ich seine An-Ordnungsbesessenheit herausgestellt: »Überall Struktur«, die »Ordnung der Dinge« (Bachofen!). (Was dies für den Mythos und die Mythologie bedeutet, versuche ich noch zu skizzieren.)

Bachofen sieht teilweise seinen lebensweltlichen Anteil und den des Unbewußten allgemein an der Forschung. Seine Mutterbindung ist von ihm nicht verschwiegen und von der Forschung immer hervorgehoben worden; seine Rede vom Unbewußten muß so verstanden werden: Wir folgen unbewußt den Gesetzen ganzer Weltalter und jeweiliger Zeiten. Wir haben unbewußt Teil am Lauf der Welt. Die Gesetzmäßigkeit und die Determination ist nicht in unserem Unbewußten, sondern im Weltgeschehen. (238/239 u. a.) Oder dachte er noch anderes, als er von der »Vertrautheit mit den dunklen Tiefen der menschlichen Natur« (38) sprach? Diese scheint er jedoch auch nicht in seiner Rede von der »freien Reflexion« und der »Freiheit der Phantasie«, denen diese (der Natur und dem Mythus eigene) »unbewußte Gesetzmäßigkeit« (9, 15) fehle, zu berücksichtigen.

Trotz dieser dem Mythos zugeschriebenen unbewußten Gesetzmäßigkeit wird das Unbewußte als gestaltende Instanz nicht thematisiert. Die Konstruktionen und Notwendigkeiten, die er entdeckt, sind solche, die seine Idee vom Mutterrecht und sein Bild von der Frau/Mutter ausschmücken; nicht zugelassen ist das Unbewußte, das daran bildend teilhat. Bachofen nimmt das Geschehen im Mythos als bloß tatsächliches und verkennt somit die sich darin aussprechenden Abenteuer des Geistes und der Seele (die er doch einmal, in Platos Worten, einem mit Muscheln, Tang und Gestein zugewachsenen Ungeheuer vergleicht, 97). Und das Seelische, nicht das Geistige, sei das Erste (98). Interessant auch, daß die »unbewußte Gesetzmäßigkeit« für Bachofen an das mütterliche Prinzip gebunden ist, während Paternität Individualismus sei; d. h. daß er die Macht des Unbewußten da sah, wo es sein Forschen am materialreichsten förderte und da nicht, wo er hinstrebte. (Das Weib sei auch »unbewußt«, »durch sich selbst« gerecht und weise, 94.)

Das Mutterrecht ruht – und nur um dies darzulegen, breitet Bachofen so mannigfaltiges mythisches und geschichtliches Material in sich ergänzender Beweiskraft (44) aus – »auf der stofflichen Natur der Frau« (63). Das Weib wird der Erde gleichgestellt, die Mutter ist der »Urmutter Erde Stellvertreterin« (71, 115, 260, 269). Die Grundanschauung der ältesten Welt weist in der Regel »den Göttern und den Menschen dieselbe stoffliche Urmutter zu«. Die Muttervölker haben »keine anderen Ahnen als die Urmutter selbst« (269, 123 u. a.). Die Geschlechtsverschiedenheit entsteht durch die Verschiedenheit der zeugenden Väter. »Das Weib geht voran, der Mann folgt... das Weib ist das Gegebene, der Mann das aus ihr erst Gewordene... er kömmt nur in sterblicher Gestalt zum Dasein... Mit stets neuen Männern paart sich die gleiche Urmutter... So wird der Sohn selbst zum Gemahl, zum Befruchter der Mutter, selbst zum Vater...« (124ff.).

Diese Verwandtschaftsbeziehungen – von »stofflichen Ureltern«, »Einer Mutter Schoß«, vom »Erdmuttertum« (113, 115 u. a.) und den sich daraus entwickelnden Strukturen – spielt Bachofen zu Ende des »Kreta«-Kapitels und im »Athen«-Kapitel mit Akribie durch. Daß das stoffliche, tellurische Sein, Leben und Tod, Entstehen und Vergehen umschließt, daß das Weib die Erde, der Erdstoff, selbst sei und damit das Mutterrecht das Recht des stofflichen Lebens (der Erde) sei, dies führt Bachofen in diesen Teilen (156ff.)

vor allem auch in etymologischen Konstruktionen und mit Belegen aus der Dichtung vor.

Die Erhebung zum Vaterrecht ist damit die Erhebung zum metaphysischen Recht und einer entsprechenden ›höhern‹ Religionsstufe: das Ende der »düstern, wilden Zeit der Blutrache, wo jeder Mord einen neuen erzeugt...« (166; auf den Seiten 160-182 wird das blutige Mutterrecht – »blutlechzende Gier«, »Vom Weibe geht das Verderben aus, vom Weibe wird es vollendet«, 173/174, – eindrucksvoll, wenn auch, gerade von psychoanalytischer Seite korrekturbedürftig, geschildert; vgl. auch 221 ff.). »Das Mutterrecht weicht dem Recht des Staats, das *ius naturale* dem *civile*... Nirgends erscheint daher das Vaterrecht so strenge durchgeführt als eben in Rom« (177, 252, 253, 54/55, vgl. auch 248). Die Gynaikokratie hat sich durch ihre ›Entartungen‹ selbst ihren Untergang bereitet (231). (Diesen Übergang in all den Entwicklungsstufen, Vermischungen des Alten und des Neuen, des ›läuternden‹ Kampfes und der Mühe, versucht Bachofen in allen Kapiteln zu rekonstruieren, was natürlich vielfältige Wiederholungen mit sich bringt. Diesen Fortschritt zu zeigen, sei seine Hauptaufgabe, 366.)

Der Sieg des Vatertums – ›vollendet‹ durch Herakles, Dionysos, Perseus und die apollinischen Helden – ist damit ein Sieg über das Stoffliche: die Superiorität der »unkörperlich höheren Natur«, der »unkörperlichen Sonnenkraft«, des »zu den göttlichen Lichthöhen durchgedrungenen Geistes« über die »Urmutter Erde« und über das Vergängliche, über die »chthonische Natur« und die »Finsternis« (66, 72, 130). Die männliche Erzeugung – als ein »Beleben des im Mutterschoße schlummernden Daseins«[21] – erhebt sich im Vatertum, als einer wesenhaft geistigen Instanz über die Materie. Beide Prinzipien haben ihre Qualitäten, aber dem alles bestimmenden Entwicklungsgedanken folgend, ist das der Paternität höherstehend. Was das mütterliche auszeichnet: allgemein und schrankenlos wie das Naturleben zu sein, Liebe, Freiheit und Gleichheit, Einigung, Friede und Leben zu stiften (vgl. auch 342), ›tiefes und ahnungsreiches Gottesbewußtsein‹ (19) zu beherbergen (»steifer im Glauben« 20), somit letztlich übernatürlich und wunderbar zu sein – auch göttlich wie das Vatertum. Dem Mann komme mehr das Schaffen von Neuem zu, die Frau bewahre eher das Alte, den Kult und das Zeremoniell; wo er denke, neige die Frau mehr zur Prophetie. Ihrer »Naturanlage« nach sei in ihr »das Sinnliche und Übersinnliche stets unlösbar verbunden« (19-22).

An diesen »Naturanlagen« und Universalitäten, an diesem als freischwebend gedachten Muttertum hat die Kritik natürlich anzusetzen. »Überall hat die Natur die Entwicklung der Menschheit geleitet« (34), sagt Bachofen, aber diese Natur denkt Bachofen nur höchst abstrakt als vergesellschaftete Natur. Ohne hier näher auf die erste und zweite Natur des Menschen, auf die gesellschaftliche Verdinglichung und auf die gesellschaftlichen Naturgesetze eingehen zu können, sei angemerkt, daß etwa die Fassung der Mutter-Kind-Dyade als einer stofflichen (47ff.) im Bachofenschen Verständnis von »Erdgebundenheit« korrekturbedürftig ist, und zwar im Sinne einer historisch-materialistischen Verständnisweise. In solchem Licht, das Ungedachtes und Abhängigkeiten in Bachofens Werk an den Rand rücken läßt, erscheinen manche (materialreichen) Ausführungen neu überdenkenswert.

Bei der Rekonstruktion der Bachofenschen Gedankenwelt hat man sich den Gesamtplan vor Augen zu halten: Es geht ihm um die Nachzeichnung der Hauptlinien, die die Menschheitsgeschichte im Entstehen und im Wechsel der beiden gegensätzlichen Prinzipien prägten. Von der hetärischen zur ehelichen Gynaikokratie, die sich noch, vor dem Umschlag in das gegenteilige Patrimonialsystem, amazonisch und dionysisch (beide Formen »bedingen und erläutern sich gegenseitig« 42), steigert. Dionysos erscheint als *der* Bekämpfer der amazonischen Steigerung und »Verwilderung« (106, 38f.) des Mutterrechts. Dennoch bezeichne das Amazonentum (das Bachofen vor allem durch chinesische Chronisten ausgewiesen sieht, 285, vgl. jedoch 107) Erhebung und Gesittung, es sei ein »wohltätiger Durchgangspunkt der menschlichen Entwicklung« gewesen (43). »Im raschen Wechsel geht die amazonisch-strenge Gynaikokratie von dem entschiedensten Widerstande gegen den neuen Gott zu ebenso entschiedener Hingabe an ihn über«. Der Wechsel zum rein geistigen Patrimonialsystem verläuft über ihn als der Frauen wahrer Gott (37-39, 309). »Die Einsicht in alle spätern Teile dieses Werks wird wesentlich durch die richtige Auffassung des dionysischen Muttertums bedingt. Kein Kult hat auf die Gestaltung des alten Lebens einen so tiefgehenden Einfluß ausgeübt wie der bacchische, keiner zu der Entwicklung des weiblichen Geistes so gewaltig mitgewirkt. In keinem liegt das Höchste und Niederste, dessen die weibliche Seele fähig ist, so nahe beieinander. Auf keinem Gebiete werden wir des Erhabenen und des Entwürdigenden so Vieles finden...« (291, vgl. auch 39, 55/56, 290, 304ff., 333, 350ff., 406, 409, 418). Allgemein zeige die schnelle »Aufeinanderfolge der Extreme, wie schwer es der weiblichen Natur zu allen Zeiten fällt, Mitte und Maß zu halten« (38). Ausgehend von der untersten und ursprünglichsten, der tellurischen oder chthonischen Stufe: dem Hetärismus, wie er in den Sumpfvegetationen ausgelebt worden sei, entstand, nach den Prinzipien der Entwicklung und des Gegensätzlichen, der »ewigen Wiederkehr des Gleichen« und des Göttlichen, die Männerherrschaft im Glanze ihrer »Reinheit des göttlichen Vaterprinzips« (58).

Die Aufwärtsbewegung – im Grunde eine »religiöse Tat« (129) – verläuft vom Naturleben, von der mütterlich-tellurischen Gedankenwelt zu einer »Gesittung« in der »Gynaikokratie«: »als Zeugnis für den Fortschritt der Kultur... als notwendige Erziehungsperiode der Menschheit, mithin selbst als die Verwirklichung des Naturgesetzes«. Die durch das Weib initiierte »erste Erhebung des Menschengeschlechts«, der ›Fortschritt zu einem geregelten und geläuterten Dasein‹ und die »Verschönerung des materiellen Daseins« verleihen dem Mutterrecht auf dem Gebiet des Familienrechts den Charakter der »Naturwahrheit« (26/27). »Mit einem Worte: das gynaikokratische Dasein ist der geordnete Naturalismus, sein Denkgesetz das stoffliche, seine Entwicklung eine überwiegend physische: eine Kulturstufe, mit dem Mutterrecht ebenso notwendig verbunden als der Zeit der Paternität fremd und unbegreifbar.« (28)

Daß Gynaikokratie nicht »vorkulturlichen Zeiten« angehört, sondern eine »Kulturstufe« oder ein »Kulturzustand« ist (der konkret der Periode des Ackerbaulebens zugehört), ist der entscheidende Punkt, auf den Bachofen immer wieder hinweist (77ff.): Anstrebenswert ist die »vollendete Gynaikokratie«, die im Kampf gegen den wilden ehelosen Zustand entstanden sei. (Zum Verständnis der Sumpfvegetationen und dem Bezug zum Mutterrecht, vgl. vor allem die Ausführungen zu Ägypten und Isis/Osiris: 84, 181, 245-246, 248, 257, 259-265, 293/94). Die Ehe – eine »positive Institution«; Gynaikokratie – »Emanzipation aus den Banden des rohsinnlichen tierischen Lebens« (93). Bachofen denkt die eheliche Gynaikokratie als eine verbindende und vermittelnde Stufe zwischen stofflichem und geistigem Prinzip. In kosmischer Entsprechung heißt dies: zwischen Erde und Sonne liegt das Paradies der Mondregion. Aber alle Konstellationen sind Teil eines »ursprünglichen reichen Gesamtbesitzes«, das »die Völker des Altertums zu Einem Ganzen vereinigte.[22]

Die Lebensformen der alten Menschheit, ja das »ganze Dasein«, versteht Bachofen als durch die Religion geprägt (nicht umgekehrt: die Religion als ein soziales und kulturelles Phänomen, etwa im psychologisch/psychoanalytischen Sinn Freuds).[23] »Es gibt nur einen einzigen mächtigen Hebel aller Zivilisation, die Religion« (18, 19, 278). Seine Konzeption einer Urreligion ist, nach Meuli, »weitgehend ein durch Plutarch vermittelter Platonismus... Mit der platonisierenden Grundkonzeption ist vieles von vornherein gegeben. Gegeben ist die Entwicklung von unten nach oben, vom Stoff zum Geist, vom Mutterrecht zum Vaterrecht; gegeben ist die Wertung dieser Entwicklungsstufen...: Die Überwindung des Stofflich-Sinnlichen durch den Geist.«[24] Noch ›erhöht‹ wird diese Konzeption durch den »kosmischen Parallelismus« (geistig-solar).

Das Mutterrecht ist also keine singuläre Erscheinung, es gehört nicht nur einem bestimmten Volk an, sondern einer »Kulturstufe«, einer früheren »Kulturperiode«, selbst schon in der Folge »vorausgegangener älterer Lebensstufen«. Idealisiert, und inzwischen von der Ethnologie korrigiert, zeichnet Bachofen das Bild *einer* mutterrechtlichen Kultur *durchgängig* so: Prinzipat der Mutter, Mutterfolge, ausschließliche Erbberechtigung und Alimentationspflicht der Töchter, Elocation und Dotation (Ausstattung und Aussteuer) der Brüder durch die Schwestern, Sonderstellung des Mutterbruders, die größere Heiligkeit weiblicher Opfer, die Unsühnbarkeit des Muttermordes u. a. partielle Erscheinungen wie die Benennung »Mutterland«. Um diesen, nach Meinung Bachofens *durchgängig* verbreiteten – wenn auch nicht immer mit allen Merkmalen versehenen – alten Zustand rekonstruieren zu können, taugt nur der Mythos, denn in ihm liegt nach Bachofen der Anfang aller Entwicklung; er ist das ›getreue Bild der ältesten Zeit‹, »der getreue Ausdruck des Lebensgesetzes jener Zeiten« und »die Manifestation der ursprünglichen Denkweise« (5). Das Mutterrecht behauptet, als Mittelpunkt einer ganzen Kultur, im Leben eine so hohe und umfassende Stellung, daß es wesentlich auch aus dem Mythus sprechen müsse. Dementsprechend sind die mythischen Traditionen so umfassend wie möglich zu verlebendigen, da es ja um eine universale Erscheinung und um *ein* zugrunde liegendes Gesetz geht. Das ganze System soll nicht philosophisch und nicht sprachwissenschaftlich (re-)konstruiert, sondern mythenzerlegend entfaltet werden. Alle etymologischen und spekulativen Betrachtungsweisen werden in diesen Dienst gestellt und dementsprechend problematisch – selbst »etymologisch zweifelhafte« Deutungen werden zur »Erläuterung des Sachverhalts« benutzt (263).[25] Das Ganze steht in der Gefahr, zu einem Mythos auszuwuchern. Die Chance der Untersuchung liegt darin begründet, verschüttetes Material in weiten Teilen aus sich heraus sprechen zu lassen – natürlich unter den Vorzeichen der gewünschten Funde. Die innere Notwendigkeit im ausgebreiteten mutterrechtlichen System ist, abzüglich der inneren Notwendigkeit, die Bachofen in das Erforschte projizierte, das Abbild geschichtlicher und gesellschaftlicher Entwicklungsstufen und Strukturen.

Die subjektive Verzerrung kommt durch die Auffassung der mythischen Tradition – »als echtes, von dem Einfluß frei schaffender Phantasie durchaus unabhängiges Zeugnis der Urzeit, ... als unmittelbare historische Offenbarung« (5) – in die Betrachtung hinein.

So kann Bachofen sogar sagen – und in seiner Sicht nur folgerichtig –, daß das Quellenmaterial der Altertumswissenschaft von der ›prüfungslosen, gläubigen Unterordnung unter die Tradition‹ gerade seine Zuverlässigkeit erhält: »Je geringer der Hang zu Kritik und subjektiver Kombination, um so größer die Zuverlässigkeit, um so ferner die Gefahr der Fälschung.« (6) Nur ist diese Objektivität eben auch eine Täuschung – wie dies übrigens auch Bachofen da bemerkt, wo er die Änderungen und Umgestaltungen des Mythos auf das Unbewußte zurückführt, wenn auch mehr so verstanden, daß es sich unter dem Druck äußerer Moden ausgewirkt habe. Generell werden von ihm die Gesetzmäßigkeiten, die allen Erscheinungen, und so auch dem Mutterrecht, zugrunde liegen sollen, als unbewußte gekennzeichnet. Aber wie bei Lévi-Strauss, bei dem sich der Mythos ja auch durch seine Eigenlogik auszeichnet, ist dieser Wortgebrauch ambivalent: unbewußt auf seiten der Psyche *und* des Geistes, bei Bachofen auch noch auf seiten der Kultur und der Natur – und alles umgreifend: das Organische.

Bachofens Auffassung des Mythos ist, wenn man sie auf einen Begriff bringen will, strukturalistisch. Wie Lévi-Stauss' »Erde der Mythologie« ist auch die von ihm aufgeschlüsselte »rund«; beide Systeme behaupten »die Ordnung der Dinge«, »überall System« (252, 161, 9, 30). Und auch die Aufgabe, die Lévi-Strauss der Anthropologie zuweist: »zu einer besseren Kenntnis des objektivierten Denkens und seiner Mechanismen beizutragen«, ist die Bachofens.[26] Die strengere methodische Durchdringung und Bestimmtheit dessen, was Mythos ist, unterscheidet Lévi-Strauss' Mythologie (er sagt selbstkritisch, daß seine Forschung auch ein Mythos sei) von Bachofen, der Mythos und Sage durchaus gleichbedeutend bzw. ergänzend gebraucht (153, 235, 306, 336, 376, 414).

Die evolutionistische, kosmisch erweiterte Ansicht der Menschheitsgeschichte (»Überall dieselbe Erhebung von der Erde zum Himmel, von dem Stoffe zur Unstofflichkeit, von der Mutter zum Vater, überall jenes orphische Prinzip, das in der Richtung von unten nach oben eine successive Läuterung des Lebens annimmt...«, 51) ist nicht Lévi-Strauss' Sache. Evolutionismus und Strukturalismus stehen in Bachofens Werk nebeneinander. Die Phasen der Entwicklung, »die höchste und die niedrigste Schöpfung, wie die Blätter des Baumes, so die Geschlechte der Menschen« (70), sieht er durch »Ein Gesetz«, durch Struktur, vorbestimmt. Was einmal angefangen hat, vollendet sich, alles hat seinen Ausgangs- und Endpunkt, die Entwicklung vollzieht sich durch »allmähliche Übergänge« – »nirgends Sprünge, nirgends plötzliche Fortschritte«, (35) – wobei »Mißbrauch und Ausartung das meiste zur Entwicklung« beitragen (103, vgl. auch 107). Für den Gesamtplan seines Unternehmens wirkt sich dabei vor allem verzerrend aus, daß er die Vollendung innerhalb eines Mythos bzw. der Mythengeschichte unvermittelt auf die Vollendung im Geschehen überträgt (223 ff. u. a.). Wichtig ist ihm, daß es einen »guten Sinn« ergibt, daß »alles den befriedigendsten Zusammenhang« gewinnt (227, 336).

Zwar weist Bachofen wiederholt darauf hin, daß er immer vom Einzelnen zum Allgemeinen fortschreite (291 u. a.), aber gerade seine Mythenanalyse zeigt, wie das Allgemeine für ihn Raster, Selektionsprinzip und Interpretationsmuster ist. Er beweist sich sein System. Seine Bemühung gilt der Aufwertung des Mythos, der meist zu gering erachtet, als Fiktion und als Dichtung verkannt würde (103). Mit wenigen Ausnahmen (etwa Äschylus, 165, vgl. auch 298) schätzt er die mythisch und geschichtlich gestaltete *Poesie* höher als die der Dichter. »Die Grundlagen dieses Gemäldes sind nicht dichterische Fiction« (363, vgl. auch 395). Es geht ihm letztlich um die »feste historische Grundlage« (419), die er allerdings über weite Strecken durch Mythennacherzählung – es fehlt oft der Zugriff wie in der Einleitung; auch von dieser Kritik auszunehmen sind vor allem die Schlußteile der Kapitel »Ägypten«, »Lesbos«, »Mantinea« und »Der Pythagorismus« – und problematische Mythenausdeutungen zu erreichen versucht.

Dort, wo »Geschichte nicht hinaufreicht«, setzt Bachofen die Mythenanalyse an und ist sicher, aus ihr die »wirklichen Erlebnisse des Menschengeschlechts« zu erschließen (307). Er unterscheidet jedoch einmal zwischen dem in der historischen Angabe vermittelten Geschehen und dem im Mythos Gedachten (289, vgl. auch 331). Beide, »jedes in seiner Weise«, offenbaren »das gleiche Entwicklungsgesetz der alten Welt und die gleiche Vollendung desselben...« (332).[27]

Damit sind auch die Perspektiven angedeutet, auf die sich die Wirkungsgeschichte Bachofens in etwa aufteilt: die religionswissenschaftliche, die mythen- und symbolforschende, die gesellschaftstheoretische, die historische, die ethnologische und die psychologische. In jeder Hinsicht gibt es Kritik und Ausformungen, worin sich Bachofen nicht verstanden sah bzw. sehen würde. Die Wirkungsgeschichte seines Werks ist Aufsplitterung, Neustrukturierung, Umformung und Fortsetzung – bis zur Unkenntlichkeit des Vorgegebenen.

Bachofen gedachte, der Öffentlichkeit »Stoff des Nachdenkens vorzulegen«, Anregung und Vorarbeit zu bieten (60) – so beschließt er seine *Vorrede,* die so vielen als sein Meisterstück gilt. Was hat sein Buch geleistet und was ›nur‹ gefördert? Meuli: »Was bleibt, ist die Entdeckung des Mutterrechts... mit ihm beginnt die wissenschaftliche Geschichte der Familie als einer sozialen Institution.«[28] Oder Evans-Pritchard, obwohl er dann kein weiteres Wort mehr über Bachofen verliert: »Erst um die Mitte des 19. Jahrhunderts entstanden die ersten systematischen Studien sozialer Institutionen, die um wissenschaftliche Akribie bemüht waren. In den zehn Jahren zwischen 1861 und 1871 erschienen die Bücher, die wir als unsere ältesten Klassiker betrachten: Maines *Ancient Law* (1861), Bachofens *Mutterrecht* (1861), Fustel de Coulanges' *Cité antique* (1864), McLennans *Primitive Marriage* (1865), Tylors *Researches into the Early History of Mankind* (1865) und Morgans *Systems of Consanguinity* (1871).«[29]

Neben diesen Forschern hat man zuweilen auf andere hingewiesen, denen auch der Entdeckerstolz des Mutterrechts gebühren sollte: Baron von Eckstein, Emile de Girardin, Joseph François

Lafitau u. a. Aber mit Sicherheit haben sie mehr das Phänomen bemerkt, als das Ganze und dessen Zusammenhang entfaltet. Nur stieß man sich immer an Bachofens Darstellung (dieses Ganzen), die zum Teil mehr Verknotung und Ungetüm als Entfaltung ist. In der *Vorrede und Einleitung* – nach Vollendung des ganzen Werkes geschrieben – holte er nach, was ihm in der forschenden Pionierarbeit nicht gelungen war. Dennoch dürfte sie uns heute nicht mehr mit derselben Ehrfurcht und lebensvollen Begeisterung erfüllen, derer sich Ludwig Klages und seine Zeitgenossen in den zwanziger Jahren noch in Unmittelbarkeit erfreuten. Was ehemals wie Musik klang und sich der Sprache des Universums annäherte, entzieht sich kaum noch dem analytischen Zugriff des jetzigen Lesers – nicht, daß wir heute besser dächten; aber für uns haben sich schon andere ihre Beulen im Umgang mit der Sprache geholt. Wir sehen, partiell, mehr von dem, was der Autor mitsagt, in dem, wie er etwas sagt, von dem, was er *auch* meint.

Das Gebiet, das er ausschreiten und – nach den Versäumnissen der zuständigen Altertumswissenschaft – urbar machen will, steckte er zuerst ab durch die Begriffe »Familienzustand«, »Kulturperiode«, »Gesittung«, »Lebensgesetz«. Die Zurückversetzung in die »Fremdartigkeit« und »Ursprünglichkeit« der in diesen Phänomenen angedeuteten Zustände eröffnete uns die via regia zum »Mutterrecht« und dem es einbettenden »gynaikokratischen Weltalter«. Er beruft sich auf »tiefere Lebensstufen« und andere Weltalter, führt die verschiedensten Ausprägungen kulturrelativistischer Haltungen, lebensphilosophischer Erwägungen und familialistisch eingeengter Perspektiven vor und rekonstruiert doch im weiteren Verlauf in einer konzentrierten und großzügigen Zusammenfassung das Bezugsganze, die einzelnen zum System führenden Linien mutterrechtlicher Kultur. Über die Stufen seiner religiösen Gesinnung, der guten oder verderbten Gesittung der Völker, des stofflichen Mutterprinzips und des göttlichen Vaterprinzips, gelangt er zu packenden Schilderungen der alten mythischen und geschichtlichen Welt, zur Nachzeichnung einer großartigen Geschichte: konsequent, notwendig und in Kreisen verlaufend. Je höher Bachofen steigt, sich von Alltag, Lebenswelt und den Abhängigkeiten der Menschen in Gesellschaft und Sozialisation entfernt, der ›Urzeit seiner Seele Schwingen leiht‹ (17), desto überzeugender wird er: Musterbeispiel sind mir seine Ausführungen zur »Abhängigkeit der menschlichen Entwicklung von kosmischen Mächten«. (51)

Man muß ihn auch als einen Romantiker lesen. Entsprechend Novalis: »Die Welt muß romantisiert werden«, heißt es bei Bachofen: »Die gynaikokratische Weltperiode ist in der Tat die Poesie der Geschichte.« (17, 26). Die deutlich als Horizont der Betrachtung ausgesprochene »Entwicklung der Menschheit« (47) wird leider nicht mit der, diese *Vorrede* auszeichnenden Entwurfs-Fähigkeit dargelegt. Offensichtlich was das »ungeheure Trümmerfeld« (47, vgl. 16), das Bachofen für sein Forschungsgebiet immer wieder beklagt, zu übermächtig. Sein Bestreben, nicht nur zusammenzutragen, zu sichten und zu ordnen, sondern die Gesetzmäßigkeit des Ganzen aufzudecken, ist unverkennbar und hat auch Folgen für die Beurteilung der Sache: das sich selbst auferlegte, schrittweise, sich stetig weiterentwickelnde Verfahren wird geradezu gefordert von dem ›großen historischen Prozeß‹. Die Adäquatheit von Verfahren und Gegenstand ist dem ›göttlichen Schöpfungsgedanken‹ überantwortet (54).

Die Geschichte ist für ihn Entwicklungsgeschichte von unten nach oben – aber vorgängig von ganz oben bestimmt. Diese Entwicklung – das »orphische Prinzip« – erbringt eine »successive Läuterung des Lebens« (51). Sie selbst ist noch Teil des Altertums, denn dieses wird als in sich abgeschlossen und vollkommen durchgeführt gedacht. Es ist ein Ganzes. Der Zusammenhalt ist in der Gesetzmäßigkeit der Entwicklung und ihrer Abfolge gewährleistet. Diese ruht im Prinzip des Gegensatzes, z. B. Mutterrecht/Vaterrecht. Natürlich trifft es auch für die Gestalt des Mythos zu.

So sind die Pole dieser Abhandlung: Ausbau des Wissens und der ›innere Zusammenhang des Verstehens‹, Schritte zur Erkenntnis des Lebens und der Geschichte, im Mannigfaltigen und Einheitlichen, strebend zur reinen Objektivität. Themenspezifische Ordnungsschemata sind: Struktur der zu besprechenden Völker und vorliegende Dokumente (58/59).

Resultate und Methode seiner Forschungen (»unabhängig von freier Wahl«, 58) versteht Bachofen schroff entgegengesetzt zur herrschenden Betrachtungsweise seiner Zeit. Am Ende seiner ebenso gerühmten Einleitung zu dem 1870 entstandenen Werk *Die Sage von Tanaquil* kennzeichnet er zusammenfassend seine »naturforschende Methode« und wie sie mit den Resultaten seiner »historischen Forschung« verknüpft ist, wie er Natur und Geschichte, unter welchen Prämissen und mit welchen Zielen, zusammendenkt: »Der Hauptgewinn unserer Methode liegt darin, daß wir durch sie zu einer inneren Konstruktion der Geschichte emporsteigen. Die historische Naturforschung erkennt die übereinander gelagerten Schichten der allmählich in die Erscheinung getretenen Geistesarten, weist jeder die ihr zugehörenden Reste an, zeigt die Genesis der Ideen, und führt, alle Stufen der Wirklichkeit durchschreitend, unseren Geist zum Anblick dessen, was er in der Sukzession der Zeiten gewesen, aber heute nicht mehr ist. Es entsteht ein wissenschaftlicher Bau, welchen weder Hypothesen noch Probabilitäten noch Ahnungen unsicher und wankend machen, der von allem subjektiven Meinen und Raten unabhängig, und von unten bis oben aus lauter Affirmationen zusammengesetzt ist. Das ideale Offenbarungsgebiet erhält eine gesetzmäßige Struktur, so fest und unwandelbar wie das reale der physischen Weltentwicklung. Die Wahrheit wird in der notwendigen Verknüpfung aller Glieder und in dem Zusammenhang des Ganzen, nicht stückweise, erkannt. Sie ist jetzt auch nicht mehr die rein empirische der äußeren Tatsächlichkeit, sondern die höhere, im Grunde einzig reale, geistige, die sich über die flüchtigen Dinge zu der in ihnen erschienenen Idee erhebt. So entspricht das Resultat dem Grundgedanken der Methode. Die Forschung erhält ein wissenschaftliches Prinzip und mit ihm ein festes Ziel, wie es die sogenannte kritische Schule nicht kennt.«[30]

Problematisch erscheint mir bei Bachofens methodischem Vorgehen vor allem das Vertrauen auf Kausalverhältnisse (»Die gleiche Ursache ruft überall die gleiche Wirkung hervor«, »Die Wirkung wird Ursache, die Ursache Wirkung«, 43, 106, 265) und das Ausgeben von notwendigen Beziehungsstrukturen innerhalb von Gestaltungen (hauptsächlich mythischen) als Strukturen des Weltenlaufs. Auch das Für-die-Sache-selbst-Nehmen der vorwissenschaftlich ethnographischen Berichte gibt vielfach interpretatorisch vermittelte Aspekte als Tatsachen, als Beweise aus.[31] Problematisch erscheinen uns heute auch Modelle wie die, durch Philosophie und Mythologie unendlich variierten, des Kreislaufs des Lebens, des Zusammenspiels von Entstehen und Vergehen (»Der Kreislauf des Lebens führt das Ende von neuem in den Anfang zurück«, »Das Leben speist den Tod«, 41, 156, 252, 426, 259), so wahr sie in ihren weltanschaulichen Grenzen auch sind: »Der eine blüht zum Leben auf, indes der andere stirbt und abgemäht wird« – der »Weg hinauf hinab« (67, 68).

So streiten in Bachofens System ein Evolutions-, ein Strukturalismus- und ein Kreislauf-Modell miteinander. Alle drei – menschheitsgeschichtlich, ethnologisch und mythologisch konkretisiert – werden in Absolutheit und pathetischer Steigerung behauptet: die Gewißheit, daß die Menschheit trotz größter Qualen, Hindernisse und Rückentwicklungen zum »himmlisch-geistigen Prinzip« gefunden habe und ihren Weg siegreich zu Ende führe (265, 266, 278, 279, 374, 419, 426, 427); die Gewißheit: »überall System« und die Lehre von der ›Circulation des immer frischen Blutes‹ (259).

Bachofens Materialsammlung ist als Mythengeschichte und als Anfang familiengeschichtlicher und sozialanthropologischer Forschung zu lesen. Die weitere ethnopsychoanalytische[32] und gesellschaftstheoretische Durchdringung dieses Stoffes dürfte zur Klärung der Frage nach der Vorgeschichte der Menschheit, nach matriarchalischen und gynaikokratischen Gesellschaften beitragen.

Beweisführung, Selektion und Interpretation sind neu aufzunehmen. Bachofen: »Keine einzige geschichtliche Überlieferung ist je bewiesen worden. Wir horchen allein dem Gerüchte.« (107, vgl. 176).

1 M. Schröter (Hrsg.), *Der Mythos von Orient und Occident*, 1926, S. XVII und XX. Die genauen bibliographischen Angaben sind in einer Bibliographie der Werke Bachofens und der Sekundärliteratur am Ende des Materialienbandes aufgeführt.

2 C. A. Bernoulli (Hrsg.), *Urreligion und antike Symbole*, 1926, *Einleitung* in Bd. II, S. 9.

3 K. Meuli, *Nachwort* zu: *Das Mutterrecht*, Bd. II, 1948, S. 1117-1121. (Im folgenden abgekürzt zitiert als: Meuli.)

4 Außerdem versucht Schröter über eine weitergehende Gliederung hinaus, die auch von Meuli gesehenen Widersprüche, Wiederholungen, Umständlichkeiten und kompositorischen Zufälligkeiten bei Bachofen auszugleichen. Er bezieht auch Abschnitte aus anderen Werken Bachofens in den Text mit ein. Seine Praxis der Umstellungen und Kürzungen auch von Kleinstpassagen halte ich nicht für sinnvoll. Ich habe außerdem versucht, die weggefallenen Kap. zusammenfassend vorzustellen. Auch nach Bachofens Meinung wäre ja vieles »besser weggeblieben«.

[5] Heißt es im Text: Von den asiatischen Tapyren wird ein dem aethiopischen Gebrauche entgegengesetzter gemeldet... (griech. Zitat); so wurde daraus in den Anmerkungen: [Vgl. dagegen zu den asiatischen Tapyren, Strabo 11, 520 und 515.]

[6] Heißt es im Original in den Anmerkungen etwa: [1] Georg. 4, 211-218.
[2] Georg. 4, 199-202.
[3] Georg. 4, 154.

so wurde daraus: [1] Georg, 4, 154-218.

[7] *Das Mutterrecht*, S. 1-9, wird nach der vorliegenden Ausgabe zitiert; die Seitenzahlbelege stehen im folgenden in runder Klammer nach dem Zitat.

[8] Claude Lévi-Strauss, *Mythologica 1*, Frankfurt/M. 1971, S. 24, Anm. 2. Dies wird später noch ausgeführt.

[9] Dies ist eine der beliebtesten Ausdrucksweisen Bachofens; »Ausfluß einer religiösen Anschauung« (62), »Ausfluß ihrer stofflichen Mutternatur« (169), »Ausfluß der Religion« (177), »Ausfluß einer Kultidee« (251), »Ausfluß einer und derselben Stofflichkeit« (252), »Ausfluß der cerealischen Mütterlichkeit« (256), »Ausfluß der ältesten Religionsanschauung« (284), »Ausfluß der Lichtmächte« (317), »Ausfluß jenes Glaubens« (371), »Ausfluß des Grades der Reinheit« (318), »Ausfluß derselben Idee« (401), »Ausfluß desselben Grundsatzes« (421).

[10] *Versuch über die Gräbersymbolik der Alten*, Basel 1954, S. 10; fast gleichlautend auch im *Mutterrecht*,, S. 59.

[11] Meuli, S. 1067.

[12] Meuli, S. 1047 und 1049; vgl. auch *Mutterrecht*, S. 238.

[13] Meuli, S. 1084.

[14] Meuli, S. 1048, 1067 und 1071, Anm. 1. Vgl. auch *Mutterrecht*, S. 51.

[15] Meuli, S. 1069, Anm. 5.

[16] Meuli, S. 1038, 1050-1060, 1078.

[17] Bachofen, *Griechische Reise*, S. 143, zit. nach Meuli, S. 1078, Anm. 1.

[18] Meuli betont, daß Bachofens Herausstellung der nur dem Stoffe untertänigen Menschheit, des Hetärismus oder Geschlechtskommunismus nur »Unbefangenheit und Reinheit«, nicht aber »schwüle Sinnlichkeit« (1108) gewesen sei – wie dies Howald und andere meinten.

[19] Begriffe und Zitate von Georges Bataille: *Der heilige Eros*, Neuwied 1963, S. 86; Tel Quel (Hrsg.): *Das Denken von Sade*, München 1969, S. 82ff. und 50 (Roland Barthes, Hubert Damisch, de Sade); vgl. auch Roland Barthes: *Sade, Fourier, Loyola*, Frankfurt/M. 1974.
Bachofens Hervorhebung der Nacht, der Finsternis und der nächtlichen Feiern hat auch eine von ihm unterschlagene Bedeutung, die Sade einmal andeutet: »Die Schleier der Nacht sind der Ansporn des Verbrechens« (vgl. *Tel Quel*, S. 83).

[20] Sappho »gegenüber fühlen wir stärker als sonst die Ohnmacht eines Wissens, das meist nur an Äußerlichkeiten hinanreicht.« (375) –

Fast unausschöpflich sind Bachofens Erläuterungen zum Verhältnis zwischen Sokrates, dem »größte(n) der Philosophen« und Sappho, der »begeistertste(n) der Frauen«: Was Sapphos ›lebensvoll‹ geschilderter »Wahnsinn des Herzens«, das ist Sokrates' philosophisch erläuterte »dämonische Kraft der Liebe« (384); beiden ist Eros »das bittersüße Ungetüm«, »Verbindung von Schmerz und Wonne«, »schmerzhafte Erregung« (mit ›Schauder und Ängsten, Fieber, Schweiß und Hitze‹); »beide gestanden, daß sie Viele liebten und von allen (m?) Schönen gefesselt (!) wurden.« (385/86) Sehr schön auch, daß Sokrates erklärt, er habe »Alkibiades zwar schon seit lange(m) geliebt, aber nicht eher sich ihm nähern wollen, als bis er ihn für fähig gehalten, seine Reden zu verstehen« (386). Bachofen klagt die »Bestialität« an, mit der Sapphos Bild in den Schmutz gezogen worden sei (387, 393), und erinnert mit Wehmut an die von ihr entworfenen herrlichen Natur-Bilder und -Metaphern für das weibliche Dasein (390).

21 Vgl. Meuli, S. 1091.

22 Vgl. Meuli, S. 1090.

23 »... daß die religiösen Vorstellungen aus demselben Bedürfnis hervorgegangen sind, wie alle anderen Errungenschaften der Kultur, aus der Notwendigkeit, sich gegen die erdrückende Übermacht der Natur zu verteidigen« – die menschliche Ohnmacht und Hilflosigkeit und die Vatersehnsucht als die entscheidenden Momente der Religionsbildung und des religiösen Bedürfnisses. (S. Freud: *Die Zukunft einer Illusion*, in: Studienausgabe Bd. IX, Frankfurt/M. 1974, S. 155/156; vgl. auch *Totem und Tabu*, und *Der Mann Moses und die monotheistische Religion*, ebd. S. 568ff. u. a. Zur Kritik im Vergleich mit anderen Religionsauffassungen vgl. vor allem E. E. Evans-Pritchard: *Theorien über primitive Religion*, Frankfurt/M. 1968.

24 Meuli, S. 1091 und 1107.

25 Auf Unhaltbarkeiten weist Meuli generell hin; im *Materialienband* zu dieser Edition bin ich darauf näher eingegangen (»... wissenschaftlich sind seine Mythenerklärungen nicht zu halten.« Die von ihm aufgestellten »Entwicklungsstufen sind ein im Ganzen spekulatives System.« »Ähnliches ist zu sagen von Bachofens Symboldeutung«; Meuli, S. 1100).

26 Claude Lévi-Strauss, *Mythologica II*, Frankfurt/M. 1972, S. 9, 255, 275 und *Mythologica I*, 1971, S. 26-28. Lévi-Strauss' ›System‹ habe ich in einem Aufsatz *Die Besinnung auf das Allgemeine. Zu Claude Lévi-Strauss' Werk* darzustellen versucht (erscheint in: *Psyche* 2, 30. Jahrg. 1976).

27 Vgl. auch *Das Mutterrecht*, GW II, S. 396, Anm. 2: »... daß die physisch-natürliche Bedeutung der Mythen stets die ursprüngliche, die ethische die spätere ist ...« (in dieser Auswahl nicht abgedruckt).

[28] Meuli, S. 1101. Die Beantwortung dieser Frage ist natürlich der zentrale Punkt im *Materialienband.*

[29] E. E. Evans-Pritchard, *Theorien über primitive Religion,* Frankfurt/M. 1968, S. 9.

[30] Zitiert nach: M. Schröter (Hrsg.), *Der Mythus von Orient und Occident, Eine Metaphysik der alten Welt. Aus den Werken von J. J. Bachofen,* München 1956, S. 582; vgl. auch Meuli, S. 1106.

[31] Für das interessanteste ethnographische Material, das Bachofen verwertete, halte ich das zum Geschlechtsleben einiger Stämme, im »Lykien«-Kapitel, S. 78-84, 88ff.; daran schließt sich im übrigen eine durchaus lesenswerte Darstellung des ›gynaikokratischen Bienenlebens‹ an; S. 84-86.

[32] In dieser Hinsicht wäre vor allem die Diskussion des Ödipusmythus und -Komplexes neu aufzunehmen; vgl. *Mutterrecht,* S. 270-282; zum Verhältnis von Religion, Mythus und Geschichte, vgl. auch S. 278 und 279.

Johann Jakob Bachofen
Das Mutterrecht

Dem Andenken meiner Mutter
Frau Valeria Bachofen
geb. Merian

Τὴν σὴν εὔνοιαν καὶ πίστιν λαλοῦντες
'εν βιοτῆς μέτροις ου πανσόμεθα.

(Unser ganzes Leben werden wir nicht aufhören, deiner Güte und Treue rühmend zu gedenken.)

Vorrede und Einleitung

Die vorliegende Abhandlung bespricht eine geschichtliche Erscheinung, welche von wenigen beachtet, von niemand nach ihrem ganzen Umfange untersucht worden ist. Die bisherige Altertumswissenschaft nennt das Mutterrecht nicht. Neu ist der Ausdruck, unbekannt der Familienzustand, welchen er bezeichnet. Die Behandlung eines solchen Gegenstandes bietet neben ungewöhnlichen Reizen auch ungewöhnliche Schwierigkeiten dar. Nicht nur, daß es an irgend erheblichen Vorarbeiten fehlt: die bisherige Forschung hat überhaupt für die Erklärung jener Kulturperiode, der das Mutterrecht angehört, noch nichts geleistet. Wir betreten also ein Gebiet, das die erste Urbarmachung erwartet. Aus den bekanntern Zeiten des Altertums sehen wir uns in frühere Perioden, aus der uns bisher allein vertrauten Gedankenwelt in eine gänzlich verschiedene ältere zurückversetzt. Jene Völker, mit deren Namen der Ruhm antiker Größe ausschließlich verbunden zu werden pflegt, treten in den Hintergrund. Andere, welche die Höhe der klassischen Bildung nie erreichten, nehmen ihre Stelle ein. Eine unbekannte Welt eröffnet sich vor unsern Blicken. Je tiefer wir in sie eindringen, um so eigentümlicher gestaltet sich alles um uns her. Überall Gegensätze zu den Ideen einer entwickeltern Kultur, überall ältere Anschauungen, ein Weltalter selbständigen Gepräges, eine Gesittung, die nur nach ihrem eigenen Grundgesetz beurteilt werden kann. Fremdartig steht das gynaikokratische Familienrecht nicht nur unserm heutigen, sondern schon dem antiken Bewußtsein gegenüber. Fremdartig und seltsamer Anlage erscheint neben dem hellenischen jenes ursprünglichere Lebensgesetz, dem das Mutterrecht angehört, aus welchem es hervorgegangen ist, aus dem es auch allein erklärt werden kann. Es ist der höchste Gedanke der folgenden Untersuchung, das bewegende Prinzip des gynaikokratischen Weltalters darzulegen und ihm sein richtiges Verhältnis einerseits zu tiefern Lebensstufen, andererseits zu einer entwickeltern Kultur anzuweisen. Meine Forschung setzt sich also eine viel umfassendere Aufgabe, als der für sie gewählte Titel anzuzeigen scheint. Sie verbreitet sich über alle Teile der gynaikokratischen Gesittung, sucht die einzelnen Züge derselben und dann den Grundgedanken, in welchem sie sich vereinigen, zu ermitteln und so das Bild einer durch die nachfolgende Entwicklung des Altertums zurückgedrängten oder völlig überwundenen Kulturstufe kenntlich wieder herzustellen. Hoch gesteckt ist das Ziel. Aber nur durch die größte Erweiterung des Gesichtskreises läßt sich wahres Verständnis erreichen und der wissenschaftliche Gedanke zu jener Klarheit und Vollendung hindurchführen, welche das Wesen der Erkenntnis bildet. Ich will es versuchen, Entwicklung und Umfang meiner Gedanken übersichtlich darzustellen und so das Studium der folgenden Abhandlung vorzubereiten und zu erleichtern.

Von allen Berichten, welche über das Dasein und die innern Anlagen des Mutterrechts Zeugnis ablegen, sind die auf das lykische Volk bezüglichen die klarsten und wertvollsten. Die Lykier, berichtet Herodot, benannten ihre Kinder nicht wie die Hellenen nach den Vätern, sondern ausschließlich nach den Müttern, hoben in allen genealogischen Angaben nur die mütterliche Ahnenreihe hervor und beurteilten den Stand der Kinder ausschließlich nach dem der Mutter. Nicolaus von Damascus ergänzt diese Angabe durch die Hervorhebung der ausschließlichen Erbberechtigung der Töchter, welche er auf das lykische Gewohnheitsrecht, das ungeschriebene, nach Sokrates' Definition von der Gottheit selbst gegebene Gesetz zurückführt. Alle diese Gebräuche sind Äußerungen einer und derselben Grundanschauung. Erblickt Herodot in ihnen nichts weiter als eine sonderbare Abweichung von den hellenischen Sitten, so muß dagegen die Beobachtung ihres innern Zusammenhangs zu einer tiefern Auffassung hinführen. Nicht Regellosigkeit, sondern System, nicht Willkür, sondern Notwendigkeit tritt uns entgegen, und da jeder Einfluß einer positiven Gesetzgebung ausdrücklich in Abrede gestellt wird, so verliert die Annahme einer bedeutungslosen Anomalie den letzten Schein von Berechtigung. Dem hellenisch-römischen Vaterprinzip tritt ein in seiner Grundlage wie in seiner Ausbildung völlig entgegengesetztes Familienrecht zur Seite, und durch die Vergleichung beider werden die Eigentümlichkeiten eines jeden in noch helleres Licht gestellt. Bestätigung erhält diese Auffassung durch die Entdeckung verwandter Anschauungen anderer Völker. Der ausschließlichen Erbberechtigung der Töchter nach lykischem Rechte entspricht die ebenso ausschließliche Alimentationspflicht der Töchter gegenüber bejahrten Eltern nach aegyptischem Gebrauche, wofür Diodor Zeugnis ablegt. Scheint diese Bestimmung den Ausbau des lykischen Systems zu vollenden, so führt uns eine von Strabo erhaltene Nachricht über die Kantabrer noch zu einer weitern Konsequenz derselben Grundanschauung, zu der Elocation und Dotierung der Brüder durch die Schwestern. Wenn alle diese Züge sich in einem gemeinsamen Gedanken vereinigen, so enthalten sie überdies eine Belehrung ganz allgemeiner Bedeutung. Durch sie wird die Überzeugung begründet, daß das Mutterrecht keinem bestimmten Volke, sondern einer Kulturstufe angehört, daß es mithin in Folge der Gleichartigkeit und Gesetzmäßigkeit der menschlichen Natur durch keine volkliche Verwandtschaft bedingt oder begrenzt sein kann, daß endlich weniger die Gleichheit der einzelnen Äußerungen als vielmehr die Übereinstimmung der Grundanschauung ins Auge gefaßt werden muß. Der Reihe dieser allgemeinen Gesichtspunkte fügt die Betrachtung der Polybianischen Nachrichten über die hundert durch Muttergenealogie ausgezeichneten Adelshäuser der epizephyrischen Lokrer noch zwei weitere innerlich zusammenhängende, deren Richtigkeit und Bedeutung sich im Laufe der Untersuchung besonders bewährt, hinzu. Das Mutterrecht gehört einer frühern Kulturperiode als das Paternitätssystem, seine volle und ungeschmälerte Blüte geht mit der siegreichen Ausbildung des letztern dem Verfall entgegen. In Übereinstimmung hiemit zeigen sich gynaikokratische Lebensformen vorzüglich bei jenen Stämmen, die den hellenischen Völkern als ältere Geschlechter gegenüberstehen; sie sind ein wesentlicher Bestandteil jener ursprünglichen Kultur, deren eigentümliches Gepräge mit dem Prinzipat des Muttertums ebenso enge zusammenhängt als das des Hellenismus mit der Herrschaft der Paternität.

Diese einer geringen Zahl von Tatsachen entnommenen Grundsätze erhalten im Laufe der Untersuchung durch eine Menge immer reichlicher zuströmender Erscheinungen unumstößliche Gewißheit. Führen uns die Lokrer zu den Lelegern, so schließen sich diesen bald die Karer, Aetoler, Pelasger, Kaukoner, Arkader, Epeier, Minyer, Teleboer an, und bei allen tritt das Mutterrecht und die darauf beruhende Gesittung in einer großen Mannigfaltigkeit einzelner Züge hervor. Die Erscheinung weiblicher Macht und Größe, deren Betrachtung schon bei den Alten Staunen erregte, gibt jedem der einzelnen Volksgemälde, so eigentümlich auch im übrigen seine Färbung sein mag, doch durchweg denselben Charakter altertümlicher Erhabenheit und einer von der hellenischen Kultur durchaus verschiedenen Ursprünglichkeit. Wir erkennen den Grundgedanken, dem das genealogische System der Naupaktien, Eoeen, Kataloge folgt, dem die Verbindung unsterblicher Mütter mit sterblichen Vätern, die Hervorhebung des mütterlichen Gutes, des mütterlichen Namens, der Innigkeit des mütterlichen Geschwistertums entspringt, auf dem endlich die Benennung Mutterland, die größere Heiligkeit weiblicher Opfer, vornehmlich die Unsühnbarkeit des Muttermords beruht.

Hier, wo es sich nicht um die Angabe des Einzelnen, sondern um die Hervorhebung umfassender Gesichtspunkte handelt, muß die Bedeutung der mythischen Tradition für unsere Untersuchung besonders betont werden. Die vorzugsweise Verbindung des Mutterrechts mit den ältesten Stämmen der griechischen Welt bringt es mit sich, daß gerade jene erste Form der Überlieferung für die Kenntnis der Gynaikokratie besondere Wichtigkeit gewinnt, und ebenso läßt sich von vorneherein erwarten, daß die Stellung des Mutterrechts im Mythus der hohen Bedeutung, welche dasselbe als Mittelpunkt einer ganzen Kultur im Leben behauptet, entspreche. Um so dringender tritt die Frage an uns heran, welche Bedeutung wir auf unserm Gebiete jener Urform menschlicher Überlieferung beizulegen, welchen Gebrauch wir von ihren Zeugnissen zu machen berechtigt sind? Die Antwort hierauf soll durch die Betrachtung eines einzelnen dem lykischen Sagenkreise angehörenden Beispiels vorbereitet werden.

Neben dem völlig historischen Zeugnisse Herodots bietet die mythische Königsgeschichte einen Fall mütterlicher Erbrechtsvermittlung dar. Nicht die Söhne Sarpedons, sondern Laodamia, die Tochter, ist erbberechtigt, und überträgt das Reich auf ihren Sohn, der die Oheime ausschließt. Eine Erzählung, die Eustath mitteilt, gibt diesem Erbsystem einen symbolischen Ausdruck, in welchem die Grundidee des Mutterrechts in ihrer sinnlichen Geschlechtlichkeit zu erkennen ist. Wären uns nun die Zeugnisse Herodots und des Nicolaus verloren, so würde die herrschende Betrachtungsweise die Erzählung des Eustath zuerst durch den Einwand zu entkräften suchen, daß ihre Echtheit sich durch keine ältern oder wohl gar gleichzeitigen Quellen dartun lasse; dann würde ihre Rätselhaftigkeit selbst als Beweis der Erfindung durch irgend einen albernen Mythographen geltend gemacht und zuletzt diejenige Tatsache, um welche sich der Mythus wie die Schale um ihren Kern angesetzt hat, umgekehrt als aus dem Mythus abstrahiert, mithin rückwärts aus ihm gedichtet dargestellt und als wertloser

Kehricht jenen unbrauchbaren Notizen zugewiesen, deren täglich wachsende Zahl den zerstörenden Fortschritt der sogenannten kritischen Sichtung des überlieferten Materials bekundet. Die Vergleichung des mythischen mit den historischen Berichten stellt die ganze Verkehrtheit dieses Verfahrens in ihr hellstes Licht. Bewahrheitet durch die Probe geschichtlich feststehender Tatsachen, wird die mythische Tradition als echtes, von dem Einfluß frei schaffender Phantasie durchaus unabhängiges Zeugnis der Urzeit anerkannt, Laodamias Vorzug vor den Brüdern für sich allein schon als hinreichende Beglaubigung des lykischen Mutterrechts betrachtet werden müssen. Es läßt sich kaum ein dem gynaikokratischen System angehörender Zug entdecken, welchem es an einer ähnlichen Wahrheitsprobe fehlte, kann diese auch nicht immer der Geschichte desselben Volks entnommen werden. Ja selbst der Gesamtcharakter, den die gynaikokratische Kultur trägt, entbehrt einer solchen Parallele keineswegs: beides die Folge der wenigstens teilweisen Erhaltung des Mutterrechts bis in späte Zeiten. In mythischen und streng historischen Traditionen begegnen uns die Besonderheiten desselben Systems in übereinstimmender Weise. Erscheinungen der ältesten Zeit und Erscheinungen späterer, zuweilen sehr neuer Perioden treten neben einander, überraschen durch ihren Einklang und lassen die weiten Zwischenräume, die sie scheiden, ganz vergessen. Welchen Einfluß dieser Parallelismus auf die ganze Betrachtungsweise der mythischen Tradition ausüben muß, wie er den Standpunkt, den die heutige Forschung ihr gegenüber einnimmt, unhaltbar macht und jener ohnehin so schwankenden Unterscheidung historischer und vorhistorischer Zeiten gerade für den wichtigsten Teil der Geschichte, die Kenntnis der alten Anschauungen und Zustände, jede Berechtigung entzieht, bedarf keiner weitern Darlegung. Die mythische Überlieferung, so beantwortet sich nun die oben aufgeworfene Frage, erscheint als der getreue Ausdruck des Lebensgesetzes jener Zeiten, in welchen die geschichtliche Entwicklung der alten Welt ihre Grundlagen hat, als die Manifestation der ursprünglichen Denkweise, als unmittelbare historische Offenbarung, folglich als wahre, durch hohe Zuverlässigkeit ausgezeichnete Geschichtsquelle.

Laodamias Vorzug vor ihren Brüdern führt Eustath zu der Bemerkung, eine solche Begünstigung der Töchter vor den Söhnen widerspreche den hellenischen Anschauungen durchaus. Diese

Äußerung verdient um so mehr Beachtung, je jünger die Quelle ist, in der wir ihr begegnen. Unähnlich den Vertretern der heutigen Kritik läßt sich der gelehrte Byzantiner durch das Anomale, das ihm die Sage zu enthalten scheint, zu keiner Verdächtigung, noch weniger zu einer Änderung des Überlieferten verleiten. Diese prüfungslose, gläubige Unterordnung unter die Tradition, oft als gedankenloses Nachschreiben getadelt, bildet die beste Bürgschaft der Zuverlässigkeit selbst später Berichte. Auf allen Gebieten der Altertumsforschung herrscht dieselbe Treue und Genauigkeit in Festhaltung und Fortpflanzung der Überlieferung, dieselbe Scheu, an die Reste der Vorwelt frevelnde Hand anzulegen. Ihr verdanken wir die Möglichkeit, die innere Anlage der ältesten Zeit mit Sicherheit zu erkennen und die Geschichte der menschlichen Gedankenwelt bis in jene Anfänge zu verfolgen, aus welchen die spätere Entwicklung hervorgegangen ist. Je geringer der Hang zu Kritik und subjektiver Kombination, um so größer die Zuverlässigkeit, um so ferner die Gefahr der Fälschung.

Für das Mutterrecht insbesondere bietet der Mythus noch eine weitere Bürgschaft der Echtheit dar. Der Gegensatz desselben zu den Ideen der spätern Zeit ist ein so tiefer und durchgreifender, daß unter der Herrschaft der letztern eine Erdichtung gynaikokratischer Erscheinungen nicht stattfinden konnte. Das System der Paternität folgt einer Anschauung, der das ältere Recht als Rätsel erschien, die mithin keinem einzigen Zuge des mutterrechtlichen Systems Entstehung zu geben fähig war. Laodamias Vorzugsrecht kann unter dem Einfluß der hellenischen Ideen, denen es widerspricht, unmöglich erfunden worden sein, und gleiches gilt von den unzähligen Spuren derselben Lebensform, die in die Urgeschichte aller alten Völker, Athen und Rom, diese beiden entschiedensten Vertreter der Paternität, nicht ausgenommen, verwoben sind. Jede Zeit folgt unbewußt, selbst in ihren Dichtungen, den Gesetzen des eigenen Lebens. Ja, so groß ist die Gewalt, welche die letztern ausüben, daß sich der natürliche Hang, das Abweichende früherer Zeit nach neuem Gepräge umzugestalten, stets geltend machen wird. Die gynaikokratischen Traditionen sind diesem Schicksal nicht entgangen. Wir werden zahlreichen Fällen begegnen, in welchen die Rückwirkung der spätern Anschauungen auf die Reste der frühern und die Folgen der Versuchung, das Unverständliche durch Verständliches im Geschmacke der eigenen Kultur zu ersetzen, in sehr merkwürdigen Äußerungen zu Tage tritt. Alte Züge werden durch neue verdrängt, die hehren Gestalten der gynaikokratischen Vorwelt den Zeitgenossen im Geiste ihres eigenen Daseins vorgeführt, harte Äußerungen in milderm Lichte dargestellt, mit dem Rechte auch Gesinnung, Motive, Leidenschaft nach dem jetzt herrschenden Standpunkte beurteilt. Nicht selten steht Neues und Altes unvermittelt neben einander; anderwärts zeigt sich dasselbe Faktum, dieselbe Person in der doppelten Auffassung der frühern und der spätern Welt, dort schuldlos, hier verbrecherisch, dort voll Erhabenheit und Würde, hier ein Gegenstand des Abscheus, dann Ursache der Palinodie. In andern Fällen weicht die Mutter dem Vater, die Schwester dem Bruder, der nun statt jener oder wechselnd mit ihr in die Sage eintritt, die weibliche Benennung der männlichen, mit Einem Worte, die Konsequenz der mütterlichen Auffassung den Forderungen der ausgebildeten Paternitätstheorie. Also weit entfernt, im Geiste einer überwundenen, untergegangenen Kultur zu dichten, wird die spätere Zeit vielmehr die Herrschaft der eigenen Ideen auf Tatsachen und Erscheinungen, die ihr fremdartig gegenüberstehen, zu erstrecken bestrebt sein. Für die Echtheit aller mythischen Spuren des gynaikokratischen Weltalters liegt hierin die höchste Gewähr. Sie haben die Kraft vollkommen zuverlässiger Beweise. In denjenigen Fällen, welche dem umgestaltenden Einfluß der Nachwelt sich nicht zu entziehen vermochten, enthält der Mythus eine Quelle noch reicherer Belehrung. Da die Änderungen viel häufiger aus unbewußtem Nachgeben an die Zeitideen, nur selten und ausnahmsweise aus bewußter Feindseligkeit gegen das Alte entspringen, so wird die Sage in ihren Wandelungen der lebendige Ausdruck der Entwicklungsstufen des Volks, denen sie gleichen Schrittes zur Seite geht, und für den fähigen Beobachter das getreue Spiegelbild aller Perioden des Lebens.

Die Stellung, welche die folgende Untersuchung der mythischen Tradition gegenüber einnimmt, wird jetzt, so hoffe ich, ebenso klar als gerechtfertigt erscheinen. Der Reichtum der Ergebnisse aber, zu welchen sie hinführt, kann nur aus der Prüfung des Einzelnen erkannt werden. Unsere moderne historische Forschung, in einseitiger Ausschließlichkeit auf die Ermittlung der Ereignisse, Persönlichkeiten, Zeitverhältnisse gerichtet, hat durch die Aufstellung des Gegensatzes zwischen geschichtlicher und mythischer Zeit und die ungebührliche Ausdehnung der letztern der Altertumswissenschaft eine Bahn angewiesen, auf welcher tieferes und zusammenhängendes Verständnis nicht zu erlangen ist. Wo immer wir mit der Geschichte in Berührung treten, sind die Zustände der Art, daß sie frühere Stufen des Daseins voraussetzen: nirgends Anfang, überall Fortsetzung, nirgends bloße Ursache, immer zugleich schon Folge. Das wahrhaft wissenschaftliche Erkennen besteht nun nicht nur in der Beantwortung der Frage nach dem Was? Seine Vollendung erhält es erst dann, wenn es das Woher? zu entdecken vermag und damit das Wohin? zu verbinden weiß. Zum Verstehen wird das Wissen nur dann erhoben, wenn es Ursprung, Fortgang und Ende zu umfassen vermag. Der Anfang aller Entwicklung aber liegt in dem Mythus. Jede tiefere Erforschung des Altertums wird daher unvermeidlich zu ihm zurückgeführt. Er ist es, der die Ursprünge in sich trägt, er allein, der sie zu enthüllen vermag. Die Ursprünge aber bedingen den spätern Fortschritt, geben der Linie, die dieser befolgt, für immer ihre Richtung. Ohne Kenntnis der Ursprünge kann das historische Wissen nie zu innerm Abschluß gelangen. Jene Trennung von Mythus und Geschichte, wohlbegründet, sofern sie die Verschiedenheit der Ausdrucksweise des Geschehenen in der Überlieferung bezeichnen soll, hat also gegenüber der Kontinuität der menschlichen Entwicklung keine Bedeutung und keine Berechtigung. Sie muß auf dem Gebiete unserer Forschung durchaus aufgegeben werden, der ganze Erfolg der Untersuchung hängt wesentlich hievon ab. Die Gestaltungen des Familienrechts in den bekanntern Zeiten des Altertums sind keine ursprünglichen Zustände, vielmehr Folgen vorausgegangener älterer Lebensstufen. Für sich allein betrachtet, erscheinen sie nur in ihrer Wirklichkeit, nicht in ihrer Kausalität, sie sind isolierte Tatsachen, als solche aber höchstens Gegenstand des Wissens, nie des Verständnisses. Das römische Paternitätssystem weist durch die Strenge, mit welcher es auftritt, auf ein früheres, das bekämpft und zurückgedrängt werden soll, hin. Das hohe, mit der Reinheit apollinischer Natur bekleidete Vatertum in der Stadt der mutterlosen Zeustochter Athene erscheint nicht minder als die Spitze einer Entwicklung, deren erste Stufen einer Welt ganz verschiedener Gedanken und Zustände angehört haben müssen. Wie sollen wir nun das Ende verstehen, wenn uns die Anfänge ein Rätsel sind? Wo lassen sich aber diese erkennen? Die Antwort ist nicht zweifelhaft. In dem Mythus, dem getreuen Bilde der ältesten Zeit; entweder hier oder nirgends.

Das Bedürfnis des zusammenhängenden Wissens hat nicht selten zu dem Versuche geführt, durch Gebilde philosophischer Spekulation der Sehnsucht nach Kenntnis der Ursprünge einige Befriedigung zu gewähren und die großen Lücken, die das System der Zeiten darbietet, mit den Schattengestalten eines abstrakten Verstandesspieles auszufüllen. Sonderbarer Widerspruch, um der Dichtung willen den Mythus verwerfen und zugleich den eigenen Utopien so vertrauensstark sich überlassen! Die folgende Untersuchung wird alle Verlockungen dieser Art sorgsam meiden. Behutsam, ja vielleicht zu ängstlich dem Festlande nachsteuernd, allen Krümmungen und Buchten des Ufers folgend, meidet sie die hohe See, ihre Gefahren und Zufälle. Wo keine früheren Erfahrungen zu Gebote stehen, ist vor allem das Einzelne zu prüfen. Nur der Reichtum des Details bietet die nötigen Vergleichungen, befähigt durch diese zur Unterscheidung des Wesentlichen von dem Zufälligen, des gesetzmäßigen Allgemeinen von dem Lokalen; nur er gibt die Mittel an die Hand, zu immer umfassendern Gesichtspunkten emporzusteigen. Man hat es dem Mythus zum Vorwurf gemacht, daß er dem beweglichen Sande gleiche und nirgends festen Fuß zu fassen gestatte. Aber dieser Tadel trifft nicht die Sache, sondern die Behandlungsweise. Vielgestaltig und wechselnd in seiner äußern Erscheinung, folgt der Mythus dennoch bestimmten Gesetzen und ist an sichern und festen Resultaten nicht weniger reich als irgend eine andere Quelle geschichtlicher Erkenntnis. Produkt einer Kulturperiode, in welcher das Völkerleben noch nicht aus der Harmonie der Natur gewichen ist, teilt er mit dieser jene unbewußte Gesetzmäßigkeit, welche den Werken freier Reflexion stets fehlt. Überall System, überall Zusammenhang, in allen Einzelnheiten Ausdruck eines großen Grundgesetzes, das in dem Reichtum seiner Manifestationen die höchste Gewähr innerer Wahrheit und Naturnotwendigkeit besitzt.

Die gynaikokratische Kultur zeigt die Einheitlichkeit eines herrschenden Gedankens in besonders hohem Grade. Alle ihre Äußerungen sind aus einem Gusse, tragen das Gepräge einer in sich selbst abgeschlossenen Entwicklungsstufe des menschlichen Geistes. Der Prinzipat des Muttertums in der Familie kann als vereinzelte Erscheinung nicht gedacht werden. Eine Gesittung, wie sie die Blüte des Hellenismus in sich schließt, ist mit ihm unvereinbar. Derselbe Gegensatz, der das Prinzip der Paternität und das des Mutterrechts beherrscht, muß notwendig die ganze Lebensgestaltung, die jedes der beiden Systeme umgibt, durchdringen. Die erste Beobachtung, in welcher sich diese Folgerichtigkeit der gynaikokratischen Gedankenwelt bewährt, liegt in dem Vorzug der linken vor der rechten Seite. Das Links gehört der weiblichen leidenden, das Rechts der männlichen tätigen Naturpotenz. Die Rolle, welche die linke Isishand in dem vorzugsweise dem Mutterrecht huldigenden Nillande spielt, genügt, um den hervorgehobenen Zusammenhang klar zu machen. Andere Tatsachen strömen dann in großer Anzahl herbei und sichern ihm seine ganze Wichtigkeit, Universalität, Ursprünglichkeit und Unabhängigkeit von dem Einfluß philosophischer Spekulation. In Sitten und Gebräuchen des bürgerlichen und des kultlichen Lebens, in Eigentümlichkeiten der Kleidung wie der Haartracht, nicht weniger in der Bedeutung einzelner Ausdrücke wiederholt sich stets dieselbe Idee, der *maior honos laevarum partium* und ihre innere Verbindung mit dem Mutterrecht. Keine geringere Bedeutung hat eine zweite Äußerung desselben Grundgesetzes, der Prinzipat der Nacht über den aus ihrem Mutterschoße hervorgehenden Tag. Der gynaikokratischen Welt würde das entgegengesetzte Verhältnis völlig zuwiderlaufen. Schon die Alten stellen den Vorzug der Nacht mit dem des Links und beide mit dem Prinzipat des Muttertums auf eine Linie, und auch hier zeigen uralte Sitten und Gebräuche, die Zeitrechnung nach Nächten, die Wahl der Nachtzeit zum Kampfe, zur Beratung, zum Rechtsprechen, die Bevorzugung des Dunkels bei kultlichen Übungen, daß wir es nicht mit abstrakten philosophischen Gedanken später Entstehung, sondern mit der Realität einer ursprünglichen Lebensweise zu tun haben. Weitere Verfolgung desselben Gedankens läßt die kultliche Auszeichnung des Mondes vor der Sonne, der empfangenden Erde vor dem befruchtenden Meere, der finstern Todesseite des Naturlebens vor der lichten des Werdens, der Verstorbenen vor den Lebenden, der Trauer vor der Freude als notwendige Eigentümlichkeit der vorzugsweise mütterlichen Weltperiode von ferne erkennen, und alle diese Züge erhalten im Laufe der Untersuchung immer neue Bewahrheitung und eine immer tiefgehendere Bedeutung.

Schon steht eine Gedankenwelt vor uns, in deren Umgebung das Mutterrecht nicht mehr als eine fremdartige, unbegreifliche Lebensform, vielmehr als homogene Erscheinung auftritt. Doch bietet das Gemälde der Lücken und dunkeln Stellen noch gar manche dar. Aber es ist die eigentümliche Kraft jeder tiefer begründeten Wahrnehmung, daß sie schnell alles Verwandte in ihren Kreis zieht und von dem offener Darliegenden auch zu dem Verborgenen den Weg zu finden weiß. Leise Fingerzeige der Alten sind dann oft genügend, neue Blicke zu eröffnen. Die Auszeichnung des Schwesterverhältnisses und die der jüngsten Geburt bieten sich als belehrende Beispiele dar. Beide gehören dem Mutterprinzipe des Familienrechts, beide sind geeignet, den Grundgedanken desselben in neuen Verzweigungen nachzuweisen. Die Bedeutung des Schwesterverhältnisses wird eröffnet durch eine Bemerkung des Tacitus über die germanische Auffassung desselben, und eine entsprechende Mitteilung des Plutarch über römische Gebräuche beweist, daß wir es auch hier nicht mit einer zufälligen, lokalen Anschauung, sondern mit der Konsequenz eines generellen Grundgedankens zu tun haben. Die Auszeichnung der Jünstgeburt hinwieder findet in Philostrats Heroengeschichte, einem wenn auch späten, doch für die Aufklärung der ältesten Ideen höchst wichtigen Werke, die allgemeinste Anerkennung. Beide Züge umgeben sich bald mit einer großen Zahl einzelner Beispiele, die, teils der mythischen Tradition, teils geschichtlichen Zuständen alter oder noch lebender Völker entnommen, zugleich ihre Universalität und ihre Ursprünglichkeit beweisen. Welcher Seite des gynaikokratischen Gedankens die eine und die andere Erscheinung sich anschließt, ist nicht schwer zu erkennen. Die Auszeichnung der Schwester vor dem Bruder leiht jener der Tochter vor dem Sohne nur einen neuen Ausdruck, die der Jüngstgeburt knüpft die Fortdauer des Lebens an denjenigen Zweig des Mutterstammes an, der, weil zuletzt entstanden, auch zuletzt von dem Tode erreicht werden wird.

Brauch' ich nun es anzudeuten, welche neuen Aufschlüsse diese Wahrnehmungen vorbereiten? Wie die Beurteilung des Menschen nach den Gesetzen des Naturlebens, die zu der Vorliebe für den Trieb des jüngsten Frühlings führt, mit dem lykischen Gleichnis von den Blättern der Bäume übereinstimmt, wie sie uns das Mutterrecht selbst als das Gesetz des stofflich-leiblichen, nicht des geistigen höhern Lebens, die gynaikokratische Gedankenwelt überhaupt als den Ausfluß der mütterlich-tellurischen, nicht der väterlich-uranischen Betrachtungsweise des menschlichen Daseins darstellt? Oder ist es andererseits nötig, darauf aufmerksam zu machen, wie viele Aussprüche der Alten, wie viele Erscheinungen gynaikokratischer Staaten durch den von Tacitus mitgeteilten germanischen Gedanken von der weitergreifenden Wirkung des in der Schwester liegenden Familienverbandes dem Verständnis eröffnet und zur Verwendung für den Ausbau unsers Werkes geschickt gemacht werden? Die größere Liebe zu der Schwester führt uns in eine der würdigsten Seiten des auf den mütterlichen Prinzipat gegründeten Daseins ein. Haben wir zuerst die rechtliche Seite der Gynaikokratie hervorgehoben, so treten wir jetzt mit ihrer moralischen Bedeutung in Berührung. Hat uns jene durch den Gegensatz zu dem, was wir als das natürliche Familienrecht zu betrachten gewohnt sind, überrascht und durch ihre anfängliche Unbegreiflichkeit gequält, so findet dagegen diese in einem keiner Zeit fremden natürlichen Gefühle einen Anklang, der ihr das Verständnis gleichsam von selbst entgegenträgt. Auf den tiefsten, düstersten Stufen des menschlichen Daseins bildet die Liebe, welche die Mutter mit den Geburten ihres Leibes verbindet, den Lichtpunkt des Lebens, die einzige Erhellung der moralischen Finsternis, die einzige Wonne inmitten des tiefen Elends. Beobachtung noch lebender Völker anderer Weltteile hat dadurch, daß sie diese Tatsache von neuem zum Bewußtsein brachte, auch die Bedeutung jener mythischen Traditionen, welche die ersten ›philopatores‹ nennen und ihre Erscheinung als einen wichtigen Wendepunkt der menschlichen Gesittung hervorheben, in ihr richtiges Licht gestellt. Die innige Verbindung des Kindes mit dem Vater, die Aufopferung des Sohnes für seinen Erzeuger verlangt einen weit höhern Grad moralischer Entwicklung als die Mutterliebe, diese geheimnisvolle Macht, welche alle Wesen der irdischen Schöpfung gleichmäßig durchdringt. Später als sie kömmt jene zur Geltung, später zeigt sie ihre Kraft. Dasjenige Verhältnis, an welchem die Menschheit zuerst zur Gesittung emporwächst, das der Entwicklung jeder Tugend, der Ausbildung jeder edlern Seite des Daseins zum Ausgangspunkt dient, ist der Zauber des Muttertums, der inmitten eines gewalterfüllten Lebens als das göttliche Prinzip der Liebe, der Einigung, des Friedens wirksam wird. In der Pflege der Leibesfrucht lernt das Weib früher als der Mann seine liebende Sorge über die Grenzen des eigenen Ich auf andere Wesen erstrekken und alle Erfindungsgabe, die sein Geist besitzt, auf die Erhaltung und Verschönerung des fremden Daseins richten. Von ihm geht jetzt jede Erhebung der Gesittung aus, von ihm jede Wohltat im Leben, jede Hingebung, jede Pflege und jede Totenklage.

Vielfältig ist der Ausdruck, den diese Idee in Mythus und Geschichte gefunden hat. Ihr entspricht es, wenn der Kreter den höchsten Grad der Liebe zu seinem Geburtslande in dem Worte Mutterland niederlegt, wenn die Gemeinsamkeit des Mutterschoßes als das innigste Band, als das wahre, ursprünglich alleinige Geschwisterverhältnis hervorgehoben wird, wenn der Mutter beizustehen, sie zu schützen, sie zu rächen als die heiligste Pflicht erscheint, ihr Leben zu bedrohen aber auch dann alle Hoffnung auf Sühne verscherzt, wenn die Tat im Dienste des verletzten Vatertums geschehen ist. Was soll ich mich in weitere Einzelnheiten verlieren? Genügen doch diese, um für die moralische Anlage jener Kultur, welcher das Mutterrecht angehört, unsere Teilnahme zu erregen. Wie bedeutsam erscheinen jetzt alle jene Beispiele, in welchen die Treue durch Mütter, durch Schwestern gesichert wird, in welchen Gefahr oder Verlust der Schwestern zur Übernahme großer Mühsale begeistert, in denen endlich Schwesternpaare eine ganz typisch-allgemeine Stellung einnehmen. Aber nicht nur inniger, auch allgemeiner und weitere Kreise umfassend ist die aus dem Muttertum stammende Liebe. Tacitus, der diesen Gedanken in Beschränkung auf das Schwesterverhältnis bei den Germanen andeutet, mag die ganze Bedeutung, die ihm zukömmt, und den weiten Umfang, in dem er geschichtlich sich bewahrheitet, kaum überblickt haben. Wie in dem väterlichen Prinzip die Beschränkung, so liegt in dem mütterlichen das der Allgemeinheit; wie jenes die Einschränkung auf engere Kreise mit sich bringt, so kennt dieses keine Schranken, so wenig als das Naturleben. Aus dem gebärenden Muttertum stammt die allgemeine Brüderlichkeit aller Menschen, deren Bewußtsein und Anerkennung mit der Ausbildung der Paternität untergeht. Die auf das Vaterrecht gegründete Familie schließt sich zu einem individuellen Organismus ab, die mutterrechtliche dagegen trägt jenen typisch-allgemeinen Charakter, mit dem alle Entwicklung beginnt, und der das stoffliche Leben vor dem höhern geistigen auszeichnet. Der Erdmutter Demeter sterbliches Bild, wird jedes Weibes Schoß den Geburten des andern Geschwister schenken, das Heimatland nur Brüder und Schwestern kennen, und dies so lange, bis mit der Ausbildung der Paternität die Einheitlichkeit der Masse aufgelöst und das Ununterschiedene durch das Prinzip der Gliederung überwunden wird. In den Mutterstaaten hat diese Seite des Mutterprinzips vielfältigen Ausdruck, ja selbst rechtlich formulierte Anerkennung gefunden. Auf ihr ruht jenes Prinzip allgemeiner Freiheit und Gleich das wir als einen Grundzug im Leben gynaikokratischer Völker öfter finden werden, auf ihr die Philoxenie und entschiedene Abneigung gegen beengende Schranken jeder Art, auf ihr die umfassende Bedeutung gewisser Begriffe, die wie das römische *paricidium* erst später den natürlich-allgemeinen Sinn mit dem individuell-beschränkten vertauschten, auf ihr endlich das besondere Lob der verwandtschaftlichen Gesinnung und einer ›sympatheia‹, die, keine Grenzen kennend, alle Glieder des Volkes gleichmäßig umfaßt. Abwesenheit innerer Zwietracht, Abneigung gegen Unfrieden wird gynaikokratischen Staaten besonders nachgerühmt. Jene großen Panegyrien, an welchen alle Teile des Volks sich im Gefühle der Brüderlichkeit und des gemeinsamen Volkstums freuen, sind bei ihnen am frühesten zur Übung geworden, am schönsten entwickelt. Besondere Strafbarkeit körperlicher Schädigung der Mitmenschen, ja der ganzen Tierwelt tritt nicht weniger charakteristisch hervor, und in Sitten, wie jener der Römerinnen, nicht für die eigenen, sondern für der Schwester Kinder zu der großen Mutter zu flehen, für sie den Gatten zu fordern, in jener der Perser, stets nur für das ganze Volk zu der Gottheit zu beten, der Karer, allen Tugenden die der ›sympatheia‹ für Verwandte vorzuziehen, findet jene innere Anlage des Mutterprinzips ihre schönste Übertragung in die Wirklichkeit des Lebens. Ein Zug milder Humanität, den man selbst in dem Gesichtsausdruck der aegyptischen Bildwerke hervortreten sieht, durchdringt die Gesittung der gynaikokratischen Welt und leiht ihr ein Gepräge, in welchem alles, was die Muttergesinnung Segensreiches in sich trägt, wieder zu erkennen ist. Im Lichte saturnischer Harmlosigkeit erscheint uns jenes ältere Menschengeschlecht, das in der Unterordnung seines ganzen Daseins unter das Gesetz der Mütterlichkeit der Nachwelt die Hauptzüge zu dem Gemälde des silbernen Menschenalters lieferte. Wie verständlich wird uns nun in Hesiods Schilderung die ausschließliche Hervorhebung der Mutter, ihrer nie unterbrochenen sorgsamen Pflege und der ewigen Unmündigkeit des Sohnes, der, mehr leiblich als geistig heranwachsend, der Ruhe und Fülle, die das Ackerbauleben bietet, bis in sein hohes Alter an der Mutter Hand sich freut; wie entspricht sie jenen Gemälden eines später untergegangenen Glücks, dem die Herrschaft des Muttertums stets zum Mittelpunkt dient, wie sehr jenen ›alten Stämmen der Frauen‹, mit welchen auch jeder Friede von der Erde verschwand. Die Geschichtlichkeit des Mythus findet hier eine überraschende Bewahrheitung. Alle Freiheit der Phantasie, alle Fülle poetischer Ausschmückung, mit welcher die Erinnerung sich stets umgibt, haben den historischen Kern der Tradition nicht unkenntlich zu machen noch den Hauptzug des frühern Daseins und dessen Bedeutung für das Leben in Schatten zu stellen vermocht.

Es möge mir gestattet sein, auf diesem Punkte der Untersuchung einen Augenblick auszuruhen und die Fortsetzung meiner Ideenentwicklung durch einige allgemeinere Betrachtungen zu unterbrechen. Die konsequente Verfolgung des gynaikokratischen Grundgedankens hat uns das Verständnis einer großen Zahl einzelner Erscheinungen und Nachrichten eröffnet. Rätselhaft in ihrer Isolierung, erhalten sie, wenn verbunden, den Charakter innerer Notwendigkeit. Die Erreichung eines solchen Resultates hängt hauptsächlich von Einer Vorbedingung ab. Sie verlangt die Fähigkeit des Forschers, den Ideen seiner Zeit, den Anschauungen, mit welchen diese seinen Geist erfüllen, gänzlich zu entsagen und sich in den Mittelpunkt einer durchaus verschiedenen Gedankenwelt zu versetzen. Ohne solche Selbstentäußerung ist auf dem Gebiete der Altertumsforschung ein wahrer Erfolg undenkbar. Wer die Anschauungen späterer Geschlechter zu seinem Ausgangspunkte wählt, wird durch sie von dem Verständnis früherer immer mehr abgelenkt. Die Kluft erweitert sich, die Widersprüche wachsen; wenn dann alle Mittel der Erklärung erschöpft scheinen, bietet sich Verdächtigung und Anzweifelung, am Ende entschiedene Negation als das sicherste Mittel dar, den gordischen Knoten zu lösen. Darin liegt der Grund, warum alle Forschung, alle Kritik unserer Tage so wenig große und dauernde Resultate zu schaffen vermag. Die wahre Kritik ruht nur in der Sache selbst, sie kennt keinen andern Maßstab als das objektive Gesetz, kein anderes Ziel als das Verständnis des Fremdartigen, keine andere Probe als die Zahl der durch ihre Grundanschauung erklärten Phänomene. Wo es der Verdrehungen, Anzweifelungen, Negationen bedarf, da wird die Fälschung stets auf Seite des Forschers, nicht auf jener der Quellen und Überlieferungen, auf welche Unverstand, Leichtsinn, eitle Selbstvergötterung so gerne die eigene Schuld abwälzen, zu suchen sein. Jedem ernsthaften Forscher muß der Gedanke stets gegenwärtig bleiben, daß die Welt, mit der er sich beschäftigt, von derjenigen, in deren Geist er lebt und webt, unendlich verschieden, seine Kenntnis bei der größten Ausdehnung immer beschränkt, seine eigene Lebenserfahrung zudem meist unreif, immer auf die Beobachtung einer unmerklichen Zeitspanne gegründet, das Material aber, das ihm zu Gebote steht, ein Haufe einzelner Trümmer und Fragmente ist, die gar oft, von der einen Seite betrachtet, unecht erscheinen, später dagegen, in die richtige Verbindung gebracht, das frühere voreilige Urteil zu Schanden machen. Vom Standpunkt des römischen Vaterrechts ist die Erscheinung der Sabinerinnen inmitten der kämpfenden Schlachtlinien ebenso unerklärlich als die von Plutarch ohne Zweifel aus Varro geschöpfte, echt gynaikokratische Bestimmung des sabinischen Vertrags. Verbunden mit ganz ähnlichen Berichten über gleiche Ereignisse bei alten sowohl als noch lebenden Völkern einer tiefern Kulturstufe und angeschlossen an die Grundidee, auf welcher das Mutterrecht ruht, verliert sie dagegen alle Rätselhaftigkeit und tritt aus der Region poetischer Erfindung, in welche sie das von den Zuständen und Sitten der heutigen Welt geleitete Urteil vorschnell verwiesen, zurück in das Gebiet geschichtlicher Wirklichkeit, auf welchem sie nun als eine ganz natürliche Folge der Hoheit, Unverletzlichkeit und religiösen Weihe des Muttertums ihr Recht behauptet. Wenn in dem Hannibalischen Bündnis mit den Galliern der Entscheid der Streitigkeiten den gallischen Matronen anvertraut wird, wenn in so vielen Traditionen der mythischen Vorzeit Frauen entweder einzeln oder zu Collegien vereint, bald allein, bald neben den Männern richtend auftreten, in Volksversammlungen stimmen, streitenden Schlachtlinien Halt gebieten, den Frieden vermitteln, seine Bedingungen festsetzen und für des Landes Rettung bald die leibliche Blüte, bald das Leben als Opfer darbringen: wer wird dann mit dem Argument der Unwahrscheinlichkeit, des Widerspruches gegen alles sonst Bekannte, der Unvereinbarkeit mit den Gesetzen der menschlichen Natur, wie sie uns heute erscheinen, zu kämpfen wagen, oder selbst den dichterischen Glanz, der jene Erinnerungen aus der Urzeit umstrahlt, gegen ihre historische Anerkennung zu Hilfe rufen? Das hieße der Gegenwart die Vorzeit aufopfern, oder, um mit Simonides zu reden, nach Docht und Lampe die Welt umgestalten: es hieße wider Jahrtausende streiten und die Geschichte zum Spielball der Meinungen, der unreifen Früchte eingebildeter Weisheit, zur Puppe der Tagesideen erniedrigen. 'Unwahrscheinlichkeit' wird eingewendet: aber mit den Zeiten wechseln die Probabilitäten; was mit dem

Geiste einer Kulturstufe unvereinbar ist, entspricht dem der andern; was dort unwahrscheinlich, gewinnt hier Wahrscheinlichkeit. 'Widerspruch gegen alles Bekannte': aber subjektive Erfahrung und subjektive Denkgesetze haben auf geschichtlichem Gebiete ebensowenig Berechtigung, als die Zurückführung aller Dinge auf die engen Proportionen einer beschränkten Partikulareinsicht jemals zugestanden werden kann. Ist es nötig, denen, die den dichterischen Schimmer der Urzeit gegen uns anrufen, noch besonders zu antworten? Wer ihn leugnen wollte, würde durch die alte, würde selbst durch die neuere Poesie, welche ihre schönsten und erschütterndsten Stoffe eben jener Vorwelt entlehnt, sogleich zur Stille verwiesen. Gewiß, als hätten Poesie und Plastik um den Preis der Erfindung gewetteifert, besitzt alles Alte, die Urzeit zumal, in hohem Grade die Kraft, der Seele des Betrachters Schwingen zu leihen und seine Gedanken weit über die Alltäglichkeit emporzuheben. Aber diese Eigenschaft ruht in der Beschaffenheit der Sache, bildet einen Bestandteil ihres Wesens und ist deshalb viel mehr selbst Gegenstand der Nachforschung als Mittel der Anfechtung.

Die gynaikokratische Weltperiode ist in der Tat die Poesie der Geschichte. Sie wird dies durch die Erhabenheit, die heroische Größe, selbst durch die Schönheit, zu der sie das Weib erhebt, durch die Beförderung der Tapferkeit und ritterlichen Gesinnung unter den Männern, durch die Bedeutung, welche sie der weiblichen Liebe leiht, durch die Zucht und Keuschheit, die sie von dem Jüngling fordert: ein Verein von Eigenschaften, der dem Altertum in demselben Lichte erschien, in welchem unserer Zeit die ritterliche Erhabenheit der germanischen Welt sich darstellt. Wie wir, so fragen die Alten: Wo sind jene Frauen, deren untadelige Schönheit, deren Keuschheit und hohe Gesinnung selbst der Unsterblichen Liebe zu erwecken vermochte, hingekommen? Wo die Heroinen, deren Lob Hesiodos, der Dichter der Gynaikokratie, besang? Wo die weiblichen Volksvereine, mit welchen Dike vertraulich sich zu unterhalten liebte? Wo aber auch jene Helden ohne Furcht und ohne Tadel, die, wie der lykische Bellerophon, ritterliche Größe mit tadellosem Leben, Tapferkeit mit freiwilliger Anerkennung der weiblichen Macht verbanden? Alle kriegerischen Völker, bemerkt Aristoteles, gehorchten dem Weibe, und die Betrachtung späterer Weltalter lehrt das gleiche: der Gefahr trotzen, jegliches Abenteuer suchen und der Schönheit dienen, ist ungebrochener Jugendfülle stets vereinigte Tugend. Dichtung, ja Dichtung wird dies alles im Lichte der heutigen Zustände. Aber die höchste Dichtung, schwungreicher und erschütternder als alle Phantasie, ist die Wirklichkeit der Geschichte. Größere Schicksale sind über das Menschengeschlecht dahingegangen, als unsere Einbildungskraft zu ersinnen vermag. Das gynaikokratische Weltalter mit seinen Gestalten, Taten, Erschütterungen ist der Dichtung gebildeter, aber schwächlicher Zeiten unerreichbar. Vergessen wir es nie: mit der Kraft zur Tat ermattet auch der Flug des Geistes, und die beginnende Fäulnis offenbart sich stets auf allen Gebieten des Lebens zu gleicher Zeit.

Die Grundsätze, nach denen ich verfahre, die Mittel, mit welchen ich einem bisher als dichterisches Schattenreich behandelten Gebiete Aufschlüsse über die frühesten Formen des menschlichen Daseins abzugewinnen suche, haben durch die letzten Bemerkungen, so hoffe ich, neues Licht erhalten. Ich nehme nun die unterbrochene Darstellung der gynaikokratischen Gedankenwelt wieder auf, nicht um mich in den vielfältigen, stets überraschenden Einzelnheiten ihrer innern Anlage zu verlieren, vielmehr um sogleich der wichtigsten Erscheinung, derjenigen, in welcher alle übrigen ihren Abschluß und ihre Begründung finden, ungeteilte Aufmerksamkeit zuzuwenden.

Die religiöse Grundlage der Gynaikokratie zeigt uns das Mutterrecht in seiner würdigsten Gestalt, bringt es mit den höchsten Seiten des Lebens in Verbindung und eröffnet einen tiefen Blick in die Hoheit jener Vorzeit, welche der Hellenismus nur an Glanz der Erscheinung, nicht an Tiefe und Würde der Auffassung zu übertreffen vermochte. Hier noch mehr als bisher fühle ich den gewaltigen Gegensatz, der meine Betrachtungsweise des Altertums von den Ideen der heutigen Zeit und der durch sie geleiteten modernen Geschichtsforschung scheidet. Der Religion einen tiefgehenden Einfluß auf das Völkerleben einräumen, ihr unter den schöpferischen, das ganze Dasein gestaltenden Kräften den ersten Platz zuerkennen, in ihren Ideen Aufschluß über die dunkelsten Seiten der alten Gedankenwelt suchen, erscheint als unheimliche Vorliebe für theokratische Anschauungen, als Merkmal eines unfähigen, befangenen, vorurteilsvollen Geistes, als beklagenswerter Rückfall in die tiefe Nacht einer düstern Zeit. Alle diese Anklagen habe ich schon erfahren, und noch immer beherrscht mich derselbe

Geist der Reaktion, noch immer ziehe ich es vor, auf dem Gebiete des Altertums antik als modern, in seiner Erforschung wahr als den Tagesmeinungen gefällig zu sein, und um das Almosen ihres Beifalls zu betteln. Es gibt nur einen einzigen mächtigen Hebel aller Zivilisation, die Religion. Jede Hebung, jede Senkung des menschlichen Daseins entspringt aus einer Bewegung, die auf diesem höchsten Gebiete ihren Ursprung nimmt. Ohne sie ist keine Seite des alten Lebens verständlich, die früheste Zeit zumal ein undurchdringliches Rätsel. Durch und durch vom Glauben beherrscht, knüpft dieses Geschlecht jede Form des Daseins, jede geschichtliche Tradition an den kultlichen Grundgedanken an, sieht jedes Ereignis nur in religiösem Lichte und identifiziert sich auf das vollkommenste seiner Götterwelt. Daß die gynaikokratische Kultur vorzugsweise dieses hieratische Gepräge tragen muß, dafür bürgt die innere Anlage der weiblichen Natur, jenes tiefe, ahnungsreiche Gottesbewußtsein, das, mit dem Gefühl der Liebe sich verschmelzend, der Frau, zumal der Mutter, eine in den wildesten Zeiten am mächtigsten wirkende religiöse Weihe leiht. Die Erhebung des Weibes über den Mann erregt dadurch vorzüglich unser Staunen, daß sie dem physischen Kraftverhältnis der Geschlechter widerspricht. Dem Stärkern überliefert das Gesetz der Natur den Szepter der Macht. Wird er ihm von schwächern Händen entrissen, so müssen andere Seiten der menschlichen Natur tätig gewesen sein, tiefere Gewalten ihren Einfluß geltend gemacht haben. Es bedarf kaum der Nachhilfe alter Zeugnisse, um diejenige Macht, welche diesen Sieg vorzugsweise errang, zum Bewußtsein zu bringen. Zu allen Zeiten hat das Weib durch die Richtung seines Geistes auf das Übernatürliche, Göttliche, der Gesetzmäßigkeit sich Entziehende, Wunderbare den größten Einfluß auf das männliche Geschlecht, die Bildung und Gesittung der Völker ausgeübt. Die besondere Anlage der Frauen zur ›Frömmigkeit‹, ihren vorzugsweisen Beruf zur Pflege der Gottesfurcht macht Pythagoras zum Ausgangspunkt seiner Anrede an die Krotoniatinnen, und nach Plato hebt es Strabo in einem beachtenswerten Ausspruche hervor, daß von jeher alle ›Dämonenfurcht‹ von dem weiblichen Geschlecht über die Männerwelt verbreitet, mit dem Glauben jeder Aberglaube von ihm gepflegt, genährt, befestigt worden sei. Geschichtliche Erscheinungen aller Zeiten und Völker bestätigen die Richtigkeit dieser Beobachtung. Wie die erste Offenbarung in so vielen Fällen Frauen anvertraut worden ist, so haben an der Verbreitung der meisten Religionen Frauen den tätigsten, oft kriegerischen, manchmal durch die Macht der sinnlichen Reize geförderten Anteil genommen. Älter als die männliche ist die weibliche Prophetie, ausdauernder in der Treue der Bewahrung, »steifer im Glauben« die weibliche Seele; die Frau, wenn auch schwächer als der Mann, dennoch fähig, zu Zeiten sich weit über ihn emporzuschwingen, konservativer insbesondere auf kultlichem Gebiet und in der Wahrung des Zeremoniells. Überall offenbart sich der Hang des Weibes zur steten Erweiterung seines religiösen Einflusses und jene Begierde nach Bekehrung, welche in dem Gefühl der Schwäche und in dem Stolze der Unterjochung des Stärkern einen mächtigen Antrieb besitzt. Mit solchen Kräften ausgestattet, vermag das schwächere Geschlecht den Kampf mit dem stärkern zu unternehmen und siegreich zu bestehen. Der höhern physischen Kraft des Mannes setzt die Frau den mächtigen Einfluß ihrer religiösen Weihe, dem Prinzip der Gewalt das des Friedens, blutiger Feindschaft das der Versöhnung, dem Haß die Liebe entgegen, und weiß so das durch kein Gesetz gebändigte wilde Dasein der ersten Zeit auf die Bahn jener mildern und freundlichern Gesittung hinüberzuleiten, in deren Mittelpunkt sie nun als die Trägerin des höhern Prinzips, als die Offenbarung des göttlichen Gebots herrschend thront. Hierin wurzelt jene zauberartige Gewalt der weiblichen Erscheinung, welche die wildesten Leidenschaften entwaffnet, kämpfende Schlachtlinien trennt, dem offenbarenden und rechtsverkündenden Ausspruch der Frau Unverbrüchlichkeit sichert und in allen Dingen seinem Willen das Ansehen des höchsten Gesetzes verleiht. Der Phaiakenkönigin Arete fast gottähnliche Verehrung und die Heilighaltung ihres Wortes wird schon von Eustath als poetische Ausschmückung eines ganz dem Gebiete der Dichtung zugewiesenen Zaubermärchens betrachtet: und dennoch bildet sie keine vereinzelte Erscheinung, vielmehr den vollendeten Ausdruck der ganz auf kultlicher Grundlage ruhenden Gynaikokratie mit allen Segnungen und aller Schönheit, die sie dem Volksdasein mitzuteilen vermochte.

Die innige Verbindung der Gynaikokratie mit dem Religionscharakter des Weibes offenbart sich in vielen einzelnen Erscheinungen. Auf eine der wichtigsten führt uns die lokrische Bestimmung, wonach kein Knabe, sondern nur ein Mädchen die kultliche Verrichtung der Phialephorie versehen kann. Polybios nennt diese Sitte unter den Beweisen des epizephyrischen Mutterrechts, anerkennt mithin den Zusammenhang derselben mit der gynaikokratischen Grundidee. Das lokrische Mädchenopfer zur Sühne für Aias' Frevel bestätigt den Zusammenhang und zeigt zugleich, welcher Ideenverbindung die allgemeine Sakralbestimmung, daß alle weiblichen Opfer der Gottheit genehmer seien, ihren Ursprung verdankt. Die Verfolgung dieses Gesichtspunktes führt uns zu derjenigen Seite der Gynaikokratie, durch welche das Mutterrecht zugleich seine tiefste Begründung und seine größte Bedeutung erhält. Zurückgeführt auf Demeters Vorbild wird die irdische Mutter zugleich der tellurischen Urmutter sterbliche Stellvertreterin, ihre Priesterin und als Hierophantin mit der Verwaltung ihres Mysteriums betraut. Alle diese Erscheinungen sind aus einem Guß und nichts als verschiedene Äußerungen derselben Kulturstufe. Der Religionsprinzipat des gebärenden Muttertums führt zu dem entsprechenden des sterblichen Weibes, Demeters ausschließliche Verbindung mit Kore zu dem nicht weniger ausschließlichen Successionsverhältnis der Mutter und Tochter, endlich die innere Verbindung des Mysteriums mit den chthonisch-weiblichen Kulten zu der Hierophantie der Mutter, welche hier ihre religiöse Weihe zu dem höchsten Grade der Erhabenheit steigert. Von diesem Gesichtspunkte aus eröffnet sich ein neuer Blick in die wahre Natur jener Kulturstufe, welcher das mütterliche Vorrecht angehört. Wir erkennen die innere Größe der vorhellenischen Gesittung, welche in der demetrischen Religion, ihrem Mysterium und ihrer zugleich kultlichen und zivilen Gynaikokratie einen von der spätern Entwicklung zurückgedrängten, vielfach verkümmerten Keim der edelsten Anlage besaß. Hergebrachte, seit langer Zeit mit kanonischem Ansehen bekleidete Auffassungen, wie jene von der Roheit der pelasgischen Welt, von der Unvereinbarkeit weiblicher Herrschaft mit kräftiger und edler Volksart, insbesondere von der späten Entwicklung des Mysteriösen in der Religion, werden von dem Throne der Olympier gestoßen, den ihnen wiederzugewinnen eitle Hoffnung sein dürfte. Die edelsten Erscheinungen der Geschichte auf die niedersten Motive zurückzuführen, bildet lange schon eine Lieblingsidee unserer Altertumsforschung. Wie konnte sie das Gebiet der Religion verschonen? Wie den höchsten Teil derselben, die Richtung auf das Übernatürliche, Jenseitige, Mystische in seinem Zusammenhang mit den tiefsten Bedürfnissen der menschlichen Seele anerkennen? Nur Fälschung und Betrug einiger selbstsüchtiger Lügenpropheten vermochte in ihren Augen den durchsichtig klaren Himmel der hellenischen Geisteswelt mit solch düsterm Gewölke zu verdunkeln, nur die Zeit des Verfalls auf solche Abwege zu führen. Aber das Mysteriöse bildet das wahre Wesen jeder Religion, und wo immer das Weib auf dem Gebiete des Kultus und dem des Lebens an der Spitze steht, wird es gerade das Mysteriöse mit Vorliebe pflegen. Dafür bürgt seine Naturanlage, die das Sinnliche und Übersinnliche stets unlösbar verbindet; dafür seine enge Verwandtschaft mit dem Naturleben und dem Stoffe, dessen ewiger Tod in ihm zuerst das Bedürfnis eines tröstenden Gedankens und durch den tiefern Schmerz auch die höhere Hoffnung erweckt; dafür insbesondere das Gesetz des demetrischen Muttertums, das sich ihm in den Verwandlungen des Saatkorns offenbart, und durch das Wechselverhältnis von Tod und Leben den Untergang als die Vorbedingung höherer Wiedergeburt, als die Verwirklichung ›des Gewinnes der Weihe‹ darstellt. Was so aus der Natur des Muttertums sich gleichsam von selbst ergibt, wird durch die Geschichte vollkommen bestätigt. Wo immer die Gynaikokratie uns begegnet, verbindet sich mit ihr das Mysterium der chthonischen Religion, mag diese an Demeters Namen sich anknüpfen oder dem Muttertum in einer andern gleichgeltenden Gottheit Verkörperung leihen. Sehr deutlich tritt die Zusammengehörigkeit beider Erscheinungen in dem Leben des lykischen und epizephyrischen Volkes hervor: zweier Stämme, deren ausnahmsweise langes Festhalten an dem Mutterrecht gerade in der reichen Entwicklung des Mysteriums, wie sie bei ihnen in höchst beachtenswerten, noch nie verstandenen Äußerungen sich kundgibt, seine Erklärung findet. Vollkommen sicher ist der Schluß, zu dem diese historische Tatsache führt. Kann nämlich die Ursprünglichkeit des Mutterrechts und dessen Verbindung mit einer ältern Kulturstufe nicht geleugnet werden, so muß gleiches auch für das Mysterium gelten, denn beide Erscheinungen bilden nur zwei verschiedene Seiten derselben Gesittung, sie sind stets verbundene Zwillingsgeschwister. Um so sicherer ist dieses Ergebnis, als nicht verkannt werden kann, daß von den beiden genannten Äußerungen der Gynaikokratie, der zivilen und der religiösen, die letztere der erstern zur Grundlage dient. Die kultlichen Vorstellungen sind das Ursprüngliche, die bürgerlichen Lebensformen Folge und Ausdruck. Aus Kores Verbindung mit Demeter ist der Vorzug der Mutter vor dem Vater, der Tochter vor dem Sohne hervorgegangen, nicht umgekehrt jene aus diesem abstrahiert. Oder, um meinen Ausdruck noch getreuer den Vorstellungen des Altertums anzupassen: von den beiden Bedeutungen der mütterlichen ›kteis (Scham)‹ ist die kultlich-mysteriöse die ursprüngliche, vorherrschende; die zivile, rechtliche die Konsequenz. In ganz sinnlich-natürlicher Auffassung erscheint das weibliche *sporium* zuerst als Darstellung des demetrischen Mysteriums sowohl in seiner tiefern physischen als in seiner höhern jenseitigen Geltung, folgeweise aber als Ausdruck des Mutterrechts in seiner zivilen Gestaltung, wie wir es in dem lykischen Sarpedonmythus gefunden haben. Widerlegt ist nun jene Behauptung der Neuern, als eigne alles Mysteriöse den Zeiten des Verfalls und einer spätern Entartung des Hellenismus. Die Geschichte nimmt das gerade entgegengesetzte Verhältnis an: das mütterliche Mysterium ist das Alte, der Hellenismus eine spätere Stufe der religiösen Entwicklung; nicht jenes, sondern dieser erscheint im Lichte der Entartung und einer religiösen Verflachung, welche dem Diesseits das Jenseits, der Klarheit der Form das mysteriöse Dunkel der höhern Hoffnung aufopfert. Haben wir oben das gynaikokratische Zeitalter als die Poesie der Geschichte bezeichnet, so können wir mit diesem Lobe jetzt ein zweites, doch innerlich eng verwandtes verbinden: es ist zugleich vorzugsweise die Periode religiöser Vertiefung und Ahnung, vorzugsweise die der ›Frömmigkeit, Dämonenfurcht, Besonnenheit, Beachtung der Gesetze‹: Eigenschaften, die insgesamt der gleichen Quelle entspringend, von den Alten mit bemerkenswerter Übereinstimmung sämtlichen Muttervölkern nachgerühmt werden. Wer kann den innern Zusammenhang aller dieser Erscheinungen verkennen? Wer vergessen, daß das vorherrschend weibliche Weltalter auch an allem Anteil haben muß, was des Weibes Naturanlage vor jener des Mannes auszeichnet: an jener Harmonie, welche die Alten vorzugsweise als ›Weiberart‹ bezeichnen; an jener Religion, in welcher das tiefste Bedürfnis der weiblichen Seele, die Liebe, zum Bewußtsein seiner Übereinstimmung mit dem Grundgesetze des Alls sich erhebt; an jener unreflektierten Naturweisheit, die, bekundet durch sprechende Namen wie Autonoe, Phylonoe, Dinonoe, mit der Augenblicklichkeit und Sicherheit des Gewissens erkennt und urteilt; endlich an jener Stetigkeit und jenem Konservatismus des ganzen Daseins, zu dem die Frau von der Natur selbst praefiguriert ist. Alle diese Merkmale des weiblichen Wesens gestalten sich zu ebensovielen Eigentümlichkeiten der gynaikokratischen Welt, einem jeden entsprechen geschichtliche Charakterzüge, einem jeden Erscheinungen, die nun in ihre richtige psychologische und historische Verbindung eintreten.

Feindlich steht dieser Welt die des Hellenismus gegenüber. Mit dem Prinzipat des Muttertums fallen zugleich seine Konsequenzen. Die Entwicklung der Paternität rückt eine ganz andere Seite der menschlichen Natur in den Vordergrund. Ganz andere Lebensgestaltungen, eine ganz neue Gedankenwelt knüpft sich daran. Herodot erkennt in der aegyptischen Zivilisation den geraden Gegensatz der griechischen, zumal der attischen. Dieser gegenüber erscheint ihm jene als verkehrte Welt. Hätte der Vater der Geschichtsschreibung in gleicher Weise die zwei großen Perioden der griechischen Entwicklung neben einander gestellt, ihr Unterschied würde ihn zu ähnlichen Ausdrücken des Staunens und der Überraschung fortgerissen haben. Ist doch Aegypten das Land der stereotypen Gynaikokratie, seine ganze Bildung wesentlich auf den Mutterkult, auf Isis' Vorrang vor Osiris gegründet, und darum mit so manchen Erscheinungen des Mutterrechts, welche das Leben der vorhellenischen Stämme darbietet, in überraschendem Einklang. Aber die Geschichte hat es sich angelegen sein lassen, den Gegensatz der beiden Zivilisationen noch in einem zweiten Beispiele in seiner ganzen Schärfe uns vor Augen zu stellen. Mitten in der hellenischen Welt führt Pythagoras Religion und Leben von neuem auf die alte Grundlage zurück und versucht es, durch Wiedererhebung des Mysteriums der chthonisch-mütterlichen Kulte dem Dasein neue Weihe, dem erwachten tiefern religiösen Bedürfnis Befriedigung zu geben. Nicht in der Entwicklung, sondern in der Bekämpfung des Hellenismus liegt das Wesen des Pythagorismus, den, nach dem bezeichnenden Ausdruck einer unserer Quellen, ein Hauch des höchsten Altertums durchweht. Nicht auf die Weisheit der Griechen, sondern auf die ältere des Orients, der bewegungslosen afrikanischen und asiatischen Welt, wird sein Ursprung vorzugsweise zurückgeführt, und ebenso sucht er seine Durchführung namentlich bei solchen Völkern, deren treues Festhalten an dem Alten, Hergebrachten der Anknüpfungspunkte eine größere Zahl darzubieten schien, zunächst bei den Stämmen und Städten jenes Hesperiens, das auf religiösem Gebiete bis heute zur Pflegerin anderwärts überwundener Lebensstufen auserkoren zu sein scheint. Wenn sich nun mit dieser so bestimmt hervortretenden Bevorzugung einer ältern Lebensanschauung sogleich die entschiedenste Anerkennung des demetrischen Mutterprinzipates, die vorzugsweise Richtung auf Pflege und Entwicklung des Mysteriösen, Jenseitigen, Übersinnlichen in der Religion, vor allem aber das glänzende Hervortreten priesterlich hehrer Frauengestalten verbindet: wer kann alsdann die innere Einheit dieser Erscheinungen und ihren Anschluß an die vorhellenische Gesittung verkennen? Eine frühere Welt ersteht aus dem Grabe; das Leben sucht zu seinen Anfängen zurückzukehren. Die weiten Zwischenräume verschwinden, und als hätten keine Wandelungen der Zeiten und Gedanken stattgefunden, schließen sich späte Geschlechter denen der Urzeit an. Für die pythagorischen Frauen gibt es keinen andern Anknüpfungspunkt als das chthonisch-mütterliche Mysterium der pelasgischen Religion; aus den Ideen der hellenischen Welt läßt sich ihre Erscheinung und die Richtung ihres Geistes nicht erklären. Getrennt von jener kultlichen Grundlage ist der Weihecharakter Theanos, »der Tochter pythagorischer Weisheit«, ein zusammenhangsloses Phänomen, dessen quälender Rätselhaftigkeit man durch die Hinweisung auf den mythischen Charakter der pythagorischen Ursprünge vergebens zu entrinnen sucht. Die Alten bestätigen durch ihre Zusammenstellung Theanos, Diotimas, Sapphos die hervorgehobene Verbindung. Nie ist die Frage beantwortet worden, worin denn die Ähnlichkeit dreier zeitlich und volklich getrennter Erscheinungen ihren Grund hat. Wo anders, erwidere ich, als in dem Mysterium der mütterlich-chthonischen Religion? Der Weiheberuf des pelasgischen Weibes erscheint in jenen drei glänzendsten Frauengestalten des Altertums in seiner reichsten und erhabensten Entfaltung. Sappho gehört einem der großen Mittelpunkte der orphischen Mysterienreligion, Diotima der durch ihre altertümliche Kultur und den samothrakischen Demeterdienst besonders berühmten arkadischen Mantinea, jene dem aeolischen, diese dem pelasgischen Stamme, beide mithin einem Volkstum, das in Religion und Leben den Grundlagen der vorhellenischen Gesittung treu geblieben war. Bei einer Frau unbekannten Namens und inmitten eines Volkes, das, von der Entwicklung des Hellenismus unberührt, vorzugsweise den Ruf altväterischen Lebens genoß, findet einer der größten Weisen jenen Grad religiöser Erleuchtung, den ihm die glänzende Ausbildung des attischen Stammes nicht zu bieten vermochte. Was ich von Anfang an als leitenden Gedanken hervorzuheben bemüht war, die Zusammengehörigkeit jeder weiblichen Auszeichnung mit der vorhellenischen Kultur und Religion, findet seine glänzendste Bestätigung gerade durch diejenigen Erscheinungen, welche, wenn zusammenhangslos und ganz äußerlich nur nach den Zeitverhältnissen betrachtet, am meisten dagegen zu zeugen scheinen. Wo immer die ältere ernste Mysterienreligion sich erhält oder zu neuer Blüte erweckt wird, da tritt das Weib aus der Verborgenheit, zu welcher es die prunkende Knechtschaft des ionischen Lebens verurteilt, von neuem mit der alten Würde und Erhabenheit hervor und verkündet laut, worin die Grundlage der frühern Gynaikokratie und die Quelle aller jener Wohltaten, die sie über das ganze Dasein der dem Mutterrecht huldigenden Völker verbreitete, zu suchen ist. Sokrates zu Diotimas Füßen, dem begeisterten Fluge ihrer ganz mystischen Offenbarung nur mit Mühe folgend, ohne Scheu es bekennend, daß ihm des Weibes Lehre unentbehrlich sei: wo fände die Gynaikokratie einen erhabnern Ausdruck, wo die innere Verwandtschaft des pelasgisch-mütterlichen Mysteriums mit der weiblichen Natur ein schöneres Zeugnis, wo der ethische Grundzug der gynaikokratischen Gesittung, die Liebe, diese Weihe des Muttertums, eine vollendetere lyrisch-weibliche Entwicklung? Die Bewunderung, mit welcher alle Zeiten dieses Bild umgeben haben, wird unendlich gesteigert, wenn wir in ihm nicht allein die schöne Schöpfung eines mächtigen Geistes, sondern zugleich den Anschluß an Ideen und Übungen des kultlichen Lebens, wenn wir in ihm das Bild der weiblichen Hierophantie selbst erkennen. Von neuem bewährt sich, was oben betont wurde: höher als die Poesie der freien Erfindung ist die der Geschichte.

Ich will die religiöse Grundlage der Gynaikokratie nicht weiter verfolgen; in dem Initiationsberufe des Weibes erscheint sie in ihrer größten Vertiefung. Wer wird nun noch fragen, warum die Weihe, warum das Recht, warum alle Eigenschaften, die den Menschen und das Leben schmücken, weiblich genannt, Telete weiblich personifiziert erscheint? Nicht Willkür oder Zufall hat die Wahl bestimmt, vielmehr die Wahrheit der Geschichte in jener Auffassung ihren sprachlichen Ausdruck gefunden. Wir sehen die Muttervölker ausgezeichnet durch Eunomia, Eusebeia, Paideia, die Frauen als strenge Hüterinnen des Mysteriums, des Rechts, des Friedens, und könnten die Übereinstimmung dieser geschichtlichen Tatsachen mit jener Erscheinung verkennen? An das Weib knüpft sich die erste Erhebung des Menschengeschlechts, der erste

Fortschritt zur Gesittung und zu einem geregelten Dasein, vorzüglich die erste religiöse Erziehung, an das Weib mithin der Genuß jedes höhern Gutes an. Früher als in dem Manne erwacht in ihm die Sehnsucht nach Läuterung des Daseins, und in höherm Grade als jener besitzt es die natürliche Fähigkeit, sie herbeizuführen. Sein Werk ist die ganze Gesittung, welche auf die erste Barbarei folgt; seine Gabe, wie das Leben, so auch alles, was dessen Wonne bildet; sein die erste Kenntnis der Naturkräfte, sein die Ahnung und Zusicherung der den Todesschmerz besiegenden Hoffnung. In diesem Lichte betrachtet, erscheint die Gynaikokratie als Zeugnis für den Fortschritt der Kultur, zugleich als Quelle und als Sicherstellung ihrer Wohltaten, als notwendige Erziehungsperiode der Menschheit, mithin selbst als die Verwirklichung eines Naturgesetzes, das an den Völkern nicht weniger als an jedem einzelnen Individuum seine Rechte geltend macht.

Der Kreis meiner Ideenentwicklung läuft hiemit in seinen Anfang zurück. Habe ich damit begonnen, die Unabhängigkeit des Mutterrechts von jeder positiven Satzung hervorzuheben und daraus den Charakter seiner Universalität abzuleiten, so bin ich jetzt befugt, ihm die Eigenschaft der Naturwahrheit auf dem Gebiete des Familienrechts beizulegen, und befähigt, seine Charakterisierung zu vollenden. Ausgehend von dem gebärenden Muttertum, dargestellt durch ihr physisches Bild, steht die Gynaikokratie ganz unter dem Stoffe und den Erscheinungen des Naturlebens, denen sie die Gesetze ihres innern und äußern Daseins entnimmt, fühlt sie lebendiger als spätere Geschlechter die Unität alles Lebens, die Harmonie des Alls, welcher sie noch nicht entwachsen ist, empfindet sie tiefer den Schmerz des Todesloses und jene Hinfälligkeit des tellurischen Daseins, welcher das Weib, die Mutter zumal, ihre Klage widmet, sucht sie sehnsüchtiger nach höherm Troste, findet ihn in den Erscheinungen des Naturlebens und knüpft auch ihn wiederum an den gebärenden Schoß, die empfangende, hegende, nährende Mutterliebe, an. In allem den Gesetzen des physischen Seins gehorsam, wendet sie ihren Blick vorzugsweise der Erde zu, stellt die chthonischen Mächte über die des uranischen Lichts, identifiziert die männliche Kraft vorzugsweise mit den tellurischen Gewässern und ordnet das zeugende Naß dem *gremium matris,* dem Ozean der Erde unter. Ganz materiell, widmet sie ihre Sorge und Kraft der Verschönerung des materiellen Daseins, der ›praktischen Tüchtigkeit‹, und erreicht in der Pflege des von dem Weibe zunächst begünstigten Ackerbaus und in der Mauererrichtung, die die Alten mit dem chthonischen Kulte in so enge Verbindung setzen, eine von den spätern Geschlechtern bewunderte Vollendung. Keine Zeit hat auf die äußere Erscheinung des Körpers, auf die Unverletzlichkeit des Leibes ein so überwiegendes Gewicht, auf das innere geistige Moment so wenig Nachdruck gelegt, als die des Muttertums; keine in dem Rechte den mütterlichen Dualismus und den faktisch-possessorischen Gesichtspunkt so konsequent durchgeführt; keine zugleich die lyrische Begeisterung, diese vorzugsweise weibliche, in dem Gefühl der Natur wurzelnde Seelenstimmung mit gleicher Vorliebe gepflegt. Mit Einem Worte: das gynaikokratische Dasein ist der geordnete Naturalismus, sein Denkgesetz das stoffliche, seine Entwicklung eine überwiegend physische: eine Kulturstufe, mit dem Mutterrecht ebenso notwendig verbunden als der Zeit der Paternität fremd und unbegreifbar.

Die eine Hauptaufgabe der folgenden Untersuchung und die Art ihrer Lösung dürfte durch die bisherigen Bemerkungen hinlänglich festgestellt sein. Eine zweite bietet sich nun dar, an Wichtigkeit und Schwierigkeit jener ersten keineswegs nachstehend, an Mannigfaltigkeit und Eigentümlichkeit der Erscheinungen ihr sogar überlegen. War bisher der innere Ausbau des gynaikokratischen Systems und der ganzen mit ihm verbundenen Gesittung das Ziel meiner Bemühung, so nimmt nun die Forschung eine andere Richtung an. Auf die Untersuchung des Wesens der mutterrechtlichen Kultur folgt die Betrachtung ihrer Geschichte. Jene hat uns das Prinzip der Gynaikokratie enthüllt, diese sucht ihr Verhältnis zu andern Kulturstufen zu bestimmen und einerseits die frühern tiefern Zustände, andererseits die höhern Auffassungen der spätern Zeit, beide in ihrem Kampfe mit dem demetrisch geregelten Mutterrechte, darzustellen. Eine neue Seite der menschlichen Entwicklungsgeschichte bietet sich zur Erforschung dar. Große Umgestaltungen, gewaltige Erschütterungen treten in den Kreis der Betrachtung ein und lassen die Hebungen und Senkungen der menschlichen Geschicke in neuem Lichte erscheinen. Jeder Wendepunkt in der Entwicklung des Geschlechterverhältnisses ist von blutigen Ereignissen umgeben, die allmähliche friedliche Fortbildung viel seltener als der gewaltsame Umsturz. Durch die Steigerung zum Extreme führt jedes Prinzip den Sieg des entgegengesetzten herbei, der Mißbrauch selbst wird zum Hebel des Fortschritts, der höchste Triumph Beginn des Unterliegens. Nirgends tritt die Neigung der menschlichen Seele zur Überschreitung des Maßes und ihre Unfähigkeit zu dauernder Behauptung einer unnatürlichen Höhe gleich gewaltig hervor, nirgends aber auch sieht sich die Fähigkeit des Forschers, mitten in die wilde Größe roher, aber kräftiger Völker hineinzutreten und sich mit ganz fremdartigen Anschauungen und Lebensformen zu befreunden, auf gleich ernstliche Probe gestellt.

So mannigfaltig die einzelnen Erscheinungen sind, in welchen sich der Kampf der Gynaikokratie gegen andere Lebensformen offenbart, so sicher ist doch im ganzen und großen das Entwicklungsprinzip, dem sie sich unterordnen. Wie auf die Periode des Mutterrechts die Herrschaft der Paternität folgt, so geht jener eine Zeit des regellosen Hetärismus voran. Die demetrisch geordnete Gynaikokratie erhält dadurch jene Mittelstellung, in welcher sie als Durchgangspunkt der Menschheit aus der tiefsten Stufe des Daseins zu der höchsten sich darstellt. Mit der erstern teilt sie den stofflich-mütterlichen Standpunkt, mit der zweiten die Ausschließlichkeit der Ehe: was sie von beiden unterscheidet, ist dort die demetrische Regelung des Muttertums, durch welche sie sich über das Gesetz des Hetärismus erhebt, hier der dem gebärenden Schoße eingeräumte Vorzug, in welchem sie dem ausgebildeten Vatersysteme gegenüber sich als tiefere Lebensform kundgibt. Diese Stufenfolge der Zustände bestimmt die Ordnung der folgenden Darstellung. Wir haben zuerst das Verhältnis der Gynaikokratie zu dem Hetärismus, alsdann den Fortschritt von dem Mutterrecht zu dem Vatersystem zu untersuchen.

Dem Adel der menschlichen Natur und ihrer höhern Bestimmung scheint die Ausschließlichkeit der ehelichen Verbindung so innig verwandt und so unentbehrlich, daß sie von den meisten als Urzustand betrachtet, die Behauptung tieferer, ganz ungeregelter Geschlechtsverhältnisse als traurige Verirrung nutzloser Spekulationen über die Anfänge des menschlichen Daseins ins Reich der Träume verwiesen wird. Wer möchte nicht gerne dieser Meinung sich anschließen und unserm Geschlechte die schmerzliche Erinnerung einer so unwürdigen Kindheit ersparen? Aber das Zeugnis der Geschichte verbietet, den Einflüsterungen des Stolzes und der Eigenliebe Gehör zu geben und den äußerst langsamen Fortschritt der Menschheit zu ehelicher Gesittung in Zweifel zu ziehen. Mit erdrückendem Gewichte dringt die Phalanx völlig historischer Nachrichten auf uns ein und macht jeden Widerstand, jede Verteidigung unmöglich. Mit den Beobachtungen der Alten verbinden sich die späterer Geschlechter, und noch in unsern Zeiten hat die Berührung mit Völkern tieferer Kulturzustände die Richtigkeit der Überlieferung durch die Erfahrung des Lebens dargetan. Bei allen Völkern, welche die folgende Untersuchung unserer Betrachtung vorführt, und weit über diesen Kreis hinaus begegnen die deutlichsten Spuren ursprünglich hetärischer Lebensformen, und vielfältig läßt sich der Kampf derselben mit dem höhern demetrischen Gesetze in einer Reihe bedeutsamer, tief in das Leben eingreifender Erscheinungen verfolgen. Es kann nicht verkannt werden: die Gynaikokratie hat sich überall in bewußtem und fortgesetztem Widerstande der Frau gegen den sie erniedrigenden Hetärismus hervorgebildet, befestigt, erhalten. Dem Mißbrauche des Mannes schutzlos hingegeben, und wie es eine von Strabo erhaltene arabische Tradition bezeichnet, durch dessen Lust zum Tode ermüdet, empfindet sie zuerst und am tiefsten die Sehnsucht nach geregelten Zuständen und einer reinern Gesittung, deren Zwang der Mann im trotzigen Bewußtsein höherer physischer Kraft nur ungern sich bequemt. Ohne die Beachtung dieses Wechselverhältnisses wird eine der auszeichnenden Eigenschaften des gynaikokratischen Daseins, die strenge Zucht des Lebens, nie in ihrer ganzen historischen Bedeutung erkannt, ohne sie das oberste Gesetz jedes Mysteriums, die eheliche Keuschheit, nie in ihrer richtigen Stellung zu der Entwicklungsgeschichte der menschlichen Gesittung gewürdigt werden. Die demetrische Gynaikokratie fordert, um begreiflich zu sein, frühere, rohere Zustände, das Grundgesetz ihres Lebens ein entgegengesetztes, aus dessen Bekämpfung es hervorgegangen ist. So wird die Geschichtlichkeit des Mutterrechts eine Bürgschaft für die des Hetärismus.

Der höchste Beweis für die Richtigkeit dieser Auffassung liegt aber in dem innern Zusammenhang der einzelnen Erscheinungen, in welchen sich das anti-demetrische Lebensgesetz offenbart. Eine genauere Prüfung derselben ergibt überall System, und dieses führt seinerseits auf eine Grundidee zurück, welche, in religiöser Anschauung wurzelnd, gegen jeden Verdacht der Zufälligkeit, Willkür oder nur lokaler, vereinzelter Geltung gesichert ist. Den Vertretern der Anschauung von der Notwendigkeit und Ursprünglichkeit der ehelichen Geschlechtsverbindung kann eine demütigende Überraschung nicht erspart werden. Der Gedanke des Altertums ist von dem ihrigen nicht nur verschieden, er bildet dessen vollendeten Gegensatz. Das demetrische Prinzip erscheint als die Beeinträchtigung eines entgegengesetzten ursprünglichern, die Ehe selbst als Verletzung eines Religionsgebots. Dieses Verhältnis, so unbegreiflich es unserm heutigen Bewußtsein entgegentreten mag, hat doch das Zeugnis der Geschichte auf seiner Seite, und vermag allein eine Reihe höchst merkwürdiger, in ihrem wahren Zusammenhang noch nie erkannter Erscheinungen befriedigend zu erklären. Nur aus ihm erläutert sich der Gedanke, daß die Ehe eine Sühne jener Gottheit verlangt, deren Gesetz sie durch ihre Ausschließlichkeit verletzt. Nicht um in den Armen eines Einzelnen zu verwelken, wird das Weib von der Natur mit allen Reizen, über welche sie gebietet, ausgestattet: das Gesetz des Stoffes verwirft alle Beschränkung, haßt alle Fesseln und betrachtet jede Ausschließlichkeit als Versündigung an ihrer Göttlichkeit. Daraus erklären sich nun alle jene Gebräuche, in welchen die Ehe selbst mit hetärischen Übungen verbunden auftritt. Der Form nach mannigfaltig, sind sie doch in ihrer Idee durchaus einheitlich. Durch eine Periode des Hetärismus muß die in der Ehe liegende Abweichung von dem natürlichen Gesetze des Stoffes gesühnt, das Wohlwollen der Gottheit von neuem gewonnen werden. Was sich ewig auszuschließen scheint, Hetärismus und strenges Ehegesetz, tritt nun in die engste Verbindung: die Prostitution wird selbst eine Bürgschaft der ehelichen Keuschheit, deren Heilighaltung eine vorausgegangene Erfüllung des natürlichen Berufes von Seite der Frau erfordert. Es ist klar, daß im Kampfe gegen solche durch die Religion selbst gestützte Anschauungen der Fortschritt zu höherer Gesittung nur ein langsamer, weil stets von neuem bedrohter, sein konnte. Die Mannigfaltigkeit der Mittelzustände, die wir entdecken, beweist in der Tat, wie schwankend und wechselvoll der Kampf war, der auf diesem Gebiete durch Jahrtausende geführt worden ist. Nur ganz allmählich schreitet das demetrische Prinzip zum Siege vor. Das weibliche Sühnopfer wird im Laufe der Zeiten auf ein immer geringeres Maß, auf eine stets leichtere Leistung zurückgeführt. Die Gradation der einzelnen Stufen verdient die höchste Beachtung. Die jährlich wiederholte Darbringung weicht der einmaligen Leistung, auf den Hetärismus der Matronen folgt jener der Mädchen, auf die Ausübung während der Ehe die vor derselben, auf die wahllose Überlassung an alle die an gewisse Persönlichkeiten. An diese Beschränkungen schließt sich die Weihe besonderer Hierodulen an: sie ist dadurch, daß sie die Schuld des ganzen Geschlechts von einem besondern Stande fordert und um diesen Preis das Matronentum von aller Pflicht der Hingabe freispricht, für die Hebung der gesellschaftlichen Zustände besonders bedeutend geworden. Als die leichteste Form eigener Leistung erscheint die Darbringung des Haupthaares, welches in einzelnen Beispielen als Aequivalent der körperlichen Blüte genannt, von dem Altertum überhaupt aber mit der Regellosigkeit hetärischer Zeugung, insbesondere mit der Sumpfvegetation, ihrem natürlichen Prototyp, in die Beziehung innerer Naturverwandtschaft gesetzt wird. Alle diese Phasen der Entwicklung haben nicht nur auf dem Gebiete des Mythus, sondern auch auf dem der Geschichte und bei ganz verschiedenen Völkern zahlreiche Spuren zurückgelassen, und selbst in Benennungen von Lokalitäten, Gottheiten, Geschlechtern sprachlichen Ausdruck erhalten. Ihre Betrachtung zeigt uns den Kampf des demetrischen und des hetärischen Prinzips in seiner ernsten Wirklichkeit zugleich als religiöse und geschichtliche Tatsache, leiht einer nicht unbedeutenden Anzahl berühmter Mythen eine Verständlichkeit, deren sie sich bisher nicht rühmen konnten, läßt endlich den Beruf der Gynaikokratie, durch strenge Wahrung des demetrischen Gebots und fortgesetzten Widerstand gegen jede Rückkehr zu dem rein natürlichen Gesetze die Erziehung der Völker zu vollenden, in seiner ganzen Bedeutung hervortreten. Um einer wichtigen Einzelnheit besonders zu gedenken, mache ich auf den Zusammenhang der entwickelten Anschauungen mit den Aussprüchen der Alten über die Bedeutung der Dotierung des Mädchens aufmerksam. Wie lange schon wird es den Römern nachgesprochen, die *indotata* gelte nicht höher als die Concubine, und wie wenig wird heute noch dieser allen unsern Anschauungen so durchaus widersprechende Gedanke verstanden. Seinen richtigen geschichtlichen Anknüpfungspunkt findet er in einer Seite des Hetärismus, deren Wichtigkeit vielfältig hervortritt, nämlich in dem mit seiner Ausübung verbundenen Gelderwerb. Was den Sieg des demetrischen Prinzips besonders erschweren mußte, ist der mit der Festhaltung des rein natürlichen Standpunkts verbundene Selbstgewinn der Dos; sollte der Hetärismus gründlich ausgerottet werden, so war die Aussteurung des Mädchens von Seite ihrer Familie durchaus erforderlich. Daher jene Mißachtung der *indotata* und die noch späte gesetzliche Strafandrohung für jede indotierte eheliche Verbindung. Man sieht, in dem Kampfe der demetrischen und der hetärischen Lebensform nimmt die Durchführung der Dotierung eine sehr wichtige Stelle ein, so daß die Verbindung derselben mit den höchsten Religionsideen der Gynaikokratie, mit der durch das Mysterium zugesicherten Eudaimonia nach dem Tode, und die Zurückführung des Dotalzwanges auf das Gesetz einer berühmten Fürstin, wie sie in einem sehr merkwürdigen lesbisch-aegyptischen Mythus hervortritt, nicht überraschen kann. Verständlich wird es jetzt von einer neuen Seite, welche tiefere Beziehung zu der demetrischen Idee der Gynaikokratie das ausschließliche Töchtererbrecht hatte, welcher moralische Gedanke in ihm seinen Ausdruck fand, welchen Einfluß es endlich auf die sittliche Hebung des Volkes und auf jene ›Besonnenheit‹, die den Lykiern besonders nachgerühmt wird, ausüben mußte. Der Sohn, sagen alte Zeugnisse, erhält von dem Vater Speer und Schwert, um sich sein Dasein zu gründen, mehr ist ihm nicht nötig; die Tochter dagegen, erbt sie nicht, besitzt nur ihres Leibes Blüte, um ein den Mann sicherndes Vermögen zu gewinnen. Derselben Anschauung huldigen noch heute jene griechischen Inseln, deren einstige Bewohner das Gesetz der Gynaikokratie anerkannten, und auch attische Schriftsteller finden neben der hohen Ausbildung, die ihr Volk der Paternität lieh, die natürliche Bestimmung des ganzen mütterlichen Vermögens in der Dotierung der Tochter, die dadurch vor Ausartung bewahrt wird. Die innere Wahrheit und Würde der gynaikokratischen Gedanken tritt in keiner praktischen Äußerung schöner hervor als in der eben betrachteten; in keiner hat nicht nur die gesellschaftliche Stellung, sondern insbesondere die innere Würde und Reinheit des Weibes eine kräftigere Stütze gefunden.

Die Gesamtheit der bisher berührten Erscheinungen läßt uns über die Grundanschauung, der sie alle entspringen, keinen Zweifel übrig. Neben der demetrischen Erhebung des Muttertums offenbart sich eine tiefere, ursprünglichere Auffassung desselben, die volle, noch keinerlei Beschränkung unterworfene Natürlichkeit des reinen, sich selbst überlassenen Tellurismus. Wir erkennen den Gegensatz der Ackerbaukultur und der *iniussa ultronea creatio*, wie sie in der wilden Vegetation der Mutter Erde, am reichsten und üppigsten in dem Sumpfleben, den Blicken des Menschen sich darstellt. Dem Vorbild der letztern schließt der Hetärismus des

Weibes, der erstern das demetrisch-strenge Ehegesetz der ausgebildeten Gynaikokratie gleichartig sich an. Beide Lebensstufen ruhen auf demselben Grundprinzipe, der Herrschaft des gebärenden Leibes; ihr Unterschied liegt nur in dem Grade der Naturtreue, mit welcher sie das Muttertum auffassen. Die tiefste Stufe der Stofflichkeit schließt sich der tiefsten Region des tellurischen Lebens an, die höhere der höhern des Ackerbaus; jene erblickt die Darstellung ihres Prinzips in den Pflanzen und Tieren feuchter Gründe, denen sie vorzugsweise göttliche Verehrung darbringt, diese in der Ähre und dem Saatkorn, das sie zum heiligsten Symbol ihres mütterlichen Mysteriums erhebt. In einer großen Zahl von Mythen und kultlichen Handlungen tritt der Unterschied dieser beiden Stufen des Muttertums bedeutsam hervor, und überall erscheint ihr Kampf zugleich als religiöse und geschichtliche Tatsache, der Fortschritt von der einen zu der andern als Erhebung des ganzen Lebens, als mächtiger Aufschwung zu höherer Gesittung. In Schoineus, dem Binsenmanne, und Atalantes goldner Frucht, in Kalamos' Besiegung durch Karpos liegt derselbe Gegensatz und dasselbe Prinzip der Entwicklung, das auf dem Gebiete des menschlichen Lebens durch den von der Mutter stammenden, nur in mütterlicher Linie vererbten Sumpfkult der Ioxiden und durch dessen Zurücktreten vor dem höhern eleusinischen Dienst hervorgehoben wird. Überall hat die Natur die Entwicklung der Menschheit geleitet, gewissermaßen auf ihren Schoß genommen, überall durch die Stufen, welche ihre Erscheinungen darbieten, den geschichtlichen Fortschritt jener bestimmt. Das Gewicht, welches der Mythus auf die erste Begründung ehelicher Ausschließlichkeit legt, der Glanz, mit welchem er um dieser Kulturtat willen den Namen eines Kekrops umgibt, die sorgfältige Hervorhebung des Begriffes ehelich-echter Geburt, wie sie in Mythen, in Theseus' Ringprobe, in Horos' Prüfung durch seinen Vater, in der Verbindung des Wortes ›eteos (wahr)‹ mit dem Namen von Individuen, Geschlechtern, Gottheiten und Völkern stattfindet: alles dies mit dem römischen *patrem ciere* entspringt nicht aus eitlem Hang der Sage zu Spekulation, nicht aus anhaltspunktloser Dichtung; es ist vielmehr die in den verschiedensten Formen niedergelegte Erinnerung an einen großen Wendepunkt des Völkerlebens, der der menschlichen Geschichte unmöglich fehlen kann. Die ganze Ausschließlichkeit des Muttertums, welche gar keinen Vater kennt, welche die Kinder als ›ohne Vater‹ oder gleichbedeutend als ›mit vielen Vätern‹, als *spurii*, ›Spartoi‹, Gesäte, oder gleichbedeutend *unilaterales*, den Erzeuger selbst als ›Niemand‹, *Sertor, Semo* erscheinen läßt, ist ebenso geschichtlich als die Herrschaft desselben über das Vatertum, wie sie in dem demetrischen Mutterrecht sich darstellt, ja die Ausbildung dieser zweiten Familienstufe setzt jene erstere nicht weniger voraus als die vollendete Paternitätstheorie sie selbst.

Die Entwicklung unsers Geschlechts kennt im ganzen und großen nirgends Sprünge, nirgends plötzliche Fortschritte, überall allmähliche Übergänge, überall eine Mehrzahl von Stufen, deren jede einzelne die frühere und die nachfolgende gewissermaßen in sich trägt. Alle großen Naturmütter, in welchen die gebärende Macht des Stoffes Namen und persönliche Gestalt angenommen hat, vereinigen in sich beide Grade der Maternität, den tiefern, rein natürlichen, und den höhern, ehelich geordneten, und erst im Laufe der Entwicklung und unter dem Einfluß volklich-individueller Verhältnisse hat hier der eine, dort der andere das Übergewicht behauptet. Der Reihe der Beweise für den historischen Charakter einer vorehelichen Lebensstufe schließt sich dieser letzte mit entscheidendem Gewichte an. Die successive Läuterung der Gottheitsidee bekundet eine entsprechende Hebung des Lebens und kann selbst nur in Verbindung mit dieser stattgefunden haben, wie umgekehrt jeder Rückfall in tiefere sinnlichere Zustände auf dem Gebiete der Religion seinen entsprechenden Ausdruck findet. Was immer die göttlichen Gebilde in sich tragen, hat einmal das Leben beherrscht, einer menschlichen Kulturperiode sein Gepräge verliehen. Ein Widerspruch läßt sich nicht denken; die auf Naturbetrachtung beruhende Religion ist notwendig Wahrheit des Lebens, ihr Inhalt mithin Geschichte unsers Geschlechts. Keine meiner Grundanschauungen findet im Laufe der folgenden Untersuchung eine gleich häufige, gleich durchgreifende Bestätigung, keine wirft auf den Kampf des Hetärismus mit der ehelichen Gynaikokratie ein helleres Licht. Zwei Lebensstufen treten sich entgegen, und jede derselben ruht auf einer religiösen Idee, jede zieht aus kultlichen Anschauungen ihre Nahrung. Die innere Geschichte der epizephyrischen Lokrer ist mehr als die irgend eines andern Volkes dazu geeignet, den ganzen Ideenkreis, den ich bisher dargelegt habe, in seiner geschichtlichen Richtigkeit zu bestätigen. Bei keinem zeigt sich die allmähliche siegreiche Erhebung der demetrischen Gynaikokratie über das ursprüngliche aphroditische *ius naturale* in merkwürdigern Äußerungen, bei keinem gleich greifbar die Abhängigkeit der ganzen Staatsblüte von der Besiegung des Hetärismus, bei keinem aber auch die unvertilgbare Gewalt früherer Religionsgedanken und ihr Wiedererwachen in späten Zeiten auf gleich belehrende Weise.

Es tritt unserer heutigen Denkweise fremdartig entgegen, Zustände und Ereignisse, welche wir dem stillen und verborgenen Kreise des Familienlebens zuweisen, einen so weitgehenden Einfluß auf das ganze Staatsleben, seine Blüte und seinen Verfall ausüben zu sehen. Auch hat man bei der Erforschung des innern Entwicklungsgangs der alten Menschheit diejenige Seite, deren Betrachtung uns beschäftigt, nicht der geringsten Aufmerksamkeit gewürdigt. Und doch ist es gerade der Zusammenhang des Geschlechterverhältnisses und des Grades seiner tiefern oder höhern Auffassung mit dem ganzen Leben und den Geschicken der Völker, wodurch die folgende Untersuchung zu den höchsten Fragen der Geschichte in unmittelbare Beziehung tritt. Die erste große Begegnung der asiatischen und der griechischen Welt wird als ein Kampf des aphroditisch-hetärischen mit dem heräisch-ehelichen Prinzip dargestellt, die Veranlassung des Troischen Krieges auf die Verletzung des Ehebettes zurückgeführt, und in Fortsetzung desselben Gedankens die endliche vollständige Besiegung der Aeneadenmutter Aphrodite durch die matronale Juno in die Zeit des zweiten Punischen Krieges, mithin in diejenige Periode verlegt, in welcher die innere Größe des römischen Volks auf ihrem Höhepunkte stand. Der Zusammenhang aller dieser Erscheinungen ist nicht zu verkennen und jetzt völlig verständlich. Dem Occident hat die Geschichte die Aufgabe zugewiesen, durch die reinere und keuschere Naturanlage seiner Völker das höhere demetrische Lebensprinzip zum dauernden Siege hindurchzuführen und dadurch die Menschheit aus den Fesseln des tiefsten Tellurismus, in dem sie die Zauberkraft der orientalischen Natur festhielt, zu befreien. Rom verdankt es der politischen Idee des Imperiums, mit welcher es in die Weltgeschichte eintritt, daß es diese Entwicklung der alten Menschheit zum Abschluß zu bringen vermochte. Gleich den epizephyrischen Lokrern dem hetärischen Muttertum der asiatischen Aphrodite von Hause aus angehörend, mit dem fernen Heimatland zu allen Zeiten, namentlich in der Religion, in viel engerm Zusammengang als die hellenische früher und vollständiger emanzipierte Welt, durch das tarquinische Königsgeschlecht mit den Anschauungen der ganz mütterlichen etruskischen Kultur in enge Verbindung gesetzt und in den Zeiten der Drangsal von dem Orakel darauf hingewiesen, es fehle ihr ja die Mutter, die nur Asien zu geben vermöge, hätte die zum Bindeglied der alten und der neuen Welt bestimmte Stadt ohne die Stütze ihrer politischen Herrscheridee dem stofflichen Muttertum und dessen asiatisch-natürlicher Auffassung nie siegreich gegenüberzutreten, von dem *ius naturale*, von dem sie nur noch den leeren Rahmen bewahrt, nie völlig sich loszumachen, niemals auch über die Verführung Aegyptens jenen Triumph zu feiern vermocht, der in dem Tod der letzten ganz aphroditisch-hetärischen Kandake des Orients und in Augustus' Betrachtung ihres entseelten Körpers seine Verherrlichung, gewissermaßen seine bildliche Darstellung erhalten hat.

In dem Kampfe des hetärischen mit dem demetrischen Prinzip führte die Verbreitung der dionysischen Religion eine neue Wendung und einen der ganzen Gesittung des Altertums verderblichen Rückschlag herbei. In der Geschichte der Gynaikokratie nimmt dieses Ereignis eine sehr hervorragende Stelle ein. Dionysos erscheint an der Spitze der großen Bekämpfer des Mutterrechts, insbesondere der amazonischen Steigerung desselben. Unversöhnlicher Gegner der naturwidrigen Entartung, welcher das weibliche Dasein anheimgefallen war, knüpft er seine Versöhnung, sein Wohlwollen überall an die Erfüllung des Ehegesetzes, an die Rückkehr zu der Mutterbestimmung der Frau und an die Anerkennung der überragenden Herrlichkeit seiner eigenen männlich-phallischen Natur. Nach dieser Anlage scheint die dionysische Religion eine Unterstützung des demetrischen Ehegesetzes in sich zu tragen, ja überdies unter den die siegreiche Begründung der Paternitätstheorie fördernden Ursachen eine der ersten Stellen einzunehmen. Und in der Tat läßt sich die Bedeutung beider Beziehungen nicht in Abrede stellen. Dennoch ist die Rolle, welche wir dem bacchischen Kulte als dem kräftigsten Bundesgenossen der hetärischen Lebensrichtung anweisen, und die Erwähnung desselben in dieser Verbindung wohlbegründet und durch die Geschichte seines Einflusses auf die ganze Lebensrichtung der alten Welt vollkommen gerechtfertigt. Dieselbe Religion, welche da Ehegesetz zu ihrem Mittelpunkte erhebt, hat mehr als irgend andere die Rückkehr des weiblichen Daseins zu der vollen lichkeit des Aphroditismus befördert; dieselbe, die dem männlichen Prinzip eine das Muttertum weit überragende Entwicklung leiht, am meisten zur Entwürdigung des Mannes und zu seinem Falle selbst unter das Weib beigetragen.

Unter den Ursachen, welche zu der schnellen und siegreichen Verbreitung des neuen Gottes wesentlich mitwirkten, nimmt die amazonische Steigerung der alten Gynaikokratie und die von ihr unzertrennliche Verwilderung des ganzen Daseins eine sehr bedeutende Stelle ein. Je strenger das Gesetz des Muttertums gewaltet hatte, je weniger es dem Weibe gegeben sein konnte, die unnatürliche Größe seiner amazonischen Lebensrichtung dauernd zu behaupten: um so freudigere Aufnahme mußte der durch den Verein sinnlichen und übersinnlichen Glanzes doppelt verführerische Gott allerwärts finden, um so unwiderstehlicher das Geschlecht der Frauen für seinen Dienst begeistern. In raschem Wechsel geht die amazonisch-strenge Gynaikokratie von dem entschiedensten Widerstande gegen den neuen Gott zu ebenso entschiedener Hingabe an ihn über; die kriegerischen Frauen, früher im Kampf mit Dionysos sich messend, erscheinen nun als seine unwiderstehliche Heldenschar und zeigen in der schnellen Aufeinanderfolge der Extreme, wie schwer es der weiblichen Natur zu allen Zeiten fällt, Mitte und Maß zu halten. Die geschichtliche Grundlage kann in den Traditionen, welche die blutigen Ereignisse der ersten bacchischen Religionsverbreitung und die durch sie hervorgerufene tiefe Erschütterung aller Verhältnisse zum Gegenstande haben, nicht verkannt werden. Sie kehren, unabhängig von einander, doch stets mit demselben Charakter, bei den verschiedensten Völkern wieder und stehen mit dem spätern, vorzugsweise auf friedlichen Genuß und die Verschönerung des Daseins gerichteten dionysischen Geiste in so entschiedenem Gegensatze, daß eine erst jetzt tätige Erfindung zu den Unmöglichkeiten gehört.

Die zauberhafte Gewalt, mit welcher der phallische Herr des üppigen Naturlebens die Welt der Frauen auf neue Bahnen fortriß, offenbart sich in Erscheinungen, welche nicht nur die Grenzen unserer Erfahrung, sondern selbst die unserer Einbildungskraft hinter sich zurücklassen, die aber in das Gebiet der Dichtung zu verweisen geringe Vertrautheit mit den dunkeln Tiefen der menschlichen Natur, mit der Macht einer die sinnlichen und die übersinnlichen Bedürfnisse gleichmäßig befriedigenden Religion, mit der Erregbarkeit der weiblichen, das Diesseitige und Jenseitige so unlösbar verbindenden Gefühlswelt, endlich aber ein gänzliches Verkennen des unterjochenden Zaubers südlicher Naturfülle an den Tag legen würde. Auf allen Stufen seiner Entwicklung hat der dionysische Kult denselben Charakter bewahrt, mit welchem er zuerst in die Geschichte eintritt. Durch seine Sinnlichkeit und die Bedeutung, welche er dem Gebote der geschlechtlichen Liebe leiht, der weiblichen Anlage innerlich verwandt, ist er zu dem Geschlechte der Frauen vorzugsweise in Beziehung getreten, hat seinem Leben eine ganz neue Richtung gegeben, in ihm seinen treusten Anhänger, seinen eifrigsten Diener gefunden, auf seine Begeisterung all seine Macht gegründet. Dionysos ist im vollsten Sinne des Worts der Frauen Gott, die Quelle aller ihrer sinnlichen und übersinnlichen Hoffnungen, der Mittelpunkt ihres ganzen Daseins, daher von ihnen zuerst in seiner Herrlichkeit erkannt, ihnen geoffenbart, von ihnen verbreitet, durch sie zum Siege geführt. Eine Religion, welche auf die Erfüllung des geschlechtlichen Gebotes selbst die höhern Hoffnungen gründet und die Seligkeit des übersinnlichen Daseins mit der Befriedigung des sinnlichen in die engste Verbindung setzt, muß durch die erotische Richtung, die sie dem weiblichen Leben mitteilt, die Strenge und Zucht des demetrischen Matronentums notwendig mehr und mehr untergraben und zuletzt das Dasein wieder zu jenem aphroditischen Hetärismus zurückführen, der in der vollen Spontaneität des Naturlebens sein Vorbild erkennt. Die Geschichte unterstützt durch das Gewicht ihres Zeugnisses die Richtigkeit dieses Schlusses. Dionysos' Verbindung mit Demeter wird durch die mit Aphrodite und mit andern Naturmüttern gleicher Anlage mehr und mehr in den Hintergrund gedrängt; die Symbole der cerealen geregelten Maternität, die Ähre und das Brot, weichen vor der bacchischen Traube, der üppigen Frucht des zeugungskräftigen Gottes; Milch, Honig und Wasser, die keuschen Opfer der alten Zeit, vor dem begeisternden, den Taumel sinnlicher Lust erregenden Weine, und in dem Kulte erhält die Region des tiefsten Tellurismus, die Sumpfzeugung mit all ihren Produkten, Tieren nicht weniger als Pflanzen, ein bedeutsames Übergewicht über die höhere Ackerbaukultur und ihre Gaben. Wie völlig die Gestaltung des Lebens demselben Zuge folgte, davon überzeugt uns vor allem der Anblick der alten Gräberwelt, die durch einen erschütternden Gegensatz zur Hauptquelle unserer Kenntnis der ganz sinnlich-erotischen Richtung des dionysischen Frauenlebens geworden ist. Von neuem erkennen wir den tiefgehenden Einfluß der Religion auf die Entwicklung der gesamten Gesittung. Der dionysische Kult hat dem Altertum die höchste Ausbildung einer durch und durch aphroditischen Zivilisation gebracht und ihm jenen Glanz verliehen, von welchem alle Verfeinerung und alle Kunst des modernen Lebens verdunkelt wird. Er hat alle Fesseln gelöst, alle Unterschiede aufgehoben und dadurch, daß er den Geist der Völker vorzugsweise auf die Materie und die Verschönerung des leiblichen Daseins richtete, das Leben selbst wieder zu den Gesetzen des Stoffs zurückgeführt. Dieser Fortschritt der Versinnlichung des Daseins fällt überall mit der Auflösung der politischen Organisation und dem Verfall des staatlichen Lebens zusammen. An der Stelle reicher Gliederung macht sich das Gesetz der Demokratie, der ununterschiedenen Masse, und jene Freiheit und Gleichheit geltend, welche das natürliche Leben vor dem zivilgeordneten auszeichnet, und das der leiblich-stofflichen Seite der menschlichen Natur angehört. Die Alten sind sich über diese Verbindung völlig klar, heben sie in den entschiedensten Aussprüchen hervor und zeigen uns in bezeichnenden historischen Angaben die fleischliche und die politische Emanzipation als notwendige und stets verbundene Zwillingsbrüder. Die dionysische Religion ist zu gleicher Zeit die Apotheose des aphroditischen Genusses und die der allgemeinen Brüderlichkeit, daher den dienenden Ständen besonders lieb und von Tyrannen, den Pisistratiden, Ptolemäern, Caesar, im Interesse ihrer auf die demokratische Entwicklung gegründeten Herrschaft besonders begünstigt. Alle diese Erscheinungen entspringen derselben Quelle, sind nur verschiedene Seiten dessen, was schon die Alten das dionysische Weltalter nennen. Ausfluß einer wesentlich weiblichen Gesittung, geben sie auch dem Weibe von neuem jenen Szepter in die Hand, den in Aristophanes' Vogelstaat Basileia führt, begünstigen sie seine Emanzipationsbestrebungen, wie sie die Lysistrata und die Ekklesiazusen im Anschluß an wirkliche Zustände des attisch-ionischen Lebens darstellen, und begründen so eine neue Gynaikokratie, die dionysische, die weniger in rechtlichen Formen als in der stillen Macht eines das ganze Dasein beherrschenden Aphroditismus sich geltend macht.

Eine Vergleichung dieser späten mit der ursprünglichen Weiberherrschaft ist besonders geeignet, die Eigentümlichkeit einer jeden in helles Licht zu stellen. Trägt jene den demetrisch-keuschen Charakter eines auf strenge Zucht und Sitte gegründeten Lebens, so ruht diese wesentlich auf dem aphroditischen Gesetze der fleischlichen Emanzipation. Erscheint jene als die Quelle hoher Tugenden und eines, wenn auch auf enge Gedankenkreise beschränkten, so doch festbegründeten und wohlgeordneten Daseins, so verbirgt diese unter dem Glanze eines materiell reich entwickelten und geistig beweglichen Lebens den Verfall der Kraft und eine Fäulnis der Sitten, die den Untergang der alten Welt mehr als irgend eine andere Ursache befördert hat. Geht mit der alten Gynaikokratie Tapferkeit des Mannes Hand in Hand, so bereitet ihm die dionysische eine Entkräftung und Entwürdigung, von welcher sich das Weib selbst zuletzt mit Verachtung abwendet. Es ist keines der geringsten Zeugnisse für die innere Kraft des lykischen und elischen Volkstums, daß diese beiden Stämme unter allen ursprünglich gynaikokratischen Völkern die demetrische Reinheit ihres Mutterprinzips entgegen dem auflösenden Einflusse der dionysischen Religion am längsten ungeschmälert sich zu erhalten vermochten. Je enger sich die orphische Geheimlehre trotz der hohen Entwicklung, die sie dem männlich-phallischen Prinzipe lieh, an den alten Mysterienprinzipat der Frau anschloß, um so näher lag die Gefahr des Unterliegens. Bei den epizephyrischen Lokrern und den Aeolern der Insel Lesbos vermögen wir den Übergang zu beobachten und seine Folgen am deutlichsten zu übersehen. Insbesondere aber ist es die afrikanische und die asiatische Welt, welche ihrer angestammten Gynaikokratie die vollendetste dionysische Entwicklung zu Teil werden ließ. Die Geschichte bestätigt vielfach die Beobachtung, daß die frühesten Zustände der Völker am Schlusse ihrer Entwicklung wiederum nach der Oberfläche drängen. Der Kreislauf des Lebens führt das Ende von neuem in den Anfang zurück. Die folgende Untersuchung hat die unerfreuliche Aufgabe, diese traurige Wahrheit durch eine neue Reihe von Beweisen über allen Zweifel zu erheben. Insbesondere den orientalischen Ländern angehörend, sind die Erscheinungen, in welchen sich dieses Gesetz kundgibt, dennoch keineswegs auf sie beschränkt. Je mehr die innere Auflösung der alten Welt fortschreitet, um so entschiedener wird das mütterlich-stoffliche Prinzip von neuem in den Vordergrund gestellt, um so entschlossener seine umfassende aphroditisch-hetärische Auffassung über die demetrische erhoben. Nochmals sehen wir jenes *ius naturale*, das der tiefsten Sphäre des tellurischen Daseins angehört, zur Geltung gelangen, und nachdem man die Möglichkeit seiner historischen Realität sogar für die unterste Stufe der menschlichen Entwicklung in Zweifel gezogen hatte, eben dasselbe nunmehr auf der letzten mit bewußter Vergötterung der tierischen Seite unserer Natur wiederum in das Leben eingeführt, ja zum Mittelpunkt von Geheimlehren erhoben und als Ideal aller menschlichen Vollendung gepriesen. Zugleich treten eine große Zahl von Erscheinungen hervor, in welchen die rätselhaftesten Züge der ältesten Tradition völlig entsprechende Parallelen erhalten. Was wir beim Beginn unserer Untersuchung in mythischem Gewand finden, nimmt am Ende die Geschichtlichkeit sehr neuer Zeit an und beweist durch diesen Zusammenhang, wie durchaus gesetzmäßig, trotz aller Freiheit der Handlung, der Fortgang der menschlichen Entwicklung sich vollzieht.

Ich habe in der jetzt beendigten Darstellung der verschiedenen Stufen des Mutterprinzips und ihres Kampfes unter einander zu wiederholten Malen die amazonische Steigerung der Gynaikokratie hervorgehoben und dadurch auf die wichtige Rolle, welche dieser Erscheinung in der Geschichte des Geschlechterverhältnisses zukommt, hingedeutet. Das Amazonentum steht in der Tat mit dem Hetärismus in der engsten Verbindung. Diese beiden merkwürdigsten Erscheinungen des weiblichen Lebens bedingen und erläutern sich gegenseitig. In welcher Weise wir uns ihre Wechselbeziehung zu denken haben, soll hier wiederum in genauem Anschluß an die erhaltenen Überlieferungen angedeutet werden.

Klearch knüpft an Omphales amazonische Erscheinung die allgemeine Bemerkung an, daß eine solche Steigerung der weiblichen Macht, wo immer sie sich finde, stets eine vorausgegangene Entwürdigung der Frau voraussetze und aus dem notwendigen Wechsel der Extreme erklärt werden müsse. Mehrere der berühmtesten Mythen, die Taten der lemnischen Frauen, der Danaiden, selbst Klytaemnestras Mord schließen sich bestätigend an. Überall ist es der Angriff auf die Rechte des Weibes, der dessen Widerstand hervorruft und seine Hand erst zur Verteidigung, dann zu blutiger Rache bewaffnet. Nach diesem in der Anlage der menschlichen, insbesondere der weiblichen Natur begründeten Gesetze muß der Hetärismus notwendig zum Amazonentum führen. Durch des Mannes Mißbrauch entwürdigt, fühlt das Weib zuerst die Sehnsucht nach einer gesicherten Stellung und einem reinern Dasein. Das Gefühl der erlittenen Schmach, die Wut der

Verzweifelung entflammt es zu bewaffnetem Widerstande und erhebt es zu jener kriegerischen Größe, die, indem sie die Grenzen der Weiblichkeit zu überschreiten scheint, doch nur in dem Bedürfnis ihrer Erhebung wurzelt. Zwei Folgerungen ergeben sich aus dieser Auffassung, und beiden steht die Bestätigung der Geschichte zur Seite. Das Amazonentum stellt sich darnach als eine ganz allgemeine Erscheinung dar. Es wurzelt nicht in den besondern physischen oder geschichtlichen Verhältnissen eines bestimmten Volksstammes, vielmehr in Zuständen und Erscheinungen des menschlichen Daseins überhaupt. Mit dem Hetärismus teilt es den Charakter der Universalität. Die gleiche Ursache ruft überall die gleiche Wirkung hervor. Amazonische Erscheinungen sind in die Ursprünge aller Völker verwoben. Aus dem innern Asien bis nach dem Occident, aus dem skythischen Norden bis in den Westen Afrikas lassen sie sich verfolgen; jenseits des Ozeans sind sie nicht weniger zahlreich, nicht weniger sicher, und selbst in sehr nahe liegenden Zeiten mit dem ganzen Gefolge der blutigsten Rachetaten gegen das männliche Geschlecht beobachtet worden. Die Gesetzmäßigkeit der menschlichen Natur sichert gerade den frühesten Stufen der Entwicklung am meisten den typisch-allgemeinen Charakter. Eine zweite Tatsache schließt sich dieser ersten an. Das Amazonentum bezeichnet trotz seiner wilden Entartung eine wesentliche Erhebung der menschlichen Gesittung. Rückfall und Ausartung inmitten späterer Kulturstufen, ist es in seiner ersten Ausbildung Fortschritt des Lebens zu einer reinern Gestaltung, und nicht nur ein notwendiger, sondern auch ein in seinen Folgen wohltätiger Durchgangspunkt der menschlichen Entwicklung. In ihm tritt das Gefühl der höhern Rechte des Muttertums zuerst den sinnlichen Ansprüchen der physischen Kraft entgegen, in ihm liegt der erste Keim jener Gynaikokratie, welche auf die Macht des Weibes die staatliche Gesittung der Völker gründet. Gerade hierfür liefert die Geschichte die belehrendsten Bestätigungen. Läßt es sich auch nicht in Abrede stellen, daß die geordnete Gynaikokratie allmählich selbst wieder zu amazonischer Strenge und amazonischen Sitten entartete, so ist doch in der Regel das Verhältnis ein umgekehrtes, die amazonische Gestaltung des Lebens eine frühere Erscheinung als die der ehelichen Gynaikokratie, und selbst Vorbereitung der letzern. Dies Verhältnis finden wir namentlich in dem lykischen Mythus, der uns Bellerophontes zugleich als Besieger der Amazonen und als Begründer des Mutterrechts, durch beides als den Ausgangspunkt der ganzen Gesittung des Landes darstellt.

Gegenüber dem Hetärismus kann also die Bedeutung des Amazonentums für die Erhebung des weiblichen und dadurch des ganzen menschlichen Daseins nicht bestritten werden. In dem Kulte zeigt sich dieselbe Stufenfolge. Teilt das Amazonentum mit der ehelichen Gynaikokratie den innigsten Anschluß an den Mond, in dessen Vorzug vor der Sonne das Prototyp der weiblichen Hoheit erkannt wird, so leiht doch das Amazonentum dem Nachtgestirn eine zugleich düsterere und strengere Natur als die demetrische Gynaikokratie. Dieser gilt es als das Bild des ehelichen Vereins, als der höchste kosmische Ausdruck jener Ausschließlichkeit, welche die Verbindung von Sonne und Mond beherrscht; der Amazone dagegen ist es in seiner nächtlich-einsamen Erscheinung die strenge Jungfrau, in seiner Flucht vor der Sonne die Feindin dauernder Verbindung, in seinem grinsenden, ewig wechselnden Antlitz die grause Todes-Gorgo, deren Name selbst zur amazonischen Bezeichnung geworden ist. Kann das höhere Alter dieser tiefern vor jener reinern Auffassung nicht geleugnet werden, so ist auch die dem Amazonentum angewiesene geschichtliche Stellung gesichert. In allen Traditionen tritt die innige Verbindung beider Erscheinungen, des Kultes und der Lebensformen, deutlich hervor; das notwendige Entsprechen der Religion und des Lebens offenbart von neuem seine ganze Bedeutung. Jene großen, von weiblichen Reiterscharen unternommenen Eroberungszüge, deren geschichtliche Grundlage durch die Möglichkeit vielfältig unbegründeter Ausspinnung nicht erschüttert wird, stellen sich nun in einem neuen Lichte dar. Sie erscheinen vorzugsweise als kriegerische Verbreitung eines Religionssystems, führen die weibliche Begeisterung auf ihre mächtigste Quelle, die vereinte Kraft des kultlichen Gedankens und der Hoffnung, mit der Herrschaft der Göttin die eigene zu befestigen, zurück und zeigen uns die Kulturbedeutung des Amazonentums in ihrer gewaltigsten Erscheinung. Das Schicksal der aus den weiblichen Eroberungen hervorgegangenen Staaten ist besonders geeignet, die Richtigkeit unserer Auffassung zu bestätigen und in die Geschichte der gynaikokratischen Welt innern Zusammenhang zu bringen. Mythische und historische Überlieferungen treten in den engsten Verein, ergänzen und bestätigen sich und lassen eine Folge von Zuständen erkennen, die sich unter einander voraussetzen. Von dem Krieg und kriegerischen Unternehmungen gehen die siegreichen Heldenscharen zu fester Ansiedelung, zum Städtebau und zur Pflege des Ackerbaus über. Von den Ufern des Nils bis zu den Gestaden des Pontus, von Mittelasien bis nach Italien sind in die Gründungsgeschichten später berühmter Städte amazonische Namen und Taten verwoben. Wenn das Gesetz der menschlichen Entwicklung diesen Übergang aus dem Wanderleben zu häuslicher Niederlassung notwendig mit sich bringt, so entspricht er in besonderem Grade der Anlage der weiblichen Natur und wird, wo diese ihren Einfluß geltend macht, mit doppelter Schnelligkeit eintreten. Beobachtung noch lebender Völker hat die Tatsache außer Zweifel gesetzt, daß die menschliche Gesellschaft vorzüglich durch die Bemühung der Frauen zu dem Ackerbau, den der Mann länger von sich weist, hinübergeführt wird. Die zahlreichen Traditionen des Altertums, in welchen Weiber durch das Verbrennen der Schiffe dem Wanderleben ein Ende machen, Weiber vorzugsweise den Städten ihre Namen geben oder, wie zu Rom und in Elis, mit der ältesten Grundeinteilung des Landes in nahe Verbindung gesetzt werden, haben durch die Idee, der sie entspringen, Anspruch darauf, als Anerkennung derselben geschichtlichen Tatsache betrachtet zu werden. In der Fixierung des Lebens erfüllt das weibliche Geschlecht seine Naturbestimmung. Von der Gründung und Schmückung des häuslichen Herdes hängt die Hebung des Daseins und alle Gesittung vorzugsweise ab. Es ist ein ganz konsequenter Fortschritt derselben Entwicklung, wenn nun die Richtung auf friedliche Gestaltung des Lebens immer entschiedener sich geltend macht und die Pflege kriegerischer Tüchtigkeit, welche anfänglich die einzige Sorge bildet, nach demselben Verhältnis in den Hintergrund drängt. Obwohl die Waffenübung den Frauen gynaikokratischer Staaten nie gänzlich fremd wurde, obwohl sie zum Schutze ihrer Macht an der Spitze kriegerischer Völker unentbehrlich scheinen mußte, obwohl auch die besondere Vorliebe für das Pferd und seine Schmückung noch spät in bezeichnenden, selbst kultlichen Zügen bemerkbar ist, so finden wir doch die Kriegführung bald als ausschließliches Geschäft der Männer, bald wenigstens mit ihnen geteilt. Letzteres so, daß hier die Männerheere im Gefolge weiblicher Reiterscharen auftreten, dort, wie es die Erscheinung der mysischen Hiera zeigt, in umgekehrter Rangordnung.

Während so die ursprünglich vorherrschende Lebensrichtung immer mehr zurücktritt, bleibt doch die weibliche Herrschaft im

Innern des Staates und im Kreise der Familie noch lange ungeschmälert. Aber auch hier konnte eine fortschreitende Beschränkung derselben nicht ausbleiben. Von Stufe zu Stufe zurückgedrängt, zieht sich die Gynaikokratie in immer engere Kreise zusammen. In dem Fortgang dieser Entwicklung zeigt sich große Mannigfaltigkeit. Bald ist es die staatliche Herrschaft, die zuerst untergeht, bald umgekehrt die häusliche. In Lykien findet sich nur noch die letztere, von der erstern ist keine Nachricht auf uns gekommen, obwohl wir wissen, daß auch die Herrschaft nach Mutterrecht vererbt wurde. Umgekehrt erhält sich anderwärts das weibliche Königtum, sei es ausschließlich, sei es neben dem der Männer, während das Mutterrecht früher aufhört die Familie zu beherrschen. Am längsten widerstehen dem Geiste der Zeit diejenigen Teile des alten Systems, welche mit der Religion in unlösbarem Zusammenhange stehen. Die höhere Sanktion, welche auf allem Kultlichen ruht, schützt sie vor dem Untergange. Aber auch noch andere Ursachen haben mitgewirkt. Wenn für die Lykier und Epizephyrier die Isolierung ihrer geographischen Lage, für Aegypten und Afrika überhaupt die Landesnatur ihren Einfluß geltend machte, so finden wir anderwärts das weibliche Königtum zuletzt durch seine Schwäche selbst geschützt oder unterstützt durch künstliche Formen, wie sie in der Zurückführung der Briefe auf die Übungen asiatischer, im Innern des Palastes abgeschlossener Regentinnen angedeutet werden. Neben diesen einzelnen Resten und Bruchstücken eines ursprünglich viel umfassendern Systems gewinnen die Nachrichten chinesischer Schriftsteller über den innerasiatischen Weiberstaat, der sich bis in das achte Jahrhundert unserer Zeitrechnung die staatliche sowohl als die bürgerliche Gynaikokratie ungeschmälert zu erhalten wußte, ganz besonderes Interesse. Sie stimmen in allen charakteristischen Zügen mit den Berichten der Alten über die innere Anlage der amazonischen Staaten und in dem Lobe der Eunomie und der friedlichen Richtung des ganzen Volkslebens mit dem Resultate meiner eigenen Betrachtung vollkommen überein. Nicht gewaltsame Zerstörung, die die Mehrzahl der amazonischen Gründungen früh vernichtete und auch die italische Niederlassung der Kleiten nicht verschonte, sondern der geräuschlose Einfluß, welchen die Zeit und die Berührung mit dem mächtigen Nachbarreiche ausübte, hat der modernen Welt den Anblick eines gesellschaftlichen Zustandes entzogen, welcher für die europäische Menschheit zu den ältesten und dunkelsten Erinnerungen ihrer Geschichte gehört und noch heute als ein vergessenes Stück Weltgeschichte bezeichnet werden muß.

Auf einem Forschungsgebiete, das, wie das vorliegende, einem ungeheuern Trümmerfelde gleicht, ist die Benützung volklich und zeitlich weit aus einander liegender Nachrichten gar oft das einzige Mittel, Licht zu gewinnen. Nur durch die Beachtung aller Fingerzeige kann es gelingen, das fragmentarisch Überlieferte gehörig zu ordnen. Die verschiedenen Formen und Äußerungen des mütterlichen Prinzipats bei den Völkern der alten Welt erscheinen uns jetzt als ebenso viele Stufen eines großen historischen Prozesses, der, in den Urzeiten beginnend, sich bis in ganz späte Perioden verfolgen läßt und bei den Völkern der afrikanischen Welt noch heute mitten in seiner Entwicklung begriffen ist. Von dem demetrisch geordneten Mutterrechte ausgehend, sind wir in das Verständnis der hetärischen und amazonischen Erscheinungen des alten Frauenlebens vorgedrungen. Nach der Betrachtung dieser tiefern Stufe des Daseins wird es uns nun möglich, auch die höhern in ihrer wahren Bedeutung zu erkennen und dem Sieg des Vaterrechts über die Gynaikokratie seine richtige Stellung in der Entwicklung der Menschheit anzuweisen.

Der Fortschritt von der mütterlichen zu der väterlichen Auffassung des Menschen bildet den wichtigsten Wendepunkt in der Geschichte des Geschlechtsverhältnisses. Teilt die demetrische Lebensstufe mit der aphroditisch-hetärischen den Prinzipat des gebärenden Muttertums, das nur durch die größere oder geringere Reinheit seiner Auffassung zu der Unterscheidung jener beiden Formen des Daseins hinführt, so liegt dagegen in dem Übergang zu dem Paternitätssysteme ein Wechsel des Grundprinzips selbst, eine vollständige Überwindung des frühern Standpunkts. Eine ganz neue Anschauung bricht sich Bahn. Ruht die Verbindung der Mutter mit dem Kinde auf einem stofflichen Zusammenhange, ist sie der Sinnenwahrnehmung erkennbar und stets Naturwahrheit, so trägt dagegen das zeugende Vatertum in allen Stücken einen durchaus entgegengesetzten Charakter. Mit dem Kinde in keinem sichtbaren Zusammenhange, vermag es auch in ehelichen Verhältnissen die Natur einer bloßen Fiktion niemals abzulegen. Der Geburt nur durch Vermittlung der Mutter angehörend, erscheint es stets als die ferner liegende Potenz. Zugleich trägt es in seinem Wesen als erweckende Ursächlichkeit einen unstofflichen Charakter, dem gegenüber die hegende und nährende Mutter als ›Stoff‹, als ›Stätte und Empfängerin des Werdens‹, als ›Amme‹ sich darstellt. Alle diese Eigenschaften des Vatertums führen zu dem Schlusse: in der Hervorhebung der Paternität liegt die Losmachung des Geistes von den Erscheinungen der Natur, in ihrer siegreichen Durchführung eine Erhebung des menschlichen Daseins über die Gesetze des stofflichen Lebens. Ist das Prinzip des Muttertums allen Sphären der tellurischen Schöpfung gemeinsam, so tritt der Mensch durch das Übergewicht, das er der zeugenden Potenz einräumt, aus jener Verbindung heraus und wird sich seines höhern Berufs bewußt. Über das körperliche Dasein erhebt sich das geistige, und der Zusammenhang mit den tiefern Kreisen der Schöpfung wird nun auf jenes beschränkt. Das Muttertum gehört der leiblichen Seite des Menschen, und nur für diese wird fortan sein Zusammenhang mit den übrigen Wesen festgehalten; das väterlich-geistige Prinzip eignet ihm allein. In diesem durchbricht er die Bande des Tellurismus und erhebt seinen Blick zu den höhern Regionen des Kosmos. Das siegreiche Vatertum wird ebenso entschieden an das himmlische Licht angeknüpft als das gebärende Muttertum an die allgebärende Erde, die Durchführung des Rechtes der Paternität ebenso allgemein als Tat der uranischen Sonnenhelden dargestellt als andererseits die Verteidigung und ungeschmälerte Erhaltung des Mutterrechts den chthonischen Muttergottheiten als erste Pflicht zugewiesen.

In Orests und Alkmaeons Muttermord hat der Mythus den Kampf des alten und neuen Prinzips in dieser Weise aufgefaßt und den großen Wendepunkt des Lebens mit einer Erhebung der Religion in den engsten Zusammenhang gesetzt. Auch in diesen Traditionen haben wir die Erinnerung an wirkliche Erlebnisse des Menschengeschlechts zu erkennen. Kann der historische Charakter des Mutterrechts nicht bezweifelt werden, so sind auch die Ereignisse, die seinen Fall begleiten, mehr als dichterische Fiktion. In Orests Schicksalen erkennen wir das Bild der Erschütterungen und Kämpfe, aus welchen die Erhebung des Vatertums über das chthonische Mutterprinzip hervorgegangen ist. Welchen Einfluß immer wir der schmückenden Dichtung einräumen mögen: der Gegensatz und der Kampf der beiden auf einander treffenden Prinzipe, wie ihn Aeschylus und auch Euripides darstellen, hat historische Wahrheit. Der Standpunkt des alten Rechtes ist der

der Erinnyen, nach diesem Orest schuldig, der Mutter Blut unsühnbar; Apoll und Athene dagegen führen ein neues Gesetz zum Siege, das der höhern Väterlichkeit des himmlischen Lichts. Es ist kein Kampf der Dialektik, sondern der Geschichte, den die Götter selbst entscheiden. Ein Weltalter geht unter, ein neues erhebt sich auf dessen Trümmern, das apollinische. Eine neue Gesittung bereitet sich vor, der alten durchaus entgegengesetzt. Auf die Göttlichkeit der Mutter folgt die des Vaters, auf den Prinzipat der Nacht der des Tages, auf den Vorzug der linken Seite der des Rechts, und erst durch den Gegensatz tritt der Unterschied beider Lebensstufen in seiner vollen Schärfe hervor. Leitet die pelasgische Kultur das Gepräge, welches sie auszeichnet, von der überwiegenden Bedeutung des Muttertums ab, so ist dagegen der Hellenismus mit dem Hervortreten der Paternität aufs engste verbunden. Dort stoffliche Gebundenheit, hier geistige Entwicklung; dort unbewußte Gesetzmäßigkeit, hier Individualismus; dort Hingabe an die Natur, hier Erhebung über dieselbe, Durchbrechung der alten Schranken des Daseins, das Streben und Leiden des prometheischen Lebens an der Stelle beharrender Ruhe, friedlichen Genusses und ewiger Unmündigkeit in alterndem Leibe. Freie Gabe der Mutter ist die höhere Hoffnung des demetrischen Mysterium, das in dem Schicksal des Samenkorns erkannt wird; der Hellene dagegen will alles, auch das Höchste, sich selbst erringen. Im Kampfe wird er sich seiner Vaternatur bewußt, kämpfend erhebt er sich über das Muttertum, dem er früher ganz angehörte, kämpfend ringt er sich zu eigener Göttlichkeit empor. Für ihn liegt die Quelle der Unsterblichkeit nicht mehr in dem gebärenden Weibe, sondern in dem männlich-schaffenden Prinzip, dieses bekleidet er nun mit der Göttlichkeit, die die frühere Welt jenem allein zuerkannte. Der Ruhm, der Zeusnatur des Vatertums ihre reinste Entwicklung gegeben zu haben, kann dem attischen Stamme nicht abgesprochen werden. Ruht Athen auch selbst auf dem pelasgischen Volkstume, so hat es doch im Laufe seiner Entwicklung das demetrische Prinzip dem apollinischen gänzlich untergeordnet, Theseus als zweiten weiberfeindlichen Herakles verehrt, in Athene das mutterlose Vatertum an die Stelle des vaterlosen Muttertums gesetzt, und selbst in seiner Legislation der Paternität in ihrer prinzipiellen Allgemeinheit jene Unantastbarkeit gesichert, welche das alte Recht der Erinnyen dem Muttertum allein zuerkannte. Wohlgewogen allem Männlichen, hilfreich allen Helden des väterlichen Sonnenrechts heißt die jungfräuliche Göttin, in welcher das kriegerische Amazonentum der alten Zeit in geistiger Auffassung wiederkehrt; feindlich dagegen und unheilbringend ihre Stadt allen jenen Frauen, die, ihres Geschlechts Rechte verteidigend, an Attikas Gestaden hilfesuchend der Schiffe Taue befestigen. Der Gegensatz des apollinischen zu dem demetrischen Prinzip zeigt sich hier in seiner schärfsten Durchführung. Dieselbe Stadt, in deren Urgeschichte Spuren gynaikokratischer Zustände deutlich hervortreten, dieselbe hat dem Vatertum die reinste Entwicklung gebracht und in einseitiger Übertreibung der eingeschlagenen Richtung das Weib zu einer Unterordnung verurteilt, die besonders durch ihren Gegensatz zu der Grundlage der eleusinischen Weihen überrascht.

Das Altertum wird dadurch besonders lehrreich, daß es seine Entwicklung fast auf allen Gebieten des Lebens zum Abschluß gebracht, jedem Prinzipe seine vollkommene Durchführung geliehen hat. Fragmentarisch und zerrissen in seiner Überlieferung, ist es doch in dieser wichtigsten Beziehung durchaus ein Ganzes. Seine Erforschung gewährt dadurch einen Vorteil, den keine andere Zeit zu bieten vermag. Sie sichert unserm Wissen seinen Abschluß. Die Vergleichung des Ausgangs- und des Endpunktes wird die Quelle der reichsten Aufklärung über die Natur beider. Nur durch den Gegensatz erhalten die Eigentümlichkeiten jeder Stufe ihre volle Verständlichkeit. Es ist also keine ungebührliche Ausdehnung, vielmehr notwendiger Teil meiner Aufgabe, wenn ich der Ausbildung der Paternität und der damit verbundenen Umgestaltung des Daseins eingehende Betrachtung widme. Auf zwei Gebieten wird der Wechsel des väterlichen und des mütterlichen Standpunktes besonders verfolgt werden, auf dem der Familienergänzung durch Adoption und auf jenem der Mantik. Die Annahme an Kindesstatt, undenkbar unter der Herrschaft rein hetärischer Zustände, muß neben dem demetrischen Prinzipe eine ganz andere Gestalt annehmen als nach apollinischer Idee. Dort von dem Grundsatze mütterlicher Geburt geleitet, kann sie sich von der Naturwahrheit nicht entfernen; hier dagegen wird sie, getragen von der Fiktionsbedeutung der Paternität, zu der Annahme rein geistiger Zeugung emporsteigen, ein mutterloses, aller Materialität entkleidetes Vatertum verwirklichen und dadurch der Idee der Succession in gerader Linie, welche dem Muttertum fehlt, die zu apollinischer Geschlechtsunsterblichkeit führende Vollendung bringen. Für die Mantik läßt sich das gleiche Entwicklungsprinzip besonders in der Ausbildung der iamidischen Prophetie nachweisen. Mütterlich-tellurisch auf ihrer untersten melampodischen Stufe, wird sie auf der höchsten ganz väterlich-apollinisch und vereinigt sich in der Idee der geraden Linie, die sie jetzt hervorhebt, mit der höchsten Vergeistigung der Adoption, welcher dasselbe Bild angehört. Doppelt belehrend aber wird ihre Betrachtung dadurch, daß sie uns mit Arkadien und Elis, zwei Hauptsitzen der Gynaikokratie, in Verbindung bringt und so die Gelegenheit bietet, den Parallelismus der Entwicklung des Familienrechts und jener der Mantik, der Religion überhaupt, in unmittelbarer Nähe zu betrachten.

Die Gesetzmäßigkeit in der Ausbildung des menschlichen Geistes erhält durch die Zusammenstellung dieser verschiedenen Gebiete des Lebens einen hohen Grad objektiver Sicherheit. Überall dieselbe Erhebung von der Erde zum Himmel, von dem Stoffe zur Unstofflichkeit, von der Mutter zum Vater, überall jenes orphische Prinzip, das in der Richtung von unten nach oben eine successive Läuterung des Lebens annimmt und hierin seinen prinzipiellen Gegensatz zu der christlichen Lehre und zu ihrem Ausspruch ›denn es ist nicht der Mann aus der Frau, sondern die Frau aus dem Mann‹ besonders zu erkennen gibt.

Die zweite Hauptrichtung meiner Untersuchung, welche ich als die historische bezeichnet und auf den Kampf des Mutterrechts mit höhern und tiefern Lebensstufen bezogen habe, findet ihre tiefere Begründung in der Betrachtung des innern Zusammenhangs, der den allmählichen Fortschritt der geistigen Entwicklung des Menschen mit einer Stufenfolge immer höherer Erscheinungen des Kosmos verbindet. Der absolute Gegensatz unserer heutigen Denkweise zu der des Altertums tritt nirgends so überraschend hervor als auf dem Gebiete, das wir nun betreten. Die Unterordnung des Geistigen unter physische Gesetze, die Abhängigkeit der menschlichen Entwicklung von kosmischen Mächten erscheint so seltsam, daß man sich versucht fühlt, sie in das Reich philosophischer Träume zu verweisen oder »als Fiebergesicht und höhern Blödsinn« darzustellen. Und doch ist sie keine Verirrung alter oder neuer Spekulation, keine grundlose Parallele, überhaupt keine Theorie, vielmehr, wenn ich mich so ausdrücken darf, objektive Wahrheit, Empirie und Spekulation zugleich, eine in der geschichtlichen Entwicklung der alten Welt selbst geoffenbarte Philosophie. Alle Teile des alten Lebens sind von ihr durchdrungen, auf allen Stufen der religiösen Entwicklung tritt sie als leitender Gedanke hervor, jeder Erhebung des Familienrechts liegt sie zu Grunde. Sie trägt und beherrscht alles, und ist der einzige Schlüssel zum Verständnis einer großen Zahl noch nie erklärter Mythen und Symbole. Schon unsere frühere Darstellung gibt die Mittel an die Hand, dem antiken Standpunkte näher zu treten. Indem sie die Abhängigkeit der einzelnen Stufen des Familienrechts von ebenso vielen verschiedenen Religionsideen nachweist, führt sie zu dem Schlusse, daß dasselbe Verhältnis der Unterordnung, in welchem die Religion zu den Naturerscheinungen steht, folgeweise auch die Familienzustände beherrschen muß. Die Betrachtung des Altertums bringt mit jedem Schritte neue Bestätigungen dieser Wahrheit. Alle Stufen des geschlechtlichen Lebens von dem aphroditischen Hetärismus bis zu der apollinischen Reinheit der Paternität haben ihr entsprechendes Vorbild in den Stufen des Naturlebens von der wilden Sumpfvegetation, dem Prototyp des ehelosen Muttertums, bis zu dem harmonischen Gesetz der uranischen Welt und dem himmlischen Lichte, das als *flamma non urens* der Geistigkeit des sich ewig verjüngenden Vatertums entspricht. So durchaus gesetzmäßig ist der Zusammenhang, daß aus dem Vorherrschen des einen oder des andern der großen Weltkörper in dem Kulte auf die Gestaltung des Geschlechtsverhältnisses im Leben geschlossen und in einem der bedeutendsten Sitze des Monddienstes die männliche oder weibliche Benennung des Nachtgestirns als Ausdruck der Herrschaft des Mannes oder jener der Frau aufgefaßt werden konnte.

Von den drei großen kosmischen Körpern: Erde, Mond, Sonne, erscheint der erste als Träger des Muttertums, während der letzte die Entwicklung des Vaterprinzips leitet. Die tiefste Religionsstufe, der reine Tellurismus, fordert den Prinzipat des Mutterschoßes, verlegt den Sitz der Männlichkeit in das tellurische Gewässer und in die Kraft der Winde, welche, der irdischen Atmosphäre angehörend, vorzugsweise in dem chthonischen Systeme eine Rolle spielen, ordnet endlich die männliche Potenz der weiblichen, den Ozean dem *gremium matris Terrae* unter. Mit der Erde identifiziert sich die Nacht, welche, als chthonische Macht aufgefaßt, mütterlich gedacht, zu dem Weibe in besondere Beziehung gesetzt und mit dem ältesten Szepter ausgestattet wird. Ihr gegenüber erhebt die Sonne den Blick zu der Betrachtung der größern Herrlichkeit der männlichen Kraft. Das Tagesgestirn führt die Idee des Vatertums zum Siege. In dreifacher Stufenfolge vollendet sich die Entwicklung, und zwei derselben schließen sich wiederum genau an die Naturerscheinung an, während die dritte es versucht, über sie hinauszudringen. An den Aufgang der Sonne knüpft die alte Religion den Gedanken siegreicher Überwindung des mütterlichen Dunkels, wie sie in dem Mysterium als Grundlage der jenseitigen Hoffnungen vielfach hervortritt. Aber auf dieser morgendlichen Stufe wird der leuchtende Sohn noch ganz von der Mutter beherrscht, der Tag als ›nächtiger Tag‹ bezeichnet und als vaterlose Geburt der Mutter Matuta, dieser großen Eileithyia, mit auszeichnenden Eigenschaften des Mutterrechts in Verbindung gesetzt. Die völlige Befreiung aus dem mütterlichen Vereine tritt erst ein, wenn die Sonne zu der größten Entfaltung ihrer Lichtmacht gelangt. Auf dem Zenithpunkte ihrer Kraft, gleich entfernt von der Stunde der Geburt und der des Todes, dem eintreibenden und austreibenden Hirten, ist sie das siegreiche Vatertum, dessen Glanz die Mutter sich ebenso unterordnet, wie sie der poseidonischen Männlichkeit herrschend entgegentritt. Das ist die dionysische Durchführung des Vaterrechts, die Stufe desjenigen Gottes, der zugleich als die am reichsten entwickelte Sonnenmacht und als Begründer der Paternität genannt wird. Beide Äußerungen seiner Natur zeigen das genaueste Entsprechen. Phallisch-zeugend, wie die Sonne in ihrer üppigsten Manneskraft, ist die dionysische Paternität, stets den empfangenden Stoff suchend, um in ihm Leben zu erwecken: so Sol, so auch der Vater in seiner dionysischen Auffassung. Ganz anders und viel reiner stellt sich die dritte Stufe der solarischen Entwicklung dar, die apollinische. Von der phallisch gedachten, stets zwischen Aufgang und Niedergang, Werden und Vergehen auf- und abwallenden Sonne erhebt sich jene zu der wechsellosen Quelle des Lichts, in das Reich des solarischen Seins, und läßt alle Idee der Zeugung und Befruchtung, alle Sehnsucht nach der Mischung mit dem weiblichen Stoffe tief unter sich zurück. Hat Dionysos das Vatertum nur über die Mutter erhoben, so befreit sich Apollo vollständig von jeder Verbindung mit dem Weibe. Mutterlos ist seine Paternität, eine geistige, wie sie in der Adoption vorliegt, mithin unsterblich, der Todesnacht, in welche Dionysos, weil phallisch, stets hineinblickt, nicht unterworfen. So erscheint das Verhältnis der beiden Lichtmächte und der beiden in ihnen begründeten Paternitäten in dem Ion des Euripides, der, den delphischen Ideen genau sich anschließend, für den Gegenstand der folgenden Untersuchung, in höherm Grade noch als Heliodors Liebesroman, besondere Bedeutung gewinnt. Zwischen den beiden Extremen, der Erde und der Sonne, nimmt der Mond jene Mittelstellung ein, welche die Alten als Grenzregion zweier Welten bezeichnen. Der reinste der tellurischen, der unreinste der uranischen Körper, wird er das Bild des durch das demetrische Prinzip zur höchsten Läuterung erhobenen Muttertums und als himmlische Erde der chthonischen entgegengesetzt, wie der hetärischen die demetrisch geweihte Frau. Übereinstimmend hiermit erscheint das eheliche Mutterrecht stets und ausnahmslos an die kultliche Bevorzugung des Mondes vor der Sonne angeknüpft; übereinstimmend ebenso der höhere Weihegedanke des demetrischen Mysteriums, das der Gynaikokratie zur Grundlage dient, als Gabe des Mondes. Mutter zugleich und Quelle der Lehre ist Luna, wie wir sie auch in dem dionysischen Mysterium finden, in beidem aber Prototyp der gynaikokratischen Frau.

Nutzlos wäre es, die Ideen des Altertums über diesen Punkt hier weiter zu verfolgen; meine Untersuchung wird zeigen, wie unerläßlich sie zum Verständnis von tausend Einzelnheiten sind. Für jetzt genügt der Grundgedanke. Die Abhängigkeit der einzelnen Stufen des Geschlechtsverhältnisses von den kosmischen Erscheinungen ist keine frei konstruierte Parallele, sondern eine historische Erscheinung, ein Gedanke der Weltgeschichte. Sollte der Mensch, die größte Erscheinung des Kosmos, allein seinen Gesetzen entzogen sein? Zurückgeführt auf die Gradation der großen Weltkörper, die nach einander die erste Stelle im Kultus und in den Gedanken der alten Völker einnehmen, erhält die Entwicklung des Familienrechts den höchsten Grad innerer Notwendigkeit und Gesetzmäßigkeit; die vorübergehenden Erscheinungen der Geschichte zeigen sich als Ausdruck göttlicher Schöpfungsgedanken, welche die Religion zu ihrer Grundlage macht.

Die eben geschlossene Betrachtung befähigt uns, die Geschichte des Geschlechterverhältnisses auch in ihrem letzten Teile richtig zu würdigen. Nachdem wir alle Stufen der Entwicklung von dem ungeregelten Tellurismus bis zu der reinsten Gestaltung des Lichtrechts der Betrachtung vorgeführt und nach der Reihe in ihrer geschichtlichen, religiösen und kosmischen Erscheinung untersucht haben, bleibt noch eine Frage, ohne deren Beantwortung die folgende Abhandlung ihren Gegenstand nicht erschöpfen würde. Welches ist die Schlußgestaltung, die das Altertum auf diesem Gebiete dem Leben zu geben vermochte?

Von zwei Mächten schien das Vaterrecht seine Durchführung und Behauptung erwarten zu können, von dem delphischen Apoll und von dem römischen Staatsprinzip des männlichen Imperium. Die Geschichte lehrt, daß die Menschheit der erstern weniger zu danken hat als der letztern. Mag die politische Idee Roms einen geringern Grad der Geistigkeit in sich tragen als die delphisch-apollinische, so besaß sie doch in ihrer rechtlichen Gestaltung und innigen Verbindung mit dem ganzen öffentlichen und privaten Leben eine Stütze, an welcher es der rein geistigen Macht des Gottes durchaus gebrach. Während also jene allen Angriffen siegreich zu widerstehen vermochte und durch den Verfall des Lebens ebensowenig als durch die immer entschiedenere Rückkehr zu stofflichen Anschauungen sich überwinden ließ, war es dieser nicht gegeben, siegreich die Kämpfe zu bestehen, welche tiefere Auffassungen mit stets wachsender Entschiedenheit ihr bereiteten. Wir sehen die Paternität von ihrer apollinischen Reinheit zu der dionysischen Stofflichkeit zurücksinken und dadurch dem weiblichen Prinzipe einen neuen Sieg, den mütterlichen Kulten eine neue Zukunft bereiten. Schien der innige Verein, welchen die beiden Lichtmächte zu Delphi unter einander schlossen, dazu angetan, des Dionysos phallische Üppigkeit durch Apollos wechsellose Ruhe und Klarheit reinigend und läuternd gleichsam über sich selbst zu erheben, so war die Folge doch eine gerade entgegengesetzte: der höhere sinnliche Reiz des zeugenden Gottes überwog seines Genossen mehr geistige Schönheit und riß die Macht, welche diesem gebührte, immer ausschließlicher an sich. Statt des apollinischen Weltalters bricht sich das dionysische Bahn, und an niemand hat Zeus den Szepter seiner Macht abgetreten als an Dionysos, der alle übrigen Kulte sich unterzuordnen wußte und zuletzt als Mittelpunkt einer die Gesamtheit der alten Welt beherrschenden Universalreligion erscheint. Bei Nonnos streiten sich vor der Versammlung der Götter Apollo und Dionysos um den Preis; siegesgewiß erhebt jener den Blick, da bietet sein Gegner den feurigen Wein zum Genusse dar, und errötend schlägt Apoll die Augen zur Erde nieder, denn solcher Gabe hat er keine ähnliche an die Seite zu stellen. In diesem Bilde liegt die Erhabenheit zugleich und die Schwäche der apollinischen Natur, in ihm das Geheimnis des durch Dionysos errungenen Sieges. Die Begegnung der griechischen und der orientalischen Welt, welche Alexander herbeiführt, gewinnt in dieser Verbindung besondere Wichtigkeit. Wir sehen die beiden großen Gegensätze des Lebens im Kampfe sich messen, zuletzt aber durch den dionysischen Kult gewissermaßen versöhnt. Nirgends hat Dionysos mehr Pflege, nirgends einen üppigern Kult gefunden als in dem Hause der Ptolemäer, das in ihm ein Mittel erkannte, die Assimilation des Einheimischen und des Fremden wesentlich zu erleichtern.

Die folgende Abhandlung wird diesem welthistorischen Kampfe, so weit er sich in der Gestaltung des Geschlechterverhältnisses zu erkennen gibt, besondere Aufmerksamkeit schenken und den hartnäckigen Widerstand, welchen das einheimische Isisprinzip der griechischen Paternitätstheorie entgegensetzte, in vielen einzelnen Spuren verfolgen. Zwei Traditionen fesseln die Aufmerksamkeit in besonderm Grade, eine mythische und eine historische. In der Erzählung von Alexanders Weisheitskampf mit der indisch-meroitischen Kandake hat die gleichzeitige Menschheit ihre Anschauung von dem Verhältnis des männlich-geistigen Prinzips, das in Alexander seiner schönsten Verkörperung teilhaftig schien, zu dem mütterlichen Prinzipat der asiatisch-aegyptischen Welt niedergelegt, der höhern Göttlichkeit des Vatertums ihre Huldigung dargebracht, zugleich aber angedeutet, daß es dem Heldenjüngling, der vor den erstaunten Blicken zweier Welten rasch über die Bühne schritt, nicht gelang, das Recht des Weibes, dem er überall die höchste Anerkennung entgegenzubringen sich genötigt sah, jenem des Mannes dauernd zu unterwerfen. Der zweite streng historische Bericht führt uns in die Zeit des ersten Ptolemäers und wird durch die einzelnen Umstände, welche er über die Wahl des sinopensischen Sarapis und seine Einführung in Aegypten mitteilt, insbesondere durch die Hervorhebung des absichtlichen Umgehens der delphischen Gottheit und ihrer aus dem weiblichen Vereine ganz befreiten Paternität für die Kenntnis des Standpunktes, den die griechische Dynastie zur festen Begründung ihrer Herrschaft von Anfang an einzunehmen genötigt war, in hohem Grade belehrend. Es läßt sich also nicht in Abrede stellen, daß die Zeugnisse der politischen mit denen der Religionsgeschichte durchaus übereinstimmen. Das geistige Prinzip des delphischen Apoll vermochte es nicht, dem Leben der alten Welt sein Gepräge mitzuteilen und die tiefern stofflichern Auffassungen des Geschlechterverhältnisses zu überwinden. Die dauernde Sicherstellung der Paternität verdankt die Menschheit der römischen Staatsidee, die ihr eine juristisch strenge Form und konsequente Durchführung auf allen Gebieten des Daseins brachte, das ganze Leben auf sie gründete und ihre volle Unabhängigkeit von dem Verfalle der Religion, von dem Einfluß verderbter Sitten und der Rückkehr des Volksgeistes zu gynaikokratischen Anschauungen zu sichern wußte. Siegreich hat das römische Recht sein hergebrachtes Prinzip gegen alle Angriffe und Gefahren, die ihm der Orient bereitete, die an das gewaltige Vordringen des Mutterkultes einer Isis und Kybele und selbst an das dionysische Mysterium sich anknüpften, durchgeführt, siegreich die innern Umgestaltungen des Lebens, die von dem Verfall der Freiheit unzertrennlich waren, siegreich das von August zuerst in die Gesetzgebung eingeführte Prinzip der Fruchtbarkeit des Weibes, siegreich den Einfluß der kaiserlichen Frauen und Mütter, die, den alten Geist höhnend, sich der *fasces* und *signa* nicht ohne Erfolg zu bemächtigen strebten, siegreich endlich Justinians entschiedene Vorliebe für die ganz natürliche Auffassung des Geschlechterverhältnisses, für völlige Gleichberechtigung der Frauen und Hochachtung des gebärenden Muttertums, zu bestehen und auch in den Provinzen des Orients den nie erloschenen Widerstand gegen die römische Mißachtung des weiblichen Prinzips mit Erfolg zu bekämpfen vermocht. Die Vergleichung dieser Kraft der römischen Staatsidee mit der geringen Widerstandsfähigkeit eines rein religiösen Prinzips ist geeignet, uns die ganze Schwäche der sich selbst überlassenen, durch keine strengen Formen geschützten menschlichen Natur zum Bewußtsein zu bringen. Das Altertum hat Augustus, der als Adoptivsohn den Mord seines geistigen Vaters rächte, als zweiten Orest begrüßt und an seine Erscheinung den Beginn eines neuen, des apollinischen Zeitalters angeknüpft. Aber die Behauptung dieser höchsten Stufe verdankt die Menschheit nicht der innern Kraft jenes Religionsgedankens, sondern wesentlich der staatlichen Gestaltung Roms, welche die Grundideen, auf denen es ruhte, wohl vielfältig modifizieren, nie aber ganz aufgeben konnte. Die merkwürdigste Bestätigung findet mein Gedanke in der Betrachtung des Wechselverhältnisses, das die Verbreitung des römischen Rechtsprinzips und die des aegyptisch-asiatischen Mutterkults beherrscht. Zu derselben Zeit, in welcher mit dem Fall der letzten

Kandake die Unterwerfung des Orients sich vollendet, erhebt sich das auf staatlichem Gebiet überwundene Muttertum mit doppelter Kraft zu einem neuen Triumphzuge, um seinerseits auf dem religiösen Boden das über den Occident wieder zu gewinnen, was es auf dem des bürgerlichen Lebens durch jenen unrettbar bedroht sah. So übertrug sich der Kampf, auf einem Felde beendigt, auf ein anderes höheres, um von diesem später wiederum zu jenem zurückzukehren. Die neuen Siege, welche das Mutterpinzip jetzt selbst über die Offenbarung des rein geistigen Vatertums zu erringen wußte, zeigen, wie schwer es den Menschen zu allen Zeiten und unter der Herrschaft der verschiedensten Religionen wird, das Schwergewicht der stofflichen Natur zu überwinden und das höchste Ziel ihrer Bestimmung, die Erhebung des irdischen Daseins zu der Reinheit des göttlichen Vaterprinzips zu erreichen.

Der Gedankenkreis, in welchem sich die folgende Abhandlung bewegt, findet in der letzten Betrachtung seinen natürlichen Abschluß. Nicht willkürlich gezogen, sondern gegeben sind die Grenzen, vor welchen die Untersuchung stille steht. Ebenso unabhängig von freier Wahl ist die Methode der Forschung und Darstellung, über welche ich hier an letzter Stelle dem Leser noch einige Aufklärung schulde. Eine geschichtliche Untersuchung, welche alles zum ersten Mal zu sammeln, zu prüfen, zu verbinden hat, ist genötigt, überall das Einzelne in den Vordergrund zu stellen und nur allmählich zu umfassendern Gesichtspunkten emporzusteigen. Von der möglichst vollständigen Beibringung des Materials und der unbefangenen, rein objektiven Würdigung desselben hängt alles Gelingen ab. Damit sind die beiden Gesichtspunkte gegeben, welche den Gang der folgenden Abhandlung bestimmen. Sie ordnet den gesamten Stoff nach den Völkern, welche das oberste Einteilungsprinzip bilden, und eröffnet jeden Abschnitt mit der Betrachtung einzelner besonders bedeutender Zeugnisse. Es liegt in der Natur dieses Verfahrens, daß es den Ideenkreis des Mutterrechts nicht in logischer Entwicklung mitteilen kann, vielmehr je nach dem Inhalt der Berichte bei dem einen Volke diese, bei dem anderen jene Seite vorzugsweise ins Auge fassen und auch wohl derselben Frage öfters gegenübertreten muß. Auf einem Gebiete der Forschung, das des Neuen und gänzlich unbekannten so vieles bietet, darf weder jene Scheidung noch diese Wiederholung beklagt oder getadelt werden. Beide sind unzertrennlich von einem Systeme, das sich durch entschiedene Vorzüge empfiehlt. In allem, was das Völkerleben bietet, herrscht Reichtum und Mannigfaltigkeit. Unter dem Einfluß lokaler Verhältnisse und individueller Entwicklung erhalten die Grundgedanken einer bestimmten Kulturperiode bei den einzelnen Stämmen mannigfaltig wechselnden Ausdruck; die Gleichartigkeit der Erscheinung tritt immer mehr zurück, bald überwiegt das Partikuläre, und unter der Mitwirkung tausend verschiedener Umstände verkümmert hier frühzeitig eine Seite des Lebens, die dort die reichste Entwicklung findet. Es ist unverkennbar, daß nur die gesonderte Betrachtung der einzelnen Völker diese Fülle geschichtlicher Bildungen vor Verkümmerung, die Untersuchung selbst vor dogmatischer Einseitigkeit zu bewahren vermag. Nicht die Herstellung eines hohlen Gedankengebäudes, sondern die Erkenntnis des Lebens, seiner Bewegung, seiner vielfältigen Manifestation kann das Ziel einer Forschung sein, welche das Gebiet der Geschichte und den Umfang unserer historischen Kenntnisse zu bereichern strebt. Sind umfassende Gesichtspunkte von hohem Wert, so erscheinen sie doch nur auf der Unterlage eines reichen Details in ihrer ganzen Bedeutung, und nur wo das Generelle mit dem Speziellen, der Gesamtcharakter einer Kulturperiode mit dem der einzelnen Völker sich richtig verbindet, findet das doppelte Bedürfnis der menschlichen Seele nach dem Einheitlichen und der Mannigfaltigkeit seine Befriedigung. Jeder der Stämme, die nach der Reihe in den Kreis unserer Betrachtung eintreten, liefert neue Züge zu dem Gesamtbilde der Gynaikokratie und ihrer Geschichte, oder zeigt uns schon bekannte von einer andern, früher weniger beachteten Seite. So wächst mit der Untersuchung selbst die Erkenntnis; Lücken füllen sich aus; erste Beobachtungen werden durch neue bestätigt, modifiziert, erweitert; das Wissen schließt allmählich sich ab, das Verstehen erhält innern Zusammenhang; immer höhere Gesichtspunkte ergeben sich; zuletzt finden alle in der Einheitlichkeit eines obersten Gedankens ihre Vereinigung. Größer als die Freude über das Ergebnis ist die, welche die Betrachtung seiner stufenweisen Heranbildung begleitet. Soll die Darstellung diesen Reiz der Forschung nicht verlieren, so darf auch sie nicht darauf vorzugsweise bedacht sein, die Resultate mitzuteilen, sondern ihre Gewinnung und allmähliche Entwicklung darzulegen. Die folgende Abhandlung verlangt eben deshalb überall Mitarbeit und Mitstudium und trägt stets Sorge, daß ihr Verfasser nicht störend zwischen die eigene Beobachtung des Lesers und den dargebotenen antiken Stoff in die Mitte trete und dadurch die Aufmerksamkeit von dem Gegenstande, dem sie allein gebührt, auf sich ablenke. Nur Selbsterworbenes hat Wert, und nichts stößt die menschliche Natur weiter von sich ab als fertig Dargebotenes. Das vorliegende Buch nimmt keinen andern Anspruch in die Öffentlichkeit mit als den, der gelehrten Forschung einen neuen, nicht leicht zu beendigenden Stoff des Nachdenkens vorzulegen. Besitzt es diese Kraft der Anregung, so wird es gerne in die bescheidene Stellung einer bloßen Vorarbeit zurücktreten und dann auch dem gewöhnlichen Schicksal aller ersten Versuche, von den Nachfolgern geringgeschätzt und nur nach den Mängeln und Unvollkommenheiten beurteilt zu werden, mit Gleichmut sich unterwerfen.

Lykien

1. Jede Untersuchung über das Mutterrecht muß von dem lykischen Volke ihren Ausgang nehmen. Für dieses liegen die bestimmtesten und auch an Inhalt reichsten Zeugnisse vor. Unsere Aufgabe wird es also zunächst sein, die Nachrichten der Alten in wörtlicher Übertragung mitzuteilen, um so für alles Folgende eine sichere Grundlage zu gewinnen.

Herodot 1, 173 berichtet, die Lykier stammten ursprünglich aus Kreta; sie hätten unter Sarpedon Termiler geheißen, wie sie von den Nachbarn noch später genannt worden seien; als aber Lykos, des Pandion Sohn, von Athen in der Termiler Land zu Sarpedon gekommen, da seien sie nach ihm Lykier genannt worden. Dann fährt der Geschichtschreiber also fort: »Ihre Sitten sind zum Teil kretisch, zum Teil karisch. Jedoch eine sonderbare Gewohnheit haben sie, die sonst kein anderes Volk hat: sie benennen sich nach der Mutter und nicht nach dem Vater. Denn wenn man einen Lykier fragt, wer er sei, so wird er sein Geschlecht von Mutterseite angeben und seiner Mutter Mütter herzählen, und wenn eine Bürgerin mit einem Sklaven sich verbindet, so gelten die Kinder für edelgeboren; wenn aber ein Bürger, und wäre es der vornehmste, eine Ausländerin oder ein Kebsweib nimmt, so sind die Kinder unehrlich.« Diese Stelle ist darum so merkwürdig, weil sie uns die Sitte der Benennung nach der Mutter in Verbindung mit der rechtlichen Stellung der Geburten, folglich als Teil einer in allen ihren Folgen durchgeführten Grundanschauung darstellt.

Herodots Erzählung wird durch andere Schriftsteller bestätigt und ergänzt. Aus Nicolaus Damascenus' Schrift über die merkwürdigen Gebräuche ist uns folgendes Fragment erhalten:[1] »Die Lykier erweisen den Weibern mehr Ehre als den Männern; sie nennen sich nach der Mutter und vererben ihre Hinterlassenschaft auf die Töchter, nicht auf die Söhne.« Heraclides Ponticus[2] hat die kurze Angabe: »Sie haben keine geschriebenen Gesetze, sondern nur ungeschriebene Gebräuche. Von alters her werden sie von den Weibern beherrscht.« Zu den angeführten Zeugnissen kommt die merkwürdige Erzählung des Plutarch de virtut. mulier. c. 9, wofür der Herakleote Nymphis als Gewährsmann angeführt wird. Sie lautet in wörtlicher Übersetzung: »Nymphis erzählt im vierten Buche über Heraklea, einst habe ein Wildschwein das Gebiet von Heraklea verwüstet, Tiere und Früchte vernichtet, bis es von Bellerophon erlegt wurde. Als aber der Held für seine Wohltat keinerlei Dank erhielt, habe er die Xanthier verflucht und von Poseidon erfleht, daß alles Erdreich Salz hervorbringe. So ging alles zu Grunde, da das Erdreich bitter geworden, und dies habe gedauert, bis Bellerophon aus Achtung vor den Bitten der Frauen wiederum zu Poseidon flehte, er möge seiner Verheerung ein Ende machen. Daher stammt den Xanthiern der Gebrauch, sich nicht nach dem Vater, sondern nach der Mutter zu nennen.« Nymphis' Erzählung zeigt uns die Benennung nach der Mutter als Ausfluß einer religiösen Anschauung; die Fruchtbarkeit der Erde und die Fruchtbarkeit des Weibes werden auf die gleiche Linie gestellt.

Dies letztere wird in einer andern Version desselben Mythus noch deutlicher hervorgehoben. Plutarch erzählt nämlich an der gleichen Stelle folgendes: »Die Geschichte, die sich in Lykien zugetragen haben soll, sieht zwar einer Fabel sehr ähnlich, aber sie gründet sich doch auf einen alten Mythus. Amisodarus oder, wie ihn die Lykier nennen, Isaras[3] kam, dieser Sage zufolge, aus der lykischen Pflanzstadt bei Zelea mit einigen Raubschiffen, die Chimarrhos, ein kriegerischer, aber dabei wilder und grausamer Mann, kommandierte. Er fuhr auf einem Schiffe, das am Vorderteil einen Löwen, am Hinterteile aber eine Schlange zum Zeichen hatte, und tat den Lykiern großen Schaden, so daß sie weder das Meer befahren noch die Städte an der Küste bewohnen konnten. Bellerophon tötete denselben, indem er ihn mit dem Pegasus verfolgte; er vertrieb auch die Amazonen, konnte aber seinen verdienten Lohn nicht erhalten, sondern wurde von Iobates aufs ungerechteste behandelt. Er ging deshalb ins Meer und betete zu Poseidon, daß dieses Land öde und unfruchtbar werden möchte. Als er nach verrichtetem Gebete wieder wegging, erhob sich eine Welle und überschwemmte das Land. Es war ein schrecklicher Anblick, wie das aufgetürmte Meer hinter ihm her folgte und die Ebene überdeckte. Die Männer konnten bei Bellerophon mit ihrer Bitte, daß er dem Meere Einhalt tun sollte, nichts ausrichten: als aber die Weiber ›ihre Gewänder emporraffend‹ ihm entgegenkamen, so ging er aus Schamhaftigkeit zurück, und zugleich wich auch, wie man sagt, das Meerwasser mit zurück.«

2. In dieser Erzählung erscheint Bellerophon in einem doppelten Verhältnis zu dem Geschlechte der Frauen. Einerseits tritt er uns als Bekämpfer und Besieger der Amazonen entgegen. Andererseits weicht er vor dem Anblick der Weiblichkeit zurück und kann dieser die Anerkennung nicht versagen, so daß das lykische Mutterrecht geradezu auf ihn, als dessen Begründer, zurückgeführt wird. Dieses Doppelverhältnis, das einerseits Sieg, andererseits Unterliegen in sich schließt, ist in hohem Grade beachtenswert. Es zeigt uns das Mutterrecht im Kampfe mit dem Männerrechte, diesen Kampf jedoch nur durch einen teilweisen Sieg des Mannes gekrönt. Das Amazonentum, diese höchste Ausartung des Weiberrechts, wird durch den Sisyphussprößling, den korinthischen Helden, vernichtet. Die männerfeindlichen, männertötenden, kriegerischen Jungfrauen erliegen. Aber das höhere Recht des der Ehe und seiner geschlechtlichen Bestimmung wiedergegebenen Weibes geht siegreich aus dem Kampfe hervor. Nur die amazonische Ausartung der weiblichen Herrschaft, nicht das Mutterrecht selbst findet seinen Untergang. Dieses ruht auf der stofflichen Natur der Frau. In den mitgeteilten Mythen wird das Weib der Erde gleichgestellt. Wie Bellerophon vor dem Zeichen der mütterlichen Fruchtbarkeit sich beugt, so zieht Poseidon seine verwüstenden Wogen von dem bedrohten Fruchtlande zurück. Die männlich zeugende Kraft räumt dem empfangenden und gebärenden Stoffe das höhere Recht ein. Was die Erde, aller Dinge Mutter, gegenüber Poseidon, das ist das irdische, sterbliche Weib gegenüber Bellerophon. ›Ge (Erde)‹ und ›Gyne (Frau)‹ oder Gaia erscheinen als einander gleichgeordnet. Die Frau vertritt die Stelle der Erde und setzt der Erde Urmuttertum unter den Sterblichen fort. Andererseits erscheint der zeugende Mann als Stellvertreter des allzeugenden Okeanos. Das Wasser ist das befruchtende Element. Wenn es sich mit dem weiblichen Erdstoffe mischt, ihn zeugend durchdringt, so wird in dem dunkeln Grunde des Mutterschoßes alles tellurischen Lebens Keim entwickelt.[4] So steht Okeanos der Erde, so der Mann dem Weibe gegenüber. Wer hat in dieser Verbindung die erste Stelle? Welcher Teil soll den andern beherrschen, Poseidon die Erde, der Mann das Weib, oder umgekehrt? In dem mitgeteilten Mythus wird dieser Kampf dargestellt. Bellerophon und Poseidon suchen dem Vaterrecht den Sieg zu erringen. Aber vor dem Zeichen der empfangenden Mütterlichkeit weichen sie beide besiegt zurück. Nicht zur Verwüstung, sondern zur Befruchtung

des Stoffes soll das Salz des Wassers, der Inhalt und das Symbol der männlichen Kraft, dienen.[5] Dem stofflichen Prinzip der Mütterlichkeit bleibt der Sieg über die unstoffliche, erweckende Kraft des Mannes. Die weibliche ›kteis‹ herrscht über den männlichen Phallus, die Erde über das Meer, die Lykierin über Bellerophontes. Wir konnten also mit Recht sagen, der Kampf, den Bellerophontes gegen das Weiberrecht unternahm, sei nur durch einen halben Sieg gekrönt worden. Zwar erlag dem Poseidonssohne des ehefeindlichen Amazonentums naturwidrige Ausartung, aber der ihrer physischen Bestimmung treugebliebenen Frau war er seinerseits genötigt den Sieg zu überlassen.

Der ganze Mythus, als dessen Mittelpunkt Bellerophontes erscheint, stimmt mit dieser Auffassung überein. Der Held hatte Höheres erstrebt. Nicht nur die Amazonen zu vertilgen, sondern auch in der Ehe dem Vater die Mutter unterzuordnen, war sein Ziel. Ja der Sieg, den er über jene davon getragen, schien ihm Anspruch zu geben, auch hier Anerkennung zu finden. Aber Iobates-Amphianax[6] verweigerte ihm die Belohnung seiner Mühen und Anstrengungen. Dasselbe liegt in andern Zügen des Mythus angedeutet. Bellerophon muß sich zuletzt mit der Hälfte der Herrschaft begnügen.[7] Auf seine Siege folgt Niederlage. Mit Hilfe des unter Athenes Beistand gebändigten Pegasus hatte er die Amazonen bekämpft und vernichtet. Von oben herab aus den kühlen Lufträumen hatte der Aiolide sie getroffen.[8] Aber als er es unternahm, mit dem Flügelrosse noch höher zu steigen und die himmlischen Lichthöhen zu erreichen, da traf ihn Zeus' Grimm. Zurückgeschleudert fiel er hinab in die Aleische Flur. Tarsus bezeugt, daß er wie Hephaest ein hinkendes Bein davontrug.[9] »Seine Siege will ich besingen, doch seines Todesloses mag ich nicht gedenken«, sagt Pindar (Ol. 13, *91*), um das Mißverhältnis zwischen dem glänzenden Anfang und dem traurigen Ende des Helden anzudeuten. Die Höhe seines Strebens und der geringe Erfolg desselben wird bei Pindar (Isthm. 6, *43*) und bei Horaz (c. 4, 11, 26) Bild des zu gewaltig emporeilenden, mit den Göttern ringenden und von ihnen bestraften Menschengeistes. Bellerophon tritt hierin Prometheus zur Seite, dem ihn Lysias[10] als zweiten Feuerbewahrer an die Seite stellt. Durch sein Unterliegen unterscheidet sich Bellerophon von den übrigen Bekämpfern des Weiberrechts, von Herakles, Dionysos, Perseus und den apollinischen Helden Achill und Theseus. Während sie zugleich mit dem Amazonentum jegliche

Gynaikokratie vernichten und als vollendete Lichtmächte das unkörperliche Sonnenprinzip des Vatertums über das stoffliche des tellurischen Mutterrechts erheben, vermag Bellerophontes nicht, die reinen Höhen des himmlischen Lichtes zu erreichen. Scheu blickt er nach der Erde zurück, die den aus der Höhe, in welche er sich hinaufgewagt, Zurückstürzenden wieder aufnimmt. Pegasus zwar, das Flügelroß, das der Gorgone blutender Rumpf geboren und Athene ihren Schützling zügeln gelehrt hatte, erreicht das Ziel seiner Himmelsfahrt, aber der irdische Reiter sinkt zu der Erde zurück, der er als Poseidons Sohn angehört. Die männliche Kraft erscheint in ihm noch rein als das poseidonische Wasserprinzip, das in lykischen Kulten[11] eine so hervorragende Rolle spielt. Die physische Unterlage seines Wesens ist das tellurische Wasser und der die Erde umgebende Aether, der aus jenem seine Feuchtigkeit schöpft und sie in stetem Kreislauf an dasselbe wieder zurückgibt, wie der tarentinische Mythus in Aethras Tränen sinnreich andeutet.[12] Über diesen tellurischen Kreis hinaus die Sonnenregion zu erreichen und das Vaterprinzip aus dem Stoffe in die Sonne zu verlegen, ist ihm nicht gegeben. Dem Fluge des himmlischen Rosses vermag er nicht zu folgen. Auch dieses gehört zunächst dem tellurischen Wasser, Poseidons Reich. Aus seinem Hufe quillt die befruchtende Quelle. *equus – epus* und *aqua – apa* sind auch etymologisch Eins, worüber man Servius zu Georg. 1, 12; 3, 122; Aen. 7, 691 vergleiche. Der in der letzten Stelle genannte Messapus entspricht in seiner doppelten Eigenschaft als *Neptunia proles* und *equum domitor* vollkommen dem pegasusbändigenden Poseidonssohne Bellerophon. Die Parallele setzt sich nach einer Nachricht des Pausanias in der hervorragenden Stellung der messapischen Frauen fort. Zu Delphi standen eherne Pferde und Bilder kriegsgefangener messapischer Frauen, ein Weihgeschenk siegreicher Tarentiner an den delphischen Sonnengott. Die Pferde und die Frauen sind aus der Religion und den Sitten der Besiegten zu erklären. Jene erscheinen als Bild ihres obersten Gottes Neptun, aus Erz gefertigt wie bei Plato das eherne Gygespferd, das die Erde birgt, ein Bild der chthonischen, aus Wasser und Feuer zusammengesetzten Kraft; die Weiber als des Volkes Beherrscher, mit Tapferkeit und dem Prinzipat in Familie und Staat ausgerüstet. Beide sollen nun Apollo dienen, der darin seine höhere, Gynaikokratie und poseidonisches Wasserprinzip besiegende Lichtnatur zu erkennen gibt. Ebenso hat Pegasus jene unterste Stufe der Kraft überwunden. Flügel tragen ihn zum Himmel empor, wo er Auroren dienstbar allmorgendlich das Nahen des glänzenden Sonnengottes verkündet. Er ist aber nicht die Sonne selbst, sondern nur ihr Bote. Auf Erden und am Himmel gehorcht er dem Weibe, dort Athenen, hier der Mater Matuta, der Eos der Griechen. Er steht selbst noch in dem Weiberrechte, gleich Bellerophon; aber wie Aurora auf die nahende Sonne, so weist er auf das höhere Sonnenprinzip, in dem das Vaterrecht ruht, hin. Hat er die unterste Stufe der Kraft überwunden, so ist er doch zu der höchsten nicht durchgedrungen. Den vollständigen Sieg haben andere errungen, Herakles, Dionysos und die apollinischen Helden. Ihnen unterliegt nicht nur das Amazonentum, sondern auch die eheliche Gynaikokratie. Sie erheben das Vatertum aus den Banden des Stoffes zur Sonnenkraft und geben ihm dadurch jene unkörperliche höhere Natur, in welcher allein es seine Superiorität über das im Stoffe wurzelnde Mutterrecht dauernd zu erhalten vermag. Die spätere Darstellung wird dies zu voller Klarheit bringen und dadurch auch die Bedeutung des Bellerophon und seines Kampfes gegen das Weiberrecht in noch helleres Licht stellen.

3. In der bisherigen Darstellung ist nur diejenige Seite des lykischen Mythus berührt worden, welche mit der Gynaikokratie enge zusammenhängt. Aber derselbe enthält noch eine andere Beziehung, deren Erörterung zum Verständnis unseres Gegenstandes wesentlich beitragen wird. Von drei Kindern, welche der Held mit Philonoe-Kasandra,[13] der Iobatestochter, gezeugt, Isander, Laodamia und Hippolochos, wurden die beiden ersteren durch der Götter Wille ihm entrissen. Den Himmlischen verhaßt, irrt nun der Vater einsam durch die Aleische Flur und meidet, von Kummer verzehrt, die Pfade der Sterblichen,[14] bis den Vereinsamten selbst das traurige Todeslos trifft.[15] So sah der Held, der Unsterblichkeit zu erringen vermeinte, sich und seinen Stamm dem Gesetze des irdischen Stoffs verfallen. Gleich dem delischen Anius, dem Manne des Kummers,[16] muß er den Tod seiner Kinder überleben, um ihm zuletzt selbst zu erliegen. Darin wurzelt sein Schmerz, darin das Gefühl, den Himmlischen verhaßt zu sein. Von ihm gilt, was Ovid (Met. 10, 298) von Cinyras hervorhebt: *si sine prole fuisset, inter felices Cinyras potuisset haberi.* Wir sehen hier Bellerophon wieder in dem Lichte, in welchem wir ihn zuvor dargestellt haben. Der Poseidonssohn gehört dem Stoffe, in dem der Tod herrscht,

nicht den Lichthöhen, in welchen die Unsterblichkeit thront. Zu diesen durchzudringen ist ihm nicht gegeben. Er sinkt zur Erde zurück und findet hier seinen Untergang. Er gehört der ewig werdenden, nicht der seienden Welt. Was die Kraft des Stoffes hervorbringt, ist alles dem Tode verfallen. Mag auch die Kraft selbst unsterblich sein, so unterliegt doch, was sie erzeugt, dem Lose der Sterblichkeit. In Poseidon ist jene, in dem Sohne Bellerophon-Hipponoos[17] diese dargestellt. Derselbe Todesgedanke liegt in dem Pferde, des zeugenden Wassers Bild. Daran knüpft sich der Glaube, daß von allen Tieren nur das Pferd gleich dem Menschen weine, wie es Achills und Patroklos Tod betrauert,[18] wie es auch auf manchen etruskischen Totenkisten trauernd dargestellt ist, wie es endlich öfter den bevorstehenden Untergang weissagt.[19] Unsterblich ist das Geschlecht nur in der Reihenfolge der Generationen. »Dies wächst und jenes verschwindet« (Il. 6, 149). »Der Sterblichen Geschlecht geht wie das Pflanzenreich, im Kreise stets. Der eine blüht zum Leben auf, indes der andere stirbt und abgemähet wird«.[20] Sehr schön singt Virgil (Georg. 4, 206) von den Bienen, in deren Staat die Natur das Mutterrecht am reinsten vorgebildet hat,

ergo ipsas quamvis angusti terminus aevi
excipiat (neque enim plus septima ducitur aestas),
at genus immortale manet, multosque per annos
stat fortuna domus et avi numerantur avorum.

Der Tod selbst ist Vorbedingung des Lebens, und dieses löst sich wieder in jenen auf, damit so in ewigem Wechsel zweier Pole das Geschlecht selbst seine Unvergänglichkeit bewahre. Diese Identität von Leben und Tod, die wir in unendlichen Mythenbildungen wiederfinden, hat auch in Bellerophon ihren scharfen Ausdruck erhalten. Er, der poseidonische Zeugungskraft in sich trägt, ist zu gleicher Zeit und, wir dürfen nun sagen, gerade deshalb auch Diener des Todes und Vertreter des vernichtenden Naturprinzips. Als solchen bezeichnet ihn sein Name Bellerophontes oder Laophontes. Er, Poseidons zeugungskräftiger Sohn, heißt der Mörder des Volks. Unfreiwillige Tötung seines Bruders, der ›Mord im eigenen Stamm‹,[21] eröffnet seine Laufbahn. Die zeugende Kraft erscheint zugleich als die vernichtende. Wer Leben erweckt, arbeitet für den Tod. Entstehen und Vergehen laufen in der tellurischen Schöpfung als Zwillingsbrüder gleichen Schrittes neben einander her. In keinem Augenblicke des irdischen Daseins verlassen sie sich. In keinem Zeitpunkte, in keinem tellurischen Organismus ist Leben ohne Tod zu denken. Was dieser wegnimmt, ersetzt jenes, und nur wo Altes verschwindet, kann wieder Neues entstehen.

Keinen Gedanken hat die alte Philosophie und Mythologie so vielartig und in so tiefsinnigen Bildern und Symbolen ausgesprochen als diesen. Wir werden ihm im Verlaufe des vorliegenden Werkes öfter begegnen und nicht unterlassen, ihn immer wieder hervorzuheben. In dem Mythus von Bellerophon ist er dem Verständigen, der die Sagenhieroglyphik zu lesen versteht, unverkennbar. Den Wechsel alles tellurischen Lebens zwischen Werden und Verschwinden, Entstehen und Vergehen, den Tod als Vorbedingung und Folge des Lebens, den Untergang als innerstes Gesetz aller irdischen Zeugung, den ›Weg hinauf hinab‹ Heraklits des ›Dunklen‹ von Ephesos,[22] das zeigt uns Bellerophons zugleich zeugende und volksmordende Kraft. Einen physischen Gehalt hat sein Mythus, wie nach Strabo (10, 471) die ganze Mythologie. Er selbst muß untergehen, damit er durch Aesculap Wiedererwekkung finde. Drei Kinder muß er erzeugen, damit Eines übrigbleibe. In Isander, Hippolochos und Laodamia haben wir die menschliche Wiederholung der tierischen Chimära, zwei Männer und ein Weib, wie dort Löwe und Drache, die Bilder der zeugenden Wasser- und Feuerkraft, die weibliche Ziege, das empfangende und nährende Aesculapiustier, der fruchtbaren Erde Bild,[23] umschließen, wie auch Ein Ei die Dioskuren und Helena in seinem dunkeln Schoße birgt. Zur Dreieinheit entfaltet sich die tellurische Naturkraft, weshalb alle zeugenden Naturmächte als *triplices* erscheinen.[24] In den drei lykischen katachthonischen Lebens- und Todesgöttern Arsalos, Dryas, Trosobios[25] sowie in dem alten lykischen Volksnamen der Termiler oder Trimiler[26] und in dem neuntägigen Fest des Iobates kehrt dieselbe Grundzahl[27] wieder. Die äußere Darstellung der Kraft verfällt stetem Untergang, nur die Kraft selbst bleibt ewig. Wie die Chimära, so ist auch Bellerophons dreifaches Geschlecht dem Tode gezeugt. Dasselbe Gesetz, dem jene unterliegt, ergreift auch dieses. Hatte es der Vater in der Jugend verkannt, so muß er es nun im Alter an seiner eigenen Nachkommenschaft erfahren. Gleich Thetis schmeichelt er sich vergeblich, das, was der sterbliche Mann erzeugt, mit Unsterblichkeit ausgerüstet zu sehen. Vergebens ist er dem Hinterhalt, den ihm Iobates gelegt, entgangen, während Molionens Söhne dem des Herakles bei Nemea erliegen. Er wird jetzt inne, daß Ein Los, Ein Fatum, die diomedeische Notwendigkeit, die niedere und die hohe Schöpfung trifft, daß die Götter in gleichem Zorn alles Irdische umschließen. Auch der lykische Daedalus, der männliche Bildner des Lebens, wird von der Schlange des Sumpfes zum Tode gebissen, dem er sich entrückt glaubte.[28] Darum klagt Bellerophon die Himmlischen der Undankbarkeit an. Darum ruft er Poseidons Rache über die lykische Erde herbei. Er will den mütterlichen Stoff, der ihm vergebens gebiert, der nur Sterbliches hervorbringt, nur dem Tod Nahrung gibt, mit Unfruchtbarkeit gestraft wissen und führt deshalb fortan, wie Pygmalion,[29] ein vereinsamtes Leben. Lieber keine Geburten, als solche, die stets dem Untergange verfallen. Was nützt die ewig vergebliche Arbeit? Wozu soll Oknos über dem Seildrehen altern, wenn es die Eselin doch stets wieder auffrißt? Wozu die Danaide ewig Wasser schöpfen in ein durchlöchertes Faß? Das Salz soll fortan nicht zeugen, sondern verderben, den mütterlichen Stoff nicht fruchtbar, sondern unfruchtbar machen. So fleht verzweiflungsvoll der getäuschte Sisyphide. Der Tor! Er verkennt das innerste Gesetz alles tellurischen Lebens, das Gesetz, dem er selbst angehört, das Gesetz, das den Mutterschoß beherrscht. Nur in den Sonnenräumen, wohin er vergebens sich zu erheben versucht, thront Unsterblichkeit und unvergängliches Dasein, unter dem Monde herrscht das Gesetz des Stoffes, das allem Leben den Tod als Zwillingsbruder beigesellt. »Wer, mit Vermögen begabt, vor andern strahlt an Schönheit, Preise im Ringen gewonnen und Heldenkraft zeigte, der denke daran: sein schmucker Leib ist Todesraub, und ein Erdmantel wird ihn decken am endlichen Schluß« (Pindar. Nem. 11, 13).

4. Weiser als der Vater ist Hippolochos' edler Erzeugter Glaukos, der den Poseidonsnamen selbst trägt.[30] Er ist es, der dem im Streite ihm begegnenden Diomed auf die Frage nach seiner Abstammung das Gleichnis von den Blättern, das Homer der Darstellung des Bellerophonmythus vorausgehen läßt,[31] als Bild des auch die Menschengeschlechter beherrschenden Gesetzes in Erinnerung ruft. Hat dieses durch seine innere Wahrheit schon im Altertum so große Berühmtheit erlangt, daß es von vielen, zumal von Plutarch und Lucian, oft wiederholt wird, so gewinnt es in Verbindung mit dem korinthisch-lykischen Mythus und im Munde eines Sisyphussprößlings doppelte Bedeutung.

Gleich wie Blätter im Walde, so sind die Geschlechte der Menschen;
Blätter verweht zur Erde der Wind nun, andere treibt dann
Wieder der knospende Wald, wann neu auflebet der Frühling:
So der Menschen Geschlecht, dies wächst und jenes verschwindet.

Was Bellerophon verkannt hatte, das spricht hier Hippolochos' Sohn in der ergreifendsten Weise aus. *Ein* Gesetz beherrscht die höchste und die niedrigste Schöpfung, wie die Blätter des Baumes so die Geschlechte der Menschen. Sisyphus wälzt ewig den Stein, der ewig mit unüberlistbarer Tücke zu des Aides Wohnung herabrollt. So erneuern sich die Blätter, die Tiere, die Menschen in ewiger Arbeit der Natur, doch ewig umsonst. Das ist des Stoffes Gesetz und des Stoffes Bestimmung, das auch Bellerophon endlich beim Anblick der mütterlichen Furche als aller Mutterkinder Los erkennt. Im Munde des Lykiers hat das Gleichnis doppelte Bedeutung. Denn in ihm ist die Grundlage des lykischen Mutterrechts unverkennbar enthalten. So oft auch jenes berühmte Wort des Dichters Anführung fand, so ist sein Zusammenhang mit der Gynaikokratie doch immer unbemerkt geblieben. Soll ich ihn ausführen? Es genügt ihn anzudeuten, um ihn jedermann fühlbar zu machen. Die Blätter des Baumes entstehen nicht aus einander, sondern alle gleichmäßig aus dem Stamme. Nicht das Blatt ist des Blattes Erzeuger, sondern aller Blätter gemeinsamer Erzeuger der Stamm. So auch die Geschlechte der Menschen nach der Anschauung des Mutterrechts. Denn in diesem hat der Vater keine andere Bedeutung als die des Sämanns, der, wenn er den Samen in die Furche gestreut, wieder verschwindet. Das Gezeugte gehört dem mütterlichen Stoffe, der es gehegt, der es ans Licht geboren hat und nun ernährt. Diese Mutter aber ist stets dieselbe, in letzter Linie die Erde, deren Stelle das irdische Weib in der ganzen Reihenfolge der Mütter und Töchter vertritt. Wie die Blätter nicht aus einander, sondern aus dem Stamme, also entspringen auch die Menschen nicht einer aus dem andern, sondern alle aus der Urkraft des Stoffes, aus Poseidon ›dem Ernährer‹ oder ›Erzeuger‹, dem Stamme des Lebens. Darum, meint Glaukos, habe Diomed unverständig gehandelt, da er ihn nach seinem Geschlechte frug. Der Grieche freilich, der in Vernachlässigung des stofflichen Gesichtpunkts den Sohn von dem Vater ableitet und nur die erwekkende Kraft des Mannes berücksichtigt,[32] geht von einer Anschauungsweise aus, welche seine Frage erklärt und rechtfertigt. Der Lykier dagegen antwortet ihm aus dem Standpunkte des Mutterrechts, das den Menschen von der übrigen tellurischen Schöpfung nicht unterscheidet und ihn, gleich Pflanzen und Tieren, nur nach dem Stoffe, aus dem er sichtbar hervorgeht, beurteilt. Der Vatersohn hat eine Reihe von Voreltern, die kein sinnlich wahrnehmbarer Zusammenhang verbindet; der Muttersohn durch die verschiedenen Geschlechter hindurch nur Eine Ahnin, die Urmutter Erde. Was würde es frommen, die ganze Blätterfolge aufzuzählen? Haben sie doch für das letzte Blatt, das noch grün am Stamme hängt, so wenig Bedeutung als für Glaukos seine männlichen Vorfahren, Hippolochos, Bellerophon, Halmos, Sisyphos. Ihre Existenz verliert mit dem Tode jedes einzelnen alle Bedeutung. Der Sohn stammt nur von der Mutter, und diese ist der Urmutter Erde Stellvertreterin. Der Gegensatz wird durch folgende Bemerkung noch deutlicher. Im Systeme des Vaterrechts heißt es von der Mutter *mulier familiae suae et caput et finis est.*[33] Das ist: so viel Kinder das Weib auch geboren haben mag, es gründet keine Familie, es wird nicht fortgesetzt, sein Dasein ist ein rein persönliches. In dem Mutterrecht gilt dasselbe von dem Manne. Hier ist es der Vater, der nur für sich ein individuelles Leben hat und nicht fortgesetzt wird. Hier erscheint der Vater, dort die Mutter als verwehtes Blatt, das, wenn es abgestorben ist, keine Erinnerung zurückläßt, und nicht mehr genannt wird. Der Lykier, der seine Väter nennen soll, gleicht dem, der die gefallenen und vergessenen Blätter des Baumes aufzuzählen unternehmen wollte. Er ist dem stofflichen Naturgesetz treu geblieben und hält dem Tydiden die ewige Wahrheit desselben in dem Gleichnis vom Baume und dessen Blättern entgegen. Er rechtfertigt die lykische Auffassung, indem er ihre Übereinstimmung mit den stofflichen Naturgesetzen nachweist, und wirft dem griechischen Vaterrecht seine Abweichung von demselben vor.

5. Vergleichen wir nunmehr die beiden Teile unserer bisherigen Ausführung, das was über Bellerophons Beziehung zu dem Mutterrecht und das was über seine stoffliche Natur überhaupt bemerkt worden ist, so tritt der innere Zusammenhang der Idee, die beides beherrscht, sogleich entgegen. Das mütterlich-tellurische Prinzip ist es, was die gemeinsame Grundlage beider Mythenteile bildet. Die Vergänglichkeit des stofflichen Lebens und das

Mutterrecht gehen Hand in Hand. Andererseits verbindet sich das Vaterrecht mit der Unsterblichkeit eines überstofflichen Lebens, das den Lichtregionen angehört. So lange die Religionsauffassung in dem tellurischen Stoffe den Sitz der zeugenden Kraft erkennt, so lange gilt das Gesetz des Stoffes, Gleichstellung des Menschen mit der unbeweinten, niedern Schöpfung, und Mutterrecht in der menschlichen wie in der tierischen Zeugung. Wird aber die Kraft von dem Erdstoffe getrennt und mit der Sonne verbunden, so tritt ein höherer Zustand ein. Das Mutterrecht verbleibt dem Tiere, die menschliche Familie geht zum Vaterrecht über. Zugleich wird die Sterblichkeit auf den Stoff beschränkt, der in den Mutterschoß, aus welchem er stammt, zurückkehrt, während der Geist, durch das Feuer von des Stoffes Schlacken gereinigt, zu den Lichthöhen, in denen Unsterblichkeit und Unstofflichkeit wohnt, sich emporschwingt. So ist Bellerophon zugleich sterblich und Vertreter des Mutterrechts, Herakles dagegen Begründer des Vaterrechts und in den Lichträumen Tischgenosse der olympischen Götter. Alles führt zu dem Schlusse, den wir in dem folgenden stets bestätigt finden: Das Mutterrecht gehört dem Stoffe und einer Religionsstufe, die nur das Leibesleben kennt und darum, wie Bellerophon, verzweifelnd vor dem ewigen Untergang alles Gezeugten trauert. Das Vaterrecht dagegen gehört einem überstofflichen Lebensprinzip. Es identifiziert sich mit der unkörperlichen Sonnenkraft und der Anerkennung eines über allen Wechsel erhabenen, zu den göttlichen Lichthöhen durchgedrungenen Geistes. Das Mutterrecht ist das bellerophontische, das Vaterrecht das herakleische Prinzip; jenes die lykische, dieses die hellenische Kulturstufe; jenes der lykische Apoll, der die in dem Sumpfgrunde waltende Latona zur Mutter hat und nur die sechs toten Wintermonde in seinem Geburtslande[34] weilt, dieses der zu metaphysischer Reinheit erhobene hellenische Gott, der die lebensvollen Sommermonde auf der heiligen Delos waltet.[35]

6. Um in dem so wenig verstandenen und doch so inhaltsreichen lykisch-korinthischen Mythus keine dunkele Ecke, wo Zweifel von neuem sich festsetzen könnten, zurückzulassen, soll jetzt noch eine Reihe einzelner Punkte berührt werden.

In der mitgeteilten Erzählung Plutarchs vertreibt Bellerophon die Amazonen aus Lykien, das sie gleich dem übrigen Vorderasien aus Norden her heimgesucht hatten.[36] Andere Zeugnisse gehen noch weiter. Nach der Ilias, nach Pindar, Apollodor, nach den Scholien zu Pindar, zu Lykophron[37] wird das weibliche Schützenheer von dem Helden ganz vertilgt, und diese Tat gilt nicht geringer als der Sieg über das dreigestaltete Ungetüm Chimära, über das verwüstende Wildschwein oder über der Solymer[38] verheerende Horden. Damit nun scheinen Denkmäler der bildenden Kunst im Widerspruche zu stehen; denn hier wird Bellerophon in seinem Kampfe gegen die Chimära von den Amazonen unterstützt. Aus Gegnerinnen sind sie Kampfesgenossen geworden. Dieser Übergang aus feindlichem zu freundlichem Verhältnis, wie er hier erscheint, wiederholt sich in den Mythen der großen Amazonenbekämpfer, namentlich in denen des Dionysos und Achill. Bei den Schriftstellern sowohl als auf Kunstdenkmälern erscheinen sie gar oft im Gefolge der Helden, denen sie erst kämpfend gegenüber standen. Ja auf sehr bekannten Darstellungen geht der Krieg in ein Liebesverhältnis über. Der Kampf endet mit Einigung. Achill wird durch den Anblick der in seinen Armen sterbenden Penthesiliea, deren vollendete Schönheit er jetzt erst erkennt, zur Leidenschaft für seine besiegte Gegnerin hingerissen. Der Gedanke ist in allen diesen, auf die verschiedenste Weise modifizierten Darstellungen derselbe. In dem siegreichen Helden erkennt das Weib die höhere Kraft und Schönheit des Mannes. Gerne beugt es sich dieser. Müde seiner amazonischen Heldengröße, auf der es sich nur kurze Zeit zu halten vermag, huldigt es willig dem Manne, der ihm seine natürliche Bestimmung wiedergibt. Es erkennt, daß nicht männerfeindlicher Kriegsmut, daß vielmehr Liebe und Befruchtung seine Bestimmung ist. In diesem Gefühl folgt es nun willig demjenigen, der durch seinen Sieg ihm die Erlösung brachte. Es schützt den gefallenen Gegner gegen der wütenden Schwestern erneuten Anlauf, wie wir dies auf einem Relief des Apollotempels von Bassae in ergreifendem Kontraste dargestellt sehen. Gleich der Danaide, die allein von allen Schwestern des Bräutigams schont, will das Mädchen jetzt lieber weich als grausam und tapfer erscheinen. Die Jungfrau fühlt, daß der Sieg des Feindes sie ihrer wahren Natur zurückgibt, und entsagt darum dem Gefühle der Feindschaft, das sie früher zu dessen Bekämpfung anfeuerte. Jetzt in die Schranken der Weiblichkeit zurückgekehrt, erregt auch sie des Mannes Liebe, der nun erst ihre volle Schönheit erkennt und ob der tödlichen Wunde, die er selbst gezwungen beibrachte, von wehmütiger Trauer ergriffen wird. Nicht Kampf und Mord, nein,

Liebe und Ehe sollte zwischen ihnen herrschen. So verlangt es des Weibes natürliche Bestimmung. In der Verbindung des Bellerophontes mit den Amazonen liegt also kein Widerspruch gegen jene Nachrichten, die uns beide im Kampfe zeigen. Vielmehr enthält sie, gleich dem Schlußakt der Tragödie, die Wiederherstellung des natürlichen Verhältnisses, das in dem Amazonentum eine gewaltsame Unterdrückung gefunden hatte.

Blühend in Kraft und jugendlicher Schönheit wird uns Bellerophon von Pindar dargestellt. Aber keusch ist er auch, und darum von Stheneboia-Anteia verleumdet und verfolgt.[39] Die Namen des Proetusweibes deuten klar genug die der Befruchtung harrende und sie sehnlich wünschende Natur des mütterlichen Erdstoffes an. Wir erkennen in dem korinthischen Weibe die Platonische Penia wieder, die stets neuen Männern nachgeht, um von ihnen stets frische Befruchtung, stets neue Kinder zu erhalten. Unter Penia versteht Plato, wie Plutarch[40] erklärend hinzufügt, »die Materie, die an und für sich des Guten bedürftig ist, aber von demselben angefüllt wird, sich stets nach ihm sehnt und dessen teilhaftig wird«, mithin die Erde in ihrem Hetärismus. In diesem Zuge erscheint Bellerophon als Vertreter der Heiligkeit ehelicher Verbindung. Wie das männerfeindliche Amazonentum, so weist er auch den Hetärismus zurück. Beiden Ausartungen des weiblichen Geschlechts, der Entfremdung von seiner natürlichen Bestimmung und regelloser Überlassung an dieselbe, tritt er mit gleicher Entschiedenheit entgegen. Durch das eine sowohl als durch das andere ist er Lykiens Wohltäter geworden. Durch beides hat er sich zumal des Weibes Dankbarkeit erworben. Um so williger folgt ihm der Amazonen besiegtes Heer. In der Ehe und ihrer Keuschheit finden die Artemisdienerinnen Erfüllung ihrer höheren Bestimmung, welcher sie ungeregelte Männerliebe nicht weniger entfremdet als männerfeindlicher Sinn. So erscheint Bellerophon als der Bekämpfer jeder ungeregelten, wilden verwüstenden Kraft. Durch die Vernichtung der Chimära wird des Landes geregelter Ackerbau, durch die des Amazonentums und des Hetärismus die Ehe mit ihrer strengen Ausschließlichkeit möglich gemacht. Beide Taten gehen Hand in Hand, weshalb der Held bei Homer durch Philonoes Hand und das Geschenk fruchtbarer Äcker belohnt wird.

Das Prinzip des Ackerbaus ist das der geordneten Geschlechtsverbindung. Beiden gehört das Mutterrecht. Wie das Korn des Ackerfeldes aus der durch die Pflugschar geöffneten Furche ans

Tageslicht tritt, so das Kind aus dem mütterlichen *sporium;* denn *sporium* nannten die Sabiner das weibliche Saatfeld, den ›kepos (Garten, weibliche Scham)‹, woher *spurii,* die Gesäten, von ›speiro (ich säe)‹. So berichtet Plutarch.[41] Demselben gehört der Gedanke, daß das Prinzip der Liebe in der Verwundung liege, weshalb Amor den Pfeil führt. Verwundet wird durch die Pflugschar die Erde, verwundet durch des Mannes *aratrum* des Weibes Mutterschoß. In beiden Beziehungen rechtfertigt sich der Pflugschar Verbindung mit dem zeugenden Wassergotte Poseidon, wie wir sie bei Philostrat (Im. 2, 17) finden. Was aus dem *sporium* geboren wird, hat nur eine Mutter, sei es die Erde, sei es das Weib, das jene Aufgabe übernimmt. Der Vater kömmt nicht mehr in Betracht als die Pflugschar, nicht mehr als der Sämann, der über das gearbeitete Feld hinschreitend das Korn in die geöffnete Furche streut und dann in Vergessenheit sinkt. Das römische Recht hat diesen Satz juridisch formuliert und rechtlichen Entscheidungen zu Grunde gelegt. Julian spricht mehrfach den Grundsatz aus *omnis fructus non iure seminis, sed iure soli percipitur* oder *in percipiendis fructibus magis corporis ius, ex quo percipiuntur, quam seminis, ex quo oriuntur, aspicitur.*[42] Dafür sagen die Basiliken ›nicht aus dem Samen, sondern aus der Erde gehen die Früchte hervor‹. Cujacius[43] erkennt diesen Grundsatz ganz richtig auch in der Kinderzeugung, die nach dem außerehelichen *ius naturale* demselben unterliegt, wie l. 7 c. de rei vind. (3, 32) bestimmt ausspricht: *partum ancillae matris sequi condicionem nec statum in hac specie patris considerari explorati iuris est.* Für die Sklavin gilt eben das *ius naturale* der stofflichen Schöpfung, welches die Frau dem *solum,* den Vater dem Sämann gleichstellt, nicht das *ius civile,* welches stets eine Abänderung und Beeinträchtigung jenes enthält. In einzelnen Stellen der römischen Juristen zeigt sich der Fortschritt von den *fructus praedii* zu den *partus ancillae.*[44] Erst wird das Rechtsverhältnis des *praedium* festgesetzt, dann der hierfür gewonnene Satz auf das Weib angewendet. *mater enim est similis solo,* bemerkt Cujacius[45] zu der angeführten Stelle, *non solum simile matris, ut Plato in Epitaphio.* Auch nimmt wohl der Same des Bodens Natur an, niemals der Boden die des Samens. »Ein ausländischer Same, in ein anderes Land gestreut, vermag sich nicht zu halten, sondern pflegt überwältigt in das einheimische auszuarten« (Plato, Pol. 6, 497 b). Also Ein Gesetz beherrscht den Ackerbau und die Ehe, das stoffliche Recht der Gynaikokratie.

Es verdient besondere Beachtung, daß das Mutterrecht mit der Ehe und strengsten Keuschheit derselben in Verbindung steht. Sind auch die Folgerungen, die sich aus dem Mutterrecht ergeben, insbesondere Benennung der Kinder und ihres Status nach der Mutter, solche, die im Systeme des Vaterrechts die uneheliche Geschlechtsverbindung kennzeichnen und voraussetzen, so erscheinen sie doch unter der Herrschaft des Mutterrechts als Folge und Eigentümlichkeit der Ehe selbst und mit strengster ehelicher Keuschheit verbunden. Gynaikokratie besteht nicht außerhalb, sondern innerhalb des *matrimonium*. Sie ist kein Gegensatz, sondern notwendige Begleiterin desselben.

Ja der Name *matrimonium* [Mutterehe] selbst ruht auf der Grundidee des Mutterrechts. Man sagte *matrimonium*, nicht *patrimonium* [Vater-Ehe, Vater-Erbe], wie man zunächst auch nur von einer *materfamilias* [Familienmutter] sprach. *paterfamilias* ist ohne Zweifel ein späteres Wort. Plautus hat *materfamilias* öfters, *paterfamilias* nicht ein einziges Mal.[46] Nach dem Mutterrecht gibt es wohl einen *pater*, aber keinen *paterfamilias*. *familia* ist ein rein physischer Begriff, und darum zunächst nur der Mutter geltend. Die Übertragung auf den Vater ist ein *improprie dictum*, das daher zwar im Recht angenommen, aber in den gewöhnlichen nicht juristischen Sprachgebrauch später erst übertragen wurde. Der Vater ist stets eine juristische Fiktion, die Mutter dagegen ein physische Tatsache: *(mater) semper certa est, etiamsi vulgo conceperit, pater vero is tantum, quem nuptiae demonstrant.*[47] *tantum* deutet an, daß hier eine juristische Fiktion an die Stelle der stets fehlenden natürlichen Sicherheit treten muß. Das Mutterrecht ist *natura verum*, der Vater bloß *iure civili*, wie Paulus sich ausdrückt. Wo die Fiktion wegfällt, da heißt es *nullum patrem habere intellegun-tur.*[48] *publici pueri* nennt Seneca solche Kinder, das römische Recht *spurii*, Gesäte, oder *vulgo quaesiti*, während der Ausdruck *naturales* auf die *ex concubinatu* Entstandenen beschränkt wird.[49] – Als *naturales designationes* werden *mater, filius, cognati* von Paulus Dig. 4, 5, 7 pr. bezeichnet. Die Zwölf Tafeln, heißt es hier, nehmen nur auf die civile Familie, d. h. auf die *agnati*, Rücksicht; *ex novis autem legibus* (z. B. *ex S. Cto. Tertulliano und Orfitiano*) *et hereditates et tutelae plerumque sic deferuntur, ut personae naturaliter designentur; ut ecce deferunt hereditatem senatus consulta matri et filio*. Cujacius[50] fügt die Erklärung hinzu *filius et mater naturae vocabula sunt, cognatus etiam naturae verbum est, agnatus vero civile verbum est, non naturae.* Dasselbe gilt vom *pater,* weil dieser nie *natura,* sondern immer nur *iure verus et certus. natura* aber ist das physische Gesetz des Stoffes, daher die mütterliche Seite der Naturkraft. Daraus folgt, daß das Recht der Adoption der Mutter nicht zustehen kann. *mater naturae vocabulum est, non civile, adoptio autem civilis.* Daher nennt Paulus Dig. 4, 5, 7 pr. nur den *pater adoptivus.* Daß dieses Recht auch bei den Lykiern gelten mußte, kann mit Sicherheit angenommen werden. Wegen der rein natürlichen Grundlage des Muttertums ist der Mutter die Liebe des Kindes vorzüglich erworben. ›Ist doch dem Kinde lieber die Mutter (Menander)‹, wie umgekehrt Homer singt ›Die Tochter ist dem alternden Manne am liebsten.‹ In der Odyssee (1, 215) sagt Telemachus ›Die Mutter sagt zwar, daß ich von ihm bin; ich aber weiß es nicht. Hat doch noch keiner je seine Abkunft selber genau gekannt!‹ (Schadewaldt). Daher sind auch die *uterini* untereinander näher verbunden als die *consanguinei:*[51] *raram esse fratrum gratiam matre diversorum.*[52] So führt in der Ilias (3, 238) Helena ihre Liebe zu den Dioskuren darauf zurück, daß eine Mutter sie geboren. Im 21. Gesang aber sucht Lykaon, des Priamos Sohn, in der Todesgefahr Achilles dadurch zu erweichen, daß er ihm zuruft: ich bin kein leiblicher Bruder Hektors, welcher den Freund Patroklos dir erschlug. Denn mit Laothoe, des Lelegerfürsten Altes Tochter, hatte Priamos den Lykaon gezeugt.[53] Die *uterini* galten mithin als näher verwandt und inniger befreundet als die *consanguinei,* ganz im Sinne des auf Naturwahrheit gegründeten Mutterrechts. *matrimonium* erscheint als ein Ausdruck höherer Liebe und entspricht so dem kretischen Ausdruck 'liebes Mutterland', von welchem Plato in einer bald anzuführenden Stelle sagt, er enthalte einen ganz besonderen Grad von Anhänglichkeit, wie er in der Bezeichnung 'Vaterland' nicht liege.

Unrichtig wäre es, wollte man diejenigen Völker, welche Gynaikokratie zeigen, auf jene unterste Lebensstufe zurückführen, in welcher noch gar keine Ehe, sondern nur natürliche Geschlechtsverbindung wie unter den Tieren, besteht. Die Gynaikokratie gehört nicht vorkulturlichen Zeiten, sie ist vielmehr selbst ein Kulturzustand. Sie gehört der Periode des Ackerbaulebens, der geregelten Bodenkultur, nicht jener der natürlichen Erdzeugung, nicht dem Sumpfleben, mit welchem die Alten die außereheliche Geschlechtsverbindung auf eine Linie stellen,[54] so daß die Sumpfpflanze dem *nothus,* die Ackersaat dem *legitimus* gleich steht. Ist das Mutterrecht auch *iuris naturalis*, weil es aus den Gesetzen des Stoffes hervorgeht, in welchem Sinne, wie wir später genauer dartun, der Ausdruck noch von den römischen Juristen gebraucht wird,[55] so ist dies *ius naturale* doch schon durch die positive Institution der Ehe beschränkt und nicht mehr in seinem vollen Umfange, wie es die Tierwelt regiert, unter den Menschen anerkannt. Es herrscht nur noch innerhalb des *matrimonium* und schließt die freie Geschlechsmischung aus. Die Wichtigkeit dieser Bemerkung wird erst im weitern Verlauf unserer Darstellung ganz hervortreten.

7. Hier sollen, um des Gegensatzes willen, einige Nachrichten der Alten über solche Völker, die kein *matrimonium* anerkennen, sondern das Mutterrecht in Verbindung mit voller Natürlichkeit der Geschlechtsverhältnisse zeigen, mithin das *ius naturale* in seinem ganzen Umfange beibehalten, zusammengestellt werden. Unter den hierher gehörenden Erscheinungen offenbart sich eine beachtenswerte Mannigfaltigkeit der Einzelnheiten. Eine größere Anzahl Übergänge verbindet den vollen Naturzustand mit der Anerkennung des ausschließlich ehelichen Lebens, das zuweilen durch Reste jenes früheren tierischen Zustandes verdunkelt wird. Ich werde in meiner Darstellung die Stufenfolge der Erhebung des Menschengeschlechts aus völlig tierischen Zuständen zu ehelicher Gesittung besonders hervorheben und dadurch die allmähliche Umbildung des *ius naturale* in ein positives *ius civile* anschaulich zu machen suchen.

Auf der tiefsten Stufe des Daseins zeigt der Mensch neben völlig freier Geschlechtsmischung auch Öffentlichkeit der Begattung. Gleich dem Tiere befriedigt er den Trieb der Natur ohne dauernde Verbindung mit einem bestimmten Weibe und vor aller Augen. Gemeinsamkeit der Weiber und öffentliche Begattung wird am bestimmtesten von den Massageten berichtet. »Jeder ehelicht eine Frau, allen aber ist erlaubt, sie zu gebrauchen. Denn was die Griechen den Skythen zuschreiben, tun nicht die Skythen, sondern die Massageten. So oft einen Mann nach einem Weibe gelüstet, hängt er seinen Köcher vorn an dem Wagen auf und wohnt ihm unbesorgt bei.«[56] Dabei steckt er seinen Stab in die Erde, ein Abbild seiner eigenen Tat. Über die Massageten enthält Strabo (11, 513) folgendes: »Es heiratet jeder eine, sie gebrauchen aber auch die der andern, und zwar nicht im Verborgenen. Wer sich so mit einer Fremden begattet, hängt seinen Köcher vorn an dem Wagen auf und übt den Beischlaf ganz offen.« – Mit den Massageten stellt Herodot öfters die Nasamonen zusammen. So 4, 172: »Sie haben nach Gebrauch jeder viele Frauen und begatten sich mit ihnen insgemein. Beim Beischlaf beobachten sie das gleiche was die Massageten; sie stecken nämlich ihren Stab in die Erde.« Hier und dort haben wir nicht nur Gemeinsamkeit, sondern auch Öffentlichkeit der Geschlechtsmischung. Beides findet sich auch bei einigen indischen Stämmen.[57] Öffentlichen Beischlaf mit ehelichem Leben verbunden finden wir bei den Mosynoiken, über welche Dionysius und Diodor Bericht erstatten.[58] »Die Soldaten (des Cyrus) sagten, daß dies das ungebildetste Volk gewesen sei von allen, die sie auf ihrem Marsche angetroffen hätten; die Männer hätten vor aller Augen ihren Weibern beigewohnt.« Dasselbe erzählt Xenophon.[59] – Daran schließen sich die aethiopischen Auser, welche an dem tritonischen Sumpfsee wohnen: »Sie bedienen sich der Weiber insgemein und begatten sich mit ihnen nach Art des Viehes, ohne mit ihnen häuslich zusammenzuwohnen.«[60] – Von den Garamanten, einem andern großen aethiopischen Stamme, wird zunächst nur die Gemeinsamkeit der Frauen hervorgehoben.[61] Ist hier von Öffentlichkeit der Begattung auch keine Rede, so wird sie doch aus dem Hundesymbol, welches die Aethiopier als höchste Gottheitsdarstellung anerkannten, sehr wahrscheinlich. Bezeugt finden wir es bei Plinius, Aelian, Plutarch.[62] Der Hund ist der hetärischen, jeder Befruchtung sich freuenden Erde Bild. Regelloser, stets sichtbarer Begattung hingegeben, stellt er das Prinzip tierischer Zeugung am klarsten und in seiner rohesten Form dar. Es ist daher nicht daran zu zweifeln, daß ›kyon (Hund)‹ und ›kyein (empfangen)‹, welche Plutarch[63] zusammenstellt, wirklich auf demselben Grundstamme beruhen, ohne daß darum das eine Wort von dem andern abgeleitet werden dürfte. In Ägypten genoß, sagt Plutarch, der Hund von alters her die größte Verehrung; ›weil er alles aus sich selbst gebiert und in sich selbst empfängt, deswegen heißt er Hund.‹ Damit steht die Nachricht von androgyner Natur gewisser aethiopischer Völker in Verbindung, Plin. H. n. 7, 15: *supra Nasamonas confinesque illis Machlyas androgynos esse utriusque naturae inter se vicibus coeuntes Calliphanes tradit; Aristoteles adicit dextram mammam iis virilem, laevam muliebrem esse.* Also dieselbe Anschauung, welche in dem ›in sich selbst empfangend‹ liegt und in Teiresias, der beider Geschlechter Genuß gehabt, wiederkehrt.[64] Ich verbinde hiemit eine Nachricht des Nicolaus von Damascus, welche aus dessen Morum mirabilium collectio Stobaeus im Florilegium erhalten hat:[65] »Die Aethiopier halten vorzüglich ihre Schwestern in Ehren. Ihre Herrschaft überlassen die Könige nicht ihren eigenen, sondern ihrer Schwester Kindern. Ist kein Erbe mehr da, so wählen sie zum Anführer den Schönsten und Streitbarsten«. Das letztere bestätigen Herodot (3, 20) und Strabo (17, 822). Die Hervorhebung der Schwesterkinder ist eine notwendige Folge des Mutterrechts und kömmt daher auch anderwärts vor.[66]

Andere aethiopische Völker beschränken den Hetärismus des Weibes auf die Brautnacht. Von den Augilen, die keine andere Gottheit kennen als die Verstorbenen,[67] schreibt Mela 1, 46 *feminis eorum sollemne est, nocte, qua nubunt, omnium stupro patere, qui cum munere advenerint: et tum cum plurimis concubuisse maximum decus; in reliquum pudicitia insignis est.* Zur Vergleichung mag folgender Bericht über die Bewohner der Balearischen Inseln dienen: »Bei ihren Hochzeiten haben sie einen seltsamen Brauch. Nämlich beim Hochzeitgelag wohnt der älteste von den Freunden und Bekannten zuerst der Braut bei, und so die übrigen der Reihe nach, je nachdem einer jünger ist als der andere, und der Bräutigam ist der letzte, dem diese Ehre zu Teil wird.«[68] – Von den afrikanischen Gindanen erzählt Herodot (4, 176): »Ihre Weiber tragen Bänder um die Fußknöchel, jede eine große Anzahl. Sie sind aus Fellen gefertigt und haben folgende Bedeutung: Bei jeder Mischung mit einem Manne legt die Frau ein solches Band um. Die nun die meisten hat, wird für die trefflichste gehalten, da sie von den meisten geliebt worden ist.«[69] – Aus Sextus Bemerkungen über die Entstehung der Dos, womit das bekannte Plautinische *tute tibi dotem quaeris corpore* von dem etruskischen Weibe übereinstimmt, erhält das Geschenk, das jeder Augiler der Braut bringt, seine Erklärung. Es ist das Hetärengeld, das die Ausstattung bildet, wie auch in den Mysterien der Eingeweihte Aphroditen ein solches *aes meretricium*, die *stipes*, in den Schoß legt, dagegen von ihr den Phallus erhält.[70] Die nachfolgende *pudicitia insignis* zeigt uns die Augiler im Stande der Ehe und den anfänglichen Hetärismus nicht nur durch sie nicht ausgeschlossen, sondern selbst als Sicherstellung ihrer späteren Strenge und Keuschheit. Wir finden alle diese Züge bei Babyloniern, Lokrern, Etruskern wieder. Ihre genauere Erläuterung bleibt der spätern Darstellung des alten mit der Ehe verbundenen Hetärismus aufbehalten. Nur der Thraker muß hier noch gedacht werden. Auch diese verbinden Strenge der Ehe mit Hetärismus der Jungfrau: »Die Jungfrauen bewachen sie nicht, sondern lassen ihnen volle Freiheit, sich mit wem sie mögen zu vermischen. Die Frauen dagegen bewachen sie streng; sie kaufen sie von ihren Eltern um großes Gut.«[71]

Den Aethiopiern reihen sich die kyrenaeischen Nomaden an: *quamquam in familias passim et sine lege dispersi nihil in commune consultant, tamen, quia singulis aliquot simul coniuges et plures ob id liberi adgnatique sunt, nusquam pauci.*[72] Wir sehen hier die Gemeinsamkeit der Weiber auf ein einzelnes bestimmtes Geschlecht beschränkt. Nur die Verwandten bleiben beisammen; diese sind aber durch die Mehrzahl der Frauen stets zahlreich. Hier erscheint die Freiheit der Geschlechtsmischung als das erste Band einer größeren menschlichen Gemeinschaft. – Einen ähnlichen Zustand berichtet Strabo (16, 783) von den Arabern. »Die Brüder werden höher geschätzt als die Kinder. Nach der Erstgeburt richten sich Herrschaft im Geschlechte und andern Würden. Alle Blutsverwandten haben gemeinsamen Besitz. Herrscher aber ist der Älteste. *Eine* Frau haben alle. Wer zuerst kömmt, geht hinein und wohnt ihr bei. Er läßt seinen Stab vor der Türe stehen; denn alle pflegen Stöcke zu tragen. Des Nachts weilt sie bei dem Ältesten. So sind alle unter einander Brüder. Sie wohnen auch ihren Müttern bei. Auf dem Ehebruch steht der Tod. Ehebrecher ist der eines andern Geschlechts. Einer ihrer Könige hatte eine Tochter von ausgezeichneter Schönheit, diese aber fünfzehn Brüder, welche alle die Schwester liebten und sie, einer nach dem andern, ohne Aufhören besuchten. Diese nun, durch den ununterbrochenen Beischlaf ermüdet, ersann folgende List. Sie verfertigte sich Stöcke, ähnlich denen der Brüder. Wenn nun einer wegging, stellte sie den ihm entsprechenden Stock vor die Türe und bald darauf einen andern und wieder einen andern, stets Sorge tragend, daß nicht der, an welchen die Reihe kam, den seinen finden möchte. Einst nun, als alle auf dem Markte beisammen waren, wollte einer von ihnen zu ihr kommen, fand aber vor der Tür seinen Stock. Er schloß daraus, es müßte ein Ehebrecher bei dem Mädchen sein. Er lief nun zu dem Vater, führte ihn herbei, kam aber bald zu der Entdeckung, wie er von der Schwester hintergangen worden.« Daß in dieser Erzählung nicht ein bestimmtes einzelnes Ereignis, sondern das Bild eines allgemeinen Zustandes enthalten ist, macht sie nur in höherem Grade beachtenswert. Wir sehen hier das rein tierische Naturrecht auf den Kreis eines bestimmten Geschlechts, einer Blutsgenossenschaft, beschränkt, innert den Grenzen desselben jedoch im vollsten Umfange anerkannt. Dem *ius naturale* entspricht die Mischung von Bruder und Schwester, die auch Plato im Staate 5 p. 461 d anerkennt, von Mutter und Sohn, welche die Mager üben,[73] vollkommen. Die Tierwelt kennt keinen Inzest. Es ist ganz im Sinne der arabischen Sitte, wenn Myrrha sich über die verbotene Liebe zu ihrem Vater Cinyras bei Ovid also vernehmen läßt (Met. 10, 323ff.):

sed enim damnare negaret
hanc venerem pietas: coeuntque animalia nullo
cetera dilectu, nec habetur turpe iuvencae
ferre patrem tergo, fit equo sua filia coniunx,
quasque creavit init pecudes caper, ipsaque, cuius
semine concepta est, ex illo concipit ales.
felices quibus ista licent! humana malignas
cura dedit leges et, quod natura remittit,
invida iura negant. gentes tamen esse feruntur,
in quibus et nato genetrix et nata parenti
iungitur; et pietas geminato crescit amore.

Das Verhältnis des positiven Rechts zu dem Naturrecht wird hier in sehr richtiger Weise geschildert. Das *ius civile* enthält eine Beschränkung des *ius naturale*. Dieses wird durch jenes mehr und mehr ausgeschlossen und zuletzt auf einen geringen Kreis beschränkt. Unverträglichkeit und Feindschaft besteht zwischen ihnen. In manchen Mythen ist dies angedeutet. Ich mache auf einen aufmerksam, den Augustinus (de Civ. Dei 6, 9.) mitteilt. Silvan ist der Mutter, der Ehe und ihren Geburten Feind. Er sucht die Wöchnerin und ihr Kind zu vertilgen. Durch Beil, Besen und Mörserkeule, die *tria signa culturae*, sucht man ihn abzuhalten und seinem Beginnen entgegenzutreten. Silvan gehört der wilden Naturvegetation, die in dem Menschen- und geordneten Familienleben ihren Feind erkennt. So erspähen die Harpyen, diese lykischen Eimütter, den Augenblick, in welchem Aphrodite gen Himmel gestiegen ist, den blühenden Pandareostöchtern von Zeus das ›Ziel der blühenden Hochzeit‹ die Krone der weiblichen Erziehung, zu erflehen, um sie in dem Augenblick zu rauben, in welchem sie auf den Eintritt in die Ehe sich bereiten.[74] Dem Naturgesetz des Stoffs ist eheliche Verbindung fremd und geradezu feindlich.

Der Ehe Ausschließlichkeit beeinträchtigt das Recht der Mutter Erde. Nicht dazu ist Helena mit allen Reizen Pandoras ausgestattet, daß sie nur Einem zu ausschließlichem Besitz sich hingebe. Wenn sie die Ehe verletzt und dem schönen Alexander nach Ilium folgt, so gehorcht sie weniger ihrem eigenen als Aphroditens Gebot und dem Zug der weiblichen Natur, der mit Helena das Sprichwort verband, das Plutarch (Alcib. 23, 6) auch auf Alkibiades anwendet: ›Sie ist noch das Weib, das sie war‹. Darum muß das Weib, das in die Ehe tritt, durch eine Periode freien Hetärismus die verletzte Naturmutter versöhnen und die Keuschheit des Matrimonium durch vorgängige Unkeuschheit erkaufen. Der Hetärismus der Brautnacht, wie wir ihn bei den augilischen und balearischen Frauen und bei den Thrakerinnen fanden, beruht auf dieser Idee. Er ist ein Opfer an die stoffliche Naturmutter, um diese mit der späteren ehelichen Keuschheit zu versöhnen. Darum wird dem Bräutigam erst zuletzt die Ehre zuteil. Um das Weib dauernd zu besitzen, muß es der Mann erst andern überlassen. Nach dem *ius naturale* ist die Frau buhlerischer Natur, eine Acca Larentia, die ›dem ersten besten‹ sich hingibt, wie der Erdstoff, der als Penia nach immer erneuter Befruchtung sich sehnt. Das Weib soll, gleich der arabischen Königstochter, bis zur Ermüdung dem Manne sich hingeben, wie Hortas Tempel bei den Römern immer offen stand.[75] Sünde ist es ihr, durch List und Verfertigung falscher Stäbe sich Ruhe zu verschaffen. Sie soll eine Obsequens, eine Lubentina, eine stets aufmunternde, nie zaudernde, sondern antreibende wahre Horta[76] sein. Diesem Naturrechte, das die Frau des Augilers bricht, aber durch den Hetärismus der ersten Nacht zu sühnen sucht, ist das arabische Geschlecht treu geblieben. Ehebrecher ist nur der Geschlechtsfremde, niemals der Blutsverwandte. Eine solche Familie pflanzt sich durch stete Selbstumarmung, ›empfangend in sich selbst‹, fort. Sie wird erst dadurch des Erdstoffs vollkommenes Bild. Denn auch dieser zeugt durch ewig fortgehende Selbstbegattung. Schon im Dunkel des Mutterleibes Rheas umfangen sich zeugend Isis und Osiris.[77] In den beiden Geschwistern tritt die Naturkraft in ihre beiden Potenzen auseinander. Ihre Wiedervereinigung durch Begattung ist des Stoffes Gesetz. Daher sind die Geschwister zunächst auf einander angewiesen. Dieser stofflichen Anschauung gilt die Geschwisterehe nicht nur als zulässig, sondern als das natürliche Gesetz, das nach Plato (de rep. 5 p 461 d.) auch die delphische Pythia bestätigt. Auf dem Geschwistertum ruht Isis' und Osiris', Zeus' und Heras', Janus' und Camisas'[78] eheliche Verbindung, und welche tiefe Wurzel dieses stoffliche Recht in der Anschauungsweise der Alten hatte, zeigen, auch bei Hebräern und Griechen, manche Nachklänge in Sitten und Gesetzen. Plutarch kann, von griechischen Anschauungen ausgehend, die Frage, warum die Römer keine nahen Verwandtinnen heiraten, mit in seine Sammlung sonderbarer und unerklärter Gebräuche aufnehmen (an. 5. 108.). Nepos zeigt jedoch (in Cimone 1,1), daß später nur die *eodem patre nati nataeque* zur Ehe zugelassen waren. Auch hier bewahrt das positive Recht den Charakter einer Beeinträchtigung des Naturrechts. *quod natura remittit, invida iura negant.* In der Selbstfortpflanzung des arabischen Geschlechts verbindet sich der höchste Grad von Verwandtschaft im Innern desselben mit dem höchsten Grade des Abschlusses gegen außen. Sind die Mitglieder jeder einzelnen Sippe durch das engste Verhältnis, das des ersten Grades der Blutsgemeinschaft, unter einander verbunden, alle Brüder, alle Geschwister, alle Söhne und Väter, so werden dagegen die verschiedenen Sippen einander durch keine Beziehung genähert. Dem Prinzip der Liebe tritt das der Feindschaft gegenüber, und beide steigern sich zu dem höchsten Grade der Ausbildung. Die Vereinigung liegt auf Seite des Weibes, die Trennung auf der des Mannes. Von diesem Gesichtspunkte aus erscheint die freie Geschlechtsverbindung im Innern des einzelnen Stammes als ein dem Menschen jener Kulturstufe notwendiges Mittel, zu irgend größerer und dauernder Verbindung zu gelangen. Nur die engste stoffliche Vereinigung hält die Nomadenfamilie der Cyrenaica zusammen. Getrennt lagern die Geschlechter und halten nie gemeinsame Beratung. Aber fest verbunden stehen die Glieder desselben Geschlechts zusammen, und durch keine Gesetze beengt wachsen sie schnell zu zahlreichen Stämmen heran. Das *ius naturale* des Stoffes, dem das Mutterrecht angehört, erscheint hier zu gleicher Zeit als die Grundlage dauernder Volksvereinigung, als das Prinzip des Zusammenhangs und des Friedens unter den Menschen und als Beförderung ihres schnellen numerischen Wachstums. Das Weib ist der Mittelpunkt und das Bindeglied der ältesten staatlichen Vereinigung. Die durch Krieg und Pest verminderte Bürgerzahl Athens zu ersetzen, wurde nach einem Senatsbeschluß, den der rhodische Hieronymus[79] erwähnt, gestattet, zwei Frauen zu nehmen, nämlich eine Bürgerin zu ehelichen und von einer andern Kinder zu zeugen.[80]

Alle hier hervorgehobenen Züge kehren in dem Bienenstaate wieder. Wir dürfen auf diesen um so eher verweisen, als das Vorbild der Biene auch von den Alten vielfältig angeführt wird und in der Entwicklung des Menschengeschlechts eine hohe Stellung einnimmt. In der herrlichen Beschreibung, welche Virgil, Georg. 4, (153 ff.) von dem Bienenleben gibt, wird die Gemeinsamkeit der Erzeugten besonders hervorgehoben:

Solae communis gnatos, consortia tecta
urbis habent magnisque agitant sub legibus aevum;
et patriam solae et certos novere penatis.

Ähnliches kehrt in Aen. 1, 435 wieder. Zu den Worten *gentis adultos educunt fetus* bemerkt Servius: *et bene gentis fetus, quia non singulae de singulis nascuntur, sed omnes ex omnibus.* Mit diesen Bemerkungen stimmt die Naturwahrheit überein. Das Bienenleben zeigt uns die Gynaikokratie in ihrer klarsten und reinsten Gestalt. Jeder Stock hat eine Königin. Sie ist die Mutter des ganzen Stammes. Neben ihr steht eine Mehrzahl männlicher Drohnen. Diese sind zu keinem anderen Geschäfte bestimmt als zu dem der Befruchtung. Sie arbeiten nicht und werden darum, wenn sie die Bestimmung ihrer Existenz erfüllt haben, von den weiblichen Arbeitsbienen getötet. So stammen alle Glieder des Stocks von Einer Mutter, aber von einer größeren Anzahl Väter. An diese knüpft sie keine Liebe, kein Band der Anhänglichkeit. Die Drohnen werden von ihren eigenen Kindern aus dem Stock geworfen oder in der sogenannten Drohnenschlacht erstochen. Durch die Befruchtung der Mutter haben sie ihren Beruf erfüllt und werden nun dem Untergang geweiht. Gegenüber der Königin ist das Verhältnis der Bienen ebenso innig als lose und feindlich gegenüber den vielen Vätern. Zauberähnliche Anhänglichkeit verbindet sie mit dem Wesen, dem sie ihre Entstehung verdanken, und welche allein die Gesellschaft zusammenhält. Keine fremde Biene wird geduldet, es müssen alle Kinder und Enkel derselben Mutter sein. Ist die Königin tot, so lösen sich alle Bande der Ordnung. Es wird nicht mehr gearbeitet. Jede Biene sucht für sich ihre Nahrung, bis sie zu Grunde geht. Die Honigwaben werden geplündert und alles rastlos Gebaute zerstört. Daher verteidigen die Bienen bis zum äußersten die Mutterkönigin, welche sich auch durch größere Gestalt von dem Volke unterscheidet. Virgil (Georg. 4, 154-218), wie die übrigen alten Schriftsteller, sprechen von einem *rex*, während genauere Naturbeobachtung das Muttertum der *regina* wie das männliche Geschlecht der Drohnen dargetan hat. Die Königin ist die Mutter des Stocks. Sie hat kein anderes Geschäft als nur das, zu gebären. Sie legt ein Ei nach dem andern in die dazu bestimmten Zellen. Die daraus hervorgehenden Bienen werden keine Mütter, sie führen ein jungfräuliches, durchaus nur der Arbeit und dem Erwerbe gewidmetes Leben. Durch diese Eigenschaften ist der Bienenschwarm das vollständigste Vorbild der ersten menschlichen, auf der Gynaikokratie des Muttertums beruhenden Vereinigung, wie wir sie in den Zuständen der genannten Völker finden. Ja, Aristoteles[81] stellt die Bienen höher als die Menschen jener ersten Zeit, weil das große Naturgesetz in ihnen viel vollkommener und fester zum Ausdruck gelange als bei den Menschen selbst, ein Gedanke, der bei Virgil wiederkehrt. Daher erscheint nun die Biene mit Recht als Darstellung der weiblichen Naturpotenz. Mit Demeter, Artemis und Persephone ist sie vorzugsweise verbunden, und hier eine Darstellung des Erdstoffes nach seiner Mütterlichkeit, seiner nie rastenden, kunstreich formenden Geschäftigkeit, mithin das Bild der demetrischen Erdseele in ihrer höchsten Reinheit. Der Zusammenhang mit der ganz physisch gedachten Mütterlichkeit hat in einem Gebrauche, den Heraclides[82] bezeugt, seinen Ausdruck gefunden. An den syrakusischen Thesmophorien werden sogenannte ›mylloi‹ herumgetragen. Sie sind aus Sesam und Honig bereitet und geben das Bild der weiblichen Geschlechtsteile, ein Gebrauch, mit welchem Menzel in der sehr lesenswerten Monographie über die Bienen[83] die indische Sitte, bei Hochzeiten die Genitalien der Braut mit Honig zu bestreichen passend zusammenstellt. In Deutschland heißt die Honigblume Melissa, das Mutterkraut, und dieses gilt in weiblichen Geschlechtskrankheiten als besonders heilkräftig. Als Ammen setzen die Bienen ihre Muttereigenschaft fort. Mit Honig nähren sie das neugeborene Zeuskind. Das reinste Erzeugnis der organischen Natur, dasjenige, in welchem tierische und vegetabilische Produktion so innig verbunden erscheint, ist auch die reinste Mutternahrung, deren sich die älteste Menschheit bediente, und zu welcher priesterliche Männer, die Pythagoreer, Melchisedek, Johannes, wieder zurückkehrten. Honig und Milch gehören dem Muttertum, der Wein dem männlichen dionysischen Naturprinzip.

Die einigende, vermittelnde Rolle des Weibes tritt in den Nachrichten über die afrikanischen Troglodyten auf besonders lehrreiche Weise hervor. »Nomadisch ist das Leben der Troglodyten.

Jeder Stamm hat seinen Beherrscher. Gemeinschaftlich sind die Frauen und Kinder, ausgenommen die der Tyrannen. Wer das Weib eines solchen mißbraucht, zahlt als Strafe ein Schaf. Die Frauen bemalen sich schwarz mit vieler Sorgfalt. Um den Hals tragen sie Muscheln als Amulette. Krieg führen sie untereinander um die Weiden. Zuerst schlagen sie sich mit den Fäusten, dann mit Steinen, und wenn einmal Wunden beigebracht worden, mit Schußwaffen und Schwertern. Die Kämpfenden trennen die Frauen, indem sie mitten zwischen sie treten und Bitten an sie richten.«[84] »Sie haben ihre Gemahlinnen mit ihren Kindern gemeinschaftlich. Ausgenommen ist allein die des Gebieters. Wer sich dieser nähert, wird von ihm um eine bestimmte Zahl Schafe gebüßt... Die Schlachten bringen die ältern unter den Frauen zum Stillstand. Sie werfen sich nämlich in die Mitte zwischen die Streitenden, da sie bei ihnen großes Ansehen genießen. Denn es gilt als Gesetz, keine derselben auf irgend eine Weise zu verletzen. Daher halten sie sofort bei deren Erscheinen mit dem Pfeileschießen inne.«[85] So treten die Sabinerinnen zwischen die Kämpfenden und führen die feindliche Begegnung zu friedlicher Einigung durch.[86] So schlichten bei den Eleern, so bei den Galliern, so bei den Germanen Matronen den Völkerstreit und setzen Friede und Vereinigung an die Stelle blutiger Fehde. Das einzelne hierüber wird später zur Betrachtung gelangen. Die Heiligkeit und Unverletzlichkeit des Weibes, welche auch in anderen Nachrichten hervorgehoben wird (so bei Herodot 4, 69. 111) und in der Strafe der skythischen Enarees ihren Ausdruck gefunden hat,[87] erscheint als die Grundlage der Gynaikokratie. Sie bestätigt den religiösen Charakter, den diese an sich trägt, wie die Verehrung einer großen Mutter[88] am Vorgebirge Hippoleon ihn ebenfalls ausspricht. In der Frau würde die Erde selbst, das weiblich-stoffliche Prinzip, das an der Spitze der Natur steht, verletzt und beleidigt. Das Schwärzen des Angesichts fließt aus derselben Grundanschauung. Es soll die Frau auch äußerlich dem Erdstoffe ähnlich machen. Denn schwarz ist die Farbe der Fruchterde, die das zeugende Wasser durchdringt, worüber besonders Plutarch Is. et Os. 33 nachzusehen ist. Schwarz daher die arkadische Demeter Hippia der Phigaleer, die sie ›Melaina (die Schwarze)‹ nannten.[89] Schwarz auch der dunkle Mutterschoß, der, wie wir später sehen werden, der Nacht entspricht. Das Muttertum verbindet sich mit der Idee der den Tag aus sich gebierenden Nacht, wie das Vaterrecht mit dem

Reiche des Lichts, dem von der Sonne mit der Mutter Nacht gezeugten Tage. Auf einer Religionsanschauung dieser Art muß der masylischen Libyer Gebrauch, nur des Nachts zu kriegen, am Tage zu ruhen,[90] wie die ›thrakische Finte‹ begründet sein, wie denn für die libyschen Nomaden die Zeitrechnung nach Nächten bezeugt wird.[91] Die Tapyren haben überdies den Gebrauch, ihre Ehefrauen, wenn sie mit ihnen zwei oder mehr Kinder erzeugt, andern Männern zu überlassen. Wir haben hier also Weiberherrschaft, die selbst durch die Annahme weiblicher Farbe und weiblichen Haarschmuckes ihre äußere Darstellung erhält. Mit der schwarzen Farbe der troglodytischen Frauen und der Melanchlaeni[92] verbindet sich das Wohnen in unterirdischen Höhlen, durch welches die Troglodyten den asiatisch-pontischen Hypogaei,[93] den Katudaei des Hesiod,[94] den nordischen und italischen Cimmerii, deren lichtlose Gänge bei dem italischen Cumae erwähnt werden, zu denen auch nie die Sonne dringt,[95] an die Seite treten.

Auch in der Muschel hat des Muttertums rein physische Geschlechtlichkeit, vor deren Anschauung Bellerophon sich scheute, Ausdruck gefunden. Die doppelschalige Muschel ist, wie wir weiterhin sehen werden, das aphroditische Bild der weiblichen ›kteis‹, und darum selbst bei den Griechen noch mit übelabwendender Amulettkraft ausgerüstet.

In den Beerdigungsgebräuchen der Troglodyten[96] zeigt sich dieselbe Grundanschauung. Denn der mit den Knien zusammengebundene Nacken gibt dem Leichnam die Lage des Kindes im Mutterleibe, wie wir sie bei manchen alten Völkern wieder finden.[97]

Über die libyschen Völker, deren Namen selbst auf eine ›autochthone (ureinheimische) Frau‹ zurückgeführt wird,[98] von welchen die bisherigen Nachrichten vorzugsweise handeln, findet sich bei Aristoteles eine beachtenswerte Angabe. Unter den Gründen, mit welchen der Stagirite die Platonische Lehre von der Liebe und Brüderlichkeit befördernden Gemeinschaft der Weiber und Kinder bekämpft, nimmt die Bemerkung, daß jene Gemeinschaft ihren Zweck, nämlich jeden individuellen Zusammenhang zu vernichten, gar nicht einmal erreiche, eine bedeutende Stelle ein. »Denn«, so fährt er fort,[99] »es läßt sich sicherlich auch nicht einmal vermeiden, daß nicht hin und wieder einige ihre Brüder und Kinder und Väter und Mütter erraten sollten; von den Ähnlichkeiten nämlich, welche zwischen den Kindern und Erzeugern obwalten, werden sie notwendig gegenseitig die Beweisgründe entnehmen. Wie dies auch als in der Erfahrung bestätigt diejenigen berichten, welche über Länder- und Völkerkunde in Schriften handeln. Es seien nämlich bei einigen Stämmen des obern Libyens die Weiber gemeinschaftlich; die erzeugten Kinder jedoch würden nach den Ähnlichkeiten ausgesucht. Es gibt aber auch sogar bei den übrigen Tieren Weibchen, z. B. Pferde und Rinder, welche von Natur stark hinneigen, ihre Jungen den Erzeugern ähnlich zur Welt zu bringen, wie z. B. zu Pharsalos die Stute Dikaia.« Das Zuteilen der Kinder nach der Ähnlichkeit bemerkt Herodot (4, 180) von den tritonischen Ausern. »Wenn das Kind bei der Mutter groß geworden ist, kommen die Männer zusammen, was jeden dritten Monat geschieht, und welchem von ihnen nun jedes gleicht, für dessen Sprößling gilt es.« In dieser Sitte offenbart sich ein Übergang aus dem Mutterrecht des reinen *ius naturale* zu dem Prinzip der Ehe. Das Kind soll außer der Mutter auch noch einen Vater erhalten. Die Mutter ist nun stets sicher und von physischer Gewißheit umgeben, *mater natura vera;* der Vater dagegen ruht auf bloßer Vermutung, und zwar sowohl bei der Ehe als bei freier Geschlechtsmischung. Das Vatertum ist immer Fiktion. Bei der Ehe liegt diese in der Ehe selbst und in ihrer angenommenen Ausschließlichkeit. Hier gilt der Grundsatz *pater est quem nuptiae demonstrant.* In dem ehelosen Zustande tritt eine andere Wahrscheinlichkeit an die Stelle der Rechtsfiktion: die körperliche Ähnlichkeit des Kindes mit dem Vater. Die Fiktion ist dort rein rechtlicher, hier rein physischer Natur.[100] Jene Fiktion entspricht dem positven *ius civile*, diese dem *ius naturale*, dem die Gemeinschaft der Weiber und das Mutterrecht angehört. Wir sehen auch hier wieder das Muttertum als das einigende, das Vatertum als das trennende Prinzip. Was unter viele Väter verteilt wird, verbindet die Mutter zur Einheit. Aus der Verbindung dieser beiden Prinzipien leitet Aristoteles mit Recht seinen Satz ab, daß die Gemeinschaft der Weiber das, was sie zu erreichen vorgibt, niemals herbeizuführen vermag. Denn die auf Beobachtung der Ähnlichkeit gegründete Vermutung wird auch da nicht ausbleiben, wo sie nicht, wie bei den Ausern und andern Völkern, öffentliche Anerkennung gefunden hat. Statt der Gemeinsamkeit der Kinder wird also Kinderlosigkeit des Mannes Folge jener Einrichtung sein. Keiner wird sagen: alle die tausend Kinder sind mein, aber ebenso wenig: das oder jenes ist mein, oder wenn er so spricht, doch stets zweifelnd und mit dem Zusatze: mein oder auch eines andern. Mithin wird er nicht alle, sondern gar keines zum Sohne haben. – Diese Bemerkung des Aristoteles (Pol. 2, 1, 11) hat ihre volle Richtigkeit nur aus dem Standpunkte des Vaterrechts. Gegenüber dem in voller Natürlichkeit herrschenden Mutterrecht erscheint die Sonderung nach Ähnlichkeiten schon als eine Beeinträchtigung des *ius naturale* und als ein Anfang, sich der Herrschaft desselben zu entziehen.

Die Ähnlichkeit selbst ist auf jener Kulturstufe notwendig geringer, weil durch die freie und allgemeine Geschlechtsmischung die Festsetzung individueller Bildung ausgeschlossen und immer wieder verwischt wird. Ein Geschlecht, das in steter Selbstumarmung sich fortpflanzt, kann nur einen Geschlechtstypus haben, gleich den Tieren, unter den einzelnen Gliedern aber, und selbst zwischen Mann und Frau, nur geringe Verschiedenheit zeigen. Übereinstimmend hiemit bemerkt Hippokrates,[101] die Skythen hätten nur einen Volks-, keinen persönlichen Typus, und die Asiaten glichen sich alle, während in Europa die Verschiedenheit der physischen Verhältnisse auch eine ebenso große der Völkertypen hervorrufe. Die vollkommen gleiche Kleidung beider Geschlechter, welche asiatische Völker bis auf den heutigen Tag bewahren, enthält eine Bestätigung der gemachten Bemerkung.[102]

Mit der Gemeinschaft der Weiber hängt die Tyrannis eines einzelnen notwendig zusammen. Diese trat uns bei den Arabern, Troglodyten, Aethiopiern, den Iberern am Kaspischen Meere[103] entgegen. Jeder Stamm hat seinen Tyrannos. Es ist das Recht der Zeugung, auf welcher diese Herrschaft beruht. Da in der Geschlechtsverbindung keine Sonderung eintritt, mithin auch das individuelle Vatertum wegfällt, so haben alle nur Einen Vater, den Tyrannos, dessen Söhne und Töchter sie alle sind, und welchem alles Gut gehört, worüber Ephoros bei Strabo 10, 480 eine beachtenswerte Bemerkung macht. Tyrannos steht hier in seiner eigentlichen physischen Bedeutung, wie Papaeus (Herod. 4, 59). Denn er ist von ›tyros‹ oder ›tylos (Glied)‹, der Bezeichnung der zeugenden Naturkraft, abgeleitet, wie wir an einer spätern Stelle dieses Werkes genauer dartun werden. In der Anerkennung der Herrschaft eines Mannes liegt keine Abweichung von dem *ius naturale*, das jenen Zustand beherrscht. Denn der Tyrannos hat all sein Recht von dem Weibe. Die Herrschaft erbt nur durch den Mutterleib. Nicht seinen, sondern der Schwester Kindern hinterläßt der

Aethiopier sein Königtum. Das jedesmalige Stammeshaupt wird also, wie der Lykier, sein Recht herleiten nicht von des Vaters, sondern von der Mutter Seite und daher der Mütter Mütter oder, was dasselbe ist, der frühern Könige Schwestern herzählen, wenn es sich um Legitimation seiner Machtstellung handelt. Seine Gemahlin hat er also nicht, um Nachfolger zu zeugen, die ja nicht zur Succession gelangen, vielmehr sich in der Masse des Volkes verlieren, sondern nur, weil dem männlichen Naturprinzip ein weibliches zur Seite treten muß, soll die stoffliche Kraft in ihrer Totalität, wie sie die androgyne Gestalt gewisser Libyer darstellt, zur Anschauung kommen, und der Gedanke des Doppelbeils, wie es die Amazonen führen, und die Tenedier wie die lydischen Herakliden und nach etruskischer Sitte die Römer als Zeichen des Imperiums gebrauchen, verwirklicht werden (Heraclid. fr. 7). Durch diese Verbindung erhält der Tyrannos seinen physischen Zusammenhang mit dem Stamme, den der kephallenische Tyrannos durch Beiwohnen mit jeder Braut vollständiger erreicht. Für die Vererbung der Königsgewalt hat die Ehe keine Bedeutung, und deshalb kann auch ihre Verletzung mit der Leistung eines oder weniger Schafe gesühnt werden.

Die Verbindung der Herrschaft eines Tyrannos mit der Gemeinschaft der Frauen erklärt uns einen beachtenswerten Zug aus der oben mitgeteilten Erzählung über die arabische Königstochter. Das Mädchen, durch den fortgesetzten Beischlaf ermüdet, nimmt zu einer List seine Zuflucht. Der getäuschte Bruder dagegen wendet sich, um zu seinem Rechte zu gelangen, an den königlichen Herrn. Der Mißbrauch des Männerrechts, das in dem Tragen des Stabs seinen Ausdruck gefunden hat, ist die notwendige Folge jener gedoppelten Macht. Aus diesem entwickelt sich der Widerstand des Weibes, aus welchem die Gynaikokratie hervorgeht. Seiner Betrachtung der lydischen Weiberherrschaft fügt Klearch (bei Athen. 12, 11.) folgende Erklärung bei: »Von Weibern beherrscht zu werden, sei stets die Wirkung gewaltsamer Erhebung des weiblichen Geschlechts gegen frühere ihm angetane Schmach; bei den Lydern sei es Omphale, die solche Rache zuerst geübt und die Männer der Gynaikokratie unterworfen habe.« Die hier angedeutete Entwicklung ist ohne Zweifel die historisch richtige. Das Mutterrecht zwar, soweit es nur die einseitige Mutterabstammung des Kindes festhält, ist *iuris naturalis,* daher auch dem Zustande freier Geschlechtsmischung nicht fremd, und so alt als das Menschengeschlecht; die mit jenem Mutterrecht verbundene Gynaikokratie, welche die Herrschaft in Familie und Staat der Mutter in die Hand gibt, ist dagegen erst spätern Ursprungs und durchaus positiver Natur. Sie entsteht durch Reaktion des Weibes gegen den regellosen Geschlechtsumgang, von dem sie zuerst sich zu befreien bestrebt ist. Dem tierischen Zustande allgemeiner, ganz freier Geschlechtsmischung setzt zuerst das Weib entschiedenen Widerstand entgegen. Sie ist es, die nach Erlösung aus jener Erniedrigung ringt und durch List oder Gewalt sie endlich zu erringen weiß. Dem Manne wird der Stab entrissen, das Weib gelangt zur Herrschaft. Dieser Übergang kann ohne eheliche Verbindung mit einem Einzelnen nicht gedacht werden. Beherrschung des Mannes und der Kinder ist in dem Naturzustand freier Geschlechtsmischung unmöglich, und die Vererbung der Güter sowie des Namens nach der mütterlichen Abstammung nur in der Ehe selbst von Bedeutung. Sind Weiber und Kinder gemeinsam, so sind es auch notwendig die Güter. Einem solchen Zustande fehlen auch Eigennamen, wie es für die libyschen Atarantes Nicolaus Damascenus (3, 463) bezeugt. Sonderrecht und eine bestimmte Erbordnung setzen Aufhebung jenes Naturzustandes voraus. Diese erfolgt aber nun selbst in einer gewissen Stufenfolge. Zwischen der ausschließlichen Ehe und der völlig ehelosen Geschlechtsgemeinschaft liegen mehrere Grade in der Mitte. Bei Massageten und Troglodyten sehen wir die Ehe selbst mit gemeinschaftlichem Gebrauch der Frauen verbunden. Jeder hat eine Gemahlin, aber allen ist erlaubt, auch der des andern beizuwohnen. Augiler, Balearen, Thraker stehen höher: sie halten die Keuschheit der Ehe und beschränken den Hetärismus auf die Brautnacht. Jene mit gemeinsamem Gebrauch verbundene Ehe ist reiner als die völlig ehelose Gemeinschaft, unreiner als die zur Ausschließlichkeit entwickelte eheliche Verbindung. Dennoch hat sie auch in der spätern Zeit noch bei den Lakedämoniern Anerkennung gefunden. Nach Nicolaus Damascenus[104] erlauben sie ihren Gemahlinnen, von den Schönsten der Bürger und der Fremden sich befruchten zu lassen.[105] Über römische Gebräuche habe ich in meiner Abhandlung über das S. Ct. Velleianum mehreres hieher Gehörige gesammelt.[106]

Der aus Ehe und Weibergemeinschaft zusammengesetzte Mittelzustand zeigt Sondereigentum und eine abgeschlossene Familie, welche beide auf der untersten Stufe eheloser Begattung fehlen. Ihm gehört das Mutterrecht, welches für den Erbgang der Güter von Bedeutung wird und daher auf der untersten Stufe eheloser Begattung, wo Gütergemeinschaft notwendig herrscht, gänzlich inhaltslos bleibt, außer in Beziehung auf die Vererbung des Königtums selbst. Aber mit dem Mutterrecht ist noch keine Gynaikokratie verbunden. Wie auf der untersten Stufe, so herrscht auch hier noch der Mann; an der Spitze jedes Stammes steht der Tyrannos, dessen Herrschaft nach Mutterrecht vererbt. Bei den Abyllen Libyens herrschte ein Mann über die Männer, eine Frau über die Frauen.[107] Wir sehen dort das Muttertum noch ohne Gynaikokratie. Ja, es stellt sich dar in Verbindung mit der tiefsten Erniedrigung des Weibes, das willenlos dem Gelüste jedes Mannes zu dienen verpflichtet ist und vor dem Stabe, den nur der Mann führt, rechtlos sich beugt. Daher ist es beachtenswert, daß das Stabführen für Araber und Massageten ausdrücklich als allgemeine Volksübung bezeugt wird.[108] Der Mann führt den ›Stab‹, und dieser gibt ihm Zutritt bei jeder Frau seines Volks. Er ist der Ausdruck der männlichen, rein physischen Tyrannis. Diese Mannesgewalt nun wird gebrochen, das Weib findet in der ausschließlichen Ehe jenen Schutz, welchen die arabische Königstochter von ihrer List vergebens erwartet hatte. Nun erweitert sich das Mutterrecht zur Gynaikokratie. Die Vererbung der Güter und des Namens nach mütterlicher Abstammung wird verbunden mit dem Ausschluß der männlichen Nachkommen von jedem Anspruche und mit der Herrschaft der Frauen im Geschlechte wie im Staate. Diese vollendete Gynaikokratie ist also nicht nur keine Eigenschaft jenes ersten gänzlich ehelosen Zustandes, sondern vielmehr in entschiedenem Kampfe gegen denselben entstanden. Ja, auch dem Mittelzustande eines aus Ehe und Weibergemeinschaft gemischten Lebens blieb sie fremd, und kam erst mit Überwindung desselben zu voller Anerkennung. Die Gynaikokratie setzt also in der Regel die vollendete Ehe voraus. Sie ist ein ehelicher Zustand, mithin wie die Ehe eine positive Institution, wie sie eine Beschränkung des völlig tierischen *ius naturale*, dem jedes Gewaltverhältnis wie jedes auf Anerkennung des Sondereigentums beruhende Erbrecht fremd ist. In dieser Verbindung stellt sich die Begründung der Gynaikokratie als ein Fortschritt des Menschengeschlechts zur Gesittung dar. Sie erscheint als eine Emanzipation aus den Banden des rohsinnlichen tierischen Lebens. Dem auf dem Übergewicht physischer Stärke beruhenden Mißbrauch des Mannes setzt das Weib das Ansehen seines zur Herrschaft erhobenen Muttertums entgegen, wie dies der Mythus von Bellerophon und seiner Begegnung mit den lykischen Frauen zu erkennen gibt. Je wilder die Kraft des Mannes, desto notwendiger ist jener ersten Periode des Weibes zügelnde Macht. Solange der Mensch dem rein stofflichen Leben verfallen ist, solange muß das Weib herrschen. Die Gynaikokratie nimmt eine notwendige Stelle in der Erziehung des Menschen, des Mannes zumal, ein. Wie das Kind seine erste Zucht von der Mutter erhält, ebenso die Völker von dem Weibe. Dienen muß der Mann, bevor er zur Herrschaft gelangt. Der Frau allein ist gegeben, des Mannes urerste ungezügelte Kraft zu bändigen und in wohltätige Bahnen zu lenken. Athene allein besitzt das Geheimnis, dem wilden Scythius Zaum und Gebiß anzuziehen. Je gewaltiger die Kraft, desto geregelter muß sie sein. Durch den Tanz läßt Hera ihres wilden Sohnes Ares übermäßige Manneskraft zügeln, wie die bithynische Sage bei Lucian (de salt. 21) meldet. Dies Prinzip harmonischer Bewegung liegt in der Ehe und ihrem von dem Weibe aufrechterhaltenen strengen Gesetz. Darum mag auch Bellerophon sich ohne Zaudern den Matronen unterwerfen. Gerade hiedurch ist er seines Landes erster Gesitter geworden.

Die bildende, wohltätige Macht des Weibes wird in einer merkwürdigen und mit unserem Gegenstand zusammenhängenden Bemerkung Strabos auf die ›Götterfurcht‹ zurückgeführt, welche zunächst der Frau inwohnt und von ihr auch den Männern eingepflanzt wird. Die Sitte der thrakischen Ktisten, im Gegensatz zu der Vielweiberei des übrigen Volks[109] weiberlos zu leben, und der darauf gegründete Ruf besonderer Heiligkeit und Gerechtigkeitsliebe gibt Strabo (7, 297) Stoff zu folgendem Einwurf: ›Es reimt sich aber nicht zusammen, daß dasselbe Volk ein Leben ohne viele Weiber für unglücklich und zugleich den für ehrwürdig und gerecht halten sollte, der ohne Weiber lebt. Daß aber Weiberlose für gottesfürchtig und für 'Rapnobatai' (Leute mit dem Brauch, durch Rauch zu gehen) gehalten werden, widerspricht sehr den gewöhnlichen Vorstellungen. Denn alle halten die Weiber für die Urheberinnen der religiösen Gebräuche; und diese halten ihre Männer zur sorgfältigeren Verehrung der Götter, zu Festen und zum Gebet an; denn selten tut das ein Mann, der für sich lebt usw.‹ Gewiß ist, daß in dem Weibe eine nähere Beziehung zu der Gottheit erkannt und ihm ein höheres Verständnis ihres Willens beigelegt wurde. Sie trägt das Gesetz, das den Stoff durchdringt, in sich. Unbewußt, aber völlig sicher, nach Art des Gewissens, spricht aus ihr die Gerechtigkeit; sie ist durch sich selbst weise, von Natur Autonoe, von Natur Dikaia, von Natur Fauna oder Fatua, die das Fatum verkündende Prophetin, die Sibylla, Martha,[110] Phaennis,[111] Themis. Darum galten die Frauen als unverletzlich, darum als Trägerinnen des Richteramts, als Quelle der Prophezeiung. Darum weichen die Schlachtlinien auf ihr Gebot auseinander, darum schlichten sie als priesterliche Schiedsrichter den Völkerstreit: eine religiöse Grundlage, auf welcher die Gynaikokratie fest und unerschütterlich ruhte.[112] Von dem Weibe geht die erste Gesittung der Völker aus, wie die Frauen überhaupt an jedem Verfall und jeder Wiedererhebung besonderen Anteil haben, ein Gedanke, den der Graf Leopardi in einem herrlichen Hochzeitsgesang seiner Schwester Paolina zu Gemüte führt.[113] Des sinnlich rohen Mannes Zähmung ist das Werk des Weibes. Dort Kraft und Ungestüm, hier das Prinzip der Ruhe, des Friedens, der Gottesfurcht, des Rechts. Athene besitzt das Geheimnis, den wilden Pegasus zu zügeln. Von ihr lernt es Bellerophon, wie Prometheus, dem ja Bellerophon verglichen wird, von seiner Mutter Themis des eigenen Schicksals Geheimnis, das auch Zeus nicht kennt, erkundet. Scythius heißt[114] das erste Pferd, das, Poseidons Gebot gehorsam, aus der Erde hervorspringt, wie Pegasus aus der Gorgone blutendem Rumpf, jenes Tier wilder, noch ungezügelter Kraft der ersten Schöpfung, als welches es zu Athen von Hippomenes mit seiner ehebrecherischen Tochter Leimone in ein unterirdisches Haus eingeschlossen wurde,[115] ganz in derselben Bedeutung, in welcher die Cumaeer das ehebrecherische Weib auf einem Esel, dem geilsten aller Tiere, in der Stadt herumführten.[116] Das Pferd ist das Bild der im Sumpf waltenden, die Erde wild befruchtenden Wasserkraft, Leimone – von ›leimon‹, Sumpfwiese – mithin auch Bild des ehebrecherischen Lebens. Denn Sumpf und Ehebruch stehen auf einer Linie, und die elische Leimone heißt auch Helone bei Strabo. (9, 440) Man wird auch den skythischen Mythus (bei Herodot 4, 9) mit Nutzen vergleichen. Bei Heliodor (Aethiop. 3, 14) trägt Homer als Zeichen des Vergehens seiner Mutter beide Schenkel mit langem Haare bedeckt, wie die wilde, ungeregelte Sumpfbegattung durch das Aufschießen langen Röhrichts, oder des sog. Isishaares (Sari), sich kundgibt. Dieses wilden Pferdes Zügelung ist des Weibes Tat. Es wird jetzt aus dem ungebändigten Scythius der Zaum und Gebiß willig tragende Arion[117] oder Aethon, der Auroras Wagen am Himmel heraufführt und so den Tanz der Himmelskörper leitet.[118] Es verabscheut jetzt die wilde Begattung, die es früher suchte.[119] Bellerophon selbst wird zu Hipponoos,[120] wie seine Gemahlin, die Iobatestochter, Autonoe, d. h. eine durch eigene Naturanlage Weise, heißt.

8. Den frühern Beispielen ehelosen Lebens schließen Liburner und Skythen sich an. Von den Liburnern berichtet Nicolaus (3, 458-463): Liburner haben ihr Frauen gemeinschaftlich und ziehen alle Kinder bis zum fünften Altersjahre gemeinschaftlich auf. Im sechsten versammeln sie dieselben, suchen die Ähnlichkeiten mit den Männern aus und teilen darnach jedem seinen Vater zu. Wer so von der Mutter einen Knaben erhält, der betrachtet ihn als seinen Sohn.« Auf die Agathyrsen bezieht sich Herodot 4, 104. »Sie wohnen den Weibern gemeinschaftlich bei, damit sie alle unter einander blutsverwandt und durch ihren häuslichen Zusammenhang dahin gebracht würden, weder Neid noch Feindschaft gegen einander zu üben.« Von den Galaktophagen handelt Nicolaus: »Sie zeichnen sich aus durch Gerechtigkeit und haben Güter und Weiber gemeinschaftlich. Daher nennen sie alle Bejahrten Väter, die Jüngern Söhne, die Altersgenossen Brüder.« Strabo (7, 300) schreibt ihnen gemeinsamen Besitz zu, von welchem nur Schwert und Trinkschale, wie bei den Sardolibyern, ausgenommen sind. Weiber und Kinder gehören allen. In dieser Gemeinsamkeit der Güter, Frauen und Kinder sucht auch Strabo die Grundlage jener Gerechtigkeitsliebe, die so allgemein als die Auszeichnung der Skythen und Geten galt, und um welcher willen Aeschylus sie ›gesetzestreu‹ nannte. Im Gegensatz zu der hellenischen Entartung erschien die skythische Ursprünglichkeit des Lebens als Verwirklichung alles dessen, was philosophische Theorien, was ein Plato selbst[121] vergebens zu erreichen suchten. Mit Sehnsucht und unter Verwünschung der so gepriesenen Kultur blicken gerade die Besten der Alten auf jener Nomaden Unkenntnis aller verfeinerten Sitte, ›dies scheint zwar zu Milde der Sitten zu führen, verdirbt aber die Moral und führt Geschicklichkeit anstelle der eben genannten Einfachheit ein‹ (Strabo 7, 301); *prorsus ut admirabile videatur, hoc illis naturam dare, quod Graeci longa sapientium doctrina praeceptisque philosophorum consequi nequeunt cultosque mores incultae barbariae collatione superari. tanto plus in illis proficit vitiorum ignoratio quam in his cognitio viritutis* (Iustin. 2, 2, 14). So suchte Tacitus in dem Gemälde der germanischen

Sitten Trost für die Erscheinungen, welche ihm die römische Welt darbot. Aber es ist ebenso töricht, am Ende menschlicher Entwicklung sehnsüchtig nach deren Anfängen zurückzublicken, als es unverständig erscheint, aus dem Standpunkte späterer Kultur die frühesten Zustände zu verurteilen oder sie im Gefühl höherer Menschenwürde als unmöglich und nie dagewesen in Abrede zu stellen. Von der fortgeschrittenen Zivilisation gilt allerdings, was Plato von dem Golde sagt, daß es das schönste und glänzendste aller Metalle sei, daß aber mehr Schmutz an ihm hänge als an dem geringsten. Dennoch dürfen wir sie nicht verurteilen, noch weniger sie an vorkulturliche Zustände dahingeben. Es ist mit der höheren menschlichen Bildung wie mit der Seele. »Wir sehen sie«, um mit Plato[122] zu reden, »nur in solchem Zustande wie die, welche den Meergott Glaukos ansichtig werden, doch nicht leicht seine ehemalige Natur zu Gesicht bekommen, weil sowohl seine alten Gliedmaßen teils zerschlagen, teils zerstoßen und auf alle Weise von den Wellen beschädigt sind als auch ihm ganz Neues zugewachsen ist, Muscheln, Tang und Gestein, so daß er eher einem Ungeheuer ähnlich sieht als dem, was er vorher war.« Stärke und Schwäche der menschlichen Zustände liegen stets in demselben Punkte. Wenn Plato den Egoismus und die daraus hervorgehende Zerrüttung der Staaten durch Wiedereinführung der vollsten Gemeinschaft von Gütern und Weibern, die notwendig immer verbunden sind, aus seinem Staate auszutilgen und so jene höchste ›gute gesetzliche Ordnung‹ und ›Gerechtigkeit‹ wiederherzustellen sucht, die Strabo bei den platonisch lebenden Skythen so hoch preist, so wendet ihm Aristoteles in dem hiezu eigens bestimmten Abschnitt seiner Politik (2, 1) mit Recht ein, nicht nur daß dasjenige, was für die Staaten als das höchste Gut ausgegeben wird, nämlich die höchste Einheit, den Staat selbst aufhebt, indem es ihn zu einer Familie, die Familie selbst wieder zu einem Individuum macht, sondern auch daß darauf, was möglichst vielen gemeinsam gehört, stets die geringste Sorgfalt verwendet wird. Der Fortschritt menschlicher Gesittung liegt nicht in der Zurückführung der Vielheit zur Einheit, sondern umgekehrt in dem Übergang des ursprünglichen Einen zur Vielheit. Den arabischen, libyschen, skythischen Stamm haben wir als Einheit, und in dem Tyrannos, der jedem vorsteht, sogar als Individuum gefunden. Aber der Übergang zur Ehe bringt feste Gliederung in jene chaotisch-einheitliche Masse der Menschen und Güter. Er leitet die

Einheit zur Vielheit hinüber. Damit ist dies größte Prinzip der Ordnung in die Welt eingeführt. Darum gilt jener Kerkops, der zuerst der Mutter einen Vater an die Seite stellte und dem Kinde eine doppelte Abstammung, eine androgyne Doppelnatur ab, wie sie die Aethiopier in der Sage von den Menschen mit männlicher und weiblicher Brust sinnbildlich veranschaulichten, als der erste Gründer eines wahrhaft menschlichen Lebens.[123] Wie er denn auch zuerst den phallischen Hermes verehrte. Wie weit steht gegen ihn jener persische König Kabades zurück, der die platonischen Ideen des Reformators Mazdek bei seinem Volke zu verwirklichen suchte und gemeinsamen Umgang mit den Weibern anordnete, um allgemeine Brüderlichkeit zur Wahrheit zu machen und jenem Sprichwort ›alles unter ein Mykonos‹[124] gerecht zu werden. Mit Recht erschlugen ihn die Perser, wie Prokop in den Persischen Denkwürdigkeiten[125] erzählt.

Mit dem Fortschritt von der Einheit zur Vielheit, von chaotischen Zuständen zur Gliederung fällt derjenige von rein stofflicher zu höherer geistiger Existenz zusammen. Mit jener beginnt das Menschengeschlecht, diese ist sein Ziel, zu welchem es durch alle Senkungen und Hebungen hindurch unablässig fortschreitet. »Nicht das Geistige ist das Erste, sondern das Seelische, nachher das Geistige« (Paulus, 1. Korinther 15, 46). In diesem Entwicklungsgange nimmt die Ehe mit Gynaikokratie die Mittelstufe ein. Ihr voran geht das reine *ius naturale* der ununterschiedenen Geschlechtsverbindung, wie wir dasselbe in einer großen Mannigfaltigkeit von Modifikationen und Abstufungen bei einer Reihe von Völkern gefunden haben. Sie selbst weicht hinwieder dem reinen *ius civile*, das heißt der Ehe mit Vaterrecht und väterlicher Herrschaft. Auf der Mittelstufe der ehelichen Gynaikokratie verbindet sich beides, das stoffliche und das geistige Prinzip. So wie einerseits das stoffliche nicht mehr ausschließlich herrscht, so ist andererseits das geistige noch nicht zu voller Reinheit durchgedrungen. Aus dem stofflichen *ius naturale* ist das Vorwiegen der mütterlichen, stofflichen Geburt mit allen ihren Folgen, dem Vererben der Güter in der mütterlichen Linie und dem ausschließlichen Erbrecht der Töchter, beibehalten; dem geistigen *ius civile* aber gehört das Prinzip der Ehe selbst und das einer sie zusammenhaltenden Familiengewalt. Auf dieser Mittelstufe erbaut sich zuletzt die höchste des rein geistigen Vaterrechts, das dem Manne die Frau unterordnet und die ganze Bedeutung, die die Mutter besaß, auf den Vater überträgt. Seine reinste Ausbildung hat dieses höchste Recht bei den Römern gefunden. Kein anderes Volk hat die Idee der *potestas* über Frau und Kind so vollkommen entwickelt, kein anderes daher auch die entsprechende des staatlich-einheitlichen *imperium* vom ersten Tage an so klar bewußt verfolgt.[126] Von dieser Höhe herab schildert Cicero (de invent. 1, 2) jenen ersten Zustand, den Plato als ideale Vollendung der menschlichen Verhältnisse hinstellt, als die Negation nicht nur jedes staatlichen, sondern überhaupt jedes geistigen Prinzips, als reinen Ausdruck der stofflichen Seite unserer Menschennatur: *nam fuit quoddam tempus, cum in agris homines passim bestiarum more vagabantur et sibi victu fero vitam propagabant, nec ratione animi quidquam, sed pleraque, viribus corporis administrabant; nondum divinae religionis, non humani officii ratio colebatur, nemo nuptias viderat legitimas, non certos quisquam aspexerat liberos: non ius aequabile quid utilitatis haberet acceperat.*

Auf den Kosmos übertragen – ich nehme das Wort in demjenigen Sinne, in welchem es die Pythagoreer zuerst gebrauchten[127] – stellen sich die drei genannten Stufen der menschlichen Entwicklung dar als Erde, Mond, Sonne. Das reine außereheliche Naturrecht ist das tellurische Prinzip, das reine Vaterrecht das Sonnenprinzip. In der Mitte zwischen beiden steht der Mond, die Grenzscheide der tellurischen und der solarischen Region, der reinste Körper der stofflichen, vergänglichen, der unreinste der unstofflichen, keinem Wechsel unterworfenen Welt; Anschauungen, welche unter den Alten besonders Plutarch in seinen Schriften über Isis und Osiris und über das in der Mondscheibe erscheinende Gesicht ausgeführt hat.[128] Der Mond ist androgyn, Luna und Lunus zugleich, weiblich gegenüber der Sonne, männlich hinwieder gegenüber der Erde, dieses aber nur in zweiter Linie, erst Weib, folgeweise auch Mann. Die von der Sonne empfangene Befruchtung teilt er weiter der Erde mit. Er erhält so die Gemeinschaft des Weltalls, ist der Dolmetsch der Unsterblichen und der Sterblichen.[129] Durch solche Doppelnatur entspricht er der Ehe mit Gynaikokratie: der Ehe, weil in ihm sich Mann und Frau verbinden; der Gynaikokratie, weil er erst Weib, dann Mann ist, also das weibliche Prinzip zur Herrschaft über den Mann erhebt. Diese Anschauungsweise liegt dem ganzen Religionssysteme der alten Welt zu Grunde, wofür die Beweise später beigebracht werden, wie sie auch im Christentum Nachklänge zurückgelassen hat.[130] Der Mond aber beherrscht die Nacht, wie die Sonne den Tag.

Das Mutterrecht kann also mit gleicher Wahrheit dem Mond und der Nacht wie das Vaterrecht der Sonne und dem Tage beigelegt werden. Mit andern Worten: in der Gynaikokratie beherrscht die Nacht den Tag, den sie aus sich gebiert, wie die Mutter den Sohn; in dem Vaterrecht der Tag die Nacht, welche jenem sich anschließt wie die Negation der Bejahung. Ausdruck jenes Systems ist die Zeitrechnung, welche von Mitternacht,[131] dieses diejenige, welche von dem Tage ihren Ausgangspunkt nimmt. Jenem entspricht das Monat-, diesem das Sonnenjahr. Der Monat ist Juno geweiht und dreiteilig, wie die stofflich weibliche Kraft.[132] Das Jahr wird Zeus zugeschrieben. Der lykische Mythus bewegt sich ganz in diesen Vorstellungen. Bellerophon gehört der sublunarischen, ewig werdenden, nicht der solarischen, seienden Welt.[133] Ebenso kehrt das mit Athenes Hilfe gebändigte Pferd am Himmel als Aurorens dienstbares Tier wieder. Auf der Erde wie in der Höhe gehorcht es dem Weibe, dort der mütterlichen Athene, die zu Athen im Metroon verehrt[134] und darum von den Alten meist sitzend dargestellt war,[135] hier der Mater Matuta, der Eos der Griechen,[136] die den Tithonos-Kephalos und den schwarzen Memnon raubt, wie die eigestaltigen Harpyen die Pandareostöchter. Zur Sonne ist Pegasus nicht durchgedrungen. Als Aethon schließt er sich den Mondfrauen Phaethusa und Lampetusa an.[137] Er gehört noch der Mutter Nacht, verkündet aber das Nahen des Tages, ist der Sonne erster Bote und weist auf ihre kommende Herrlichkeit hin, wie Bellerophon auf das Sonnenprinzip als einstigen Vollender der Mondmacht, auf Herakles als den zukünftigen Prometheus-Erlöser. Stets hat das Verhältnis der beiden Geschlechter in demjenigen von Mond und Sonne seinen kosmischen Ausdruck gefunden. Der Kampf der Geschlechter ist ein Kampf von Sonne und Mond um den Vorrang im Verhältnis zur Erde. Alle großen Besieger der Gynaikokratie werden wir in entsprechender Stellung am Himmel als Sonnenmächte wieder finden. Die irdischen Ereignisse knüpfen sich an kosmische an. Sie sind ihr tellurischer Ausdruck. Es ist eine alles beherrschende Grundanschauung der alten Welt, daß Irdisches und Himmlisches den gleichen Gesetzen gehorchen und eine große Harmonie Vergängliches und Unvergängliches durchdringen muß. Die irdische Entwicklung ringt solange, bis sie das kosmische Vorbild der Himmelskörper in voller Wahrheit verwirklicht. Dieses letzte Ziel ist erst mit der Herrschaft des Mannes über die Frau, der Sonne über den Mond, erreicht.

Hieraus erhält der indisch-aegyptische Mythus von dem Myrrhenei des Vogels Phönix sein Verständnis und seine tiefere Bedeutung.[138] In den bisherigen Erklärungen[139] ist die schon von den Alten so bestimmt hervorgehobene Beziehung zu der Sonne und zu dem großen Phönix- oder Sothisjahre, nach dessen Ablauf eine neue Weltperiode, ein *novus saeclorum ordo*[140] anhebt, festgehalten und auf die einzelnen Teile der Sage und die vielen Attribute jenes Wundervogels angewendet worden. Ein Punkt jedoch hat keine Berücksichtigung gefunden: die Beziehung der Sonne zu dem Vaterrecht. In diesem Sonnenmythus wird keiner Mutter, sondern nur eines Vaters gedacht. Auf den Vater folgt der Sohn, sich stets aus sich selbst erneuernd. Im Tempel zu Heliopolis, auf dem Altar des höchsten Sonnengottes, legt der Wundervogel seine Bürde nieder. Aus Myrrhen hat er sich ein Ei gebildet. Das höhlt er aus und birgt darin seinen Vater. Dann klebt er die Öffnung wieder zu, und das Ei ist jetzt nicht schwerer als zuvor. In diesem Ei ist das mütterliche Naturprinzip, aus dem alles seine Entstehung hat, in das auch alles wieder zurückkehrt, dargestellt. Aber das Ei erscheint hier nicht mehr als letzter Grund der Dinge. Es enthält seine Befruchtung von einer höhern Macht, von der Sonne. Die *vis genitalis,* aus welcher der *foetus* entsteht, wird ihm von der Sonne eingepflanzt. So drückt sich Tacitus aus. Durch diese Einwirkung wird es nicht schwerer; denn unkörperlich und durchaus immateriell ist die zeugende Sonnenkraft. Dadurch unterscheidet sich diese höchste Stufe der männlichen Naturpotenz von der tiefern, auf welcher das stoffliche Wasser die physische Unterlage bildet. Zwar ist auch das Wasserprinzip dem Phönix nicht fremd, denn Epiphanius im Physiologus[141] läßt ihn im Morgenlande an einer Bucht des Flusses Okeanos wohnen, und bei Philostrat erscheint er in der Natur des Sumpfgewässer bewohnenden Schwanes, der sich selbst sein Abschieds- und Sterbelied singt. Aber aus dem Wasser erhebt er sich und begleitet die Sonne, purpurn und golden ist sein Gefieder; auf seinen Flügeln steht geschrieben ›lichtgestaltig‹ unter seiner Lichtnatur verschwindet der Wasserursprung ganz. Das Stoffliche ist von dem Unstofflichen völlig überwunden. Durch das Feuer werden alle Schlacken der Sterblichkeit getilgt. Aus der Asche ist der Sohn erstanden. Die Sonne verleiht Myrrhen und Weihrauch ihre Kraft, die das verzehrende Feuer am schönsten entwickelt. In dieser Natur ist der Sonnenvogel des heliopolitanischen Zeus völlig entsprechendes Bild, wie der goldhütende Greif das der apollinischen Sonnenmacht. Darum eben kann an Phönix' Einkehr in Aegypten der Abschluß des alten großen Jahres, der Beginn eines neuen geknüpft werden. In seiner rein metaphysischen Natur wird der Sonnenvogel zur Idee der abstrakten Zeit, wie der in seiner höchsten Entwicklung ebenso metaphysische Apollo mit dem Beginn des großen Weltjahres in Verbindung tritt.[142] Wir sehen also in Phönix die Idee der großen Lichtmacht zu ihrer reinsten Unkörperlichkeit entwickelt, und diese selbst mit dem Vatertum identifiziert. Überwunden ist das Muttertum. Aus dem Feuer allein ist der junge Phönix geboren, mutterlos, wie Athene aus Zeus' Haupt, ein ›feuergeborner‹ in weit höherer Klarheit als Dionysos. Das mütterliche Ei ist nicht mehr das Prinzip des Lebens, über ihm waltet befruchtend die Sonnenmacht, deren Natur es selbst angenommen hat. Dadurch unterscheidet es sich von dem Ei der lykischen Harpyen, von demjenigen, das in dem lakonischen Heiligtum der Leukippiden an Bändern befestigt vom Tholos des Tempels herabhing und Leda-Latona zugeschrieben wurde, von jenem, das man in der cerealischen Pompa vorantrug, ebenso von dem Silbereie, aus welchem die elischen Molioniden hervorgingen, von jenen endlich, die allen Mondmüttern insgesamt beigelegt wurden, wofür die Zeugnisse später beigebracht werden (vgl. vor allem »Gräbersymbolik«). In allen diesen Anwendungen hat das Ei seine ursprüngliche stoffliche Natur, durch die es eben als Mondei erscheint, beibehalten. Es bezeichnet in allen das weibliche Urprinzip des stofflichen Lebens, über welches man nicht hinausgeht. Das Phönixei dagegen hat diese Natur abgestreift und die höhere des männlichen Lichtprinzips angenommen, so daß es nun als Wiege der Zeit selbst, als Grab der alten, Ursprung der neuen, erscheint. In keinem Mythus ist der Sieg des väterlichen Sonnenprinzips über das mütterliche Mondprinzip zu solcher Reinheit durchgeführt als in der indisch-aegyptischen Priesterlehre von dem großen Phönixjahr.

Übereinstimmend damit wird den Priestercollegien von Heliopolis und Diospolis die Verdrängung der Mondrechnung durch das Sonnenjahr zugeschrieben.[143] Ein Fortschritt, der mit dem vom Mutter- zum Vaterrecht zusammenfällt. Und dies erscheint um so bedeutungsvoller, da daneben auch die rein physische Idee der Naturzeugung in dem Kulte des diospolitanischen Gottes ihren Ausdruck fand. Denn die schönste und edelstgeborene Jungfrau wird demselben dargebracht; sie weiht ihm Hetärenkult, wie ihn Larentia im Heraklesdienst ausübt,[144] und dem sich die aegyptischen Frauen insgemein ergeben.[145] So hat sich die physische Religionsauffassung neben der metaphysischen erhalten. Jene entspricht mehr dem Standpunkte des Volks, diese verdankt der höheren Priesterlehre ihren Ursprung. Dort, auf dem Gebiete des stofflichen Lebens, hat das Weib seinen Einfluß und seine natürliche Bestimmung erhalten: hier ist es gänzlich beseitigt. Denn wie wir später sehen, ist keiner Frau Teilnahme an irgend einem Priestertum gestattet, wie auch von den Brahmanen Indiens gemeldet wird, daß sie den Frauen ihre höhere Priesterlehre vorenthalten.[146] Das Reich der Idee gehört dem Manne, wie das des stofflichen Lebens der Frau.

In dem Kampfe, der zwischen beider Geschlecht um den Vorrang geführt wird und der zuletzt mit dem Siege des Mannes endet, knüpft sich jeder große Wendepunkt an die Übertreibung des frühern Systems an. Wie der Mißbrauch des Weibes von Seite des Mannes die eheliche Gynaikokratie herbeiführt, so erzeugt hinwieder die amazonische Entartung der Frau und die naturwidrige Steigerung ihrer Gewalt eine neue Erhebung des männlichen Geschlechts, die bald, wie in Lykien, mit Wiederherstellung naturgemäßer Ehe, bald aber auch mit dem Sturz der Gynaikokratie und Einführung des Männerrechts, wie es sich an Herakles, Dionysos, Apollo anknüpft, endet. So wahr ist es, daß in allen Dingen der Mißbrauch und die Ausartung das meiste zur Entwicklung beiträgt.

In allen mit unserem Gegenstande zusammenhängenden Mythen ist die Erinnerung an wirkliche Ereignisse, die über das Menschengeschlecht ergangen sind, niedergelegt. Wir haben nicht Fiktionen, sondern erlebte Schicksale vor uns. Die Amazonen und Bellerophon ruhen auf einer realen, nicht auf poetischer Unterlage. Sie sind Erfahrungen des sterblichen Geschlechts, Ausdruck wirklich erlebter Geschicke. Die Geschichte hat Größeres zu Tage gefördert, als selbst die schöpferischste Einbildungskraft zu erdichten vermöchte.

9. Die lykische Gynaikokratie ist also kein voreehelicher, sondern ein ehelicher Zustand. Aber noch in einer andern Beziehung ist sie besonders belehrend. Wie nahe liegt es nicht, aus der anerkannten Herrschaft des Weibes auf Feigheit, Verweichlichung, Ent-

würdigung des männlichen Geschlechtes zu schließen. Ist doch sich von Weibern beherrschen zu lassen Zeichen ganz gebrochener Manneskraft, wie Klearch[147] bemerkt. Wie unrichtig diese Folgerung, zeigt uns das lykische Volk am besten. Seine Tapferkeit wird besonders gerühmt, und der xanthischen Männer Heldentod gehört zu den schönsten Beispielen aufopfernden Kriegsmuts, die uns das Altertum hinterlassen hat.[148] Und erscheint nicht auch Bellerophon, an dessen Namen sich das Mutterrecht knüpft, als untadeliger Held, dessen Schönheit die Amazonen huldigen, keusch zugleich und tapfer, der herakleische Taten vollbringt, in dessen Stamm auch das Losungswort gilt, das Posidonius dem ihm auf Rhodos begegnenden Pompeius nachrief.[149] »Immer der erste zu sein und vorzustreben vor andern«.[150] Was wir bei den Lykiern vereinigt finden, Gynaikokratie und kriegerische Tapferkeit der Männer, erscheint auch anderwärts, zumal bei den mit Kreta und Lykien so nahe verbundenen[151] Karern. Ja Aristoteles gibt derselben Verbindung die Bedeutung einer ganz allgemeinen geschichtlichen Erfahrung. Aus Anlaß der lakonischen Weiberherrschaft, die ihm als so großer Mangel der Lykurgschen Gesetzgebung erscheint, nimmt er die allgemeine Bemerkung auf, »die meisten kriegerischen und streitbaren Völkerstämme ständen unter Weiberherrschaft«.[152] Ja, auch die Kelten (deren Frauen den Ruhm besonderer Schönheit genossen),[153] für welche er eine Ausnahme behauptet, gehörten wohl ursprünglich zu ›denen, die unter Weiberherrschaft stehen‹, wofür sich später eine Wahrscheinlichkeit ergeben wird. Weit entfernt, die kriegerische Tapferkeit auszuschließen, ist die Gynaikokratie im Gegenteil ein mächtiger Hebel derselben. Zu allen Zeiten geht ritterliche Gesinnung mit dem Frauenkulte Hand in Hand. Furchtlos dem Feinde begegnen und dem Weibe dienen ist jugendlich kräftiger Völker stets vereinigte Auszeichnung.

So erscheint die lykische Gynaikokratie in einer Umgebung von Sitten und Zuständen, die geeignet sind, sie als Quelle hoher Eigenschaften erscheinen zu lassen. Strenge, Keuschheit der Ehe, Tapferkeit und ritterlicher Sinn des Mannes, gebietendes, ernst waltendes Matronentum der Frau,[154] dessen religiöse Weihe anzutasten selbst Unsterbliche nicht wagen: das sind Elemente der Kraft, durch welche ein Volk seine Zukunft sichert. Daraus mag es sich erklären, wenn solche geschichtliche Tatsachen überhaupt erklärt werden können, daß die Lykier ihr Mutterrecht so lange festhielten. Es ist eine gewiß nicht zufällige Erscheinung, daß zwei Völker, welche wegen ihrer ›guten gesetzlichen Ordnung‹ und ›Besonnenheit‹ im Altertum besonderen Ruhm genossen, Lokrer und Lykier, eben auch diejenigen sind, welche Gynaikokratie so lange bei sich aufrechterhielten.[155] Ein stark konservatives Element ist in der hohen Machtstellung der Frau nicht zu verkennen. Während das Mutterrecht bei andern Volksstämmen so frühe dem Vaterrecht weichen mußte, war Herodot nicht wenig erstaunt, es in Lykien erhalten zu sehen. Seine politische Bedeutung hatte es freilich verloren. Bei Strabo (14, 665) wenigstens steht der lykische Städtebund unter einem männlichen ›Lykiarches‹.

Die Verbindung der Gynaikokratie mit kriegerischer Unternehmungslust der Männer rechtfertigt sich noch von einer andern Seite. In jenen Urzeiten, in welchen die Männer so ausschließlich kriegerischem Leben obliegen und durch dieses in weite Fernen weggeführt werden, kann nur das Weib über Kinder und Güter walten, die meist seiner ausschließlichen Obhut anvertraut bleiben. Das klarste Bild solcher Zustände geben die alten Nachrichten über der skythischen Stämme weite Eroberungszüge.[156] Während achtundzwanzig Jahren sind die Skythen von Hause entfernt. Bis nach Aegypten dehnen sie ihre Streifzüge aus. Nach ihnen ist Skythopolis, das Josephus oft erwähnt, in Palaestina genannt.[157] Sie rechtfertigen so Strabos Bemerkung (1, 48), daß die weitesten Völkerzüge der ältesten Welt angehören. Durch Geschenke erkauft Psammetich ihre Umkehr. Verheerung bezeichnet ihre Bahn. Gleich den Kimmeriern vermögen sie nicht, befestigte Städte zu erobern. Nur um Beute ist es ihnen zu tun. Den Sitten nomadischer Hirtenstämme sind Unternehmungen solcher Art allein entsprechend. Bald ist es innerer Zwist, bald das Vordringen benachbarter Stämme, das den Auszug veranlaßt. Die Weiber aber bleiben zu Hause, hüten die Kinder, warten des Viehs. Der Glaube an ihre Unverletzlichkeit hält die Feinde fern. Die Sklaven werden des Augenlichts beraubt. Solchen Zuständen entspricht Gynaikokratie vollkommen. Jagd, Streifzüge und Krieg erfüllen des Mannes Leben, halten ihn von Weib und Kind ferne. Der Frau bleibt die Familie, der Wagen, der Herden, der Sklaven Menge anvertraut (Herodot 1-4). In dieser Aufgabe des Weibes liegt die Notwendigkeit seiner Herrschaft. Aus derselben folgt sein ausschließlicher Anspruch auf das Erbrecht. Durch Jagd und Krieg soll der Sohn sein Dasein fristen. Die Tochter, von diesem Selbsterwerbe ausgeschlossen, wird auf der Familie Reichtum angewiesen. Sie allein erbt, der Mann hat seine Waffen, trägt sein Leben in seinem Bogen und Speer. Für Weib und Tochter erwirbt er, nicht für sich, nicht für seine männlichen Nachkommen.[158] So unterstützen sich Gynaikokratie und kriegerisches Leben. Die Wirkung wird Ursache, die Ursache Wirkung. In dem Ausschluß von allem ererbten Besitz findet der Mann immer neuen Antrieb zu kriegerischen Unternehmungen; in der Entbindung von jeder häuslichen Sorge die Möglichkeit, auf weiten Zügen von Raub und Krieg zu leben. Nach den thrakischen Küsten setzen die lemnischen Männer über und legen sich nach der Heimkehr die gefangenen Mädchen bei. Karer und Leleger nehmen unter den ›Wandervölkern‹ eine hervorragende Stelle ein,[159] und auch bei ihnen finden wir noch später Gynaikokratie. Sie wird aus jener frühern Zeit in den Zustand fester Ansiedelung hinübergetragen. Statt des Krieges ist nun Handwerksarbeit des Mannes Los. So werden wir die Minyer, so die ozolischen Lokrer finden. In dem Namen der Psoloeis sowohl als in dem der Ozolae liegt eine die männliche Beschäftigung und die durch sie herbeigeführte Erniedrigung des Männergeschlechts andeutende Bezeichnung. Von Krieg und Raub ausgeschlossen, verfällt der Mann einem Dasein, das dem Weibe selbst im Lichte der Verächtlichkeit erscheint. Am Webstuhl steht der Aegypter, in der rußigen Schmiede der Minyer, von dem Geruch der Schaffelle hat der lokrische Hirte seinen Namen. Aber das Weib, durch Herrschaft gehoben, durch ausschließliches Erbrecht bevorzugt, ragt über den Mann hervor. Die Frau steigert den Adel ihrer Natur in demselben Verhältnisse, in welchem der des Mannes unter dem Einfluß doppelter Erniedrigung sinkt. So läßt die Änderung der Lebensweise eine und dieselbe Sitte in ganz verschiedenem Lichte erscheinen.

Aus den Zuständen des früheren kriegerischen Lebens wird von den Alten die Entstehung des Amazonentums abgeleitet. Dieses ist selbst nur eine bis zur Unnatürlichkeit gesteigerte Gynaikokratie, herbeigeführt durch entsprechende Entartung des männlichen Geschlechts. Durch der Männer Verbindung mit thrakischen Mädchen, die sie auf ihren Streifzügen erbeuten, werden die Lemnerinnen zu ihrer sprichwörtlichen Untat getrieben. Alles Männliche mordend, gehen sie zu amazonischem Leben über. Auf der männerlosen Insel finden die Argonauten günstige Aufnahme. Die skythischen Frauen des Thermodon sehen ihre Männer im Kampfe aufgerieben. Nun sind sie selbst genötigt, zu den Waffen zu greifen, und Scharen kriegsgeübter Jungfrauen ergießen sich siegreich über ganz Vorderasien, nach Hellas, nach Italien, nach Gallien, und wiederholen in diesen Weltteilen, was auch Afrika, wie es scheint unabhängig von jenen nordischen Ereignissen, in gleicher Weise erlebt hatte.[160] Während andere, der langen Abwesenheit ihrer Männer müde, mit Sklaven und Fremdlingen sich verbinden, Ereignisse, die wie für die Skythen so auch für die Lakedämonier und wiederum für die Zeiten des Trojanischen Kriegs[161] bezeugt werden, entsagen jene der Ehe und legen den Grund zu Erscheinungen, die nicht nur durch die Verwüstungen, welche sie über die Welt brachten, in der Geschichte unseres Geschlechts eine hervorragende Stelle einnehmen, sondern namentlich auch zu dem gänzlichen Untergang der Gynaikokratie das meiste beitrugen. An der Amazonen Bekämpfung knüpft sich die Einführung des Vaterrechts. Durch die Lichtmächte wird das amazonische Mondprinzip vernichtet, die Frau ihrer natürlichen Bestimmung wiedergegeben, und dem geistigen Vaterrechte für alle Zeiten die Herrschaft über das stoffliche Muttertum erworben. Die größte Übertreibung führt zu dem gänzlichen Sturze. Nur in Verbindung mit dem Mutterrechte und der damit vereinigten Kriegsübung[162] wird das Amazonentum Asiens und Afrikas eine begreifliche Erscheinung; denn trotz aller Verschönerung, mit der Sage und Kunst um die Wette es ausgeschmückt haben, ist die historische Grundlage der alten Nachrichten, die Strabo (11, 504. 505) mit so nichtigen Gründen anficht, nicht zu bezweifeln. Man hat geleugnet, wo es sich darum handelte, zu verstehen. Darin liegt die Schwäche heutiger Forschung: sie bemüht sich weniger um die antike als um die moderne Idee, bringt Erklärungen, die mehr der heutigen als der alten Welt entsprechen, und endet so notwendig in Zweifel, Verwirrung und trostlosem Nihilismus. Amazonischer Staaten Existenz zu beweisen ist unmöglich. Aber das bringt die Natur der Historie überhaupt mit sich. Keine einzige geschichtliche Überlieferung ist je bewiesen worden. Wir horchen allein dem Gerüchte. Traditionen solcher Art anfechten heißt [...] wider Jahrtausende streiten; sie nach dem Stande der heutigen Welt beurteilen, mit Alcaeus ›nicht den Löwen nach der Klaue malen, sondern den Himmel und die ganze Welt nach Docht und Lampe verändern.‹

10. Mit dem lykischen Mutterrecht steht noch eine andere Nachricht im Zusammenhang. Plutarch schreibt in dem Trostbrief an

Apollonius.[163] »Der Gesetzgeber der Lykier, erzählen sie, habe seinen Bürgern verordnet, so oft sie trauerten, Weiberkleidung anzuziehen.« Da der Name dieses Gesetzgebers nicht beigefügt wird und auch sonst alle Nachrichten von einem lykischen Nomotheten fehlen, so kann mit Sicherheit behauptet werden, daß das Tragen von Weiberkleidung durch die Männer zu jenen ungeschriebenen ›Bräuchen‹ gehört, welche Heraclides (Fr. 15) bei den Lykiern statt geschriebener Gesetze gefunden haben will. Dadurch erhält jene Sitte die höhere Bedeutung eines aller Willkürlichkeit enthobenen Herkommens. Plutarch führt sie auf eine ethische Bedeutung zurück. Das Trauern, meint er, sei etwas Weibisches, Schwaches, Unedles, dazu wären die Weiber mehr geneigt als die Männer, Barbaren mehr als die Hellenen, gemeine Leute mehr als vornehme. Aber der lykische Brauch hat eine tiefere Wurzel. Er verbindet sich mit der stofflichen Religionsanschauung, wie wir sie oben dargestellt haben. An der Spitze alles tellurischen Lebens steht das weibliche Prinzip, die große Mutter, welche die Lykier Lada, gleichbedeutend mit Latona, Lara, Lasa, Lala, nennen. Dieses Prinzipes physische Unterlage ist die Erde, ihre sterbliche Stellvertreterin das irdische Weib. Aus ihm ist alles geboren, zu ihm kehrt alles wieder zurück.[164] Der Mutterschoß, aus welchem das Kind hervorgeht, nimmt es im Tode wieder auf. Darum sind auf dem bekannten lykischen Grabmonumente die Harpyen in mütterlicher Eiform dargestellt. Darum ist bei der Trauer auch zunächst nur die Mutter beteiligt. Über des Stoffes Untergang trauert nur das Weib, das durch Empfängnis und Geburt des Stoffes Bestimmung erfüllt. Niobe vergießt von der hohen Felsfluh des Sipylus nie versiegende Tränen über aller ihrer Kinder Untergang. Ein Bild der durch Zeugung erschöpften Erde, weint sie darüber, daß von allen ihren Geburten auch nicht eine einzige der Mutter zum Troste verblieb. So ist die Trauer selbst ein Religionskult, der Mutter Erde gewidmet. In unterirdischen, sonnenlosen Räumen wird er von barbarischen Völkern geübt, wofür Plutarch, im Anschluß an den lykischen Brauch, des Tragikers Ion Zeugnis beibringt. Will der Mann sich daran beteiligen, so muß er selbst erst die mütterliche Erdnatur anziehen. Wie die Toten Demetrier werden und heißen, so kann auch der Erde Schmerz nur von der Mutter und in Muttergestalt dargelegt werden. Daher heißt es bei Servius (Aen. 9, 484), *personae funerae*, d. h. *ad quos funus pertinet*, seien Mutter und Schwester. Daher trauern bei den

Keern die Männer gar nicht, nur die Mütter.[165] Nun sieht man leicht, wie nahe die Weibertracht der lykischen Männer mit der lykischen Gynaikokratie zusammenhängt. Hat der Vater für das lebende Kind keine Bedeutung, so hat er auch keine Berechtigung, um das tote zu trauern. Nicht des Vaters, sondern der Mutter Sprößling ist ja der lykischen Erde Sohn. Hat das Vatertum keine weitere Bedeutung als die physische erweckender Befruchtung, so hat es mit dem Tode des Gezeugten vollends jeden Anspruch auf Beachtung verloren. Dem Toten tritt nur noch der wiederaufnehmende mütterliche Stoff gegenüber; die erweckende Manneskraft sinkt mit dem verschwindenden Leben ganz in Vergessenheit. Darum gebraucht Virgil (G. 4, 475) in der Beschreibung der Unterwelt den Ausdruck *matres atque viri* und nicht *matres atque patres*. Nach dem Tode gibt es nur *viri*, keine *patres*. Daher holen auch einzelne Helden ihre Mütter, nie ihre Väter aus dem Totenreiche. Auf dem lykischen Grabmonumente wird nur die Mutter und der Mutter Mutter genannt, nicht der Vater, wie auch Strabo der Amaseer stets seine mütterliche Abstammung hervorhebt,[166] und ebenso kann an demselben nur die Mutter, nicht der Vater trauern. Beides ist notwendig verbunden. Darum erscheint des Vaters mütterliche Kleidung als der höchste Ausdruck der Gynaikokratie. Der darin liegende Kleiderwechsel begegnet uns in vielen Kulten und soll im Verlauf der spätern Darstellung noch genauer betrachtet werden. In näherer Verbindung mit dem Totendienste und den Trauerzeremonien wird er aber nur für die Lykier berichtet. In Verbindung mit der Gynaikokratie blieb er hier bis in die spätesten Zeiten üblich.

Fassen wir nun die Angaben der Alten über das lykische Mutterrecht zusammen, so ergeben sich folgende Hauptsätze:

Seine äußere Darstellung findet es in der Benennung des Kindes nach der Mutter. Seine Bedeutung aber äußert sich in mehreren Punkten: erstens in dem Status der Kinder: die Kinder folgen der Mutter, nicht dem Vater; zweitens in der Vererbung des Vermögens: nicht die Söhne, sondern die Töchter beerben die Eltern; drittens in der Familiengewalt: die Mutter herrscht, nicht der Vater, und dieses Recht gilt in folgerichtiger Erweiterung auch in dem Staate.

Man sieht, wir haben es nicht nur mit einer ganz äußerlichen Eigentümlichkeit der Nomenklatur, sondern mit einem durchgeführten Systeme zu tun, einem Systeme, das mit religiösen Anschauungen im Zusammenhange steht und einer ältern Periode der Menschheit angehört als das Vaterrecht.

[Nachträge, Abschnitte 152 und 153: Geringfügige detaillierte Korrekturen und Erweiterungen, vornehmlich zu Quellen und Definitionen über den Zusammenhang von Grabbestimmungen und Mutterrecht; vgl. auch Bachofens Schriften »Gräbersymbolik« und »Lykisches Volk«. Interessanter ist der Nachtrag in 153 zu der Beziehung zwischen lykischem Mutterrecht und Mysterienkult. Er schließt mit Bemerkungen über den Zusammenhang zwischen Recht und Religion.

Nachtrag, Abschnitte 155-159 (Ägypten) bringt noch Ausführungen zu »Die Kantabrer«; vgl. auch die entsprechende Passage in diesem Kap., bzw. Anm. 158.]

Kreta

11. Wir wollen nun weiter forschen, ob sich auch anderwärts Spuren dieses Mutterrechts entdecken lassen. Herodot führt Lykiens Bevölkerung auf Kreta zurück; dasselbe tut in ganz gleicher Weise Strabo.[1] Sollte sich in Kreta etwas Ähnliches finden? Mir ist zunächst ein Punkt, der damit in entschiedenem Zusammenhang steht, begegnet. Kreta ist das einzige Land, wo man nicht 'Vaterland', sondern 'Mutterland', nicht ›patris‹, sondern ›metris‹ sagte. Dies bezeugt uns Plutarch in der trefflichen Schrift 'Ob ein Greis die Verwaltung des Staates führen könne',[2] wo es in wörtlicher Übersetzung heißt: »Gesetzt, du hättest einen Tithonus zum Vater, der zwar unsterblich wäre, aber seines hohen Alters wegen immer vieler Wartung bedürfte, du würdest gewiß, das traue ich dir zu, dich nicht weigern noch es lästig finden, seiner bestens zu pflegen, ihn freundlich zu behandeln und alles zu seiner Unterstützung beizutragen, weil er dir seit der langen Zeit so manches Gute erwiesen hat. Allein dein Vaterland oder, wie die Kreter zu sprechen pflegen, dein Mutterland, ist ungleich älter und hat noch weit größere Gerechtsame als selbst die Eltern. Es ist zwar von langer Dauer, aber dabei nicht von den Ungemächlichkeiten des Alters befreit noch in allen Stücken sich selbst hinreichend. Und weil es also immer große Sorgfalt, Unterstützung und Aufmerksamkeit erheischt, so ergreift es gern den Staatsmann und hält sich an ihm fest,

> gleich wie ein Mägdlein,
> Klein und zart, das die Mutter verfolgt und: Nimm mich! sie anfleht, An ihr Gewand sich schmiegend den Lauf der Eilenden hemmet.« (Il. 16, 9)

Wenn der Lykier auf die Frage, wer er sei, die Mutter nannte und dann zurückgehend immer der Mütter Mütter herzählte, so mußte er der ersten Mutter Geburtsland, also sein eigenes Heimatland 'Mutterland' nennen, nicht 'Vaterland'. Das Mutterrecht führt notwendig zu dieser Bezeichnung, und darum ist es wichtig, daß Kreta sie beibehält, nachdem sie anderwärts verschwunden und durch die neuere 'Vaterland' ersetzt worden war. In dem Kolonienverhältnis dagegen wird ›metropolis‹ gesagt. Hier hat die dem alten Mutterrechte gehörende Bezeichnung bis auf den heutigen Tag ihr Recht bewahrt. Im Traume wohnt Komon seiner toten

Mutter bei, die sogleich wieder zum Leben zurückkehrt. Dadurch wurde Messenes Wiederherstellung vorherverkündet.[3]

12. Die Bezeichnung 'kretisches Mutterland' findet sich noch bei zwei andern Schriftstellern, bei Aelian (H. A. 17, 35) und bei Plato (de republ. 9, 3 p. 575 d), hier mit dem Zusatz, daß die Kreter 'liebes Mutterland' sagen, ein Ausdruck der Anhänglichkeit, der in der Muttereigenschaft der Heimat besonders nachdrücklich hervorgehoben wird. Aus dieser Muttereigenschaft der heimatlichen Erde leitet Plato im Staate (3 p. 414 d) die Verwandtschaft aller Bürger ab, die, weil sie Ein Mutterschoß geboren, nun auch gegen einander sowohl als gegen das Land verwandtschaftliche Gesinnung hegen müßten. »Es sei ihnen (nämlich den Kriegern seines Staats) im Traume vorgekommen, als wären sie eigentlich unter der Erde gewesen und dort drinnen sie selbst auferzogen und gebildet worden und auch ihre Waffen und andere Gerätschaften gearbeitet. Nachdem sie aber vollkommen wären ausgearbeitet gewesen und die Erde sie, als ihre Mutter, heraufgeschickt habe, müßten nun auch sie für das Land, in welchem sie sich befinden, als für ihre Mutter und Ernährerin, mit Rat und Tat sorgen, wenn jemand dasselbe bedrohe, und so auch gegen ihre Mitbürger, als Brüder und gleichfalls Erdgeborne, gesinnt sein.«

Aus einem Gedanken dieser Art erklärt sich die eigentümliche Ausdehnung, den in Roms frühester Zeit das *paricidium* hatte. Obschon in diesem Worte unleugbar und bis zuletzt der Begriff des Verwandtenmordes, zunächst des in aufsteigender Linie, enthalten ist, so heißt doch nicht nur der Verwandtenmörder, sondern ganz allgemein der Mörder jedes freien Mannes *paricida*. Diese umfassende Beziehung wird namentlich für die älteste Zeit bezeugt.[4] Also wurde der Begriff der Verwandtschaft auf alle Mitglieder des Staats ausgedehnt. Wer einen Mitbürger tötet, ist nach Numas Gesetz Verwandtenmörder. Die Platonische Idee von der in gemeinsamer Abstammung wurzelnden Consanguinität aller freien Menschen zeigt sich als Anschauungsweise der ältern Welt überhaupt. Und darum ist es so bedeutend, daß sie mit Numas Namen in Verbindung gesetzt wird. Die Verwandtschaft der Numaischen Gesetzgebung mit pythagorischer Anschauung ist es, welche zu der Annahme einer nähern Verbindung beider Männer, sowie zu der Behauptung von Pythagoras' etrurischer Abstammung führte.[5] Pythagoras selbst aber ist der Wiederbeleber der orphischen Ideen, die ihrerseits den Alten als Ausdruck der ursprünglichen Anschauungs- und Lebensweise der frühesten Menschen galten. Auf diese geht Plato vielfach zurück. Die Annahme des Muttertums der Erde und die daraus abgeleitete Verwandtschaft und Brüderlichkeit aller Menschen ist keine spekulative Idee, sondern eine Anschauung der ältesten Welt überhaupt. Auch Numa folgt ihr, indem er jeden Mord als *paricidium* bestraft. Wer irgend einen Menschen tötet, gilt als Elternmörder. Auch in dem *extraneus* wird der gemeinsame Vater und die gemeinsame Mutter angetastet. Auch sein Mord enthält ›eine Blutschuld an Verwandten‹. Es entspricht dieser Anschauung vollkommen, wenn Virginius wegen der an seiner Tochter verübten Tat, Horatius wegen des Schwestermordes *paricida* genannt wird.[6] Der Kindermord ist ein Elternmord, weil in dem Kinde das Muttertum der zeugenden und gebärenden Naturkraft angetastet wird. Nicht nach dem Grade der individuellen Verwandtschaft, sondern nach der gemeinsamen Abstammung von den stofflichen Ureltern wird der Mord bemessen. Darnach aber ist jeder, wen immer er betreffen mag, ob einen Verwandten oder einen *extraneus*, ob einen Ascendenten oder Descendenten oder Collateralen, ein Elternmord, ein *paricidium* im eigentlichen Sinne. Im Laufe der Zeit trat diese Idee und das Bewußtsein allgemeiner Verwandtschaft immer mehr zurück. An ihrer Stelle wurde die individuelle Blutsverbindung maßgebend. Wir finden zuletzt das *paricidium* auf den nächsten Verwandtenkreis beschränkt, die übrigen Fälle des Mordes der *quaestio de sicariis et veneficis* zugewiesen. Die lex Pompeia de paricidiis begreift diejenigen Ascendenten, Descendenten und Seitenverwandten, welche Marcian Dig. 48, 9, 1 aufzählt. Das Verhältnis dieser beiden Bedeutungen ist nicht so zu denken, als sei von der engern zu der weitern fortgeschritten worden. Vielmehr fand der entgegengesetzte Entwicklungsgang statt. Der Begriff der Verwandtschaft, ursprünglich ganz allgemein gefaßt, wurde von dem Staate auf die Familie zurückgeführt. Es trat eine Beschränkung ein. An der Stelle sämtlicher Volksgenossen erschienen nun die nächsten Blutsfreunde. Der Grundbegriff erlitt keine Änderung. *paricidium* blieb nach wie vor Verwandtenmord. Nur der Kreis der Personen, die unter diesen Begriff fallen, war ein anderer, und zwar ein viel engerer, geworden.

Aus der bisherigen Auffassung ergibt sich für das *paricidium* eine rein physisch-naturale Grundlage. Dadurch unterscheidet es sich von *perduellio*. Die *perduellio* ist gegen den Staat als solchen gerichtet; sie ist die Verletzung dessen, was das politische Recht garantiert, mithin ein ziviles Verbrechen. *paricidium* dagegen enthält die Antastung der physisch-materiellen Grundlage des Staats. Es ist die Verletzung der Naturzeugungskraft, ein Vergehen an der in den einzelnen Mitgliedern des Staats fortwirkenden Urzeugungskraft, der die Bürger ihre leibliche Existenz und Fortdauer verdanken. Es ist mithin kein ziviles, sondern ein naturales Verbrechen. In dieser stofflichen Richtung ruht auch der religiöse Charakter des *paricidium*. Es enthält eine Sünde an der stofflichen Kraft, der alles Leben seinen Ursprung verdankt, und die den Inhalt der höchsten Gottheitsidee bildet. Der *paricida* sündigt an der Gottheit, der *perduellis* am Staate. Die Störung der religiösen Ordnung der Dinge gehört so wesentlich zu dem Begriff des *paricidium*, daß auch der *sacrilegus* mit unter dessen Strafe gezogen werden konnte. Cicero (de leg. 2, 22) schließt sich entschieden einer alten Sakralbestimmung an, wenn er unter seine Gesetze die Satzung aufnimmt *sacrum sacrove commendatum qui clepserit rapsitque, paricida esto*. Darum eben hatte das *paricidium* in Numas religiöser Gesetzgebung seine eigentliche Stelle. Es erscheint hier mit dem Charakter einer Störung der heiligen Ordnung der Dinge, einer an der lebenspendenden Gottheit begangenen Sünde.

Wenn die *quaestores (paricidii)* von Junius Gracchanus (Dig. 1, 13, 1 pr.) auf Romulus zurückgeführt werden, so beruht dies ohne Zweifel auf einer Verwechslung mit den *duumviri perduellionis*. Die *perduellio* in ihrer Richtung gegen den Staat entspricht dem Romulischen, das *paricidium* in seinem sakralen Charakter dem Numaischen Prinzip. Romulus vertritt die väterliche, Numa die mütterliche Seite des Staates. Romulus gründet die politische Existenz seiner Stadt auf dem Prinzip des väterlichen *imperium;* Numa ordnet die mütterliche, stoffliche Seite desselben. Nach der mütterlichen Abstammung sind die Römer Quiriten, sie stammen alle von sabinischen Müttern. In dem Ausdruck *populus Romanus Quiritium* erscheinen beide Seiten vereinigt. *populus Romanus* bezeichnet das staatliche Ganze, welches Romulus zum Urheber hat, *Quirites* die stoffliche Unterlage. Materiell besteht der *populus Romanus* aus Quiriten. Dieser stofflich-mütterlichen Seite gehört auch Numa, der sabinische König. Und da wir nun beim *paricidium* denselben Charakter, nämlich die Richtung gegen den materiellen Bestand des Volks, erkannten, so stellt sich die innere Verwandtschaft des Numaischen Prinzips mit dem *paricidium* auch von dieser Seite ins klarste Licht.

Wir haben die Gleichstellung aller freien Staatsglieder von ihrer gemeinsamen Abstammung aus Einer Mutter Schoß, der Erde, abgeleitet und in dem *paricidium*, gegen wen es immer gerichtet sein mag, einen Elternmord erkannt. Dieses ist nun noch genauer zu bestimmen. Es ergibt sich nämlich ein Unterschied zwischen dem männlichen und dem weiblichen Geschlecht. Die Abstammung von der Urmutter Erde gilt im strengen Sinne nur von den männlichen Staatsgliedern, wie sie denn Plato auch nur für die Krieger behauptet. Die Weiber stehen nicht nur im Abstammungsverhältnis zu der Erde, sie sind vielmehr die Erde selbst, deren Muttertum auf sie übergeht. Sie tragen einen höheren Grad der Heiligkeit in sich als die Männer. Ihre Unverletzlichkeit ruht auf ihrem Erdmuttertum, die der Männer auf ihrer Abstammung aus demselben. Daraus folgt, daß das Numaische Gesetz über *paricidium* namentlich durch seine Ausdehnung auf das männliche Geschlecht Bedeutung erhielt. Was zunächst und auch ohne Gesetz für die Mutter und jedes Weib galt, das wurde nun auf die Männer übertragen, wo es sich nicht so von selbst verstand. Des Weibes Unverletzlichkeit ruht auf seiner Identität mit der allgebärenden Erde, die des Mannes wird durch Gesetz anerkannt. Die Heiligkeit der Frau haben wir auch in dem reinen Naturzustand gefunden. Nicht so die des Mannes. Diese wird durch Gesetz ausgesprochen, und durch Zurückführung des Mannes auf das Muttertum der Erde gerechtfertigt. Daraus erklärt sich, daß in den Angaben der Alten über *paricidium* zuerst und vornehmlich dessen Richtung auf das männliche Geschlecht hervorgehoben wird. So drückt sich bei Festus Numa selbst aus, und Plutarch[7] gibt *paricidium* durch ›patroktonia (Vatermord)‹ wieder. Dann fährt derselbe so fort: »Und während langer Zeit erschien es als gerechtfertigt, daß man dies Verbrechen des Vatermords gar nicht berücksichtigt hatte. Denn während sechs Jahrhunderten wurde es zu Rom von niemand begangen. Der erste Vatermörder war Lucius Ostius nach Beendigung des Hannibalischen Krieges.« Plutarch gedenkt also nur des Mannes, nicht der Frau, nur des Vater-, nicht des Muttermörders. Er erinnert nur an Lucius Ostius, nicht an Publicius Malleolus, den die römische Geschichte als ersten Muttermörder nennt und in die Zeit des Cimbrischen Krieges versetzt.[8] Ja *paricidium* erscheint dem Plutarch etymologisch gleich *patrici-*

dium, und daher die Schreibart mit doppeltem *r* als die allein richtige. Auch die Bemerkung, daß ›jede Mannestötung‹ eine ›Vatertötung‹, der eigentliche Vatermord also nicht ausgezeichnet gewesen sei, zeigt, daß zunächst nur an Männer gedacht wird. Sie bestätigt aber auch unsere Auffassung der ganzen Stellung des männlichen Geschlechts. Der Mann wird nur in seiner allgemeinen Eigenschaft als zeugende Naturpotenz aufgefaßt. Nicht das individuelle Verhältnis des Mörders zu dem Getöteten, sondern das allgemeine zu der zeugenden männlichen Kraft ist berücksichtigt. Nach diesem ist jeder Mannesmord ein Vatermord, der Vatermord selbst aber nichts weiter als Mannesmord, als Verletzung der männlichen Naturpotenz, und darum nicht als qualifizierter Mord ausgezeichnet. Auf die Ehe und die damit verbundene zivile Fiktion des individuellen Vatertums wird keine Rücksicht genommen. Es gilt der rein natürliche Gesichtspunkt, der von einer besondern Paternität nichts weiß. Die männliche Potenz aber steht zu der weiblichen im Sohnesverhältnis. Das gegebene, stoffliche Urprinzip ist das Weib. Die männliche Kraft kömmt erst in der Geburt des Sohnes zu sichtbarer Darstellung. So enthält auch die ›Mannestötung‹ in ihrem letzten Grund eine Verletzung der Urmutter Erde. Darin trifft der Mannes- mit dem Weibermord wieder zusammen. Ihr Unterschied liegt nur in der Mittelbarkeit oder Unmittelbarkeit ihrer Beziehung zu der Erde.

In dem Worte *paricidium* wird der Geburtsakt besonders hervorgehoben. *paricidium* geht entschieden auf *pario* zurück, und dieses ist seinerseits mit *pareo* und *appareo* eines Stammes. Das Gebären ist ein Erscheinen oder Sichtbarwerden des bisher Verborgenen, von dem Lucretius (de r. n. 1, 23) sagt *dias in luminis oras exoritur* und *visitque exortum lumina solis.* Aus dem Hervortreten der Geburt wird die Existenz einer männlichen Kraft erkannt, und darum fällt der Begriff der gebärenden Mutter und der männlichen Kraft in eins zusammen. Der weibliche Geburtsakt wird deshalb mit einem Worte genannt, dessen Stamm die männliche Naturkraft bezeichnet. *pario* und Pales stehen in unverkennbarem Zusammenhang. Pales ist die alles aus sich gebärende Urmutter, die in der Geburt selbst sich als männliche Pales, als großen Erdbefruchter, zu erkennen gibt. Die ältesten *quaestores rerum capitalium quaerendarum* hießen nach Festus *quaestores parici.* Daran ist nichts zu ändern. Die Adjektivform *paricus* ist so viel als *palicus. quaestores parici* heißen also die mit der Untersuchung des Mords, als einer Verletzung der oder des Pales, betrauten Duumvirn. Dadurch werden wir wiederum zu unserer obigen Auffassung zurückgeführt. *paricidium* ist die an der gebärenden Urmutter in irgend einer ihrer Geburten begangene Verletzung. Eine solche enthält jeder Mord, mag er einen Mann oder eine Frau betreffen. Auf den Grad der individuellen Verwandtschaft kommt es nicht an. Nur die an der gebärenden und zeugenden Naturkraft begangene Sünde bildet den Grund der Strafbarkeit.

Dem Frevel entspricht die Sühne. Der *paricida* kann keines Begräbnisses teilhaftig werden. Durch dieses würde er in den Mutterschoß der Erde, an dem er gesündigt, zurückkehren. Durch die Einnähung in den Sack wird er von jeder Berührung mit der Mutter ausgeschlossen. Das Versenken im Fluß oder im Meere bringt ihn demjenigen Element zum Opfer dar, in welchem die befruchtende Kraft ruht und das für die erlittene Verletzung Sühne verlangt. Hund, Schlange, Hahn und Affe werden dem Frevler beigegeben. Sie zeigen die Kraft auf ihrer dreifachen Stufe, als tellurische, solarische und lunarische Potenz. Der ersten gehört die Schlange und der Hund, der zweiten der Hahn, der lunarischen Mittelstufe der Affe, der zwischen der Tier- und der Menschenwelt eine ähnliche Mittelstellung einnimmt und zu dem Monde auch nach ägyptischer Anschauung in der nächsten Beziehung steht. Sie alle werden nun mit dem Frevler der verletzten Kraft zum Sühnopfer dargebracht.[9] Dem *paricida* wird die Rückkehr in der Erde Mutterschoß verweigert, er selbst dem zeugenden Element zum Sühnopfer überliefert. So sind beide Teile der Naturkraft gesühnt, die Grundlagen der natürlichen Ordnung der Dinge wiederhergestellt. Immer ist es das allgemeine Verhältnis zu dem mütterlichen Stoffe und der in ihm waltenden Kraft, nicht das Individuelle der persönlichen Blutsverwandtschaft, das in dem *paricidium,* in seinem Begriff, seiner Etymologie, seinem Umfang und seiner Sühne als maßgebend erscheint. Das Muttertum der Erde zeigt sich in dem *paricidium* als die Grundlage eines Rechtsinstituts, wie es bei Plato zur Begründung der allgemeinen Brüderlichkeit aller Staatsbürger benützt wird.

13. Da wir bei Kreta stehen, so mag auch erwähnt werden, was Plutarch[10] von der kretischen Stadt Lyktos erzählt. Diese Stadt galt als eine lakedämonische Kolonie und als Verwandte der Athener. Beides aber war sie nur von der Mutterseite. Denn nur die

Mütter waren Spartanerinnen, die athenische Verwandtschaft aber geht auf jene Athenienserinnen zurück, welche die pelasgischen Tyrrhener vom Vorgebirge Brauron entführt haben sollten. Auf die Väter wird in keiner dieser Verbindungen die mindeste Rücksicht genommen. Das Orakel aber hatte gelautet, Lyktos sollte da gegründet werden, wo die Wanderer die Göttin und den Anker verloren haben würden. Dies ist seinem Sinne nach vollkommen gleichbedeutend mit jenem, das Neleus erhielt, sich da niederzulassen, wo ihm eine Jungfrau Erde mit Wasser getränkt darreichen würde, und das er für erfüllt betrachtete, als ihm eine Töpferstochter Erde zum Siegeln darreichte.[11] Denn nach den Ansichten der Alten ist die Erde mit Wasser geschwängert jeder Fruchtbarkeit Trägerin. Der Anker deutete auf das Wasser, die Göttin aber war Diana, die große ephesinische Erdmutter. Also ist auch in diesem Mythus das Vorwiegen der mütterlichen Abstammung gegründet in der Zurückführung der Frau auf das Vorbild der mütterlichen Erde.

14. Die Hervorhebung der durch mütterliche Abstammung begründeten Verwandtschaft ist nicht ganz selten. Von Theseus und Herakles, die der attische Mythus und Kult so enge verband, bemerkt Plutarch im Theseus (6, 9ff.), die Nacheiferung sei in dem athenischen Helden durch die nahe Verwandtschaft desselben mit Herakles nicht wenig angefeuert worden, »denn Aethra (Theseus' Mutter) war des Pittheus Tochter, und Alkmene die der Lysidike; diese aber und Pittheus waren Geschwister (folglich Herakles und Theseus ›Verwandte‹) und Kinder der Hippodamia und des Pelops«. Also Einheit des Stammes von der entscheidenden, der Mutterseite. Ebenso stützt Theseus seine Verwandtschaft mit Daedalus darauf, daß des letzteren Mutter, Merope, eine Tochter des Erechtheus gewesen sei.[12] Vom Standpunkt dieses Mutterrechts mußte jedes Vergehen gegen der Schwester Kinder als besonders ruchlos erscheinen. Denn die Schwester pflanzt der Mutter Stamm fort, nicht der Bruder. Von Daedalus hebt es der Mythus besonders hervor, daß er seinen Schwestersohn Perdix erschlug. Darum floh er von Athen nach Kreta zu König Minos.[13]

Damit mag die Sitte der römischen Frauen, die Göttin Ino Leukothea, welche der römischen Mater Matuta gleichgestellt wird, um Segen nicht für die eigenen, sondern für die Schwesterkinder anzurufen, zusammenhängen. Plutarch. Quaest. Rom. 17:

»Warum bitten die Frauen eben diese Göttin um Segen nicht für ihre eigenen, sondern für ihre Schwesterkinder? Etwa, weil auch Ino ihre Schwester sehr geliebt, und sogar ihren Schwestersohn (Dionysos, der Semele Sohn) gesäugt hat? Oder weil sie mit ihren eigenen Kindern unglücklich gewesen? Oder auch, weil dies überhaupt eine gute und löbliche Gewohnheit ist, und in den Familien die größte Zuneigung hervorbringen kann?« Ino-Matuta ist das weibliche Naturprinzip, das an der Spitze aller Dinge steht, das sterbliche Weib ihr irdisches Abbild, und daher, wie jene an der Spitze der Natur, so sie an der Spitze der Familie. Darum beten die Frauen zu ihr, und nur für ihre Schwestern, nicht für ihre Brüder. Die Kinder gehören den Müttern, nicht den Vätern. Durch die Töchter wird das Geschlecht fortgepflanzt, nicht durch die Söhne. Die mehreren Schwestern vertreten alle der Mutter Stelle. In ihr bilden sie eine Einheit, so wie alle irdischen Frauen in der großen Urmutter Mater Matuta ihren Vereinigungspunkt haben. Beten also die Schwestern für einander, so beten sie für das Gedeihen ihres eigenen Geschlechts, und zwar so, daß dabei ihr mütterlicher Stamm, und nicht etwa die erst mit ihrer Person beginnende eigene Linie im Auge behalten wird. Einem solchen Gebete muß Mater Matuta ein besonders günstiges Ohr leihen. Die Frau, welche für die eigenen Kinder Gebete spricht, setzt sich selbst als Ausgang einer neuen Geschlechtslinie; welche dies dagegen für die Schwesterkinder tut, geht auf die Mutter und durch diese rückwärts auf die Urmutter Matuta selbst zurück. Darum ist nur dies letztere Gebet fromm und der Erhörung gewiß. Die von Plutarch berichtete Sitte ist somit ein Ausfluß der Gynaikokratie, welche ihrerseits in der Annahme eines an der Spitze der Dinge stehenden großen weiblichen Naturprinzips wurzelt.

Ein solches wird auch in der kretischen Urreligion hervorgehoben. Nach Posidonius[14] und Diodor[15] gründeten Kreter in dem sizilischen Städtchen ›Engyion‹ ein noch später hochverehrtes Heiligtum der ›meteres‹, jener Mütter, die auf Kreta das Zeuskind in der Höhle ohne Vorwissen Saturns ernährten und darum nicht nur als die Bären an den Sternenhimmel versetzt, sondern auch von den Kretern stets mit besonderer Scheu verehrt wurden. Man zeigte im Tempel Speere und eherne Helme, Weihgeschenke teils des Meriones (Molos' Sohn, Minos' Enkel[16]), teils des Ulyß, deren Namen sie trugen. Nikias' List, seine Schmähreden auf die Mütter, und wie diese ihn mit plötzlichem Wahnsinn treffen, daß er bald zur Erde sich bückt, bald wie im Taumel das Haupt hin- und herwirft und mit zitternder Stimme spricht, mag man in dem angegebenen Fragmente selbst nachlesen. Wahrscheinlich waren diese Mütter in der auf Kreta häufig hervortretenden Dreizahl gedacht, wie wir auch die *Matres* oder *Matronae* längs des Rheins und in England durch so zahlreiche Steine, besonders des Mannheimer und Mainzer Museums, gerade in derselben Dreifaltigkeit bezeugt finden. Der Name ihres Kultsitzes ›Engyion‹ sowie die Bemerkung, daß ihr Einfluß auf Nikias zuerst in einem Herabziehen desselben zur Erde sich äußerte, zeigen, daß eben die Erde als die physische Grundlage und der stoffliche Sitz der ›meteres‹ angesehen wurde.[17] Denn ›Engyion‹ heißt wörtlich »in der Erde«. Der Zusammenhang von ›gya, gyia, gyie‹ mit ›ge‹ wird bei einer spätern Veranlassung genauer erörtert werden. Hier erinnere ich nur an Eines. Aus Melesagoras (wahrscheinlich aus dessen Atthis) teilt Hesychius s. v. ›ep' Eurygne agon‹ mit, Minos' Sohn, Androgeos, werde Eurygyes genannt, und ihm zu Ehren seien Leichenspiele im Kerameikos zu Athen angeordnet.[18] Durch die Gleichstellung von Androgeos und Eurygyes wird die Bedeutung des letztern Namens unzweifelhaft festgestellt. Androgeos ist etymologisch der 'Erdmann', die Personifikation der den Erdstoff durchdringenden männlichen Kraft, ein wahrer Andreus oder Virbius. Dasselbe bezeichnet Eurygyes. Denn ›gye, gyia, gyie‹ ist das Saat- oder Ackerfeld,[19] daher auch der Mutterleib,[20] ›gyes‹ der Krümmel des Pfluges, ›eury (breit)‹ aber die Bezeichnung einer Eigenschaft der Erde,[21] welche auch in andern Eigennamen chthonischer Gottheiten, wie in ›Eurynome, Eurymedeia‹, Aufnahme gefunden hat. In dem kretischen ›Engyion‹ erscheinen also die Muttergöttinnen als eine Auffassung der Erde selbst, und zwar in ihrer mütterlichen Eigenschaft. Sie sind es, welche aus ihrem Schoße alle Frucht emporsenden. Ihre Stelle und ihre Aufgabe vertreten die irdischen Frauen, sterbliche Mütter, wie jene unsterblichen Urmütter aller stofflichen Geburt. In dieser Stellvertretung liegt der Grund ihrer Würde. Sie stehen an der Spitze ihres Geschlechts, wie jene an der Spitze des Naturlebens überhaupt.

15. Für den Zusammenhang des staatlichen mit dem religiösen Gesichtspunkt wird eine Bemerkung Diodors (4, 80, 4) wichtig. »Einige Städte«, sagt er, »haben von Orakeln den Befehl erhalten, die Mütter von Enguium zu verehren, weil die Verehrer derselben

nicht nur in ihrem Privatleben glücklich sein, sondern auch ihren Staat in einem blühenden Zustande sehen würden.« Also nicht nur physisches Gedeihen, sondern auch staatliches Wohl geht von den Müttern aus. Wer erkennt hierin nicht den Zusammenhang dieses Kultes mit staatlicher Einrichtung? Zugleich aber liegt für uns in dem Inhalt der erwähnten Orakelsprüche ein sehr beachtenswertes Zeugnis des Altertums selbst zugunsten der Gynaikokratie. Sie schien das häusliche sowohl als das öffentliche Wohl zu befördern. ›Gute gesetzliche Ordnung‹ wird auch von den Lokrern, opuntischen sowohl als epizephyrischen, gerühmt, ›Besonnenheit‹ von den Lykiern, und gerade bei den Lokrern und Lykiern hatten sich einzelne Reste der Gynaikokratie am längsten erhalten.

Daß in der Herrschaft des Weibes und seiner religiösen Weihe ein Element der Zucht und Stetigkeit von großer Stärke enthalten war, muß besonders für jene Urzeiten angenommen werden, in denen die rohe Kraft noch wilder tobte, die Leidenschaft noch kein Gegengewicht hatte in den Sitten und Einrichtungen des Lebens, und der Mann sich vor nichts beugte als vor der ihm selbst unerklärlichen zauberhaften Gewalt der Frau über ihn. Der wilden, ungebändigten Kraftäußerung der Männer treten die Frauen als Vertreterinnen der Zucht und Ordnung, als verkörpertes Gesetz, als Orakel angeborner, ahnungsreicher Weisheit wohltätig entgegen. Gerne erträgt der Krieger diese Fessel, deren Notwendigkeit er fühlt. Nicht durch Gewalt, sondern durch freiwillige Anerkennung der Notwendigkeit des höheren Naturgesetzes hat sich die Gynaikokratie während eines ganzen Weltalters zum Wohl der Menschheit erhalten. Jedenfalls muß Konservativismus, selbst Stabilität ein Grundzug im Leben weiberbeherrschter Völker gewesen sein. Das Weib trägt das Gesetz in sich, es spricht aus ihm mit der Notwendigkeit und Sicherheit des natürlichen Instinkts, des menschlichen Gewissens. Das Weib ist aber auch körperlich zur Stabilität gebildet. Es ist von der Natur selbst zur *domiseda* praefiguriert; es teilt auch hierin der Erde Charakter, trägt die Natur der Scholle, auf welcher es seine Entstehung empfängt. In ruhiger Sicherheit in sich selbst begründet, führt es des Mannes schweifendes, unstetes Wesen immer wieder zu sich zurück. In dem Bewußtsein der in seine Hand gegebenen Herrschaft muß das Weib jener alten Zeit mit einer spätern Weltaltern rätselhaften Größe und Erhabenheit erschienen sein. Der spätere Verfall seines Charakters hängt wesentlich mit der Beschränkung seiner Wirksamkeit auf die Kleinlichkeiten des Daseins, mit seiner Knechtesstellung, mit dem Ausschluß von aller größern Tätigkeit und dem dadurch herbeigeführten Hang zu verstecktem Einfluß durch List und Intrigue zusammen. Solche Weiber an der Spitze eines Staates und diesen als wohlgeordnet gepriesen zu sehen, das läßt sich allerdings mit unserer heutigen Erfahrung nicht vereinigen. Aber schon die Alten fragen: wo sind jene Frauen hingekommen, deren körperliche Schönheit, hohe Gesinnung und vollendeter Liebreiz selbst der unsterblichen Götter Augen auf sich zogen und Lust erweckten? Solche fürwahr, wie Alkmene, wie Medea, wie Koronis und so viele andere findest du nirgends mehr. Wie lassen sich die heutigen mit denen der Urzeit, zumal der germanischen, messen? Das Bewußtsein der Herrschaft und Machtbefähigung veredelt Leib und Seele, verdrängt die niedern Wünsche und Empfindungen, verbannt die geschlechtlichen Ausschweifungen und sichert den Geburten Kraft und Heldengesinnung. Für die Erziehung eines Volkes zur Tugend, in dem alten derben, nicht in dem schwindsüchtigen Sinne heutiger Zeit, gibt es keinen mächtigern Faktor als die Hoheit und das Machtbewußtsein der Frau. Es ist jedenfalls tiefe Bedeutung in der Erzählung, wonach der Römer Heldenvolk von Sabinerinnen ganz amazonischer Erscheinung abstammt. Solchen Frauen können keine Weichlinge und keine gleißenden Wollüstlinge gefallen. Solchen wird auch die Untreue, die meist in der Verachtung des Mannes ihren Ursprung nimmt, unbekannt bleiben. Darum ist die Weiberherrschaft jener Tage weit entfernt, die Tapferkeit der Männer zu mindern, vielmehr der mächtigste Hebel derselben, und so wird es immer klarer, wie der Ruhm frohen Gedeihens den weiberbeherrschten Völkern der alten Zeit gewiß mit Recht erteilt worden ist.

Die gleiche Idee wie in dem Mutterkultus kehrt in Demeter wieder. Die Erde in ihrer Mütterlichkeit bildet den ganz stofflich gedachten Inhalt dieser Gottheit. Darum ist es für das kretische Mutterrecht von großem Belang, daß in Kretas fruchtbarem Eiland Demeter auf dreimal geackertem Brachfeld mit Iasios der Liebe pflegt, die unsterbliche Göttin mit dem sterblichen Manne. In einem Anhang zur Theogonie, der mit Vers 956 beginnt, sind die Fälle solcher Verbindungen unsterblicher Göttinnen mit sterblichen Männern zusammengestellt. Ihre Aufzählung beginnt mit Demeters Liebe zu Iasios.[22] In der Unsterblichkeit der Frau gegenüber der Sterblichkeit des Mannes hat das Vorherrschen des Muttertums einen der ältesten Religionsanschauung angehörenden Ausdruck erhalten. Dem Vaterrecht entspricht das umgekehrte, in der Mythenwelt viel häufigere Verhältnis, in welchem die Unsterblichkeit auf Seite des Vaters, die Sterblichkeit auf der Mutterseite liegt. Das ist Ausdruck des geistigen Zeusprinzips, das der unkörperlichen himmlischen Lichtmacht angehört. Das Mutterrecht dagegen stammt von unten, aus dem Stoffe, aus der Erde, die, weil sie alles aus ihrem dunkeln Schoße ans Licht gebiert, als die Urmutter der ganzen sichtbaren Schöpfung aufgefaßt wird. Vergänglich ist, was aus ihr hervorgeht, sie selbst aber bleibt ewig und genießt jene Unsterblichkeit, die sie ihren Geburten, selbst der schönsten unter ihnen, dem gottähnlichen Menschen, nicht mitzuteilen vermag. Dieser hinfälligen Schöpfung gehört auch der Mann, gehört auch Iasios so gut wie der Thetisgemahl Peleus. Auch er ist dem Untergang verfallen und bestimmt, bald durch einen Nachfolger abgelöst und ersetzt zu werden. Eine unendliche Reihe von Männergenerationen geht an der ewig unwandelbaren Erdmutter vorüber. Sie allein bleibt stets dieselbe, kehrt immer wieder aus vollendetem Muttertum zur höchsten Jungfräulichkeit zurück und vereinigt so in sich, was sich bei dem sterblichen Weibe gegenseitig ausschließt, Matronentum und Virginität. Iasios erscheint Demeter gegenüber nur als Besamer. Er ist der Sämann, der den Samen einstreut und nach Erfüllung seiner auf den Augenblick gerichteten Aufgabe sofort wieder von dem Schauplatz abtritt. Er kann auch der Pflugschar verglichen werden, die der Erde Mutterschoß verwundend öffnet und alsdann, wenn verbraucht, durch eine andere ersetzt wird. So steht der Mann dem Weibe gegenüber. Er erweckt das Leben, aber dies stammt stofflich ganz aus der Mutter. Wie der Baum der Erde Kind und nie von ihr gelöst, so ist der Mensch der Mutter ganz, nicht des Vaters. Demeters Unsterblichkeit wiederholt sich in dem Mutterrecht auch für die irdischen Frauen. Wie in dem Vaterrecht der Sohn dem Sohne, so folgt in dem Mutterrecht die Tochter der Tochter. In der letzten Enkelin lebt die Mutter fort, durch die Mutter die erste Urmutter. Von den Söhnen heißt es in diesem Systeme *pater familiae suae et caput et finis est*, wie in dem Systeme des Vaterrechts umgekehrt von den Töchtern *mater familiae suae et caput et finis est.* In dem Mutterrecht pflanzt der Sohn das Geschlecht nicht fort; er hat eine rein persönliche, auf seine Lebenszeit beschränkte Existenz.

Er ist der sterbliche, das Weib der unsterbliche Teil. Wenn in Aeschylus' Agamemnon Elektra toter Väter Kinder dem Kork vergleicht, der 'des Fadens Zug aus tiefem Meergrund treu bewahrend, Garn und Netz' rettend führt, so sind es im Vaterrecht die Söhne, im Mutterrecht aber die Töchter, welche diese Aufgabe erfüllen. Dort genießt der zeugende Lar, hier die empfangende mütterliche Erde der Unsterblichkeit. Der Verbindung des sterblichen Mannes mit der unsterblichen Mutter wird auch von Cicero (de nat. deor. 3, 45) gedacht und dabei hervorgehoben, daß nach dem *ius naturale* der aus einer solchen Verbindung geborne Sohn notwendig die Natur seiner Mutter teile, während er nach dem *ius civile* dem Vater folgen würde; der Sohn einer Göttin müsse also notwendig wiederum göttlicher Natur sein. Der Gegensatz von *ius naturale* und *ius civile* kehrt hier in derselben Bedeutung wieder, in welcher wir ihn oben schon erläuterten. *ius naturale* ist das Recht des stofflichen Lebens, mithin das chthonische Muttertum. Eine Verletzung dieses Rechts liegt in der Entlassung der Frau. Nach Romulus' Satzung[23] muß den unterirdischen Göttern dafür Sühnopfer gebracht werden.

16. Demeters Mutterverhältnis zu dem Sohne Plutos ist geeignet, über das Verhältnis des weiblichen Naturprinzips zu dem männlichen noch weitere Aufschlüsse zu geben. Die Mutter ist früher als der Sohn. Die Weiblichkeit steht an der Spitze, die männliche Gestaltung der Kraft tritt erst nach jener, in zweiter Linie, hervor. Das Weib ist das Gegebene, der Mann wird. Von Anfang an ist die Erde, der mütterliche Grundstoff. Aus ihrem Mutterschoße geht alsdann die sichtbare Schöpfung hervor, und erst in dieser zeigt sich ein doppeltes getrenntes Geschlecht; erst in ihr tritt die männliche Bildung ans Tageslicht. Weib und Mann erscheinen also nicht gleichzeitig, sind nicht gleich geordnet. Das Weib geht voran, der Mann folgt; das Weib ist früher, der Mann steht zu ihr im Sohnesverhältnis; das Weib ist das Gegebene, der Mann das aus ihr erst Gewordene. Er gehört der sichtbaren, aber stets wechselnden Schöpfung; er kömmt nur in sterblicher Gestalt zum Dasein. Von Anfang an vorhanden, gegeben, unwandelbar ist nur das Weib; geworden, und darum stetem Untergang verfallen, der Mann. Auf dem Gebiete des physischen Lebens steht also das männliche Prinzip an zweiter Stelle, es ist dem weiblichen untergeordnet. Darin hat die Gynaikokratie ihr Vorbild und ihre Begrün-

dung. Darin wurzelt auch jene der Urzeit angehörende Vorstellung von der Verbindung einer unsterblichen Mutter mit einem sterblichen Vater. Jene ist stets dieselbe, aber auf Seite des Mannes folgt sich eine unabsehbare Reihe von Geschlechtern. Mit stets neuen Männern paart sich die gleiche Urmutter. Wir erkennen den Platonischen Mythus von Penia und Plutos. In diesem erscheint der Erdstoff an sich arm, bedürftig und sich nicht selbst genügend. Er bedarf der Befruchtung durch den Mann. In dem Gefühl dieses eigenen Unvermögens geht Penia stets neuen Männern nach, verlangt sehnsüchtig nach stets neuer Begattung, sucht, wie Smyrna, ihren eigenen Vater oder, wie Phaedra den Hippolytos, ihren Stiefsohn zur Liebe zu verführen. Denn nur durch immer wiederholtes Gebären kann sie der sichtbaren Welt, ihrem Kinde, Dauer und Unvergänglichkeit sichern. So wird der Sohn selbst zum Gemahl, zum Befruchter der Mutter, selbst zum Vater. Ist in dem kretischen Mythus Plutos Demeters Sohn, so erscheint er in dem Platonischen als Penias Gemahl und als Vater der sichtbaren Welt. Er ist auch in der Tat beides. Aus dem Sohne wird er der Mutter Befruchter, aus dem Erzeugten selbst Erzeuger, und immer steht ihm dasselbe Weib, bald als Mutter, bald als Gemahlin, gegenüber. Der Sohn wird sein eigener Vater. Daher die öfters wiederkehrende Vorstellung von der Liebe der Tochter zu ihrem eigenen Vater, wie sie der Mythus von Smyrna und der tusculanischen Valeria[24] berichtet. Auch in diesen Fällen hat das Kind nur eine Mutter, der Vater liegt selbst auf der Mutterseite; er steht dem Kinde um einen Grad ferner als die Mutter. Das Weib ist hier, wie Eva-Pandora, der verführende Teil; sie lebt fort, während der Mann dem Tode verfällt; alles Züge, in welchen wir die hervorgehobene Grundidee wieder erkennen. Die sichtbare Schöpfung, das Kind der Mutter Erde, gestaltet sich zum Begriff des Erzeugers. Adonis, das Bild der jährlich verfallenden und neu wieder erstehenden äußern Welt, wird und heißt Papas, der Erzeuger dessen, was er selbst ist.[25] Ihm entspricht Plutos. Als Demeters Sohn ist Plutos die sichtbare, stets sich erneuernde Schöpfung, als Penias Gemahl deren Vater und Erzeuger. Er ist zugleich der aus dem Mutterschoß der Erde entsprungene Reichtum und der Reichtumgeber; zugleich Objekt und aktive Potenz, Schöpfer und Geschöpf, Ursache und Wirkung. Aber der männlichen Kraft erste Erscheinung auf Erden ist in Sohnesgestalt. Von dem Sohne wird auf den Vater geschlossen, an dem Sohne Existenz und Natur der männlichen Kraft zuerst sichtbar. Hierauf gründet sich die Unterordnung des männlichen Prinzips unter das der Mutter. Der Mann erscheint als Geschöpf, nicht als Zeuger; als Wirkung, nicht als Ursache. Umgekehrt die Mutter. Sie ist da vor dem Geschöpfe; sie tritt als Ursache, als erste Lebensgeberin, nicht als Wirkung auf. Sie wird nicht erst aus dem Geschöpfe, sondern aus sich selbst erkannt. Mit einem Worte, das Weib steht zuerst als Mutter, der Mann zuerst als Sohn da. Aus der Mutterfurche wird Tages hervorgeakkert. In der Pflanze, die aus dem Boden hervorbricht, wird der Erde Muttereigenschaft anschaulich. Noch ist keine Darstellung der Männlichkeit vorhanden; diese wird erst später an dem ersten männlich gebildeten Kinde erkannt. Der Mann ist also nicht nur später als das Weib, sondern dieses erscheint auch als die Offenbarerin des großen Mysteriums der Lebenszeugung. Denn aller Beobachtung entzieht sich der Akt, der im Dunkel des Erdschoßes das Leben weckt und dessen Keim entfaltet; was zuerst sichtbar wird, ist das Ereignis der Geburt; an diesem hat aber nur die Mutter Teil. Existenz und Bildung der männlichen Kraft wird erst durch die Gestaltung des männlichen Kindes geoffenbart; durch eine solche Geburt reveliert die Mutter den Menschen das, was vor der Geburt unbekannt war, und dessen Tätigkeit in Finsternis begraben lag.

In unzähligen Darstellungen der alten Mythologie erscheint die männliche Kraft als das geoffenbarte Mysterium; das Weib dagegen als das von Anfang an Gegebene, als der stoffliche Urgrund, als das Materielle, sinnlich Wahrnehmbare, das selbst keiner Offenbarung bedarf, vielmehr seinerseits durch die erste Geburt Existenz und Gestalt der Männlichkeit zur Gewißheit bringt. Von Aphrodite Epitragia erzählt der Mythus,[26] als Theseus auf Apollons Geheiß der Göttin am Meeresufer eine Ziege geopfert, habe sich diese ganz von selbst in einen Bock verwandelt, und seit der Zeit werde Aphrodite auf einem Bocke sitzend dargestellt. Auch hier erscheint das Muttertier als ursprünglich und von Hause aus gegeben. Aus dem Weibe entsteht alsdann der Mann durch wunderbare Metamorphose der Natur, wie sie in jeder Knabengeburt sich wiederholt. In dem Sohne erscheint die Mutter zum Vater verwandelt. Aber der Bock ist doch nur Aphroditens Attribut, also ihr untergeordnet und zu ihrem Dienste bestimmt.[27] Wird aus des Weibes Schoß der Mann geboren, so staunt nun die Mutter selbst ob der neuen Erscheinung. Denn auch sie erkennt an der

Bildung des Sohnes die Bildung jener Kraft, deren Befruchtung sie ihr Muttertum zu verdanken hat. Mit Entzücken weilt ihr Blick auf dem Gebilde. Der Mann wird ihr Liebling, der Bock ihr Träger, der Phallus ihr steter Begleiter. Kybele überragt als Mutter den Attes, Diana den Virbius, Aphrodite den Phaëthon. Das stoffliche, weibliche Naturprinzip steht voran; es hat das männliche, als das sekundäre, gewordene, nur in sterblicher Form vorhandene und ewig wechselnde, gewissermaßen, wie Demeter die Cista, auf seinen Schoß genommen. Das ist der höchste Ausdruck der Gynaikokratie und für diese nicht weniger bezeichnend als Iasions Sterblichkeit neben Demeters unsterblicher Göttlichkeit.

17. Die gleiche Anschauung liegt in dem Mythus von Zeus' Geburt aus Rheas Mutterschoß. Auch hier tritt die Mutter allein hervor. Wenn Kronos in der Sage Zeus' Vater genannt wird, so hat dieser Ausdruck hier nicht die Bedeutung des leiblichen Erzeugers; er bezeichnet vielmehr ein früheres untergegangenes Weltalter, dessen Verhältnis zu dem folgenden in Form der Succession von Vater und Sohn dargestellt wird. Der Gedanke an Zeugung liegt so ferne, daß vielmehr Vernichtung und Untergang sich als alleiniger Ausdruck jenes Vaterverhältnisses darstellt. So hat der kretische Zeus nur eine Mutter, den fließenden, feuchten Erdstoff. In ihm erscheint die männliche Seite der Natur zum ersten Mal in sichtbarer Gestalt. Also auch hier wird das Weib als das Erste, als das ursprünglich Gegebene, als das von Anfang an stofflich Vorhandene, der Mann als das Gewordene, durch die Mutter Geoffenbarte aufgefaßt und dargestellt. Und auch Zeus ist sterblich. Man zeigt auf Kreta sein Grab. Die weibliche Seite der Natur wird als unsterblich angesehen, die männliche dagegen als ewig wechselnd, und nur in steter Verjüngung, welche steten Tod voraussetzt, ewig fort dauernd. Der gestorbene und beerdigte Zeus ist dieser ewig sterbenden und ewig wieder erstehenden sichtbaren Schöpfung Ausdruck. Er ist aber auch der Schöpfer selbst; er ist, wie Plutos, wie Adonis, Wirkung und Ursache zugleich. Er ist der männliche Grund der Erdzeugung, der erst in der Schöpfung zum Ausdruck gelangt, niemals selbst, sondern nur in der Form des sterblichen Menschen angeschaut wird. Der geborne und wieder gestorbene, im Tode zur Erde, seiner Mutter, zurückgekehrte Zeus der kretischen Mythologie erscheint in Verbindung mit der unsterblichen, nicht gewordenen, sondern anfänglich gegebenen Urmutter Rhea

als vollendeter Ausdruck jener in dem stofflichen Gesetz begründeten Gynaikokratie, die aus der Religion in das bürgerliche Leben überging.

18. Nirgends spielen weibliche Gottheiten eine größere Rolle als auf Kreta, dem Heimatlande der griechischen Religion und Mysterien. In Minos' Geschichte ist eine Reihe weiblicher Wesen verwoben, die sich insgesamt als eben so viele Darstellungen des tellurisch-stofflichen Muttertums zu erkennen geben: Minos' Mutter Europa, der Telephassa (Telephae, Telephe) Tochter,[28] Pasiphae, dessen Gemahlin, die Minotaurosmutter; Britomartis-Diktynna, die keusche *virgo dulcis*, die der König mit seiner Liebe verfolgt, bis sie in der Tiefe des Meeres vor ihm Ruhe sucht; Ariadne, die des Labyrinthes Ausgang kennt, in deren Besitz Dionysos dem Theseus folgt, die auf Kypros als Aphrodite erscheint, deren Krone und Reigen auch ganz aphroditischer Beziehung sind; Phaedra, Ariadnes Schwester; Gorgo, Asanders Geliebte, welche Plutarch[29] mit Leukomantis zusammenstellt; Balte, die Nymphe, welche die Kreter dem Epimenides aus Phaistos als Mutter zuteilen, wie Plutarch im Solon berichtet. Alle diese Gottheiten sind Darstellungen des mütterlichen Erdstoffs und deshalb auch Mondfrauen, Artemis-Diana genau verwandt. Schon durch die Namen wird ihre lunarische Natur verkündet. Die Glänzende, die Alleuchterin, die Fernhinscheinende heißt Luna.[30] Alle großen Naturmütter führen eine doppelte Existenz, als Erde und als Mond. Denn dieser ist stofflich wie jene, eine ›Erde im Himmel‹ oder ›im Äther‹. So glänzen Athene, so Artemis, so Aphrodite als leuchtendes Nachtgestirn am feuchten, befruchtenden Nachthimmel. Zu dem Monde wird Helena, zu dem Monde Iphigenia erhoben. Allen Mondfrauen aber wird die Eigeburt, ein Ausdruck ihres stofflichen Muttertums, beigelegt. Auf dem Muttertum des Mondes ruht aber die Gynaikokratie und ihre Übertreibung, das Amazonentum, dessen männerfeindliches Wesen in der kretischen Gorgo seinen Ausdruck gefunden hat. Daher ist es ein bedeutender Zug des Mythus, daß Ariadne auch selbst als Beherrscherin Kretas aufgeführt wird. Bei Plutarch (Thes. 19) tritt Ariadne nach Deukalions Tod die Regierung an. Sie schließt mit Theseus Friede, gibt die Geiseln zurück und errichtet zwischen den beiden streitenden Ländern, Athen und Kreta, ein Bündnis. Damit kann man vergleichen, daß die beiden kretischen Städte Latos und Olus in ihrer

Bundesurkunde Britomartis und Artemis zu Zeugen des Bundeseides anrufen.[31] Wir sehen das Muttertum hier wieder in seiner vermittelnden, friedestiftenden Bedeutung.

Einen bedeutsamen Nachklang hat die alte kretische Gynaikokratie in folgendem Gebrauche hinterlassen. Am Gedächtnistage der Theseischen Abfahrt besuchen nur die Töchter das apollinische Heiligtum. Nur die Mütter finden an dem zu Ehren Dionysos' und Ariadnes gefeierten Feste der Oschophorien Stellvertretung.[32] In Verbindung mit dieser Anschauung ist die kretische Sitte, von dem 'geliebten Mutterlande' zu sprechen, doppelt bedeutungsvoll. Wie das weibliche Prinzip an der Spitze der Natur, so steht die Frau an der des Staates und der Familie.

19. Aber auf Kreta sind Gynaikokratie und Mutterrecht überwunden. Nur in der Bezeichnung 'liebes Mutterland' hat sich eine Erinnerung an deren frühere Geltung erhalten. Das Mondprinzip weicht dem Sonnenprinzip, das stoffliche Muttertum dem geistigen Vaterrecht. Diese Erhebung ist eine religiöse Tat. Es ist dieselbe, welche wir in Anknüpfung an Bellerophontes' Heldentum angedeutet haben. Sie soll hier in ihrer Stufenfolge näher entwickelt werden.

Die Verlegung des stofflichen Muttertums aus der Erde in den Mond bereitet der Frage über das Verhältnis der beiden Geschlechter eine kosmische Lösung. Dem Monde tritt die Sonne, wie dem Weibe der Mann, gegenüber. Was der Erdstoff im Inneren seiner Materie verbindet und erst in den Geburten getrennt hervortreten läßt, das weibliche und das männliche Geschlecht, das sondert sich am Himmel zu zwei kosmischen, für sich bestehenden Mächten. Ist der stoffliche Mond das Weib, so tritt ihm in der Sonne und ihrer unkörperlichen Feuernatur der Mann gegenüber. Schon in Josephs Traum (1. Mose 37, 9. 10.) wird die Erscheinung von Sonne und Mond auf Vater und Mutter gedeutet. In dem Verhältnis der beiden Himmelskörper erscheint dasjenige von Mann und Frau in allen Teilen vorgebildet. Neben die Stofflichkeit des Mondes tritt die Unstofflichkeit der männlichen Sonnenkraft. An und für sich ist der Mond lichtlos, eine wahre Penia gleich dem weiblichen Erdstoff. Zum Leben aufgerufen wird er erst durch die Strahlen der Sonne. Diese teilen ihm Licht und das Prinzip der Fruchtbarkeit mit. Er leuchtet mit fremdem, erborgtem Glanz. Wie Penia dem Plutos, so geht auch Luna dem Sol nach.

Sehnsüchtig und des leuchtenden Helios bedürftig, folgt sie ewig in gemessenen Räumen den Spuren seiner Bahn. Sie erscheint also ganz als kosmische Erde: stofflich wie die unsrige, empfangend wie sie, mütterlich gebärend gleich ihr, und in dem steten Wachsen und Abnehmen den ewigen Wechsel der aus dem Mutterschoße des Stoffes hervorgehenden Schöpfung wie im Bilde darstellend.

Doch ist damit nur eine Seite der Mondnatur hervorgehoben. In einer zweiten Richtung erscheint derselbe nicht als weibliche, sondern als männliche Potenz; mithin im Ganzen, wie er oft dargestellt wird, hermaphroditisch. Der Sonne gegenüber ist der Mond der weibliche empfangende Stoff, unserer Erde gegenüber der selbst wieder Samen aussendende männliche Befruchter. Was er von der Sonne empfangen, das gießt er in den feuchten Strahlen seines nächtlichen Scheines selbst wieder über die Erde aus, den Boden, wie alles weibliche Geschöpf, damit zu befruchten. Wenn ein solcher Samenstrahl auf eine rindernde Kuh fällt, wird den Ägyptern (nach Plutarch über Isis und Osiris) Apis geboren, der eben deshalb in so vielen Stücken den Gestalten des Monds ähnlich sei. So wird der Mond der Sonne gegenüber Mutter, in seinem Verhältnis zur Erde Vater aller Zeugung. Es ist eine Erhebung seiner Natur von der weiblichen Stofflichkeit zu der männlichen Auffassung eingetreten. Man ist von der Materie zu der Kraft, welche in ihr das Leben erweckt, fortgeschritten. Wird auf Erden das männliche Geschlecht erst durch die Geburten reveliert, also in der Wirkung, nicht als Ursache angeschaut, so erscheint jetzt der Mond als körperliche Darstellung der Kraft selbst; und wie erst die Mütterlichkeit in der Erde, so hat jetzt auch die Männlichkeit in dem Monde ihre Verkörperung erhalten. Damit ist auf dem Gebiete der Religion der erste Schritt zum Sturze der Gynaikokratie getan. Zeigt der Erdstoff nur die weibliche Naturseite, so führt die Betrachtung der kosmischen Himmelsmächte über den weiblichen Stoff hinaus zu der Anschauung der männlichen Kraft, und vor dieser tritt nun jene in den Hintergrund. Der Stoff, früher allein berücksichtigt, weicht der Kraft, und diese tritt bald gebietend über ihn hinaus. Das enthält eine für unsern Gegenstand sehr wichtige Lehre: das Mutterrecht stammt von unten, ist chthonischer Natur und chthonischen Ursprungs; das Vaterrecht dagegen kömmt von oben, ist himmlischer Natur und himmlischen Ursprungs; es ist das Recht der Lichtmächte, wie jenes das Gesetz des dunkeln, mit Finsternis erfüllten Erdschoßes. Es bezeichnet also eine höhere Stufe der Religion und der menschlichen Entwicklung als das stoffliche Mutterrecht.

20. In dem kosmischen Vatertum zeigen sich aber nun selbst wieder zwei Stufen, eine tiefere und eine höhere. Jenes ist die Mond-, dieses die Sonnenstufe. Auf jener erscheint die Männlichkeit als Mondskraft, auf dieser als Sonnenmacht. Auf jener hat sie die Stofflichkeit noch nicht abgestreift, während sie in ihrer letzten Erhebung zur Sonne die reinste aller Naturen, die Unkörperlichkeit des himmlischen Lichtes, annimmt. Die befruchtende Kraft des Mondes stammt nicht aus ihm selber, sie ist von der Sonne in ihn gelegt. Die Strahlen des Urlichts teilen dem niederern Körper alles Leben mit. Die Sonne selbst geht in den Mond ein und hält dort mit dem empfangenden Stoffe (nach Plutarch), wie bei den Ägyptern Osiris mit Isis, ihr Beilager. Er wird in dieser Mischung selbst zum Mondvater. Er umgibt sich mit der Stofflichkeit des Mondes, er nimmt hier Erdnatur an. Der Strahl, an seiner Quelle, der Sonne, ganz unkörperlich und höchster Reinheit, erhält in seiner Verbindung mit dem Monde stoffliche, körperliche Natur, und verliert eben deshalb von seinem Glanze und seiner ursprünglichen Purität. Der Mond selbst heißt darum bei den Alten der unreinste von den himmlischen, dagegen der reinste von den irdischen Körpern. Auf der Grenze zweier Reiche verbindet und scheidet er sie beide. Was über dem Monde ist, ist gleich der Sonne ewig und incorruptibel; was unterhalb, vergänglich und corruptibel, wie alles, was aus dem Stoffe geboren wird. Der Mond selbst aber gehört noch in den Dunstkreis der Erde, ist gleicher Materialität mit ihr, nach Plinius das *familiarissimum nostrae terrae sidus.* Darnach können wir nun das Wesen der Männlichkeit auf der Stufe der Mondskraft richtig bemessen. Sie erscheint hier erst selbst noch ganz stofflich, die Materie durchdringend, ihr immanent. Sie hat die höchste Stufe noch nicht erstiegen; sie ist noch nicht auf ihre letzte Quelle, die Sonne, zurückgeführt. Wohl hat sie die Lichtnatur angezogen, aber es ist das unreine, stoffliche Licht des Mondes, nicht das reine der unkörperlichen Sonne, mit welchem sie angetan erscheint. Lunus-›Men(Mond)‹ gehört immer noch der stofflichen Welt, aber in dieser nimmt er die höchste Stelle ein, wie er in der solarischen Region der Unvergänglichkeit als der unterste von allen erscheint. Er thront zwar hoch über der Erde und erscheint in reinerer Göttlichkeit als die den Erdstoff

selbst durchdringende männliche Kraft, als deren chthonischer Sitz den Alten die Feuchtigkeit, das Wasser aus der Tiefe, gilt. Aber so hoch über der Erde, so tief wiederum unter der Sonne. Als Lunus gedacht ist die männliche Kraft zwar aus dem Erdstoffe zum Himmel emporgestiegen und so zu einer ersten Erhebung aus der Materie zur Lichtnatur durchgedrungen, aber Lunus hat selbst seine Quelle in Helios, und so führt das Vaterrecht der männlichen Kraft in seiner größten und letzten Erhebung auf das unkörperliche Sonnenlicht, die reinste und höchste aller kosmischen Mächte, zurück.

21. In dem kretischen Mythus tritt die männliche Seite der Naturkraft besonders in Stiergestalt auf, die weibliche entsprechend als Kuh. Zu dem poseidonischen Rinde entbrennt Pasiphae, die Minosgemahlin, in ungebändigter sinnlicher Lust, deren Befriedigung ihr mit Hilfe Daedalischer Kunst zu Teil wird. Aus der Mischung geht Asterios, der Stiermensch Minotauros, hervor.[33] Das gleiche Symbol kehrt wieder in Italia, Minos' Tochter;[34] ebenso in Tauros, der Bezeichnung des in Minos' Kriegen viel genannten Anführers,[35] endlich in dem Europa entführenden Zeusstiere[36] und in dem marathonischen Stier, den Diodor (4, 59, 6) ebenfalls aus Kreta ableitet. Die Bedeutung dieser Hieroglyphe kann keinem Zweifel unterliegen. Sie bezeichnet die männliche, Leben erwekkende Seite der Naturkraft. Aus der Tiefe des Meeres steigt der Stier empor, um welchen Minos sein Gebet an Poseidon richtet. So rufen die elischen Frauen und die Argiverinnen unter Trompetenschall den Gott mit dem Rindsfuße aus den Wellen hervor, er solle kommen und sie befruchten. Von diesem Meerstiere empfängt Pasiphae das Prinzip der Befruchtung, von ihm stammt Asterios.

Als Sitz der männlichen Kraft wird hier zunächst das chthonische Wasser, die Feuchtigkeit der Tiefe gedacht. Das Meer birgt den befruchtenden Phallus, aus seiner Tiefe sendet ihn der Gott empor. Aber außer der tellurischen hat er auch eine lunarische Existenz. Aus jener erstern folgt diese zweite. Im Monde erscheint die unsichtbar wirkende, den Stoff durchdringende männliche Kraft zur kosmischen Macht verkörpert. Tauros wird zum Symbol des Mondes als männlicher Lunus, der zeugende Strahlen nach der Erde sendet. Von solchem Mondlicht wird Apis, der heilige Stier, gezeugt. Das Mondszeichen trägt der Kadmosstier auf seiner Seite nach Hygin. f. 178; und auch auf Kunstdarstellungen steht die *lunula in bovis latere.* Kadmos aber bewohnt, mit Telephassa, der 'Weithinleuchtenden' (die bei den Logographen bei Apollodor 3, 1, 1 Mutter Europens heißt) verbunden, das thrakische Land.[37] Nicht ohne Bedeutung ist die Stellung des Mondzeichens auf dem Leibe des Tieres. Während die Sonne auf so vielen hieroglyphischen Darstellungen über des Tieres Stirn, von dessen Hörnern eingeschlossen, glänzt, sehen wir hier den Leib auserwählt, wie die römischen Patrizier die *lunula* auf ihren Schuhen tragen. Durch den Leib wird im Gegensatz zu der Stirne die stoffliche, rein physische Seite der Existenz hervorgehoben, und eben diese ist es, welche der Mond begründet und befördert. Von ihm und seiner Manneskraft stammt den Menschen das körperliche Gedeihen, der Stofflichkeit entspricht Stofflichkeit. Wir haben uns demnach den kretischen Stier als Mondstier zu denken; übereinstimmend mit dieser Lichtnatur wird er schneeweiß geschildert.[38] Dem Lunus steht in Pasiphae, in Telephassa, in Phaedra, Ariadne, in Europa, Gorgo Luna gegenüber, und wenn die Sage von Britomartis' Verfolgung durch den lieberglühten König berichtet, so mögen wir zur Vergleichung an Iphigeniens Verfolgung durch Achill erinnern. Denn Iphigenia nimmt, wie Britomartis-Diktynna, an Artemis' Mondnatur Teil, und Achill seinerseits zeigt in der Vereinigung, zu welcher er auf der Mondinsel Leuke-Phaethusa mit der Mondfrau Helena gelangt, den vollendeten Charakter eines Deus Lunus, wie wir später des genauesten dartun werden. Er verdient aber um so eher hier in Vergleichung gezogen zu werden, da er auch Kreta angehört. Er wird auf der Insel als Pemptus angerufen und gibt sich in diesem Namen als einen der fünf idaeischen Daktylen zu erkennen.[39] Auch Achill wird also von der Wasser- zu der Feuerexistenz erhoben, wie der poseidonische Zuchtstier. Aber auch bei Achill ist es nicht das reine himmlische Feuer der Sonne, sondern die vulkanisch-tellurische, stoffliche Flamme, der er vorsteht. Auf die gleiche Stufe der männlichen Kraft deutet des Inselgottes Talos durch der Daktylen Schmiedearbeit gefertigtes Erzbild. Eine Verkörperung der männlich zeugenden Naturkraft, gehört er auf der untersten Stufe den Erdgewässern an. Man hört ihn oft ganze Nächte hindurch im Meerwasser plätschern. Als nächtlicher Wanderer erscheint er als Mondmacht. Der tellurische Wassermann ist zum Deus Lunus erhoben. Aber über Sonne und Mondregion ersteigt er auch die Sonnenstufe. Als Sonnenmacht umkreist er dreimal täglich die Insel.[40] Daher ist ›talos‹ nach Hesych die Sonne selbst, neugriechisch ›entalonein‹ gleich 'blenden'. So trägt er alle Potenzen der zeugenden Kraft in sich, Wasser, Feuer, und dieses selbst in seiner zwiefachen Gestalt als vulkanisches Erdfeuer, das das Erz schmilzt, und das reine Sonnenfeuer.[41] Apollodor meldet, Talos werde von einigen auch Tauros genannt. Beide sind in der Tat vollkommen übereinstimmend. Wie Talos, so ist auch Tauros in dreifacher Stufe mächtig: als tellurische, lunarische und solarische Macht. Nach Virgil (Ecl. 6, 60) befanden sich zu Gortynium auf Kreta *solis armenta*. Als Sonnenstier erscheint auch der stiergestaltete Dionysos Großgriechenlands. Denn Dionysos-Acheloos hat sich von seiner tellurischen Existenz, in welcher er als die das Wasser belebende Zeugungskraft, als ›aller Feuchte Herr‹ erscheint, zuletzt zur himmlischen Sonnenmacht erhoben, in der er nun als *clarum caeli lumen* angerufen wird. In dieser Bedeutung erhält er das Menschenhaupt auf dem Stierleibe, während Minotaur das Stierhaupt auf menschlichem Körper trägt.[42] Jenes ist die höhere Bildung, die der unkörperlichen Sonnenmacht; dieses die niedere, welche der körperlich, stofflich gedachten Mondmacht eines Deus Lunus entspricht. Welche Zwischenräume dieses stoffliche Leben von der Sonnenmacht scheiden, ist in dem Mythus von Daedalus' und Icarus' Überhebung sehr schön ausgesprochen. Über die sublunarische Region der Vergänglichkeit hinaus in die solarische der höchsten Welt vermag der stoffliche Mensch nicht zu dringen, so wenig als Bellerophon. Dahin gelangen nur die Helden des höheren Geistes, ein Herakles, Theseus, Perseus, vor denen die Mächte des Stoffes besiegt sich beugen. So erblicken wir den Stier, wie die Zeugungskraft, die er bezeichnet, auf drei verschiedenen Stufen, als chthonisches, lunarisches und solarisches Tier, dreifach wiederkehrend, aber doch stets dasselbe.

Die Analogie des Löwen ist sehr belehrend. Dieser zeigt gleich dem Stier drei Stufen seiner Männlichkeit. Als Charon wohnt er auf den zeugenden Wassern der Tiefe – denn Charon heißt (nach Tzetzes zu Lykophron) in Italien der Löwe –, in der Sonnenbedeutung zeigt ihn Asien, insbesondere nach assyrischem Vorgang Lydien und Etrurien, namentlich Sardes, die Sonnenstadt, deren Name das Sonnenjahr bezeichnet und mit Charon von demselben Grundstamme *ar*, der Bezeichnung der zeugenden Manneskraft, gebildet ist. Der Erde aber ist der Löwe nicht aus der Sonne, sondern aus dem Monde zugekommen. Der Mond hat ihn großgezogen und aufgenährt;[43] aus dem Monde ist er nach dem Lande Apia heruntergefallen, um in der Höhle von Nemea der siegreichen Hand des geistigen Sonnenhelden Herakles zu erliegen. Der apische Löwe ist also stofflicher Natur, und darum Deus Lunus, mag auch sein Ursprung in der Sonne liegen; gerade wie die Aegypter Osiris' Macht in den Mond verlegen, wenn er gleich nach seinem Ursprung aus der Sonne kommt. Für das tellurische Leben hat der Mond die nächste Bedeutung, die Sonne eine entferntere, keine unmittelbare. Darum bleibt man zunächst beim Monde stehen, ohne zur Sonne aufzusteigen, wie auch das Mondjahr die ältere Zeitrechnung bildet, der Übergang zum Sonnenjahr einer spätern Entwicklungsstufe angehört.

22. Mit der Erhebung der großen Naturkraft von der Mond- zur Sonnenstufe steht der Fortschritt von der körperlichen zur unkörperlichen Welt in Verbindung, und dadurch wird dieser Übergang noch wichtiger und bedeutungsvoller als der erste von der mütterlichen Erde zu dem männlichen Lunus. Denn mit dem Monde ist das Reich der Stofflichkeit nicht verlassen, er gehört ihm so gut als die Erde, er fällt wie diese in das Gebiet der corruptiblen Natur. Die Sonne aber liegt außerhalb dieser Grenzen; sie ist unkörperlich, gänzlich unstofflich, unverderblich und völlig rein. An ihre Erscheinung knüpft sich die Idee von Geist und geistigem Leben, wie an den Mond, mag er weiblich oder männlich gedacht werden, jene von stofflicher Zeugung und leiblichem Gedeihen. Die Alten führen von den drei Bestandteilen, aus denen der Mensch besteht, ›soma (Leib)‹ auf die Erdmutter, ›psyche (Seele)‹ auf den Mond, auf die Sonne aber das Höchste, was wir haben, den ›nus (Geist)‹, den reinen göttlichen Geist, zurück; und nach Sappho entzündet Prometheus an den Rädern des Sonnenwagens die Fackel des unsterblichen Geistes, jenes Feuer, das Ennius in Epicharmo als *istic de sole sumptus ignis* bezeichnet. Körperlich zeugt die Sonne durch Vermittlung des Mondes, mithin als Lunus, geistig ohne Zwischenstufe, direkt. Darum wird die Sonnengeburt nicht aus der körperlichen, sondern aus der geistigen Natur des Menschen erkannt. Aus den Taten leuchtet dieser höhere, himmlische, göttliche Ursprung hervor. Durch ihrer Taten Größe geben sich die Söhne sterblicher Mütter als Lichtmächte, als Kinder himmlischer Väter, zu erkennen. So erheben sich Herakles, so

Perseus, so Theseus, so die Aeakiden zu höherer unsterblicher Lichtnatur und werden dadurch für die ganze Menschheit Befreier von der ausschließlichen Stofflichkeit, der sie bisher verfallen war, Begründer einer geistigen Existenz, die höher ist als die körperliche, incorruptibel wie die Sonne, aus der sie stammt, Heroen einer durch Milde und höheres Streben ausgezeichneten Gesittung, eines ganz neuen Rechtes. Dieser höchsten geistigen Stufe gehört das geistige, wie der Mondstufe das erst noch ganz stoffliche Vaterrecht. Lunus ist der physische, die Sonnenmacht des Menschen geistiger Vater. Was dort auf dem Gebiete des körperlichen, stofflichen Lebens eingeleitet und begonnen wird, das erscheint jetzt auf dem höhern, geistigen befestigt und vollendet. Nunmehr wird die Unsterblichkeit von der Mutterseite auf die Vaterseite übertragen. Das Verhältnis hat sich gerade umgestellt. War nach den Gesetzen des stofflichen Lebens die Mutter prinzipiell und unsterblich, so tritt nach dem geistigen Gesetze der Vater in diese Stellung ein, Vergänglichkeit und Unterordnung wird Mitgift der Mutter. In Minos zeigt sich wie in Aeacus dieser Umschwung vollendet. Dem Leibe nach ist er Asterios, des stofflichen Lunus Sohn. Aber der unsterbliche Geist, mit dem er so Großes vollbrachte, offenbart ihn als Zeussohn. Wie der Vater zur himmlischen Natur erhöht, so wird umgekehrt die Mutter Europa zur sterblichen Frau erniedrigt. Nach der ältesten Ansicht war Minos sicher als Muttersohn betrachtet; der unsterblichen Europa trat der zeugende Stier als sterblicher Asterios, wie Iasios der Demeter, zur Seite; gleiches gilt ebenso sicher von der Aeacusmutter Aegina. Aber zuletzt obsiegte in der religiösen Betrachtung der Dinge ein geistiger Gesichtspunkt, der des rein stofflichen Lebens wurde verlassen, und damit mußte auch das Abstammungsverhältnis ins gerade Gegenteil umschlagen. Das Übergewicht trat auf die väterliche Seite. Das Recht der himmlischen Lichtmächte, das Vatertum, trug über das der stofflichen tellurischen Mütterlichkeit den Sieg davon. Das Weib selbst beugt sich gerne vor der höhern Sonnenmacht. Sie erkennt ihren Glanz als erborgtes Licht; in Liebe entbrennt sie zu der höhern geistigen Natur des Mannes. Wie der Mond der Sonne, so folgt Ariadne dem vom Meer gezeugten Sonnenhelden Theseus und begrüßt in ihm ihren Befreier. Hatte Minos die keusche Britomartis verfolgt, wie Athene von Hephaistos, Thetis von Peleus, Anna Perenna von Mars Nachstellungen erlitt, also nach stofflichem Gesetz der Mann um des weiblichen Stoffes Genuß gebuhlt: so kehrt sich jetzt das Verhältnis um. Von des Mannes höherer Natur geblendet, wie Io von Zeus' Erscheinung, sehnt sich das Weib nach Einigung mit ihm und findet in der Unterordnung unter den Geliebten ihre höchste Befriedigung. Damit erst ist das Verhältnis der Geschlechter mit dem höchsten kosmischen Gesetze in Übereinstimmung gebracht. Theseus vollendet diese Aufgabe. Wie er den Minotaur erschlägt, so begründet er, der attische Herakles, das geistige Vaterrecht der himmlischen Lichtmacht. In Attika wird Kreta fortgesetzt und vollendet. Jetzt galt das Sprichwort, das uns Plutarch mitteilt: »Nichts ohne Theseus.« Dadurch wird der Mensch auf den Beistand der höhern, himmlischen, geistigen Macht als sein höchstes Prinzip verwiesen.

[(Einseitiger) Nachtrag, Abschnitt 154: Zur Beziehung zwischen Hundesymbol und Mutterrecht und zu der »in dem chthonisch-demetrischen Prinzip begründeten Heiligkeit des Weibes.«]

Athen

23. Aber nicht nur mit Kreta, auch mit Athen steht Lykien in nahem Zusammenhang. Denn in der eingangs angeführten Stelle berichtet Herodot, nach ihm auch Strabo,[1] Lykos, des Pandion Sohn, sei durch seinen Bruder Aegeus aus Athen vertrieben worden und dann von da in das Land der Termilen zu Sarpedon gekommen. Sollte etwa auch zu Athen das Mutterrecht gegolten haben? Daß dies in der Tat der Fall gewesen, dafür sprechen mehrere Anzeichen.

Ich mache zuerst auf eine Erzählung Varros aufmerksam, die uns bei Augustinus (de civ. Dei 18, 9) erhalten ist. Unter Kekrops' Regierung nämlich geschah ein doppeltes Wunder. Es brach zu gleicher Zeit aus der Erde der Ölbaum, an einer andern Stelle Wasser hervor. Der König, erschrocken, sandte nach Delphi und ließ fragen, was das bedeute und was zu tun sei? Der Gott antwortete, der Ölbaum bedeute Minerva, das Wasser Neptun, und es stehe nun bei den Bürgern, nach welchem Zeichen und nach welcher der beiden Gottheiten sie es für passend erachteten, ihre Stadt zu benennen? Da berief Kekrops eine Versammlung der Bürger, und zwar der Männer und der Frauen, denn es war damals Sitte, auch die Frauen an den öffentlichen Beratungen teilnehmen zu lassen. Da stimmten die Männer für Neptun, die Frauen für Minerva, und da es der Frauen eine mehr war, so siegte Minerva. Da ergrimmte Neptun, und alsobald überflutete das Meer alle Ländereien der Athener. Um des Gottes Zorn zu beschwichtigen, sah sich die Bürgerschaft genötigt, ihren Weibern eine dreifache Strafe aufzuerlegen; sie sollten ihr Stimmrecht verlieren, ihre Kinder sollten nicht länger der Mütter Namen erhalten, sie selbst sollten nicht mehr (nach der Göttin Namen) Athenäerinnen genannt werden. In diesem Mythus stellt Neptun das Vaterrecht, Athene das Mutterrecht dar. So lange das letztere galt, so lange trugen die Kinder der Mutter Namen, die Weiber insgesamt den der Göttin. So lange hießen sie Athenäerinnen, so lange waren sie wahre Bürgerinnen der Stadt. Später sind sie nur Bürgersfrauen. Später sagte die Frau: *ubi tu Gaius, ibi ego Gaia.* Nach dem alten Recht hatte umgekehrt der Mann sagen müssen: *ubi tu Gaia, ibi ego Gaius.*[2] Jenes war das alte Recht, das Recht der vorkekropischen Zeit, das nachher dem Vaterrechte weichen mußte. Aristophanes hat also in den Ekklesiazusen (v. 455) mit Unrecht bemerkt, das Weiberrecht sei das Einzige, welches zu Athen noch nicht dagewesen. Es ist in der Tat dagewesen, ja es ist vor allem andern in Übung gestanden.

Die lykische Sitte ist also für das alte Attika bezeugt. Hier wie in Asien erscheint sie als das Urrecht des Volkes, hier wie in Asien steht sie mit der Religion in engem Zusammenhang; sie schließt sich an den Kult der weiblichen Gottheit Athene und an den weiblichen Stadtnamen selbst an.

24. Mit Varros Erzählung muß eine andere ähnliche verglichen werden, die uns Strabo (9, 402 nach Ephoros) erhalten hat. Aus Anlaß des Kriegs, den die kadmeischen Boeotier bei der Rückkehr aus Thessalien mit ihren frühern Vertreibern, den Thrakern, Hyanten und Pelasgern führten, und der mit der Auswanderung der letztern nach Athen, mit der Übersiedelung der Thraker nach dem Parnaß und mit der Gründung der Stadt Hyampolis in Phokien endete, wird folgendes eingeschaltet: »Ephoros erzählt: Die Thraker hätten, als sie einen Waffenstillstand mit den Boeotiern geschlossen und diese weniger auf ihrer Hut waren, sie des Nachts überfallen. Es wäre dann den Boeotiern gelungen, sich ihrer zu erwehren; zugleich aber hätten sie den Thrakern Friedensbruch vorgeworfen, jedoch von ihnen zur Antwort erhalten, der Stillstand sei nur für die Tage geschlossen worden, sie aber hätten des Nachts angegriffen, woher denn das Sprichwort entstand ›thrakische Finte‹. Die Pelasger aber gingen noch während des Kriegs hin, das Orakel zu befragen, und desgleichen taten die Boeotier. Was nun den erstern für eine Auskunft auf ihre Frage geworden, weiß ich nicht; aber den Boeotiern ward von der Priesterin geantwortet, sie würden, wenn sie gottlos handelten, in diesem Kriege glücklich sein. Den Gesandten sei nun der Verdacht gekommen, die Priesterin habe aus Rücksicht für die Stammverwandtschaft, den Pelasgern zu Liebe, so gesprochen, dieweil das Heiligtum pelasgischen Ursprungs war.[4] Sie hätten daher die Priesterin ergriffen und auf einen Scheiterhaufen geworfen, wobei sie der Gedanke leitete, ob recht, ob unrecht, so erreiche die Tat dennoch in beiden Fällen ihren Zweck. Denn habe die Priesterin ein falsches Orakel gegeben, so leide sie gerechte Strafe; habe sie aber nichts verbrochen, so erfüllten sie den ihnen gegebenen Befehl. Die Tempelvorsteher[5] fanden nun nicht für gut, die Täter sogleich und im Heiligtum selbst unverhörter Sache zu töten. Sie ordneten

vielmehr das Gericht und wandten sich an die Priesterinnen, das heißt die zwei Prophetinnen, welche von den ursprünglichen drei noch übrig waren. Da aber die Boeotier sich dem widersetzten und die Behauptung aufstellten, nirgends in der Welt sei es Gebrauch, daß Weiber richteten, so erwählten jene zu den Weibern noch eben so viele Männer. Diese hätten nun ein freisprechendes, die Weiber ein Verdammungsurteil gefällt. Und da so die Stimmen gleichzählig waren, so hätten die freisprechenden obgesiegt. Von diesem Ereignis schreibt sich die Gewohnheit her, daß den Boeotiern zu Dodona zuerst durch Männer geweissagt wird. Die Prophetinnen legten nun das von ihnen erteilte Orakel dahin aus, der Gott gebiete den Boeotiern, ihre heimatlichen Dreifüße zu rauben und alljährlich nach Dodona zu überbringen. Dies geschieht nun wirklich. Denn alle Jahre tragen sie einen der heiligen Dreifüße heimlich des Nachts unter ihren Mänteln nach Dodona.«

Diese merkwürdige Erzählung, die so gut als die Varronische ohne alle Berücksichtigung geblieben ist, zeigt uns das weibliche Naturprinzip wiederum als das ältere, das männliche aber mit ihm in Kampf tretend. Der Sieg verbleibt den Männern. Die Weiber verurteilen, die Männer sprechen frei. Nach dem ältern stofflich-weiblichen Prinzip sind die Boeotier schuldig. Sie haben durch den Mord der Priesterin an der Erde selbst, deren Muttertum die Peleiaden besingen,[6] gefrevelt. Nach dem männlich-unstofflichen Recht sind sie unschuldig. Sie haben das Weib einem höhern Naturprinzip, der zeugenden Männlichkeit, zum Opfer gebracht, und auf der Verletzung des Erdmuttertums selbst die Herrschaft des Lichtprinzips errichtet. Auf dem Scheiterhaufen findet die Priesterin ihren Tod. Durch das Feuer von den Schlacken der Sterblichkeit gereinigt, gelangt sie selbst zur Vereinigung mit dem höhern Lichtprinzip, dessen unkörperliche Kraft von oben her in der körperlichen Erde den Keim des Lebens erweckt. So wird der Frevel selbst zur Quelle des Glücks; an ihn knüpft sich der Fortschritt, wie die Priesterinnen selbst weissagen.

Wir haben hier dieselbe Entwicklung vor uns, wie sie in dem bald genauer zu erörternden Orestesmythus ganz klar entgegentritt. Durch gleiche Stimmenzahl wird der Muttermörder verurteilt und freigesprochen. Nach dem Mutterprinzip der Erinnyen ist er der Strafe verfallen, nach dem apollinischen Lichtrecht höherer Männlichkeit schuldlos. Mit gleicher Stimmenzahl treten sich die beiden Anschauungsweisen entgegen. Aber Athene legt *für* Orest den Stein in die Urne. Durch den *calculus Minervae* wird er freigesprochen. Das Weib selbst erkennt des Mannes höhere Berechtigung. In Athene erscheint das stoffliche Muttertum zu mutterloser Geistigkeit durchgeführt. Auch sie ist, wie die dodonische Priesterin, durch das Licht von den Schlacken des Stoffes gereinigt und selbst in das höhere männliche Gottheitsprinzip übergegangen. Gebrochen liegt das alte Erdrecht der Erinnyen, die blutigen Erdmütter fügen sich zuletzt willig dem neuen Gesetz, froh, endlich ihres grausen Amtes erledigt zu sein. So auch die dodonischen Priesterinnen. Durch Apoll wird Orest gesühnt, der Makel des Muttermords durch den männlichen Gott getilgt.

Der gleiche Gedanke liegt dem Raube des boeotischen Dreifußes zu Grunde. Das Lichtprinzip, dem die Mörder, gleich Orest, ihre Sühnung und Freisprechung verdanken, wird von den Kadmeern zu Dodona selbst durch Aufstellung des heiligen ›Tripus (Dreifuß)‹ gefeiert und zur Anerkennung gebracht. Die stofflich weibliche Zwei, welche in der Zweizahl der Priesterinnen, dem ursprünglichen Dualismus, angedeutet ist, wird in dem Tripus zur vollendeten Drei, der harmonischen Dreieinigkeit,[7] durchgeführt. Die tiefere Stufe des tellurisch-stofflichen Religionsprinzips, das in dem dodonäischen Achelooskult so klar vorliegt, weicht zurück vor der höhern, der mit dem Lichtprinzip gegebenen kosmischen Ordnung, die in der Dreizahl der Jahreszeiten sich kundgibt. Daher die Weihung des Dreifußes jedes Jahr wiederholt werden soll. Wenn der ›Dreifuß‹ bei Nacht und verhüllt aus Theben weggetragen wird, so liegt auch hierin der Übergang aus dem tellurischen Prinzip zum Lichtprinzip angedeutet wie es in ›der thrakischen Finte‹ ebenso kenntlich ist. Dem stofflichen Muttertum steht die Nacht gleich. Wir werden die Identität dieser beiden Begriffe, Erde und Nacht, Muttertum und Finsternis, später genauer nachweisen. Auf der Gegenseite fallen Vatertum und Tag, die sich beide in dem Lichtprinzip einigen, zusammen. Aus der Nacht wird der Tag geboren, wie aus dem Mutterleib der Sohn, aus der Erde die Zeus-Eiche. Die Mutter ist das ursprünglich Gegebene; sie wird eher angeschaut als der zeugende Mann, der unsichtbar in der Erde Tiefen waltet, und erst in dem Sohne äußerlich sichtbar sich darstellt. Aus der Eiche wird Zeus im Bilde erkannt, das Weib allein ist an sich sichtbar und gegeben. Aus dem Sohne wird nun der Vater, die Mutter tritt ihrem Kinde als Gattin zur Seite. So erscheinen zu Dodona Dione-Venus und Zeus-Acheloos, jene die stoffliche Erde, der Früchte Mutter,[8] dieser die zeugende Wasserkraft, die erst in der Geburt, also in der mächtigen, hochgewipfelten Eiche, zur Darstellung gelangt. Wird in diesem die befruchtende Kraft verehrt,[9] so hat das Weib vor ihm die Ursprünglichkeit voraus. Das mütterliche Prinzip steht zu Dodona an der Spitze der Natur. Die aphroditische Taube ist sein Sinnbild. Priesterinnen desselben Namens (wie mit andern Naturmüttern verbunden Melissen und Bären sich finden) versehen den Kult und verkünden der Gottheit Geheimnis, wie die Erde in ihrer Geburt das Dasein einer zeugenden Kraft und das im Dunkeln vollendete Mysterium der Generation offenbart.[10] Schwarz sind die Tauben, wie der lichtlose Mutterschoß,[11] wie die fruchtbare wassergetränkte Erde, wie die Nacht, die Mutter des Tages; Vorstellungen, die wir bei den Alten später vielfältig finden werden. Zwei ist ihre ursprüngliche Zahl, Zwei aber der weibliche Dualismus, der in der Drei, wie Vater und Mutter in dem Kinde, zur ursprünglichen Einheit zurückkehrt. Alle diese Anschauungen ruhen auf der Priorität des weiblichen Naturprinzips. Die Mutter überragt den Mann, der als Sohn aus ihrem dunklen Leibe ans Licht des Tages hervortritt. Die Kinder haben nur eine Mutter, wie auch die Peleiaden nur die Mutter nennen und von keinem Vater, sondern allgemein von der ewig unerschöpften Manneskraft Zeus' singen. Aber das der Erscheinung nach Sekundäre ist der Kraft nach das Primäre, von jenem zu diesem fortzuschreiten das Ziel und die Bestimmung der Religion. Auch das pelasgisch-dodonische System nimmt diesen Entwicklungsgang. Aus dem Sohne wird der Vater, aus der Mutter die Gemahlin. Neben Zeus tritt Dione-Venus in eine untergeordnete Stellung, während der Geißelträger als Knabe gebildet ist, mithin zu dem den Mutterleib darstellenden ›Becken‹, den er schlägt, in dasselbe untergeordnete Verhältnis tritt, in welchem Erechtheus, Virbius, Iacchus, Sosipolis den großen Müttern zur Seite stehen. Vollendet wird die Umkehr des Geschlechtsverhältnisses erst mit der Erhebung des ursprünglich als Wasserkraft gedachten Zeus-Acheloos zu Zeus-Helios, wie sie beim Ammonium in dem Sonnenquell und in den klingenden, mit Wasser gefüllten Erzbecken, die den Schall in harmonischer Stufenfolge fortleiten, angedeutet wird. Denn nur unter Tages ist der heilige Erzklang vernehmlich,[12] wie Menander (bei Stephan. Byz. s. v. Dodone) erkennen läßt. So entlockt der erste Sonnenstrahl im Memnonkoloß den tönenden Schall, wie er alle Kreatur zum Erwachen aufruft, und in der Erde Schoß den Keim des Lebens legt. Vor dieser zur Lichtnatur erhobenen Gottheitskraft beugt sich das Weib. Der gebärende Stoff unterwirft sich willig der unstofflichen Kraft, die ihn aus Penia zum Plutos umwandelt.

Nach dem Sonnenrecht sind die Mörder der Priesterin schuldlos, ja Wohltäter und Begründer eines höheren Zustandes. An die Stelle blutiger Rache tritt das Gerichtsverfahren, ein Fortschritt, der sich ebenso in Orest wiederholt. Daß der Sieg des männlichen Lichtprinzips über das weibliche des Tellurismus in Ephoros' Erzählung auf eine Tat phönizischer Kadmeer zurückgeführt wird, schließt sich der Erzählung Herodots (2, 54. 56) an, nach welcher es auch Phönizier waren, welche die erste Verpflanzung des aegyptischen Kults nach dem dodonäischen wasserreichen Fruchtlande vermittelten. Das aegyptische und das boeotische Theben treten einander an die Seite, und man kann es unbestimmt lassen, auf welches der beiden der von Philostrat (Im. 2, 33) erwähnte Chor der Thebaner sich beziehen mag. Gewiß ist, daß keine Priesterschaft sich so genau an die aegyptischen Gebräuche und Anschauungen hielt als die dodonische, was für die alte Welt eine Verbindung der Kultstätten andeutet, wie sie in der christlichen wiederkehrt. Ohne die vielfachen Übereinstimmungen der Nil- und Acheloosreligion, des Ammonium und des pelasgischen Dodona aufzuführen, mache ich besonders auf die Pyra der Kadmeer aufmerksam. Sie erinnert an assyrisch-phönizische Religionsgebräuche, deren Beziehung zu dem Sonnendienste später hervorgehoben werden wird, und über welche Raoul-Rochette[13] die nötigen Nachweisungen gibt. In dem Feuer liegt das höhere Lichtprinzip, die unstoffliche männliche Potenz in ihrer höchsten Reinheit. Ihm gehören alle großen Vertreter des Vaterrechts, Apollo, Dionysos, Herakles, Theseus. Der letztere umfaßt, gleich dem dodonischen Acheloos, alle Stufen der Kraft, als Neptunussohn das stoffliche Wasser der Erde, als apollinischer Held die unstoffliche Sonne. Er erscheint auch in dem thesprotischen Lande als Besieger des tellurischen Prinzips und als Befreier des Weibes. Aïdoneus tritt seine Gattin oder Schwester dem Heros des Lichts ab. Der Tellurismus wird durch dasselbe Prinzip überwunden, das in der Freisprechung der Kadmeer zu Dodona seine siegreiche Kraft bewährt.[14]

25. Ephoros' Bericht über das dodonische Richteramt der Frauen wurde dem Varronischen Zeugnis über das Stimmrecht der Athe-

nerinnen und dessen Untergang an die Seite gestellt. Wir kehren jetzt nach Athen zurück. Außer Varro gibt es noch ein anderes sehr merkwürdiges Zeugnis für das Mutterrecht der attischen Vorzeit. Ich will die Aufmerksamkeit auf Aeschylus' Eumeniden richten. Wie in dem oben angeführten Mythus die beiden Prinzipien, das Mutterrecht und das Vaterrecht, durch Minerva und Neptun dargestellt werden, so bei Aeschylus durch die Erinnyen einerseits, Apoll und Athene andererseits. Orest tötet seine Mutter, um den Vater zu rächen. Wer gilt nun mehr, Vater oder Mutter? Wer steht dem Kinde näher, jener oder diese? Athene ordnet das Gericht. Die angesehensten ihrer Bürger sollen entscheiden. Die Erinnyen treten gegen die Muttermörder auf; Apoll, der ihm die Tat geboten, ihn auch von dem Blute gereinigt, führt seine Verteidigung. Die Erinnyen nehmen Klytaemnestra, Apoll nimmt Agamemnon in Schutz. Jene vertreten das Mutterrecht, dieser das Vaterrecht. Den Standpunkt der Erinnyen bezeichnet folgendes Zwiegespräch derselben mit Orest (v. 595; Droysen):

ERINNYS. Dich hat der Seher angeführt zum Muttermord?
ORESTES. Und noch bis jetzt nicht schalt ich über mein Geschick.
ERINNYS. Doch faßt der Spruch dich, anders reden wirst du bald!
ORESTES. Ich glaub's; doch Beistand schickt mein Vater aus dem Grab.
ERINNYS. Hoff' auf die Toten, der du die Mutter tötetest!
ORESTES. Zwiefachen Frevel lud sie auf ihr schuldig Haupt.
ERINNYS. Wie das? Belehre dessen dort die Richtenden.
ORESTES. Den Mann erschlug sie, und erschlug den Vater mir.
ERINNYS. Du aber lebst noch, während sie den Mord gebüßt.
ORESTES. Warum denn hast im Leben du sie nicht verfolgt?
ERINNYS. Sie war dem Mann nicht blutsverwandt, den sie erschlug.
ORESTES. Ich aber, sagst du, bin von meiner Mutter Blut?
ERINNYS. Trug denn, du blut'ger, unter ihrem Herzen sie dich nicht? Verschwörst du deiner Mutter teures Blut?

Man sieht deutlich, die Erinnyen kennen hier nicht das Recht des Vaters und Mannes, denn Klytaemnestras Tat bestraften sie nicht. Sie kennen nur das Recht der Mutter, das Recht des Mutterbluts, und nehmen den Muttermörder nach altem Recht und altem

Brauch für sich in Anspruch. Ganz anders Apoll. Er hat, um den Vater zu rächen, den Muttermord geboten, denn so hat es ihm Zeus der Himmlische geoffenbart. Er übernimmt jetzt auch, den Erinnyen entgegen, seine Verteidigung. Er stellt das Vaterrecht dem Mutterrecht gegenüber und erkennt ihm vor diesem den Vorzug zu. Er zeigt sich darin ganz besonders als ›Patroos‹, welchen Beinamen er gerade zu Athen in seiner Eigenschaft als Schutzherr der Stadt führte und den die Schriftsteller durch ›Ahnherr des Geschlechts‹ und ›Vorfahr‹ erläutern.[15] So spricht er zu den Richtern (v. 657):

Drauf sag' ich also, mein gerechtes Wort vernimm:
Nicht ist die Mutter ihres Kindes Zeugerin,
Sie hegt und trägt das auferweckte Leben nur;
Es zeugt der Vater, aber sie bewahrt das Pfand,
Dem Freund die Freundin, wenn ein Gott es nicht verletzt.
Mit sicherm Zeugnis will ich das bestätigen:
Denn Vater kann man ohne Mutter sein; Beweis
Ist dort die eigne Tochter des Olympiers Zeus,
Die nimmer eines Mutterschoßes Dunkel barg,
Und dennoch kein Gott zeugte je ein edler Kind.

Also das Recht der Zeugung wird von Apoll geltend gemacht, wie von den Erinnyen das des Blutes und des Stoffes, welchen das Kind von der Mutter erhält. Jenes ist das neue, dieses das alte Recht. Denn wie die Erinnyen Apolls Gründe angehört, so sprechen sie (v. 727):

Darnieder stürzest du die Mächte grauer Zeit

und nachher (v. 731):

Du, der junge Gott, willst uns, die Greisen, niederrennen?

Nun treten die Richter, aufgeklärt über die beiderseitigen Ansprüche, zu der Stimmurne. Athene ergreift auch ihrerseits den Stimmstein vom Altar, behält ihn in der Hand und spricht (v. 734):

Mein ist es, abzugeben einen letzten Spruch,
Und für Orestes leg' ich diesen Stein hinein;
Denn keine Mutter wurde mir, die mich gebar,
Nein, vollen Herzens lob' ich alles Männliche,
Bis auf die Ehe; denn des Vaters bin ich ganz.
Drum acht' ich minder sträflich jetzt den Mord der Frau,
Die umgebracht hat ihren Mann, des Hauses Hort.
Es sieg' Orestes auch bei stimmengleichem Spruch!

Also der Vater, des Hauses Hort, nicht die Mutter, hat das vorzüglichere Recht. Nach diesem Recht, das von Zeus stammt, dem Vater beider, Apolls und Athenens, wird Orest bei gleicher Stimmenzahl durch den *calculus Minervae* freigesprochen im Blutgericht, dem ersten, das unter den Sterblichen gehalten worden ist. Aber das ist der neuen Götter neues Recht. ›Vernichter der uralten Moiren, Vernichter der Urdämonen‹ wird Apoll genannt (v. 172. 727). Der Halbchor der Erinnyen singt (v. 808):

O neue Götter, alt Gesetz und uraltes Recht,
Ihr rennt sie nieder, reißt sie fort aus meiner Hand!

Jede Stütze ist nun dem alten Rechtszustand der Menschheit geraubt, vernichtet die Grundlage alles Wohlergehens. Keiner rufe mehr ›o Recht, o Thron der Erinnyen‹. Wutschnaubend will sich die Götterschar, die kinderlosen Töchter der Nacht, in der Erde Tiefen bergen, dem Boden seine Fruchtbarkeit, der Leibesfrucht ihr Gedeihen verderben. Aber Athene weiß sie zu gewinnen und mit dem neuen Recht zu versöhnen. An ihrer Seite sollen sie fortan frommen Dienst finden. Nicht geächtet, nicht gestürzt sind sie. Nein (v. 854):

In ehrender
Wohnung, Erechtheus' Tempel nah, wirst du dereinst
Von Männern hochgeachtet und von Weibern sein,
Wie dir in andern Ländern nimmer ward zu Teil.

Haus und Dienst neben Pallas nehmen sie nun gerne an; rüsten fortan, den Mädchen lieb und hold, die bräutlichen Freuden, sie die Urgöttinnen, sie jetzt Mächte der friedlichen Ruhe und jeglichem Bunde vertraut. Der frommen Mädchen Schar und der greisen Mütter Zug geleitet nun die versöhnten Mitherrinnen des Landes zurück in ihr Reich, hinab zum Hades, zu der Toten dunkelm Sitz. In Athenes Volk vereinen sich froh Moira und Zeus, der Allschauer.

Man sieht, Aeschylus' Darstellung bewegt sich um den Kampf des Vaterrechts und des Mutterrechts. Gestürzt wird das Herkommen alter Zeit. Ein neuer Grundsatz tritt an dessen Stelle. Die überwiegende Verbindung des Kindes mit seiner Mutter wird aufgegeben. Der Frau tritt mit höherm Recht der Mann zur Seite. Dem geistigen Prinzip wird das stoffliche untergeordnet. Damit erst hat die Ehe ihre wahre Höhe erreicht. Bei den Erinnyen war ja, wie Apoll ihnen (v. 213) vorwirft, Heras Satzung, der heilige Ehebund, ehrenlos und nicht geachtet. Klytaemnestras Verletzung desselben galt ihnen nichts, konnte des Sohnes gerechte, wenn auch blutige Tat bei ihnen nicht entschuldigen. In diesem Sinne erscheint das Vaterrecht gleichbedeutend mit Eherecht, und eben darum als der Ausgangspunkt einer ganz neuen Zeit, einer Zeit fester Ordnung in Familie und Staat, einer Zeit, welche die Keime mächtiger Entfaltung und reicher Blüte in sich trägt. Athene will aus dieser neuen Grundlage ihr Volk zu hoher Macht erheben. (v. 913)

Ich aber,

– so verspricht sie ihren Bürgern

stets zum schlachtenkühnen Kampf des Ruhms
Gegürtet, will nicht ruhen, eh' nicht alle Welt
In höchsten Ehren meine Stadt des Sieges hält!

und Apoll (v. 667):

Ich aber, Pallas, werde, wie ich's kann und weiß,
Groß machen dein Volk, deine Stadt zu aller Zeit.

26. Um den Gegensatz zwischen Vaterrecht und Mutterrecht nach allen Seiten in volles Licht zu stellen, wollen wir nun noch bei einigen wichtigen Einzelheiten der Aeschylischen Darstellung verweilen. Zuerst folgender Punkt. Der Areshügel, welchen Athene für immer als den Ort des Blutgerichts bezeichnet und wo in Klytaemnestra das alte Recht der Erde unterliegt, ist dieselbe Örtlichkeit, wo die Amazonen ihr Lager aufschlugen (v. 685):

Als sie gegen Theseus neidempört
Zu Felde zogen, unsrer neugebauten Stadt,
Der hochgetürmten, gegentürmten ihre Burg,
Und sie dem Ares weihten, dessen Namen nun
Der Berg Areiospagos trägt –

Hier sehen wir das Männerrecht und Weiberrecht in einem neuen Gegensatz. Wie Theseus den Männerstaat, so vertreten die Amazonen den Weiberstaat. Neidempört türmten sie ihre Burg der neugegründeten Stadt des Theseus entgegen. Neidempört: denn Theseus hat Antiope besiegt und ihren Gürtel gewonnen; in Theseus ersteht ein neues Prinzip, dem ihrigen völlig entgegengesetzt und innerlich feindlich. Der Amazonenstaat – wenn man das Wort ›Staat‹ auf ein Weibervolk anwenden darf – enthält die vollendetste Durchführung des Weiberrechts. Theseus dagegen gründet seinen neuen Staat auf dem entgegengesetzten Prinzip. Der Kampf zwischen beiden eröffnet Athens Geschichte.[16] Eben darum nimmt Theseus' Sieg über die Amazonen eine so hervorragende Stelle ein. Mit stolzem Selbstgefühl blicken die Spätern auf dies Ereignis zurück. Sie nennen es das glänzende Verdienst, das Athen sich um ganz Hellas erwarb.[17] Es ist der erste Akt in jenem Kampfe, den Asien mit Europa führt und der recht eigentlich die griechische Geschichte bildet. In diesem Lichte behandelt Lykophron die Theseische Tat. In diesem erblicken wir sie auf der Dareiosvase, welche im Bourbonischen Museum aufbewahrt wird und deren Abbildung Gerhard in den Denkmälern und Forschungen gibt. Redner und Dichter kommen stets wieder auf diesen Kampf zurück, und die Kunst hat ihn reichlich für jene Zweifel entschädigt, welchen einzelne Schriftsteller, wie Strabo (11, 504), gegen die Existenz der Amazonen überhaupt erheben.[18] Die Chronographen beschäftigen sich mit der Zeitbestimmung.[19] In den Atthiden spielt der Amazonenkampf eine große Rolle.[20] Von Kunstwerken wird bei Arrian (7, 13, 5) ein Bild des Mikon erwähnt, das, wie die genannte Vase, den Perserkrieg mit der Amazonenschlacht verband.[21] Nach Pausanias (1, 25, 2) ließ Attalus die Burgmauer der Akropolis mit einer Darstellung der Gigantomachie, der Amazonenschlacht und der Niederlage der Gallier in Mysien schmükken. Im Innern des Theseustempels war die Amazonenschlacht dargestellt, wie man sie auch auf dem Schilde der Parthenos und an der Basis des olympischen Zeus sah.[22] In der Poikile nahm der Kampf der Athener und des Theseus mit den Amazonen die Mitte der Mauer ein. Daneben sah man die Zerstörung Iliums, die marathonische Schlacht, Theseus' Abfahrt, dabei Athene und Herakles.[23] An dem noch erhaltenen Tempel, den die Tradition Theseus beilegt, ist der Amazonenkampf Gegenstand der Metopenplastik. Denselben zeigen auch Reste der Skulpturen des Parthenon.[24] Die Erinnerung an den Amazonenkrieg ist ferner mit manchen Örtlichkeiten Athens aufs engste verbunden. Von der Säule am Tempel der olympischen Erde heißt es, sie sei zu Ehren Hippolytes, die dort gefallen, errichtet worden.[25] Ein Raum nahe beim Theseustempel erhält die Erinnerung des abgeschlossenen Friedens und heißt darum Eidvergleichstätte. In Verbindung damit spricht Plutarch von einem Doppelfeste des Theseus und der Amazonen. Erst wird das zu Ehren der gefallenen Kriegerinnen, dann das ihres Besiegers gefeiert. Eine besondere Hervorhebung verdient das Amazoneum. Hier sollen, nach Plutarch, mehrere der gefallenen Heldinnen begraben liegen. Andere sandte Antiope insgeheim nach Chalkis, wo sie gute Pflege fanden.[26] Zu

Athen zeigte man Antiopes Grabmal, ebenso das der Molpadia. Auch der Verlauf der Schlacht wurde noch in späten Zeiten genau lokalisiert. In Kleidemos' Darstellung (bei Plutarch Thes. 27) dringt das Weiberheer siegreich bis zum Heiligtum der Eumeniden vor, eine Beziehung, die uns nun als sehr bedeutsam erscheint. In der übrigen Darstellung treten die Pnyx, das Museion, das Piraeische Tor und Chrysa besonders hervor. Die Schlacht wird mit den Boëdromia in Verbindung gebracht. Sie findet an demselben Tage statt, an welchem die Athener Apollo dieses Fest feiern. Unter dem apollinischen Rufe ›ie, ie paian‹ greift Theseus die Weiber an. Wie Athen, so sind auch andere Teile Griechenlands mit amazonischen Denkmälern angefüllt. Chalkis wurde schon erwähnt. Ein Amazonengrab besaß Megara, gerade über dem Markt, dessen Form an die amazonische Pelta erinnert; nach einheimischen Sagen war es Hippolytes Mal. Ein ähnliches hat Chaeronea, am Ufer des Baches Thermodon. Skotussae und Kynoskephalae in Thessalien schließen sich an. Der Tempel des Ares zu Troizen wird ein Denkmal des Amazonenkampfes genannt. Denn auch zu Troizen, der in den Theseusmythus so eng verwobenen Stadt, besiegte der Held das weibliche Kriegsheer.[27]

Von der lakonischen Stadt Pyrrhichos schreibt Pausanias (3, 25, 3): »Die Pyrrhicher haben in ihrem Gebiet ein Heiligtum der Artemis Astrateia. Denn dort machten die Amazonen ihrem Kriegszuge ein Ende. Darum steht daselbst auch ein Apollo Amazonius. Beide Götterbilder sind von Holz. Die Weiber vom Thermodon sollen sie gestiftet haben.« Diese Nachricht gewinnt dadurch besondere Bedeutung, daß sie uns den Übergang der Amazonen zu einem neuen, der Bestimmung des Weibes allein entsprechenden Leben darstellt. Der kriegerischen, männerfeindlichen Heldengröße müde, weihen sie der schlachtenentsagenden Artemis ein Heiligtum und verbinden mit ihr Apollo Amazonius, unter dessen Anrufung Theseus die Vernichtungsschlacht geschlagen, den Sieg errungen hatte. Die Feindschaft löst sich auf zu freundlichem Vereine. Die Amazone legt ihre Waffe nieder und folgt nun gerne ihrem Überwinder. Astrateia soll das Weib sein, nicht dem Kriege, sondern der Liebe ergeben. Der friedlichen Artemis huldigt auch gerne der Mann, wie denn vorzugsweise Männer der ephesinischen Göttin dienen.[28] Auch in dem athenischen Mythus wird die Auflösung des Kampfes zu freundlicher Vereinigung angedeutet. Von Natur sind die Amazonen den Männern geneigt.[29] Ihr männermordender Sinn ist Ausartung, Unterdrückung des weiblichen Wesens. Gerne kehren sie nunmehr zu ihrer Naturbestimmung zurück. Schon die Sage vor dem Horkomosium läßt den Krieg durch Friedensvergleich schließen. Aber noch deutlicher tritt der gleiche Gedanke in Antiopes Liebe zu Theseus, dem Herrlichen, hervor. Denn den Zunamen ›der Schöne‹ trägt der apollinische Sonnenheld vorzugsweise.[30] Antiope zeigt in manchen Zügen der Sage ihr amazonisches Heldentum gemildert durch die Weichheit des zu Liebe erwachten Weibes. Aus Liebe zu Theseus verrät sie ihre Heimat Themiskyra. Nur durch Antiopes Beistand vermag der Held die Stadt zu gewinnen.[31] Aus Liebe zu dem Herrlichen folgt Antiope Theseus nach Athen. Auf der Rückfahrt erregt sie Soloeis' Liebe, der, dem Theseus nachgesetzt, seinen Schmerz in den Wogen des Meeres begräbt. Zu Athen kämpft sie tapfer an Theseus' Seite, ein Verrat an den Schwestern, für welchen sie Molpadia mit dem Tode straft. Aber Theseus rächt die Geliebte. Sie ist es wiederum, welche nach viermonatlichem Kampfe den Waffenstillstand herbeiführt; sie, welche die verwundeten Schwestern zur Pflege nach Chalkis bringen läßt. Bei Herodorus Ponticus kömmt sie als Friedensbotin nach Athen.[32] Der Gegensatz zwischen amazonischer und wahrhaft weiblicher Natur tritt auf einzelnen Vasenbildern sehr bedeutsam hervor. Auf einem solchen wird einem Amazonenkampf Theseus' und Antiopes Vermählung, durch Aphroditen vermittelt, entgegengestellt. Ein anderes zeigt uns einerseits Antiope als Königin der Amazonen, zu ihren Füßen den amazonischen Waffentanz, anderseits mit Theseus verbunden; den Übergang deutet Eros an, der sich der gestrengen Herrin nähert, um ihr seine Macht fühlbar zu machen. Aus der männer- und ehefeindlichen Jungfrau geht sie jetzt zum Muttertum über und erfüllt so des Weibes Bestimmung. Aber damit ist sie auch allem Schmerz der Mutter verfallen. Aus Antiope wird sie Hippolyta, zwei Namen, die zuweilen auch zu einem Schwesterpaar auseinandertreten. Erscheint sie in jener Bezeichnung als die glückliche Braut, so zeigt sie uns diese als die von Schmerz gebeugte Mutter. Aus Gram stirbt sie, wie die megarische Sage[33] meldet. Zwei Naturen vereinigt sie in einer Person, die des Lebens und die des Todes, des Werdens und Vergehens, der Freude und Trauer. Dieselbe Vereinigung zeigt uns ihr Sohn Hippolytos, den Pindar[34] Demophoon nennt. In diesem kehrt die bellerophontische Doppelnatur wieder. Die männlich zeugende Kraft ist zugleich die volksmordende Potenz. Laophoon und Demophoon sterben, um wieder auferweckt zu werden, nachdem sie beide von ihren Stiefmüttern versucht worden sind.[35] Als Virbius, die männliche Kraft, daher von einigen Helios gleichgestellt, kehrt Hippolytos in Dianas aricinischem Heiligtum wieder,[36] der Naturmutter als *inferior potestas* beigeordnet, wie Aphroditen Adonis, Athenen Erechtheus. Der Zweikampf der Priester versinnbildet den Wechsel von Tod und Leben und zeigt uns jenen als Vorbedingung von diesem, wie der Sklavenstand das in dem *ius naturale* begründete Gleichheitsprinzip, das auch in Theseus' Mythus, namentlich in dem von ihm eröffneten Asyl und in der Sage, die ihn als Begründer der Demokratie darstellt, vielfältig hervortritt, andeuten soll. Mit der Zeugung beginnt das Reich des Todes. Als Amazone ist Antiope allem Schmerz enthoben, als Mutter verfällt sie dem Kummer, der in dem Todeslos aller Zeugung seinen Grund hat. Aber das ist die Naturbestimmung des Weibes, das die Aufgabe der männlichen Kraft. Nur in der ewigen Zeugung und in dem gleich ewigen Tode liegt die Unsterblichkeit, die nie dem Individuum, sondern nur dem Geschlechte als solchem zu Teil werden kann. In dieser Bedeutung wurzelt die Grabbeziehung des Amazonentums, insbesondere diejenige Antiopes. Daß alles Geborne dem Tode anheimfällt, darf das Weib nicht bewegen, amazonische Jungfräulichkeit dem Muttertum vorzuziehen. Vielmehr soll es gleich Antiopen jenem entsagen und freudig diesem entgegengehen. Auch das Weib wird zwar durch die Ehe aus Antiope zur Hippolyte, aber in einem neuen Geschlechte setzt sie doch ihr eigenes Dasein fort.

Also Theseus ist für Attika, was Bellerophon in Lykien. Er besiegt das Amazonentum, das freudig und gerne zur Ehe übergeht. Aber er steigt noch höher als der korinthisch-lykische Held. Nicht nur der Untergang des Amazonentums, auch der der ehelichen Gynaikokratie wird an seinen Namen geknüpft. Er hat völlig die Lichtnatur angezogen. Er erscheint ganz in apollinischer Reinheit. Er ist ein zweiter Herakles, und unter diesem Namen verehrt. Die Thesea sind auch Heraklea, wie Philochoros[37] berichtet. Gleich Herakles besiegt er die Hölle und täuscht Aidoneus' finstere tellurische Gewalt. Er ist gleich ihm über die Region der dem Tode verfallenen, der werdenden Schöpfung, in die der ewigen Sonnenmacht, in die seiende Welt, emporgestiegen. Er, der Neptunussohn, der sich in der Ringprobe dem zweifelnden Minos als echten Poseidonios erweist, dem auch die poseidonische Achtzahl besonders geweiht ist – worauf der viermonatliche Krieg zurückweist –, er hat alle tiefern Stufen der männlichen Kraft siegreich überwunden. Wie er Aidoneus täuscht, so entzieht er auch den Dioskuren ihre Schwester Helena, wogegen sie ihm seine Mutter Aethra rauben. Darin liegt die Verwandtschaft beider, aber Theseus steht höher als der Kastoren mütterliche Eigeburt, höher als die Aetherregion, der jene, wechselnd wie Tod und Leben, angehören. Die Mondfrau ist der Sonne bestimmt, von welcher sie allein ihren Glanz ableitet, von der sie auch die männliche Befruchtung erhält. In seiner Verbindung mit Helena ist Theseus jeder ehelichen Vereinigung Bild und Ausdruck. Stets befördert er den Ehebund, wie der Mythus von Peirithoos dartut; dessen Verletzung weist er in seinem Verhältnis zu Aethra ab, wie er die Kentauren, und auch Minos, für solche Unbill züchtigt. Auf einer tiefern Stufe der außerehelichen Begattung hingegeben, erscheint er in höherer Natur als Ehestifter, als Rächer der Unkeuschheit, als Feind des Amazonentums. Auf dieser nimmt er ganz apollinisches Wesen an. Gleich Apollo, der ihn geleitet, führt er die Leier, der großen Weltharmonie, die früher in dem Weibe, in Harmonia zumal, ihren Mittelpunkt hatte, bekanntes Sinnbild. Ariadne, als aphroditisches Weib, überläßt er auf Athenes Geheiß dem stets viel stofflicher und sinnlicher gedachten Dionysos. Seine mütterliche Abstammung von Pittheus' Tochter Aethra stellt er durch die väterliche ganz in Schatten. Aegeus' Schuhe und Schwert zieht er aus ihrer Verborgenheit hervor und beweist durch sie dem Vater sein Sohnsverhältnis. Die athenischen Eupatriden werden auf ihn zurückgeführt. Er gründet, wie Romulus, den neuvereinigten Staat auf dem Prinzip des Vaterrechts und erscheint eben dadurch als natürlicher Gegner des amazonischen Mondprinzips. Die Ehe mit Männerrecht ist das theseische Prinzip. Des Theseus Gebeine sind das Palladium der Herrschaft, wie die des ebenfalls als Ausdruck apollinischen Männerrechts erkannten Orestes. Die *potestas* des Mannes erscheint zu Athen, wie zu Rom, als die Grundlage und Vorbedingung des staatlichen *imperium*. Wo Gynaikokratie sich erhält, wird ›Gerechtigkeit‹ und ›Besonnenheit‹ gerühmt. Wo sie unterliegt, ist Macht und Gewalt das Ziel und die Grundlage des Staatslebens. In diesem Sinne wird aus Orests Freisprechung der Stadt eine Zukunft der Macht entspringen. In demselben wird ihr von Apollo geweissagt, wenn auch untergetaucht wie ein Schlauch, könne sie doch nie sinken.

Die alte Gynaikokratie hat nur noch in den Gebräuchen der Oschophoria, an welchen die Mütter der nach Kreta gesendeten Kinder allein Vertretung finden, und in dem Sumpfkulte der Ioxiden Spuren ihrer ehemaligen Geltung zurückgelassen. Mit Perigune, Sinis' schöner Tochter, hatte Theseus Beischlaf geübt. Melanippus war die Frucht solcher Verbindung. Von Melanippus stammt Ioxus, der in Verbindung mit Ornytus Karien durch eine Kolonie bevölkerte. Die Ioxiden aber haben die mütterliche, von Perigune auf sie vererbte Gewohnheit beibehalten, weder Schilf noch wilden Spargel zu verbrennen, sondern sie als heilig zu verehren. In diesem Kulte, dessen Plutarch (Thes. 8, 6) gedenkt, sehen wir die Sumpfreligion mit der unehelichen Begattung und dem Mutterrechte verbunden: ein Zusammenhang, der nach früheren Bemerkungen als ganz verständlich und innerlich notwendig erscheint. Die Zurückführung der dem Mutterrecht huldigenden Ioxiden auf Theseus zeigt uns diesen auf der tiefsten Stufe des chthonischen Lebens, die er zuletzt überwindet und über welche die höhere des Vaterrechts, sowohl als poseidonischen Wasserrechts als in der reinsten Gestalt des apollinisch-metaphysischen Sonnenprinzips, durch ihn für immer zur Anerkennung gelangt.

So finden wir in Theseus denselben Fortschritt, den Bellerophon anbahnte, den Perseus, Achill, Herakles durchführen. Allen diesen Sagen liegt derselbe Gedanke zugrunde. Die Begründung eines höhern menschlichen und staatlichen Zustandes ruht auf der Überwindung des Mutterrechts. Dieselben Heroen, welche die rohen Kräfte der Erde vernichten und dadurch als Wohltäter und Erheber der Menschheit erscheinen, dieselben vernichten das Amazonentum. Um so bedeutungsvoller ist es nun, daß Athene nicht etwa das Delphinium,[38] sondern der Amazonen Lagerstätte, des Ares Hügel, an dessen Fuß sich der Tempel der Erinnyen erhob, zum Gerichtsort auserwählt, und daß eben da in dem ersten Blutgericht Orestes' Freisprechung den Untergang des Mutterrechts verkündet. Die Stätte des alten Rechts dient nun dem neuen. Oder, da die beiden Rechtsanschauungen in zwei verschiedenen Religionsanschauungen wurzeln, so können wir auch sagen, die Stätte des alten chthonischen Kults dient nun dem neuen. Athene, die mutterlose, die allem Männlichen bis zur Ehe wohlgeneigte Göttin, wie sie Aeschylus nennt, errichtet den Areiopag auf dem Standort der männerlosen, der männerfeindlichen Amazonen. Was der alten Religion diente, wird jetzt der neuen geweiht. So hat auch die christliche Religion vorzugsweise auf heidnischen Kultstätten und selbst in heidnischen Tempelanlagen und mit heidnischen Kultgegenständen ihre neue Gottesverehrung eingerichtet. Was den falschen Göttern diente, sollte nun zur Verherrlichung des Einen wahren Gottes beitragen, eine Idee, welche Marangoni in seinem Buche 'Delle cose gentilesche e profane trasportate ad uso ed ornamento delle chiese' (1744) ins schönste Licht gesetzt hat.

27. Aber ich kann Aeschylus noch nicht verlassen, ohne aus seinem Werke noch weitere Belehrung über unsern Gegenstand zu schöpfen. Der Gegensatz des Vaterrechts und des Mutterrechts äußert sich bei ihm noch in einer andern Fassung. Das neue Recht ist das himmlische des olympischen Zeus, das alte das chthonische der unterirdischen Mächte. Daß das neue Recht von dem Olympier ausgeht, verkündet Orest, der unmittelbar nach seiner Freisprechung durch Athene folgendes spricht (v. 754):

O Pallas, o du meines Hauses Retterin!
Du hast zur Heimat auch dem Landesflüchtigen
Gebahnt die Rückkehr; und in Hellas sagt man wohl:
Argiver ist er wieder, wieder wohnet er
Im Haus des Vaters, Pallas gabs und Loxias
Ihm wieder, und der dritte allvollendende
Erretter, der, vielehrend meines Vaters Los,
Wohl sieht der Mutter Vertreter dort, doch mich bewahrt!

Das verkündet auch Athene selbst (v. 797):

Jedoch von Zeus selbst trat ein Zeugnis leuchtend auf,
Und der's geboten, eben der bezeugete,
Es sei Orestes für die Tat der Strafe frei.

Dagegen ruft die Erinnye (v. 389):

Wo ist ein Mensch, welcher nicht entsetzte, nicht bangte,
wann er mein Gesetz anhört?
Das gottbeschieden Moira mir zu endigen gebot;
Doch es gehören alte Würden mein, ich gelte nicht ehrlos,
Ward mir auch unter der Erden die Heimat,
Tief in sonnenleerer Nacht.

Und dann nach erfolgter Freisprechung des Orest (v. 778):

O neue Götter, alt Gesetz und uraltes Recht,
Ihr rennt sie nieder, reißt sie fort aus meiner Hand!

Und ich Unsel'ge, schmachbeladen, bitterempört,
Zur Erde nieder, weh!
Rächend zu Boden hier trief' ich des Herzens Gifttropfensaat!

(v. 837):

Ich das erdulden, weh!
Unter der Erden ich mich verbergen, die Urweise? Weh!
Von Zorn schwillt die Brust; von Groll ganz erfüllt.

Also der Gegensatz ist klar: Himmlisch, olympisch ist das Recht des Vaters, von Zeus wird es verkündet, ob er gleich, wie die Erinnyen ihm vorwerfen, selbst nicht darnach handelte, sondern seinen alten Vater Kronos fesselte; chthonisch, unterirdisch dagegen ist das Recht der Mutter; wie die Erinnyen, die es vertreten, so stammt es aus der Erde Tiefen. Wir können den Gegensatz, ohne ihn im mindesten zu fälschen, auch so wiedergeben: Das Mutterrecht entstammt dem Stoffe, es gehört dem stofflichen Leben des Menschen, dem Leibe; das Vaterrecht gehört dem unstofflichen, dem geistigen Teile desselben. Jenes ist körperlicher, dieses unkörperlicher Natur. Auch der Name der Erinnyen weist auf die Erde. Nach Tzetzes zu Lykophron heißt ›to eri, he era‹ die Erde. Das lautet im Lateinischen *terra*, auch *tera* (Varro), im Deutschen Erde.[39] ›Erinys‹ heißt also die in der Erde wohnende Gottheit. Die Erinnyen sind die in der Erde Tiefen wirkenden Mächte; in dem finstern Grunde des Stoffes schaffen sie, die Kinder der Nacht, alles Leben; was die Erde an Gewächsen hervorbringt, ist ihre Gabe, ihre Zeugung. Menschen und Tieren senden sie die Nahrung, sie lassen die Frucht des Mutterleibes gedeihen. Zürnen sie, so verdirbt alles, das Gewächs des Bodens, die Geburt der Menschen und Tiere. Die Erstlinge des Landes werden ihnen dargebracht, für der Kinder, für der Ehen Heil. Was brauchen wir andere Zeugnisse, wenn sie selbst bei Aeschylus es uns also verkünden (v. 938):

Wehen soll waldverwüstend Wetter nie
– Das ist mein Geschenk dem Land –
Und nie pflanzenaugesengender Brand heimsuchen dieses Landes Au'n!
Nie ersticke Mißwachs jammervoll der Saaten Blühn;
Schafe, froh in Sattigkeit,
Zwillingslämmer um sie her
Ernähr' zu seiner Zeit der jungen Erde Grün,
Der Grasung lieber Ort,
Steter Göttergaben reich!

Tief unter der Erde in ogygischen Tiefen empfangen sie Ehre und Opfer und Festfeuer, daß alles Unheil sie dem Lande abwehren, daß jegliches Heil sie emporsenden zum Segen der Stadt. Sie sind also die freundlichen Götter, die für der Menschen Gedeihn und Wohlfahrt sorgen, sie sind wahre Eumeniden, ihrem ganzen chthonischen Wesen nach dem ›guten Daimon‹ der römischen Bona Dea verwandt. Sie heißen die hehren Göttinnen, und dieser Ausdruck ist seinem Sinne nach nichts anderes als ›große Götter‹, was Plutarch (symp. 3, 1, 3) ausdrücklich durch ›Götter, die in der Erde leben‹ erklärt. Wie sie nun in der Erde ogygischen finstern Tiefen alles Leben wirken und es über die Oberfläche des Bodens hinauf ans Licht der Sonne senden, so kehrt auch alles im Tode wieder zu ihnen zurück. Das Lebende zahlt der Natur, d. h. dem Stoffe, seine Schuld zurück. So sind die Erinnyen gleich der Erde, der sie angehören, wie des Lebens so auch des Todes Herrinnen. Das stoffliche, das tellurische Sein umschließt beides, Leben und Tod. Alle Personifikationen der chthonischen Erdkraft vereinigen in sich diese beiden Seiten, das Entstehen und das Vergehen, die beiden Endpunkte, zwischen welchen sich, um mit Plato zu reden, der Kreislauf aller Dinge bewegt. So ist Venus, die Herrin der stofflichen Zeugung, als Libitina die Göttin des Todes. So steht zu Delphi eine Bildsäule mit dem Zunamen Epitymbia, bei welcher man die Abgeschiedenen zu den Totenopfern heraufruft (Plut. quaest. rom. 23).

So heißt Priapus in jener römischen Sepulkralinschrift, die in der Nähe des Campanaschen Columbariums gefunden wurde, *mortis et vitae locus.* So ist auch in den Gräbern nichts häufiger als priapische Darstellungen, Symbole der stofflichen Zeugung. Ja, es findet sich auch in Südetrurien ein Grab, an dessen Eingang, auf dem rechten Türpfosten, ein weibliches *sporium* abgebildet ist. Auf der heiligen Delos darf nicht nur niemand sterben, sondern auch niemand geboren werden. So besitzt des Gyges Wunderring die doppelte Kraft, sichtbar und wieder unsichtbar zu machen, ein Bild der chthonischen Kraft, die auch in Autolykos' Kunst, Weiß in Schwarz zu verwandeln, ihren mythologischen Ausdruck gefunden hat.[40] In diesem Sinne ist Mercur wie Autolykos nicht nur der Geber, sondern auch der Dieb. Nach der zweiten Seite hin sind die freundlichen Eumeniden die schrecklichen, grausen Göttinnen, allem irdischen Leben feind und verderblich. Nach dieser Seite hin haben sie Gefallen an Untergang, an Blut und Tod. Nach dieser Seite hin heißen sie verhaßte, gottverfluchte Ungeheuer, eine blutige, scheußliche Schar, die Zeus bannte, »fern seiner Nähe stets zu sein«. Nach dieser Seite hin geben sie jedwedem den verdienten Lohn.

Denn aller Menschen Richter ist der große Tod.

Als Göttinnen des Untergangs sind sie auch Göttinnen des stets gerecht vergeltenden Schicksals, von Moira haben sie ihr Amt empfangen (v. 349):

Als wir geboren, da wurde befohlen uns dies Amt,
Aber zugleich, den Unsterblichen nimmer zu nahen;
Ihr Mahl teilen wir niemals.
Und weißglänzend Gewand,
Mir ist es versaget, gemißgönnt!
Untergang gehöret mein.
Wenn im Geschlecht, das ihn genährt,
Ares dahinmordet den Freund:
Hinter ihm her fliegen wir schwer;
Wie er in Kraft auch blüht, wir vertilgen ihn blutig.

Alle diese Seiten ihres Wesens einen sich in Einer Grundidee, sie folgen alle aus ihrer stofflichen, tellurischen Natur. Die Erinnyen sind, was ›era‹ selbst, der Ausdruck des irdischen, körperlichen, leiblichen Lebens, des tellurischen Daseins.

Jetzt ist es klar, welcher Zusammenhang das Mutterrecht mit der chthonischen Religion, d. h. mit der Religion der stofflichen Kraft, verbindet, welcher Abgrund es dagegen von dem geistigen Prinzip des olympischen Zeus und seiner Kinder, Apollons und Minervens, scheidet. Das Weib ist die Erde selbst. Sie ist das stoffliche Prinzip, der Mann das geistige. Von beiden, dem Weibe und der Erde, gelten Apollons Worte (v. 658):

Sie hegt und trägt den eingesäten Samen nur.

Im Menexenos sagt Plato, nach ihm auch Plutarch (symp. 2, 3, 3), wörtlich folgendes: »Nicht die Erde ahmt dem Weibe, sondern das Weib der Erde nach, und dies gilt auch von allen Tieren weiblichen Geschlechts. Aus diesem Grunde ist es wahrscheinlich, daß die erste Entstehung durch die Kraft und Stärke des Schöpfers aus der Erde in größter Vollkommenheit bewirkt worden, ohne daß solche Organe und Gefäße, wie sie jetzt die Natur in den zeugenden Wesen ihrer Schwäche wegen hervorbringen muß, dazu erforderlich waren.« Also die erste Entstehung geschah aus dem Mutterschoß der Erde, die Fortpflanzung durch das Weib. »Noch bis jetzt«, sagt Plutarch an derselben Stelle, »bringt die Erde ganz vollständige Tiere hervor, wie z. B. Mäuse in Aegypten, und an vielen andern Orten Schlangen, Frösche und Grillen, wenn von außen eine andere Ursache oder Kraft hinzukommt. In Sizilien kamen zur Zeit des Sklavenkriegs, da die Erde mit vielem Blut getränkt wurde und eine Menge Leichname unbeerdigt verwesen mußten, zahllose Schwärme von Heuschrecken zum Vorschein, die sich über die ganze Insel verbreiteten und überall die Feldfrüchte aufzehrten. Diese Tiere werden also aus der Erde erzeugt und ernährt, der Überfluß der Nahrung macht sie zur Zeugung geschickt, daher sie, um ihre Triebe zu befriedigen, sich zusammenhalten und paaren und dann, wie es ihre Natur mit sich bringt, entweder Eier legen oder lebendige Junge gebären. Hieraus erhellt am besten, daß die Tiere ihren ersten Ursprung aus der Erde erhalten haben, nun aber ihr Geschlecht auf eine andere Art und durch einander selbst fortpflanzen.« Das Weib vertritt also die Erde in ihrer Funktion. Sie ist der Erdstoff selbst. Daher heißen sie beide von dem gleichen Stamme ›ge‹ und ›gyne‹, ein Stamm, welchem auch ›gya‹, Pflugland und Mutterleib,[41] ›gyion‹, Glied, ›gyes‹, Pflugbaum, ›Gyes‹, der hundertarmige Sohn der Erde, der oben erwähnte ›Eurygyes‹ = Androgeos, endlich auch ›Gigas, Ogyges‹ und ›Gygaia Agriska thea‹[42] angehören. Der deutsche Ausdruck Frauenzimmer schließt sich hier an. Zimmer bezeichnet die Örtlichkeit, und diese ist eine Eigenschaft der Erdmaterie. Die Erdmaterie, in ihrer Mütterlichkeit gefaßt, ist der Ort der Zeugung. Plutarch (de Is. et Os. 56) hebt diese Eigenschaft des Stoffes besonders hervor. Damit hängt zusammen, daß die Hülsenfrüchte, insbesondere die Erbsen und die Nüsse, der Erdgottheit geweiht sind. Die Hülse ist der Mutterschoß, in welchem der Same sich entwickelt: sie ist ›Sitz und Ort des Werdens‹, sie ist das Zimmer. In der Bezeichnung ›erebinthos (Kichererbse, auch: Glied)‹ ist der Stamm ›er‹ zu erkennen, und seinen Zusammenhang mit ›Erebos‹ hebt schon Plutarch (An. gr. 46. Qu. rom. 95) aufs klarste hervor. Dem *locus genitalis* entspricht in symbolischer Darstellung die *cista*, welche besonders den großen Erdmüttern Demeter und Fortuna angehört, und zur Bergung mystischer Zeichen, namentlich auch des Phallus dient.[43] Auf dieselbe Idee gründet sich die Fiktion von dem Verschluß Neugeborner in Kästen, *cistulae* oder ›larnakes‹, so des Erichthonios,[44] des Kypselos, der ganz nach Weiberrecht des Mutterkastens Namen trägt, des Perseus und der Danae, des Tennes und der Hemithea, und so mancher anderer. – Der Mann erhält den Erdnamen erst im Alter, wo er, wie Plutarch sagt, nach Erlöschen seiner Männlichkeit ganz erdartig wird, mit andern Worten, wo von ihm nichts mehr übrig ist als der Erdstoff seines Leibes, also im Greisenalter. Denn ›geron‹, deutsch Greis, ruht auf dem Stamme ›ge‹, so gut als ›graus‹ (Greisin). »Ganz anders verhält es sich mit den Greisen, welche die ihnen eigenen Feuchtigkeiten schon verloren haben, wie selbst ihre Benennung anzudeuten scheint. Man nennt sie ›gerontes‹, nicht weil sie sich zur Erde hinabneigen, sondern weil sie ihrer Constitution nach ganz erdhaft geworden sind.«[45] Man könnte also den Ausdruck ›gerontes‹ vergleichen mit ›alibantes‹, den Saftlosen, wie die Toten genannt wurden. Plutarch spricht sich am Eingang der vielleicht mit Unrecht ihm zugeschriebenen Schrift 'Welches von beiden ist nützlicher, das Wasser oder das Feuer' folgendermaßen darüber aus: »Das Wasser leistet uns Dienste im Sommer und im Winter, in Gesundheit und Krankheit, bei Tag und bei Nacht, und es ist kein Umstand, wo wir seiner nicht bedürften. Daher nennt man auch die Toten ›alibantes‹, welcher Ausdruck anzeigt, daß diese gar keine Feuchtigkeit mehr haben und deshalb des Lebens beraubt sind. Der Mensch ist wohl einmal ohne Feuer, aber niemals ohne Wasser gewesen.« Diesen Ausdruck gebraucht auch Plato in der Republik (3 p. 387c), wo ihn Schleiermacher ›die Verdorrten‹ übersetzt. Es wird dadurch der Zustand der mumienartigen Austrocknung bezeichnet, die wir am deutlichsten auf jenem cumanischen Grabe, das Jorio abbildet und (sehr ungenügend) erläutert, dargestellt sehen. – In der Hochzeitsformel *ubi tu Gaius, ibi ego Gaia* sind die beiden Geschlechter von demselben Stamme ›gaia‹ genannt.[46] Hier also führt der Mann den Erdnamen auch schon als zeugende, aktive, wie das Weib als empfangende, passive Potenz. Es wird also hier die Einheitlichkeit der Erdkraft, das notwendige Zusammengehören der beiden Geschlechter, die in der ersten Erdzeugung noch ungetrennt erscheinen, hervorgehoben.

28. Ich denke, die Zusammengehörigkeit des Mutterrechts und der Erinnyen, überhaupt der chthonischen Erdreligion, wird jetzt dem Verständnisse näher gebracht sein. Das Mutterrecht ist das Recht des stofflichen Lebens, das Recht der Erde, aus welcher jenes seinen Ursprung herleitet. Im Gegensatz dazu ist das Vaterrecht das Recht unserer unstofflichen, unkörperlichen Natur.[47]

Jenes ist das Recht der Gottheiten, welche die finsteren ogygischen Tiefen bewohnen, dieses das Recht des Olympiers, der über der Erde in sonniger Höhe thront. Jenes ist das physische, dieses das metaphysische Recht. Denn metaphysischer Natur sind auf der Stufe ihrer höchsten Ausbildung Apoll und Athene, Athene, die keine Mutter hat, die, wie das Wort aus dem Munde, vollendet aus des Olympiers Haupt, dem Sitze des höchsten göttlichen Verstandes, hervorgeht (Aeschylus). Jenes, das Mutterrecht, gehört derjenigen Periode der Menschheit, derjenigen Religionsanschauung, welche die Materie, d. h. die Erde, als den eigensten Sitz der stofflichen Kraft sich dachte; dieses, das Vaterrecht, dagegen derjenigen, in welcher, wie Plutarch (de plac. phil. 1, 3) von Anaxagoras rühmt, der Materie ein Künstler beigegeben wurde. So fällt der Übergang aus dem Mutterrecht in das Vaterrecht mit einer höhern religiösen Entwicklung der Menschheit zusammen. Es ist der Fortschritt vom stofflichen zum intellektuellen, vom physischen zum metaphysischen Prinzip der Religion. Es ist die Erhebung, das Aufsteigen von der Erde zum Himmel. Das Vaterrecht hat Zeus, das Mutterrecht hat die Erde verkündet. Die gleiche Erhebung bildet das Gesetz der alten, überhaupt aller Religionsentwicklung. Eine fortgesetzte Betrachtung der alten Mythologie läßt die Götter der alten Zeit als Pyramiden erscheinen, deren breite Basis in der Erde ruht, dem ewig festen Wohnsitz der Sterblichen und der Unsterblichen, ›fort und fort sicherer Sitz‹, wie Hesiod sie nennt, deren Spitze aber in den Himmel reicht. Chthonisch, stofflich ist ihre Grundlage, metaphysisch, geistig ihre letzte reinste Gestaltung. Von den aegyptischen Göttern heißt es bei Diodor. 1, 12, 6, sie seien insgesamt aus dem Nil geboren, und das gleiche wird für die mehrsten derselben bei Cicero de N. D. 3 hervorgehoben. Und doch haben sie zuletzt, Osiris zumal, eine geistige Natur angenommen, in welcher die stoffliche Grundlage überwunden und völlig in den Hintergrund gedrängt erscheint. Ja selbst Apoll und Athene, diese in ihrer letzten Entwicklung so rein geistigen Wesen, ruhen doch mit ihren Füßen tief in dem Stoffe. Es würde ein eigenes schweres Buch verlangen, wollte dieser Gegenstand erschöpft werden [..]. Einen einzigen Punkt darf ich hier nicht übergehen. In dem oben mitgeteilten Varronischen Mythus erscheint Athene als Vertreterin des Mutterrechts, in der Aeschyleischen Tragödie umgekehrt als Repräsentant des Vaterrechts. Dort verficht sie selbst das Recht der Erinnyen, hier das des Olympiers Zeus. Ist das nicht unvereinbar? Mitnichten. Denn Athene gehört ihrer Grundlage nach dem Stoffe, ist ihrer Grundlage nach nicht weniger stofflich als die Erinnyen, und in dem Metroon zu Athen nicht weniger als in Elis[48] als Mutter, als Grund aller stofflichen Zeugung, als ›Gygaia Agriska thea‹ (wie Lykophron v. 1152 die ilische Athene nennt) und wie Artemis als Herrin des zeugungskräftigen Mondes[49] verehrt. Aber in ihrer höhern geistigen Ausbildung hat sie alles Stoffliche abgestreift, ist ohne Mutter aus des höchsten Zeus Haupt geboren, eine Darstellung des ewigen reingeistigen Wesens, von welchem derselbe Aeschylus sagt, daß es zu niemand dienend aufschaut über ihm, und daß alles von ihm ausgeht, wie ein gesprochenes Wort. Nur jener ersten stofflichen, als Mutter im Metroon verehrten Athene gehört das Mutterrecht des Varronischen Mythus; dieser spätern rein geistigen Athene, wie sie Aeschylus darstellt und wie die ausgebildete hellenische Religion sie faßte, das Vaterrecht, das eben dieser geistigen Grundlage seine Entstehung verdankt.

29. Nach diesen Bemerkungen wird es leicht sein, auch noch einen letzten Punkt aus Aeschylus' Darstellung in seiner vollen Bedeutung zu würdigen.

Die Erinnyen treten auf als Rächerinnen des Muttermords, während sie Klytaemnestren für den Gattenmord im Leben nicht verfolgen. Orest wirft ihnen dies in der oben schon mitgeteilten Stelle vor, worauf die Erdgöttinnen ihm also antworten (v. 605):

Sie war dem Mann nicht blutsverwandt, den sie erschlug.

Zwar hat auch Klytaemnestra ihren Frevel durch den Tod gebüßt; aber erst beim Muttermorde erscheinen die Erinnyen selbst als Verfolgerinnen des schuldigen Sohns, erst das vergossene Mutterblut weckt sie aus ihrem Schlaf, ruft sie empor aus der Erde ogygischen Tiefen, die sie nach Klytaemnestras Tat nicht verlassen hatten. Warum dies? Die Antwort ist einfach. Die Erinnys ist selbst die Erde, sie ist die große Mutter alles irdischen Lebens. Sie ist der mütterliche Stoff; dasselbe aber ist das Weib, das ja der Erde Stelle und Funktion vertritt. In dem Muttermord also ist Erinnys selbst verletzt, selbst ins Herz getroffen. Wer Mutterblut vergießt, beleidigt die Erde selbst; in der Mutter bricht er das Recht der mütterlichen Erde, jene ist ja nur eine Stellvertreterin dieser. Darum erhebt sich die Erde selbst zur Rache des gebrochenen Mutterrechts. Sie ist selbst verletzt; die Ordnung der Dinge, das

Recht der Natur, das höchste Gottesrecht jener Zeit ist in seinen Grundfesten erschüttert, umgestürzt. Im Tode kehrt die gemordete Mutter zur Erde zurück; die menschliche Mutter vereinigt sich mit der göttlichen Mutter, der Erdseele, der sie angehört, und die sie auch im Leben vertrat. Klytaemnestra wird nun selbst zur ›Demeter Erinys‹. In den Erinnyen erblickt Orest seiner Mutter Erinnyen, seiner Mutter erzürnte Geister, seine Mutter selbst.[50] Die sterbliche Mutter hat sich mit der unsterblichen Mutter Erde vereinigt, sie ist im Tode selbst in sie übergegangen, ist selbst zur ›Demeter Erinys‹ geworden. Zwar werden alle Toten ›Demetrier‹ und auch so genannt, zwar werden sie alle *dii manes* und Genossen der großen Mutter Mana Genita, zwar sagt man von allen Toten, daß sie gute würden, daß sie sich also mit dem tellurischen ›guten Daimon‹, mit der tellurischen Bona Dea vereinigten:[51] aber von der Mutter gilt dies in ganz besonderem Sinne, weil sie auch schon im Leben der Erdmutter Ebenbild ist und inmitten der sterblichen Schöpfung der Erdmutter Stelle vertritt. Diese innere Einheit also ist es, welche beim Muttermord die Erde selbst in Bewegung setzt. Jeder andere Mord ist menschlicher Rache überlassen, und so wird Agamemnon durch Orest gerächt: den Muttermörder aber verfolgt die Erde selbst; jeder andere Mörder kann durch Geschick, Kraft, Tapferkeit die menschliche Rache vereiteln: der Muttermörder dagegen ist der rächenden Erde unrettbar verfallen; denn er hat das stoffliche Grundgesetz, das Gesetz der mütterlichen Erde, das höchste Gesetz, auf dem alles ruht, gebrochen; er hat die Ordnung der tellurischen Natur aufgehoben, er muß sie durch seinen eigenen Tod wieder herstellen; solange dies nicht geschieht, solange kann die Erde, in ihrer Mütterlichkeit verletzt, gar keine Frucht mehr tragen, ihre stoffliche Bestimmung nicht erfüllen. In diesem Sinne vereinigt sich alles, was Aeschylus in der hier analysierten Trilogie den Erinnyen in den Mund legt: sie verlangen den Tod des Muttermörders, damit durch ihn die tellurische Natur wieder in die Ordnung ihrer Mütterlichkeit zurückgeführt werde (v. 321):

> Mutter, du, die mich gebar, Urnacht, mich, der erhellten wie der düstern Welt Strafgeist,
> Höre, denn Letos Sproß will des Amtes Ruhm mir nehmen,
> Raubt mir dies scheue Wild, dessen Blut ganz allein sühnen kann den Muttermord.

Letos Sohn nennen hier die Erinnyen Apollon, den neuen Gott, der für das Vaterrecht in die Schranken tritt. Den Vorwurf, der darin liegt, fühlt jeder. Apollo, selbst nach der Mutter genannt, die ihn gebar, und nicht nach dem Vater, der ihn zeugte, dieser Gott, der auf der amazonischen Lesbos mit der Mutter ein gemeinsames Heiligtum hat, der auch im Scutum Heraclis 479 Letos Sohn heißt, er will den Erinnyen das uralte Mutterrecht streitig machen. Er weist Leto, die Mutter, weit von sich. Ähnlich lautet der gegen Zeus gerichtete Vorwurf, er, der jetzt das Vaterrecht verkünden lasse, er habe doch selbst seinen Vater gefesselt; man könnte hinzufügen, er sei auch von der Mutter gerettet worden gegen des eigenen Vaters Verfolgung. – Die Erinnyen zeigen in ihrem ganzen Auftreten, daß sie nicht aus Willkür, nicht aus reiner Lust an ihrem blutigen Amt handeln, daß sie vielmehr aus Notwendigkeit ihrer eigenen tellurischen Natur den Muttermörder zum Opfer verlangen, sie wollen nicht, sie müssen. Moira, der Ausdruck des chthonischen Naturgesetzes selbst, und darum mit ›Dike, Themis, Poine‹ so nahe verwandt, hat ihnen ihr Amt zugeteilt, und sind sie dessen auch selbst müde, wünschen sie selbst, es endlich von sich zu werfen, sie vermögen es nicht; denn es bildet ihr innerstes Sein.

So zeigt sich das Recht der Erde als ein blutiges, gräßliches Recht, das keine andere Sühne kennt als die durch den Tod, und wir gelangen an Aeschylus' Hand zu der Einsicht, daß die Zeit des Mutterrechts die Zeit des finstern, furchtbaren, hoffnungslosen Kultes unversöhnbarer chthonischer Macht ist. Vergebens weist Orest auf seine Sohnespflicht, vergebens beruft er sich auf Apollons Befehl, der ihm den Muttermord geboten, der ihm auch die Reinigung nicht vorenthalten; vergeblich auf die Entweihung der Ehe; die Muttererde kann keine solche Pflicht anerkennen, keine solche Reinigung annehmen, keine solche Verteidigung anhören; vergossenes Mutterblut bricht ihr eigenes Grundgesetz. Zu Agamemnons Mord konnte die Erinnys schweigen, aber in Klytaemnestras Mord sieht sie sich selbst dem Untergang geweiht. Das Vergießen des Mutterblutes ist eine Sünde gegen das stoffliche Grundgesetz der Erde, die, würde sie vergeben, dieses Grundgesetz selbst, mit ihm die ganze stoffliche Schöpfung notwendig auflösen müßte. Wie in der Religion des heiligen Geistes die Sünde gegen den heiligen Geist keine Verzeihung zu hoffen hat, so in jener Religion der stofflichen Kraft die Sünde gegen das Prinzip derselben, gegen das Muttertum der Erde. Daher ist nun auch mit dem Mutterrechte die Abhaltung des Blutgerichts unvereinbar. Ihm gegenüber muß schon der Vorschlag eines solchen als Eingriff in die Rechte der Erde, der höchsten Gottheit, erscheinen. Der Muttermörder gehört der Erde, kein Gericht darf sich zwischen die beiden legen, kein Urteil das Recht bestätigen oder aberkennen. (v. 490):

> Alles niederstürzen wird neuer Brauch,
> Wenn des gottlosen Muttermörders Schuld
> Vor Gericht siegen darf!

Besonders auch v. 257ff.:

> Hier seht ihn wieder, der als einen neuen Hort
> Der Göttin Bild fest umschlingt;
> Dem Rechtsurteil beut für Blutschuld er sich;
> Doch nie geschieht das. Denn verspritztes Mutterblut
> Kehrt schwer zurück, hin ist es,
> Sobald solch ein Naß den Erdboden netzt.

Es erscheint also nun als eine Tatsache innerer Notwendigkeit, daß das erste Blutgericht und der Untergang des tellurischen Mutterrechts in Einem Akte zusammenfallen. In Orests Person verbindet sich beides, die Errichtung des Areopages und der Untergang des Mutterrechts der Erinnyen. Beides ist eine Tat der himmlischen, olympischen Mächte. Beides ist den chthonischen Ideen gleich zuwider, beides eine Segnung der mutterlosen Athene.

Wir sehen also nun, in welche Umgebung von Ideen und Einrichtungen das Mutterrecht gehört. Es bildet den Mittelpunkt im Leben jener freudelosen, düstern, wilden Zeit der Blutrache, wo jeder Mord einen neuen erzeugt, wo vergossenes Blut in anderem abgewaschen wird, wo »eines Hofs Geflügel« sich in nimmer endenden Wechselmorden zerfleischt, wo der Dämon des Geschlechts erst dann beruhigt zur Erde niedersteigt, wenn der letzte Sprößling des Ahns Verbrechen mit dem Tode gebüßt hat. Es ist die Zeit, in welcher die Erinnyen nur als bluttriefende Schar erscheinen, in welcher sie so reiche Ernte halten, daß Sättigung sie selbst ergreift, und daß sie zuletzt mit Freuden ihre Macht jener der freundlichen himmlischen Mächte unterordnen (v. 360):

> Aber es sehnt mich, daß einer mir endige dies Amt,
> Rechte der Seligen meinem Verlangen gewähre,
> Eh' ich muß zu Gericht gehn!

Das stoffliche Recht, dessen Mittelpunkt das Mutterrecht bildet, hat dem Menschengeschlecht eine Fülle von Leiden und Prüfung bereitet, die wohl am meisten dazu getrieben haben mag, es endlich einem reinern, höhern Gesetz unterzuordnen. Erst als dieses zur Herrschaft gelangt war, stand Friede, Glück und jegliches Gedeihen in froher Aussicht. Diesen Übergang stellt Aeschylus in den Eumeniden mit nie erreichter Geistestiefe dar, und darum bleibt seine Dichtung für alle Zeiten nicht nur ein hohes poetisches, sondern auch ein großes historisches Denkmal, das die Idee des Mutterrechts mit bewußter und völlig durchgeführter Folgerichtigkeit zur Darstellung bringt und zu der die Prometheis in später darzustellender vielfacher Wechselbeziehung steht. Aus keinem Geschichtswerke tritt uns die Anschauungsweise einer frühern Weltperiode, der Gedankenkreis eines ältern Geschlechts mit so viel Klarheit entgegen als aus dem bisher betrachteten Akte einer unvergleichlich hohen Trilogie. Das ist aber am Ende das besonders Wissenswerte an aller Geschichte. Die Nebenbeziehungen der Dichtung auf Argolis, auf die gesunkene Autorität des Areopages, dessen Verherrlichung dem Dichter auch aus persönlichen Gründen so sehr am Herzen liegen mochte, auf die Rätlichkeit äußerer Kriege, die Verderblichkeit innerer Fehden erscheinen neben jener großen Belehrung über die Denkweise und den Zustand einer so wenig verstandenen Urzeit als Punkte von verhältnismäßig ganz untergeordneter Natur.

30. Die drei Gestalten, welche bei Aeschylus als Vertreter des Vaterrechts erscheinen, werden durch die gemeinsame Attribution der Siebenzahl noch näher mit einander verbunden. Sie sind alle drei Siebener.

Für Orest haben wir folgende Zeugnisse: Herodot I, 67. 68 erzählt, wie Liches zu Tegea Orests Gebeine fand, sie nach Sparta trug und dadurch dem apollinischen Orakel, das der Lakedaemonier Sieg und Herrschaft an den Besitz jener Reliquien knüpfte, Erfüllung brachte. Der Sarg, in dem Orests Leichnam lag, hatte eine Länge von sieben Ellen, ebenso viele der darin enthaltene, sorgfältig gemessene Körper. (Pausan. 8, 54, 4; 3, 3, 6. [...])

Für Apolls Verbindung mit der Siebenzahl, die dem delphischen Gotte vorzugsweise geweiht wird, sprechen viele Zeugnisse. Siebenmal umkreisen die singenden Schwäne des Pactolus die Insel Delos; bevor der achte Gesang anhebt, sind Latonens Geburtsschmerzen beendet und ist der Gott des Lichtes zur Welt gekommen. In Erinnerung dieses Ereignisses bezieht der Knabe seine

Lyra mit sieben Saiten. Am siebten Monatstage ist Apoll geboren, und jeder *septimus lunae* wird ihm geweiht, von den Knaben und Jünglingen festlich begangen.[52] Daher heißt der Gott ›Hebdomagetes (der Siebenführer)‹; so nennt ihn auch Aeschylus (Sieben gegen Theben, v. 800). Daher wird Apoll die Siebenzahl überhaupt geweiht; wie denn auf dem amyklaeischen Throne und in der Oekonomie der Polygnotischen Gemälde die Distribution nach der Sieben, und wieder in dem Maß des rhodischen Sonnenkolosses, die Sieben vorherrscht.[53] In der zehnten griechischen Frage erzählt Plutarch, ehemals habe die Pythia ihre Orakel nur einmal des Jahres, nämlich am siebten des Monats Bysios, später an jedem siebten Monatstage erteilt. In der Schrift über die Inschrift Ei zu Delphi findet sich folgende Stelle: »Die dem Apoll geweihte Sieben würde mehr als einen Tag erfordern, um alle Kräfte derselben anzuführen. Denn könnte ich auch zeigen, sagt der Mathematiker Ammonius, daß die Weisen gleichsam mit dem allgemeinen Gesetz und dem Altertum Krieg geführt haben, um die Sieben von ihrem Range zu verdrängen, und an ihrer Statt die Fünf dem Apollo zu weihen, weil sie sich besser für ihn schicke.« Die Fünf hat in der Tat zu Delphi ebenfalls Anerkennung gefunden, wie der Vorzug des mit Fünf bezeichneten Loses, die Fünfzahl der Hosioi, der zu Delphi mit dem Apollo verbundene Achilles-Pemptus, die Attribution des fünften und zehnten Weltalters, endlich der Zehnte der vejentischen Beute dartun. Jene Zurückführung der Sieben auf Fünf mag mit dem immer größeren Einfluß des dionysischen auf den apollinischen Kult zusammenhängen. Denn Dionysos ist seiner stofflichen Natur nach, wie manche Beziehungen erweisen, ein Pemptus, gleich den Dactyli, da die Fünf ›gamos (Hochzeit)‹ und ›physis (Natur)‹ heißt, und also mehr dem stets im Vereine mit dem Weibe zeugend gedachten Bacchus als Apoll, der *expers uxoris* genannt wird,[54] entspricht. In ähnlicher Weise führte Domitian die Siebenzahl der Umkreisungen des Circus, welche nach Cassiodor *Var.* 3, 51, 7 dem Sonnenkulte angehört, auf die stofflichere Fünf zurück, wie Sueton (Domit. 4, 3) berichtet.

Haben wir so Apollo und Orest als Siebner gefunden, so wird nun auch Athene mit der Hebdomas verbunden. Dafür gibt es zahlreiche und für unsern Gegenstand sehr wichtige Zeugnisse. Das bedeutendste liefert Philo (de mundi opificio § 33. *[100]*): ›Nur die Sieben, wie gesagt, kann weder hervorbringen noch hervorgebracht werden. Aus diesem Grunde vergleichen gewöhnlich die Philosophen die Siebenzahl mit der mutterlosen Nike und Parthenos, die der Sage nach aus dem Kopfe des Zeus entsprungen sein soll, die Pythagoräer mit dem Lenker des Weltalls.‹ (J. Cohn) (vgl. Pindar. Ol. 7, 35. [...]) Mutterlos und Jungfrau heißt Athene bei Philo noch öfter. ›Nike‹ als Beiname der Siebenzahl erinnert an eine ähnliche Bezeichnung der Fünfzahl bei Plutarch, Is. et Os. 12, wo die am letzten oder fünften Tage geborne Nephthys auch als ›Teleute (Ende), Aphrodite‹ und ›Nike (Sieg)‹ aufgeführt wird. Die Vergleichung liegt um so näher, da jene fünf Geburtstage der aegyptischen Götter aus den dem Mond abgewonnenen siebzigsten (7 × 10) Teilen seines Lichts zusammengesetzt sind.

Wie nun Apollo in stofflicher, dionysischer Auffassung auch als Fünfer erscheint, ebenso Minerva. Virgil. Georg. 1, 277: *quintam fuge: pallidus Orcus Eumenidesque satae.* Servius: *ut quinta luna nullius operis initium sumas. dicitur enim hic numerus Minervae esse consecratus, quam sterilem esse constat. unde etiam omnia sterilia quinta luna nata esse dicuntur, ut Orcus, Furiae, Gigantes* (dasselbe bei Hesiod). Daraus entscheidet sich eine vielbesprochene Frage, zu welcher des Aeschylus Eumeniden Anlaß gegeben haben. Da nämlich die ungerade Fünf dem Orcus und den Eumeniden, der Dike des alten blutigen Rechtes, geweiht ist, so muß Athene durch ihren Stimmstein die gerade Zahl herstellen und so den Anspruch der grausen Mächte des finstern Stoffes brechen. Ich reihe mich also der Ansicht G. Hermanns an und behaupte, daß erst durch Athenes Stein die freisprechende Gleichheit der Stimmen herbeigeführt wurde, während Müller und Schoemann die Gleichheit ohne Einrechnung Minervens annehmen und die Freisprechung dem durch den *calculus Minervae* herbeigeführten Stimmenmehr zuschreiben. Aeschylus' Darstellung, besonders die Vergleichung der Verse 735, 741, 752, 753, zeigt die Richtigkeit der Hermannschen Ansicht, welche durch die von ihm angeführten Zeugen, Demosthenes, Lucian und das aeschylische Scholion, unterstützt wird.[55] Das von uns aus der Natur der Fünfzahl hergenommene Argument ist von jenem großen Hellenisten unbeachtet geblieben und zuerst von Göttling zum Hesiod angedeutet worden. Dadurch nun erhalten die Verse 752f., wo Athene spricht

›Der Mann ist freigesprochen von der Bluttat Schuld;
Als gleichgroß stellt die Zahl der Steine sich heraus.‹ (Werner)

ihre volle Bedeutung. Durch die Gleichheit der Stimmen, mithin durch die gerade Zahl derselben ist das Blutrecht überwunden. Die Gerade trägt über die Ungerade den Sieg davon. Athenes Stein hat diese Wirkung hervorgebracht und dadurch jene Kraft der Eins erwahrt, welche die Alten mehrfach an ihr hervorheben.[56] Die Ungerade ist durch die Eins zur Geraden erhoben und dadurch die Zahl der Erinnyen zum Falle gebracht.

Die Verbindung der Fünf und der Sieben in Athene zeigt uns diese Göttin in jener Doppelstufe ihrer Natur, die wir oben schon Gelegenheit hatten zu unterscheiden. Als Quinta ist sie die stoffliche Mutter, wie sie auch in dem Geburtsfest der Quinquatrus gefeiert wird;[57] als Septima die unstoffliche, zu höherer Lichtnatur durchgedrungene, aus Zeus' Haupt hervorgegangene Jungfrau. Als Quinta ist sie der Ehe geneigt, wie der stoffliche Mond, der beider Geschlechter Natur vereinigt; als Septima jene höhere Göttin, von der Aeschylus sagt: allem Männlichen wohlgeneigt ›außer für die Ehe‹, mithin Apollo ähnlich, der *expers uxoris,* wie Athene ›Jungfrau‹ genannt wird. Als Sieben teilt sie die reine apollinische Lichtnatur, wie sie in ihrer Urquelle, der Sonne, erscheint. Sie ist in dieser über den Stoff erhaben und nicht auf Zeugung, nicht auf Versenkung in die Materie gerichtet, daher incorrupt, durch keine stoffliche Beimischung verdunkelt, aller Bewegung der erscheinenden physischen Welt und dem darin herrschenden Gesetz des Todes enthoben, und mit der Natur der Monas, der die Siebenzahl am nächsten kömmt, angetan. Als Fünf ist Minerva die stoffliche ›physis‹, die, wie der Mond, der Befruchtung sich freut, dem Werke der Schöpfung ergeben, in deren Wechsel eintretend, und darum zu gleicher Zeit Mutter der heitern und der finstern Naturseite, des Lebens und des Todes, ja vorzugsweise des letztern, da in der sichtbaren Welt alles Werden nur dem Untergange dient. So verbindet sich in ihr nicht weniger als in allen andern Naturmüttern zumal in Aphrodite, die lebengebende und die lebenzerstörende Naturpotenz. Athene, die den Ölbaum sprossen läßt, hat zugleich auch dem blassen Orcus seine Entstehung gegeben, und neben der Idee der mütterlichen Fruchtbarkeit die der Sterilität in ihr einheitliches Doppelwesen aufgenommen. Sie ist zugleich ›Nike‹ und ›Telente‹, zugleich der zu aller Zeugung freundlich leuchtende und der todesgrinsende, als Gorgone schreckende und Untergang verkündende Mond. Sie vereinigt in sich beide Bedeutungen der Fünf: jene, in welcher sie der Ehe, der Verheiratung, den cerealischen Aedilen zukommt,[58] und diejenige, in welcher sie dem Reiche der Erinnyen und dem Orcus verwandt ist. Die Doppelbeziehung ist Ausfluß ihrer stofflichen Mutternatur, welche in der Sieben abgestreift und durch das Lichtprinzip der dem Wechsel der tellurischen Schöpfung entrückten höheren uranischen Sphäre ersetzt wird.

Fassen wir nun dies alles zusammen, so zeigt sich die Verbindung der Sieben mit den drei wichtigsten Gestalten der Aeschylischen Oresteis, mit Apoll, Athene, Orest, in ihrer hohen Bedeutung für das Mutterrecht. In der Siebenzahl ist dieses überwunden. Als Septima ist Athene auch den Erinnyen gegenüber eine wahre ›Nike‹, die auf dem Untergang des alten tellurischen Mutterrechts den Sieg des apollinischen Vatertums des Lichts errichtet. Der Sieg des Vaterprinzips über das Mutterprinzip kann als ein Sieg der Sieben über die Fünf, die Hebdomas selbst der Pemptas gegenüber als Sonnenzahl bezeichnet werden. In diesem uranischen Charakter erscheint sie in allen jenen Stellen, wo immer ihre Bedeutung untersucht wird, ja in der astronomischen Natur wurzelt überhaupt die Heiligkeit der Siebenzahl, die so groß erschien, daß man ›hepta‹, *septas, septem* selbst auf ›sebasmos (Verehrung)‹ zurückführte.[59] Sieben ist die Zahl der Planeten, welchen sieben Sphären entsprechen; sieben die große Harmonie des Kosmos, welche der Umschwung bewirkt und Apolls siebensaitige orphische Lyra sinnbildlich darstellt. An der Spitze des Gefolges steht als Herr und König der Gestirne [...] die Sonne selbst, welche, zu den Sechs hinzutretend, die Siebenzahl erfüllt. In der Sechs schon hat Athene die Fünf der Erinnyen überwunden, die Siebte ist sie selbst, wie Apolls Mutter sechs Geburtswehen übersteht und in der siebten den herrlichen Knaben, noch bevor die Schwäne ihren Gesang vollendet, ans Licht treten sieht. Durch die Sechs wird der Sieg hervorgebracht, in der Sieben steht das Lichtprinzip vollendet da.[60] So ruht Gott am siebten Tage, dem ›Geburtstag der Welt‹, der daher ›Vollendung bringend‹ heißt, von dem in allen seinen Teilen harmonisch vollendeten Schöpfungswerke aus. Sechs sind die Geburtswehen der Welt, der siebte sieht das fertige Werk. Zu Athen, wo Athene dem väterlichen Sonnenrecht durch Orests Freisprechung den herrlichen Sieg errungen, wird die Siebenzahl vor allen geheiligt. An ihm halten die Knaben Spiele, Jünglinge und Männer festliche, durch philosophische Unterhaltung gefeierte Mahle, wie Gellius und Lucian berichten. Am siebten apollinischen Monatstage sind Plato und Karneades geboren.

In der Stadt der Septima, der Athene Nike, ist die Verherrlichung der Hebdomas besonders bedeutend. Wenn daher Solon in seinen Elegien die Sieben so hoch feiert, wie denn der Jude Aristobul sich der Solonischen, von Philo erhaltenen Verse zum Beweise einer allgemeinen Feier des siebten Schöpfungstages bedient,[61] so liegt hierin kein anderer Gedanke, als jener der Aeschylischen Tragödie, nämlich die Verherrlichung des durch Apollon, Athene, Orest gewonnenen Siegs über die Erinnyen und des dadurch gesicherten schönen Gedeihens der Stadt zu politischer und geistiger Bedeutung.

In derselben Kraft erscheint die Sieben zu Rom. Ausdruck des väterlichen Sonnenprinzips und dadurch auch dem Landmanne glückbringend, ist sie dem Wesen der Siebenhügelstadt, die ihre Herrschaft auf der *patria potestas* gründete, besonders nahe verwandt. Der *pignora imperii* müssen es sieben sein. Die Siebenzahl verbürgt als ›Vollendung bringend‹, *absolutus, completus, rerum omnium nodus* die Herrschaft über die ganze ›bewohnte Welt‹. Daher *septemgemina Roma.* Wie die Sonne an der Spitze des himmlischen Heeres, so steht Rom an der der irdischen Schöpfung, welcher von ihm Gesetz und Recht, der oberste Kosmos, die schönste Harmonie, mitgeteilt werden. Septimontium, das Fest der Agonalia, wird von Plutarch Qu. rom. 69 mit der Vollendung der Stadt in Verbindung gebracht, und auch von Festus s. v., Varro L. L. 5, 41, Tertull. idol. 10; ad nation. 2, 15, Sueton. Domit. 4, 5 erwähnt. Siebensaitig ist die Lyra, welche bei allen Festen und Aufzügen allein gebraucht wird. *septem curricula sollemnia,* sieben Eier und sieben Delphine sind in den Circusspielen von Anfang an üblich.[62] Das Septizonium ist dem Circus benachbart. Die sieben Pagi von Veii, die einundzwanzig Tribus, die einundzwanzig Schilde, welche Memmius nach der Eroberung von Korinth zu Olympia weiht,[63] zeigen den *septenarius numerus plenus et absolutus* zugleich in seiner solarischen und in seiner politischen, auf Herrschaft gerichteten Bedeutung, wie denn in dem Circus von Cassiodor (Var. 3, 51) alles auf den Sonnenkult bezogen und den Schilden vielfältig die uranische Bedeutung beigelegt, der Himmel selbst *altisonum caeli clupeum* genannt wird. Wenn die *ludi plebeii* meist in der Siebenzahl erscheinen, so mag auch das als Anerkennung der vollendeten Hebdomas, die namentlich den großen Religionsfesten zukommt, gelten. Das gleiche ist von dem *septemviratus* in seinen verschiedenen Anwendungen, namentlich den *septemviri epulonum*, den *septem tabernae*, *septem aquae*, *septem ventus*, *septem Caesares*, der Redensart *septembona brassica* zu behaupten. Ja, als wäre die Hebdomas Roms angeborne Zahl, so bewegt sich auch das römische Königtum in ihren Grenzen, und wird der Stadt Gründung in das erste Jahr der siebten Olympiade gesetzt.[64]

Uns liegt es ferne, diesen Gegenstand hier weiter zu verfolgen. Genug, daß wir in der apollinisch-orestischen Siebenzahl das Prinzip des Vaterrechts und den Gedanken der auf die *patria potestas* gegründeten politischen Herrschaft in ihrem Gegensatz zu dem mütterlichen Rechte der Erde und der lunarischen Fünf erkannt und die innigste Verbindung der Begriffe von Sonnenreich, kosmischer Harmonie und geistiger Vollendung mit der größten Bestimmtheit ausgesprochen gefunden haben. In seiner Gleichstellung mit Apoll könnte auch August als Siebener bezeichnet werden, wie er denn von den Alten wegen der an den Vatermördern genommenen Rache mit Orest auf eine Linie gestellt wird.[65] Aber der größte ›Vollender‹ ist Gott selbst, der von Tertullian[66] als *septemplex spiritus, qui in tenebris unus lucebat sanctus semper* bezeichnet wird. In dieser Attribution der Siebenzahl erscheinen alle ihre Eigenschaften auf der höchsten Stufe der Vergeistigung: das Prinzip des Lichts als das des Geistes, die Vollkommenheit nicht mehr als Maß der Körperschöpfung, sondern als Unendlichkeit des Schöpfers, die incorrupte Natur als Attribut des ewig sich selbst denkenden Wesens, die Harmonie des Kosmos als Ausfluß der höchsten Harmonie des Demiurgen, zu dessen Betrachtung nach Plato, Aristoteles, Philo der Mensch durch die uranische Welt mehr als durch die stofflich-tellurische von Anfang an hingeleitet wurde.

31. In der Betrachtung der Aeschylischen Darstellung sind verschiedene Bemerkungen übergangen worden, die nunmehr ihre Erledigung finden sollen.

Im Agamemnon, dem ersten Akt der Oresteis, liefert Aeschylus einen wichtigen Beitrag zur Kenntnis desselben Urrechts der menschlichen Gesellschaft, und seiner Auffassung schließt sich in diesem Teile auch Sophokles' Elektra an. Die Erinnyen verfolgen nur Orest, den Muttermörder, Klytaemnestras Tat ruft sie nicht zur Rache auf. Sie ist dem Manne nicht blutsverwandt, den sie erschlug. Wie die Erinnyen die Strafe verweigern, so weist auch

Klytaemnestra jede Schuld von sich. Beide gehen von dem gleichen Grundsatze aus, beide stehen auf dem gleichen Boden, auf dem Boden des Mutterrechts. Nach diesem hat Klytaemnestra den heimkehrenden Gemahl mit Recht gemordet. Kassandras Eintritt in Agamemnons väterlichen Palast, ihre Besteigung des fremden Ehebettes ist eine Verletzung desselben Gesetzes, das durch des Sohnes blutige Tat zum zweiten Male gebrochen wird. Doppelte Schuld ladet der Pelopiden männlicher Stamm auf sich. Tritt Agamemnon durch Heimführung der fremden Buhlerin des Weibes Recht mit Füßen, so vollendet Orest des Vaters Untat durch der beleidigten Mutter Mord. Hat Agamemnon ohne Recht des Weibes Tochter geschlachtet, so sieht Orest in wiederholter Untat der Mutter Blut zur Erde fließen, und Atreus' Greuel an Thyests Söhnen ist von des Geschlechts Dämon im dreizehnten Menschenalter nachher (eine Zahl, über deren Bedeutung später gesprochen werden soll) durch Talion gebüßt. Durch Iphigeniens Mord wird Klytaemnestras Tat gerechtfertigt. Wer des Kindes Blut vergießt, verfällt der Mutter Rache.[67] In der Tochter ist das weibliche Naturprinzip, ist die Erdmutter selbst verletzt. Wie für Klytaemnestren die Erinnys, so erhebt für Iphigenien sich Nemesis. Nach der Erinnyen Gesetz ist Orest, nach dem der Nemesis Agamemnon mit Blutschuld behaftet; der eine wie der andere macht sich des Vergehens an dem Muttertum der Erde schuldig. (Soph. Electra v. 792)

Ruft hier Elektra die Göttin an, den gemordeten Vater zu rächen, so entgegnet Klytaemnestra: »Sie hörte, wen sie mußte, und verlieh was recht.« Klytaemnestra hat durch des Mannes Mord ihr Mutterrecht verteidigt, das jener durch der Tochter Opfertod verletzte; das ist der Urmutter Nemesis Gesetz. Das wird von Elektra verkannt (v. 560), während Chrysothemis es achtet, das von Orest zum zweiten Male gebrochen. Beide treten als Rächer des Vaters auf (El. v. 399) und verletzen so das ältere und bessere Mutterrecht, der Erinnyen und Nemesis Gesetz. Nach Aeschylus (Agam. 135 ff.) zürnt Artemis dem Hause der Priamiden, weil der Luftkönig sich weidete vom Geweide der tragenden Häsin, denn mit der Frucht die tragende Mutter zu opfern wird von dem Seher als alles Unheils Grund erkannt (v. 125 ff.). Das ist der Ausdruck des Mutterrechts, wie es Agamemnon an seinem Weibe brach. Ihres Kindes Rächerin nennt Klytaemnestra Dike, der Ate und Erinnys hat sie ihren Mann geopfert (v. 1432 ff.). Nach Recht hat er gebüßt, er, der mein Kind, das von ihm ich empfing, das ich ewig beweine, Iphigenien, mir unwürdig erschlug (v. 1523-1529). Die Holde eilt jetzt dem Vater entgegen, liebreich, wie sie muß, zur schweigenden Fahrt auf dem ächzenden Strome der Leiden (v. 1555f.). Durch die Lebende ist die Tote gerächt, das in der Tochter verletzte Mutterrecht hat die Mutter selbst zur Rächerin. Der großen Urmutter wird Agamemnon zur Sühne dargebracht. Dike, Ate, Erinnys, Nemesis verlangen sein Blut. Durch den Mord der Tochter und der Mutter Entehrung frevelt Agamemnon an der Erde, der heiligen Urmutter, wie der Aar, der der tragenden Häsin Geweid verzehrt. Dadurch ist Klytaemnestra gerechtfertigt. Mag dem heutigen Leser ihre Verteidigung gegenüber Elektra als eine bloße Entschuldigung, ja als unwürdige Sophistik erscheinen: von dem Standpunkt der alten urheiligen Mutterreligion ist sie keine Täuschung, sie enthält volle und wohlbegründete Rechtfertigung der Tat. Aber diese Rechtfertigung ruht in dem Mutterrecht, in Nemesis-Erinnys' Urgesetz, das mit einem höhern, dem apollinischen Lichtrecht, in Kampf tritt und zuletzt ihm weicht. Was die Mutter für sich geltend macht, ist ganz den Verhältnissen des stofflichen Lebens entnommen; die mütterliche Blutrache, die sie übt, gehört dem Recht der mütterlichen Geburt, die in der Erde Muttertum ihr großes Vorbild findet. Von diesem Standpunkt aus hat Klytaemnestra nicht nur das Recht, sondern selbst die heiligste Pflicht, ihrer Tochter Blut zu rächen. Ist der Mörder überdies Vater, so obliegt ihr jenes Gebot mit doppelter Gewalt. Statt ihre Sünde zu mehren, rechtfertigt dies ihre Tat zwiefach, wie Agamemnon doppelt schuldig erscheint.

Es ist das blutigste aller Rechte, dies stoffliche Mutterrecht. Es gebeut die Rache selbst da, wo höhere Gesichtspunkte sie als Verbrechen erscheinen lassen. Wo Apollon sühnt und von aller Schuld freispricht, da wütet Nemesis-Erinnys unabwendbar, stets nach Blut dürstend. Darum bedient sich des Geschlechtes Dämon der Weiber, um den Wechselmord stets zu erneuern. Nicht ist Klytaemnestra Agamemnons Gemahlin, sie gleicht ihr nur, in ihrer Weibesgestalt lebt der Dämon der Pleistheniden, der schon in dem hoffenden Schoß blutlechzende Gier weidet (v. 1475-1504). Um eines Weibes willen hat Agamemnon alles Weh erduldet, durch ein Weib wird er nun des Lebens beraubt (v. 1453). Wer hat Helenens Namen erfunden, der so deutungsvoll als ›helenaus, helandros, heleptolis (Schiffe-, Männer- und Städtezerstörer‹) alles Elendes

Grund in sich trägt (v. 689 ff)? Vom Weibe geht das Verderben aus, vom Weibe wird es vollendet. In wilden Weibern rast des Dämons Gewalt (v. 1468 ff.). Vom Manne dagegen soll die Rettung kommen. Elektra übernimmt die Rache nicht selbst, sie erhofft sie von dem verbannten Bruder. Das höhere apollinische Gesetz kann das Weib nicht siegreich durchführen, der Muttermord, von ihrer Hand geübt, wäre unsühnbar. Nur nach dem höhern Rechte sich sehnen, nur in Worten es vertreten, nur den Gattenmord verurteilen, ohne darum den Tochtermord zu rechtfertigen, nur das kommt ihr zu. Welch ein Gegensatz zwischen Klytaemnestra und Elektra! Jene der Ausdruck des Weiberrechts in all seiner blutigen Unbeugsamkeit, eine Erscheinung wie die Lemnerinnen und die vom Blute der Hochzeitnacht triefenden Danaïden, ein männlich ratend Herz, nie weich, als wo sie des Muttertums und der Mutterliebe gedenkt, ein Bild amazonischer Erhabenheit und Strenge, eine Klytaemnestra im wahren Sinne des Worts, keinen Augenblick zaudernd, wo es gilt, des Geschlechtes Rechte zu wahren. ›Wie auch in Weibern Ares ist‹ (Soph. El. 1243), Elektra dagegen zwar über der Mutter Recht zweifelhaft, doch in dem Vater eine höhere Weihe anerkennend, sein Szepter als den Ausdruck der Herrschaft ehrend,[68] und darum, obwohl selbst Weib, dennoch des Weibes höherm Rechte abgeneigt, gehorsam lieber als gebietend, ihrer Schwäche bewußt, und nur im Vertrauen auf des Bruders mächtigere Männlichkeit selbst beherzt und entschlossen. Elektra ist die Vorbereitung auf Orestes' vollendete Tat. Duldend vollbringt sie, was der brüderliche Held zuletzt schnell handelnd durchführt. Innerlich ist in ihr alles gereift, noch bevor es in Orest ins Leben tritt. Es ist Tag geworden, noch ehe die Sonne in vollem Glanze hervortritt. Orest straft nicht nur das Weib, er erlöst es auch. Das Weib, in Klytaemnestra besiegt, erscheint in Elektra versöhnt. Der Übergang von dem alten blutigen Rechte der Erde zu dem neuen reinern der himmlischen Sonnenmacht bereitet sich in des Weibes Herz selbst vor, wie es auch im Namen Elektra einen Ausdruck gefunden hat. Die Frau sehnt sich zuerst nach einem höhern Gesetze. Sie kommt dem Manne entgegen, bietet ihm selbst die hilfreiche Hand. So schont Hypermnestra ihres Gemahls; aus dem Schoße des Weibertums kommt der Untergang seiner Herrschaft. Nach dem Mutterrechte ist Hypermnestra strafbar wie Elektra, aber voll Abscheu stößt sie die blutigen Schwestern von sich, wie Elektra die Gattenmörderin Klytaemnestra. Lieber weich will sie heißen als blutschuldbefleckt. Nicht in Herrschaft und blutiger Aufrechterhaltung derselben, nein, in Liebe und Unterordnung erkennt sie nun ihre höhere Aufgabe, ihre schönere Pflicht.

Wie Klytaemnestra das Bild der alten, so ist Elektra das der neuen Zeit. Dort tritt die Natur der Erinnys, hier die apollinische Reinheit hervor. Klytaemnestra ist nur Mutter, wild wie die Löwin, der das Junge geraubt wird. Elektra gedenkt nur des Vaters; Rache für seinen Tod, Erinnerung an ihn erfüllt ihre ganze Seele. Mit des glühendsten Hasses Fülle tritt sie für den Erzeuger auf, gleich Orest, *facto pia et scelerata eodem*; die das Maß der Weiblichkeit fast übersteigende Härte ihrer Erscheinung, die von Neuern vielfältig getadelt worden ist, findet in dem höhern Abscheu des Weibes vor des Weibes Tat Rechtfertigung und Erklärung.[69] Vergebens ruft Klytaemnestra den Zusammenhang des Blutes an, Elektren gilt das geistige Vaterrecht höher als das stoffliche Muttertum. In Klytaemnestra ist dieses dem Untergang geweiht, in Elektren tagt ein neuer Tag, den Apoll durch Orest zum endlichen völligen Siege führt. Damit schließt die Zeit der Blutrache, wo in nie endendem Wechselmorde Schuld aus Schuld ewig sich selbst erzeugt. Gebrochen ist Nemesis-Erinnys' unersättliches Blutamt. Dem Dämon, der in Weibesgestalt des Tantalos Stamm verheerte, setzt Apollo sein Ziel. Das stoffliche Recht erster Zeit zeigt das Gesetz des Blutes, das himmlische Lichtrecht das der Sühne. Die Idee höherer Gerechtigkeit, die alle Umstände erwägt, tritt erst jetzt in die Welt ein. Sie stammt vom Himmel; früher gab es bloß Blutrache, die keine Verteidigung anhört, und diese stammt aus dem Stoffe. Mit Milde ist des Mannes Herrschaft, mit Grausamkeit die des Weibes gepaart. *Eine* Erhebung trägt alle diese Fortschritte in sich. Die Zeit des Weiberrechts ist die der Blutrache und die des blutigen Menschenopfers, jene des Vaterrechts die des Gerichts, die der Sühne, die des unblutigen Kultes; die gleichen Lichthelden, ein Theseus und Herakles, vernichten die Weiberherrschaft und machen den Menschenopfern ein Ende. Auch an Orests Name knüpft sich die Überwindung des blutigen Dienstes der taurischen Artemis, mit dem Iphigenia verbunden erscheint. In dem Raube ihres Bildes vollendet Agamemnons Sohn seine Aufgabe.[70] Wie er Klytaemnestren erschlägt, so unterwirft er Artemis dem höhern, mildern apollinischen Gesetze, zu dem er Athen erhebt. Des himmlischen Lichtes Symbol ist auch jener Adler, der das Opferschwert, mit welchem Helena, oder zu Falerii Valeria Luperca, geschlachtet werden sollte, vom Altar wegnahm und es auf eine junge Kuh legte.[71] Der Hammer, der in dem Falerischen Mythus eine so merkwürdige Rolle spielt, verdankt seine Bedeutung ebenfalls der Feuerarbeit, der er dient, mithin ebenfalls dem Lichtprinzip. Der apollinische Kult ist überall Ausgangspunkt höherer Gesittung. Kein anderer hat so, wie er, umgestaltend gewirkt. Kein anderer steht mit der Erhebung des Menschengeschlechts auf eine ganz neue Stufe der Gesittung in so nahem Zusammenhang.

Im Leben des Solon c. 12 hebt Plutarch die Vorliebe der Frauen für grausame und barbarische Gewohnheiten aus Anlaß der Kylonischen Unruhen hervor. Epimenides kam zur Sühne der durch große Verbrechen entweihten Stadt aus Kreta nach Attika herüber. Die Einrichtungen, welche er traf, werden als eine Anbahnung der Solonischen Gesetzgebung geschildert. Seine Maßregeln gingen namentlich auch auf die Begräbnisse; er schaffte die grausamen und barbarischen Gewohnheiten ab, denen namentlich die Weiber ergeben waren. Medeische Taten berichtet die Überlieferung mehr als eine. Hippodamia und Nuceria morden ihrer Männer Liebeskinder. Blutszenen, wie die der lemnischen Weiber, knüpfen sich an Iodamas Kult. Um Eriphyles Halsschmuck opfert Kallirrhoe ihren Gemahl Alkmaeon.[72] Die Geschichtlichkeit dieser einzelnen Ereignisse will ich dahingestellt sein lassen. Aber das ist nicht aus der Erinnerung des Menschengeschlechts geschwunden, daß die Zeit der Weiberherrschaft Erfahrungen der blutigsten Art über die Erde heraufgeführt hat.

32. Zu Orests Muttermord und Freisprechung gibt Plutarch in seinen Parallelen griechischer und römischer Geschichten eine aus Dositheus drittem Buche der Italischen Geschichte entnommene Analogie: »Fabius Fabricianus, ein Verwandter des großen Fabius, hatte nach der Eroberung der samnitischen Hauptstadt Tuxium die daselbst verehrte Venus Victrix nach Rom gesandt und wurde darauf von seiner Frau, die sich inzwischen von einem wohlgebildeten Jüngling, namens Petronius Valentinus, hatte verführen lassen, hinterlistiger Weise umgebracht. Den noch kleinen Fabricianus rettete seine Schwester Fabia von einem gleichen Schicksale und ließ ihn insgeheim erziehen. Als dieser das Jünglingsalter erreicht hatte, brachte er seine Mutter samt dem Ehebrecher um

und wurde sodann vom Rate losgesprochen.« Belehrend ist überdies des Horatiers Schwestermord und die von Plutarch dem Kampfe der Tegeater und Pheneater entnommene Parallele. Nach dieser erschlägt Kritolaos, der heimkehrende Sieger, die jammernde Demodica; die Mutter klagt, aber der Sohn wird einmütig freigesprochen. So berichtete Demarat im zweiten Buche der arkadischen Geschichte. In diesen Erzählungen tritt ein Gesichtspunkt hervor, dessen Wichtigkeit wir oben schon angedeutet haben. Das Mutterrecht weicht dem Rechte des Staats, das *ius naturale* dem *civile*. Die klagende Mutter vertritt das stoffliche Recht des Blutes, der Mann den höhern Anspruch des Vaterlandes. Diesem muß jenes weichen. Nach solchem Gesichtspunkte ist auch Iphigeniens Opfer gerechtfertigt. Agamemnon behält des Heeres Wohl im Auge, Klytaemnestra kennt nur des Mutterblutes persönliches Recht. Ihr Kind zu schlachten, gesteht sie dem Manne keine Befugnis zu. Und mußte es denn sein, warum nicht Helenens, warum nicht einer andern Mutter Kind? War Hades denn auf das ihrige gierig?[73] So bekundet das Vaterrecht von neuem die Unstofflichkeit seines Wesens. Es erweitert sich zum Begriffe des Staates, während das Mutterrecht nie über die stoffliche Familie hinausgelangt. Von Marius, der, einem Traume gehorchend, im Kriege mit den Cimbern seine Tochter Calpurnia opferte, gebraucht Plutarch (Parall. 20) den bezeichnenden Ausdruck, er habe den Staat der Natur vorgezogen. Kein Zufall ist es daher, daß Theseus zugleich das Mutterrecht bricht und des athenischen Staats Grundlage legt, daß auch Rom mit Romulus zugleich das Vaterrecht erhält. Ohne dieses wäre keine höhere staatliche Machtentwicklung, keine zivile Ordnung je möglich geworden. Rom war vom ersten Tage seiner Gründung an ein Staat, kein Volk, ein ziviles, kein natürliches Ganzes. Das *ius naturale* mußte dem *civile* weichen, so weit es der Staat verlangte. Nirgends erscheint daher das Vaterrecht so strenge durchgeführt als eben in Rom.

33. Ich wende mich nochmals zu Klytaemnestra. Sie führt ihre Tat auf Nemesis' Gebot zurück. Wie an Orest Erinnys, so übt an Agamemnon Nemesis Vergeltung. Hier finden wir das Mutterrecht wiederum als Ausfluß der Religion. An der Spitze der Dinge steht eine große Urmutter, aus deren Schoß alles Leben hervorgeht. Darin wohnt die Heiligkeit und Macht des irdischen Weibes, die jener Bild und Priesterin ist. Wer die Frau verletzt, frevelt

an der Urmutter. Wer ihr Recht bricht, hat von dieser Strafe zu leiden. So wird die Mutter Erde zur Rächerin der Missetat. An den physischen Begriff knüpft sich, wenn ich so sagen darf, der strafrechtliche an. Aus der Idee des stofflichen Muttertums entwickelt sich die der strafenden und rächenden Gewalt. Wie Themis, so sind auch Poina, Dike, Erinnys, Nemesis tellurische, mütterliche Mächte; das Recht, das sie vertreten, wurzelt ganz in dem Muttertum der Materie und hat zunächst keinen weitern Umfang, als die Geltendmachung der Mutteransprüche selbst. Das stoffliche Muttertum gestaltet sich zur Idee einer höhern stofflichen Ordnung, des ältesten *ius naturale.* Die Naturmütter werden die Trägerinnen der ersten menschlichen Ordnungen, über deren Beachtung sie wachen, deren Verletzung sie strafen. In Themis erscheint diese Ordnung als ruhende, immanente Eigenschaft des Stoffes, in Poina, Dike, Erinnys, Nemesis als tätige, verfolgende Macht. Jene trägt die Fülle aller Offenbarung in sich, aus ihr stammt alle Weissagung, weshalb Diodor (5, 67, 4) mit Recht bemerkt, von Themis habe alles Weissagen den Namen ›themisthenein (weissagen)‹ erhalten; diese rächen jede Verletzung. Jene ist das Gesetz, diese dessen Vollstrecker. Die Gemordete, zur Erdmutter zurückkehrend, wird selbst zur Erinnys. Der Mutter Erinnys verfolgt Orest (Hygin. fr. 119 und 79), für Proserpina treten die Erinnyen auf, um an Theseus und Peirithoos Rache zu nehmen. Wo durch Missetat der Völker das Naturgesetz verletzt ist, straft die Erde durch Unfruchtbarkeit, durch Mißwachs und Pestilenz; zur Sühne werden ihrem Schoße Menschen überliefert. Des Muttermörders Fuß darf keinen Teil des Erdbodens betreten.

In Alkmaeons Strafe tritt der Gesichtspunkt, der die Aeschylische Trilogie beherrscht, mit der größten Klarheit hervor. Die Parallele zwischen Orest und Alkmaeon wird schon von den Alten hervorgehoben, und es lag daher Sophokles nahe, Amphiaraos in seiner Elektra (837-841) zu erwähnen. Sie ist auch in allen Teilen schlagend und für unsern Gegenstand äußerst lehrreich. Um des Vaters Untergang zu rächen, mordet Alkmaeon die treulose Mutter. Zur Rache dieses Verbrechens erhebt sich die Erde selbst; denn in dem Verbrechen gegen die Mutter ist der Erde Muttertum in den Staub getreten. Daß Eriphyle um den Preis des Halsbandes ihren Gemahl verraten, das findet an der tellurischen Macht keinen Rächer. Das zu strafen, erhebt sich die Erinnys so wenig, als sie Klytaemnestren verfolgt. Nirgends ist Alkmaeon vor der Mutter Rachegeistern sicher. Nur dann hat er Errettung zu hoffen, wenn er seinen Fuß auf einen Boden setzen kann, der zur Zeit der Tat noch nicht vorhanden war, den das Meer erst später aus sich erzeugte, ›auf einem Land, das jünger ist als seine Tat‹, wie Philostrat (Her. 19, 16 p. 327) sich ausdrückt. So verkündet ihm Apoll. Die Schlamminsel am Ausfluß des Acheloos bietet die erwünschte Stätte. Hier erst verläßt ihn der Wahnsinn, mit welchem die rächende Erde ihm, gleich Orest, den Geist verwirrt.

Wer erkennt hier nicht den Zusammenhang des Muttermords mit dem Muttertum der Erde? So weit der Erdboden reicht, so weit der verletzten Mutter Rache. Die Erde in ihrer physischen Substanz erscheint als Eriphyles Rächerin. Sie ist die verfolgende Erinnys, sie die strafende Nemesis. Daher erklärt sich, daß die Alkmaeonsinsel sich nicht zum Aufenthalt für Achilles und Helena eignete, wie Philostrat (Her. c. 19, 16) berichtet. Zwischen Alkmaeon und dem Thetissohne waltet ein Gegensatz, dessen ganzes Gewicht wir später noch mehr erkennen werden. Auf dem fünfseitigen Altar, den die Oropier zuerst dem Amphiaraos weihten, fand Alkmaeon keine Aufnahme, da sie doch des Amphilochos, seines Bruders Söhnen nicht verweigert wurde. Wegen des Muttermordes, sagt Paus. 1, 34, 3, konnte er an der Verehrung keinen Anteil haben. So hatte Phidias auf der Basis des Nemesisbildes zu Rhamnus auch Orest nicht aufgenommen; und doch sah man dort Helena, der Nemesis-Leda Tochter mit Agamemnon, Menelaos, dem Achillessohne Pyrrhus, dem zuerst Hermione, Helenas Tochter, angetraut worden war. Warum also nicht auch Orest, zumal in Attika, und in einem attischen Heiligtume? Aber zu Nemesis' Füßen durfte der Muttermörder nicht erscheinen. In Klytaemnestra wurde Nemesis, die große Urmutter Erde, selbst verletzt, selbst ins Herz getroffen. Daß Apollo den Mörder reinigt, daß Athene für ihn den Stein einlegt, das kann dem Urrechte des Muttertums, das Nemesis vertritt, keinen Abbruch tun. Mit Apollo, der bei Lactantius (Inst. 1, 7, 1) ›ohne Mutter selbst gewachsen‹, bei Servius (Aen. 4, 58) *expers uxoris* heißt, mag Orest, nimmermehr mit Leda-Nemesis auf Einem Bilde dargestellt werden. Der zum Apoll erhöhte Augustus wurde selbst Orest genannt, weil auch er siegreich die Vatermörder verfolgte (Pausan. 2, 17, 3). An dem weiblichen Naturprinzip hat Orest gefrevelt, erst nach dem höheren, männlichen, apollinischen ist seine Tat gerechtfertigt.

Wird Alkmaeon durch den Muttermord von jeder Berührung

mit der Mutter Erde ausgeschlossen, so tritt auch im weitern Fortgang des Mythus gerade das Weib feindlich gegen ihn auf. Denn Kallirrhoe, seine Echinadengemahlin, ist es, die ihn verleitet, nach dem psophischen Phegia zu ziehen. Hier wählt er sich Alphesiboea zur Gemahlin, wird aber von deren Brüdern Temenos und Arion erschlagen. Durch das Weib erreicht ihn der Mutter Rache. Also offenbart sich in Alkmaeons Mythus derselbe Grundsatz wie in dem Orests: Die Rache des Vaters obliegt dem Sohne, für die Mutter dagegen tritt die Erde selbst strafend und verfolgend auf, wie bei Hygin. f. 203 Daphne gegen Apollons Verfolgung die Erde um Hilfe anfleht und Skedasos, auf den Boden stampfend, die Erde zur Rache für die geschändeten leuktrischen Jungfrauen auffordert. Hier steht eine unsterbliche Macht, dort der sterbliche Mann; wir sehen die Unsterblichkeit wieder auf des Weibes, die Sterblichkeit auf des Mannes Seite; dort Herrschaft, hier Unterordnung.

Der gleiche Gesichtspunkt beherrscht den ganzen Mythus, dessen Mittelpunkt Eriphyle bildet. Er wirft auf die Anschauungsweise des frühesten Altertums ein solches Licht, daß ihm unsere vollste Aufmerksamkeit gebührt. Amphiaraos ruht sicher in Eriphyles Versteck. Da erhält diese von ihrem Bruder Adrast den leuchtenden Halsschmuck und verrät ihren Mann, der seinen Tod ahnt. In Boeotien, wohin er den Sieben folgt, verschlingt ihn auf dem Wege von Theben nach der vulcanischen Erzstadt Chalkis die Erde mitsamt seinem Wagen. Die Örtlichkeit hat daher den Namen Harma.[74]

In dieser Dichtung wiederholt sich eine oben schon erläuterte Grundidee. An der Spitze der Dinge steht das weibliche Prinzip, steht Eriphyle. Nur die Erde zeigt sich unserem Blicke. Die Männlichkeit ruht verborgen in ihrem Schoße. Amphiaraos wird von dem Weibe in sicherem Versteck bewahrt. Damit der Mann hervortrete, muß die Erde ihre Jungfräulichkeit verlieren und den bräutlichen Schmuck anziehen. Diese erotische Bedeutung hat das Halsband, das von Kadmos der Harmonia, von den Freiern der Penelope geweiht wird, das in dem Aphroditeheiligtum zu Amathus auf Cypern im Tempel sich befindet, mit dem auf so vielen, namentlich etruskischen Spiegelbildern, die bräutlich geschmückte Helena erscheint, und das in unserem Mythus Adrast der Schwester reicht. Erst nachdem Eriphyle es erhalten, verrät sie den Amphiaraos. Aus der Erde Schoß ist der Mann hervorgetreten. Aber dieser verfällt, wie alle Erdzeugung, dem Untergange. Mit der Erscheinung der männlichen Kraft beginnt die Herrschaft des Todes. Amphiaraos muß dahin zurückkehren, von wannen er stammt. Wie ihn die Mutter Erde geboren, so nimmt sie ihn wieder zu sich. Er wird von ihr verschlungen. Hätte Eriphyle den bräutlichen Schmuck nicht angezogen, so wäre keine Schöpfung entstanden und auch kein Tod in die Welt gekommen. Aber sie widersteht dem ihr angebornen Hange nicht. Unbekümmert um den Schmerz des Mannes, gibt sie sich ihres Bruders Verführung hin. In dem Geschwisterverhältnis wiederholt sich Isis' und Osiris', Heras und Zeus', Janus' und Carnas ähnliche Verbindung. Im Geschwisterverhältnis werden die beiden Zeugungspotenzen des Stoffs gedacht, weil sie Teile derselben Urkraft sind. Nach Plutarch mischen sich schon in Rheas dunkelm Mutterleibe Isis und Osiris, die Ein Schoß birgt. Sie sind nicht nur Geschwister, sondern noch viel bezeichnender Zwillinge. Amphiaraos' Person vereinigt also zwei Bedeutungen: Er erscheint erst als die im Erdenschoß verborgene unsichtbare Mannheit, und dann als der ans Licht getretene sterbliche Mensch. Er ist sein eigener Sohn, sein eigener Vater, in Adrast auch seines Weibes Bruder; Auffassungen, die sehr begreiflich werden, sobald wir uns auf den Boden der stofflichen Erdzeugung stellen. Auf dem Kypseloskasten war Amphiaraos dargestellt, wie er, im Begriff, den Wagen zu besteigen, wutergrimmt das Schwert zückt und damit, kaum noch seiner selbst mächtig, die verräterische, mit dem Halsschmuck prangende Eriphyle bedroht.[75] So mag der Mensch dem Weibe fluchen, das ihn mitten in des Lebens gefahrvollen Kampf hineinstellt. Wie beneidenswert erscheint ihm nun der sichere Versteck, wo er vordem ruhte! Aber Aphrodite kümmert sich nicht um den Tod, der alles Leben beherrscht, nicht um das traurige Los, welchem alles Geborene verfällt. Für sie hat der Brautschmuck den höchsten Reiz. Sie verlangt immer von neuem nach ihm. Penia geht stets andern Männern nach. Hat ihn heute der Vater geboten, so erwartet sie ihn morgen von dem Sohne. Zeugung und immer neue Zeugung ist ihre einzige Lust, ihr einziges Ziel. Das gleiche Halsband, das Adrast der Eriphyle, das Kadmos der Harmonia-Pandora reichte, dasselbe erhält nun von Alkmaeon des Phegeus Tochter Alphesiboea; nach demselben verlangt sehnsüchtig Kallirrhoe, jener Tarpeia vergleichbar, die, wie Eriphyle den Mann, so um des bräutlichen Schmuckes willen den fremden Kriegern die Burg verrät.

Alle diese Frauen sind der tellurischen Urmutter sterbliche Stellvertreterinnen. Sie teilen ihre Natur und übernehmen ihre Aufgabe. Sie sind mithin notwendig auch Herrscherinnen. Ihnen steht der Mann in untergeordneter Stellung gegenüber, wie Adonis Aphroditen, Virbius Dianen, Iacchus der Demeter. In den Namen ›Damonassa (Volksherrscherin)‹ und ›Eurydike (die weithin Rechte hat)‹ tritt beides, die Erdbedeutung und das Herrschertum, deutlich hervor.

Dasselbe hat noch in einem andern Umstande eine sehr eigentümliche Äußerung gefunden. Aus Alkmaeons Grabmal erwuchsen Cypressen von solcher Höhe, daß sie den mächtigen Berg von Psophis ganz beschatteten. Die Eingebornen gaben ihnen den Namen der Jungfrauen.[76] Söhne wäre geringere Ehre, Töchter sind der Familie Zier und Haupt. Sie wachsen zum Himmel und beschatten die ganze Stadt. Mit der Erde, die sie trägt, teilen sie das gleiche Geschlecht. Darin erkenne ich eine sehr bestimmte Anzeige des auch der arkadischen Psophis eigentümlichen Mutterrechts, und dadurch gewinnt der Umstand, daß eben hier der Muttermörder Alkmaeon durch der Gemahlin Verwandte seinen Untergang finden muß, eine erhöhte Bedeutung. Nach Asius' genealogischem Gedicht stammt von Eriphyle und Amphiaraos auch Alkmene, das Bild der alten Weibermacht und Weiberherrlichkeit, die in den Hesiodischen Eoeen, nach dem in der Aspis enthaltenen Fragment, die erste Stelle einnimmt. Inmitten dieses argivisch-boeotischen Mutterrechts erscheint Alkmaeons Muttermord erst in seiner ganzen Bedeutung. Aber damit ist zugleich der endliche Sturz des alten blutigen Rechts vorbereitet. Wie an Orests Muttermord sich die Anerkennung des höhern apollinischen Vatergesetzes anschließt, so auch an Alkmaeon. Zwar muß er durch seinen Tod den Bruch des alten Rechtes büßen und den Brüdern seiner psophischen Gemahlin erliegen, damit Eriphylen Gerechtigkeit geschehe. Aber der Brautschmuck wird Apollon geweiht, also ihm dargebracht und der himmlischen Lichtmacht untergeordnet. Jetzt erst gereicht er zum Segen, wie sich früher an ihn der Greuel des Wechselmordes anschloß. Das aphroditisch-tellurische Prinzip wird dem himmlischen Lichtrechte des Vatertums untergeordnet. Das Weib, in der Herrschaft blutig und verderblich, wird in der Unterordnung unter den Mann ein Segen der Menschheit. Jetzt geht auch Amphiaraos aus der Erde, die ihn verschlang, als Gottheit wieder hervor. Die Oropier sind die ersten, die ihm ein Heiligtum weihen. An seiner Erhöhung nimmt auch Amphilochos mit den Söhnen teil, nur Alkmaeon ist ausgeschlossen, weil er mit seiner Hand den von dem Vater gebotenen Mord ausgeführt. Amphiaraos selbst wird noch ganz als tellurische Kraft aufgefaßt. Beim oropischen Heiligtum hat er eine Quelle, die seinen Namen trägt, aus welcher ihn der Glaube des Volks emporsteigen läßt. Wie Pelops, so wird auch ihm ein Widder, das Bild der männlichen Zeugungskraft, geopfert. Er sendet die Träume und gilt als der Begründer der Traumdivination.[77] Er ist also nicht Apollons, sondern der Mutter Erde Prophet. Er gehört der stofflichen, nicht der unstofflichen, himmlischen Lichtstufe der Männlichkeit. In der Fünfzahl, nach welcher sein Altar gebildet ist, zeigt er sich, gleich dem kretischen Achill, als Pemptus, das heißt als Darstellung der zur Ehe vereinigten doppelten Naturseite, der männlichen und der weiblichen, worüber die Stellen in dem Abschnitte über Achill folgen werden. Er bereitet auf dem Gebiete des Stoffs die Herrschaft des männlichen Prinzips, die in Apoll zu geistiger Vollendung gelangt. Er steht zu diesem Gotte wie Achilles-Pemptus, dessen Verhältnis später Gegenstand besonderer Darstellung sein wird. Er ist nicht selbst Apoll, er steht eine Stufe tiefer als dieser, aber gleich Achill strebt er dessen Wesen entgegen. Aus der heilkräftigen Quelle steigt er zum Himmel empor. Seine Seherkraft ist nicht die apollinische, himmlische, sie bleibt auf der tellurischen Stufe zurück; aber sie bereitet jene vor, wie sich auch das delphische Orakel aus einem Orakel der mütterlichen Erde zu einem Sitz apollinischer Prophetie erhebt. Zu Delphi verkündet nun der Halsschmuck Eriphylens die Unterordnung jenes ältern tellurischen Religionsprinzips unter Apollons väterliche Lichtnatur.

34. Amphiaraos' Abreise und Eriphylens Halsband bildet eine der häufigsten Darstellungen auf etruskischen, namentlich auf volaterranischen Aschenkisten. Lange war mir die Beziehung dieses Mythus zu Tod und Grab völlig rätselhaft. Nunmehr hat alles befriedigende Lösung gefunden. Was das weibliche *sporium* auf dem Türpfosten der Grabkammer von Fallari, das bedeutet auf den Aschenkisten Etruriens der Mythus von Amphiaraos und Eriphyle. Aus dem Versteck des weiblichen Schoßes ist der Held ans Licht getreten, dahin kehrt er im Tode zurück. Der Erde geöffneter Schoß verschlingt alles, was er geboren. Mitten in des Lebens Kampf werden wir von der grausamen Mutter hineingestellt. Was

kümmert sie des Sohnes Verzweiflung, wenn sie nur selbst den Brautschmuck anziehen und ihre Lust erfüllen kann. Die Ahnung des Todes begleitet den Menschen durch sein ganzes Leben, wie sie auch Amphiaraos nie verläßt. Wutentbrannt zückt er sein Schwert gegen den Busen, dem er sein Dasein verdankt. Wie gerne wäre er nie geboren! Aber den erhobenen Arm hält der Gedanke zurück, daß, wie die Mutter in der Annahme des verführerischen Brautschmucks ihren Beruf erfüllt, so auch der Mann von der höchsten Moira zu Kampf und Mühen bestimmt ist. In Achilles' Mythus tritt ein ähnlicher Gedanke hervor. Wir haben den größten der achaeischen Helden schon oben mit Amphiaraos verglichen. Beide erschienen uns als Pempti, beide steigen aus der Tiefe des Erdwassers zum Himmel empor, beide streben apollinischer Natur entgegen, beide werden aus sterblichen Menschen zu unsterblichen Göttern erhoben. Daran schließt sich nun Achilles' skyrisches Versteck. Unter des Weibes Kleidung lebt der Thetissohn ein sicheres Dasein, wie Amphiaraos in Eriphylens Schoß. Aber nun ruft ihn der tyrrhenischen Tuba Schall zum Kriege gegen Ilium, von wo er nimmer heimkehren wird. Aus des Weibes Umhüllung tritt der männliche Held hervor, und nun erwartet ihn Kampf und sicherer Tod. Nach Chalkis führt Achill den Tanagraeer zur Sühne, auf dem Wege nach derselben Stadt wird Amphiaraos von der Mutter Erde wieder aufgenommen. In allen diesen Anschauungen tritt nur die düstere Seite des Lebens, der Fluch mütterlicher Geburt hervor. Aber die Trostlosigkeit, welche sich mit der rein stofflichen, mütterlichen Anschauung der Urzeit verbindet, wird gemildert durch Amphiaraos' und Achills Eingang zur Göttlichkeit. Aus dem Wasser der Tiefe steigen sie beide zu himmlischem Dasein empor. Das ist der Lohn ihrer irdischen Mühen, die Vergeltung für den Kampf des wohlverbrachten Daseins. Sie erheben sich beide zu apollinischer Heilsnatur, und wie Achilles' Lanze, so ist Amphiaraos' Quell mit jeglicher Heilkraft ausgerüstet. Eriphylens Halsband, nach der ältern Sage aus Gold und von Vulcan gefertigt, schmückt sich jetzt mit glänzenden Edelsteinen, die an ihm hervorleuchten wie die Gestirne aus dem dunkeln Nachthimmel. In der Anfertigung durch Vulcan liegt eine Andeutung des Feuerprinzips, dessen Bedeutung demjenigen nicht unklar sein kann, der die Anschauung der Alten von der Ehe als der in jeder geschlechtlichen Verbindung gegatteten Feuer- und Wassermacht sich angeeignet hat. Der kretische Pemptus erscheint als idaeischer Daktyle, also in ganz vulcanischer Natur, die sich mit seiner Wasserkraft zu einer innern Einheit verbindet. Als solchen Pemptus haben wir auch Amphiaraos gefunden, und darum richtet er seine Reise von Theben nach dem vulcanischen Chalkis, wohin auch Achilles geht, wie vordem die jetzt gestürzten Amazonen. Darum ist Eriphylens Halsband eine vulcanische Schöpfung, ein Umstand, dessen Bedeutung Pausanias durch seine Anfechtung nur noch mehr hervorhebt. Darum endlich ist die Fünf, der beide angehören, Amphiaraos und Achill, die eheliche Zahl. Mit der männlichen Drei verbindet sich die weibliche Zwei, mit Feuer gattet sich Wasser. Als Pempti sind Amphiaraos und Achill Gründer der Ehe und des mit dem Feuer verbundenen männlichen Eherechts. Das Mutterrecht ist durch die stoffliche Natur gegeben. Das Vaterrecht gründet der Mann durch seine Kraft und Anstrengung; über das tellurische Wasser siegt das höhere männliche Feuerprinzip. Durch die Sorgfalt, welche ich in einem spätern Teile dieses Werkes dem Achillesmythus zuwenden werde, wird alles dies seine genauere Begründung und Nachweisung erhalten. Amphiaraos versinkt in der Erde Schoß, noch bevor er Chalkis, die Feuerstadt, erreicht. Vollendet sind seine Taten gegen Theben, aber noch bevor er ans Ziel der Reise gelangt, verschlingt ihn die Mutter Erde. Darin liegt, daß er den Sieg des Vaterrechts nicht vollendet, sondern nur vorbereitet. Durchgeführt wird er erst durch Alkmaeons Muttermord, der die apollinische Weihung des Halsbandes herbeiführt.

Die hohe Bedeutung des Eriphylemythus für die Natur des Mutterrechts und dessen Übergang ins Vaterrecht ist durch alles dieses klar hergestellt. Hergestellt seine Beziehung zur Grabeswelt, hergestellt seine Übereinstimmung mit der Idee, welche die Oresteis beherrscht; hergestellt endlich auch seine Beziehung zu der Natur und Bedeutung des Kypseloskastens. Dieser ist, wie die demetrische Cista, selbst nur eine symbolische Darstellung des Mutterleibes, in welchem die Geburt empfangen wird. Wie von dem weiblichen *sporium* der Knabe *spurius*, so wird von *cypselus*, dem Varronischen *locus*, der Plutarchisch-Platonischen ›Stätte und Empfängerin des Werdens‹, der Labdasohn Kypselos genannt. Er ist ja der Sprößling nicht ebenbürtiger Verbindung, und darum nach Mutterrecht von der Mutter genannt. Solchem Mutterrecht schließt sich der Eriphyle Halsband an, und darum nahm es auf dem Kypseloskasten mit Recht eine so hervorragende Stelle ein.

35. Der Erinnyen vorzugsweiser Zusammenhang mit der Mutter und der Rache des verletzten Muttertums tritt noch in manchen andern mythologischen Bildungen hervor. Nach Il. 9, 571 hört Erinnys im Erebos die Verwünschungen der Mutter Meleagers, der ihr den Bruder getötet. Il. 9, 454 ruft Amyntor die Erinnys an, daß Phoenix, der sich an seines Vaters Buhlin vergangen, keine Kinder erhalte. In der Od. 11, 279 hinterläßt dem Oedipus seine Mutter Epikaste sehr viele Schmerzen, so viele einer Mutter Erinnyen bewirken. Od. 2, 134 verweigert Telemachos, seine Mutter auszuweisen, weil sie Erinnyen anrufen werde und ihm daraus viel Ungemach entstehe. Il. 21, 412 droht Athene dem Ares mit den Erinnyen der Mutter, die er zu büßen habe; denn die Mutter verwünscht ihn, weil er den Achaiern sich entzog und den Troern beistand. Zu den Erinnyen endlich tragen die eigestalteten Harpyen die schönen mutterlosen Pandareostöchter (Od. 20, 78.). Immer ist es die Erinnys, welche der Mutter Stelle vertritt. Sehr lehrreich wird von diesem Gesichtspunkte aus die Geschichte der zwei Töchter des Skedasos, welche Plutarch in seiner Schrift über einige unglückliche Liebesbegebenheiten ausführlich darstellt. Der Vater verlangt zu Sparta vergebens Bestrafung der Frevler; da rennt er durch die Straßen, ruft, mit den Füßen auf die Erde stampfend, die Erinnyen zur Rache der verletzten Weiblichkeit auf. Als später bei dem Grabmal jener beiden Töchter Pelopidas seinen Sieg über die Spartaner davontrug, galt er als eine Tat der schwesterlichen Erinnyen, die so ihre Rache übten. – Bei Hygin. f. 79 treten die Erinnyen für Proserpina auf. Istros[38] nennt die Erinnys Tochter der Erde und bestätigt so die Bedeutung, welche wir ihr beilegen.

36. Ich habe oben die den Muttermord rächende Nemesis selbst als stoffliche Urmutter dargestellt und ihr rächendes Erinnys-Amt aus dieser physischen Grundlage abgeleitet. Es obliegt mir jetzt, die ihr zugeschriebene stoffliche Muttereigenschaft selbst nachzuweisen. Dabei kann ich mich des Erstaunens nicht enthalten, daß Walz in seiner sonst so belehrenden und reichhaltigen Schrift De Nemesi Graecorum (Tubingae 1852), in welcher er jene materielle Grundlage der rhamnusischen Mutter nicht nur nicht verkennt, sondern selbst nachzuweisen bemüht ist, dennoch gerade den schlagendsten aller Beweise, durch den auch die übrigen erst ihr volles Licht erhalten, nicht beibringt. Er liegt darin, daß Nemesis

der Leda gleichgestellt und, wie sie, als die eigebärende Mutter alles stofflichen Lebens aufgefaßt wird. Hygin. Poet. Astr. 2, 8 erzählt den Mythus folgendermaßen: Jupiter, zu Nemesis in Liebe entbrannt, aber von ihr verschmäht, nimmt Schwangestalt an. Ein Adler, in welchen sich auf des Gottes Flehen Aphrodite, die jede Paarung begünstigt, verwandelt hatte, verfolgt das Tier der Sümpfe, das sich schutzsuchend auf der Geliebten Schoß niederläßt. Der Schlafenden wohnt der Gott bei. Nach Umlauf der Monde gebiert Nemesis, dem Vogelgeschlechte durch ihre eigene Natur verwandt, ein Ei, das Mercur nach Sparta trägt und der sitzenden Leda in den Schoß wirft. Aus ihm geht Helena hervor, die schönste aller Frauen, die nun als Ledas Tochter gilt.[79] Mit Hygin stimmt der Scholiast zu Callimachus in Dianam 232 überein. Nach ihm wird Rhamnus als der Ort der Zeugung angesehen, und mit Helena auch das Dioskurenpaar – die Brüder mit den Eihüten – geboren. Nach einem lateinischen Scholion, das Staveren, Mythogr. p. 150 anführt, berichtete der Komödiendichter Krates, Nemesis selbst habe Leda geheißen.[80] Apollodor 3, 10, 7 fügt hinzu, das von Nemesis geborne und von einem Hirten der Leda überbrachte Ei sei von dieser in einen Kasten eingeschlossen und so bis zur Zeit der Geburt bewahrt worden. Leda habe dann Helenen gleich ihrem eigenen Kinde gesäugt (ebenso Pausan. 1, 33, 7.)

Alle einzelnen Züge dieses Mythus sind für das stoffliche Muttertum von großer Bedeutung. Nemesis wird in das Vogelgeschlecht verwiesen. Der Mythus denkt sich dieselbe in Gestalt einer Gans, wie Lykophron und Apollodor berichten. Die Gans aber bezeichnet das Wasser der Tiefe, mit andern Worten das mit Feuchtigkeit getränkte und durch sie geschwängerte Erdreich selbst. Sie verdankt diese Bedeutung ihrer Wassernatur. Dieselbe teilen mit ihr der Schwan, die Ente, der Storch, der Wasserreiher *ardea*-›oknos‹, und in ähnlichen Gründen wurzelt die mythologische Wichtigkeit der Schlange, der Schildkröte, der Frösche und Krebse. Alle diese Tiere lieben Schlamm- und Sumpfgründe, in welchen sich die Mischung von Erde und Wasser gewissermaßen verkörpert, und die eben darum als das Urchaos, aus welchem alles Leben hervorgeht, angesehen werden. Die gleiche Bedeutung knüpft sich an alle jene Tiere, die von der Natur für das Wasser geschaffen sind und in ihm vorzugsweise ihren Aufenthalt nehmen. In dem Verlauf dieses Werkes werden wir Gelegenheit haben, auf mehrere derselben zurückzukommen. Die Beziehung der Gans zu der Feuchtigkeit der Tiefe tritt in dem Mythus von Trophonios mit großer Bestimmtheit hervor. Auf der berühmten Dariusvase, die ich zuerst aus einer Abbildung der Illustrated London News, 14. Februar 1857, kennen lernte, ist sie ganz in Übereinstimmung mit jenem Mythus auf einem Felsstücke dargestellt und mit dem Amazonenkampfe gegen die Athener sehr bezeichnend in Verbindung gebracht. Denn zu dem weiblichen Mondprinzip, dem diese Artemispriesterinnen angehören, steht die wassergetränkte Erde und ihr Bild, die erotische Gans, welche den einigenden Liebestrieb der Materie andeutet, in einem gegensätzlichen Zusammenhang. Die gleiche Mutterbedeutung tritt wieder in den heiligen Junonischen Gänsen des Kapitols hervor. In den bacchischen Mysterien endlich spielt sie eine sowohl aus Marmorwerken als aus vielen Vasenvorstellungen hinlänglich bekannte Rolle, deren erotischer, auf Geburt und Muttertum bezüglicher Charakter um so unzweifelhafter feststeht, da gerade auch das Ei als der Mittelpunkt jener Mysterien, als das große Symbol der Initiation, angeführt wird. Der weiblichen Gans entspricht auf der männlichen Seite der Schwan, der auf einem Grabbild des Columbarium der Villa Pamfili [...] in der derbsinnlichsten Weise als männlicher Begatter dargestellt ist. Jene bezeichnet das weiblich empfangende, dieser das männlich zeugende Naturprinzip. So finden wir Cycnus an der asiatischen Küste, wo Achill den übermächtigen Schwan der Urgewässer im Zweikampf erlegt, so erscheint er bei den Ligurern am Ausfluß des Po als Cinyras, mithin als der aphroditische Befruchter des Stoffes. In der geschlechtlichen Mischung dieser beiden Sumpftiere ist die Selbstumarmung der Urmaterie zum Ausdruck gekommen. Die gansgestaltete Nemesis verweigert dem himmlischen Zeus ihre Gunst; dem Schwane dagegen gibt sie sich gerne hin. Hier erscheint die männliche Potenz noch ganz als tellurische, den Erdstoff durchdringende Kraft. Nach einer höhern Anschauung aber stammt sie vom Himmel. Ihr Urquell liegt in dem höchsten Zeus. Das Tier der Sümpfe wird nun zu ihm erhoben und, mit Apollo verbunden, selbst Ausdruck der himmlischen Lichtmacht. Die Gans dagegen bleibt rein tellurisch. Sie ist der Erdstoff selbst, eine Darstellung der mütterlichen Materie. In diesem Sinne wird sie mit dem Urei in Verbindung gesetzt.

Das Ei ist Nemesis selbst. Es ist, wie sie, der mütterliche Urgrund aller Erdschöpfung. In den Plutarchischen Tischgesprächen

(2, 3, 2.) findet sich eine Untersuchung über die Frage, ob das Ei älter sei oder die Henne, und Macrobius Sat. 7, 16 hat dieselbe fast wörtlich wiederholt. In dem Pamfilischen Grabbilde [..] hat sich eine Darstellung erhalten, die uns im Bilde jene Unterredung bacchischer Eingeweihten vor Augen führt. Alle Gründe und Gegengründe, die dort im Wechselgespräche geltend gemacht werden, entscheiden nichts. Sie fassen die Frage aus dem Gesichtspunkte physischer Möglichkeit, der auf Mythen und religiöse Vorstellungen keine Anwendung finden kann.[81] Auf diesem Gebiete ist das Ei die Muttermaterie, das ursprünglich Gegebene, aus dessen dunkelm chaotischem Schoße die Schöpfung ans Licht des Tages heraustritt. Es ist selbst die Gans, die es gebiert, selbst Nemesis, die es in ihrem Schoße empfängt. Die Materie verdichtet sich zum Ei, wie Orpheus nach des Damascius Principia lehrt. Das Chaos des Urstoffes formt sich zum Ei. Im Ei verkündet die Gans, offenbart Nemesis ihr Muttertum. In gleichem Sinne heißt es von den Mondfrauen, zu welchen auch die elische Molione gezählt wird, sie seien insgesamt eigebärend. Das heißt einfach: der Mondstoff, diese ›ätherische Erde‹ ist das Urei, die Urmutter alles stofflichen Lebens. Wie Nemesis und die Mondfrauen das Ei zu Tage fördern, so wird umgekehrt die asiatische Aphrodite aus dem Mondei geboren. Vom Himmel fällt es in den Euphrat, Fische tragen es zum Ufer, Tauben brüten es aus, Aphrodite, die Dea Syria, bricht aus der Schale hervor.[82] Also hier Tochter des Eies, oben Mutter, beide Male in der gleichen Bedeutung, das Ei selbst, der Stoff als Urmutter gedacht. In dem Ei zeigt also Leda-Nemesis ihre Übereinstimmung mit Aphrodite. Diese aber ist die Urmutter alles physischen Lebens. So wird sie uns im Eingang zu Lucretius Carus de rerum natura gedacht, so in einem schönen Fragment des Aeschylus, so von Plutarch, so von Laurentius Lydus geschildert.[83] Daher konnte eine Aphroditestatue in Rhamnus Nemesis genannt werden. Daher auch galt Nemesis als Beschützerin der Liebe und der Liebenden.[84] Auf dem lykischen Harpyenmonument bildet das Ei selbst den Vogelleib. Ei und Henne fallen also hier ganz zusammen. Was der Mythus durch Tochter- und Mutterverhältnis neben einander stellt, gibt die bildende Kunst in voller Durchdringung. Die Mutterbedeutung, welche auf demselben Monumente durch die ihr Kalb säugende Kuh ausgedrückt wird, hat durch die schwellenden Brüste eine sehr bestimmte Versinnlichung erhalten. Wenn aber das lykische Monument die Mutter als Todesmacht darstellt, so haben wir längst einsehen gelernt, daß die Wiederaufnahme des Gebornen dem Muttertum nicht weniger angehört als die Geburt selbst, ja daß die Muttereigenschaft und Mutterliebe gerade in dieser Aufnahme den Alten sich am schönsten zu bekunden schien. Die Todesbedeutung wird auch für Nemesis ausdrücklich hervorgehoben.[85] Die Übereinstimmung mit Aphrodite erstreckt sich also auch auf diesen Punkt; als Libitina und ›Epitymbia (am Grabe verehrte)‹ trägt die Aphrodite des Kanachos zu Sikyon Mohnstengel in ihrer Hand.[86] In der Todesbedeutung ruht die des allgewaltigen, unabwendbaren Schicksals. Aphrodite und Nemesis vertreten auch diese. Aphrodite, die Urmutter, heißt bei Pausanias 1, 19, 2 die älteste der Moiren, und Nemesis wird Adrasteia völlig gleichgestellt, wie sie mit Fortuna-Tyche zusammenfällt.[87]

37. In der Bezeichnung Leda, welche Nemesis trägt, wird das Muttertum auch etymologisch hervorgehoben. In der lykischen Sprache bedeutet Leda die Mutter in abstrakter Allgemeinheit. ›Leto‹ und Latona, die im lykischen Sumpfe von den Fröschen gepriesene Urmutter, gehören derselben Wurzel, der ich auch Labda, die Kypselosmutter, vindiziere. Der Stamm ist also *lar, las, la,* womit die zeugende Erdkraft als männliche Potenz bezeichnet wird. Nemesis, von ›nemein (zuteilen)‹ abgeleitet, heißt das Muttertum von einer andern Seite her. Ich sehe darin die Idee des Gebens und Zuteilens zunächst in rein physischem Sinne der Erdzeugung, weshalb auch *nemus* damit zusammenhängt. So sind die Charitinnen von ›charis (Gunst), charizesthai (Gunst erweisen)‹ die Geberinnen genannt. Sie sind die Erdmütter, welche den Sterblichen alle gute Gabe huldvoll verteilen und ihre Häuser und Vorratskammern mit den Früchten des Bodens füllen.[88] In demselben Sinne ist Nemesis die allen Wesen gewogene, ihnen mütterlich helfende Erde, der das Wohl der Geschöpfe, ihrer Kinder, wie im Leben so im Tode am Herzen liegt. Damit verbindet sich der Begriff der billigen und gerechten Verteilung, wie sie die Mutter unter den Kindern übt. Sie gibt jedem das Seine, keinem alles. Von der eigebornen Aphrodite heißt es bei Hygin. fr. 197, sie habe durch *iustitia* und *probitas* sich vor allen ausgezeichnet. Es ist höchst beachtenswert, daß sich an das Muttertum der Erde der Anfang aller Gerechtigkeit, das *suum cuique,* anschließt. Von Berytus heißt es in der Gründungssage bei Nonnus Dionys. 41,

160 ff., Aphrodite habe die Nymphe Beroe über den Gesetzestafeln geboren, wie die lakedaemonischen Frauen ihre Kinder über Schilden. Darum wurde Berytus der berühmteste Sitz aller Rechtsgelehrsamkeit, und Ulpian ist Tyrer. So neu nun auch dieser Mythus sein mag, die Verbindung der Jurisprudenz mit dem Kultus Aphroditens ist nicht ersonnen, sondern überliefert, und so erscheint die große stoffliche Urmutter wieder als *iustitia et probitate ceteros superans,* als Ausgang und Inbegriff aller Gerechtigkeit, als Iustitia selbst. Ulpian nennt die Rechtsgelehrten *iustitiae sacerdotes,* und dieser Ausdruck ist im Munde des von Tyrus stammenden Juristen gewiß mehr als bloßes Bild. Er läßt darauf schließen, daß nach alter Übung seiner Heimat die Aphroditepriester die Wissenschaft des Rechts bewahrten und pflegten, wie an Asklepios' Tempel das Studium der Medizin geknüpft erscheint. Wie die Gleichheit des Besitzes, so ist auch die Gleichheit des persönlichen Zustandes aller Menschen aphroditische Satzung. Nach dem Mutterrechte sind alle Menschen gleich frei.[89] Die *servitus* gehört nicht dem stofflichen *ius naturale,* sondern dem *ius gentium.* Daher geschieht die Freilassung durch Aufsetzen des Eihuts. Der Manumittierte kehrt wieder in Leda-Nemesis' Urei zurück. In Feronias Heiligtum bei Anxur wird der Sklave frei.[90] Alle stofflichen Naturgötter sind Götter der Freiheit. Das zivile Gesetz reicht nicht zu ihnen. So ist Bacchus Liber, Ariadne Libera, Dionysos ›Eleutherios (der Befreier)‹.[91] Die stofflichen Gaben hat Nemesis allen gleich ausgeteilt. Sie ist die Quelle und Wahrerin allen Rechts. Daraus erklärt sich die doppelte Erscheinung, daß Nemesis bald mit Fortuna, bald mit Themis verbunden wird. Wir sehen hier wiederum, wie sich der physische Erdbegriff zum Rechtsbegriff erweitert, und wie das Muttertum des Stoffes die Idee der Gerechtigkeit aus sich gebiert.

Nemesis wird selbst Leda genannt. Mehrenteils jedoch werden beide so unterschieden, daß das Ei von Nemesis, dessen Hegung und Ausbrütung von Leda stammt. Dieser Vorstellung liegt das Verhältnis der Urmutter zu dem sterblichen Weibe zugrunde. Bei jeder Geburt hegt die irdische Mutter der Urmutter Nemesis Ei. Das Kind, das daraus hervorgeht, Helena, ist eigentlich der Nemesis Sprößling. Aber Leda säugt es gleich ihrem eigenen. Der Larnax, in welchem das Ei bewahrt wird, ist der Mutterleib selbst, ist Demeters Cista, in deren dunkelm Schoße (dem 'Zimmer') das Geheimnis der Generation sich erfüllt. In jeder Geburt wird das

Weib zur Nemesis; die sterbliche Mutter hat keine andere Bestimmung, als das Urei zu hegen und es von Geschlecht zu Geschlecht fortzupflanzen. Gerade in diesem Verhältnis der Stellvertretung liegt die Weihe des Weibes, liegt der Grund ihrer Herrschaft, liegt endlich die besondere Strafbarkeit des Muttermords, zu dessen Rache sich die beleidigte Nemesis-Erinnys selbst erhebt.

38. Durch die letzte Ausführung hat die Idee, welche die Aeschylische Trilogie Oresteis beherrscht, eine allseitige Bestätigung gefunden. Wohin wir blicken, überall, auf dem Gebiete des Rechts und der Religion, steht das Muttertum als herrschend und besonders heilig da. Aber die Reihe der Zeugnisse für das urattische Mutterrecht ist noch nicht geschlossen. Aus Plutarchs Theseus ergeben sich mehrere Züge, die nur in Verbindung damit völlig klar erscheinen.

In das Delphinium, in welchem Theseus vor seiner Abfahrt nach Kreta dem Gotte den heiligen Ölzweig mit weißer Wolle umwunden dargebracht hatte, senden die Eltern alljährlich nur ihre Töchter zur Verehrung, wie auch Apollo selbst dem Helden geraten hatte, Aphrodite zu seiner Führerin zu nehmen (c. 18). – Besonders bedeutend tritt das Vorherrschen des Weibes an den Oschophorien hervor. Jünglinge nehmen weibischen Putz und weibische Kleidung an. An demselben Feste treten Frauen unter dem Namen der Dipnophoren auf; sie sollten, wie der Glaube ging, die Mütter jener durchs Los nach Kreta gesendeten Kinder darstellen. In weiterer Ausmalung dieses Zusammenhangs sagte man, die Teilnahme jener Frauen am Opfer sei deshalb zugelassen, weil sie ihren Kindern bei der Abreise Speisen und Lebensmittel gebracht; auch die am Feste erzählten Märchen erinnerten an jene Mütter, die dergleichen ihren Kindern vor der Abreise mitgeteilt hätten, um ihnen Mut zu machen. Wichtig ist dieser Volksglaube nur dadurch, daß er sich auf die Erinnerung der alten, die vortheseische Zeit beherrschenden Gynaikokratie stützt. – Besondere Beachtung verdient folgender, von Plutarch (Theseus c. 8, 3) erzählter Mythus: »Sinis hatte eine schöne, wohlgewachsene Tochter, mit Namen Perigune. Sie war nach ihres Vaters Ermordung entflohen. Theseus suchte sie allenthalben. Sie hatte sich an einem Orte, wo viel Schilf und wilder Spargel stand, versteckt, und flehte diese Gesträuche in kindlicher Weise, als wenn sie es verständen, mit Beteurungen an, wenn sie sie verbergen und erretten wollten, sie nie zu verderben noch zu verbrennen. Hier redete sie Theseus an und versprach, sie nicht zu beleidigen und aufs beste zu verpflegen. Sie kam hervor und zeugte mit Theseus den Melanippus. Er gab sie nachher dem Deioneus, einem Sohne des Eurytus, Beherrschers von Oechalia. Melanippus, des Theseus Sohn, erzeugte den Ioxus, welcher in Verbindung mit Ornytus Karien durch eine Kolonie bevölkerte. Von ihm stammen die Ioxiden, welche die auf die Urmutter zurückgehende Sitte beibehalten haben, weder Schilf noch wilden Spargel zu verbrennen, sondern es als heilig zu verehren.« Dem Geschlechte der Ioxiden stammt also der Kultus der Sumpfpflanzen von der Mutterseite, in letzter Zurückführung von der Sinistochter Perigune. Den Zusammenhang des Sumpfkultus überhaupt mit dem stofflichen Muttertum habe ich oben schon angedeutet. Aus dem aufschießenden Lotus erkennt Isis den Ehebruch ihres Gemahls mit Nephthys. In dem langen, schilfähnlichen Haare der Schenkel bekundet Homer seinen unehelichen Ursprung.[92] Aus dem Schlamm, einer Durchdringung von Erde und Wasser, sproßt Röhricht wild empor, ohne alles menschliche Zutun sich ewig erneuernd, wachsend und absterbend, ohne daß gesät oder geerntet würde. Im Sumpfe aus Sumpfpflanzen flicht daher Oknos sein Seil, das die Eselin stets wieder verschlingt, wie ihn das Bild in dem Campanaschen Columbarium an der Porta Latina zu Rom darstellt. Mitten im Sumpfröhricht sitzt Isis auf einem Denkmal, das Caylus mitteilt, wie denn der Nilschilf Sari, das Isishaar, heißt. In den Sumpfpflanzen zeigt sich die wilde Erdzeugung, die in dem Stoffe ihre Mutter und gar keinen erkennbaren Vater besitzt. Darum wird Artemis[93] und Aphrodite ›im Schilf‹ und ›im Sumpf‹ verehrt, Helena ›helos (Sumpf)‹ genannt. Sie ist eine wahre *Schoeneia virgo,* sie ist Perigune inmitten der Sumpfpflanzen verborgen. Im Sumpfe verliert Iason[94] einen seiner Schuhe. Der Schuh ist aber, wie der Fuß, und manchmal das Bein, ein Symbol des Erdsegens, für welches ich späterhin mehreres beibringen werde, damit historischen Deutungen, wie die von Curtius[95] aufgestellte, nicht zu großes Gewicht beigelegt werde. In dem Sumpfkult hat mithin das Muttertum des Urstoffes seinen Ausdruck gefunden, und wir erkennen den innern Zusammenhang, der eine Äußerung dieses Kultes in unauflösliche Verbindung mit der Mutterlinie des Ioxidengeschlechts setzt. Die Sumpfzeugung ist die wilde Zeugung des Stoffes, in dem Ackerbau tritt unter menschlicher Beihilfe Ordnung und Gesetz ein. Liegt in diesem das Vorbild der Ehe, so zeigt jene dagegen die wilde Begattung, wie sie der attischen Sage zufolge in der vorkerkopischen Zeit auch unter den Menschen geübt wurde. Denn vor Kerkops hatten die Kinder, wie wir früher sahen, nur eine Mutter, keinen Vater; sie waren *unilaterales.* Keinem einzelnen Manne ausschließlich verbunden, brachten die Weiber nur *spurii* zur Welt. Kerkops erst machte diesem Zustande ein Ende, führte die regellose Geschlechtsverbindung zurück auf die Ausschließlichkeit der Ehe, gab den Kindern einen Vater und machte sie so aus *unilaterales* zu *bilaterales.* Jener frühere Zustand hat in dem Sumpfkult seinen Ausdruck. Er bezeichnet die älteste Stufe des Mutterrechts, auf welcher die Mutter nicht nur über den Mann hervorragt, sondern nach Maßgabe des Sumpflebens gar keinen bestimmten Begatter sich gegenüber sieht, sondern der männlichen Kraft in ihrer Allgemeinheit angehört. Aber das Weib sehnt sich selbst nach der Ehe goldener Frucht. Dreier goldener Äpfel Reiz verführt Atalanten, sie unterliegt [...]. Das ist Kalamos' und Karpos' Kampf, welchen Nonnos (Dionys. 11, 370f.) darstellt. Durch Theseus' Verbindung mit Perigune wird die Unterwerfung jenes alten Mutterrechts unter die Herrschaft des Vaters angedeutet. Auf Theseus führen die männlichen Ioxiden ihre Ansprüche zurück, wie auf Perigune die Frauen ihren mütterlichen Schilfkultus, der sich von ihrer ehemaligen Gynaikokratie jetzt allein noch erhalten hatte. Der attische Hercules erscheint also hier wieder, wie wir ihn oben im Kampfe gegen die Amazonen fanden, als Gegner des Weiberrechts, als Begründer der männlichen Herrschaft in Ehe und Haus. Auch ihm kömmt in diesem Kampfe das Weib selbst liebend entgegen. Die gleiche Bedeutung, welche im Danaidenmythus Hypermnestra, in der Oresteis Elektra hat, dieselbe ist in Ariadnens Verhältnis zu dem Poseidonssohne zu erkennen. Vor Theseus' höherer Kraft beugt sie sich gerne, die Liebe trägt über jedes andere Gefühl, über jede harte Pflicht den Sieg davon. In diesem Sinne heißt es, Aphrodite selbst habe dem Helden beigestanden. Darum auch weiht Theseus auf Delos dem Lichtgotte die Säule Aphroditens, die er von Ariadne erhalten hatte. Doch Aphrodite vertritt nur die stoffliche Liebe, Theseus aber erhebt sich zu einer höhern Stufe der Göttlichkeit. Seiner Geburt nach Poseidons Sohn, als solcher in der Ringprobe vor König Minos kundgegeben, von dem Vater durch den meerentstiegenen Stier an Hippolytus gerächt, mithin in seiner Grundlage ganz tellurischer Natur, eine Darstellung der Zeugungskraft, die den Erdgewässern inwohnt, und darum von den priesterlichen Phytaliden umgeben, ist der Held in seiner höhern Entwicklung zu apollinischer Lichtnatur durchgedrungen und gleich Herakles, dessen Namen er in Attika trug, zu einer himmlischen geistigen Macht ausgebildet. Von Athene nach Attika gerufen, überläßt er die ganz aphroditisch gedachte Ariadne dem Gotte der üppigen Erdzeugung, der den Menschen den Wein schenkt, an Dionysos.[96] Ihm selbst ist Höheres beschieden. Die reine, aller Stofflichkeit entkleidete apollinische Sonnennatur kann er nur in Athenens Stadt sich erringen. Auf Delos weiht er dem Lichtgotte Ariadnens Aphrodite, deren tiefere, sinnlich-stoffliche Stufe er dem höhern Männerrecht des ›Patroos (Stammgott) Apollon‹ unterordnet. Der Altar Keraton mit den linken Hörnern, die die weibliche Naturseite bezeichnen, zeigt uns dasselbe Mannesprinzip in seiner siegreichen Durchführung. Zwar wird auch von Theseus der Erde Muttertum noch hoch geehrt, und in Hekate und Iresione sowie in dem Kochen der Hülsenfrüchte ist ihre den Menschen wohlwollende Gesinnung nicht weniger schön als in der alles Volk nährenden Anna Perenna von Bovillae hervorgehoben. Aber über ihr als die höchste Darstellung des geistigen Männerrechts, als Quelle eines reinern, mildern Wesens auf Erden, hat Apollo seinen Thron aufgerichtet. Der Beiname ›Patroos‹, mit dem ihn Athen ehrt, bezeichnet eben jene Eigenschaft, für welche Theseus wie Herakles kämpfte, und die einen großen Fortschritt der Gottheitsidee und der menschlichen Zustände in Staat und Familie in sich begreift.

39. Den Beiträgen zum athenischen Mutterrecht schließt sich Plutarch im Leben des Solon c. 12 an. Sie bildet den Schluß der Geschichte des Kylonischen Aufruhrs. »Schon seit langer Zeit hatte der Kylonische Aufruhr die Stadt Athen in Verwirrung gebracht, nachdem der Archon Megakles die Mitverschwornen des Kylon, welche sich in Athenens Tempel in den Schutz der Göttin begaben, dazu beredet hatte, daß sie sich vor das Gericht stellten, und zwar so, daß sie einen Faden an das Bild der Göttin banden und mit demselben in der Hand aus dem Tempel vor Gericht treten wollten. Als sie bei dem Tempel der Erinnyen vorbeigingen, riß der Faden entzwei, und nun ließ sie Megakles und seine Mitregenten in Verhaft nehmen, weil die Göttin ihnen ihren Schutz versagt hätte. Die man noch außer dem Tempel antraf, wurden gesteinigt,

die zu den Altären ihre Zuflucht genommen hatten, erstochen, und nur diejenigen verschont, welche bei ihren Weibern Schutz erfleht hatten; aber man haßte sie und nannte sie Verfluchte.« Die Mütter treten hier selbst an Athenens Stelle; ihr Flehen zu verachten, wäre Frevel an der großen Muttergöttin und dem Mutterprinzip selbst, das in dem athenischen Metroon einen so hervorragenden Kult erhielt.

40. In der Geschichte der Entwicklung des athenischen Eherechtes nimmt die Herodotische Erzählung (5, 82-88) von der Freundschaft der Aegineten und Athener eine hervorragende Stelle ein. Sie soll hier erst mitgeteilt und dann genauer erörtert werden.

Als nämlich einst der Epidaurier Land keine Frucht tragen wollte und Pythia geweissagt hatte, sie sollten der Damia und Auxesia aus dem Holze eines zahmen Ölbaumes Bilder errichten, dann würde der Unsegen weichen: so wandten sich die Epidaurier an die Athener mit der Bitte, einen ihrer heiligen Ölbäume fällen zu dürfen. Das Ansuchen wurde erfüllt, unter der Bedingung, daß die Epidaurier alljährlich der athenischen Pallas und dem Erechtheus Opfer darbrächten. Die Bedingung wurde erfüllt, so lange die Epidaurier im Besitz der beiden Götterbilder waren. Als aber die Aegineten sich von ihren bisherigen Herrn, den Epidauriern, frei machten und ihnen auch die Götterbilder raubten, da leisteten die Epidaurier nicht mehr, was sie versprochen hatten, so daß nun die Athener auf die Auslieferung der Götterbilder drangen und, als sie nicht erfolgte, Aegina mit Krieg überzogen. Aber das Unternehmen hatte einen unglücklichen Ausgang. Denn trotz angewendeter Gewalt wollten die Götterbilder nicht von ihren Gestellen weichen, und die gelandeten Athener fielen unter den Streichen der Aegineten und herbeigeeilten Epidaurier, oder, wie die Athener sagten, unter der Verfolgung der erzürnten Gottheiten selbst. Ein einziger kam nach Athen zurück, aber auch dieser verlor daselbst sein Leben. »Nämlich als er nach Athen kam, verkündigte er die Niederlage, und als das die Weiber der nach Aegina in den Streit gezogenen Männer erfuhren, wären sie ergrimmt worden, daß jener allein von allen davongekommen, und hätten den Menschen rings eingeschlossen und ihn gestachelt mit ihren Mantelspangen, und dabei hätten sie immer gefragt, eine jegliche, wo ihr Mann wäre, und auf diese Weise wäre der Mensch ums Leben gebracht worden; und den Athenern wäre diese Tat der Weiber noch schrecklicher vorgekommen als die Niederlage, und sie hätten nicht gewußt, wie sie die Weiber anders bestrafen sollten; nur ihre Tracht änderten sie in die ionische. Denn vorher trugen die athenischen Frauen die dorische Kleidung, die der korinthischen sehr ähnlich ist; sie änderten sie also in leinene Röcke, damit sie keine Spangen brauchten. Eigentlich genommen, ist diese Kleidung ursprünglich nicht ionisch, sondern karisch; denn die alte hellenische Kleidung der Weiber war überall eine und dieselbe, nämlich die, welche wir jetzt die dorische nennen.[97] Die Argiver aber und die Aegineten hätten noch dazu folgendes Gesetz eingeführt bei sich, daß sie die Spangen noch halbmal so groß machten als das vorher bestehende Maß, und daß die Weiber in die Tempel jener Göttinnen vornehmlich Spangen weihten; etwas Attisches sollten sie fortan nicht in den Tempel bringen, nicht einmal irdenes Geschirr, sondern es sollte in Zukunft allda Sitte sein, aus kleinen inländischen Töpfen zu trinken. Und die Weiber der Argiver und Aegineten behielten von jener Zeit an aus Haß gegen die Athener die Sitte bei, daß sie noch zu meiner Zeit größere Spangen trugen denn zuvor.« Diese Erzählung findet sich auch anderwärts. Pollux 6, 100 und Athenaeus 11, p. 482b. 502c erwähnen das Verbot des Gebrauchs attischen Geschirrs. Weitläufiger scheint Duris in den Samischen Annalen das ganze Ereignis mitgeteilt zu haben. Leider aber ist seine Erzählung nur in einem offenbar sehr ungenauen Auszug[98] erhalten. »Duris erzählt im zweiten Buche der Annalen, die Athener hätten gegen die Aegineten, welche sie durch Seeräuberei beunruhigten, einen Kriegszug unternommen, die Aegineten aber hätten zusammen mit den Spartiaten die Angreifenden alle getötet. Nur ein Bote der Niederlage entkam nach Hause. Diesen umstanden die Frauen der Gefallenen, lösten die Spangen von ihren Schultern, stießen ihm damit die Augen aus und töteten ihn zuletzt. Die Athener hielten das für eine schreckliche Tat und beraubten die Frauen ihrer Mantelspangen, weil sie sich derselben als Waffen und nicht zum Festhalten ihrer Kleider bedient. Sie selbst pflegten ihre Haare, aber das der Frauen wurde kurz geschoren. Ebenso trugen die Männer ein tief auf die Füße herabreichendes Gewand, während die Frauen sich in dorischen Röcken brüsteten. Darum sagte man von denen, welche nackt und ohne Mantel gehen, sie ahmten dorischen Brauch nach.«[99]

In der Herodotischen Erzählung nimmt die Verschiedenheit der karisch-ionischen und der dorisch-hellenischen Kleidung eine religiöse Bedeutung an. Besonders sind es die Nadelspangen, an welche sich eine symbolische Bedeutung knüpft. Sie werden den athenischen Frauen genommen, während die der Argiver und Aegineten sie um die Hälfte vergrößern und vorzugsweise den mütterlichen Gottheiten Auxesia und Damia weihen. Welches ist nun diese Bedeutung? Der aphroditisch-erotische Sinn kann nicht bezweifelt werden. Die Weihung der Nadelspange (›perone, porpe‹, von welchen das letztere den Ring an der Spange, das erstere die sie durchschneidende Nadel bezeichnet), welche das Gewand zusammenhält, hat mit der Weihung des weiblichen Gürtels dieselbe Bedeutung. Beides deutet auf die Hingabe der Jungfräulichkeit. Die Weihung der Spange bezeichnet den Übergang zum Muttertum, den Eintritt in die Ehe, die Erfüllung der weiblichen Bestimmung, die in dem ›Ziel der blühenden Hochzeit‹ ihre Vollendung findet. Das geschlossene Kleid wird jetzt eröffnet. Die Spange, früher Symbol der keuschen Jungfräulichkeit, wird Bild der Ehe. Der von der Nadel durchschnittene Kreis ist selbst das Bild des zur Zeugung vereinigten Geschlechts: ein Punkt, der bei einer spätern Gelegenheit noch näher erörtert werden wird. Mit dieser erotischen Beziehung stimmen alle Einzelnheiten der Herodotischen Erzählung überein. Vorerst die Mutternatur der beiden Gottheiten Damia und Auxesia, deren cerealische Beziehung nicht verkannt werden kann.[100] Beide Göttinnen sind Darstellungen des tellurischen Muttertums, wahre Thaleiae,[101] und geben sich als solche schon in ihren Namen zu erkennen. Denn ›Auxesia‹ ist von ›auxano (vermehren)‹, wie Aucnus-Ocnus, der mantuanische Pluton,[102] von *augere, auctare*, das die Alten, insbesondere auch Lucretius, so häufig von der nährenden und mehrenden, Wachstum verleihenden Naturkraft gebrauchen, abgeleitet. In ›Damia‹ dagegen liegt ein Stamm vor, der in einer großen Anzahl von Bezeichnungen wiederkehrt und stets die stoffliche Erdmaterie zur Grundlage hat.[103] Daher sind jene Götterbilder aus dem Stamme eines die Erdfruchtbarkeit in besonderm Grade darstellenden Baumes angefertigt.[104] Wie die Erde an steter Befruchtung ihre Freude findet, so wecken Damia und Auxesia auch in des Weibes Schoß den Keim des Lebens. Sie sind Beförderinnen der ehelichen Verbindung und allem Männlichen geneigt. Sie erscheinen als wahre ›Beschützerinnen der Ehe‹ und ›Pflegerinnen der Jünglinge‹. Darum werden die Chöre von Frauen aufgeführt. Darum wäre es Frevel, in den Chorgesängen der Männer schmähend zu gedenken. Es ist auch nicht zu zweifeln, daß jene ›Geheimkulte‹ der Epidaurier, welche Herodot 5, 83 dem Kult der Auxesia und Damia zuweist, die männliche Kraft, den Phallus, zum Mittelpunkt hatten.

In der Zweizahl der Mütter liegt dieselbe Doppelbeziehung der Naturkraft, welche wir schon früher in dem Zwillingspaar zweier Brüder, wie der Dioskuren, der Molioniden, der beiden Attines, gefunden haben. Tod und Leben, Vergehen und Werden sind die zwei Seiten der Kraft, die sich ewig zwischen zwei Polen bewegt. ›Denn wir haben in Wahrheit am Sein gar keinen Anteil, sondern jede sterbliche Natur befindet sich mitten zwischen Entstehen und Vergehen‹.[105] Als Bruder- oder Schwesterpaar stehen sie nebeneinander, einer Mutter entsprossen und nie sich verlassend. Während Auxesia das Leben emporsendet, nimmt Damia es wieder in ihren Schoß zurück. In jener ist mehr die Licht-, in dieser die Nachtseite des Naturlebens zum Ausdruck gekommen. Darin zeigt sich Damia als Lamia, die große, grausame Buhlerin.[106] Beide Bezeichnungen fallen zusammen, *d* geht in *l* über, wie in *lacrimae – dacrimae* – ›dakrya‹, *lautia – dautia, Odysseus – Olysseus*, und in manchen andern Wörtern, die wir später zusammenstellen. Die Zweizahl hat aber noch eine andere Beziehung. Sie zeigt die Einheit der Naturkraft in ihre beiden Potenzen aufgelöst. Sie entsteht, indem zu dem Weibe der Mann hinzutritt. Vollkommener als die Zwei ist die Drei, weil in ihr zu Mutter und Vater die Geburt hinzukömmt, also die Naturkraft zur Einheit zurückgeführt erscheint. Die Eins ist die kleine, die Drei die große Einheit, jene die geschlossene, diese die entwickelte Unität, die Einheit in der Dreiheit. Das Kind vereinigt in sich die in Vater und Mutter getrennten Naturen. In jeder Geburt kehren die beiden Geschlechtspotenzen zur Unlösbarkeit und zu ihrer ursprünglichen Einheit zurück.[107] Durch das Kind werden die beiden Eltern an einander gekettet. *liberis vivis affinitas nullo modo divelli potest.*[108] Wenn die Argiver und Aegineten das Maß ihrer Nadelspangen um die Hälfte vergrößern, so erscheint dies als ein solcher Fortschritt von der Zwei zur Drei, von der Weiblichkeit zur Männlichkeit, und ganz im symbolischen Geiste der alten Religion gedacht. In der Zehnzahl der Chorführer, welche den Reigen der Frauen am Feste der Göttinnen anführen,[109] erscheint jedes Glied der Zweiheit zur Fünfzahl entwickelt. Die Fünf aber heißt den Alten die Ehe. Sie kömmt durch die Verbindung der weiblichen Zwei mit der männlichen Drei zu Stande.[110] In der Fünfzahl zeigen sich die beiden Mütter recht eigentlich als zusammenführende und verbindende Ehegötter, als ›Beschützerinnen der Ehe‹, wie die argivische Hera. In der Verbindung mit dieser Gottheitsnatur erscheint die erotisch-aphroditische Bedeutung der Mantelspange vollkommen begreiflich und gerechtfertigt. Die ›perone‹ in Verbindung mit der ›porpe‹ ist der eigentliche Ausdruck der Idee zeugungslustiger, dem Manne hingegebener Mütterlichkeit. Darum eben mußte es als besonderer Frevel erscheinen, wenn die athenischen Frauen sich gerade ihrer Mantelspangen als Mordinstrumente bedienten. In den Händen der athenischen Matronen war das Sinnbild der Generation ein Mittel des Untergangs geworden. Und doch soll das Weib nicht an dem Untergang, sondern an dem Genuß der Männlichkeit seine Freude finden. Weil Leukomantis, die Kyprerin, und Gorgo, die Kreterin, eine andere Gesinnung gezeigt hatten, wurden sie zu Steinbildern verwandelt.[111] Weil die Athenerinnen jenen Grundsatz ebenfalls verkannten und den einzigen, welchen die Göttinnen verschont hatten, dem Untergange weihten, mußten sie gezüchtigt und der Ehre, die durch sie entweihte Spange, das Symbol des ehelichen Muttertums, zu tragen, für verlustig erklärt werden.

Ist durch diese Bemerkungen der innere Zusammenhang der Herodotischen Erzählung nachgewiesen und ihr Sinn dem Verständnis geöffnet, so ergibt sich nun auch leicht die Bedeutung derselben für die Stellung der athenischen Ehefrau gegenüber dem Manne. Der Wechsel der Kleidung ist von einer Umgestaltung des häuslichen Verhältnisses der Athenerin begleitet. Die höhere Ehre, welche sie bisher genossen, wurde ihr genommen. In dem Kulte der großen Naturmütter fand auch das irdische Weib seine Heiligung und gegenüber der Herrschaft des Mannes seinen Schutz. So steht den römischen Matronen die große Erdmutter Carmenta bei, da der Mann durch Entziehung des Ehrenrechtes des *currus* seine Herrschermacht mißbraucht.[112] Der männlichen Potestas setzt die Ehefrau den religiösen Charakter ihres Matronentums entgegen, und diese ruht auf dem Vorbilde der großen tellurischen Urmutter, die sich zum Schutz ihrer sterblichen Stellvertreterinnen erhebt. Dieser Schutz ist nun den athenischen Frauen entzogen. Damia und Auxesia haben ihre Rückkehr nach Athen verweigert, die Matronen durch ihren Mißbrauch der

Spange allen Anspruch auf ihre Hilfe verwirkt. Schutzlos sind sie jetzt dem Recht der Männer hingegeben. Das Sinnbild der Muttergottheit, das sie bisher trugen, wird ihnen entzogen. In gleichem Verhältnis erhebt sich die absolute Gewalt des Mannes. Je mehr zu Athen der Kult der weiblichen Naturpotenz vor jenem der zeugenden Männlichkeit in den Hintergrund tritt, in gleichem Maße sinkt auch das Recht des Weibes. Das ist der Inhalt der Herodotischen Erzählung in seiner Allgemeinheit.

Daß aber die mütterliche Naturpotenz in der athenischen Religion immer mehr verdunkelt wurde, zeigt das Schicksal des Metroon, das jedoch noch später zur Aufbewahrung der Gesetze und Staatsakten diente und dem Buleuterion so nahe verwandt war, wie zu Megara der tellurische Totendienst dem Ratsgebäude.[113] Athene selbst erhebt sich aus ihrer physisch-materiellen Mutterbedeutung zu metaphysischer Natur und erscheint zuletzt als mutterlose Gottheit in reiner Geistigkeit. Je mehr die Bande der Materie abgestreift werden, um so mehr tritt das weibliche Gottheitsprinzip in den Hintergrund. Nur in vergeistigter Gestalt kann Athene ihre hohe Bedeutung wahren. Die stofflichen Naturmütter, die dem rein sinnlich gedachten physischen Leben zu Grunde liegen, treten in eine untergeordnete Stellung und bezeichnen nur noch eine überwundene tiefere Stufe der Religion und des Lebens. Damit wird aber auch dem sterblichen Weibe, dessen Natur mit dem Stoffe aufs engste zusammenhängt, mehr und mehr von seinem Ansehen und seinem Rechte genommen. – In der Vertauschung der dorischen Kleidung mit der ionischen liegt ein entscheidender Fortschritt dieser Entwicklung. Sie gibt denselben äußerlich zu erkennen, ohne selbst dessen Ursache zu sein. Die hohe, fast übermächtige, männlich gebietende Stellung der dorischen Frau hat in ihrer wenig verhüllenden, freier Bewegung günstigen, die Schenkel entblößenden, ärmellosen, durch Haften auf den Schultern zusammengehaltenen Kleidung einen von den Ioniern oft unziemlicher Nacktheit geziehenen Ausdruck gefunden, den auch Duris in der oben mitgeteilten Stelle mit tadelndem Tone hervorhebt. In der Vertauschung dieses dorischen Anzuges mit dem ganz entgegengesetzten ionischen, der die weibliche Gestalt in lang herabwallendem leinenem Kleide sorgsam verhüllt und die aufgeschlitzten Ärmel mit Ärmelschnallen zusammenhält,[114] liegt eine Zurückführung des weiblichen Geschlechts aus der frühern Öffentlichkeit und Männlichkeit des Lebens zu jener Verborgenheit und Unterordnung, welche orientalische Sitte kennzeichnet und bald auch orientalische Ausartung im Gefolge hat.

Im Gegenteil zu Athens ionischer Lebensrichtung erhält sich dorische Frauensitte und Kleidung bei den Aegineten und Argivern. Die Herodotsche Erzählung stellt beide zu einander in den entschiedensten Gegensatz. Damia und Auxesia sind den Athenern feindlich. Das ganz stofflich gedachte Muttertum hat dort kein Ansehen mehr, bis es späterhin in dem von den Männern bekämpften Kult der asiatischen Göttermutter sich wieder zu heben beginnt.[115] Anders bei den Aegineten und Argivern. Diese bleiben dem alten stofflich-weiblichen Naturprinzip getreu. Daher die Entzweiung der beiden Systeme. Die Dorier behalten die alte Weiberkleidung und die Spange in ihrer früheren hieratischen Bedeutung bei. Ja, um den Gegensatz noch schärfer auszuprägen, vergrößern sie die Länge der Spangennadel um das halbe Maß und führen so den dualistischen Streit zu der Dreieinheit des triopischen Religionssystems hindurch.[116] – In das Heiligtum der Muttergöttinnen darf kein attisches Geschirr eingebracht werden. Die attische Erde hat ihre Heiligkeit verloren, ihr Recht ist gebrochen. Aus einheimischem Ton muß die Trinkschale gefertigt sein. Die Erde, welche die physische Grundlage, den Mutterleib Damias bildet, kann allein der Göttin gefallen. Zu ihr steht der gebrannte Ton in demselben engen Verhältnis, in welchem wir ihn zu Demeter und den Erd- und Grabesmüttern überhaupt finden,[117] weshalb der vom Backsteine zum Tode getroffene Pyrrhus Demeters Geweihter zu sein schien. Wenn aus inländischen Schalen Wasser getrunken werden soll, so erscheint darin die einheimische Muttererde als Behälter und Spender des auch in ihrem Schoße das Leben erweckenden Wassers. Der Umstand, daß die Trinkschalen klein sein sollen, erhält seine Erläuterung aus dem, was Harmodios[118] über die Sitten der Phigaleer erzählt. Über die Bedeutung des Wassers lese man Aelian V. H. 1, 32. Damit hängt zusammen, daß bei manchen Völkern, wie bei Milesiern, Lokrern, Massiliern, Römern den Frauen nur Wasser zu genießen erlaubt ist.[119] Dem Weibe geziemt das Wasser, das die Keuschheit befördert; dem Manne der feurige, die Unkeuschheit befördernde Wein. Wir sehen also den Kult Damias und Auxesias umgeben von Satzungen und Gebräuchen, die auf dem Prinzip des stofflichen Muttertums der allgebärenden Erde ruhen und dieses an die Spitze der Natur und Religion stellen. Während Athen den stofflichen Gesichtspunkt immer mehr in den Hintergrund rückt und das weibliche Prinzip in Religion und Familie von dem männlichen überstrahlen läßt, bleiben die Dorier dem alten Recht der Erde ergeben und bewahren auch in diesem Punkte ihre Anhänglichkeit an das Hergebrachte und jene Stetigkeit, welche bei den Ioniern dem Drang nach rastlos vorwärtsstrebender Entwicklung weichen muß.[120]

In der Beibehaltung der alten dorischen Tracht zeigt sich jene Richtung, der das Recht der Vergangenheit am höchsten gilt, besonders schlagend. Die spartanische Jungfrau erscheint auch unter Männern in ihrem einfachen, wenig verhüllenden Gewand. Ohne Überkleid, bloß im Chiton, schenkt die schöne Epidaurerin Melissa den Arbeitern ihren Wein. So sah sie der Korinthier Periandros und gewann sie lieb.[121] So auch tanzen die dorischen Mädchen. Nackt, heißt es bei Plutarch (Lyc. 14, 4), führen sie singend den Reigen auf. Den Athenern erschien das anstößig; sie urteilten darüber wie die Römer über das Erscheinen der germanischen Weiber. Und doch ist es gewiß, daß die strengste Verhüllung meist erst eintritt, wenn alles unrettbar verloren und verwerflicher Lüsternheit anheimgefallen ist. Was Tacitus (Germ. 17, 2; 18, 1) von den deutschen Weibern sagt, gilt eben so von den dorischen; sie tragen die Arme bis zur Schulter nackt, selbst der nächste Teil der Brust ist bloß; dessen ungeachtet ist das Eheband ihnen unverletzlich, und kein Teil ihrer Sitten mehr des Lobes wert. Als die Pythagoreerin Theano durch die Nacktheit ihres Armes jemanden zu der Bemerkung veranlaßte: »Wie schön ist dein Arm!«, antwortete sie: »Ja, doch nicht für jedermann.«[122] Bekannt ist die Antwort, welche Geradas, ein Spartaner der ältesten Zeit, einem Fremden gegeben haben soll, als dieser ihn fragte, was die Ehebrecher für eine Strafe zu Sparta leiden müßten? »Fremdling«, antwortete der Spartaner, »bei uns gibt es keine Ehebrecher.« Jener erwiderte: »Wenn aber nun einer wäre?« »So muß er zur Strafe«, sagte Geradas, »einen Ochsen geben, so groß, daß er mit seinem Kopfe über den Taygetos reicht und aus dem Eurotas saufen kann.« Da jener in Verwunderung darüber geriet und antwortete: »Wie ists möglich, daß ein Ochse so groß sein kann?«, so lachte Geradas: »Wie ists möglich, daß zu Sparta ein Ehebrecher sein kann?« (Plutarch, Lycurg. 15, 17.) Daran knüpft derselbe Schriftsteller einen Tadel des Aristoteles, der die lykurgische Verfassung in Ansehung der großen Freiheit, die sie den Weibern ließ, als sehr unvollkommen darstellte.[123] Sein Urteil dringt tief in den Geist des altdorischen

Lebens ein, wenn er sich über die freie Sitte und die hohe Stellung der spartanischen Frau also äußert: »Das Nackendgehen der Jungfrauen hatte nichts Schändliches, indem sie beständig die Schamhaftigkeit begleitete und alle Wollust verbannt war. Vielmehr brachte es ihnen Geschmack für Einfachheit und Sorgfalt für äußerlichen Anstand bei. Das weibliche Geschlecht gewöhnte sich an männliche Tapferkeit, da es gleichen Anspruch auf Ehre machen konnte. Daher konnten sich auch die Spartanerinnen so rühmen, wie Gorgo, des Leonidas Gemahlin, getan haben soll, da eine fremde Frau zu ihr sagte: 'Ihr Lakedaemonerinnen seid die einzigen Frauen, die über ihre Männer herrschen'. 'Wir sind auch die einzigen', antwortete sie, 'welche Männer zur Welt bringen.'« Ähnliche Antworten stolzen Selbstgefühls sind noch manche berichtet.[124] Auch hat die Erfahrung späterer Zeit gezeigt, welche Frucht die spartanische Freiheit des Weibes nicht nur für das Haus, sondern auch für den Staat zu bringen vermochte, und dadurch Aristoteles' Tadel, sie hätten dem Vaterlande nie genützt, glänzend widerlegt. Die Ehrentitel ›messodoma (Mitte des Hauses)‹ und ›despoina (Herrin)‹ sind besonders für die Spartanerinnen bezeugt.[125]

Die Schlechtigkeit der Frau beginnt gewöhnlich mit der Verachtung des Mannes und eines mit zunehmender Bildung einreißenden männlichen Geckentums, für welches die Verfeinerung unserer Zeit so viele beschönigende Ausdrücke erfunden hat. Dem Weibe ist der Fortschritt der Civilisation nicht günstig. Am höchsten steht die Frau in den sogenannten barbarischen Zeiten; die folgenden tragen ihre Gynaikokratie zu Grabe, beeinträchtigen ihre körperliche Schönheit, erniedrigen sie aus der hohen Stellung, die sie bei den dorischen Stämmen einnahm, zu der prunkhaften Knechtschaft des ionisch-attischen Lebens und verurteilen sie zuletzt, im Hetärentum jenen Einfluß wieder zu gewinnen, der ihnen im ehelichen Verhältnis entzogen worden ist. Der Entwicklungsgang der alten Welt zeigt uns, was den heutigen, namentlich den Völkern romanischen Stammes, bevorsteht.

41. Die religiöse Bedeutung der weiblichen Kleidung und ihr Zusammenhang mit dem Kult einer großen Naturmutter findet ihre Bestätigung in einer Erzählung Plutarchs (Qu. Gr. 16.) über das Aphabroma der megarischen Frauen: »Was ist unter dem Aphabroma der Megarer zu verstehen? Der König Nisus, von welchem

Nisaea seinen Namen bekommen, hatte die Abrota aus Boeotien, Onchestus' Tochter, Megareus' Schwester, geheiratet, eine Frau, die sich durch ihren Verstand sowohl als ihre Tugend auszeichnete. Nach ihrem Tode betrauerten sie die Megarer aus freiem Antriebe. Um ihr Andenken zu verewigen, befahl Nisus den Megarerinnen, daß sie die Kleidung, die jene getragen hatte, annehmen sollten. Diese Kleidung wurde nach ihrem Namen Aphabroma genannt. Selbst die Gottheit scheint die Ehre dieser Frau in Schutz genommen zu haben, indem die Megarerinnen oft von ihrem Vorhaben, die eingeführte Kleidung zu ändern, abgehalten wurden.« Dieser Mythus gibt dem Gedanken einer innigen Verbindung der weiblichen Tracht mit dem Kulte der großen Naturmutter eine höchst merkwürdige Gestalt. Wie alles in Staat und Leben, so ist selbst die Kleidung eine religiöse Tat. Ihre Abänderung enthält einen Frevel an der Gottheit. An diesem Gegensatze erscheint die athenische Umgestaltung erst in ihrer vollen Bedeutsamkeit und als ein Wechsel des religiösen Kultes. Wie das Spangengewand mit der Verehrung Damias und Auxesias zusammenhängt, zugleich mit ihm zu Athen untergeht, zugleich mit ihm bei Argivern und Aegineten fortdauert, so knüpft sich das Aphabroma an die Boeotierin Abrota, die in ihrem Namen und in ihrem Totenkulte ganz mit der römischen Larentia, der buhlerischen Erdmutter, übereinstimmt. Es aufzugeben und die altväterische Stola mit einer neumodischen zu vertauschen, wäre Sünde gegen die große Göttin, das Vorbild und die Beschützerin der megarischen Frauen. Auch hierin zeigt sich dorische Stetigkeit und Liebe des Althergebrachten im Gegensatze zu ionischer Neuerung, und hier um so beachtenswerter, je mächtiger die Einflüsse des benachbarten Athen hinüberwirkten. Nur die tiefgewurzelte und des Weibes Gemüt mit doppelter Gewalt beherrschende religiöse Scheu vermochte es, dem verlockenden Beispiel der glänzenden Nachbarstadt einen Damm entgegenzusetzen. Cerealisch-tellurischer Kult bildet den Mittelpunkt megarischer Religion. Ino-Leukothea wird dort zuerst verehrt. Alkmene erhält nach dem Befehl des delphischen Orakels zu Megara ihr Begräbnis. Von den Frauen wird Philomela gerächt. Nach Megara flieht Hippolyte, Antiopes Schwester. Ihr Grabmal hat die Form des amazonischen Schildes. Demeters Mutterprinzip konnte das männerfeindliche Amazonentum nicht gefallen. Als Epistrophia und Praxis wird Aphrodite verehrt, also in rein erotischer Bedeutung, und die Sünde des Itysmordes büßen die Megarerinnen durch ewiges Weinen. Erotische Bedeutung hat auch der 'Lauf der Frauen', in welchem die Megarerinnen nach Apollodor und Plutarch zu dem befruchtenden Meere hinabwandeln. In dem Namen Megara selbst hat das Wesen einer in unterirdischen Hypogaeen waltenden und verehrten Naturmutter, einer in dunkelm ehernem Hause eingeschlossenen Danae, ihren Ausdruck gefunden. Auf solcher Grundlage ruhte die hohe Stellung der megarischen Frau. Abrota, die Herrliche, wird auf das gynaikokratische Boeotien zurückgeführt. In ihrem Schwesterverhältnis zu Megareus liegt ein Zug des Weiberrechts, der uns nach dem früher Bemerkten nicht mehr rätselhaft ist. Doppelte Bedeutung erhält er in Verbindung mit dem megarischen Leukotheakult; denn in Leukotheas Tempel flehen die Römerinnen für der Schwesterkinder Heil. – Die megarische Weiberkleidung, deren Ursprung von Abrota abgeleitet wird, hat ohne Zweifel dorischen Charakter. Denn unter den dorischen Heraklidenstädten nimmt Megara eine hohe Stellung ein, und seine nahe Verbindung mit der nur durch eine schmale Meerenge getrennten Korinthos, deren Frauenkleidung der dorischen so ähnlich war,[126] führt zu derselben Vermutung. Abrota erschien also als reisige streitbare Göttin, ein Bild der auch zu kriegerischer Tüchtigkeit, wie die germanische Braut, gebildeten dorischen Frau.

Ein Nachklang der Selbständigkeit des megarischen Weibes hat sich in der fernen Chalkedon, einer am Eingang des Bosporus nach Eusebius im zweiten Jahre der 26. Olympiade gegründeten megarischen Kolonie, erhalten. Mag auch Plutarchs historische Erklärung keinen Glauben verdienen, so bleibt doch der Gebrauch selbst unzweifelhaft, und dieser deutet auf eine althergebrachte, ungewöhnliche Ausdehnung der weiblichen Selbständigkeit. Ich begnüge mich, Plutarch (Quaest. Gr. 49.) selbst reden zu lassen und werde später Gelegenheit finden, zur Würdigung seiner Nachricht noch einen Beitrag zu liefern.

»Warum pflegen die Chalkedonierinnen, wenn sie mit fremden Männern, und namentlich mit Magistraten, reden, nur die eine Wange zu bedecken? Die Chalkedonier führten, durch mancherlei Beleidigungen gereizt, mit den Bithyniern Krieg. Als Zipoetus, der bithynische König, mit seiner ganzen Macht und einigen thrakischen Hilfstruppen gegen sie zu Felde zog, fielen sie indessen in sein Gebiet ein und verwüsteten alles mit Feuer und Schwert. An einem gewissen Orte, Phalium genannt, griff sie Zipoetus an, und hier fochten sie, ihrer unbesonnenen Hitze und Unordnung wegen, so unglücklich, daß sie achttausend Streiter verloren und gänzlich würden aufgerieben worden sein, wenn nicht Zipoetus, den Byzantiern zu Gefallen, mit ihnen Friede gemacht hätte. Wegen des Mangels an Männern, der dadurch in der Stadt entstand, waren die mehrsten Frauen gezwungen, sich mit Freigelassenen oder Schutzverwandten zu verheiraten. Einige aber zogen den Witwenstand einer solchen Ehe vor, und diese mußten also ihre Angelegenheiten bei den Richtern und der Obrigkeit alle selbst besorgen, wobei sie den Schleier von der einen Seite des Gesichts wegzuziehen pflegten. Die Verheirateten, die aus Schamhaftigkeit jene für weit besser hielten, machten es ihnen nach, und so wurde die Gewohnheit endlich allgemein.«

Was hier als neuer, durch das Kriegsunglück veranlaßter Gebrauch dargestellt wird, war ohne Zweifel alte Sitte, die auch den neuen Verhältnissen gegenüber von den Frauen aufrecht erhalten wurde. Sie wird für alle Ehefrauen anerkannt, während der Jungfrauen nicht gedacht ist. Unter den Ehefrauen aber erscheinen die Witwen besonders ausgezeichnet. Von ihnen wird das Recht der weiblichen Selbständigkeit besonders kräftig gewahrt. Ich empfehle diesen Zug der Beachtung, weil sich im Fortgange meiner Darstellung noch andere Beispiele einer mit der Gynaikokratie verbundenen hervorragenden Stellung der nun um so ausschließlicher dem Kulte der großen Naturmutter gewidmeten Witwen darbieten werden. Das Recht der chalkedonischen Frauen bildet zu der civilen Unselbständigkeit der Römerin, die aus der Gewalt des Vaters in die des Mannes, dann in jene der Agnaten übergeht und vor Gericht und Magistrat keinen Zutritt hat, den schärfsten Gegensatz. Ja, ich glaube nicht zu irren, wenn ich die Behauptung aufstelle, daß die Ehe der verwitweten Frauen von Chalkedon mit Freigelassenen und mit Metoeken nur unter Voraussetzung des Mutterrechts denkbar ist. Nur wenn auch zu Chalkedon das Kind der Mutter folgte, konnte die chalkedonische Bürgergemeinde durch Männer nicht ebenbürtigen Standes erneuert werden. Nur dann waren die Söhne echte Kinder und chalkedonische Bürger.

Wir werden dadurch zu einer Bemerkung Herodots (1, 173) über das lykische Weiberrecht zurückgeführt. Wenn in Lykien eine Bürgerin sich mit einem Sklaven verbindet, so gelten die Kinder doch für ›vollbürtig‹. Nach diesem Rechte stand der Ehe mit Libertinen und Metoeken kein Hindernis entgegen. Die Sprößlinge solcher Ehen waren nicht ›ehrlos‹, sondern ›vollbürtig‹, daher dem Staat eine Hilfe, keine Gefahr.[127] Wenn ich nun von Chalkedon auf die Mutterstadt Megara zurückschließe, so ist dagegen um so weniger Bedenken zu erheben, da der dorischen Kolonien Anhänglichkeit an Sprache und Einrichtungen der Mutterstadt so vielfältig und in dem reinen Dorismus der vertriebenen Messenier so schlagend hervortritt. »An die dreihundert Jahre brachten die Messenier außerhalb des Peloponneses zu, und während dieses Zeitraums haben sie an den heimatlichen Sitten nichts geändert und auch den dorischen Dialekt so unangetastet gelassen, daß er jetzt noch nirgends in solcher Reinheit gesprochen wird wie bei ihnen.«[128] Byzanz, die nur siebzehn Jahre nach Chalkedon an vorteilhafterer Stelle gegründete Stadt, zeigt die Festhaltung an seiner Metropole und den heimatlichen Erinnerungen selbst in den Namen der Gegenden, die sie mit übertrug. Die byzantinischen Götterdienste sind die megarischen.[129] Byzanz' Sprache blieb lange die dorische; den peloponnesischen Vorfahren entfremdete sich die Stadt auch dann nicht, als sie eine große Zahl Nachkolonisten aufgenommen hatte und mit den thrakischen Nachbarn in nahe Beziehung getreten war. Es gehört den Zeiten des spätern Verfalls, wenn die Prostitution der byzantinischen Frauen und die Völlerei der Männer besonders hervorgehoben wird.[130]

So gering die aufgezählten Spuren des ursprünglichen megarischen Mutterrechts sind, so beachtenswert scheinen sie doch. Aber auch zu Megara obsiegte das Prinzip des Vatertums. Ja, dort scheint es vollständiger durchgeführt als in der entfernten Kolonie; eine Erscheinung, welche bei den Lokrern wiederkehrt. Der vollständige Sieg des männlichen Prinzips über das mütterliche knüpft sich auch zu Megara an den apollinischen Kult. Die Stadt hatte zwei Burgen, eine karische mit dem Megaron der Demeter, nach Nord, die noch jetzt erkennbare,[131] eine jüngere, näher dem Meere zu, mit Tempeln des Apollon. Wir sehen hier beide Prinzipien, das ältere weibliche und das jüngere männliche, neben einander. Auf der südlichen Akropole wird Apollon nicht nur als ›Dekatephoros (der den zehnten Teil der Beute erhält)‹ und Pythius, sondern auch als ›Archegetes‹ oder Stammvater verehrt. Die Mauern aber erbaute Alkathoos, des Pelops Sohn, nach der Leier Tönen, die der Gott spielte. Auf dem klingenden Steine, den man auf der Burg sah, hatte Apollon sein Instrument niedergelegt.[132]

Theognis, der Megarer, feiert das Ereignis in folgenden Worten (v. 773):

Um dem pelopischen Sohn Alkathoos Huld zu erweisen,
Hast du, König Apoll, hoch uns getürmet die Burg.

Alkathoos' Tochter, Periboea, wurde gleich den attischen Mädchen als Tribut nach Kreta gesandt. An denselben Sagenkreis erinnert die Insel Minoa, die vor dem Hafen von Megara liegt. So ergibt sich für Megara dieselbe Bedeutung des apollinischen Prinzips, die es für Athen hatte. Der pythische Gott ist der Begründer des höhern Männerrechts, das auch in dem Pelopssprößling Alkathoos, dem Löwenbesieger, seinen Vertreter findet. Denn die Pelopiden tragen, wie wir bei Elis genauer dartun, das Zeichen der väterlichen Abstammung auf dem rechten, das der mütterlichen auf dem linken Oberarm. Die ältere karische Burg dagegen steht mit Demeter, dem weiblichen Prinzip der tellurischen Fruchtbarkeit, im engsten Zusammenhang. Das Weiberrecht erscheint also als karisch-lelegische Sitte, das Männerrecht als dorisch-apollinisches Gesetz. Das letztere gelangte zum Siege, doch behielt die Frau daneben noch jene hohe Selbständigkeit, welche die dorischen Weiber vor den ionischen auszeichnet und in dem bei den Dorern mit höherer Heiligkeit umgebenen tellurischen Mutterprinzip seine religiöse Grundlage hat.[133] Wie schwierig gerade zu Megara der Sieg des apollinischen Prinzips war, zeigt Plutarchs Angabe von Herakles' Mord der drei Kinder, die ihm Megara geboren. Er trennt sich von ihr und gibt die dreiunddreißig Jahre alte Frau dem sechzehnjährigen Iolaos zur Ehe, eine Verbindung, welche Plutarch[134] als Vorbild einer weiberbeherrschten Ehe anführt. Also Herakles, der große Besieger des Weibes, scheitert hier an der hohen Stellung der megarischen Frau, von welcher er sich, wie Theseus von Ariadne, trennt.

42. Das karische Megaron führt mich zu einer Erzählung Herodots (1, 146), in welcher eine Erinnerung an das alte Weiberrecht enthalten ist: »Die aber von dem Prytaneion der Athener ausgezogen sind und nun meinen, sie seien die edelsten aller Ionier, die brachten keine Weiber mit zu ihrer Ansiedelung, sondern nahmen sich karische Weiber, deren Eltern sie zuvor erschlugen. Und dieses Mordes wegen machten dieselben Weiber zum Gesetz und verbanden damit einen Schwur, und pflanzten es fort auf ihre Töchter, daß sie nie wollten zusammen essen mit ihren Männern noch eine

ihren Mann mit Namen rufen, darum weil sie ihre Väter und Männer und Kinder erschlagen und nun dennoch ihnen beiwohnten. Das geschah zu Milet.« Auf das gleiche Ereignis bezieht sich Pausanias 7, 2, 6: »Damals besiegten die Ionier die alten Milesier, töteten alles Männliche, außer was bei der Einnahme der Stadt entfliehen konnte, und nahmen die Weiber und Töchter der Getöteten zur Ehe.«[135]

In Herodots Erzählung liegen die Grundzüge der Gynaikokratie, wie sie in dem Karien benachbarten und so nahe verwandten Lykien noch später galt, deutlich vor. In dem Schwure, den die Karerinnen ablegen, und dessen Kraft von der Mutter auf die Tochter übergeht, erkennen wir jene Selbständigkeit der weiblichen Stellung und jene enge Verbindung unter den Descendenten weiblicher Linie und weiblichen Geschlechts, welche wir früher als einen Hauptzug der Gynaikokratie gefunden haben. Nicht weniger hat die Sitte, ihre Männer nicht bei Namen zu nennen, ein merkwürdiges Analogon in dem Verbot, am Feste der Ceres Vater oder Sohn auszusprechen.[136] Was aber seine Wurzel in der alten Gynaikokratie hatte, das wurde nun den ionischen Eroberern gegenüber Zeichen der Knechtschaft. Die Karerin, früher Herrin des Hauses, wird nun des Mannes Magd. Sie teilt wohl das Bett, aber nicht den Tisch mit ihm; sie nennt ihn nicht mit seinem Namen, sondern nur ihren ›Herrn‹. Herodots Erzählung enthält also zwei Beziehungen: eine Erinnerung an die vorionische Zeit der Herrschaft und eine Darstellung der spätern Herabwürdigung der Frau. Jene zeigt sich besonders in der Vererbung des Schwurs von der Mutter auf die Tochter; diese in der dienenden Unterordnung, welche die Gemahlin von der Teilnahme der Hausfrau an der Ehre des Mannes ausschließt. Dasselbe gilt von den getrennten Gastmählern der Männer und Frauen. Auch dieses ist ohne Zweifel altkarische Gewohnheit, jetzt aber ein Zeichen der Erniedrigung des Weibes. Die karische Sitte getrennter Mahle der Männer und Frauen zeigt uns die Existenz der Syssitien für die Männer. In anderer Weise kann jene Trennung nicht gedacht werden. Die Männer hatten vereinte Mahlzeiten, die Weiber nehmen daran keinen Teil. Sie sind an Haus und Hof geknüpft, warten dort ihrer Kinder und sorgen der Habe. Aus Aristoteles' Politik 2, 4, 1 geht hervor, daß Syssitien der Frauen durchaus unbekannt waren. Denn sie werden hier als eine verwerfliche Neuerung späterer Gesetzgeber dargestellt. Wenn daher derselbe Schriftsteller in seinem trefflichen

Fragmente über die kretische Verfassung[137] die Worte gebraucht ›daß alle, Frauen, Kinder und Männer auf Staatskosten ernährt werden‹, so ist nur an die öffentliche Übernahme der Unterhaltungskosten, nicht an Ausdehnung der Syssitien auf Frauen und Kinder zu denken. Plato rügt es in seinen Gesetzen (6,21) als einen Fehler der kretischen und spartanischen Anordnungen, daß sie über die Teilnahme der Frauen an den gemeinsamen Mahlzeiten nichts verfügt hätten, wodurch sich der Ausschluß des weiblichen Geschlechts von den Syssitien von neuem bestätigt. Darum hießen sie mit Recht ›andria (Männermahlzeiten)‹, was von Aristoteles und Hesych für Lakoner und Kreter zugleich bezeugt wird (vgl. auch Plut. und Strabo).

In Verbindung nun mit diesen männlichen Syssitien stellt sich die Gynaikokratie in einem neuen Lichte dar. Der Mann erscheint dem Hause entfremdet, von Weib und Kind entfremdet. Die Frau dagegen ist ausschließlich diesem verbunden, um so ausschließlicher, je ferner sich der Mann hält. Dadurch ergab sich die Familiengynaikokratie von selbst. Der Mann ist nach außen gerichtet, das Haus bleibt dem Weibe, das seine Natur zur *domiseda* bestimmt. Für die Familie ist die Mutter alles, der Vater hat seine erste und hauptsächlichste Bestimmung in dem Männerheere, im Staat und in öffentlicher Tätigkeit. So bleibt die Familie mit der Mutter in viel näherem Verband, das Mutterrecht erscheint einem solchen Zustande allein angemessen. Der Knabe tritt zu den Männern über, die Jungfrau bleibt dem Hause getreu. Sie allein setzt die Mutter fort. Der Mann folgt dem fremden Weibe. Auch ist des Weibes Leben gesicherter als das des Mannes. Erliegt dieser im Kriege, so bleibt die Frau dem Hause erhalten. Der Untergang der Chalkedonier, der Mord der Karer durch die Melier, die Verwaisung der skythischen Frauen sind nur wenige Beispiele aus einer ganzen Reihe ähnlicher, die das Altertum bietet. Damit ist nicht gesagt, daß sich die Gynaikokratie notwendig so lange erhalten mußte, als die Syssitien der Männer dauerten, sondern nur, daß beides ursprünglich zusammengehörte und in dem ältesten Zustande Hand in Hand ging. Später erlag das Mutterrecht mancher Orten, wo die Syssitien sich erhielten oder selbst eine neue Sanktion durch Gesetzgebung fanden. Anderwärts sehen wir das Mutterrecht fortdauern, die Syssitien verschwinden. Auf Kreta nahm Minos die Männermahle in seine Anordnungen auf, und doch erhielt dort[138] die Schwester nur halb so viel als der Bruder, wie auch schon in der Odyssee (14, 208 f.) die Söhne des Hylakiden Kastor den väterlichen Nachlaß unter sich teilen. Für das südliche Italien bezeugen Aristoteles und Dionysius[139] die Fortdauer der Syssitien bei einigen Stämmen, und eben in jenem Lande erhalten die epizephyrischen Lokrer lelegischen Stammes Reste des alten Mutterrechts. Ist doch Italien im Altertume, wie nicht weniger heutzutage, dasjenige Land, in welchem in Leben und Religion alte, anderwärts überwundene Sitten und Anschauungen am längsten blühen, wie denn auch die von Theseus besiegten Amazonen nach Italien übersetzten,[140] Odysseus, um seine Mutter in dem Hades zu suchen, nach Hesperien gewiesen, wie Homer im zehnten Buche der Odyssee, das Plutarch (de legendis poetis) den Frauen besonders empfiehlt, darstellt, und noch in später Zeit der Totenbeschwörer vorzugsweise aus Italien herbeigeholt wird. Auch für Megara sind die Syssitien bezeugt. Sie bestanden dort noch zu Theognis' Zeit (v. 309), während sie zu Korinth, als aristokratischem Regiment günstig, von Periandros aufgehoben wurden.[141] ›Öffentliche Mahlzeiten‹ der Argiver, bei welchen, übereinstimmend mit dem Tempelkult der Damia und Auxesia, nur irdenes Geschirr im Gebrauche war, erwähnt Polemon; für die arkadische Phigalia lernen wir denselben Gebrauch aus Harmodios' Buch über die phigalischen Einrichtungen[142] kennen.

In dieser alten Sitte gemeinsamer Männermahle, die auch Phiditia hießen, erblicken Aristoteles und Plutarch[143] eine Beförderung und Stärkung jenes Gefühles von Zusammengehörigkeit, brüderlicher Vereinigung und Gleichheit, welche Plato im Staate durch das gemeinsame Muttertum der Erde zu begründen und bei seinen Kriegern zu stärken sucht. Ja, wir können einen innern Zusammenhang jener Einrichtung des Lebens und dieser Religionsanschauung nicht verkennen. In der Vereinigung hat die Idee einer aus gemeinsamem Erdmuttertum stammenden allgemeinen Blutsverwandtschaft aller Krieger ihre Anwendung und einen entsprechenden Ausdruck gefunden. Als Gegensatz dazu erscheint das von den Alten oft genannte Orestesmahl. Bei diesem ist die Gemeinschaft aufgelöst. Jeder erhält sein Brot und sein Fleisch, jeder seinen besondern Becher, jeder seinen eigenen Tisch. Keiner bekümmert sich um den andern, kein Gespräch verbindet sie, allgemeines Stillschweigen herrscht. So schildert uns Plutarch[144] das orestische Mahl, und diesem entspricht das ebenfalls mit dem Dienst einer großen Naturmutter in Verbindung stehende Fest der Monophagi auf Aegina. Auf die angegebene Weise bewirtete Demophon, der König Athens, den Muttermörder, als er, von dem Morde noch nicht gesühnt, bei ihm Aufnahme fand.[145] Auf dieselbe Weise fand Orest zu Troezen Aufnahme. Nahe beim apollinischen Heiligtum lag ›das Zelt des Orest‹, vor dessen Eingang aus den in die Erde vergrabenen Sühnungsmitteln der heilige Lorbeer emporgewachsen war. Unter jenem Zelte hatte Orest den zur Sühnung berufenen Männern vor der heiligen Handlung sein stummes Mahl gehalten. Die Verbindung des getrennten Einzelmahles mit dem Namen des Muttermörders ruht auf derselben Idee, welche wir in dem Zusammenhang der gemeinsamen Mahlzeiten mit dem Mutterkult der Erde erkannt haben. Der Muttermörder schändet die Erde, welche den verwandtschaftlichen Zusammenhang der Menschen unter sich begründet. Dadurch löst sich unter ihnen die frühere Gemeinschaft auf. Nur durch Sühnung der verletzten Urmutter kann diese wieder hergestellt werden. Dadurch wird das Orestesmahl zum allgemeinen Sühnfeste der Mutter Erde. So stellt es sich im athenischen ›Kannenfest‹ dar. In der Beschreibung derselben, wie sie uns Phanodem gibt, lassen sich zwei Teile unterscheiden: Buße und Sühne einerseits, darauf die wiederhergestellte Versöhnung mit der Gottheit. Jenem ersten Akte entspricht Orestes' Schuld und die durch den Mord aufgelöste menschliche Gemeinschaft; diesem zweiten seine Reinigung, welche den Frieden mit der Gottheit herstellt, den Bruch des Muttertums aufhebt und dadurch die Gemeinschaft des menschlichen Lebens wieder herstellt. In dem ersten Teile des Festes herrscht der Gedanke des Todes, in dem zweiten der des neu aufblühenden Lebens. Die beiden Pole des irdischen Daseins erscheinen wiederum in ihrer innigen Verbindung und Wechselwirkung. Die Festgebräuche werden auf den König Demophon, den Volksmörder, einen Namen, den wir oben als Bezeichnung des korinthisch-lykischen Bellerophon gefunden haben, zurückgeführt. Aber das Wett-Trinken und der darauf gesetzte Preis, die *placenta* aus Mehl, Honig und Käse,[146] sowie die Weihung der Kränze in dem ›Tempelbezirk am Sumpf‹ zeigen uns die Kraft, die dort als zerstörende Macht erschien, in ihrer entgegengesetzten, lebenzeugenden Bedeutung, die in der Sumpfvegetation in ihrer ganzen Ursprünglichkeit und Spontaneität angeschaut wird. In Verbindung mit dem Feste der ›Kannen‹ erscheint Orest als Darstellung des verletzten und wieder gesühnten Muttertums des Stoffes. In dem Orestesmahle ist die Gemeinschaft des Lebens aufgehoben. Nach eingetretener Sühne beginnt sie von neuem. Von neuem spendet die Erde Speise und Trank in Überfülle, ausgetrieben ist Bulimos, Reichtum und Gesundheit ziehen ein,[147] von neuem sind die Menschen der Erde Huld versichert, von neuem ihrer Brüderlichkeit sich bewußt. In dem gemeinsamen Männermahle hat diese Religionsidee ihren Ausdruck gefunden, wie aus derselben das getrennte stumme Orestesmahl hervorgegangen ist. Beide Erscheinungen sind gegensätzlich verbunden, beide mit dem Mutterrecht und der Umgestaltung der Erinnyen zu Eumeniden unter Apollons höherm, versöhnendem Einfluß aufs engste verbunden.

43. Zu diesen Bemerkungen führte die Verbindung des Mutterrechts und der männlichen Syssitien, welche uns zuerst bei den Karern begegnete. Sie gelten ebenso für Kreta, deren ursprüngliches Mutterrecht wir oben besprochen haben. Karer und Kreter stehen in dem genauesten Zusammenhang. Sarpedon, Minos' und Rhadamanthys' Bruder, führt die Kreter nach Asien. Kreter und Karer aber reden die gleiche Sprache. Ein ähnlicher enger Zusammenhang verbindet die Karer mit den termilischen Lykiern, deren Mutterrecht wir schon kennen, und mit den lydischen Maeonern, von welchen später besonders gehandelt werden wird. Der termilische Arsalos kehrt in dem karischen Fürsten Arselis von Mylasa wieder. Mylasa aber besitzt das uralte Heiligtum des karischen Zeus Stratios, an welchem die Myser und Lyder als Blutsverwandte der Karer Teil haben, denn Mysos, Lydos und Kar sind Brüder. Von Mylasa zieht Arselis dem Gyges zu Hilfe, als dieser den letzten Sprößling der assyrischen Königsdynastie der Herakliden stürzt und seine Herrschaft auf der Erhebung des alteinheimischen Volkselements, jenes Riesengeschlechts, von welchem er den Ring der Macht empfängt, aufrichtet. Das Beil der Macht, das Herakles der Omphale entrissen, von dieser aber die lydischen Herakliden erhalten hatten, wird durch Gyges den schwachen Händen des letzten assyrischen Königs entrissen und nun dem karischen Zeus Labrandeus geweiht. So zeigt sich das karisch-lykische Mutterrecht als das Urrecht jener Stämme, mit welchen sich die Geschichte Vorderasiens und Griechenlands eröffnet.

Die Karer selbst treten mit den Lelegern in die nächste Beziehung. Sie heißen geradezu ›Teil der Karier‹. Die Milyer, nach der Dreiheit der Kraft auch Termiler genannt, dieses den Lykiern und karischen

Kretern so nahe verwandte Volk, werden auf Myles', des messenischen Lelex Sohn, der als ›autochthon (ureinheimisch)‹, das heißt als der Erde Sohn, erscheint, und in dessen Geschlecht die Tochter die Herrschaft vererbt, zurückgeführt. Entschieden lelegischen Stammes sind aber die Lokrer, deren Mutterrecht sich in der Kolonie am Epizephyrium noch spät kenntlich erhielt. Von den Lelegern und Nymphen ist das karische Heiligtum der samischen Hera gegründet. Menodot, der Samier, erzählt (bei Athen. 15 p. 672 a), wie einst das Götterbild, gleich denen Damias und Auxesias, den räuberischen Tyrrhenern, die es nach Argos bringen sollten, zu folgen verweigerte, wie es, mit Weidenzweigen umwunden, am Ufer gefunden wurde, und wie das Fest der ›Tonaia‹, an welchem die Karer sich mit Kränzen aus Weidenzweigen das Haupt schmücken, die Erinnerung an jenes Ereignis erhält. Hier erscheinen Karer und Leleger im engsten Religionsvereine und dem Kult des mütterlichen Naturprinzips vorzugsweise ergeben. In dem Weidenkranze, mit dem sie sich schmücken und dessen Bedeutung sich aus der Zusammenstellung mit dem Prometheischen Ringe noch bestimmter ergibt, erscheinen sie als Geweihte und Angehörige der großen samischen Mutter, die in den am Wasser vorzüglich gedeihenden Weidenbäumen die Kraft ihres allgebärenden Muttertums am schönsten zu erkennen gibt, wie die uralten Narzissenkränze den großen, d. h. den unterirdischen Gottheiten geweiht sind. Auf diesem Vorbild ruht das Mutterrecht der karischen und lelegischen Frau, welches in der hervorragenden Stellung der Schwestern Artemisia und Ada, die mit ihren Brüdern in Ehe lebten und selbst das Königtum mit Ruhm bekleideten, eine beachtenswerte Nachwirkung noch in später Zeit zurückgelassen hat. Unter Beihilfe der Nymphen wird Heras Heiligtum erbaut. Das weibliche Naturprinzip tritt hierin selbst handelnd auf. In der Verehrung des Schafes, der gebärenden Erde Bild, Heras Attribut, in dem Hetärenkult der Aphrodite ›im Schilf‹ oder ›im Sumpf‹, in der ›Samischen (Dirnen-)Gasse‹ und in ›den Samischen Blüten (d. i. Weibern)‹ setzt sich die Verehrung des rein stofflichen Muttertums in eigentümlicher Weise fort. In Verbindung damit gewinnt die amazonische Herkunft jenes Doppelbeils, das der labrandische Zeus der Karer führt, seine rechte Bedeutung. Wie in Lykien, in Athen, in Megara, so ist auch in Karien das Amazonentum überwunden. Nicht in kriegerischer, männerfeindlicher Jungfräulichkeit sieht das Weib seinen Ruhm. Wie die Lykierin, so erfüllt auch die Karerin durch Ehe und eheliches Leben des Weibes Bestimmung; das Amazonentum ist vernichtet. Aber in der Ehe herrscht die Mutter, deren hohe Stellung in der Verehrung des weiblichen Naturprinzips, der fruchttragenden Demeter, seine religiöse Grundlage hat. Dem Mann ist Krieg zugewiesen. Zeus Stratios erscheint als Vorbild des Mannes. Gemeinsame Mahle vereinigen die Krieger, während das Weib des Hauses, der Habe, der Kinder pflegt. In der ionischen Eroberung geht dieses Recht unter. Was Herodot über die milesischen Ereignisse berichtet, wird doppelt beachtenswert, wenn wir es mit Plutarchs Erzählung von dem Schicksal der Karer zu Kryassa zusammenstellen. Wie Milet von Ioniern, so wird Kryassa von dorischen Meliern kolonisiert, wie denn Tzetzes (zu Lycophr. 1392) auch die beiden karischen Städte Thingros und Satnion von Dorern besetzen läßt. Den Dorern gegenüber verhält sich die karische Frau ganz anders als neben den ionischen Eroberern. Begegnet sie diesen feindlich und mit männlicher Entschlossenheit, so tritt zu Kryassa eine entgegengesetzte Erscheinung hervor. Kaphene, die Karerin, opfert aus Liebe zu dem dorischen Anführer, dem schönen Nymphaeus, die Männer ihres Volkes, die nach karischer Sitte allein beim Kriegermahle erscheinen wie die Makedonier des Amyntas, dem Rachegefühl der dorischen Frauen, die mit ihren Männern erscheinen, wie die Illyrerinnen zu tun pflegen. Der karischen Gynaikokratie stand die dorische Selbständigkeit des Weibes näher als die ionische Unterordnung desselben. Mit dem Dorismus verband sich die karische Sitte leichter als mit dem ionischen Leben.

In allen Erscheinungen zeigt sich dasselbe Gesetz: je ursprünglicher ein Volk, desto höher steht in der Religion das weibliche Naturprinzip, im Leben die Macht und das Ansehen der Frau. Die Gynaikokratie ist das Erbteil jener Stämme, welche Strabo als Barbaren, als die ersten vorhellenischen Bewohner Griechenlands und Vorderasiens darstellt, und deren stete Wanderungen die alte Geschichte ebenso eröffnen wie die Züge nordischer Stämme ein Weltalter später die Geschichte unserer Zeit. Karer, Leleger, Kaukoner, Pelasger nehmen unter den ›Planetikoi‹ die erste Stelle ein. Sie verschwinden oder gehen in andere Namen über. Mit ihnen finden auch die Gedanken und Sitten der Urzeit ihren Untergang. Nur hier und da erhalten sich kenntliche Reste eines Systems, das überall auf der Voranstellung eines weiblichen Naturprinzips ruhte, das seine teilweise Erhaltung auch vorzugsweise dieser kultlichen Grundlage zu danken hatte, dessen vollkommene Gestalt aber nur noch aus der Zusammenstellung einzelner, bei verschiedenen Völkern getrennt erhaltener Züge wieder hergestellt werden kann.

44. Die bisherige Betrachtung umfaßte drei Länder. Von Lykien ausgehend, gelangten wir nach Kreta, von da nach Attika und zu dem benachbarten Megara. Daran schließt sich nun die Insel Lemnos an.

Die Tat der lemnischen Frauen ist schon oben erwähnt und mit Klytaemnestrens Gattenmord zusammengestellt worden. In Aeschylus Choephoren singt der Chor (v. 631 ff.):

Vor allen Untaten ragt die lemnische;
Als ganz verrucht wird in aller Sage sie nachgeklagt; doch dieses Greul
Wohl wirds mit Recht dem von Lemnos gleichgenannt.

Apollodor (1, 9, 17) erzählt das Ereignis folgendermaßen: »Unter Iasons Anführung schifften die Argonauten zuerst nach Lemnos. Damals war die Insel ganz männerlos und von Hypsipyle, Thoas' Tochter beherrscht. Die Veranlassung dieses Zustandes war folgende: Die Lemnerinnen verabsäumten Aphroditens Dienst. Die Göttin behaftete sie zur Strafe mit Dysosmie. Aus Abscheu verbanden sich die Männer mit kriegsgefangenen Mädchen aus dem benachbarten Thrakien. Die Lemnerinnen, über diese Zurücksetzung erzürnt, morden ihre Väter und ihre Männer. Nur allein Hypsipyle verbirgt ihren Erzeuger Thoas und schont desselben. So war also damals Lemnos von den Weibern beherrscht. Mit ihnen mischten sich die herbeigekommenen Argonauten. Hypsipyle teilt Iasons Lager und gebiert von ihm Euneos und Nebrophonos.«

Apollodors Zeugnis gewinnt dadurch besondere Wichtigkeit, daß es den Ausdruck ›unter Weiberherrschaft stehend‹ für die Insel Lemnos gebraucht. Die Gynaikokratie erscheint hier in ihrer höchsten Übertreibung als männermordendes Amazonentum. Die mitgeteilte Erzählung gibt uns aber nicht nur Gewißheit über die Existenz amazonischen Lebens auf Lemnos, sondern belehrt auch über die Ereignisse, welche die Umgestaltung ehelicher Gynaikokratie zu ehefeindlichem Amazonentum herbeiführten. Ja gerade hierin liegt der besondere Gewinn, welchen wir aus der Geschichte des lemnischen Männermordes schöpfen. Der Mythus spricht von einer Feindschaft Aphrodites gegen die lemnischen Frauen. Diese hätten der Göttin Kult verabsäumt. Das ist ein Zug, dessen Bedeutung niemand entgehen kann. Die lemnischen Frauen finden an amazonischem Leben und kriegerischer Tüchtigkeit mehr Gefallen als an der Erfüllung weiblicher Bestimmung. Aphrodites Gebot, welches dem Weibe Ehe und Kinderzeugung als höchstes Ziel seines Lebens zuweist, findet keine Erfüllung. Kriegerische Tüchtigkeit gilt höher als Mütterlichkeit. An die Stelle eines dem Manne geneigten, ihm treu ergebenen Matronentums tritt amazonisches Leben, das der weiblichen Bestimmung sich immer mehr entfremdet und mit vollem Rechte als Verletzung des Aphroditekultes bezeichnet werden kann. Dieser Gestaltung des weiblichen Lebens folgt notwendig Entfremdung und Abneigung der Männer. Aphrodite rächt die Versäumung ihres Kultes an den Frauen durch Entziehung des weiblichen Liebreizes. Die Dysosmie, welche sie den Lemnerinnen sendet (›man sagt, sie habe ihnen die Achselhöhlung verdorben‹), bezeichnet eben die im Amazonentum und dessen männlicher Übung untergehende Schönheit echter Weiblichkeit und den Verlust aller jener Reize, durch welche Pandora den Mann an sich fesselt. Der gleiche Gedanke liegt in jener Angabe, welcher zufolge Achill Penthesileas, Perseus der Gorgone volle Schönheit erst erkennt, da sie verwundet in ihres Überwinders Armen das Leben aushaucht. In der kriegerischen Größe geht aller Liebreiz des Weibes unter. Aber der Tod macht dieser Entartung ein Ende, und nun erst erregt die Königin des Gegners Leidenschaft, die jetzt keine Erfüllung mehr finden kann. In seinen Lesbiaca führte Myrsilus[1] die Dysosmie auf eine Tat Medeas zurück. Die Kolcherin habe, als sie bei der männerfeindlichen Insel vorbeigeschifft, ein Gift, das der Krankheit Keim in sich getragen, über dieselbe ausgegossen; seit jener Zeit werde auf Lemnos ein Tag beobachtet, an welchem die Frauen ihre Männer und Söhne in Erinnerung jener ehemaligen Weiberkrankheit von sich fern hielten. Durch die Verbindung mit Medea ändert die Dysosmie ihre Bedeutung nicht. Medea erfüllt, indem sie Iason folgt, Aphroditens Gebot; sie erkennt daher in dem amazonischen, männerfeindlichen Leben der lemnischen Frauen die Aufhebung jenes Gesetzes, dem sie selbst huldigt.

Durch die Dysosmie ihren Frauen abwendig gemacht, legen sich die Lemnier Thrakerinnen bei. Es sind gefangene Mädchen, die sie von ihren Streifzügen auf dem benachbarten Festlande als Beute mit nach Hause bringen. Hier erscheint uns die lemnische Gynaikokratie in der Umgebung solcher Sitten und Zustände, wie wir sie früher als den ursprünglichen Hintergrund gynaikokratischen Lebens erkannten. Krieg und Beutezüge führen die Männer in weite Entfernungen und entziehen sie auf längere Zeit dem Hause und der Familie. Solchem Leben ist des Weibes Herrschaft eine Notwendigkeit. Die Mutter pflegt die Kinder, besorgt das Feld, regiert das Haus und der Diener Schar, verteidigt auch, wenn es die Not erfordert, mit gewaffneter Hand Heimat und häuslichen Herd, wie denn die Lykierinnen bewaffnet zur Ernte ausziehen. Besitz und Übung der Herrschaft, verbunden mit der Tüchtigkeit in Führung der Waffen, steigern in dem Weibe das Bewußtsein seiner Würde und Macht. Hoch ragt es über den Mann hervor, und in der körperlichen Schönheit, durch die sich namentlich die Lemnerin auszeichnet,[2] spiegelt sich der Glanz ihrer Stellung. Umgekehrt haftet an dem Volksnamen der Sintier der Ausdruck der Verachtung, welche das Räuberleben der Männer betraf. In dieser Beziehung schließt sich die Benennung des ältesten lemnischen Volksnamens an Ozoli und Psoloeis an. Der Vorwurf, der aus diesen Bezeichnungen spricht, hebt den Kontrast, der bei jenen gynaikokratischen Völkern die herrschende Frau von dem dienenden Manne sondert, mit besonderem Nachdruck hervor. Als schmutzige, mit Ruß bedeckte Schmiedeknechte erscheinen die psoloischen Minyer. Nach dem Geruch der Ziegenfelle sollen die lokrischen Hirten Ozoli genannt worden sein. Für die Sintier wird eine doppelte Erklärung aufgestellt. Während einige ihren Namen als Bezeichnung des wilden Räuberlebens auffassen, sieht Hellanicus[3] darin eine Beziehung auf das Schmiedehandwerk und die Anfertigung kriegerischer Waffen, die zuerst von den Sintiern der hephaistischen Lemnos[4] ausging. Nach der einen wie nach der andern Erklärung erscheinen die Männer in einer Stellung, welche bei der Frau das Bewußtsein der höhern Macht und der Überlegenheit an geistiger und körperlicher Vollendung immer mehr zum Bewußtsein bringen mußte. Halten wir dieses Verhältnis fest, so wird es begreiflich, wie die eheliche Gynaikokratie immer entschiedener zu amazonischem Leben sich ausbilden mußte, und wie zuletzt die vereinte Gewalt jener mächtigen Leidenschaften, des Rachegefühls gegen glücklichere Nebenbuhlerinnen und der Herrschsucht, die lemnischen Frauen zu ihrer blutigen Tat anreizen mochten.

Wer den Männermord in das Gebiet der Dichtung verweist, verkennt den Charakter des in seinem Blutdurste unersättlichen Weibes,[5] schlägt den Einfluß, welchen Besitz und Übung der Herrschaft auf Steigerung ihrer natürlichen Leidenschaft ausübt, nicht richtig an und entzieht der Geschichte des Menschengeschlechts die Erinnerung einer Prüfung, die gebildetern, aber auch schwächlichern Zeiten und zahmern Geschlechtern als ›einfältiges Gerede‹ erscheinen mag und dennoch unleugbar unter die Zahl der wirklichen Erlebnisse gehört. Blut und Mord knüpft sich an die Gynaikokratie der alten Zeit. Lemnos zeigt uns, wie die innere Zerrüttung der Staaten und Völker gar oft in ihr wurzelt. Apollonius und sein Scholiast hebt es ausdrücklich hervor, es seien nicht nur die Männer, sondern auch die Thrakerinnen mit ihren Sprößlingen dem Untergange geweiht worden. Mit dem Haß gegen die bevorzugten Nebenbuhlerinnen verband sich die Besorgnis um die eigene Herrschaft, deren Sicherheit die Vernichtung der thrakischen Parthenier zu erfordern schien. So mordet Hippodamia den Chrysipp, Nuceria den Firmus, aus Furcht, sie möchten sich einst der Herrschaft bemächtigen.[6] Ähnliche blutige Gebräuche knüpfen sich an Iodamas Kult. Mit der Vorliebe der Frauen für grausame Beerdigungssitten hatte noch Solon zu kämpfen. Allbekannte Züge des amazonischen Lebens, welches der Sorge für die Herrschaft das natürliche Muttergefühl zum Opfer bringt, schließen sich an. Die Vernichtung der männlichen Geburten ist keine Dichtung und dem Amazonentum unentbehrlich. Es ist eine ganz gewöhnliche Erscheinung, daß unter den Händen späterer Darsteller eine Abschwächung der alten Erzählung eintritt. So hat Apollonius, um der Stimmung seiner Zeit Rechnung zu tragen, den Mord der Männer zur erzwungenen Auswanderung herabgestimmt (1, 794ff.), die Frauen in den Grenzen weiblichen Anstandes erscheinen lassen, und Hypsipylen in der Rede an Iason (v. 819) Vorwürfe über das unmoralische Betragen der lemnischen Ehemänner in den Mund gelegt. Wer wollte sich über die vielen auseinandergehenden Gestaltungen wundern, welche die lemnische Tat im Munde der Tragiker, in der Hypsipyle des Aeschylus, in der des Euripides, in den Lemnerinnen des Sophokles angenommen hat?[7] An echt dramatischen Motiven war das lemnische Greuel nicht weniger reich als die Tat der Danaiden. In Hypsipyles Seele kämpfte die Pflicht, der Herrschaft ihres Geschlechts alles zu opfern, mit der natürlichen Liebe zu ihrem Vater einen Kampf, der sich unter Aeschylus' Hand zu wahren Abgründen erschütternder Kontraste gestalten mußte. Solchen Behandlungen gegenüber mag die Auffassung des Aristophanes wie ein loses Satyrspiel im Gefolge der ernsten Tragödie geklungen haben. Denn auch Aristophanes behandelte den Gegenstand ohne Zweifel mit einer Ausgelassenheit, von welcher die Thesmophoriazusen oder Ekklesiazusen eine wohl nur zu schwache Vorstellung geben. In dem Beilager, das die Lemnier mit den thrakischen Buhlerinnen halten, sowie in dem der lemnischen Frauen mit den landenden Argonauten lag Veranlassung genug, auch das verwöhnteste Publikum zu befriedigen. Die wenigen erhaltenen Fragmente der Aristophanischen Komödie 'Die Lemnerinnen' hat Meineke[8] gesammelt. Von Alexis wird eine 'Gynaikokratie' angeführt und daraus ein auf den Theaterbesuch der Frauen bezügliches Fragment mitgeteilt.[9] Wir ersehen daraus, welche Seiten der alten Weibersitten in diesen spätern Darstellungen besonders hervortraten, und wie die gleiche Gewohnheit zu verschiedenen Zeiten und in der Verbindung mit verschiedenen Bildungsstufen bald als lobenswert, bald als Verderbnis erscheint.

45. In der blutigen Tat der lemnischen Frauen tritt uns die Gynaikokratie in ihrem höchsten, gewaltigsten Ausdruck entgegen. Die Vollbringung des Männermords zeigt die Macht des Weibes auf dem Gipfelpunkt. Gerächt ist die Verletzung des ehelichen Bandes, die Nebenbuhlerin geschlachtet, ihr Stamm vertilgt. Im Glanze des höchsten Heldentums erscheinen die Lemnerinnen, hehre amazonische Gestalten, die ihres Geschlechtes Schwäche ganz abgelegt. Aber dieser höchste Triumph ist die höchste Entartung. Solche Heldengröße ist des Weibes nicht. Der Mythus hat angedeutet, wie gerade aus der höchsten Durchführung der Gynaikokratie ihr Untergang sich entwickelt. Mitten unter den bluttriefenden Frauen erscheint schuldlos und kindlicher Liebe folgend die Königin, deren Erscheinung dem Bilde amazonischer Heldengröße das andere weiblicher Liebe und Weichheit an die Seite stellt. Hypsipyle, die, wie Hypermnestra und Klytaemnestra, die Hoheit ihrer Macht schon durch den Namen verkündet, vermag es nicht, dem Interesse der Herrschaft die Stimme natürlicher Zuneigung unterzuordnen. Sie schont ihren Vater Thoas. Wir werden die Bedeutung dieses Zuges am besten verstehen, wenn wir ihn mit dem andern verbinden, wonach Iason mit derselben Hypsipyle zwei Söhne zeugt, deren einer, Euneos, bei Homer (Il. 7, 468) Iasonide heißt. An Hypsipyle knüpft sich der Übergang aus dem Mutter-

recht zum Vaterrecht. Das Amazonentum bereitet sich durch seine eigene Übertreibung den Untergang. In Hypsipyle verbindet sich beides. Als Amazone dem Weiberrechte angehörend, wird sie doch Mutter eines Geschlechts, das seinen Ursprung auf den Vater zurückführt, und diesem Prinzip huldigt sie selbst, indem sie allein von allen Frauen die Hände von dem Vatermorde rein erhält. Bei Apollonius verspricht die Königin dem scheidenden Helden, wenn er einst wiederkehren werde, den Szepter ihres Vaters, nicht ihren eigenen. Diesen führte später der Iasonide Euneos, wie wir aus Strabo 1, 45 lernen. Bedeutungsvoll wird in dieser Verbindung die Bemerkung Hygins, welche entschieden alter Überlieferung angehört: die Lemnerinnen hätten alle Sprößlinge, die sie von den Argonauten empfangen nach ihren Vätern benannt. Ihren Schwerpunkt hat diese Bemerkung in dem Gegensatz, in welchem eine solche Benennung zu der Grundidee des Amazonenstaates steht. Von den Amazonen heißt es ›sie leiteten ihre Herkunft von den Müttern ab‹. Eine Mutter allein hat die Amazone, der Vater ist ohne Bedeutung. Nur als Befruchter steht er mit der Mutter in vorübergehender Verbindung. Nach vollbrachtem Beilager verläßt er das gastliche Gestade und sinkt in Vergessenheit. Wenn nun die Lemnerinnen ihren Kindern den Vaternamen erteilen und auch Hypsipyles Sprößlinge als Iasoniden auftreten, so erscheint hierin das Amazonentum und jedes Mutterrecht überhaupt überwunden und das Prinzip der Paternität hergestellt. Dieselbe Umgestaltung tritt in Hypsipyles fernern Schicksalen hervor. Zu Nemea ist der Königssohn Opheltes-Archemoros ihrer Pflege übergeben. Da das Orakel verboten, das Kind auf die Erde niederzulegen, barg sie es im üppigen Efeugerank, wo es der Quelldrache tötete. Dem Knaben wurden nun von Adrast und seinen sechs Begleitern die ersten nemeischen Spiele gefeiert. An den Efeukranz, der den Sieger schmückt, knüpft sich das Gedächtnis des Archemoros und der lemnischen Amazonenkönigin Hypsipyle.[10] In dieser Erzählung erscheint Thoas' Tochter mit cerealisch-mütterlichem Charakter. Die lemnische und die nemeische Hypsipyle bilden einen entschiedenen Gegensatz. Verschwunden ist der stolze Sinn des herrschenden Weibes. Die Königin erscheint zu Nemea als dienende Magd. Nicht kriegerischer Übung ist ihr Leben gewidmet, sondern sorglicher Kinderpflege. Der amazonische Charakter hat einem ganz neuen weichen müssen. Hypsipyle ist der Mutterbestimmung zurückgegeben. Wie sie von Iason das Sohnespaar gebiert, so erscheint sie in ihrem Verhältnis zu Archemoros-Opheltes als die der Befruchtung sich freuende Naturmutter, deren Geburten dem Gesetz des ewigen Werdens und des ebenso ewigen Vergehens unterliegen. Euneos und Nebrophonos zeigen in ihrem Namen die Bedeutung ihrer Zweiheit, und in Archemoros-Opheltes wiederholt sich dieselbe Doppelbeziehung. Sie stehen unlösbar nebeneinander, wie in aller Erdschöpfung Leben und Tod, Werden und Vergehen sich durchdringen und gleichen Schrittes nebeneinander einherschreiten. So ist die männer- und ehefeindliche Amazone zur großen Mutter der tellurischen Schöpfung geworden, und dieser neue Charakter wird gerade durch den Gegensatz ihres frühern Amazonentums besonders bedeutend. Dionysisches Leben ist an die Stelle des amazonischen getreten. Das dionysische Vaterrecht hat das tellurische Muttertum verdrängt. Recht klar liegt dieser Übergang in dem Gegensatz der Efeustaude zu der Erde. Nicht auf den Erdboden darf Opheltes niedergelegt werden; Hypsipyle vertraut ihn dem am Quellwasser üppig gedeihenden *apium*, dessen Namen selbst die Wasserkaft *(apa)* bezeichnet, und das somit die Grundlage der Dionysosnatur, den die Alten ›aller Feuchte Herr‹ nennen, in sich trägt. In der Efeukrone tritt das Vorherrschen der männlich zeugenden über die weiblich empfangende Natur hervor. In der fünfjährigen Festperiode kehrt die uns schon bekannte Ehebedeutung der Fünfzahl wieder. An Nemea selbst aber knüpft sich auch in andern Mythen die Erinnerung an den Untergang des Weiberrechts. Denn im nemeischen Hinterhalte erliegen die Molioniden Herakles' Pfeil. Die Muttersöhne, in Elis unüberwindbar, erliegen hier dem großen Sonnenhelden, dem Vernichter aller Gynaikokratie. So vollendet der nemeische Mythus den lemnischen. Was dort sich bereitet, wird hier durchgeführt. Besiegt ist der Tellurismus und das Amazonentum, das Lichtrecht der Paternität kömmt zur Anerkennung.

Aus der Verbindung Hypsipyles mit Iason ergibt sich mit großer Wahrscheinlichkeit, daß die Einführung des Vaterrechts auf Lemnos an die Einwanderung einer von Hause durch ähnliche Verhältnisse vertriebenen Minyerschar sich anschließt. In der Tat wird mehrfach bezeugt, daß Iasoniden oder Minyer die Insel bevölkerten.[11] Gerade diese Tatsache mag die Veranlassung gewesen sein, die Insel Lemnos mit in die argonautischen Dichtungen aufzunehmen. Sehr bezeichnend ist es, daß Herakles allein von allen Helden an Bord der Argo zurückbleibt und seine Gefährten wegen des mit den Amazoninnen gehaltenen Beilagers tadelt. Ist dieser vorübergehende Besuch ganz im Geiste des amazonischen Lebens gedichtet und mit dem, was von den samnitischen Frauen, von Thalestris' Besuch bei Alexander, von den Sarmaten, den baktrischen und gelonischen Frauen berichtet wird,[12] in voller Übereinstimmung, so erscheint andererseits Herakles nicht weniger in demjenigen Charakter, den ihm der Mythus durchweg verleiht. Er ist der unversöhnliche Gegner der Weiberherrschaft, der unermüdliche Bekämpfer des Amazonentums, daher ›Weiberhasser‹, an dessen Opfer kein Weib Teil hat, bei dessen Namen keines schwört, der durch des Weibes giftgetränktes Gewand zuletzt seinen Tod findet. Diesen Charakter bewahrt er auch unter den Argonauten. In der Gesellschaft der das Männerrecht begründenden Minyer hat er seine passende Stelle; aber die männerlose, weiberbeherrschende Insel kann der Weiberbesieger, der Amazonenvertilger nicht betreten, das Beilager seiner Genossen nur tadelnd erwähnen.

Der lemnischen Iasoniden Kindeskinder sind es, die, von den Pelasgern nach dem brauronischen Raube aus der Insel vertrieben, nach Lakedaemon schifften, von dort aber samt ihren lakonischen Weibern mit der Kolonie des Theras nach der Insel Thera abgingen, so daß Iason und das gattenmordende Volk der lemnischen Frauen auch in den beiden herrlichen Pythischen Siegesgesängen (4. 5) auf Arkesilas, den König von Kyrene, Erwähnung finden, und Battos und Arkesilas selbst auf die minyeischen Sprößlinge der lemnischen Amazoninnen zurückgeführt werden.[13] In dem Raube der athenischen Frauen durch die am Brauronium landenden Pelasger und in dem mit ihnen gehaltenen Beilager wiederholt sich das Verhältnis der Sintier zu den thrakischen Kebsweibern. Aus der Verbindung mit den fremden Frauen entsteht ein Geschlecht von Partheniern, das dem herrschenden Volke Gefahr bereitet und darum dem Untergange geweiht wird. Wie einst die Thrakerinnen mit ihren Kindern, so bluten jetzt die athenischen Mütter und ihre Sprößlinge. Eine zweite Untat, nicht geringer als die erste, rechtfertigt die griechische Sitte, jeden Greuel durch den Namen der lemnischen Tat auszuzeichnen.

Herodot (6, 137-139) hebt es in seiner Darstellung besonders hervor, daß die Kinder der athenischen Frauen Sprache und Sitten ihrer Mütter annahmen und mit denen pelasgischen Stammes keinerlei Gemeinschaft pflegten. Hierin offenbart sich eine Seite des

Mutterrechts, welche auch in andern Erzählungen ihren Ausdruck gefunden hat. So wird der skythische Dialekt, den die Sauromaten reden, auf die Amazonen zurückgeführt, von welchen sie ihre mütterliche Herkunft ableiten (4, 117). Der Einfluß der Mütter auf Sitten und Sprache der Kinder wird zu keiner Zeit und unter keinen Verhältnissen verschwinden. Er muß aber um so mächtiger hervortreten, je angesehener die Stellung der Frau ist. Darum liegt in dem Mutterrecht eine Garantie für Reinheit von Sprache und Sitte, wie es überhaupt als eine hohe konservative Kraft im Staatsleben dasteht. Der dorische Konservativismus in Sprache, Staat und Leben steht mit dem hohen Einfluß der dorischen Frauen in genauem Zusammenhang, und auch Cicero gibt Zeugnis von derselben Erscheinung, wie wir später sehen werden.

Durch den Mord der athenischen Mütter wurde das Prinzip des tellurischen Urmuttertums verletzt. Darum erhebt sich zur Rache der Untat die Erde selbst. Sie bringt keine Frucht hervor und verhängt gleiche Sterilität über den Mutterschoß der Tiere und Frauen. Diese Vorstellung von der Tätigkeit der Erde in Verfolgung ihrer Rechtsansprüche, wie wir sie in Orests Mythus und in Skedasos' Tat vorfanden, kehrt oft wieder und hat in manchen Rechtsanschauungen ihr Echo gefunden. Ganz im Sinne der alten Religion spricht Virgil, wenn er sagt (Ecl. 8, 91-93):

has olim exuvias mihi perfidus ille reliquit,
pignora cara sui. quae nunc ego limine in ipso,
terra, tibi mando: debent haec pignora Daphnim.

Die Pfänder schulden den Daphnis; die Erde, der sie überliefert werden, übernimmt die Pflicht, die Leistung der Schuld zu erzwingen. Wenn Servius hinzusetzt *veneficium ita administratur, ut in limine ponantur eius exuviae, cui veneficium fit,* so liegt hier der gleiche Gedanke einer durch die Erde vollzogenen Strafe vor. – Nach pelasgischer Religion kann der Frevel an dem Muttertum gar nicht gesühnt werden. Denn ihr liegt das Prinzip des weiblichen Tellurismus zu Grunde. Die Versöhnung muß von der höhern apollinischen Macht ausgehen. So besiegen die Kadmeer zu Dodona das Mutterprinzip mit Hilfe des apollinischen Dreifußes. So werden auch Klytaemnestrens Erinnyen nur durch die apollinische höhere Macht versöhnt und für Athen wieder günstig gestimmt. So suchen die italischen Pelasger gegen die Unfruchtbarkeit ihres Landes und ihrer Frauen Schutz bei Zeus, Apollo und den Kabiren.[14] So wenden sich jetzo nach dem Muttermorde die lemnischen Pelasger nicht an ihr pelasgisches Orakel zu Dodona, sondern an den delphischen Gott, dessen höheres männliches Feuerprinzip allein es vermag, den Frevel des Muttermordes zu sühnen und der Erde Groll zu beschwichtigen. Diese Sühne setzt aber die Vereinigung der lemnischen Erde mit der attischen voraus. Als selbständig pelasgisches Land kann Lemnos nur pelasgischem Rechte unterliegen, und in diesem herrscht der mütterliche Tellurismus vor. Soll das apollinische Gesetz zur Geltung kommen, so muß Lemnos aus pelasgischer athenische Erde werden. Erfüllt schien dies Erfordernis, als Miltiades von dem Chersonnes her mit Hilfe des Nordwindes in einem Tage nach Lemnos segelte. Was bedeutet diese Hervorhebung des Nordwindes? Sie scheint auf den ersten Blick durchaus rätselhaft. In Verbindung mit apollinischer Religion jedoch gewinnt sie sofort guten Sinn. Der apollinische Kult ist hyperboreischer Herkunft. Aus Nord brachten ihn die hyperboreischen Jungfrauen nach Delos, aus Nord langen alljährlich die Weihgeschenke an. Aus Nord stammt das Heil, aus Nord der reine Lichtheld, der den Tellurismus überwindet, und dessen höherer, reinerer Kraft die tellurischen Erinnyen gerne ihr unersättliches Amt opfern. Dieser Sühne wird nun auch Lemnos teilhaft. Als attische Erde genießt sie apollinische Erlösung. Wie von Orests Verfolgung, so stehen die Erinnyen der gemordeten Athenerinnen nun von jener der Pelasger ab. Sie wenden dem bisher verfluchten Boden wieder ihre Huld zu, verleihen ihm von neuem Fruchtbarkeit, den Tieren und Weibern Geburten. Attika vereint, wird Lemnos jetzt mit allem Reichtum gesegnet; die Insel erscheint beladen, wie jener Tisch, den die Athener in ihrem Prytaneum errichten, den sie mit allen Gaben der Erde belasten und den Pelasgern als Bild ihres Landes vor Augen stellen.

So kehrt in dem Verhältnis der pelasgischen Lemnos zu dem apollinischen Athen der Gegensatz der beiden Religionen ganz in demselben Sinne wieder, wie ihn uns die Aeschylische Oresteis zeigte. Das pelasgische System ist die niedere Stufe des Tellurismus, auf welcher die Kraft vorzugsweise als chthonische Wassermacht aufgefaßt wird und auf welcher der stoffliche Gesichtspunkt, mithin das stoffliche Erdmuttertum, vorherrscht. Das apollinische System dagegen ist die höhere Stufe des väterlichen Lichtprinzips, das da Sühne und Versöhnung bringt, wo nach jenem ältern Kult keine Reinigung möglich ist. Von diesem höhern Recht erhält Orest seine Freisprechung, von demselben wird der

Mord der Priesterin zu Dodona vergeben, von demselben jetzt auch der Muttermord der Pelasger. Das Vaterprinzip der Iasoniden findet in dem apollinischen Kult seine Vollendung und höchste Durchführung.

46. In dem lemnischen Mythus, den wir oben nach Apollodors Darstellung mitteilten, nimmt Thoas, Hypsipyles Vater, eine bedeutende Stellung ein. Er wird auf Dionysos und Ariadne zurückgeführt. Auch hierin tritt der Sieg des Vaterrechts über das Mutterrecht, der sich an Hypsipyles Erscheinung knüpft, hervor. In ihrer aphroditischen Natur bildet Ariadne den Gegensatz zu dem männerfeindlichen Amazonentum. Wie Hypsipyle den Thoas, wie Hypermnestra den Lynkeus schont, wie Elektra sich auf Orestes Seite stellt, so rettet Ariadne, von Liebe getrieben, den attischen Sonnenheld Theseus und folgt ihm nach. Aber auf Athenes Geheiß überläßt sie dieser dem großen Gott der männlichen Wasser- und Sonnenkraft, Dionysos, dessen mehr stofflich gedachter Natur das aphroditische Muttertum besser entspricht. In beiden Verbindungen, in jener mit Theseus, in dieser mit Dionysos, erscheint Aphrodite-Ariadne als Darstellung des dem Manne willig folgenden und dem Glanze seiner höhern Natur freiwillig sich unterwerfenden Weibes, mithin als die Negation des Amazonentums. So ist in der Verbindung Dionysos-Ariadne dasjenige Prinzip, welches in Thoas' Rettung zur Anerkennung gelangt, selbst schon vorgebildet. Das Amazonentum, unter dessen Besiegern Dionysos eine hervorragende Stelle einnimmt, erliegt hier dem Dionysossprößling Thoas und wie in Ariadne, so trägt auch in Hypsipyle Liebe den Sieg davon über amazonische Männlichkeit. ›Thoas‹ wird von den Alten aus ›theo (laufen)‹ erklärt und mit der Schnelligkeit des Laufs in Verbindung gebracht.[15] Diese Eigenschaft erklärt sich aus der dionysischen Gottheitsidee. In der Schnelligkeit des Laufs erblickt die alte Welt zunächst das Bild der Bewegung des Wassers. Ewig rastloses Eilen inmitten einer sonst bewegungslosen Schöpfung bildet die auszeichnende Eigenschaft des feuchten Elementes, das der Zeugung Kraft in sich trägt. In dem Lauf der Renner, in dem Wettkampf der Pferde wird jene Eigenschaft des Wassers dargestellt. Daher feiert man diese Spiele an Flußufern, wie an Alpheus' Strand, am Tiber, am Mincius,[16] oder um einen künstlich angelegten Euripus. Daher ist das Wagenrennen Neptun vorzugsweise geheiligt. Aber die Schnelligkeit des Laufs entspricht

auch den höhern Stufen der Kraft. Ist diese als himmlische Lichtmacht gedacht und darnach in den Mond, zuletzt in die Sonne, ihre Urquelle, verlegt, so wird der Lauf eine Darstellung des Kreislaufes der himmlischen Körper, des Mondes zunächst und auch der Sonne. Aber damit sind die symbolischen Beziehungen des Wettlaufs noch nicht erschöpft. Denn wie er die Träger der Kraft, das Wasser und den Mond mit der Sonne, in ihrer Bewegung darstellt, so versinnbildet er auch das Leben der durch jene Kraft hervorgerufenen sichtbaren Schöpfung, in welcher Werden und Vergehen mit schnellen Schritten in ewigem Kreislauf sich fortbewegen. Diese Bedeutung werden wir in dem Bruderpaar der pferdelenkenden Molioniden erkennen und, wenn wir einmal bei dem elischen Mutterrecht angelangt sind, noch näher erläutern. Die drei verschiedenen Bedeutungen des schnellen Laufes sind im Grunde nur eine einzige. Sie zeigen uns die männliche Naturkraft teils nach ihren Grundlagen, den tellurischen und himmlischen Potenzen, teils in ihren Schöpfungen und deren sichtbarem Leben. Alle diese drei Beziehungen vereinigen sich in Dionysos, dem Gotte der männlich zeugenden Naturkraft, der die Wasser- und Lichtmacht in sich trägt und in den Gewächsen der Erde sich offenbart. Er kann also selbst als ›Thoas‹ bezeichnet werden.

Hypsipyles Vater hat in Achilles ein lehrreiches Analogon. Auch dieser ist ein wahrer Thoas. Sein schneller Lauf wird als auszeichnende Eigenschaft hervorgehoben und kehrt in den ›Rennbahnen des Achill‹ wieder. Diese Eigenschaft trägt er vorerst als Wassermacht, als welche er sich schon in seinem Namen zu erkennen gibt; dann auch als Deus Lunus, als welcher er mit Helena geeint die Mondinsel Leuke bewohnt und laufend umkreist, wie Talos die ihm anvertraute Kreta; endlich als apollinischer Sonnenheld, in welcher Eigenschaft er Hemithea auf Tenedos verfolgend dargestellt ist. Belehrend wird diese Parallele namentlich dadurch, daß an den Renner Achilleus die Besiegung des Amazonentums nicht weniger als an Dionysos und die übrigen Lichthelden sich anknüpft. Er, in dessen Abstammung die Mutter über den Vater hervorragt, bringt das Vaterrecht der männlichen Naturkraft zur Anerkennung und führt noch auf der Mondinsel Leuke den im Leben begonnenen Kampf gegen das amazonische Prinzip siegreich durch. Als apollinischer Sonnenheld übertrifft er alles an Schnelligkeit des Laufs, und so wird gerade diese Eigenschaft ein Ausdruck der Herrschaft, die das männliche Prinzip über das weibliche erringt. Darin wurzelt die sich öfter wiederholende mythologische Fiktion einer im Wettlauf gewonnenen, früher amazonischem Leben ergebenen Jungfrau. So ist Hippodamia der Preis, den sich Pelops erringt. Besiegt ist die amazonische Jungfrau; gerne folgt sie dem männlichen Helden, dessen höhere Natur sie erkennt. Ehe tritt an die Stelle der Feindschaft, und in dem neu begründeten Geschlecht herrscht der Vater. Die Pelopiden tragen das neptunische Vaterzeichen auf dem rechten, das mütterliche Symbol auf dem linken Arm. Dadurch erhält nun die Bedeutung des Hypsipyle-Vaters Thoas in dem lemnischen Mythus ihre volle Bestätigung. Sein Name und seine genealogische Verbindung mit Dionysos-Ariadne sind ebenso viele Zeugnisse für seine Stellung zu dem amazonischen Weiberrechte, das in ihm und seinem Stamme dem höhern dionysischen Prinzip erliegt.

47. Die Analogie Achilles' und des lemnischen Thoas setzt sich fort in dem nächtlichen Feuerfeste, das dem achäischen Helden, dem kretischen Daktylen Pemptus, dem lemnischen Prometheus (denn auch so wird Achill genannt) auf der Pontosinsel Leuke, auf Lemnos dagegen den Kabiren und ihrem Haupte Hephaest gefeiert wird. Beide Feste werden von Philostrat, einem gebornen Lemnier, genau beschrieben.[17] Photius v. ›Kabeiroi‹ meldet, nach der Untat der Frauen hätten jene tellurischen Zeugungsmächte, denen auch Leukosia-Samothrake seine Mysterien feierte,[18] die unselige Insel verlassen. Sie zurückzuführen und zu sühnen, feiert man das neuntägige Feuerfest. Alles Licht wird nun auf der Insel ausgelöscht, eine neue Flamme von Delos herübergebracht. Während der ganzen Zeit treibt das Schiff, das sie trägt, um die Vorgebirge der Insel herum. Ist dann der Augenblick gekommen, sie den Bewohnern mitzuteilen, so beginnt überall ein neues Leben, Festschmaus und Heiterkeit herrschen aller Orten. Der Wein, der Kabiren Gabe, wird in Überfluß genossen. Alles freut sich der wieder gewonnenen göttlichen Huld.

Der Grundcharakter dieses Festes läßt sich nicht verkennen. Er wird sich aus einer Vergleichung mit dem oben schon berührten ›Kannenfest‹ der Athener[19] am sichersten ergeben. Dieses ist ein Sühnefest der mütterlichen Erde, die den Menschen alle nährende Frucht, alle labende und herzerfreuende Gabe spendet. Auf die Zeit der Trauer und Buße folgt die des Jubels und eines neuen Lebens in Fülle und Üppigkeit. Ausgetrieben ist Bulimos, eingezogen der Überfluß wie man in dem boeotischen Chaeronea sang.[20] Wiedergewonnen ist den Sterblichen die Gunst der Mutter Erde, die der Menschen Missetat ihnen entfremdet hatte. Darum knüpfte man das Fest zu Athen an Orests Muttermord, auf Lemnos an die Untat der Frauen, die ihre Männer dem Tode geweiht und dadurch Aphroditens Gebot, allem Männlichen hold und gewogen zu sein, verletzt hatten. In beiden Fällen ist die Idee dieselbe: in ihrem innersten Wesen verletzt, entzieht die große Naturmutter den Sterblichen ihre Huld und Gabe. Kömmt so Strafe und Buße von der weiblichen Naturmacht, so ist es dagegen die männliche, von der die Sühne stammt. Vom Standpunkte des weiblichen Erdrechts kann Orests Tat nie Verzeihung finden. Von dem männlichen Lichtgott Apollo wird die Versöhnung gebracht. Daß sie den Sterblichen geworden, zeigt der Lorbeer, der da emporwuchs, wo man die Reinigungsmittel in die Erde vergraben hatte, so wie die Verbindung des *tabernaculum Orestis* mit dem Tempel Apolls, vor welchem jenes ›Zelt‹ errichtet wurde.[21] Ganz derselbe Gedanke liegt in dem lemnischen Feste. Von Aphroditen kann den Lemnerinnen keine Sühne kommen; vom Standpunkt des tellurischen Prinzips haben die männermordenden Frauen keine Verzeihung zu hoffen, so wenig als Gorgo, so wenig als Leukomantis, die ihren Männerhaß mit dem Leben büßen.[22] Da tritt das höhere männliche Lichtprinzip versöhnend, rettend, begütigend in die Mitte. Wie Apoll die Erinnyen mit Orest und ganz Athen versöhnt und ihren Haß zu Wohlwollen umwandelt, so wird Aphroditens Grimm gegen die Lemnier durch Hephaests Fürsprache gehoben, ihre Huld durch den männlichen Gott dem Volke wieder gewonnen.[23] Hephaest nimmt also hier diejenige Stelle ein, welche zu Athen Apoll angewiesen wird. Beide Götter gehören dem männlichen Feuerprinzip. Insoweit stimmen sie überein. Ihr Unterschied liegt in dem Grade der Reinheit, welche dem hephaestischen und dem apollinischen Feuer zukömmt. Das hephaestische Feuer ist die tellurische Wärme, das vulcanische Feuer des lemnischen Mosychlos, von welchem Prometheus, der Patron der attischen Schmiede, in der Ferulstaude den glimmenden Funken raubt. Das apollinische Feuer dagegen ist das reinste, höchste Lichtprinzip, das, außer aller Berührung mit dem Stoffe (und darum von Servius und Plato *non urens* genannt), ewig seine ursprüngliche, göttliche Reinheit bewahrt. In gleichem Verhältnis steht Hephaest unter Apoll. Sein hinkendes Bein, das er mit Bellerophon gemein hat, verkündet die Region, welcher er angehört. Aber was ihm gebricht, das wird durch stetes Zurückkehren zu dem apollinischen Sonnenprinzip ergänzt und wiederhergestellt. Die durch die Berührung mit der Materie entheiligte, durch den Gebrauch der Menschen unrein gewordene Flamme wird durch eine neue, welche Delos sendet, ersetzt. Erst mit dieser Zeit zieht das neue Leben auf der Insel ein. Erst jetzt ist die alte Schuld getilgt, Aphrodite völlig versöhnt. In letzter Instanz ist also auch für Lemnos, nicht weniger als für Athen, Apoll der Heiland, vor dem die Mutter Erde, ihrem eigenen Gesetz entsagend, willig sich beugt. In dem Zurückgehen auf die höchste Sonnenmacht liegt der Untergang des alten Erdrechts, das in Aphrodite und ihrer Strafe seinen Ausdruck hat, in ihm liegt die Erhebung des männlichen Vaterprinzips zu entschiedener Herrschaft. Auf Lemnos stehen nun Hephaest und Aphrodite, als Gatten verbunden, nebeneinander. Aber Aphrodite ist in die zweite, untergeordnete Stellung zurückgetreten. Dem Feuerprinzip des Mannes erliegt der Tellurismus der Frau.

In allen Teilen des lemnischen Mythus zeigt sich dieselbe Idee: die Gynaikokratie, zum Amazonentum gesteigert, bereitet sich durch den blutigen Männermord ihren Untergang. Das höhere Prinzip des Vaterrechts verdankt seinen Sieg der apollinischen Sonnenmacht, die als mild versöhnendes Prinzip dem Tellurismus und seinem blutigen Recht entgegentritt und dadurch auf Erden eine Zeit neuer, reicher Entfaltung einleitet.

48. Zu ähnlicher Berühmtheit wie die Lemniaden gelangten die Danaiden, und auch die Bluthochzeit der Töchter des Danaos steht mit der Gynaikokratie alter Zeit im engsten Zusammenhang. Welcker hat diesen in der 'Aeschylischen Trilogie Prometheus' (Darmstadt 1824) zuerst hervorgehoben, ohne jedoch auf befriedigende Weise auseinanderzusetzen, in welcher Gestalt er sich die Verbindung selbst denkt. Ich setze mir daher vor allem die Aufgabe, diejenige Seite der Gynaikokratie hervorzuheben, an welche sich die Tat der Danaiden anschließt, und von der aus allein sie richtig aufgefaßt werden kann.

Die Gynaikokratie schließt in sich das Recht des Weibes, ihren Mann selbst zu wählen. Das ist eine Seite, von welcher wir sie bisher noch nicht kennen lernten, und doch ist gerade dieser Zug sehr wesentlich zum Bilde jenes Urzustandes der menschlichen Gesellschaft. Das Weib wählt sich den Mann, über den sie in der Ehe zu herrschen berufen ist. Beide Rechte stehen in einem notwendigen Zusammenhang. Die Herrschaft des Weibes beginnt mit ihrer eigenen Wahl. Die Frau wirbt, nicht der Mann. Die Frau gibt sich zur Ehe, sie schließt den Vertrag, sie wird weder von dem Vater noch von den Agnaten dem Manne gegeben. Dafür spricht, wie bemerkt, schon die innere Konsequenz. Dasselbe fordert aber auch das Vermögensrecht der Gynaikokratie. Wir haben oben gesehen, daß nach dem Mutterrecht nur die Tochter das Vermögen erbt, während der männliche Sprosse davon ausgeschlossen bleibt. Die Frau hat also eine Dos ohne Zutun des Vaters oder der Brüder, und dadurch wird sie in den Stand gesetzt, unabhängig von ihnen, ganz selbständig, eine Ehe abzuschließen. Daß diese Konsequenz richtig ist, das beweist Herodots Nachricht von den Frauen Lydiens: ›Die jungen Töchter der Lyder verkaufen sich alle und sammeln sich ihre Aussteuer, bis sie in die Ehe treten. So statten sie sich selbst aus.‹ (1, 93). ›Erwerbtreibende Dirnen‹ nennt sie Herodot, und das sind, wie es Valckenaer und Baehr richtig erklären, ›mit sich Erwerb treibende Dirnen‹. Also weil die Lydierinnen eigenes Vermögen besitzen, wählen sie den Mann und geben sich selbst zur Ehe, *elocant se ipsae*. Dasselbe meldet Plautus von den tuskischen Frauen, und auch hier muß es die gleiche Folge gehabt haben, das *se ipsas elocare* der Frauen. In der Tat finden wir auch bei den Etruskern die unzweifelhaftesten Spuren und Nachklänge des Mutterrechts, insbesondere die Hervorhebung des mütterlichen Geschlechts in ihrer Genealogie, worauf wir bei einer spätern Veranlassung zurückkommen werden. Der gleiche Hetärismus als Quelle der Dos wird auch für die aegyptischen Frauen bezeugt.[1] Das Herodotische ›sich selbst zur Ehe geben‹ muß also überall gelten, wo die Frauen regelmäßig eigenes Vermögen besitzen; und da dies bei jeder Gynaikokratie auch ohne Hetärismus der Fall ist, so folgt, daß in jeder Gynaikokratie die Frau den Mann wählt und sich selbst zur Ehe hingibt. Das Wahlrecht des Mädchens findet sich auch in andern Überlieferungen anerkannt. Für die Gallierinnen, deren hohe Stellung schon aus dem Hannibalischen Vertrage hervorgeht, in welchem die Entscheidung etwa sich ergebender Streitigkeiten den gallischen Matronen zugewiesen wird, bezeugt es die Erzählung von Petta, des Segobrigerkönigs Nanus Tochter. Sie ist es, die in die Versammlung der Freier tritt und hier, der Sitte gemäß, die goldene, mit Wasser gefüllte Schale dem Auserwählten darreicht. Euxenos, der Gastfreund aus Phokaea, empfängt das Becken aus ihrer Hand. Sie wird darum fortan Aristoxena genannt. Von ihrer Tochter Protis stammen die Protiaden.[2] Noch vollständiger ist dies System bei den Kantabrern ausgebildet, von welchen Strabo (3, 165) folgendes berichtet: »Bei den Kantabrern bringen die Männer den Frauen eine Dos zu. Bei ihnen sind auch die Töchter allein erbberechtigt. Die Brüder werden von den Schwestern an die Frauen zur Ehe gegeben. In allen diesen Sitten liegt Gynaikokratie.« In dieser Gestaltung des Weiberrechts zeigt sich die vollständige Durchführung des gynaikokratischen Systems und eine bis zu der äußersten Spitze getriebene Konsequenz, wie sie für kein anderes Volk mehr bezeugt ist. Um so entschiedener aber ist an dem Rechte der Selbstwahl von Seite der Tochter festzuhalten.

Eine sehr beachtenswerte Bestätigung dieser Auffassung liefert ein von Pausanias (3, 12, 2) erhaltener Zug des Danaidenmythus. Um seine durch den Mord befleckten Töchter zu verheiraten, verkündet Danaos, er verlange keine Sponsalien und keine Brautgabe, jede aber werde auswählen, wer ihr am besten gefalle. Da bieten sich nur wenige dar. Dadurch wird der Vater veranlaßt, sein System zu ändern. Er ordnet einen Wettkampf im Schnellauf und überläßt dem jedesmaligen Sieger die Wahl der Braut. Dort haben wir das alte, hier das neue System. Nach dem Vaterrecht steht die Sache so: Hier gibt der Erzeuger kraft seiner Gewalt die Tochter zur Ehe und stattet sie mit einer Dos aus. Sponsalien und Dos gehören ausschließlich dem Vaterrecht, in dem System des Mutterrechts fallen sie weg; hier hat die Tochter eigenes Recht und eigenes Vermögen. Nach dem ältern römischen Rechte hinderte des Vaters Wahnsinn ganz konsequent, wie jeden Vertrag, so auch die Elocation der Tochter. Dieser Gegensatz zeigt das Recht der Gynaikokratie in seiner ganzen Eigentümlichkeit, und gerade hieran schließt sich der Mythus der Danaiden an. In allen Versionen der Sage, auch in der Aeschylischen Danais, ist der Abscheu vor erzwungener Verbindung der Angelpunkt des ganzen Ereignisses. Aegyptus' Söhne brechen in frevlem Übermut das Recht der Jungfrauen, frei über sich zu verfügen. Der erzwungene Ehebund ist es, den die Mädchen als Verletzung ihres höchsten Rechtes betrachten, dem sie selbst den Tod vorziehen würden und den sie, da er nun doch auferlegt wird, durch die Bluthochzeit rächen. Diesen Gedanken sprechen die Hiketides selbst aus, wenn sie im Vorgefühl der unausweichlichen, unabwendbaren Verbindung bei Aeschylus rufen (1048 ff.):

> Es gescheh' denn, was verhängt uns vom Geschick ward;
> Unumgehbar ist des Zeus ewiger, nie wankender Ratschluß;
> Doch in alljeglicher Eh' zeige sich dies End',
> Daß des Weibes sei die Herrschaft.

Ein Ausspruch, der um so gewichtiger ist, da er allen Übungen und Grundsätzen der spätern Zeit widerstrebt. Die Schriften der Alten enthalten zahlreiche Aussprüche, durch welche des Weibes Herrschaft im Hause als das größte Übel dargestellt und deshalb vor Verbindung mit reichen Frauen gewarnt wird. Um den Gegensatz gegen das Recht der alten Zeit und den von den Danaiden geltend gemachten Anspruch recht hervorzuheben, sollen hier die Äußerungen zweier Schriftsteller, des Aristoteles und des Komödiendichters Menander, zusammengestellt werden. »Das männliche Geschlecht,« heißt es (bei Aristot., Pol. 1, 5), »ist mehr geeignet zu herrschen, als das weibliche. Es ist ein Unterschied zwischen den Tugenden des Mannes und jenen der Frau, zwischen der männlichen und weiblichen Tapferkeit, Mäßigkeit und Gerechtigkeit. Die männliche Tapferkeit ist zum Führen, die weibliche zum Folgen geeignet, und so ist es auch mit den andern.« Menander (relig. ed. Meineke, p. 169):

> Den zweiten Part zu spielen ziemet stets der Frau;

Des Ganzen Leitung aber kömmt dem Manne zu.
Ein Haus, in dem die Frau die erste Stimme hat,
Muß unvermeidlich untergehn, früh oder spät.

In einigen Stellen seines Werks hat Aeschylus den Gedanken einfließen lassen, als wäre es Abscheu vor dem verbotenen Ehegrade, also vor dem Inzest, der die Jungfrauen zum Widerstand, dann zur Flucht, endlich zu jener Tat der Verzweiflung antrieb. Aber diese Anspielung ist dem Gedanken der Vorwelt, welcher das Ereignis angehört, völlig fremd. Jenes Eherecht der spätern Zeit galt damals nicht. Gibt auch Griechenland noch Beispiele der Geschwisterehe, heißt auch Juno selbst Zeus' Schwester und Gattin, so ist sie zumal in Aegypten anerkannt, ja Isis' und Osiris' Verbindung, die schon im Finstern des Mutterleibes Rheas ihren Anfang nimmt, zeigt, daß sie tief in dem Wesen der Nilreligion ruhte, von ihr nicht nur nicht verworfen, sondern sogar mit höherer Weihe umgeben wurde.[3] Also nicht der Abscheu vor dem Inzest treibt die Danaiden zu ihrer Bluttat. Sie vertreten nicht irgend eine Bestimmung des Eherechtes; was sie als höchstes Recht in Anspruch nehmen, das ist die Herrschaft des Weibes über den Mann, insbesondere sofern diese sich in der freien Wahl desselben äußert. Diesem Rechte, diesem Grundgesetz der alten Welt, der in der Religion selbst begründeten Gynaikokratie, dieser müssen die frevlen Aegyptiaden zum blutigen Opfer fallen. In allen Versionen der Sage ist die Gewalt, die freche, gottverhaßte Gewalt, auf Seite des Aegyptus, das Recht auf Seite der Danaiden. Ja, es ist dies so sehr der Fall, daß die Gottheit sich der Mädchen annimmt, daß Athene, der sie auf Rhodus einen Tempel errichten, der auch Danaus selbst einen solchen erbaut, ihnen zur Flucht hilft, ihnen eine *navis biprora* anfertigt, daß Athene und Mercur sie nach der Tat, auf Zeus' Gebot, von dem mit Recht vergossenen Blute reinigen; daß endlich Hypermnestra dafür, daß sie des Lynkeus geschont, in Banden gelegt und vor ein förmliches Gericht gestellt wird.[4] Denn es war ihre heilige Pflicht, das durch die Aegyptiaden gehöhnte, frech verletzte Weiberrecht, ihre Freiheit und Herrschaft in Haus und Staat, durch Mord des eigenen, ihr aufgedrungenen Gatten zu rächen und neu zu befestigen. Hierin liegt das erste Motiv der argivischen Bluthochzeit in seiner ursprünglichen Wahrheit und Strenge. Sie gehört jener Gynaikokratie der Vorzeit, die zu Lemnos die Untreue der Männer, in Ios Geschlecht aber die erzwungene Ehe und die damit verbundene

Unterwürfigkeit der Frau unter des Mannes Herrschaft mit dem Blute der Frevler bestrafte.

Nach diesem Zusammenhange muß es als eine äußerst kühne Idee des Aeschylus erscheinen, diese Bluthochzeit seinen Zeitgenossen in einer eigenen Trilogie vorzuführen. Längst überwunden war ja damals jene Gynaikokratie der Vorzeit, verschwunden aus der Anschauungsweise des Volkes, verschwunden auch aus der Erinnerung. Mußten jetzt die Danaiden nicht eher im Lichte bluttriefender Scheusale erscheinen? Welche Aufnahme konnten sie finden, wenn sie in dem leider nicht erhaltenen dritten Akte der Trilogie am Morgen nach der Blutnacht stolz im Bewußtsein der grausigen, aber gerechten Tat aus dem Thalamos, dem Todesgemache der Aegyptiaden, heraus auf die Szene traten und, zum Chor vereint, frohlockend, wenn gleich selbst schaudergriffen, ihr Werk besangen? Mit welchen Gefühlen würde unser heutiges, den Gedanken der Vorwelt entfremdetes Geschlecht einem solchen Werke zuhören, wenn auch die höchste Kunst es mit allem Zauber der Poesie zu schmücken unternähme? Und dennoch, auch nach Verschwinden der Gynaikokratie aus Leben und Denkweise bot die Danaidentat immer noch ein brauchbares, ergreifendes, an Kontrasten reiches Motiv – ein Motiv, das für alle Zeiten seine Wahrheit und Gewalt behalten wird: es ist die Verteidigung der Rechte des Herzens gegen lieblosen Bund, gegen jene frevle Gier der Aegyptussöhne, die nur die Herrschaft zu erheiraten bemüht sind. Das ist auch die Seite, welche Aeschylus in den Schutzflehenden besonders herauskehrt. Dadurch gewinnt er selbst ein heutiges Ohr für die geängsteten Mädchen, deren bis zuletzt stets wachsende Furcht, deren taubenartiges Zittern und Beben zu dem spätern Heldenmute der Verzweiflung einen so erschütternden Gegensatz bildet. Wenn nun dieses in einer so späten, der Vorwelt so entfremdeten Zeit seine Wirkung nicht verfehlen konnte, wie viel ergreifender muß es erscheinen, wenn wir die Zeit der noch ungeschwächten, mit der Weihe der Religion umgebenen Gynaikokratie zu unserm Standpunkt nehmen. Standen die Danaiden in jener geschwächten Auffassung gerechtfertigt da, wie viel großartiger, wie viel berechtigter erschien ihre Tat nach der Denkweise jener Urzeit, der sie angehören. Halten wir diesen Standpunkt fest, so verschwindet alles Anstößige, das sonst Unbegreifliche wird begreiflich. Vom Standpunkt der Gynaikokratie ist niemand schuldig, niemand tadelnswert als nur allein Hypermnestra, die lieber schwach und weich als grausam und heldenmütig scheinen wollte. Vom Standpunkt der Gynaikokratie durften sich die Frauen nicht, wie Lucretia, dem Selbstmord weihen, obwohl Aeschylus ihnen diesen Gedanken leiht, um den friedlichen Pelasgos damit zu schrecken; sie mußten nicht bloß dulden, sie mußten handeln, den Frevel strafen, das Recht der Gynaikokratie, das höhere Recht des Weibes durch Mord aufrechterhalten. Im Selbstmord hätten doch immer die Männer gesiegt, aber sie mußten unterliegen. Darum war es notwendig, daß die Hochzeit selbst gefeiert werde, damit aus dem trügerisch zugegebenen Triumph des Männerrechts der endliche Sieg der Weibermacht mit um so mehr Glanz hervorgehe. So stehen die Danaiden da in der Heldengröße der Amazonen, die, wo es gilt, die Rechte ihrer Herrschaft zu wahren, keiner weichen Betrachtung Gehör leihen; die nie zart sein dürfen, und lieber blutig und grausam als mild und liebreich heißen wollen. Auch hierin liegt eine Seite der weiblichen Natur, die jeder Zeit verständlich ist, die aber doch nur der Periode vollendeter Gynaikokratie in ihrer ganzen Berechtigung klar sein konnte.

In seiner größten Höhe steht dieser Charakter da in der Danaiden Bluthochzeit, gerade wie das Amazonentum der Lemnerinnen in ihrem Männermord. Die eine wie die andere dieser Taten liegt so sehr in dem Geiste der alten Gynaikokratie, daß ich nicht anstehe, für der Danaiden Tat dieselbe Geschichtlichkeit in Anspruch zu nehmen. Diese Geschichtlichkeit ist allerdings ganz anderer Art als die, welche einem Thukydides zukömmt. Geschichtlichkeit und Genauigkeit ist zweierlei. Von der letztern kann bei jenen Ereignissen der Vorzeit die Rede nicht sein. Man muß jedes Ding mit seinem eigenen Maßstab messen. Keine Einzelnheit des großen Kampfes, womit Hera der Io Freveltat an ihren Nachkommen zu strafen suchte, hat mehr Anspruch auf Glaubwürdigkeit als die andere. Aber der Kern des Ereignisses, der durch Herrschsucht zwischen stammverwandten Familien entzündete Kampf um Vorzug des Männer- oder des Weiberstamms, dieser ist keine Dichtung, sondern ein wirkliches, wahrscheinlich unter ähnlichen Verhältnissen mehr als einmal durchgemachtes Erlebnis des Menschengeschlechts. Ich will hier nur an den Kampf der Teleboer gegen Elektryon erinnern. Die akarnanischen Teleboer ziehen nach Argos gegen Elektryon und verlangen das Gut, das ihnen von Hippothoes Mutter her zugehört. Es entspinnt sich ein

Kampf, in dem die Elektryoniden unterliegen. Aber das Mutterrecht, das hier gesiegt, wird durch Herakles gestürzt. Alkmene verspricht ihre Hand und Herrschaft dem Helden, der für den ihr erschlagenen Vater und die Brüder Rache nimmt. Herakles zeigt sich auch hier als Vorkämpfer des Männerrechts.[5] Taten wie die der Danaiden werden in gebildeten Zeiten nicht erdichtet, höchstens ausgeschmückt, nach dem Geschmack der Zeitgenossen zurechtgelegt, meist gemildert und in zu harten Zügen abgeschwächt. Die Bluthochzeit der Danaiden hat das Gepräge der Vorzeit, welches ihr keine Dichtung zu geben, aber auch keine zu rauben vermochte. Betrachtet man sie aus dem richtigen Standpunkte, so ordnet sich alles zu einem verständlichen Ganzen. Das Fremdartige verliert sich, das Unbegreifliche wird begreiflich. Ja, es verbindet sich so genau mit dem Geiste der alten Zeit, mit jenen von der alten Komödie so genannten Possen der Vorwelt, daß das Ereignis, wollten wir es ignorieren, der Geschichte der Menschheit und jener Periode der Gynaikokratie zu fehlen schiene. Durch solche Zeiten der blutigsten Prüfung ist unser Geschlecht wirklich hindurchgegangen. So manche Überlieferungen werden auch von unsern Zeitgenossen in der Tat nur als alberne Possen der Vorwelt behandelt, weil der Schlüssel zu ihrem Verständnis, die Vertrautheit mit ihren Ideen, und was schlimmer ist, die Liebe zu dem Altertum, auch bei großer Gelehrsamkeit, doch gar oft fehlt.

49. Wenn wir den Mythus der Danaiden mit der Oresteis, mit Eriphyle und Alkmaeon, mit den lemnischen Frauen, endlich mit dem, was über Ariadnes Verhältnis zu Theseus bemerkt worden ist, vergleichen, so ergibt sich eine überraschende Übereinstimmung aller Hauptzüge. Überall tritt uns die Gynaikokratie nicht in ihrem ruhigen Fortbestand, nicht in der Blüte einer unangefochtenen Herrschaft entgegen; sie zeigt sich vielmehr überall in ihrer Ausartung und dem durch blutigen Mißbrauch der Macht herbeigeführten Untergang. Wir sehen die beiden Prinzipien mit einander im Kampfe, das alte erliegend, ein neues siegreich. Die erschütternden Ereignisse, die den Übergang begleiten, sind es allein, die so tiefe Wurzeln in der Erinnerung der Menschen zu schlagen vermochten. Was unangefochten ruhig fortbesteht, erregt niemals Aufmerksamkeit. Erst wenn der Untergang naht, erst wenn der Kampf anhebt, wird die Welt dessen inne, was Jahrhunderte hin-

durch, ihr selbst unbewußt, sie regierte. Wenn dann unerhörte Taten die Macht der Wut und der Verzweiflung verkünden, so schließt sich das Gedächtnis der Menschen vorzüglich an sie an, und was der ruhige Genuß des Glücks und der Eintracht nicht vermocht hätte, das erreicht der Schauder des Entsetzens. Doch gemildert wird dieser Eindruck durch die freundliche Erscheinung solcher Frauen, die wie Ariadne, wie Elektra, wie Hypsipyle und Hypermnestra durch den edlern Hang ihres Gemüts das Anbrechen einer neuen, bessern Zeit verkünden.

Sehr bezeichnend ist es, daß auch hier wieder das Weib voransteht. Durch Männer wird der Kampf durchgeführt, durch männliche Helden das neue Recht hergestellt und auf alle Zeit befestigt. In dem Weibe bereitet sich der neue Tag. In seinem Innern ist alles vollendet, noch bevor es äußerlich zur Anerkennung gelangt. Der Mythus der Danaiden wird gerade dadurch besonders belehrend, daß sich ihm ein doppelter Akt, ein vorbereitender und ein vollendender, anschließt. Hypermnestra steht in der Mitte, Io geht ihr voraus, Herakles folgt nach. Und wie Hypermnestra selbst auf Ios Stamm zurückgeht, so ist wiederum Herakles im dreizehnten Geschlechte Hypermnestren entsprossen. Sie, die in der Zeusgeliebten Io ihre Ahnin ehrt, sie ist selbst des Heilands Herakles Urmutter. Was in Io beginnt, das vollendet dieser; wie Hypermnestra in der Mitte zwischen beiden auch beider Natur teils vollendend, teils vorbereitend vereinigt. Wie Io einst, von Heras Bremse gestochen, des Inachos Strand verläßt, so führt Athenens Schiff ihre Enkelin wieder dahin zurück, und der Vollender des geistigen Vaterrechts, Herakles, geht von eben da aus, die Welt von der Herrschaft des Stoffs zu befreien und auf Oetas Höhe im läuternden Feuer zur Gemeinschaft der olympischen Götter sich zu erheben. Io zeigt uns das Erwachen des Weibes aus dem langen Schlafe ungetrübter Kindheit, unbewußten, aber vollkommenen Glücks zur folternden Liebe, die fortan ihres Lebens Wonne und Pein zugleich bildet. Zeus' Göttlichkeit hat sie geblendet. Von seiner Herrlichkeit ist nun ihre ganze Seele erfüllt; zu dem göttlichen Manne, in Liebe ihm ergeben, einst emporzuschauen, dieser Gedanke hilft ihr alle Leiden der langen Irrsal geduldig ertragen. Weich, der Verzweiflung nahe, jagt sie dem höhern Lichte nach, das ihre Seele getroffen, als sie ihn in Dodonas heiliger Nähe zuerst angeschaut. Wie Prometheus geweissagt, so bringt das Nilland endlich der langen Leiden ersehntes Ende. Dort wird von Zeus'

Kraft Epaphos geboren, der selbst des Vaters Namen trägt. Aus Ios Stamm geht das Weib hervor, das des Mannes schont. Von Liebe gerührt, wie Io, will Hypermnestra lieber schwach heißen als blutschuldbefleckt; lieber der Herrschaft und ihrem blutigen Rechte als dem bessern Gefühl des Herzens entsagen. Und was sie so vorbereitet, das vollendet Herakles, der in Prometheus die ganze Menschheit erlöst und Zeus' geistiges Recht auf immer feststellt.

So durchdringt ein Gedanke alle drei Stufen dieses die ganze Entwicklung der alten Menschheit umfassenden Mythus. Der weibliche Stoff, in Io erwacht, zeigt in Hypermnestra von neuem die siegreiche Kraft der Liebe, die der blutigen Schwestern Tat erst in ihrer ganzen Glorie offenbart. Darum ist sie bestimmt, aus ihrem Blute nach Vollendung der Zeiten den Erlöser Herakles hervorgehen zu sehen, den Helden des Bogens, der, das Weib besiegend, es auch für immer erlöst. Das Muttertum des Stoffes ist in ihm dem himmlischen Zeusrechte des Vatertums erlegen zugleich und versöhnt. Io wird als Mondkuh gebildet; sie ist, nach der Argiver Sprache, selbst der Mond, Herakles die Sonne. Sie ist also das stofflich weibliche, dieser das unkörperliche himmlische Lichtprinzip. Herrschte erst jenes, so obsiegt jetzt dieses, und das kosmische Gesetz, nach welchem der Mond, der Sonne folgend, von ihr seinen Schein erborgt, ist in der Unterwerfung des Weibes unter den Mann auf Erden zur Verwirklichung gelangt. Die Auffassung der männlichen Kraft zeigt auch hier wieder eine doppelte Stufe. Im Nillande erscheint sie noch ganz stofflich. Der schwarze Epaphos ist gleich dem etruskischen Tage, gleich dem elischen Sosipolis, die Zeuskraft, die in der schwarzen, feuchten Erde waltet. Epaphos selbst trägt den Wassernamen. Denn die Wurzel *ap, aph* (wie ›Epialtes‹ und ›Ephialtes‹) reicht weit über die Grenzen des indogermanischen Sprachstammes, weit über das Gebiet der arischen Völker hinaus und geht in eine Zeit zurück, in welcher semitische und arische Stämme noch nicht getrennt waren. In der schwarzen Farbe zeigt Epaphos seine Erdnatur, denn ›schwarz‹ heißt ›gaia‹ auch in dem berühmten Fragmente des genealogischen Dichters Asius'[6]. Schwarz aber ist alles, was von Feuchtigkeit durchdrungen wird, wie Plutarch (Is. et Os., 33) gerade mit Bezug auf die aegptische Fruchterde hervorhebt. Darnach heißt nun auch der Nil selbst Melo (von ›melas (schwarz)‹), nicht weil er selbst schwarz wäre, sondern weil er die Erde, die er durchdringt und schwängert, schwarz macht.[7] Wenn sein Bild allein von allen Strömen nicht aus weißem, sondern aus schwarzem Marmor angefertigt wird, so hat auch dies seinen Grund ursprünglich wohl eher in der angegebenen Eigenschaft als darin, daß er, wie die Alten hervorhoben, durch der schwarzen Aethiopier Land seinen Lauf nimmt.[8] In dem sumpfigen Nillande erscheint also die männliche Kraft noch ganz als tellurische Wassermacht. Ios Sprößling ist der schwarze Epaphos. In Hypermnestras Nachkommen dagegen ersteigt sie eine höhere Stufe. In Herakles tritt die Zeuskraft als geistiges, apollinisches[9] Lichtprinzip auf. Sie ist nicht mehr stofflich, nicht mehr in der Erde verborgen; sie hat sich aus der Materie losgewunden, ist zum Himmel emporgestiegen, zur unstofflichen, geistigen Lichtnatur geworden. Jene erstere Gestalt nimmt sie in Aegypten, diese zweite, reinere, in Hellas an. Im Sumpflande des Melo wird der schwarze Epaphos geboren, aber Hypermnestras Nachkomme, Herakles, gehört Hellas an. Aus dem Lande der stofflichen Religion, wo Hetärismus Ruhm genießt,[10] wo selbst Zeus durch eine Pallas Dienste empfängt, wo Rhodopis ihr ›Dirnendenkmal‹ besitzt, wohin Aphrodite-Helena sich wendet, wo die Panegyrien mit den Ausartungen äußerster Sinnlichkeit gefeiert werden, wo das stofflich weibliche Naturprinzip bis zuletzt eine so hohe Rolle spielt,[11] wo endlich auch für den Abschluß der Ehe die körperliche Mischung erfordert wird,[12] – aus diesem Lande entführt die mutterlose Athene der Danaiden geängstigte Schar. Nicht dort, nur in Argos, wovon Io einst ausgegangen, kann sich der Sieg des geistigen Zeusprinzips vollenden. Darum entsagen die flüchtigen Mädchen bei Aeschylus ganz feierlich den Göttern des Nil und wenden sich hin zu den hellenischen Mächten; darum wird ebendaselbst auf das sinnenbestechende, sinnenschmeichlerische Aegypten mit besonderm Nachdruck hingewiesen. Nicht hier, nur in Hellas kann das Recht des Stoffes ganz überwunden und durch das höhere Zeusrecht ersetzt werden. In Argolis schont Hypermnestra ihres Gemahls, an Argolis ist Herakles geknüpft. Das Weiberrecht der stofflichen Wassermädchen geht in Hellas unter. Das Recht der Aegyptussöhne gelangt hier zum Siege. Zwar erliegt hier die Mehrzahl der blutigen Rache ihrer Gemahlinnen, aber Lynkeus wird erhalten; das Männerrecht, das jene als Preis ihrer höhern physischen Kraft in Anspruch nehmen, erhält in diesem eine höhere Grundlage, die der weiblichen Liebe. Auf jenem Boden findet es keinen sichern Bestand, auf diesem allein führt es des Weibes Versöhnung herbei. Vor des Mannes höherer Kraft beugt sich die Frau gerne. In der Unterordnung der Liebe erkennt sie nun selbst ihre wahre Bestimmung. In Herakles gelangt diese Entwicklung zum Abschluß. Die höhere Kraft, die seine Taten verkünden, offenbart den himmlischen Zeusgeist, und in diesem allein ruht das vollendete Mannesrecht. War Io einst, durch stoffliche Lust erregt, der Unruhe langer Irrfahrt anheimgefallen, so ist es des Mannes geistige Schöne, in der nun das Weib seine Ruhe findet. Es ist nicht mehr der tellurische, sondern der himmlische Zeus, den sie in ihrem Gemahle ahnt, und dem sie gerne die höhere Berechtigung einräumt. Dem stofflichen Manne gegenüber verteidigt sie ihr stoffliches Recht, dem geistigen ordnet sie sich gerne unter. Erst jetzt ist das wahre Gleichgewicht der Geschlechter, der dauernde Friede unter ihnen hergestellt; erst jetzt auch das kosmische Gesetz unter den Menschen verwirklicht. Der Sonne folgt der Mond ewig nach, durch sich selbst leuchtet er nicht, all seinen Schein borgt er von dem höhern Gestirn. So die Frau von dem Manne. Denn stofflich, wie der Mond, ist die Frau; geistig, wie die Sonne, soll der Mann sein. So lange der Stoff als das Höchste gilt, so lange steht das weibliche Mondprinzip voran, der Mann kömmt nicht in Betracht. Aber von der Wirkung geht man nun zur Ursache, von dem Monde zu der Sonne, von der Materie zur unkörperlichen Kraft über. Jetzt tritt der Mond in die zweite, die Sonne in die erste Stelle ein. Des Mannes unkörperliches, geistiges Prinzip gelangt zur Herrschaft. Das Weib erkennt, daß sie ihren schönsten Glanz von ihm erborgen muß. In Herakles also hat Io ihre höchste Vollendung erreicht. Von der Mondkuh stammt der Sonnenheld. Aus dem stofflichen Weiberrecht hat sich das geistige Vaterrecht hervorgebildet. Mit jenem beginnt, mit diesem endet die Entwicklung. Der Danaiden Bluthochzeit aber bildet den Übergang. In ihr bieten das alte und das neue Recht sich die Hand. Die blutigen Schwestern zeigen das Mutterrecht in seiner höchsten Vollendung, Hypermnestra bereitet dem Vaterrecht seinen Sieg, den Herakles vollendet. Nebeneinander liegen der höchste Ausdruck des alten, der Anfang des neuen Zustandes. Auch die übrigen Danaiden werden dem amazonischen Leben entzogen. Ist Amymone Poseidon erlegen, so werden ihre Schwestern den Siegern gymnischer Spiele als Kampfpreise überlassen, wie Pelops Atalanten gewinnt.[13] Der Zahl fünfzig, welche den ganzen Danaosmythos beherrscht, so daß Danaos fünfzig

Jahre regiert und Athenes Schiff fünfzig Ruder hat, liegt die Fünf, deren eheliche Bedeutung wir schon früher hervorgehoben haben, zu Grunde. Daher die von Danaos gestifteten fünfjährigen Spiele, deren Sieger einen *clipeus* als Preis erhält. Die Waffe, die früher das Weib führte, trägt jetzt der Mann. Der Danaiden Sprößlinge tragen nur den Vaternamen.[14]

50. Zu Io und Herakles wird mich späterhin die Prometheis, in welche Aeschylus den Danaidenmythus verflicht, wieder zurückführen, und dann soll alles seine weitere Begründung, jeder Ausspruch seine Zeugnisse erhalten. Hier schließe ich meine Betrachtung mit einer letzten Bemerkung über die mythologische Bedeutung der Danaiden.

In dem Fasse hat die Erde selbst ihre Darstellung gefunden, wie in dem Wasser, welches die Mädchen ewig in das durchlöcherte Gefäß schöpfen, das befruchtende Prinzip der Feuchtigkeit, das jene in ihrem finstern Schoße aufnimmt. Es ist der Nil, dessen Wasser das Sumpfland durchdringt und zur Zeugung befruchtet.[15] Es ist Iphimedeia, die Mutter der Aloiden, die Poseidons, ihres Geliebten, Woge in ihren Busen schöpft.[16] Darin hat das Recht des Muttertums, das die Danaiden verteidigen, seine religiöse Grundlage. Mit den Danaiden aber wird der seildrehende Sumpfmann Aucnus-Oknos-Bianor verbunden. Ihn, den wir in der Lesche von Delphi, in den Sumpfseen von Mantua und in römischen Gräbern mit den Danaiden vereint wieder finden, kannte Aegypten nach Diodors Zeugnis (1, 97, 3) in derselben Verbindung. In Oknos hat die Sumpfzeugung nach der Seite der männlichen Kraft, wie in den Danaiden das Muttertum, seine Darstellung gefunden. Im Schilfe verborgen, tief in des Sumpfes Grund, wie ihn das Campanasche Columbarium darstellt, verrichtet er das nie endende Werk der tellurischen Schöpfung, das die Eselin stets wieder vereitelt. So ist in dieser Doppelgestalt das Prinzip der sichtbaren Schöpfung, Werden und Vergehen, dargestellt. Die Grundlage von beiden aber bildet die Erde, das ursprünglich gegebene, stoffliche Muttertum. Sie altert nie, nur die Schöpfung selbst ist stetem Untergang verfallen. Daher prangen die Danaiden in ewiger Jugend, während Oknos die Spuren des höchsten Greisenalters an sich trägt. Wir erkennen hier wiederum das Verhältnis des Weibes zum Manne, wie es oben schon dargestellt worden ist. Die Mutter steht an der Spitze des Naturlebens. Nach stofflicher Anschauung herrscht das Weib. Die mythologische Natur der Danaiden stimmt mit ihrem geschichtlichen Auftreten als Rächerinnen des Weiberrechts vollkommen überein.

51. Die Danaiden haben uns nach dem Nillande geführt. Die Herrschaft des Mutterrechts erwies sich auch hier als Folge und Ausdruck der Grundidee, welche die aegyptische Religion beherrscht. Die physische Beschaffenheit dieses Sumpflandes führte zu einer Auffassung, welche unter ähnlichen Verhältnissen überall, im thessalischen Peneuslande, am Indus und Phasis, wiederkehrt, und deren klare, bestimmte Darlegung das größte Verdienst der Plutarchischen Schrift über Isis und Osiris bildet.

Das alljährlich von dem Strome überschwemmte Land erscheint als der Mutterleib, der Fluß selbst als der Sitz der befruchtenden männlichen Kraft, das Austreten des Wassers als der Akt der Begattung beider Potenzen. Wie des Mannes Same von dem Weibe aufgenommen wird, so verliert sich des Stromes Flut in der Erde Schoß, welcher sie in sich aufnimmt und mit ihr den Keim der Befruchtung erhält. »Daher betrachteten die Theologen«, sagt Plutarch (De placit. philos. 1, 6), »den Himmel als einen Vater, die Erde als eine Mutter. Der Himmel war ihnen Vater, weil die Ausgießung der Wasser für einen Samen galt; die Erde war Mutter, weil sie durch die Wasser befeuchtet wurde und gebar«. In den finstern Tiefen des Mutterstoffs vollendet sich die Selbstumarmung der Materie, dem menschlichen Auge nicht wahrnehmbar. Isis, die Mutter, ist das Fruchtland selbst; der männliche Strom Osiris, dessen Scham die Gewässer mit sich fortwälzen.

[Kap. 51 (ohne Anfang) – 59 Mitte: Isis ist unsterblich, Osiris sterblich wie die irdische Schöpfung. Jede ägyptische Mutter war wohl 'so wie Isis' und die Königsfamilie »das irdische Abbild der göttlichen Majestät« (ebenso auch bei den Inkas). Ist dem König die Schwesterheirat Pflicht, so gilt die Geschwisterheirat allgemein als die vollkommenste. Auch dies gilt bei den Inkas, bei denen jedoch das weibliche Prinzip nicht gleich erhaben und göttlich ist. Den Frauen fallen die Funktionen und die Arbeiten zu, die in unserer Gesellschaft die Männer haben (auch die Pflicht, die Eltern zu ernähren) und die Alimentationspflicht, infolge des geltenden Güterrechts, Kriegsdienste und Markttätigkeit), und umgekehrt weben die Männer, verrichten häusliche Arbeiten, sind die Knechte – Ursache für »Verfall des männlichen Geschlechts... Entkräftung des Körpers und der Seele«. Dagegen übe »das Bewußtsein und die Übung der Herrschaft« auf die Frauen einen »veredelnden Einfluß« aus. (Das gleiche gelte auch für die Lyder und Etrusker, die Bachofen zusammen mit den Ägyptern zu den »vorzugsweise industriellen Völkern des Altertums« zählt.)

Kasteneinteilung und Mutterrecht stehen in enger Verbindung, die ägyptische Kasteneinteilung unterscheidet sich von der indischen vor allem dadurch, daß sie keine Parias kennt und sich so (zumindest im »Urzustand«, bis zur 12. Dynastie) jeder Unterschied »aller Volksglieder« in einem »gemeinsamen Bewußtsein« auflöse. »Die Idee des Imperiums ist mit dem Vaterrecht verbunden.« Urgesetzgeber Ägyptens und Begründer des Mutterrechts ist Sesostris.

Bachofen nimmt noch einmal, im Zusammenhang mit der Kennzeichnung der Isis als die ägyptische Erde selbst, das Weiberrecht des Amazonentums generell auf und bezieht es auf den »Kult der großen Erdmutter«. Seine Erörterungen zum Nillande und Libyen erweitert er auf größere Teile Afrikas (Sambesistrom, Äthiopien, Sudan u. a.) durch die Heranziehung von Reiseberichten (Livingstone, J. C. Wilson, Ibn Batuta, Niebuhr, Bruce u. a.): Bilder von liebenden Müttern, kriegführenden Weibern, von herrschenden, Ohrfeigen- und Schläge-verteilenden, bösen, listigen und tätigen Frauen, von trotteligen, abhängigen und sich nur vereinzelt rächenden Männern und Betrachtungen zu rechtlichen und verwandtschaftsstrukturellen Problemen. Besonders interessieren Bachofen die Hinweise, die ihm den »stofflichen Charakter des Weiberrechts«, »physische Gesetze«, 'Gesetze der menschlichen Natur' bestätigen. Sehr beachtenswert sind hierbei die von ihm angeführten »Betrachtungen über einige Vorzüge des Frauenzimmers« Iselins, wonach die Frauen vernünftiger, zärter am Leib, fertiger im Wahrnehmen, Begreifen und Abstrahieren und geschickter sind und »die Empfindlichkeit ihrer Seelen größer« ist. Bachofen fügt ihre »eingeborene Ahnung des Göttlichen« hinzu und schreibt ihnen sowohl »jede Neuerung zum Schlechteren«, als auch die »erste Erhebung des Menschengeschlechts«, den »erste(n) große(n) Schritt in der Gesittung der Welt« zu. »Von dem Weibe erzogen, reift das Menschengeschlecht heran, um zuletzt, der stofflichen Bevormundung entwachsen, die Gewalt wieder an den Mann zurückzugeben...« (Das Muttertum setzt die »geschlechtliche Mischung« voraus, die »geistige Natur des Vaterrechts verwirft das Erfordernis der Begattung«.)

Die Frauenregierungen haben nicht den »Charakter einer regelmäßigen Erbfolge, sondern vielmehr den eines außerordentlichen Zwischenreiches«. Die weibliche Linie ist ohne selbständiges Recht, das Königtum vererbt sich regelmäßig auf Männer. (Die Erbfolge ist immer über die Mutter vermittelt.) Wenn aber »der Tod, das Alter oder andere Unfähigkeiten ausnahmsweise das Weib zu eigener Führung der von Isis stammenden Macht nötigen«, übernimmt sie diese mit der »Hoheit matronaler Würde« – »wo immer es erforderlich erscheint, rächend, mahnend, mehrend einzugreifen«! Daher gebührt ihr die größere Verehrung (und der Schwester die hohe Bedeutung.) Der König wurde immer in Verbindung mit der Gemahlin genannt. Die Stufe, zu welcher sich das ägyptische Eherecht oder Familienrecht 'erhob', nennt Bachofen die »lunarische«. Der tiefste Zustand ist nach ihm der »rein tellurische« – ehelose Geschlechtsverbindung, stoffliches Muttertum –, der höchste der »solarische« – das »reine Sonnenprinzip« –. »Zwischen den beiden Extremen liegt eine Mittelstufe, in der beide sich verbinden. Es ist die Mondregion zwischen Erde und Sonne.« Auf dieser Stufe siedelt Bachofen den »Begriff der echten Geburt« an.

In Kap. 60 und 61 wird die Sonnenreligion weiter ausgeführt; dabei bezieht Bachofen auch die peruanischen Inkas mit ein. »Der Unterschied beider Völker liegt nur in dem Grade der Stofflichkeit, den sie der Sonnenbraut zuweisen«. Bei den Inkas ist der »Sonnendienst am folgerechtesten durchgeführt, am entschiedensten über alle tiefern Stufen der Naturkraft erhoben.« Dies ist der vollkommenste Ausdruck des väterlichen Prinzips, (und im weiteren Sinn eingebettet in die »kosmische Sonnenordnung«). Wie das Bild dieser Ordnung in einer Städteanlage wiederkehrt, führt Bachofen ethnographisch aus.]

61. […] Cuzco war in zwei Teile geteilt, in die obere und die untere Stadt. In der untern wohnte die Königin. Die Bewohner der obern Stadt sollten so viel gelten als der rechte, die der untern so viel als der linke Arm eines und desselben Menschen. Nach diesem Vorbilde sind alle Städte des Reiches gegründet. Das weibliche oder das Mondprinzip ist also auf Erden wie am Himmel dem männlichen auch räumlich untergeordnet. Es ist der linke

Arm, wie die Pelopiden und Chariclea das Zeichen der väterlichen Abstammung auf dem rechten, das der mütterlichen auf dem linken Arm tragen; wie die römischen Patrizier, die eine ähnliche Sonnenweihe von dem stofflichen Plebejertum absondert, das Mondzeichen auf die Füße verlegen.[17] Hierin zeigt die Inkareligion wiederum eine höhere Durchführung des Sonnenprinzips als die aegyptische, in welcher die Mutter Isis eine über Osiris, nach ihrem Vorbilde ebenso die Königin und vornehmlich die göttliche Ammonsfrau eine über den Sonnenkönig hervorragende Stellung sich zu bewahren wußte und das stoffliche Muttertum nie so zurückgedrängt wurde, wie es in dem vollendeten Sonnenreiche der Inkas, einer der merkwürdigsten Erscheinungen der menschlichen Kulturgeschichte, der Fall war.[18]

62. Im Gegensatz zu dem Vaterrecht des peruanischen Sonnendienstes gewinnt die Sage von den Amazonen des südlichen Amerika eine neue Bedeutung.[19] (Der Amazonenstrom, der nach ihnen genannt ist, hat selbst in dem peruanischen Hochlande seinen Ursprung.) [...] Wenn de la Condamine in dem sklavischen Zustande der Frauen eine mögliche Veranlassung zur Bildung von Weiberrepubliken, in dieser selbst also eine Reaktion gegen jene erblickt, so stimmt er auf merkwürdige Weise mit Klearch überein, der jede Gynaikokratie auf eine gewaltsame Auflehnung gegen Mißbrauch der Männergewalt zurückführt, und es kann nicht bestritten werden, daß mehrere der schon früher berührten Erscheinungen ihm zur Seite stehen. Im Gegensatz zu solchen Auswüchsen vorkulturlicher Zustände würde der Sonnenkult der Inkas mit seiner auf Vorwiegen des Vaterrechts gegründeten Ehe noch in höherm Grade jenen Ruhm verdienen, den ihm die inländische Sage beilegt, den Ruhm nämlich, dem Elende und den Leiden einer frühern Religionsstufe durch Begründung höherer Kultur ein Ziel gesetzt zu haben. Wir hätten alsdann für die neue Welt denselben Entwicklungsgang, den ganz entlegene Teile der alten darbieten. Der Fortschritt von dem mütterlichen Mondprinzip und den Weiberstaaten zu dem männlichen Sonnenrecht und dem Imperium in Staat und Familie gewänne immer mehr die Bedeutung einer nicht mit bestimmtem Volkstum zusammenhängenden, sondern vielmehr in allgemeinen Gesetzen der menschlichen Entwicklung begründeten Erscheinung. Derselbe Weltteil bietet noch eine andere Analogie dar. Der Hetärismus unverheirateter Mädchen wird

von den Tupinambos Brasiliens hervorgehoben, wie wir ihn oben bei Stämmen des südlichen Europa fanden und später für Asien noch besonders betrachten werden. Darüber liegt das Zeugnis des Franzosen Lery aus dem 16. Jahrhundert vor.[20] Mit der größten Heiligkeit der Ehe geht die Überlassung der Mädchen an besuchende Fremdlinge Hand in Hand. Dieselbe Erscheinung kehrt bei nordamerikanischen Indianern wieder. Besuchenden Gästen werden Frauen und Töchter überlassen, und bei bestimmten Festen verlangt die Sitte, daß jedem anwesenden Krieger eine Schlafgenossin zugelegt wird. Dabei werden eigens geformte Stöcke erwähnt, die an den von Strabo (16, 783) mitgeteilten arabischen Mythus erinnern. An ihnen bezeichnet der Mann durch bestimmte Merkmale die Zahl der von ihm besiegten Schönen. Dazu lese man die Zusammenstellung ähnlicher Gebräuche bei Iselin.[21] Also bieten sich überall dieselben Erscheinungen dar. Wie für manche Teile der Mythologie, so liefert Amerika auch für die richtige Auffassung unseres Gegenstandes nicht zu verwerfende Beiträge.

[So wie Bachofen in diesen Teilen die Betrachtung Ägyptens durch Einbeziehung Amerikas zu vervollständigen versucht, so beziehen sich größere Abschnitte gegen Ende dieses Kapitels auf das folgende »Indien und Zentralasien«. Hier sind andere Aufteilungen möglich, wie sie auch etwa der Herausgeber Schroeter in seinem Auswahlband vorgenommen hat. In jedem Fall sind Zusammenziehungen und Kürzungen angebracht.

Kap. 63-68 beziehen sich auf den Zusammenhang zwischen Recht und weiblichem Naturprinzip, wobei die Gesetzgebung (durch Isis begründet) auf göttlichen Ursprung zurückgeführt wird und sich auch auf die Gesetze der Schönheit erstreckt. »Die Gesetze erscheinen als der Ausdruck der höchsten Harmonie... Darum heißen die Ausleger der Gesetze Sänger, wie die Vorsteher des Staates Vortänzer.« Die Rechtspflege ist Sache des Mannes, die Rechtsbegründung aber kommt von der Frau (Mutter). Die Urmutter erscheint als die »Trägerin des Friedens«, Fruchtbarkeit und Recht ruhen überdies im »mütterlichen Stoffe«. Reiche Ausführungen zur Symbolik (der Hände und der Zahlen) sollen weibliches Naturprinzip und Recht in ihrer engen Verbindung weiterhin aufzeigen. Ich finde diese Exkurse teilweise spannend, jedoch ohne bedeutenderen Erkenntniswert. Eine Vergleichung mit der Zahlensymbolik eines Sade, Fliess oder Jung, des IGing und so vieler alter mystischer Schriften wäre sicher lohnend. Den erkenntnisreichsten Absatz gebe ich hier wieder:]

64. [...] Aus allem diesem ergibt sich, daß die Zurückführung des Rechts auf die Zweizahl die Identifizierung desselben mit dem Grundgesetz der stofflichen Welt und den beiden Kräften, die sich in dieser ewig bekämpfen, in sich schließt. Bewegung ist das Prinzip der erscheinenden Schöpfung, Bewegung, und zwar die gedoppelte von entgegengesetzten Richtungen her, auch die des Rechts. Es offenbart sich als Dyas und in dem Wechsel zweier Extreme, die ewig in einander umschlagen. Es ist also nichts Ruhendes, ewig sich Gleichbleibendes, sondern, wie das stoffliche Leben selbst, seinem Wesen nach Bewegung, Streit und Kampf.

Neben der Dyas wird aber auch die Trias Dike genannt: ›Die Pythagoreer nannten die Trias Gerechtigkeit; denn da Unrechttun und Unrechtleiden aus Mangel und Übermaß kommen, so steht das Gerechte vermöge der Gleichheit in der Mitte.‹[22] Dieselben Pythagoreer verbanden also die Idee der Gerechtigkeit mit der Dyas und der Trias, der ersten geraden und der ersten ungeraden Zahl. Einen Widerspruch kann diese doppelte Auffassung unmöglich in sich schließen. Vielmehr muß sich in der Drei dieselbe Grundbedeutung, welche in der Zwei erkannt wurde, wiederholen. Das Verhältnis der Zwei und der Drei ist nun das der Erscheinung des wechselnden Lebens zu der nicht erscheinenden Kraft, die jenes hervorbringt. In der Zwei liegt die Manifestation des Lebens, wie sie in dem Wechsel von Werden und Vergehen hervortritt, in der Drei die Kraft selbst, deren Äußerung jene Doppelbewegung ist. Die Kraft ist vollkommen, stets dieselbe, einheitlich, die Erscheinung derselben zweiheitlich, nur in Werden und Vergehen erkennbar. Die Drei kann also als das Dauernde im Wechsel, als der Mittelpunkt, um welchen sich die beiden Pole der Erscheinung bewegen, bezeichnet werden. Dies gilt für die Naturkraft und folgeweise für das Recht, das in ihr ruht. Das weibliche Naturprinzip als solches ist vollkommen, daher dreifach; die Welt des ›sichtbaren Kosmos‹, die aus ihm hervorgeht, von der Dyas des Werdens und Vergehens beherrscht. In der Zurückführung der Zwei auf die Drei wird mithin das Recht aus der Erscheinung des Lebens in die Kraft verlegt. Als Dyas erscheint es in der Bewegung, als Trias wird es in der Vollendung der bewegenden Kraft selbst gedacht.[23] An der Verbindung des Rechts mit der weiblichen

Stofflichkeit ändert also die Bezeichnung der Dike als Trias nichts. Die Pythagoreer konnten, ohne den mütterlichen Ursprung des Rechts aufzugeben, mit der Dyas die Trias verbinden und, ohne in den mindesten Widerspruch zu verfallen, die Gerechtigkeit mit beiden Zahlen in Zusammenhang bringen. Jede Kraft ist *triplex*, weil nur diese Zahl die Vollkommenheit zu bezeichnen vermag. Dreifach wird namentlich das weibliche Naturprinzip, als Dreieck das All gedacht. Dreifach muß daher auch die Urmutter Dike sein, wie ›Dreieck‹ der athenische Richtplatz genannt wird, wenngleich das, was der Stoff gebiert, ganz durch die Zwei beherrscht wird.

[Das Recht war »Ausfluß einer Kultidee« und selbst »priesterliche Übung«. Wie Bachofen in seinem Aufsatz über die drei Mysterieneier (in »Gräbersymbolik«) weiter ausführt, ist für die gerechte Verteilung das Ei ein Symbol. »Die Eimutter erscheint als Nemesis, die gerecht teilende... An das stofflich-mütterliche Ur-Ei knüpft sich die Idee der Freiheit und Gleichheit aller Menschen«. Das Ei war auch Mittelpunkt der orphisch-bacchischen Mysterien.
Ein Auszug aus einem Passus zum Zusammenhang zwischen dem ius naturale und dem »Gesetz des stofflichen Lebens«:]

66. [...] Immer ist es eine der Materie immanente Ordnung, welche als Naturrecht bezeichnet wird. So die Alimentationspflicht der Kinder. Die stoffliche Zeugung trägt dies Gebot in sich, wie sie die *naturalis cognatio* erschafft. So die Verpflichtung des Libertus zu Dienstleistungen an den Patron.[24] Denn hier leitet die Analogie des physischen Vaterverhältnisses. Daher der Ausdruck *natura docuit*. Dieser zeigt uns das Recht als ein in der Materie ruhendes, mit dem Stoffe selbst gegebenes, von jeder menschlichen Satzung unabhängiges Gesetz, das daher an der Göttlichkeit der Natur selbst Teil nimmt und mit der mütterlichen Aequitas zusammenfällt. Von Seite der Stofflichkeit hat das *ius naturale* innere Verwandtschaft mit dem, was man im Gegensatz zum formellen Recht als materielle Gerechtigkeit bezeichnet. Anderweitig gestaltet es sich zur Anerkennung rein faktischer Verhältnisse und einer durch das Verhalten der Materie gegebenen faktischen Ordnung der Dinge, die vielfältig neben dem positiven Civilrechte einhergeht.
Dies genügt, um uns von dem Wesen und Inhalt jenes Rechts, das auf das stofflich-mütterliche Naturprinzip zurückgeht und aus seinem Kult sich entwickelte, eine richtige Vorstellung zu geben.

Ein solches Recht allein konnte auch von Frauen geübt und verwaltet werden. Mit der weiblichen Natur hat es innern Zusammenhang. Kömmt dem Weibe nach Platos Behauptung (de leg. 6) weniger Anlage zur Tugend zu als dem Mann, so ist ihm dagegen mit der Mütterlichkeit das Gesetz der stofflichen Zeugung, das ganze auf *naturalis aequitas* gegründete aphroditische Recht, eingeboren und um so untrüglicher, je mehr es mit der Unmittelbarkeit und Sicherheit eines Naturgesetzes aus ihm spricht. Der Ruhm der ›guten gesetzlichen Ordnung‹, der gynaikokratischen Völkern vorzugsweise erteilt wird, mag wesentlich auf dieser natürlich-mütterlichen Grundlage ihres Rechts beruhen. In das Leben solcher Völker ist jener Zwiespalt positiver Satzung und natürlicher Ordnung der Dinge, in welchem die großen Umwälzungen ihren Grund haben, nicht eingedrungen. Der Mensch selbst steht noch nicht außerhalb der Harmonie, die alles stoffliche Leben der Erde beherrscht. Das Gesetz, dem er folgt, ist kein ausschließlich menschliches, sondern ein allgemeines der ganzen Schöpfung. Das Recht stellt sich als Ausdruck des physischen Lebens dar. Einer Mutter wird das *vitam et iura aequa lance pensitare*, das *iura dare terrae, caelo, undis* zugeschrieben. Isis führt den Mann dem Weibe zu und gestaltet das Recht: zwei Betätigungen, die als Ausfluß einer und derselben Stofflichkeit erscheinen und demselben Naturgesetze angehören. Der Begriff des Rechts ist also keineswegs auf die Menschen beschränkt, sondern auf die ganze Schöpfung ausgedehnt. Das gleiche stoffliche Gesetz durchdringt alles. Rechtsgemeinschaft verbindet Menschen und Tiere. Sie ruht auf der Naturverwandtschaft beider. Der noch von Pythagoras und Empedokles behauptete stete Wandel der Seelen durch alle Organismen zeigt, wie einheitlich die animalische Schöpfung betrachtet wurde, und wie natürlich die Gemeinschaft eines großen physischen Naturgesetzes erscheinen mußte, worüber besonders Plutarchs zweite Abhandlung de esu carnium, wo die Grundsätze der genannten Philosophen als die Fortsetzung der ältesten griechischen Ansichten dargestellt werden, nachzulesen ist. An eine bloße Abstraktion ist nicht zu denken. Das alte *ius naturale* ist nicht, wie das, was man heute mit diesem Namen benennt, bloße philosophische Spekulation. Es ist geschichtliches Ereignis, Bildungsstufe, älter als das rein staatlich-positive Recht, Ausdruck der frühesten Religionsidee, ein Denkmal erlebter menschlicher Zustände, so geschichtlich wie das Mutterrecht, welches selbst einen

Teil desselben bildet.

Aber die Bestimmung des Menschengeschlechts liegt darin, das Gesetz des Stoffes mehr und mehr zu überwinden und sich über jene materielle Seite seiner Natur, nach welcher es mit der übrigen animalischen Welt zusammenhängt, zu höherer, rein menschlicher Existenz zu erheben. Rom hat dadurch, daß es vom ersten Tage an ganz auf den staatlichen Gesichtspunkt des Imperium gegründet war und in bewußter Festhaltung desselben das Ziel seiner Bestimmung verfolgte, die physisch-natürliche Betrachtung der Lebensverhältnisse vollständiger als andere Völker aus seinem Rechte entfernt, und namentlich der asiatischen Auffassungsweise mit ihrem Prinzipat des weiblich-stofflichen Naturprinzips seine ganz verschiedene Anschauung entgegengestellt. Daher erklärt sich, daß von jenem alten *ius naturale* zu Rom und in den römischen Rechtsquellen beinahe nur die Rubrik übrig blieb. Es erscheint wie ein Rahmen ohne Inhalt und ragt fremdartig, gleich einer Ruine, aus vergangenen Zeiten in eine Welt ganz civiler Staatsordnung hinein. Bei der so rein praktischen, aller bloß theoretischen Erkenntnis so gänzlich abholden Richtung der römischen Rechtsliteratur liegt die Frage sehr nahe, was denn überhaupt die Erwähnung jenes rein physischen Rechts, das ganz als Naturgesetz auftritt, veranlaßt haben mag, zumal es zu gar keinen bedeutenden praktischen Folgerungen benützt wird. Der Grund scheint darin zu liegen, daß unter dem alten Namen eine neue Lehre, die als Fortsetzung oder Stellvertretung des alten stofflichen Rechts betrachtet werden konnte, sich ausgebildet hatte. Die Bezeichnung blieb dieselbe, die Sache war eine ganz andere geworden. So ist die alte *litterarum obligatio* untergegangen, der Name aber als Bezeichnung eines ganz neuen Verhältnisses beibehalten worden. Das *ius naturale* der Rechtsquellen unterscheidet sich von dem alten, an die Herrschaft des weiblichen Naturprinzips geknüpften Naturgesetze dadurch, daß es nur als Gegensatz des Civilrechts, daher mit rein negativem Charakter, auftritt. Selbst auf den Gebieten, die durch ihren Zusammenhang mit dem rein physischen Leben einer andern Auffassung günstig schienen, wie dasjenige der außerehelichen Geschlechtsgemeinschaft und das so weite und wichtige des Sklavenstandes, macht sich dieselbe Auffassung geltend. Dadurch tritt das *ius naturale* aus seinem alten Gegensatz zu dem positiven Rechte heraus. Es wird nun selbst Teil des Civilrechts, diesem als Bestandteil eingefügt, als ein freies Element vielfach zur Geltung gebracht, manchmal als höheres moralisches Gebot mit der edlern Seite des Menschen verbunden, wie es ursprünglich als Ausdruck seiner rein animalischen Natur betrachtet worden war. In der Beförderung dieser Richtung haben philosophische Schulideen entschieden mannigfaltig mitgewirkt. Zu festen Prinzipien ist es aber nicht gekommen, und daher auch jeder Versuch, die Lehre der römischen Juristen von dem, was sie abwechselnd *ius naturae naturalis ratio, naturalis aequitas* oder einfach *natura* nennen, auf einen einheitlichen Gesichtspunkt zurückzuführen, von Hause aus hoffnungslos. Die vielfältige Hervorhebung eines ganz natürlichen Gesichtspunktes im Rechte verdient die höchste Beachtung. Sie erscheint als Reaktion gegen den staatlich-positiven Gesichtspunkt, dem Rom alles unterordnete, und als Bestreben, der Herrschaft der Form mehr und mehr zu entgehen. Darin liegt nun in der Tat wiederum eine Annäherung an das mütterlich-stoffliche Prinzip des alten rein physischen Naturrechts und eine Bewahrheitung des Satzes, daß Ende und Anfang menschlicher Zustände eine innere Verwandtschaft zeigen.

Ein großes Gesetz beherrscht die Rechtsentwicklung des Menschengeschlechts. Es schreitet vom Stofflichen zum Unstofflichen, vom Physischen zum Metaphysischen, vom Tellurismus zur Geistigkeit fort. Das letzte Ziel kann nur durch die vereinte Kraft aller Völker und Zeiten erreicht werden, wird aber, trotz aller Hebungen und Senkungen, sicherlich in Erfüllung gehen. Was stofflich beginnt, muß unstofflich enden. Am Ende aller Rechtsentwicklung steht wiederum ein *ius naturale*, aber nicht das des Stoffes, sondern des Geistes, ein letztes Recht, allgemein, wie das Urrecht allgemein war; willkürfrei, wie auch das stofflich-physische Unrecht keine Willkür an sich trug; in den Dingen gegeben, von dem Menschen nicht erfunden, sondern erkannt, wie auch das physische Urrecht als immanente materielle Ordnung erschien. An die Herstellung eines einstigen einheitlichen Rechts wie einer einheitlichen Sprache glauben die Perser. »Wenn Arimanius vernichtet ist, wird die Erde plan und eben sein, und die nun beglückten Menschen werden durchgängig eine Lebensart, Regierungsform und Sprache haben.«[25] Dieses letzte Recht ist der Ausdruck des reinen Lichts, dem das gute Prinzip angehört. Es ist nicht tellurisch-physischer Art wie das blutige, finstere Recht der ersten stofflichen Zeit, sondern himmlisches Lichtrecht, das vollkommene Zeusgesetz, reines und vollendetes *ius*, wie es dieser mit

Jupiter identische Name verlangt. In seiner letzten Erhebung liegt aber notwendig seine Auflösung. In der Befreiung von jedem stofflichen Zusatz wird das Recht Liebe. Die Liebe ist das höchste Recht. Auch dies ›Gerechte‹ erscheint wieder in der Zweizahl; aber nicht, wie das alte tellurische, in der Zweizahl des Streites und nie endender Vertilgung, sondern in jener Zweiheit, die nach einem Backenstreiche die zweite Wange darbietet und den zweiten Rock freudig hingibt. Diese Lehre verwirklicht die höchste Gerechtigkeit. Sie hebt in der Vollendung selbst den Begriff des Rechts auf und erscheint so als die letzte und völlige Überwindung des Stoffs, als die Lösung jeder Dissonanz.

[In Kap. 67 und 68 führt Bachofen die Beziehung zwischen Recht und Religion – das Recht bildet einen »Teil der Religion«, es ist eine »Satzung des göttlichen Willens« – und Urmutter, als der ruhenden Instanz, aus. Das weiblich-stoffliche Element ist grundlegend für die natürliche Familie und auf solches Muttertum wird auch die Plebs zurückgeführt. Weiterführende rechtliche und verwandtschaftsstrukturelle Perspektiven des »weiblichen Naturprinzips« und der schließliche Sieg des Paternitätsprinzips bilden den Schluß dieses Kapitels und den Hauptteil der folgenden (69-76)]:

68. So haben wir die Verbindung des Rechts mit dem stofflichen Muttertum für zwei Stufen des Lebens, die tiefere aphroditisch-hetärische und die höhere cerealisch-eheliche, nachgewiesen. Jene entspricht der regellosen Sumpfzeugung, diese dem geordneten Ackerbau. Auf beiden Kulturstufen ist das Naturleben Vorbild und Maß der menschlichen Zustände. Die Natur hat das Recht auf ihren Schoß genommen. Der Ackerbau ist der Prototyp der ehelichen Vereinigung von Mann und Frau. Nicht die Erde ahmt dem Weibe, sondern das Weib der Erde nach. Die Ehe wird von den Alten als ein agrarisches Verhältnis aufgefaßt, die ganze eherechtliche Terminologie von den Ackerbauverhältnissen entlehnt. [...] Die Rechtsbestimmungen über den Ackerbau führen zur Entscheidung einer eherechtlichen Frage. [...] Die Ehe ist also ein cerealisches Mysterium. [...] Das Mysterium des Saatkorns wird auch das der ehelichen Vereinigung von Mann und Frau. Auf dieser doppelten Grundlage, dem Ackerbau und der ausschließlichen ehelichen Vereinigung, ruht ein Kulturzustand, dessen ganze

rechtliche Gestaltung Ausfluß der cerealischen Mütterlichkeit ist. [...]

Die Bedeutung des weiblichen Naturprinzips ist also gerade in der Ackerbaukultur auf die höchste Stufe des Ansehens gestiegen. Die aphroditisch-hetärische Geschlechtsverbindung kennt nur eine Mutter. Sie gründet die Gynaikokratie auf die gänzliche Beseitigung des Vaters und auf die tiefste Erniedrigung des der Regellosigkeit des Sumpflebens hingegebenen Weibes. Ganz anders die Gynaikokratie des cerealischen Lebens. Diese ruht auf dem unentweihten Matronentum Demeters, auf dem ausschließlichen, unlöslichen Verhältnis zu einem Mann, auf die Verwerfung jedes Hetärismus, auf der Weihe, nicht auf der Entweihung des Stoffs, auf dem höhern uranischen Gesetz, das Sonne und Mond verbindet; nicht auf dem des tiefsten Tellurismus, das in der Sumpfzeugung, in Sumpfpflanzen und in Sumpftieren hervortritt. Die religiöse Weihe des Muttertums ist die Grundlage dieses ganzen Lebenszustandes. An das Weib knüpft sich das Mysterium, dessen Profanation als eine Rückkehr zu meretricischem Leben aufgefaßt wird.[26] Daher darf an Ceres Fest weder Vater noch Sohn genannt werden, damit der unentweihte Mysteriencharakter der Mutter durch Erinnerung an Männlichkeit, eheliche Begattung und Vaterrecht keine Störung erleide.[27] Alle cerealische Satzung trägt den Charakter der *sanctitas*. Dieser liegt in der Unantastbarkeit des Matronentums, in welchem das Recht seinen Grund hat. *sanctum* ist im Gegensatz zu *sacrum* das den chthonischen Mächten Geweihte, wie ›hosion (geheiligt)‹ im Gegensatz zu ›hieron (heilig)[28]‹. Es bezeichnet die Unantastbarkeit, welche aus dem Verhältnis zur tellurischen Erdmutter hervorgeht.[29] Darum sind Mauern und Termini *sanctae res*, unantastbar, weil sie aus der Erde Mutterleib hervorgehen; darum *sanctae* alle *leges* des cerealischen Lebens, die keiner besondern Strafsatzung bedürfen,[30] unabänderlich alles, was Isis ihrem Volke in Gesetz und Lied geoffenbaret hat. In dem Kulturzustand, dessen Mittelpunkt ein solches mit der höchsten Weihe umgebenes Muttertum bildet, erscheint die Gynaikokratie als der notwendige Ausdruck der Religion, als einzelne Äußerung einer allgemeinen Anschauung, die dem mütterlichen Prinzip den Prinzipat im Reiche der stofflichen Schöpfung, in der Religion und im Rechte anweist. Wird sie gebrochen und die Herrschaft dem Mann übertragen, so ist es der staatliche Gesichtspunkt des Imperium, dem der natürliche des stofflichen Lebens zum Opfer fällt. Es ist das *ius civile,* dem das *naturale* weichen muß, ein Bruch der natürlichen Ordnung der Dinge, eine Beeinträchtigung des cerealischen Prinzips, das daher die Nennung des Vaters und Sohns als Frevel verwirft und den Matronen gegen allzuweit gehende Erniedrigung und jede Hybris der Männer schützend zur Seite tritt.[31]

69. Durch unsere jetzt beendigte Betrachtung über die Verbindung des Rechts mit dem weiblichen Naturprinzip ist die hohe Bedeutung der gesetzgebenden Isis für die aegyptische Gynaikokratie dargetan, und so habe ich nun alles zusammengestellt, was mir zur Begründung der einstigen Existenz des Mutterrechts im Nillande, in Libyen überhaupt, zu Gebote stand. Jetzt wird auch die Herleitung der Danaiden aus eben diesem Nillande nicht mehr so fremdartig, so ganz unbegreiflich erscheinen. Sie zeigen sich nun selbst als Teil jener libyschen Amazonenwelt, sind selbst heldenmütige Kriegerinnen, die ihr Weiberrecht gegen gewalttätige Vettern verteidigen und in der Bluthochzeit ihren höchsten Triumph feiern. Die grause Tat liegt ganz im Geiste des Amazonentums, das in der Wahrung des hohen Weiberrechts, im Haß alles Männlichen, in der Lust an Kampf und Blut seinen reinsten, ja einen gottgefälligen Ausdruck findet. Wie verächtlich, wie strafbar muß nun die feige Hypermnestra erscheinen, die an dem Rechte ihres Geschlechts Verrat übt! Wie begründet sind die Ketten, aus denen sie Ovid[32] reden läßt; wie wohl gerechtfertigt das Gericht, vor welches sie Aeschylus stellt![33] Und doch erfolgt Freisprechung. Damit hat der Danaidenmythus dasselbe angedeutet, was in der Sage von der lemnischen Untat die Schonung der Hypsipyle gegen Thoas bedeutet. In Hypermnestra wie in Hypsipyle kehrt das weibliche Wesen von dem Extrem amazonischen Heldenmuts zurück in die Schranken der Natur. Sie will lieber weich als erhaben und grausam heißen, wie die karische Kaphene[34] und die römische Horatia, aus deren Mund die Liebe allein spricht. Die Liebe ist es, die sie den Schwestern untreu macht. Abgelegt hat sie den Haß gegen das Männliche. Eros, der in allem Stoffe mächtig wird und das verbindende, die Materie zusammenführende Prinzip der Dinge darstellt, ist in seine Rechte eingetreten. Darum ist es Aphrodite, welche Hypermnestras Verteidigung übernimmt, während Athene, die Göttin, der alles Männliche gefällt, doch nur bis zur Heirat an den heldenmütigen Schwestern ihre Freude hat.

Diesem großen stofflichen Gesetz, in welchem das Mutterrecht selbst wurzelt, sind die Danaiden, ist die Amazonenwelt überhaupt untreu geworden, zu ihm kehrt Hypermnestra wieder zurück. Damit aber wird nun das Mutterrecht selbst gebrochen, die Gynaikokratie zu Grabe getragen. Im Augenblick ihres höchsten Triumphes steht sie überwunden da. In dieser Darstellung zierte die Danaiden-Bluthochzeit den Gürtel des Euandersohnes Pallas.[35] Der größte Sieg ist die höchste Übertreibung. Auf dieser Heldenhöhe vermag die weibliche Natur sich nicht zu halten. Sie kehrt in ihre Schranken zurück, wird fortan dem Manne in Liebe untertänig. Sie will eher schwach als erhaben und heroisch heißen. Das ist die Bedeutung von Hypermnestras Schonung für Lynkeus, das der Sinn ihrer Lossprechung, das die Rechtfertigung jener ›Siegbringerin Aphrodite‹, deren Bild Hypermnestra selbst zu Argos weiht.[36] Darum heißt sie nun auch des Danaos erstgeborne Tochter, darum Hypermnestra, wie Agamemnons Klytaemnestra, die hohe Herrin. Je erhabener ihr weiblicher Rang war, desto siegreicher tritt das neue Recht des Männerstaates hervor. Gerade in der Person, in welcher das Mutterrecht zuerst hatte Anerkennung finden sollen, in derselben tritt es jetzt vor einem neuen Prinzip zurück. Aus dieser auf den Trümmern der Gynaikokratie gestifteten Ehe gehen Perseus und Herakles hervor. Auf das Amazonentum der Frauen folgt die Heldenkraft der Männer. Hypermnestras Nachkommen sind es, die im Kampfe jenen libyschen Weiberreichen den Untergang bereiten. Es ist das apollinische Lichtprinzip des geistigen Vatertums, welches in Hypermnestras Stamm zur Herrschaft gelangt. Lynkeus, der nach Danaos die Herrschaft führt, trägt selbst den Lichtnamen. Nicht weniger sprechend sind die Bezeichnungen Architeles und Archander, denen zwei der Danaiden zur Ehe gegeben werden. Danaos selbst errichtet dem Apollon Lykeios ein Heiligtum, in welchem sein Thronos aufgestellt ist. In der Nähe liegt des Phoroneus Feuer, denn als Feuerträger gilt er den Argivern an Prometheus' Statt. Verständlich wird jetzt auch des Wolfes und des Stiers Zweikampf. In jenem erkannte man des Danaos, in diesem des Pelasgerfürsten Gelanor Bild. Beide Tiere bezeichnen die männliche Kraft, zumal auch der Wolf, der noch in den Solennitäten der römischen Ehe eine hohe Rolle spielt, aber beide auf zwei verschiedenen Stufen der Ausbildung: der Stier als chthonische Wassermacht das neptunische Prinzip, der Wolf als Lichtkraft das solarische. So entspricht jener der pelasgischen, dieser der höhern apollinischen Religionsstufe. Mit Anbruch des Tages wirft sich der Wolf auf den Stier und tötet ihn. Die Sonne ist stärker als das Wasser, das zumal in dem dürren Argolis alljährlich von den heißen Lichtstrahlen aufgetrocknet wird. Unkörperlich ist seine Kraft, so daß in dem arkadischen Lykaion kein Körper einen Schatten wirft. Auf diesem Prinzip ruht Danaos, auf ihm der Sieg des geistigen Männerrechts. Auf der Basis, die vor dem Tempel der siegreichen hypermnestrischen Aphrodite aufgestellt war, sah man eine Darstellung jenes Tierkampfes und dabei das Bild einer Jungfrau, die den Stier mit Steinen verfolgt. So stellt sich das Weib selbst auf die Seite des apollinischen Prinzips, in dem Hypermnestra ihre Versöhnung findet. Wir sehen den Sieg des Vaterrechts wiederum mit dem unkörperlichen Lichtprinzip identifiziert. Der Stufengang der Entwicklung ist in dem Schicksal der Aegyptussöhne dargestellt. Ihre Körper werden dem lernaeischen Sumpfsee, in welchem Demeters tellurisches Muttertum vorherrscht, übergeben.[37] Die vom Rumpf getrennten Häupter sind unterhalb der argivischen Burg zur Linken des Weges beerdigt. Durch sie wird der Sieg des Vaterrechts nur erst vorbereitet, wie denn Plato (de leg. 4) in Übereinstimmung mit den alten Theologen den Olympiern die rechte, den Halbgöttern die linke Seite zuschreibt; vollendet ist er in Lynkeus-Apollo, der höchsten unstofflichen Sonnenkraft, der nach des Orakels Gebot den Schwiegersohn Danaos nach fünfjähriger Herrschaft tötet und in dieser Tat den Abschluß des Zustandes vollendet.[38]

[Mit Helios 'hebt ein neues Recht an', mit einem 'milderen, höheren Recht des geistigen Vatertums, das von Zeus ausgeht.' (Zum geistigen Gebiet zählt auch das Priestertum, weswegen in Ägypten nur eine Frau dieses Amt innehatte.) Im Danaidenmythus wird diese Zeit auch abgehandelt. Die Danaiden als »schöpfende Wassermädchen« sind ein »Natursymbol uralter Zeit, dem die Idee der Buße und Bestrafung fremd war. Eben dieses Natur-Symbol schließt in sich die Grundidee der Nilreligion«. (Osiris = Nil, Isis = Erde) Dem verwandt ist auch das Oknosymbol des Seilflechtens (= Das Seil als Schöpfung zur Sichtbarmachung der Verbindung von Wasser und Erde).]

[...] Mit dem Werden verbindet sich der Mann, mit dem Vergehen das Weib. Der Mann zeugt, das Weib nimmt im Tode wieder alles auf. Ewig dauert die Arbeit des Wasserschöpfens, ewig erzeugt der Erdstoff aus sich neues Leben. So viel auch der Tod wegrafft, immer circuliert ein frisches, neues Blut. Jedes Jahr mehrt sich daher die Zahl der Untergegangenen, die Größe des wieder aufgelösten Seils. Das Leben speist den Tod, Oknos füttert die Eselin, die behaglich ruhend fortnagt. »Das Feuer hat nie genug Holz, die See nie genug Gewässer, der Tod nie genug Geschöpfe, die Schöne nie genug Liebhaber«, so sprechen die Weisen der Hindus.[39]

71. [...] Das Danaidensymbol, wie es nach meiner Auffassung sich darstellt, enthält also die Grundidee der Isisreligion und somit auch die des Mutterrechts selbst. Denn das Weib ist für die Fortpflanzung des stofflichen Lebens die Stellvertreterin der Erde; sie hat die Funktion der Materie übernommen, aus ›ge‹ ist ›gyne‹ geworden. Eben darauf ruht nach der stofflichen Denkweise der Urwelt des Weibes höheres Ansehen, Isis' Vorrang vor Osiris. Und darum eben ist es so beachtenswert, daß wir in den Danaiden beides vereinigt finden: das Mutterrecht in seiner höchsten Entwicklung zu Amazonentum und wiederum das Mutterrecht in seiner religiösen Grundlage, mithin eine einheitliche Idee; dort in ihrer rechtlichen und staatlichen Gestalt, hier in ihrem Religionsausdruck. Das ist eben die Natur des alten Mythus, daß er irdische Wesen mit derjenigen Göttlichkeit ausrüstet, unter deren Herrschaft sie standen, deren Dienst sie gewidmet waren. So wird Aristaeus selbst zu Zeus Aristaeus, Romulus zu Mars oder Quirinus, so Alexander zum Ammonius, so Lykurg, so Gyges, so Brasidas mit den Ehren der Götter ihres Volkes ausgestattet, so mehr als eine Mutter selbst Isis genannt. In ausgezeichneten Menschen nimmt die Gottheit Fleisch und Blut an. In ihnen wird sie erkannt; in Menschengestalt angeschaut, ein Gedanke, dem Plato und Plutarch wiederholt Ausdruck gegeben haben. Und so sind nun auch die Danaiden im Lichte derjenigen Religion auf die Nachwelt gekommen, aus der ihr Mutterrecht, ihre Gynaikokratie, ihre Bluttat selbst herfloß. Sie sind zugleich sterbliche Wesen und Göttinnen, Repräsentanten wirklicher Geschlechter, in denen das Weiberrecht mit Heldenmut gegen frevle Angriffe verteidigt wurde, und göttliche Gestalten, in welchen die Grundlage der Amazonenreligion ihren religiösen Ausdruck gefunden hat.

[In weiteren Ausführungen (Kap. 72-74) geht es Bachofen darum, die Äußerungen zu sammeln, die die Frau gleich der Basis eines

Dreiecks darstellen, aber nur, um darin um so mehr ihre niedere Stellung und Abhängigkeit darzutun. Sie: die Erde, er: der Schöpfer und Künstler. Zwar taugt die Frau zur Ausübung der Religion, auch hat sie ein tiefes eingeborenes religiöses Gefühl (»viel stärker und brünstiger im Glauben«), aber dennoch ist ihre Selbständigkeit in dieser Sache »ein Herabziehen der Gotteserkenntnis aus ihrer geistigen Reinheit in die Befleckung der Materie«. Bei den Brahmanen gar war die »Mitteilung der religiösen Geheimnisse an ihre eigenen Frauen untersagt«. Sie ist der Philosophie nicht würdig, sie neigt zum »Ausschwatzen«, und »nur soweit die Frau ihren Mann ehrt, kann sie in den Himmel erhoben werden.« Den Zeugnissen von Herodot, Strabo, Plutarch u. a. fügt Bachofen einen Ausspruch Paulus' bei: »Ein Weib müsse ruhig lernen mit aller Unterwerfung.« Ihr kommt nicht das Lehren ('die geistige primäre Natur des Mannes'), nur das Kindergebären ('die stoffliche sekundäre Natur des Weibes') zu. Darin erwirbt sie ihr »Heil«. Man vergleiche dazu die so gegenteiligen Fähigkeiten der Frauen, wie sie Bachofen bei Iselin angeführt findet und sich auch dort vollkommen dahinter stellte.

Kap. 75 führt die Bedeutung des Vaterrechts wesentlich weiter aus (man beachte den in seiner Konsequenz von Bachofen wohl kaum durchdachten Satz: »Alles im Leben und Wesen des Menschen ist sein Erwerb.«):]

75. [...] Was Diodor und Plutarch mitteilen, zeigt uns den Grundsatz, auf welchem das Vaterrecht ruht, in seiner höchsten Entwicklung und reinsten Anerkennung. Der Vater als Ursache der Zeugung, der Mutterleib als Aufenthalt und Nahrung des Kindes erinnern an die Aeschylische Darstellung, in welcher Orest die höhere Berechtigung des apollinischen Vatertums gegenüber dem Anspruch des Mutterleibes hervorhebt, und an den von Aristoteles so häufig hervorgehobenen Unterschied zwischen der weiblichen ›hyle (Stoff)‹ und dem männlichen ›eidos (Form)‹. Die Plutarchsche Darstellung dagegen, nach welcher die Aegyptier die Verbindung eines unsterblichen Gottes mit einem sterblichen Weibe zwar zugeben, dagegen das Umgekehrte, als vermöge ein sterblicher Mann einer unsterblichen Göttin das Prinzip der Fruchtbarkeit mitzuteilen, in Abrede stellten, verwirft das oben schon hervorgehobene Prinzip der ältesten Religion, welches Peleus mit Thetis, Iasion mit Demeter, Kadmos mit Harmonia, Tithonos mit Eos,

Iason mit Medea, Anchises mit Kypris, Odysseus mit Kirke und Kalypso in Liebe verband, und so vieler Göttinnen sterbliche Söhne kannte. Nach aegyptischer Lehre kann die Unsterblichkeit nur auf Seite des Mannes, niemals auf Seite der Frau liegen. Nach ihr ist der neuere, auch in der griechischen Mythologie häufigere Fall, wo Zeus, Apollo, Poseidon sich mit sterblichen Frauen verbinden, allein denkbar; nach ihr Zeus' Mischung mit der hetärischen Hierodule zu Theben gleich der des Herakles mit Larentia[40] zur Kultübung geworden. In beiden Grundsätzen offenbart sich der endliche vollkommene Sieg des Vaterrechts auch in Aegypten. Die Geistigkeit des Mannes, welche in seiner ausschließlichen Berechtigung zum Priestertum so entschieden hervortritt, hat auch in den Einrichtungen des Lebens sowohl als in den Grundsätzen der Religion das stoffliche Mutterrecht in den Hintergrund gedrängt und dem Vater die höhere Würde angewiesen. Wer möchte hierin den läuternden Einfluß des dem Sonnenkult ergebenen Priestertums und die durch seine Tätigkeit allmählich errungene Erhebung aus dem Stoffe zu höherer geistiger Auffassung der Götter- und Menschenwelt verkennen? Durch die Vaterabstammung erheben sich die Oberpriester über den Rest des Volks, wie die Patrizier und Eupatriden über Plebeier und ›demos‹. Ein mehreres kömmt ihnen nicht zu. Sie sind keine Göttersöhne, führen ihr Geschlecht nicht auf die Zeugung durch einen Gott zurück. Was die Piromis auszeichnet, ist eine höhere Weihe, die höchste, welche den Menschen zu Teil werden kann, nicht Abstammung von einem zeugenden Gotte, die von den Priestern auf das bestimmteste verworfen ward. In dieser Natur des Verhältnisses zeigt sich vollkommene Übereinstimmung mit der Idee des römischen Patriziats. Die höhere Weihe, die dieses besitzt, ist von göttlicher Erzeugung ebenso unabhängig als die des aegyptischen Piromis. Der hohe Rang des Patriziers liegt darin, daß er von einem Patrizier, und jeder seiner Vorfahren wieder von einem solchen abstammt; mit andern Worten, in der Weihe, die auf seinem Geschlechte ruht, und der gegenüber der besondere Gentilname bedeutungslos ist. Nicht anders der thebanische Oberpriester. Jeder ist ›piromis ek piromios‹, *patricius ex patricio.* In dieser Eigenschaft des Sohnes, die sich in dem Vater wiederholt, liegt die einzige Dignation. Die Behauptung der Priester ging also nicht dahin, jeder der 345 Piromis sei seinem Vorgänger durch das physische Sohnesverhältnis verbunden gewesen. Sie bemerkten vielmehr bei jedem einzelnen, er sei ein ›piromis‹ und stamme seinerseits von einem solchen ab. Durch dieses System des Genealogisierens setzten sie sich zu demjenigen, das Hekataios geltend machte, in den schärfsten Gegensatz. Hekataios ging von der Individualität seiner Person aus, die Priester von einer Geschlechtseigenschaft. Jener stützte sich auf die physische Blutsgemeinschaft mit einem göttlichen Stammeshaupte, die Priester auf das Prinzip einer im Geschlechte, ja in ihrer ganzen Kaste liegenden geistigen Weihe. Der Grieche war genötigt, auf eine bestimmte Zahl von Generationen zurückzugehen; die Priester hatten ihrem Systeme genug getan, wenn sie des Vaters Eigenschaft als Piromis nachgewiesen, denn diese schloß die gleiche Weihe einer ungezählten Menge von Vorgängern in sich. Durch solches Verfahren geben sich die thebanischen Priester als Träger einer allgemeinen Kastenweihe zu erkennen. Ihr gegenüber verschwindet jede Individualität, jede persönliche Auszeichnung. Das Höchste ist die Eigenschaft eines ›piromis ek piromios‹, wie auch die Patrizier den Standescharakter an die Spitze stellen. Dieser Idee entspricht die Ableitung von Biroumas (Brahma) vollkommen; sollte sie auch etymologisch zweifelhaft erscheinen, so behält sie doch als Erläuterung des Sachverhalts immer ihre Bedeutung. Wir sehen den Adel der Geburt auf eine religiöse Standesweihe zurückgeführt. Diese, als geistiges Prinzip, ist an das Vatertum, nicht an die mütterliche ›hyle‹ geknüpft.

Wir erkennen also hier von neuem die Bedeutung, welche das Priestertum und die priesterliche Lehre für die Ausbildung und das immer entschiedenere Hervortreten des Vaterprinzips in Aegypten haben mußte. Dem Priestertum und seiner höhern geistigen Bedeutung ist es zuzuschreiben, wenn das Übergewicht des tellurischen Muttertums mehr und mehr gebrochen und, wie wir aus Diodor gelernt haben, die Lehre vom männlichen ›eidos‹ nicht nur theoretisch, sondern auch praktisch zu Konsequenzen benützt wurde, die mit den lykischen Grundsätzen in direktem Widerspruche stehen und selbst von den Römern, trotz ihres so entschiedenen Vatersystems, stets verworfen wurden. So zeigt uns Aegypten zuletzt das merkwürdige Schauspiel zweier bis zu Extremen ausgebildeten Gegensätze. Neben der reinsten Paternitätstheorie finden wir Reste der alten Gynaikokratie: jene vorzüglich in den Priesterverhältnissen, aber teilweise auch über sie in das Volksleben eindringend; diese in den an Isis' Muttertum sich anschließenden Familien- und Staatseinrichtungen. Als der vollendetste Ausdruck des reinen Sonnenrechts ist der Mythus vom Phoenix-Ei, das zu Heliopolis auf den Sonnenaltar niedergelegt wird, zu betrachten. Durch des Vaters Körper nimmt es an Gewicht nicht zu: ein Symbol der unstofflichen Geistigkeit des Mannes, dessen Natur der Immaterialität des Sonnenlichts entspricht.[41]

76. Die Schlußbetrachtung über die Entwicklung des aegyptischen Weiberrechts schließe ich an einen Ausspruch Plutarchs im Liber Amatorius an. »Die Aegypter kennen, so wie die Griechen, einen doppelten Eros, den gemeinen und den himmlischen; für den dritten aber halten sie die Sonne, so wie den Mond für Aphrodite, die sie auch unter allen Göttern am meisten ehren.« Die aegyptische Lehre unterscheidet also drei Stufen der männlichen Kraft. Die unterste ist die tellurische. Auf dieser ist Eros die den Stoff durchdringende Zeugungsmacht, deren Sitz in der befruchtenden Erdfeuchtigkeit liegt. Höher schon steht der zweite, der himmlische Eros. Er entspricht der Mondstufe, wo die Erde selbst als ›himmlische Erde‹, Eros als ›himmlischer‹, als der von Aphrodite zum nächtlichen Tempelhüter bestimmte Phaethon erscheint. Das ist die erste Erhebung, die der stofflichen Kraft zu Teil geworden. Wie anfangs in der Erde, so ruht sie jetzt im Monde, in dem feuchten Nachthimmel. Auf dieser zweiten Stufe ist sie immer noch stofflich, wie der Mond selbst, immer noch erdartig, wie dieser. Aber sie ist an den äußersten Grenzen der materiellen Natur angelangt. Der Mond bildet die Grenzscheide der körperlichen und der unkörperlichen, der vergänglichen und der unvergänglichen Welt. Wie der reinste der irdischen, so ist er der unreinste der himmlischen Körper. Was unter ihm, ist vergänglich, was über ihm, ewig. Auf der zweiten Stufe wird der tellurische Eros zum Lunus-Aphroditos. Auf dieser aber behauptet die Weiblichkeit noch ihr höheres Recht. So weit die stoffliche Welt reicht, so weit hat das der Stofflichkeit innerlich verwandte Muttertum das Übergewicht. Aphrodite genießt hier noch höhere Verehrung. Durch eine dritte Erhebung wird Eros zur Sonnenmacht. Jetzt hat die Männlichkeit die Grenzen des Stoffes verlassen. Während die Weiblichkeit, ihrer Natur nach, es nicht vermag, die Stofflichkeit abzustreifen, wird der Mann ihr ganz entrückt und zur Unkörperlichkeit des Sonnenlichts erhoben. Aphrodite bleibt auf der Mondstufe zurück, wo sie als vorherrschend erscheint; Eros erreicht seine Vollendung erst in den höhern Regionen, wo die Unvergäng-

lichkeit ihren Sitz hat. Erst durch apollinische Natur wird das Männerrecht für immer gesichert. Das kosmische Gesetz, welches dem Monde gebietet, der Sonne nachfolgend von ihr den Silberschein, mit dem er leuchtet, zu borgen, fordert auch die Unterordnung der Frau unter den Mann.

Von unten nach oben ist diese ganze Entwicklung fortgeschritten. Der Erde Gründe verlassend, hat sich die Kraft zum Himmel erhoben, um zuletzt in die Sonne einzugehen. Jetzt umschließt sie zu gleicher Zeit alle drei Stufen, ist in der Dreiheit nur eine, wie Apollo als *triplex* dargestellt wird, und wie auch in Aegypten der Löwe, als Bild der zeugenden Naturkraft, sowohl das tellurische Gewässer als das himmlische Sonnenlicht in sich begreift. Jetzt kann die dritte Stufe als erste, ursprüngliche aufgefaßt werden. Was zuletzt zum Bewußtsein kam, wird nun zum Ersten, die Sonne zur Urmacht, aus der die beiden tiefern Stufen durch successive Emanation hervorgehen. Es tritt ein, was Aristoteles (de part. anim. 2, 1) als Gesetz jeder Entwicklung aufstellt. Was zuletzt wird, erscheint keineswegs als das Letzte, vielmehr als das Erste und Ursprüngliche. »Denn das im Werden Nachfolgende ist der Natur nach das Erste, und das dem Entstehen nach Letzte ist zuerst.« Vom Gipfel der vollendeten Entwicklung erscheinen die tiefern Stufen ganz sekundär und hervorgegangen aus der Herablassung der höchsten Kraft in die untergeordneten Stufen der stofflichen Welt. So feiern die Aegypter im Monat Phamenoth des Sonnengottes Eingang in den Mond. Aber die mythologische Entwicklung befolgt den gerade entgegengesetzten Weg. In das Bewußtsein der Menschen tritt die reinere, geistige Gottheitsidee zuletzt ein. Von der Erde zum Himmel muß eine Reihe von Stufen zurückgelegt werden, bis jene Höhe metaphysischer Entwicklung erreicht ist. Alles im Leben und Wesen des Menschen ist sein Erwerb. Auch die stufenweis geläuterte Gottheitsidee ist ihm nicht geschenkt, sondern von dem Geschlechte erworben. Mit der Stufenpyramide, die so manche asiatische und hellenische Gräber krönt, verband das Altertum wohl keinen andern Gedanken als den einer in ähnlicher Reihenfolge von der breiten Grundlage des Stoffes zum Himmel emporsteigenden Entwicklung, wie des Menschengeschlechts überhaupt, so jedes einzelnen Individuums. Die Stufenpyramide ist das Bild der ganzen religiösen Entwicklung, von der jede andere, wie die Wirkung von der Ursache, abhängt. Sie geht von unten nach oben und erreicht zuletzt, was das erste ist, den unsichtbaren Geist, der von Anfang an war. In Übereinstimmung mit diesem Gesetz schritt die Menschheit, schritt auch Aegypten vom Mutterrecht zum Vaterrecht fort. Mit dem stofflichen, unvollkommenen Recht beginnt die Entwicklung, mit dem geistigen, vollkommenen schließt sie ab.

[In diesem Zusammenhang führt Bachofen die Stellung der libyschen Kyrenerin aus, in deren Religionssystem das apollinische Männerrecht und die »einheimisch-afrikanische Selbständigkeit des Weibes« zusammenwirken. Neben der Isisverehrung und dem Totenkult ist vor allem eine Symbolik interessant, die Bachofen auch an anderen Stellen aufnimmt und hier wesentlich erweitert (Kap. 77, 78).]

77. [...] Die Hervorhebung der Frauen im neunten pythischen Siegsgesang gewinnt historischen Halt. Wenn die ackerbauenden Libyer die linke Seite des Kopfes scheren, wie Herodot (4, 191) hervorhebt, so ist dies ein der linken oder weiblichen Naturseite dargebrachtes Opfer der Haarschur[42] und ein Beweis der Hervorhebung des chthonischen Muttertums.[43] Nicht anders, wenn Iason, der ›der mit dem einen Schuh‹, die linke Sandale im Sumpfe verliert.[44] Links ist die Mutterseite, der Schuh das Zeichen der chthonischen Fruchtbarkeit, wie in seiner Verbindung mit Nitokris-Rhodopis, der delphischen Charila, der lydisch-etruskischen Tanaquil. Iason aber, der minyeische Argonaute, kömmt als Magistratsname zu Kyrene vor.[45]

78. [...] Aristoteles' Einwendungen lassen uns erkennen, daß die Nacktheit des linken Fußes nicht sowohl in einem praktischen Grunde zweckmäßiger Kriegsbewaffnung als vielmehr in einer ganz andern Betrachtung wurzelte. Und diese kann nur in der Religion gefunden werden, wie die Schur der linken Kopfhälfte, der unbekleidete linke Fuß Iasons, der apollinische Keraton aus lauter linken Hörnern,[46] die linke Isishand,[47] das später zu betrachtende Muttermal am linken Arm der Pelopiden und Charicleas,[48] die Heiligkeit des *digitus medicinalis* der linken Hand,[49] die linke weibliche Brust der androgynen Machlyer Libyens,[50] endlich der Glauben von dem Entstehen der Mädchen aus dem linken Hoden[51] unwiderleglich dartut.[52] In der Entblößung des linken Fußes liegt die Darbringung des linken Schuhs an die Muttergottheit, wie in der Schur der linken Kopfhälfte eine Weihe

der abgeschnittenen Haare an eine Naturmutter demetrischer Geltung. Dieser werden die Teile der linken Seite gewidmet, wie die rechten Stücke der Opfertiere und die ungerade Zahl den olympischen Göttern gehören.[53] So geben sich die Aetoler und Herniker als Sprößlinge und Verehrer eines großen weiblichen Naturprinzips zu erkennen, und es gewinnt alle Wahrscheinlichkeit, daß sie anfänglich ebenfalls zu den Muttervölkern gehörten.

Eine Bestätigung dieses Schlusses liegt für die Aetoler darin, daß sie mit den lelegischen Lokrern[54] und den epeischen Eleern in der engsten Verbindung stehen, diese aber, wie die Mutterzwillinge Moliones, das Richteramt der elischen Matronen und der elischen Mädchen gymnastische Spiele beweisen, zu den gynaikokratischen Völkern gehörten; wie denn Elis einerseits nach Libyen, andererseits nach dem opuntischen Lokris, beides Mutterstämme, seine volkliche Verbindung ausdehnt. Für Aetolien kömmt hinzu, daß Aetolus Endymions Sohn heißt; daß der aetolischen Könige Verwandtschaft mit den Herakliden nicht auf die Väter, sondern auf das Schwesterverhältnis der Mütter zurückgeführt wird; daß in der Sage von dem dreiäugigen Führer das an einem Auge erblindete Maultier, dessen Bezug zum Weiberrechte in dem Abschnitt über Elis besprochen wird, als göttlicher Heerführer auftritt,[55] insbesondere aber, daß in dem Mythus von Meleager das tellurische Muttertum in Artemis' Groll, Althaeas Fluch, der Erinnyen Verfolgung, der Meleagriden Klage, in der Moeren Schicksalsbrand, den die Mutter in dem Larnax birgt, dann aber an Hestias Flamme entzündet, als mächtigstes Element in den Vordergrund tritt, wobei jedoch die achilleisch-apollinische Natur des kalydonischen Helden eine Überwindung jener tiefern Religionsstufe durch das reinere Lichtprinzip nicht undeutlich hervorhebt.[56] Daß die Nacktheit des linken Fußes gerade in der Euripideischen Tragödie Meleager hervorgehoben war, gibt jener Eigentümlichkeit doppelte Bedeutung. Sie bildet einen sehr beachtenswerten Zug in dem Gemälde jener aetolischen Vorzeit, deren religiösen Mittelpunkt das tellurische Muttertum mit all seinen Folgen bildet, die aber durch Heroen von Achills und Meleagers Natur zuletzt auf eine Stufe höherer apollinischer Vollkommenheit erhoben wird. In diesem spätern Kulturzustande mußte die Nacktheit des linken Fußes bedeutungslos erscheinen und unverständlich werden. Wenn jetzt dem rechten die gleiche Eigentümlichkeit beigelegt wird, so läßt sich damit vergleichen, daß auch das delische

Keraton einem gleichen Wechsel unterworfen wurde. Statt der linken Hörner nennt Plutarch in der Schrift de sollertia animalium lauter rechte, aus denen es erbaut sei. In jenen zeigt sich die Verbindung mit Ariadnes Venussäule, die Theseus errichtet; in dieser die höhere, von aller Weiblichkeit befreite Reinheit der vollendeten solarischen Männlichkeit.

Die Bedeutung des nackten linken Fußes kann für die Herniker keine andere sein als für der Aetoler alten Stamm. Daß sie auf wirklicher Überlieferung beruht, ist nach dem ganzen Charakter des Virgilianischen Gedichts nicht zu bezweifeln. Sie stimmt aber auch mit anderweitigen Anzeichen überein. Der Herniker Name selbst wird auf ein Wort der sabinischen Sprache zurückgeführt, dem Hernikervolke Sabinus als Gründer zugewiesen.[57] Der Sabinerinnen ganz amazonischer Charakter geht aber aus ihrer Erscheinung zu Rom, ebenso aus einer Tradition bei Plutarch (Quaest. Rom. 85), aus der samnitischen Frauen Verhalten auf der Ligerinsel, die hohe Bedeutung des Muttertums aus der Sitte, die mütterliche Abstammung hervorzuheben[58], mit hinlänglicher Bestimmtheit hervor. Zufällig kann es daher auch nicht sein, daß Antonius, nachdem er die aegyptische Kleopatra Caesars Schwester vorgezogen, gerade Anagnia dazu ausersah, um in dieser Stadt, allen römischen Grundsätzen zuwider, eine Münze, mit der aegyptischen ›neue Isis'‹ Brustbild geschmückt, prägen zu lassen.[59] Das muß in einheimisch-hernikischen Anschauungen, denen die Hervorhebung der linken weiblichen Seite weniger Anstoß gab, seinen Grund haben. Spanische Schriftsteller machen darauf aufmerksam, daß die aetolisch-hernikische Sitte bis nach ihrem Lande reicht.[60] Die Verbreitung der Herniker nach Spanien findet ihre Beglaubigung in der Kolonisation Sagunts durch ein ardeatisches *ver sacrum*[61] und in manchen andern Spuren.[62] Der Herniker Verbreitung nach Spanien bildet ohne Zweifel einen Teil jener allgemeinen pelasgischen Auswanderung aus Italien, welche (nach Dionys. Hal. 1, 23, 2) hauptsächlich in zerstörenden Naturereignissen und vulkanischen Verwüstungen, denen Italien zu allen Zeiten so besonders ausgesetzt war, ihren Grund hatte. Denn daß die Herniker mit zu den pelasgischen Stämmen gerechnet wurden, hatte Hygin nach der mitgeteilten Stelle Macrobs weitläufig dargetan.

Dies führt uns nach Dodona mit seinen weiblichen Priesterinnen und seinen weiblichen Richtern, weiterhin nach dem thessalischen Peneuslande zurück, wo Kyrene und Larisa als Schwestern uns entgegentreten.[63] Die Hervorhebung der linken oder mütterlichen Seite tritt also mit der pelasgischen Religionsstufe in Verbindung. In dieser aber herrscht die poseidonisch-tellurische Auffassung, deren Stofflichkeit das materielle weibliche Prinzip an die Spitze der Natur stellt. Ausdruck des pelasgischen Muttertums ist Larisa, eine Bezeichnung, welche mit dem aufgeschwemmten Flußland in innerer Verbindung steht. [...]

Fassen wir dies alles zusammen, so offenbart sich ein innerer Zusammenhang zwischen dem pelasgischen Volksnamen, der pelasgischen, vorwiegend poseidonisch-tellurischen Religionsstufe und der hernikisch-pelasgischen Weihe der linken Seite, die zu der pelasgischen Hera, zu dem Muttertum der feuchten Erdmaterie, zu des Pelasgers ›Palaichthon (der seit alters im Land wohnt)‹ Zurückführung auf Niobe[64] und zu Larisas Verbindung mit dem Heiligtum ›der gleichlaufenden Mutter (d. i. Kybele)‹[65] in die genaueste Verbindung tritt.

[Kap. 79, 80: Die Grundanschauung der ältesten Welt weist in der Regel »den Göttern und den Menschen dieselbe stoffliche Urmutter zu«. »Auf der gemeinsamen stofflichen Herkunft errichtet sich eine Geschlechtsverschiedenheit, die durch die Verschiedenheit der zeugenden Väter hervorgebracht wird. Wir sehen hieraus zugleich, daß die stofflich-weibliche Ableitung immer größere Kreise umfaßt, während die männliche Beschränkung mit sich bringt. Jene hat den Charakter des Universellen, der steten Ausbreitung, diese den der Partikularität und des Abschlusses gegen außen.« Der Mann als »das bewegende Prinzip«, als der Anfang des Kreislaufs, aber damit bringt er auch »den Tod in die Welt«. Die Mutter ist »stets Ende«, jede ist »Stellvertreterin der Urmutter Erde«. So haben auch die Muttervölker »keine anderen Ahnen als die Urmutter selbst«. Die rechtlichen und sozialen Verhältnisse der Muttervölker haben mehr »possessorischen Charakter«, dagegen stammt die »Idee der Succession und Continuität« aus dem geistigen Vaterrecht und gehört zu den Errungenschaften des römischen Rechts. »Die Erbfolge des Mutterrechts stützt sich auf den Gedanken des Untergangs, die des Vaterrechts auf den der Fortdauer. Der römische Erbe tritt ein in die Persönlichkeit des Erblassers und gründet sein Recht auf das seines Vorgängers, die Lykierin dagegen besitzt, weil die Mutter zu besitzen aufgehört hat.«

»Es ist die düstere Zeit der Herrschaft des Stoffs, die dem Weibe das Übergewicht leiht, nur des Stoffes blutiges Recht kennt, im Zweikampf sich mißt, in allem dem Naturgesetz folgt, vor der finsteren Macht des Todes, dem Gesetz der tellurischen Schöpfung erhebt: jene Zeit, die, allen Leiden hoffnungslos hingegeben, statt der Selbstbestimmung der Reue verfällt, und wo die Menschen gleich rückwärts geschleuderten Steinen nur der Vergessenheit des Einzellebens, nicht der Fortdauer des Geschlechts entgegensehen. Stoffliche Gebundenheit ist das Merkmal des mütterlichen Erdrechts; mit dem Erwachen zu Freiheit und geistigem Leben beginnt der Übergang zu dem Vaterprinzip, das auf die Sonne hinweist und durch prometheische Leiden hindurch zum endlichen Siege gelangt.«

Bachofens Ausführungen zum Ödipusmythus und dessen Bedeutung für Aegypten und das Mutterrecht sind etwas zerrissen. Zu Anfang (in Kap. 51 und 59) fand er zur Darlegung der unterschiedlichen Rollen, Funktionen und Arbeiten der Männer und Frauen in mutterrechtlichen und vaterrechtlichen Kulturen und zur Erklärung der Religionen Erwähnung. Bachofen weist für Kreter, Lykier, Ägypter, Athener und Orchomenier die gleiche Kulturstufe aus: »eheliche Verbindung mit Mutterrecht und Echtheit der Geburten.« In Kap. 81 wird die ganze Tragweite dieses Mythus' sichtbar. Für die augenblickliche Aktualität dieser Thematik – von den noch vorsichtigen Fragen »Ist der Ödipuskomplex universell?« oder »Hatte Ödipus einen Ödipuskomplex?« bis zum »anti-ödipus« – dürften hierin noch kaum wahrgenommene Materialien und Deutungen beschlossen liegen:]

81. Die Erwähnung der kyrenischen Frauen hat sich an die Prüfung des aegyptisch-libyschen Weiberrechts angeschlossen. Wenn ich nun mehr eine einläßliche Betrachtung des Oedipusmythus folgen lasse,[66] so liegt die Veranlassung hiezu in der schon früher mitgeteilten Stelle des Sophokles, in welcher die Oedipustöchter, die liebetreu dem Vater in die Ferne folgen, mit den aegyptischen Frauen verglichen werden. Diese Zusammenstellung in dem Werke eines griechischen Tragikers müßte sehr auffallend erscheinen, fände sie nicht in der Tradition selbst ihre bestimmte Veranlassung. Auf Aegypten weist die Sphinx zurück, welche in dem Oedipusmythus eine so entscheidende Stellung einnimmt,[67] nicht weniger die Verbindung des Oedipus und des Hauses der Labda-

kiden, welchem er angehört, mit Kadmos, der von Diodor (1, 23, 4) und Pausanias (9, 12, 2) aus Aegypten hergeleitet, anderwärts auf Epaphos, auf Argiope, eine Tochter des Neilos, und durch Agenor auf Libya zurückgeführt wird.[68] Durch solche Verknüpfung ward die Erwähnung aegyptischer Frauensitte dem Dichter nahe gelegt. Durch sie gewinnt der Oedipusmythus auch für Aegypten Bedeutung. Seine vollständige Betrachtung ist nicht dieses Orts. Einige leitende Gesichtspunkte werden genügen, sein Verhältnis zu unserer Untersuchung ins rechte Licht zu stellen.

Nach welchen Religionsanschauungen Oedipus in der Sage gedacht ist, läßt sich nicht verkennen. Der geschwollene Fuß, von welchem er seinen Namen hat,[69] zeigt ihn als den Träger der männlich zeugenden Naturkraft, deren tellurisch-poseidonische Auffassung nicht selten, wie in Aeetes' erzfüßigen Rindern,[70] in Dionysos mit dem Stierfuße, in Mars Gradivus (von *gradior*, nicht von *cresco*), in Iasons und Perseus' Schuh,[71] in Herakles' Fußstapfen, in Erichthonios' Schlangengestalt und in andern Bildungen, wie der der Onoskelis-Empusa, in Charila, Tanaquil, Nitokris, an den Fuß oder den Schuh geknüpft erscheint.[72] Der Wagen, der die Geschwulst verursacht, hat bekannte neptunische Bedeutung. Darum heißt Oedipus bei Hygin (f. 67) *fortissimus praeter ceteros*, bei Apollodor *(3, 5, 7)* ›sich auszeichnend unter den Altersgenossen durch seine Stärke‹; darum wird er von Periboea, als sie Kleider wusch, am Meeresstrande gefunden, darum auf Laios zurückgeführt. Denn dieser Name geht wie Laertes auf *la,*[73] die Bezeichnung der zeugenden Kraft, zurück und kömmt seiner Bedeutung nach so sehr mit Oedipus überein, daß die Sage den Zug aufnehmen konnte, an dem geschwollenen Fuße sei das Sohnsverhältnis zu Laios erkannt worden. Oedipus heißt bei Hygin (l. l.) *impudens,* und zwar ohne Bezug auf das Verhältnis zu seiner Mutter. Darin liegt die Andeutung der in üppigster Sinnlichkeit gedachten Kraft und Zeugungslust, wie sie das tellurische Leben in der regellosen Begattung des Sumpfes darstellt, wodurch auch die geschwollenen Füße ihre prägnantere Bedeutung erhalten. Dieser Stufe der Naturkraft gilt, wie manche Mythen zeigen, die Mutter auch als Gemahlin, selbst als Tochter des Mannes, der ihr als Befruchter gegenübertritt: an dem mütterlichen Erdstoff gehen der Reihe nach alle Geschlechter der Männer befruchtend vorüber. Der Sohn wird Gatte und Vater, dasselbe Urweib heute von dem Ahn, morgen von dem Enkel begattet. Daher das *aenigma* über Iokaste[74] *avia filiorum est, quae mater mariti.*

Nach dieser Bedeutung gehört Oedipus zum Geschlecht der ›Spartoi‹, dem *genus draconteum.* Von dem zeugungskräftigen Drachen, dem Ladon der feuchten Tiefe,[75] ins Leben gerufen, haben die ›Spartoi‹ keinen erkennbaren Vater, sondern nur eine Mutter, wie die *spurii,* deren Name (von ›speirein [säen]‹) mit jenem völlig gleiche Bedeutung hat.[76] Aus diesem Verhältnis ergibt sich die Möglichkeit des Vatermordes, da das Kind seinen Erzeuger nicht kennt. Iokaste (sehr bezeichnend auch Epikaste genannt), des Menoikeus Tochter, ist die Oedipusmutter, Menoikeus aber wird bestimmt auf das *draconteum genus* der ›Spartoi‹ zurückgeführt.[77] In diesem Geschlecht der ›Spartoi‹ muß das Recht der weiblichen Abkunft herrschen. Das Muttersystem tritt in der Tat sehr kenntlich hervor. Kreon, der in dem Mythus als Usurpator dasteht, kehrt auf die Bahn des Rechts zurück, indem er an seiner Schwester, der Laiosgemahlin Iokaste Hand den Eintritt in das Königtum knüpft, wie er denn nach demselben Rechtssystem seine jüngste Tochter Glauke an Iason verheiratet.[78] Hier tritt das Schwesterverhältnis in derselben Bedeutung hervor, in welcher wir es schon früher gefunden haben und die namentlich in der Kadmosschwester Europa, welche zu suchen die Brüder Kilix und Phoenix von dem Vater Agenor ausgesendet worden, zu erkennen ist.

Als Darstellung des tellurischen Muttertums erscheint die typhonische Sphinx, welche das weibliche Erdrecht in der finstern Bedeutung des unentrinnbaren Todesgesetzes darstellt.[79] Sie kömmt aus den entlegensten Gegenden Aethiopiens,[80] dem Lande, welchem auch Aso, die Typhonsverbündete, als Königin zugewiesen wird und das bis in die späteste Zeit Kandake als den Namen der weiblichen Regenten zeigt. Das Rätsel, woran Sphinx die Dauer ihrer Macht knüpft, faßt den Menschen nur nach der Seite seiner Vergänglichkeit und zeigt den Untergang des dem Grabe zureifenden Sterblichen als den letzten und alleinigen Gedanken seiner Existenz. Das ist die Religionsstufe, auf welcher der tellurische Stoff allein herrscht; das der Zustand, dem die Menschheit, die nur eine Mutter, noch keinen Vater kennt, angehört. Das Lebensgesetz des *draconteum genus* liegt in dem Spruche der Sphinx; der Augenblick, in welchem es in seiner ganzen Trostlosigkeit erkannt wird, bringt ihm den Untergang. Das Geschlecht der

›Spartoi‹, die nur eine Mutter haben und von dem Drachen der finstern Tiefe gezeugt sind, erkennt die typhonische Sphinx (›Phix‹ und ›Phikion-Gebirge‹, wo sie thront) als ihre Beherrscherin an. Derselbe Stoff, der sie aus der Finsternis ans Licht gesendet, wird sie wieder verzehren. Ihr Los ist von jenem der Sumpfgewächse, die unbeweint entstehen, wachsen, vergehen, in nichts verschieden. Noch hat der Mensch sich nicht über den Zustand der niedrigsten Region tellurischer Zeugung erhoben.[81] An Oedipus erst knüpft sich der Fortschritt zu einer höhern Stufe des Daseins. Er ist eine jener großen Gestalten, deren Leiden und Qual zu schönerer menschlicher Gesittung führen, die, selbst noch auf dem alten Zustand der Dinge ruhend und aus ihm hervorgegangen, als letztes großes Opfer desselben, dadurch aber zugleich als Begründer einer neuen Zeit dastehen. Mit der Sphinx findet der Letzte des *draconteum genus*, Iokastes Vater, seinen Untergang. Der Sturz von der Mauer, der in so manchen Mythen sich wiederholt,[82] zeigt immer denselben Zusammenhang mit dem mütterlichen Tellurismus, dessen Reich die Mauer als Erderzeugnis, mithin der chthonischen *sanctitas* teilhaftig, angehört. Der gleichzeitige, gemeinsame Untergang der ›Spartoi‹ und der Sphinx beweist die Gleichheit des Prinzips, auf dem sie beide ruhen und das nun den Hintergrund bildet, vor welchem Oedipus auftritt.

In dem Laiossohne kömmt die männliche Kraft neben dem weiblichen Stoffe zu selbständiger Bedeutung. Die Männlichkeit tritt in dem Namen Oedipus herrschend hervor. Dazu kommt, daß einzelne Züge seines Mythus vorzugsweise die männliche Abkunft hervorheben. Über seines vermeintlichen Vaters Polybos Tod trauert der Sohn, und der Füße Zustand verrät Laios' Vatertum. Mit Oedipus beginnt der Kinder echte Geburt. Eteokles, dem Polyneikes wie Castor Pollux, wie Remus Romulus als die mit dem Leben wechselnde Todesmacht zur Seite tritt, bezeichnet, wie Eteokretes, die echte väterliche Abkunft. Die Kinder sind aus *unilateres* ›zu solchen mit doppelter Natur‹ geworden. Oedipus nimmt hierin ganz die Natur des athenischen Kerkops an, mit dessen Namen nach Athenaeus und Justin derselbe Übergang aus der ausschließlichen Mutterverbindung zu der Echtheit der Vatergeburt verknüpft wird. Die Menschen dieses neuen Geschlechts sind nicht mehr ›Spartoi‹ oder *spurii*, sondern Oedipussöhne oder, mit Zurückgehen auf die ersten Stammeshäupter, Kadmeionen und Labdakiden, echte Söhne und ›solche mit doppelter Natur‹: ein

Übergang, der auch über das Verhältnis von Sparter und Lakoner oder Lakedaimonier Aufschluß gibt. Jetzt beginnt die ›Kraft des Eteokles‹ (Il. 4, 386). Entsprach der frühere Zustand des ausschließlichen Muttertums der tellurischen Sumpfzeugung, in welcher, wie der Mythus der Ioxiden beweist, nur der weibliche Stoff Beachtung findet, so erscheint der neue, auf eheliches Leben gegründete, als demetrische Lebensstufe. Und in der Tat tritt Oedipus zu Demeter in die genaueste Verbindung. In ihrem Heiligtum liegt er begraben; der Tempel heißt nach ihm ›Oidipodeion‹. Den Leichnam von da zu entfernen verbot das Orakel: Sehr bezeichnend wird diese oedipodeisch-demetrische Örtlichkeit ›Eteonos‹ (Il. 2, 497) genannt, während die frühere ›Keos‹ hieß.[83] In Eteonos wird die Echtheit der demetrischen, in Keos dagegen die aphroditische Beziehung hervorgehoben. Denn auf Keos, die bei den Griechen abwechselnd ›Keios, Kee, Keos, Kie‹ heißt, herrscht Aphrodite Iulis,[84] von welcher später die Rede sein wird und die in Harmonia wie in dem ganzen Geschlecht der Kadmeionen so bedeutsam hervortritt. Aus dieser hetärischen Verbindung tritt Oedipus heraus, um im Verein mit Demeter Ruhe zu finden. Die gleiche Bedeutung liegt in der Rolle, welche der Mythus Iokastes Mantelspange anweist.[85] Die aphroditische Beziehung derselben, die in der oben behandelten athenisch-aeginetischen Tradition sich kundgab, kehrt auch hier wieder. Mit der Spange, dem Zeichen aphroditischer Geschlechtsverbindung, beraubt Oedipus sich des Augenlichts, weil er durch die Begattung seiner Mutter das reinere Gesetz der Lichtmächte verletzt hat.[86] Darin liegt die Verurteilung jenes unreinen hetärisch-tellurischen Muttertums, dem Oedipus alle seine Leiden verdankt, und über dessen Untergang er nunmehr zu dem reinen demetrischen Gesetz fortschreitet. Eben dadurch erscheint er den Völkern als wohltätiger Dämon, der alles Unheil von ihnen abwendet. Zu Kolonos sowohl als in dem attisch-boeotischen Grenzorte Eteonos wurde sein Grab als ein Schutz gegen räuberische Einfälle der Nachbarn angesehen, und in jenem blutigen Kriege, der sich unter seinen Nachfolgern erhob, war einem Orakel zufolge der Sieg an Oedipus' Teilnahme und Beistand geknüpft.[87] Darum wird er nun auch mit Theseus in Verbindung gebracht. Der attische Herakles beweist durch die Ringprobe die Echtheit seiner väterlichen Abstammung und tritt als Gegner des Weibes und Gründer eines höhern Zustandes Oedipus zur Seite. Darum findet er auch in Athen Verehrung,[88] das das höhere apollinische Lichtrecht zur reinsten Entwicklung bringt und daher auch dem Weibe heilig gilt.[89] Insonderheit ist es das Weib selbst, das Oedipus als den Stifter seines höhern Zustandes ehrt. Durch die Begründung des demetrischen Lebens ist er sein Wohltäter, sein Erlöser geworden. Knüpft sich an Harmonias Halsband und an Iokastes Mantelspange, wie an Helenas Schleier, der Fluch des hetärisch-aphroditischen Lebens,[90] so bringt nun Demeters Gesetz dem Weibe Ruhe und Versöhnung, und alles Glück des durch ausschließliche Ehe geregelten, aus dem Hetärismus zum Muttertum durchgedrungenen Geschlechtslebens. Ismenes und Antigones Aufopferung haben darin ihren tiefern Grund. Das Weib, das in dem frühern Zustand alles Fluches Quelle ist, wird jetzt sich selbst und dem Manne zum Segen. An die Stelle hetärischer Lust, die nur Aphrodites sinnlichem Gesetze folgt, der hingegeben Laios durch das Pelopiden Chrysipp Schändung den Fluch auf sein Geschlecht bringt, tritt die Aufopferung der Liebe, die pflegend und versöhnend der Männer Streit zu schlichten sucht. Zu Eumeniden gestalten sich die bluttriefenden Erinnyen. Versöhnt öffnen sie dem Dulder, der des frühern Geschlechts ganzes Verhängnis trägt, ihren Hain. Bei ihnen findet er Ruhe.

In seiner Oedipodeischen Trilogie hatte Aeschylus Gelegenheit, das alte blutige Erdrecht, das aus Mord Mord erzeugt, nur das Gesetz der Talion kennt, den Frevel durch Frevel vergilt, keine Sühne, sondern nur der Sphinx menschenverderbendes Rätsel vor sich sieht und ganze Geschlechter mit der Wurzel vertilgt, zu dem neuen, milden Gesetz, das Apoll verkündet, in denselben Gegensatz zu bringen, der uns in der Oresteis entgegengetreten ist. Wie es dort die Erinnyen sehnt, ihr bluttriefendes Amt abzuwerfen und aus rächenden Erdgöttinnen Mütter alles Segens zu werden, so nehmen sie auch in der Oedipodie den, welchen sie so lange verfolgt,[91] selbst in ihren schützenden Verein. Wie neben Demeter so wird Oedipus auch neben den Erinnyen verehrt. Auf des Orakels Geheiß errichten die thebanischen Aegiden, da der Zorn der tellurischen Erdmütter den Kindersegen ihres Geschlechts bedroht, Oedipus und den Erinnyen ein gemeinsames Heiligtum.[92] Hier tritt der Mütter Unterordnung unter das reinere apollinische Gesetz recht deutlich hervor. Denn der Aegiden Gott ist Apoll, dessen karneisches Fest von Theben über Sparta und Thera bis zu den Battiaden Kyrenes reicht.[93] Von Apoll stammt das Heil, seinem höheren Gesetz ordnen die Erinnyen willig sich unter;

ihm bringen sie ihr Blutamt gerne zum Opfer. Des Laios Erinnyen und Oedipus zu sühnen, hatte der Aegiden Gott geboten. Hier erscheinen die Erdmütter als des Vaters Rachegeister, wie in der Oresteis der Muttermord sie aus ihrer Tiefe hervorruft. Darin liegt keine Widerlegung ihrer ausschließlichen Mutternatur, sondern eine Erweiterung derselben, die selbst in dem apollinischen Gesetz ihren Grund hat. Nur durch die Unterordnung unter Apoll ist die Verbindung mit dem Vater möglich geworden. Sie ist selbst schon eine Rückwirkung des Zusammenhangs des Erinnyenkults mit dem höhern apollinischen, der in der Einführung des pythischen Orakels in alle Teile der Oedipodie seinen Ausdruck gefunden hat.[94] Nach der ältesten Denkweise konnten die Erdmütter so wenig für Laios sich erheben, als Agamemnons Ermordung es vermochte, sie aus ihrem Schlafe aufzuwecken. Erst durch ihre Unterordnung unter Apoll werden sie auch Vertreter des Vaters und seines verletzten Rechts. In dieser neuen Verbindung erscheinen sie nicht als die unversöhnlichen, bluttriefenden Mütter, die nur der Erde Recht kennen, vielmehr als die versöhnten, wohlgewogenen Mächte, die gerne höhere Sühne anerkennen. In ihrer Eigenschaft als Eumeniden erhalten sie von den apollinischen Aegiden ein Heiligtum. In dieser werden sie mit Oedipus verbunden. Wenn das Orakel befiehlt, den Erinnyen des Laios mit Oedipus ein gemeinsames Heiligtum zu gründen, so gilt dies nicht jenen blutigen Urmächten, sondern den apollinischem Wesen befreundeten, ihm verbündeten, versöhnbaren Müttern, die Haß und Rache mit Liebe und Sorge vertauscht haben.

So tritt die Oedipodie der Oresteis gleichgeltend zur Seite. In beiden wird der Erinnyen tellurisches Recht als überwunden und dem höhern apollinischen Gesetz unterworfen dargestellt. Die Oedipodie erscheint als Ergänzung und Fortsetzung der Oresteis. Hat Apoll in Orest den Kampf gegen die mütterlichen Erinnyen durchgeführt und sie auf dem Gebiete, das ausschließlich ihnen gehörte, besiegt, so ist in Oedipus' endlicher Versöhnung dargetan, daß auch das gegen Apollos väterliches Prinzip begangene Verbrechen Sühne finden kann. Völlig und auf allen Gebieten durchgeführt erscheint jetzt das mildere Gesetz des pythischen Gottes. Laios' väterliche Erinnyen mit Oedipus versöhnt zeigen Apolls wohltätige Macht in ihrer höchsten Vollendung und Durchführung. Die Semnai, in der Oresteis zwar versöhnt, aber immer noch Vertreter des Muttertums und dadurch von Apoll grundsätzlich geschieden, treten jetzt mit dem väterlichen Gott in den innigsten Verein. In der hehren Mütter Heiligtum verkündet Apoll dem Dulder die endliche Lösung seines Schicksals, und die apollinischen Aegiden erscheinen selbst als Träger und Verbreiter ihres Kults. Oedipus und des Laios väterliche Erinnyen werden mit in den pythischen Kreis gezogen und gewissermaßen in apollinische Natur aufgenommen, mithin in viel innigere Beziehung zu dem Vaterrecht des Lichtes gesetzt als die Mutter-Erinnyen Klytaemnestras, die eben durch den Anschluß an das weibliche Prinzip von solchem Vereine mit dem Pythier stets ausgeschlossen blieben. In dem Eintritt der Oedipodie in den pythischen Religionskreis liegt die höchste Stufe ihrer Erhebung, die höchste Weihe des Mythus wie seines Helden.

Drei Stufen der Entwicklung bauen sich über einander auf. Der ursprünglichen Sage gehört der Übertritt aus dem hetärischen Muttertum des Stoffs zu demetrischem Eherecht, das dem Kinde einen bestimmten Vater und dadurch echte Geburt leiht, der Zeit des unbewußten Vatermordes und der Blutschande ein Ende macht, und überhaupt ein höheres menschliches Dasein vorbereitet. Von der demetrischen Stufe wird alsdann zu der apollinischen fortgeschritten, dem Siege des Vaterprinzips, das sich an Oedipus knüpft, durch die pythische Verbindung der höchste Grad der Reinheit und Geistigkeit verliehen und so dem anfänglichen ausschließlichen Muttertum mit all seinem dunkeln Verhängnis das ebenso ausschließliche Vaterrecht des Lichts, wie es in Apoll zur Darstellung gelangt, mit all seiner Glorie, seiner Reinheit, Milde und Versöhnung als Gipfelpunkt der Entwicklung gegenübergestellt. Je größer der Gegensatz, desto herrlicher leuchtet aus ihm der Ruhm des pythischen Gottes hervor. Je unentrinnbarer das Verhängnis im Schicksal des Labdakidenstammes hervortritt, um so herrlicher glänzt über der Finsternis des stofflichen Rechts und einer rein stofflichen Zeit das Gestirn desjenigen Gottes, der das Menschengeschlecht aus den Schlammgründen der Unreinheit und des tierischen Daseins zu einem milden, geordneten, geistig erleuchteten Leben siegreich hindurchgeführt hat. Denn nicht der Erinnyen schreckliches Strafgericht, sondern der alten Mächte Versöhnung und Eintritt in das apollinisch-himmlische Gesetz der Sühne und des Friedens, über das sie nun mit doppelter Strenge wachen, ist der letzte und höchste Gedanke wie der Oresteis so der Oedipodie.

Die dargelegte Stufenfolge der Entwicklung hat darin ihre vorzügliche Bedeutung, daß sie einem geschichtlichen Fortschritt der menschlichen Zustände entspricht. Dem Oedipusmythus nicht weniger als dem des Orest liegt die Erinnerung an den Übergang aus ältern Religionsstufen in geläuterte Zustände und an alle jene Leiden und Verhängnisse, die den Umschwung herbeiführten und begleiteten, zu Grunde. Träger der frühesten nationalen Erinnerungen, werden solche Mythen zugleich auch Erkenntnisquelle für die ursprünglichen Religionsanschauungen. Geschichtliche Ereignisse liefern den Stoff, die Religion Form und Ausdruck. Alles Geschehene nimmt in der Erinnerung sofort religiöse Gestalt an. In jener Urzeit beherrscht der Glaube die ganze Denkweise der Menschen. Die Ereignisse und ihre Helden kleiden sich in das Gewand der Religion. Dasselbe Mythengebilde umschließt kultliche und historische Tatsachen, beide nicht getrennt, sondern identisch. Oedipus und Orest gehören zugleich der Religion und der Geschichte, das eine durch und vermöge des andern. Jeder große Schritt in der Entwicklung des menschlichen Geschlechts liegt auf dem Gebiete der Religion, die stets der mächtigste, in den Urzeiten der einzige Träger der Civilisation ist. Habe ich mich also bemüht, den Religionsgedanken zu entwickeln, nach welchem die Sage ihr Bild entworfen hat, so ist dadurch der historische Grund in den Schicksalen des Labdakidenstammes nicht geleugnet, das Positive nicht zu Nebelgebilden verflüchtigt, vielmehr nur der Schlüssel zur Lösung der Hieroglyphe geliefert worden. Wer diese zu enträtseln vermag, eröffnet dem menschlichen Bewußtsein den Einblick in Urzeiten unseres Geschlechts, die ihm sonst verschlossen bleiben. Mag das Gemälde, das sich so vor unsern Augen entrollt, auch gar unerquicklich sein und dem Stolz auf den Adel unserer Abkunft wenig zusagen: so wird doch der Anblick allmählicher stufenweiser Überwindung des Tierischen unserer Natur die Zuversicht fest begründen, daß es dem Menschengeschlechte möglich ist, seinen Weg von unten nach oben, von der Nacht des Stoffes zum Lichte eines himmlisch-geistigen Prinzips durch alle Hebungen und Senkungen seiner Geschicke hindurch siegreich zu Ende zu führen.

[Nachtrag: Ägypten, Kap. 155-159: »Die hohe Bedeutung, welche Aegypten dem Muttertum einräumt, ist in den Abschnitten 48 bis 82 vorzüglich für die Zeit der Selbständigkeit des Landes näher erörtert, der makedonischen Herrschaft dagegen nur insoweit gedacht worden, als die Erscheinungen, welche sie darbietet, denen der einheimischen Zustände erläuternd und bestätigend zur Seite treten. Was ich jetzt noch beizubringen gedenke, ist aus weiteren Nachforschungen über den Einfluß des Griechentums auf die althergebrachten Anschauungen des Nillandes hervorgegangen. Keine Frage hat ein so allgemeines, weitgehendes Interesse, als eben diese. Keine scheint umfassenden historischen Gesichtspunkten günstiger. Dennoch ziehe ich es vor, auch hier die Betrachtung der Einzelnheiten anzuschließen und den beschwerlicheren, aber sichrern Weg der Detailforschung einzuschlagen.«

Diese zeigt uns vor allem mutterrechtliche Züge in Grabinschriften und Papyri. Das vornehmliche Interesse konzentriert sich auf verwandtschaftsstrukturelle, rechtliche und religionsgeschichtliche Fragen. (Selbst bei einem Traum wie diesem pocht Bachofen auf die »Religionsbedeutung«: »Das eine der (Zwillings-)Mädchen sieht, wie sie zur Kuh verwandelt wird. Ammon darauf sich ihr nähert, sie niederwirft, die Hand in ihre Scham einführt und den Stier herauszieht.«) Der Nachtrag schließt: »So schwer es ist, dem rein geistigen Prinzipe über das stofflich-tellurische Schwergewicht unserer leiblichen Natur jenen Sieg zu sichern, von dessen Verfolgungen auch prometheische Qualen die Menschheit abzuschrecken dennoch nie vermögen werden.«

Nach dem Ägypten-Nachtrag wird nur noch in abschließenden »Einzelne(n) Nachträge(n)« zeitgenössisches Material (Buchpublikationen, Sammlungen ...) ergänzend für mythologische, rechtliche und altertumswissenschaftliche Befunde, Konstruktionen und Spekulationen en detail aufgearbeitet.

Die Kap. 160-163 sollen noch einmal den Gewinn verdeutlichen, »der sich aus der Betrachtung des Mutterrechts für das geschichtliche Verständnis der römischen Rechtsquellen ziehen läßt. Das System der Paternität erhält nur aus dem Gegensatz der Gynaikokratie, die Entwicklung des römischen Familienrechts nur aus dem steten Kampf beider Gesichtspunkte ihr volles Verständnis und ihre richtige Stellung zu der Geschichte der menschlichen Kultur überhaupt.«

Zum abschließenden Kap. 164, das sich auf »Die Kantabrer« konzentriert, vgl. die entsprechende Stelle (im vorliegenden Text S. 233 ff.).

[Die folgenden Kap. zum Kandakemythus gehören teilweise noch zu »Aegypten«, teilweise schon zu »Indien und Zentralasien«. Der Einschnitt ist recht willkürlich. Ich fasse diese 'Zwischenkapitel' 82-96 zusammen und bringe dann einen Auszug aus dem Hauptteil des Indien-Asien-Kapitels.

Neben den Hinweisen auf Kandake (vgl. auch S. 56, 279 ff.) als einer äthiopischen Königin (mit Verweisen auf die Königin von Saba) ist für Bachofen vor allem die Identifizierung als einer indischen Königin und ihre Begegnung mit dem Makedonier Alexander zentral. Gemäß einer Erzählung Tzetzes', zeichnete sich Alexander hierbei nicht nur durch seine kriegerische Tapferkeit, sondern auch durch seine Klugheit aus, mit der er Kandake dermaßen überzeugte, daß sie sich wünschte, seine Mutter zu sein. Damit wäre ihr die Weltherrschaft gesichert. (»Nur mit dem Muttertum verbindet sich die Macht.«) Alexander erhält von ihr die Krone (als Sieger des »Wettkampfes«) und kehrt zu seinem Heer zurück. Offensichtlich reicht demnach der äthiopische Königstitel bis in Alexanders Jahrhundert zurück.

Bachofen zieht aus diesem Mythus wesentliche Folgerungen: »Im Wettkampf mit dem Weibe hat Alexander seine geistige Superiorität dargetan. Er ist den Nachstellungen Kandakes entgangen und hat durch seine höhere Klugheit des Weibes Bewunderung erregt. Jetzt ist ihm Unsterblichkeit gesichert, denn diese wird dem Geiste zu Teil und trägt notwendig Coelibat in sich.« So erblicken wir im Kandakemythus »den Kampf zwischen dem höheren männlichen und dem tiefern weiblichen Prinzip. Im Orient begegnen sich beide. Kandake ist die Vertreterin des mütterlichen Rechts, wie es zumal in Aegypten und Aethiopien Anerkennung fand; ihr gegenüber erscheint Alexander als Träger eines höheren Gesichtspunkts, dem jener erstere untergeordnet wird.« Ob diese Begegnung je stattgefunden hat, läßt sich nicht mehr rekonstruieren, ist aber auch, nach Bachofen, für den »leitenden Gedanken« nicht wesentlich, dieser ist: »Ausdruck einer großen allgemeinen Zeiterscheinung.« Es ist die Begegnung zwischen Orient und Occident, zwischen verschiedenen Religionen, verschiedenen Anschauungen und Zivilisationen, die durch Alexanders Auftreten bezeichnet wird.

Von den zahlreichen Details, die hierzu noch von Bachofen gesammelt werden, seien die wichtigsten genannt: Kandake wird, ganz entsprechend dem amazonischen Leben, als männerlos, aber doch als die Mutter dreier Kinder dargestellt. »Der Vorzug der linken Seite, die höhere Bedeutung der Toten, das Übergewicht der weiblichen Erde über das männlich-befruchtende Meer entspringt derselben Anschauung, der die Ursprünglichkeit der Macht ihre Bedeutung verdankt, nämlich der stofflich-weiblichen, auf welcher das Mutterrecht beruht.«

Alexander leitet seine Krone und seine Macht von dem Weibe ab, »die als Mutter für den Sohn zur Quelle des Herrscherrechts wird.« Es ist nicht des Mannes »phallische Herrlichkeit, sondern sein geistiger Glanz«. Das Weib selbst freut sich über dieses sichtbar werdende 'höhere Licht'. Bachofen steigert sich hier zu einem pathetischen Lobgesang auf das geistige männliche Prinzip. »Wie vor Oedipus' lösendem Wort die Sphinx sich in den Abgrund stürzt, aus dem sie hervorgegangen, wie der nächtlich leuchtende wechselvolle Mond dem ewig gleichen Glanze des Tagesgestirns weicht, so sieht sich Kandake gleich der Königin von Saba durch das vor ihr erscheinende, von ihr erkannte höhere Licht ins Nichts zurückgeführt.« Aber »Alexanders geistiger Sieg über das Weib hat es nicht vermocht, die einheimisch-afrikanische Anschauung von dem Prinzipat des weiblich-stofflichen Prinzips zu brechen und das männlich-apollinische zur Herrschaft zu erheben... so haben doch die Zeugen seiner Großtaten von neuem einem niedrigern Prinzipe gehuldigt... Von neuem zeigt sich die Gewalt der aegyptisch-afrikanischen Natur, die der Stofflichkeit und ihrem Rechte den Sieg sichert und die Stufe höherer Reinheit nicht zu erreichen vermag.« Alexanders Sieg trägt keine Früchte, das von ihm verlassene Reich gerät »in Krämpfe, Zuckungen und Fiebererscheinungen.«

Kandake wird von Tzetzes meroitische Königin, von Pseudo-Kallisthenes Beherrscherin eines indischen Reichs genannt. Darin ist kein Widerspruch zu sehen, wenn man die »uralte Verbindung Indiens mit Meroe und dem ammonischen Heiligtum« beachtet, die Teil des ägyptischen Glaubens ist, woran auch Alexander erinnert haben soll. Auch ist Kandakes Verbindung mit Indien gerechtfertigt, betrachtet man die dortige Stellung der Frau, die der in Afrika vergleichbar war. Bei näherer Betrachtung wird man dabei vor allem auf die Gebiete Taprobane und die Ceylon gegenüberliegende Südspitze des Dekan verwiesen. Eine weit verzweigte Etymologie gibt darüber hinaus Hinweise zum Ort dieses Mythus'.

»Die Bedeutung von *konda, kanda, kenda* kann hiernach nicht zweifelhaft sein. Es bezeichnet die Erde (the primeval womb of many beings bei Manu 9, 37) in ihrer heiligen Mutterbedeutung, daher jede geweihte Stätte, in der Götter oder Menschen wohnen, folgeweise die Handelsemporien, (etwa Kano) welche stets mit einem religiösen Charakter umgeben sind, endlich auch das Gefäß und die persische Tunica, zwei Gegenstände, die hier in ihrer umschließenden Räumlichkeit aufgefaßt erscheinen, wie die Erde mit einem ›Gefäß für das, was wächst‹ verglichen wird. ›Kondy‹ nennt Nicomachus (bei Athen. 11. p. 478a) ein Gefäß, das die Form des Kosmos hat; diese aber ist die Eiform, welche auch das Gefäß des Perserkönigs trägt. ›Kondy‹ ist also zunächst das Ei und die umschließende Eischale, daher folgeweise Tunica, welche bei den Persern ›Kandys‹ heißt und gleich dem bacchischen Mysterien-Ei halb purpurrot, halb weiß ist. Die weite Verbreitung des Wortes *kand, kond, kund, kend* führt uns zurück nach Indien und vorzugsweise in die Länder der gynaikokratischen Pandäer, wo das Sonnenland Cory und auf Taprobane der Kult einer einheimischen Naturmutter Aphrodite Kolias (Kolos, Koros) bei den indischen Kolchiern begegnen. Demnach erscheint die Bezeichnung der Königin als Kande oder Kandake als eine einheimisch-indische, ausgestattet mit der für Aethiopien angegebenen Bedeutung von ›Frau‹ und ›Mutter‹. In dem indischen Chondro (Mond) liegt dasselbe Wort vor, wie wir denn in Kandake die Mondgemahlin des Sonnengottes Krischna-Koros erkannt haben.«

Neben der Ausführung von Einzelheiten, die sich auf eine Verankerung dieses Mythus' in indischen Verhältnissen beziehen (die religiöse Bedeutung des Hundes und seine Beziehung zu vorzugsweise weiblichen Gottheiten, Hetärismus und Vorherrschen des Todesgedankens, die »Geburt Erwachsener« und die »Polyandrie in der Form der Leviratsverbindung«), versucht Bachofen, das Verhältnis Alexanders zu Kandake auch in der religiösen Tradition Indiens breiter zu rekonstruieren: Er sieht Alexander, gemäß dessen herakleischer Abstammung und Natur, als neuen »Herakles-Krischna«. »Hier und dort die Vereinigung eines fremden Eroberers mit der einheimischen Bevölkerung, die unter dem Bilde einer königlichen Mutter gedacht wird. Hier und dort diese Verschmelzung Grund der Macht.«]

Indien und Zentralasien

97. [...] Der Kandakemythus, wie er von Pseudo-Kallisthenes mitgeteilt wird, erscheint als eine Wiederholung des großen Kampfes, wie dieser im Mahabharat und im Ramajan vorliegt. Alexander wird als der neue Herakles, vor dem der bisher mächtige Stamm in den Hintergrund tritt, aufgefaßt. Wie der Glanz Krischnas und seiner Pandu den der Kuru verdunkelt, so leuchtet nun über Indien Alexanders Stamm. Wie jener den Pandu die Mutter Pandaia erwirbt und durch diese Verbindung ihre überwiegende Macht begründet, so wird Alexander Kandakes und ihres Sohnes Kandaules Erretter, durch Poros' Besiegung der neue Überwinder des früher mächtigen Köngisstammes und der Begründer einer neuen Glanzperiode für die Pandaia-Könige.

Die Übertragung der meroitischen Kandake nach Indien hat also – das ist das Ergebnis unserer Untersuchung – ihren Anhaltspunkt in der Gynaikokratie der *Pandaea gens;* aber noch mehr, in dem Kandakemythus liegen die von dem großen indischen Epos gefeierten Schicksale dieses Volkes sehr erkennbar vor, sie haben die Gestaltung des Einzelnen aus dem Prototyp geleitet und bestimmt.[1] Ein Resultat, das um so mehr Beachtung verdient, als es nicht nur für die enge Verbindung Aethiopiens und Indiens ein neues Zeugnis ablegt, sondern auch die Karer mit in diesen Verein aufnimmt. Die Gynaikokratie aller drei Stämme tritt in den engsten Zusammenhang, und die von Plutarch de fluviis am Ende mitgeteilte Sage, der Indus habe früher Mausolus geheißen, erhält doppelte Bedeutung. Die Karer führen aber weiter nach Kreta, Megara, Messapia,[2] für welche Länder wir früher schon eine gynaikokratische Urzeit nachgewiesen haben. Karia scheint gleich Kande die mütterliche Erde zu bedeuten. [...]

98. So hat uns die aethiopische Kandake nach dem arabischen Südlande Saba und zu der indischen *Pandaea gens* in der Südspitze des Dekans, diese ihrerseits wieder nach Westen zu dem Volke der Karer und zu den pontischen Kolchiern mit ihrer Medea zurückgeführt: eine Reihe von Stämmen, die alle durch uralte Kultur und eine in die Ursprünge der menschlichen Gesittung hinaufreichende Handelstätigkeit zu Wasser und zu Lande miteinander verbunden sind. Die Gynaikokratie bildet bei allen den ursprüngli-

chen Zustand des gesitteten Daseins. Sie erscheint von neuem als ein Ausfluß der ältesten Religionsanschauung, welche dem Muttertum des empfangenden Erd- und Mondstoffes das Prinzipat vor der männlich zeugenden Wasser- und Sonnenmacht einräumt, und den gebärenden Schoß als die näher liegende Potenz vor der erweckenden Kraft als der höhern, aber entferntern Ursächlichkeit der Schöpfung hervorhebt. Alexanders Stellung zu dieser Erscheinung des asiatischen und afrikanischen Lebens wird uns im Kandakemythus klar vor Augen geführt. Der Makedonier will dem Weibe nicht feindlich begegnen. Überall ordnet er sich der höhern Geltung des Muttertums unter. Wie Ada und Cleophis von ihm ihre Reiche zurückerhalten, so ehrt er in Sisygambris das auch von den Persern so hochgehaltene weibliche Prinzip, erfüllt die durch alte Übung gebotene Pflicht, jeder schwangern Frau ein Goldstück zu geben, und legt in der Unterordnung unter Olympias und in seiner Bemerkung, der Mutter Träne vermöge alles, eine Gesinnung an den Tag, welche durch die Antwort, Olympias fordere doch für die zehn Monate ein gar zu schweres Mietgeld, nicht verdunkelt wird.[3] Die Beschenkung der Perserinnen durch den König berichtet Plut. Alex. p. 256 Korais und de virtt. mul. Persae 5 p. 246b. An der letztern Stelle wird das Geschenk auf die Schwangern beschränkt und hinzugefügt, Ochos habe es nie, Alexander zweimal austeilen lassen.[4] Es ist klar, daß diese Beschenkung auf der religiösen Auszeichnung des Muttertums beruht. [...]

Es ist das weibliche Urei, aus welchem alle tellurische Schöpfung, selbst die Erde und der Himmel, hervorgegangen ist, und das als Geburt des mütterlichen Schoßes, als *uterus expositus*, die Mutterhenne, nicht den zeugenden Hahn, darstellt, daher dem Monde, nicht der Sonne als nächstliegender Potenz zugeschrieben wird. In der Eibedeckung erscheint der Perserkönig als Muttersohn, wie die Dioskuren und Molioniden, wie auch die Liberten[5] in der Haarschur und dem Pileus als Kinder der Urmutter Feronia-Fidentia. Die hohe Geltung der weiblich gebärenden Potenz hat darin ihren bildlichen Ausdruck erhalten, wie wir in den der Tageszahl des Jahres entsprechenden 365 *pellices* des Perserkönigs[6] hetärische Sonnenbräute, göttliche Frauen ähnlich den Pallades Aegyptens und den Sonnenjungfrauen der Inkakönige, zu erkennen haben. Mit diesem ganzen System stimmt die Verehrung der Erde und des Mondes,[7] als dessen Bruder sich der König ansieht,[8] die Heiligkeit des Hundes,[9] die besondere Hervorhebung des Geburtstages,[10] das Gebot, nicht für sich allein, sondern für alle Perser als einer Mutter Kinder zu beten,[11] die Polygamie mit der Entfernung der Kinder von den Vätern bis ins fünfte Jahr,[12] Kyros' Schonung des von ihm besiegten Astyages, des Vaters seiner Mutter Mandane,[13] der von Kambyses für seine Mutter unternommene Kriegszug,[14] die Sitte, den Weibern keine Wollarbeit zuzuweisen[15] und die Königinnen nicht als Sklavinnen zu behandeln,[16] die Hervorhebung des Bruders vor dem Gemahl,[17] die Zurückführung persischer Abstammung und ihrer Verwandtschaft mit Argos auf Danae,[18] der Beischlaf mit den königlichen Frauen als Ausdruck und Ceremonie der Besitzergreifung des Thrones,[19] wohl auch die Sitte der Knabenbeschneidung,[20] endlich das weibliche Priestertum der Sonne und des Mondes[21] völlig überein. In allen diesen Erscheinungen offenbart sich eine Auffassung des Muttertums, welche der aegyptisch-aethiopischen nahe verwandt ist, das gebärende Weib in seiner religiösen Dignation selbst dem Könige gegenüber mit besonderer Majestät ausrüstet, den durch Perseus vermittelten Zusammenhang Aethiopiens, Assyriens, Persiens bestätigt, und Alexanders Verhalten gegen Sisygambris wie Atossas Stellung in Aeschylus' Persern[22] erst in ihrer vollen Bedeutung erscheinen läßt. In dieser Verbindung gewinnt des makedonischen Herakliden Begegnung mit den Amazonen eine besondere Bedeutung. [...]

100. Zu historischer Gewißheit wird die Existenz amazonischer Weiberstaaten in den mit Indien grenzenden Ländern durch die Nachrichten chinesischer Chronisten erhoben. [...]

In Berichten werden zwei Frauenreiche unterschieden: das occidentale oder westliche und das orientalische oder östliche. Die Angaben über das eine und das andere tragen einen verschiedenen Charakter. Die über das Westreich sind weniger bestimmt. Sie beruhen nicht auf eigener Wahrnehmung, nicht auf historischer Verbindung, sondern scheinen aus dem Occident nach China gelangt zu sein. Ihre Wichtigkeit liegt also nur darin, daß sie die allgemeine Verbreitung des Rufes eines Amazonenstaates in den vorderasiatischen Ländern von dem Kaspischen nach dem Schwarzen Meer beurkunden. Viel größeres Gewicht haben die Erzählungen von dem östlichen Frauenreiche. Sie stützen sich auf einen engen Verkehr Chinas mit den Königinnen desselben und geben eine Reihe historischer Ereignisse, insbesondere Gesandtschaften, Tributentrichtung und die endliche, erst im achten Jahrhundert unserer Zeitrechnung erfolgte Einverleibung in das himmlische Reich. Sie nehmen dadurch den Charakter geschichtlicher Zeugnisse an. Die in ihnen enthaltenen Angaben zeigen in der Tat eine sehr bemerkenswerte Übereinstimmung mit den Berichten der Alten über die gynaikokratischen Staaten der westlichen Welt. Wichtig ist vor allem der Kulturzustand, in welchem wir das ostasiatische Frauenreich finden. Diese Amazoninnen sind zu festen Niederlassungen übergegangen. Sie haben Städte gegründet und betreiben den Feldbau. Dadurch schließen sie sich jenen kriegerischen Frauen Vorderasiens an, welchen die griechische Tradition die Anlage einer großen Zahl der wichtigsten Städte zuschreibt, wie wir Sinope und die aegyptische Memphis als Gründungen der Amazonen gefunden haben, und weiterhin in Süditalien einer von Frauen angelegten und während langer Zeit von Königinnen des Namens Klete regierten Stadt begegnen werden. In dem östlichen Weiberreiche liegt das höchste Richteramt in den Händen der Königin. Friede und Abneigung gegen Gewalttätigkeit, insbesondere gegen den Diebstahl, finden wir besonders hervorgehoben. Dasselbe wird von den gynaikokratischen Staaten des Westens, insbesondere von den Lykiern, Kretern, Lokrern übereinstimmend gerühmt. ›Gute gesetzliche Ordnung, Besonnenheit, Frieden‹ bildet den hervorragenden Charakterzug der von Weibern regierten Staaten. Der innere Zusammenhang jener Eigenschaften mit der Natur des Muttertums liegt auf der Hand. Wie dieses den Männern, ihrer Ungebundenheit und ihrem Hange zur Gewalttat als das Prinzip der Ruhe, des Friedens, der Versöhnung und des Rechts entgegentritt, so überträgt des Weibes Herrschaft die Achtung vor denselben Tugenden in die von ihm gegründeten und geleiteten bürgerlichen Vereine. Auf der Heiligkeit des Muttertums ruht diese ganze Kultur. Wie das Richteramt, so knüpft sich auch die Religion vorzüglich an das Weib, das stets als der Träger und Verbreiter aller ›Götterfurcht‹ und ›Frömmigkeit‹ erscheint. In der Verbindung magischer Ceremonien mit dem eilften Monde zeigt sich eben jene weiblich-lunarische Religionsstufe, die wir überall mit dem Kulturgrade der Gynaikokratie verbunden gefunden haben. Das Vorherrschen des Mutternamens in der Familie schließt sich diesem Systeme mit Notwendigkeit an. Wir erkennen in dem asiatischen Frauenreiche immer mehr das

Bild der lykischen Zustände, wie sie Bellerophon begründete, und werden so in unserer Auffassung des Mutterrechts als des ersten großen Schrittes zu höherer Gesittung bestätigt. Wenn wir in Lykien die Gynaikokratie auf die Familie beschränkt sehen, so können wir nun aus der Analogie des indischen Weiberreiches mit Sicherheit darauf schließen, daß dies einer spätern Umgestaltung angehört, wie die chinesischen Quellen die Übertragung des staatlichen Regiments von der Königin auf einen König als eine spät eingetretene Neuerung hervorheben. Der Entwicklungsgang wird jetzt in seinen verschiedenen Stufen klar. Das kriegerische, erobernde Amazonentum mit seiner Ehefeindlichkeit und seinem Hetärismus weicht einem höhern Zustande, der mit städtischen Anlagen die Ehe und Übung des Ackerbaus verbindet, die Mutter an die Spitze des Staates und der Familie stellt, von ihr die Strenge der Sitte und die Regelung des Lebens empfängt, und erst nach längerer Zeit, zunächst im Staate, das Weib durch den Mann ersetzt. Von einem männerlosen Dasein, an welches bei der Erwähnung amazonischer Zustände stets zunächst gedacht wird, ist keine Rede. Auch von einem ausschließlichen Weiberheere wird nicht gesprochen. Die Schar der Zehntausend besteht aus männlichen Kriegern, wie wir schon die Amazonen an der Spitze männlicher Scharen erblicken. Aber die Königin ist zunächst von Frauen umgeben. Frauen übermitteln ihre Befehle an die männlichen Minister; sie selbst wird mit dem Titel eines Befehlshabers geehrt. Mag auch im Fortgang der Zeiten die Waffentüchtigkeit immer mehr in den Hintergrund getreten sein, so kann sie doch nie ganz gefehlt haben, wie denn auch die Pferdezucht, diese mit dem Amazonentum überall verbundene Erscheinung, ausdrücklich hervorgehoben wird. In dem erbrechtlichen System überrascht die Bestimmung, daß die Schnur *(bru)* nachfolgt. Ausgeschlossen ist also der männliche Stamm. Aber man erwartet die Tochter. Wenn die Schwiegertochter vorgezogen wird, so tritt darin die Bedeutung der ›Stammerhalterin‹ mit doppeltem Gewichte hervor, und jene Nachricht von dem Verhalten der Schnur zu Leptis gewinnt das Ansehen eines Überrestes des gleichen Systems. Die zwei Königinnen, von welchen die eine als petite reine eine untergeordnete Stelle einnimmt, haben mit den beiden Schwesterfürstinnen, deren Justin 2, 4, 12. Apollon. Rh. 2, 387 gedenken, eine beachtenswerte Ähnlichkeit. Neben dem Religionsgedanken, der mit dem weiblichen Prinzip stets den Dualismus verbindet, mag das Bedürfnis des Krieges, welches Antiope die Leitung zu Hause übergibt, während Otrera das Heer anführt, mitgewirkt haben. Dem Doppelnamen Thalestris-Minithyia liegt wohl die Erinnerung an dieselbe Zweiheit zu Grunde. Die weibliche Figur des Tempels von Elephanta in Indien[23] hat an jeder Schulter zwei Arme, und gibt in der Hervorhebung nur einer, nämlich der linken Brust und der Zona eine amazonisch gedachte, den Schilderungen der Griechen entsprechende weibliche Gottheit zu erkennen. [...]

Wir haben in den mitgeteilten asiatischen Zeugnissen die Erwähnung dreier Frauenreiche gefunden: das eine im Süden des Dekan, das zweite in der Nähe von Baktriana, das dritte tubetanische im Norden Indiens. Die Erzählungen von Cleophis und den sie begleitenden, aus goldenen Schalen Weinopfer spendenden Matronen, von Alexanders Begegnis mit Minithyia-Thalestris – deren Name, wie Amastris, das *stri* in Strîradjya beibehält –, endlich von dem Besuche bei der meroitisch-indischen Kandake schließen sich mithin, wenn auch durchweg fabelhaft ausgestattet, dennoch unzweifelhaft historischen Landeszuständen an, und nehmen eben deshalb in der Reihe der alten Zeugnisse über die ursprüngliche weite Verbreitung gynaikokratischer Lebensformen in Zentralasien eine bedeutende Stelle ein. Insbesondere zeigen sie uns, wie sich Alexanders Zeitgenossen des Königs Stellung zu diesen Zuständen der eroberten Länder dachten. Zwei Erscheinungen treten in den verschiedenen Nachrichten besonders hervor. Auf der einen Seite sehen wir den makedonischen Helden überall dem Mutterprinzipe freundlich begegnen, ihm seine Verehrung und Hochachtung darbringen; andererseits die einheimischen Königinnen, von dem Glanze des herakleischen Helden hingerissen, freiwillig der körperlich und geistig gleich erhabenen Erscheinung des Jünglings huldigen. Ist in Thalestris der Zauber dargestellt, den männliche Tapferkeit auf das Weib ausübt, so erscheint in Kandake der Sieg, den die Erkenntnis höherer geistiger Bedeutung des Mannes unfehlbar davonträgt.[24] Die Königin der kaukasischen Stämme zeigt die Auffassung der noch rohern Gebirgsvölker, Kandake diejenige der zu höherer Kultur durchgedrungenen indischen Welt. Jene huldigt der physischen, diese der erkannten geistigen Natur des Helden. Alexander seinerseits tritt den gynaikokratischen Ideen der von ihm unterworfenen asiatischen Welt überall schonend entgegen. Seine Beziehungen zu Ada und Cleophis sowie sein Verhalten gegenüber der königlichen Mutter des Darius bilden nur die

Fortsetzung jener hohen Achtung, die er vor Olympias an den Tag legt. In dem Mythus von der Begegnung mit Kandake haben beide Erscheinungen, die Majestät des Muttertums und die Huldigung desselben vor dem überragenden geistigen Glanze des Mannes, ihre gleichmäßige Anerkennung gefunden. Darin liegt seine Bedeutung. Die mythischen Teile der Alexandergeschichte verdienen nicht weniger Beachtung als ihre historisch genauen Angaben. Zeigen die letztern das Geschehene, so offenbaren jene das Gedachte und geben Zeugnis von der Auffassung der Dinge durch die Zeitgenossen, durch die Sieger sowohl als die Besiegten. Der tiefe Eindruck, den die Eröffnung Asiens und die glänzende Erscheinung eines vor den Augen zweier Welten rasch über die Bühne schreitenden Heldenjünglings in den Gemütern seiner Zeitgenossen zurückließ, hat vorzugsweise in dem Mythus seinen Ausdruck gefunden.

Wenn wir den makedonischen Eroberer mit jenen Helden der Vorzeit vergleichen, an deren Namen die Überlieferung die Bekämpfung und den Untergang der alten Gynaikokratie anknüpft, so tritt uns ein für die Entwicklungsgeschichte der Menschheit höchst bedeutsames Ergebnis überraschend entgegen. Während Achill, Theseus, Herakles, die Begründer der hellenischen Civilisation, dem Männerrechte jenen vollen geistigen Sieg bereiten, der sich am entschiedensten in der ewig gleichen Ruhe und Klarheit des delphischen Gottes ausspricht, hat die auf Alexanders Siege gegründete Kultur des Ostens der Paternität nicht dieselbe vollendete Entwicklung zu geben vermocht. Herakles, an den der makedonische Eroberer sein Vatertum anknüpft, tritt hinter dem stofflichern weiberfreundlichen Dionysos in den Hintergrund. Mögen wir die Nachricht der Alten von dem bacchischen Triumphzug Alexanders durch Asien in das Gebiet der Dichtung verweisen: sie behält nichtsdestoweniger ihre innere Wahrheit und Bedeutung. Die Religionsstufe, auf welcher die makedonische Kultur ruht, ist eine ältere und stofflichere als diejenige, zu welcher sich der delphische Apoll im Laufe der Zeit erhob. Sie schließt sich vorzugsweise an das samothrakische System an, in welchem, wie in allem Mysterienkult, das Muttertum die erste Stelle einnimmt, auf welches auch Olympias und Philippus' Verbindung zurückgeführt wird. Diese Stufe zu überwinden und von der pelasgischen zu der hellenisch-delphischen Auffassung durchzudringen, dazu war die Berührung mit dem sinnlich-stofflichen Osten und der indisch-aegyptischen Kultur nicht geeignet. Hatte auch in Alexanders Erscheinung und Heldenlaufbahn der höhere Glanz des männlichen Geistes sich geoffenbart und, wie Kandakes Mythus so schön hervorhebt, bei dem herrschenden Weibe zuerst und willig Anerkennung gefunden: den Sieg zu verfolgen und ihm Dauer zu verleihen, wie die Hellenen das herakleische und theseische Vaterprinzip zur höchsten Ausbildung hindurchführten, das vermochten dem Schwergewicht asiatischer Zustände gegenüber die Nachfolger des makedonischen Helden nicht. Wenn er bei Pseudo-Kallisthenes sterbend klagt, seine Umgebung, die alle seine Taten mit angeschaut, habe doch nicht vermocht, seinen Geist und die ›höhere Vorsehung‹ zu erkennen, so ist auch darin geschichtliche Wahrheit ausgesprochen. Statt von dem Mutterprinzip zu apollinischer Väterlichkeit fortzuschreiten, sinken die aus Alexanders Eroberung hervorgegangenen Reiche immer tiefer zu der weiblichen Stofflichkeit zurück. Nicht den delphischen Gott, sondern den sinopeisch-hyperboreischen Koros-Apollo indischer Verwandtschaft wählt der erste Ptolemäer zum religiösen Mittelpunkt seines neuen aegyptischen Reichs, und in dem Haus der Lagiden verdrängt Dionysos bald vollständig den höhern Herakles, der als Archegete des Mannesstammes betrachtet wurde. In dem alexandrinischen Priestertum erscheint Alexander allein als *caelebs*, seine Nachfolger insgesamt in weiblichem Vereine, das Muttertum oft höher als die Paternität. Nirgends hat der dionysische Phalluskult solchen Glanz entfaltet, nirgends seinen Einfluß auf das weibliche Geschlecht gewaltiger ausgeübt als im Hause der Lagiden. Nirgends ist die alte Geltung des Muttertums von neuem so unwiderstehlich hervorgetreten als an den Ufern des Nil, der seine Isis mit Koros-Sarapis geeint und ihn überragend selbst über die Länder des Occidents verbreitete. Der Mythus erzählt, noch nach seinem Tode habe Achill auf Leuke den Kampf gegen das Amazonentum fortgesetzt und erst hier dem im Leben begonnenen Siege Vollendung gegeben. Wie viel Sinn und Wahrheit liegt nicht in dieser Auffassung; wie beziehungsreich erscheint sie uns, wenn wir sie mit dem Schicksal des makedonischen Reichs vergleichen. Achills Werk haben die Hellenen vollendet, nachdem der Heldenjüngling im Kampf gegen Asien seinem Volke den Weg zu höherer Entwicklung gewiesen; Alexanders Spur wußten die Diadochen nicht zu verfolgen.

Orchomenos und die Minyer

101. Die Bedeutung des dionysischen Kults für die Gestaltung des Geschlechterverhältnisses und die Entwicklung des weiblichen Daseins ist in der Schlußbetrachtung, zu welcher uns der Kandakemythus geführt hat, angedeutet worden. Wir haben jetzt das Verhältnis der Frau zu der bacchischen Religion näher zu prüfen. Das Gebiet, das sich unserer Forschung eröffnet, ist von großem Umfange und reich an den merkwürdigsten Erscheinungen. Die Einsicht in alle spätern Teile dieses Werks wird wesentlich durch die richtige Auffassung des dionysischen Muttertums bedingt. Kein Kult hat auf die Gestaltung des alten Lebens einen so tiefgehenden Einfluß ausgeübt wie der bacchische, keiner zu der Entwicklung des weiblichen Geistes so gewaltig mitgewirkt. In keinem liegt das Höchste und Niederste, dessen die weibliche Seele fähig ist, so nahe beieinander. Auf keinem Gebiete werden wir des Erhabenen und des Entwürdigenden so Vieles finden. Wenn ich die Fülle der Erscheinungen, die sich darbieten, mit dem geringen Grad des Verständnisses vergleiche, zu dem unsere Wissenschaft bis jetzt auf diesem Felde vorgedrungen ist, und nach den Gründen forsche, die einer vollkommenen Einsicht hindernd in den Weg getreten sein mögen, so stellt sich mir in erster Linie die Vernachlässigung desjenigen Gesichtspunktes dar, der uns hier zunächst leitet: die vorzugsweise Beziehung des bacchischen Kults zu den Frauen. Ich will, meinem bisher befolgten Systeme getreu, die Darstellung dieser Verhältnisse wiederum an einzelne Erzählungen anknüpfen, überlieferte Mythen zergliedern, mit ähnlichen zusammenstellen und so, vom Einzelnen zum Allgemeinen fortschreitend, den Einblick in eine der wichtigsten, tiefgreifendsten und folgenschwersten Umgestaltungen des menschlichen Daseins eröffnen.

Der oben schon berührte Mythus von den Schicksalen des orchomenischen Geschlechts der ›Aioleae‹ erzählt, wie die drei minyeischen Töchter, lange allein der bacchischen Wut ledig, zuletzt von ihr ergriffen werden,[1] wie sie dann um ihre eigenen Kinder das Los werfen, und Leukippe, von diesem getroffen, ihren Sohn Hippasos zum Zerfleischen darbringt, worauf Hermes die Schwestern mit dem Schlangenstabe berührt und in eine Krähe, Fledermaus und Nachteule verwandelt. Antonin. Liber. 10 hebt besonders hervor, daß der Übergang zu bacchischem Orgiasmus erst erfolgte, als der Gott die Mädchengestalt, in welcher er den Aioleae erschienen war, ablegte, sich vor ihren Augen zum Stier, Löwen und Pardel, den drei Tieren, die auch auf bacchischen Monumenten oft verbunden erscheinen, verwandelt und Nektar und Milch aus seinem Munde hatte fließen lassen. Plutarch (Quaest. Gr. 38) fügt bei, noch zu seiner Zeit bestehe bei den Orchomeniern das Geschlecht der Aioleae; der Name bezeichne grausame, mordsüchtige Weiber und enthalte die Erinnerung an jene Zerreißung des Hippasos durch seine eigene Mutter. Die Bezeichnung der Männer als ›Psoloeis‹ stamme von den schmutzigen Kleidern her, die sie aus Betrübnis und Trauer über das Schicksal des Kindes annahmen. Eine Sühne jener Tat werde am Feste der Agrionia von dem Priester des Dionysos geübt. Mit dem offenen Schwerte verfolge er die versammelten Frauen des aioleischen Geschlechts, und habe das Recht, diejenige zu töten, die er einzuholen vermöge. Zu Plutarchs Zeit brachte Zoilos das Blutopfer dar. Da aber Geschwüre seinen Leib fraßen und großes Unglück über die Stadt kam, wurde der Familie das Priestertum genommen und durch freie Wahl jedesmal dem Würdigsten übertragen.

In diesem Mythus lassen sich drei Perioden und Zustände unterscheiden: nämlich die Zeit vor der Verbreitung des bacchischen Dienstes, diejenige, welche auf seine Einführung folgte, endlich die dritte, welche mit der Aufhebung des alten blutigen Opfers beginnt. Für uns ist der Übergang aus der ersten in die zweite Periode das Wichtigste. Wir sehen zwei Religionssysteme, zwei Kulturzustände miteinander in Kampf treten, den einen untergehen, den andern zur Herrschaft gelangen. Die Erinnerung dieses Ereignisses wird an ein einziges Geschlecht, das der Aioleae, geknüpft. Ich sehe in diesem den Rest der alten orchomenischen Urbewohner, die in der Mitte einer an Zahl überwiegenden spätern Bevölkerung nur noch als einzelnes Geschlecht erschienen. Daraus folgt, daß, was von den Aioleae erzählt wird, ein die ganze minyeische Urbevölkerung betreffendes Ereignis enthält. Worin nun jener vorbacchische Zustand bestanden, läßt sich deutlich erkennen. Die Namen der drei Schwestern, auf welche das Volk der Aioleae zurückgeführt wird, sind amazonische Benennungen. Leukippe, Orsippe, ihre Mutter Hermippe, der Sohn Hippasos weisen nicht weniger als Menippe, die eine der beiden zu Orchomenos verehrten Jungfrauen ›die bis heute die Aiolier Koronis – Jungfrauen nennen‹ (Antonin. Lib. 25), auf jene religiöse sowohl als militärische Verbindung des Amazonentums mit dem Pferde, die wir schon öfters hervorgehoben haben, und die in der Sage (bei Hygin. f. 243) einen sehr merkwürdigen Ausdruck gefunden hat. Damit stimmt überein, daß die Mädchen, obgleich sie Kinder haben, von Antonin, wohl nach dem Vorgang der böotischen Dichterin Corinna ›korai‹ genannt werden. Wir haben hierin eine Andeutung jenes mit dem Amazonentum verbundenen Hetärismus, der in Semiramis' Auswahl der Schönsten ihres Heeres, in ihrem babylonischen Standbild, das die Amazone mit aufgelöstem Haare an der einen Hälfte ihres Kopfes darstellte, sowie in den oben mitgeteilten Erzählungen von der durch die Amazonen den anlangenden Helden erwiesenen Gunst hervortritt. Als die Minyer auf der männerlosen Lemnos landeten, wurden sie Stammväter eines ebenfalls Minyer genannten Volks. Hierin setzt sich das heimische Leben der orchomenischen Minyer fort, und es wird besonders bedeutsam, daß es auch von den Nachkommen jener Lemnerinnen heißt *illustris ibi sanguinis feminae;* daß Euphemos nach der Mutterseite auf die Lemnerinnen zurückgeführt wird; daß die Nachkommen der Minyer ›auf Suche nach ihren Vätern‹ ausziehen; ebenso, daß die Dioskuren, *Ledae notha proles,* daher besonders an den Sümpfen verehrt, und nach Mutterrecht Gegner des Orestes und des sein Vaterprinzip schützenden Apollo, ihnen als Hauptgottheit zugewiesen werden.[2] Für die ältesten Minyer ergibt sich hienach als herrschender Zustand ein zu amazonischer Entartung fortschrittenes Mutterrecht. Die Beziehung des Namens Aioleae auf Grausamkeit und blutdürstige Natur ist etymologisch entschieden unrichtig, da an dem Zusammenhang mit ›aia, gaia (Erde)‹ und dem Namen ›Aiolos, Aiolier‹ kaum gezweifelt werden kann; aber hinter der unrichtigen Ableitung birgt sich die Erinnerung an jene amazonische Wildheit, die in Oiorpata und dem Dido-Namen ›Manntöterin‹ sowie in andern entsprechenden Bezeichnungen hervorgehoben wird.[3]

[Die Kapitel 102-104 bringen weitere, aus Mythen erschlossene Belege für das alte minyeische Mutterrecht: vor allem Mutterfolge, Wichtigkeit des Schwesternverhältnisses und Kennzeichnung der Erde als »Urmutter«. Hinweise auf die Verbindung dieses hier festgestellten bzw. vermuteten Mutterrechts und dem der ältesten Zeit, der pelasgischen und des damaligen »Schlammkultes« und der »Sumpfvegetation«. Eine andere Paralelle sieht Bachofen zwischen einem früher bereits behandelten ägyptischen Sumpfmythus und der zentralen Idee bei den Minyern: »Die Idee des ewigen Zerstörens, Verringerns, Bedrohens ist dem Stamme *min* (auch in der Amazone Minithyia) so eigentümlich, daß wir sie als die Grundlage der Bedeutung des Volksnamens anerkennen müssen.« Wichtig ist dabei die enge Verbindung zwischen üppigem Zeugen und schnellem Zerstören – im Sinne des »hetärischen Tellurismus«: »vorzugsweise nach ihrer finsteren Todesseite... nach ihrem steten und schnellen Verfall.« Es ist die »mütterlich-stoffliche Religionsstufe«.

Aus Verwandtschaftsstrukturen, Mythologie und Sagen erschließt Bachofen noch andere Beziehungen des minyeischen Mutterrechts, z. B. zum kretisch-lykischen. Generell sind für das Verständnis des minyeischen Mutterrechts die argonautischen Dichtungen »von besonderem Gewicht. Sie zeigen uns den Kampf des alten mit dem neuen Lebensprinzipe, geknüpft an die Schicksale zweier der gefeiertsten Gestalten des Mythos, an Medea und Iason«. – »Mit der Besiegung des Weibes und des mütterlichen Prinzips verbindet sich die Überwindung des Todes. Alles, was aus dem Stoffe fließt und dem stofflichen Leben angehört, findet einen gemeinsamen Untergang. Die Herstellung des Vaterrechts ist gleichbedeutend mit dem Sieg des Lichtprinzips« und der »unstofflichen Feuernatur«.

Dieser Übergang ist aber für Bachofen sehr wichtig, vor allem was das »iasonische Eheprinzip« und die damit verbundene Auszeichnung der Mutter betrifft.]

105. [...] An die Stelle der frühern amazonischen Gynaikokratie tritt eine neue eheliche, deren Natur ganz religiös ist. Besiegt durch Iasons herrliche Erscheinung und für immer dem frühern Amazonentum entfremdet, steigt Medea durch religiöse Weihe, durch den Besitz der Geheimnisse und durch ihr vertrautes Verhältnis zu der Gottheit zu neuer Größe empor. Wie machtlos steht der Held der Aeetestochter gegenüber, wie ist er in allem auf ihre Lehre, ihre Offenbarung angewiesen! *in una virgine mens omnis* (Valer. Flacc. 6, 439).

Fragen wir, wie sich diese Anlage des iasonischen Eherechtes erklärt, so bietet sich zur Lösung die orphisch-apollinische Verbindung der Argo dar. Von allen Berichterstattern wird Orpheus an die Spitze gestellt. Das Pindarsche ›von Apollon kam der Leierspieler her, der Vater der Gesänge, der hochgepriesene Orpheus‹ (Pyth. 4, 176.) begegnet überall. Orpheus nun ist apollinischer Prophet, und so muß das Eherecht des Minyers Iason, in dessen Haltung die Aeolier Apollo selbst zu erkennen glauben,[4] in der Natur dieses Gottes seine Wurzel und seine Erklärung haben. Apollo gründen die Argonauten Heiligtümer; auf seiner Verehrung ruht das freundschaftliche Verhältnis zu Lykos und zu dem Volke der Mariandyner,[5] ebenso die Verbindung mit der Hyperboreerstation Sinope, mit der thessalisch-apollinischen Kyrene und den apollinischen Inseln Anaphe und Delos, die, dem Gebote des Gottes gehorchend, im Meere festwurzeln. Die Natur des orphischen Apollo-Phanaeus läßt sich mit Sicherheit bestimmen. Er ist der Gott des Frühlichts, das aus dem Schoße der Mutter Nacht, siegreich ihr Dunkel überwindend, hervorgeht. Die Stufe, zu welcher sich in ihm das Lichtprinzip erhebt, ist also nicht jene höchste, auf welcher die Paternität aller Verbindung mit dem weiblichen Stoffe entsagt, sondern die tiefere, die selbst noch von dem Muttertum beherrscht wird. Der Mythus der Argonauten hat dies Verhältnis durch den Gegensatz von Iason und Herakles hervorgehoben. Den minyeischen Helden wird auch Alkmenes Sohn angereiht. Aber er überragt sie unendlich, ist nach Aller Bekenntnis selbst über Iason weit erhaben, und durch diese vollendetere Natur der mütterlichen Argo zu schwer: ›daß das Schiff sein Gewicht nicht tragen konnte‹. In den unter sich abweichenden Berichten der Alten, die Apollodor 1, 9, 19 (vgl. Diod. 4, 41) zusammenstellt, liegt der Gedanke, daß Iason bis zu einem gewissen Grade an der herakleischen Natur Teil nimmt, daß er aber die höchste Entwicklung derselben nicht zu erreichen vermag. Er weist auf sie hin, wie Eos auf die Sonne, ist ihr Bote, ihre erste Verkündung, aber selbst nur der Anfang, nicht die Vollendung des Lichtreichs.[6] Seine höhere Reinheit bekundet Herakles in der männlichen Verbindung mit Hylas. Wie Zeus an Ganymed, so hat er an des reinen Knaben Schönheit seine Freude[7] und befolgt hierin Orpheus' Gebot, das diesem der wilden Thrakerinnen Haß zuzieht. Während die Minyer mit den Lemnerinnen Beilager halten, und auch Iason bei Hypsipyle weilt, bleibt Herakles auf dem Schiffe zurück und mahnt die Zögernden strafend zur Fortsetzung des großen Werkes. Denn sein Ziel ist nicht geschlechtliche Verbindung, nicht Ehe, so daß er auch an der Erbeutung des Vließes und an Medeas

Entführung, nach den Meisten, keinen Anteil nimmt. Die heraklеische Lichtstufe ist höher als die apollinisch-iasonische des Eous-›Ieios‹;[8] sie wird von den Hellenen erst später, von dem aeolischen Stamme nie völlig erreicht. Damals, sagt der Mythus bezeichnend, hatte der Held seine Arbeiten noch nicht vollendet, war er noch der amazonischen Omphale dienstbar.[9] Es ist klar, daß sich mit dem Kult eines solchen Apollo-Eous nicht weniger als mit dem des aegyptischen Memnon eine besondere Würde des Muttertums verbinden muß. Ist auch der Sohn größer als die Gebärerin, überstrahlt sein Glanz siegreich das nächtliche Dunkel, so erkennt er in diesem doch seinen Ursprung und trägt selbst noch die Nachtnatur, gleich Hemera, die deshalb als ›nächtig‹ bezeichnet wird. Aus der Mutter Hand ist der Scepter auf den Sohn übergegangen, in der Mutter ruht die höchste Würde. Wir sehen hier von neuem, daß die Gestaltung des Eherechts und das Verhältnis der Geschlechter in der Religion ihr Vorbild hat. Die Vernichtung des Amazonentums und des Hetärismus, sowie beider Unterwerfung unter das reine Ehegesetz, ist an den apollinischen Kult geknüpft. Der Tellurismus mit seinen Ausartungen und seiner Trostlosigkeit erliegt einem Lichtkulte, der an die Erscheinung des aus dem Dunkel hervorgehenden und dasselbe überwindenden männlichen Gottes eine entsprechende Erhebung des ganzen menschlichen Daseins anknüpft. Mit Apollo-Eous verbindet sich jene bessere Hoffnung, welche dem rein chthonischen Mutterkult fehlt. Mit dem Emporsteigen von der finstern Urmaterie zu dem aus ihrem Schoße gebornen Licht erhebt sich das Menschengeschlecht über jene Stufe, auf welcher es in jeder Zeugung nur den Untergang, in den Menschen nur rückwärts geworfene Steine erblickt. Über der Vernichtung tritt der Glaube an Leben und Errettung hervor. Verbindet sich jene mit dem weiblichen Stoff, so findet dieser seinen Halt in der Lichtnatur des männlichen Gottes. Pelias Untergang ist nicht Iasons, sondern der Medea Werk, und auch Absyrtus', Talos', Perseus', Glaukes und der Iasonkinder Pheres und Mermeros Tod knüpft sich an Medea, der finstern Hekate Ebenbild, der grausen Kirke Schwester, während Iason sich schon in seinem Namen als den rettenden, erlösenden Lichthelden darstellt.[10]

Die hohe Bedeutung des der Nacht entsteigenden männlichen Gottes tritt besonders in dem Mysterienkult hervor. Orpheus' Name bürgt dafür, daß der iasonisch-apollinische Lichtdienst von seiner ersten Erscheinung an mit einer Geheimlehre verbunden war. Die Argonauten gelangen nach Samothrake und lassen sich dort auf Orpheus' Rat in die Weihen aufnehmen. Von Orpheus selbst aber schreibt sich eine neue Entwicklung des samothrakischen Kults her.[11] Worin diese gesucht werden muß, ist hinlänglich klar. Die Mysterien der chthonischen Religion erhalten durch die Verbindung der Mutter mit ihrem herrlich leuchtenden Sohne eine trostreichere Entwicklung. Hatte in den chthonisch-mütterlichen Weihen nur das weibliche Prinzip, und entweder, wie in den Eleusinien, nur die Tochter, nicht der Sohn Aufnahme gefunden, ja überhaupt jede Erwähnung der männlichen Potenz unzulässig geschienen,[12] oder, wie auf Samothrake, die zeugende Kraft ursprünglich nur in ihrer finstern plutonischen Natur Anerkennung erhalten: so trat nun in den orphisch-apollinischen das Lichtprinzip der männlichen Gottheit als Mittelpunkt einer höhern Hoffnung hervor. In demselben Maße, in welchem der Nachdruck auf dieses gelegt wurde, wich das finstere tellurische Muttertum der Mater Deum, das früher ausschließlich beachtet worden war,[13] in den Hintergrund zurück und gewann die Idee des Lebens und der Errettung, des Vatertums und des Lichts vor jener des Untergangs, der Finsternis, der Trauer den Vorzug. Iasons und der Argofahrt orphische Verknüpfung wird nur dann vollständig gewürdigt, wenn wir den apollinischen Kult in seiner Mysterienbedeutung auffassen. Die Argofahrt steht in allen Darstellungen, die wir besitzen, durch und durch unter der Herrschaft dieses höhern Religionsgedankens. So innig verbunden ist sie mit der orphisch-apollinischen Mystik, daß das sinkende Heidentum sich ihrer zur neuen Belebung des alten Glaubens, zu neuer Verfechtung des höchsten Inhaltes, den er darbot, bediente. Die orphischen Argonautika sind jedenfalls ein spätes Werk, später selbst als Onomakritos, und durch die absichtliche Betonung des Mystischen hinlänglich als Kampfschrift gegen den im Christentum siegreich fortschreitenden Semitismus gekennzeichnet. Aber die Wahl gerade dieses Stoffes zu solchem Zwecke ist keine zufällige, noch weniger eine willkürliche. Sie ruht vielmehr auf der Erinnerung an den religiösen Charakter der Argofahrt und an den ursprünglichen Zusammenhang derselben mit der Verbreitung der orphisch-apollinischen Mysterienlehre. Der unterliegende Glaube geht auf seine Ursprünge zurück und sucht in diesen die Mittel zu seiner Verteidigung. Dadurch wurde ihm einerseits ein genaues

Festhalten an der Tradition, andererseits die Betonung der mystischen Elemente und ein entsprechendes Vernachlässigen des rein Epischen geboten. In der Tat zeigen die Argonautika des Orpheus den genauesten Anschluß an die Hauptmomente des Mythus, wie wir ihn in den nicht orphischen Darstellungen durchgeführt finden, und auch die mystischen Teile des Gedichts erscheinen nicht als eine neue Zugabe, sondern nur als eine ausführlichere Darlegung des alten Gedankens. Die Art, wie das Ereignis in den Symplegaden hier und dort dargestellt wird, liefert hiefür einen schlagenden Beweis.[14] Der mystische Religionsgedanke ist von diesem Teile des Mythus unzertrennlich und so alt wie die Erzählung selbst. Die orphische Argonautik hat ihn nicht willkürlich hineingelegt, sondern nach Maßgabe und Zweck des Werkes nur bestimmter hervorgehoben und schärfer betont. Wenn wir also die späte Entstehung des unter Orpheus' Namen überlieferten Gedichts anerkennen, so weisen wir doch die stillschweigende Folgerung, als sei die orphische Verknüpfung der Argofahrt überhaupt erst neuern Ursprungs, entschieden von der Hand. Die Geistesrichtung, welche die heutige Betrachtung des Altertums beherrscht, hat dem Gedanken, daß alles Höhere und Mystische der Religion in der fälschenden Tätigkeit einiger Lügenpropheten, des Onomakritos und der pythagorischen Orphiker, seine wahre und eigentliche Quelle besitze, allgemeine Anerkennung erworben. Darnach wird auch die Verbindung der Argofahrt mit Orpheus, wie sie alle alten Mythographen übereinstimmend in den Vordergrund stellen, als Neuerung und Fälschung beseitigt oder gänzlich unbeachtet gelassen. Aber der orphisch-apollinische Religionsgedanke, sein Gegensatz zu einer frühern Kulturstufe, die von ihm ausgehende Bekämpfung des finstern Tellurismus und aller Leiden und Ausartungen, die er im Gefolge hat, beherrscht so vollkommen den ganzen Mythus, bildet so durchaus seinen wahren Kern, leitet und einigt so durchweg die Gestaltung des Einzelnen, daß wir ihm gleiches Alter mit dem minyeischen Sagenkreise selbst zugestehen müssen. Das Unternehmen der Argonauten gewinnt dadurch die Bedeutung einer großen religiösen Tat. Wir sehen Iason und die Adelsgeschlechter aeolisch-minyeischer Stämme als die Träger und Verbreiter der orphisch-apollinischen Lichtreligion. Die Bewegung, welche die Völker Griechenlands von Thessalien bis Elis und Messenien ergreift, steht mit dem Vordringen einer höhern trostreichern Lehre aus dem thrakischen Norden, der den Tod mit Freudenfesten feiert, in engster Verbindung. Orpheus' und Iasons Persönlichkeit kann ganz geopfert werden: die ursprüngliche apollinische Bedeutung der Argonautik bleibt immer eine unerschütterliche Tatsache. Dem mütterlichen Tellurismus der alten Zeit tritt eine Lichtreligion entgegen, welche an die Erscheinung des leuchtenden Ieius-Eous den Gedanken siegreicher Überwindung der chthonischen Nacht durch die Herrlichkeit des männlichen Gottes anknüpft, dem Leben der Völker eine neue Grundlage bereitet, und vor allem in des Weibes Seele die Sehnsucht nach Erlösung aus den Fesseln ihres bisherigen Daseins, aus Hetärismus und Amazonentum, erregt. Freudig begrüßt Chiron, der Weiseste der Kentauren, Orpheus' höhere Weisheit, vor welcher die seine verstummt. Er selbst belegt Iason mit dem Namen des Heilands.[15] Befreit wird der gequälte Phineus, und einem fröhlichern Leben wieder gegeben. Von Hesione, wie von Andromeda, fallen die alten Bande.[16]

In allem zeigt sich die Besiegung eines alten, der Anbruch eines neuen Daseins. Der Übergang knüpft sich an die Argofahrt, die darin ihre höchste Bedeutung hat. In den orphischen Argonautika wird die geschichtliche Tatsache des Kampfes der tiefern mit der höhern Religion, des Tellurismus mit dem apollinischen Lichtprinzip, zum Ausdruck der Mysterienlehre selbst. Der Mythus, in welchem die Erinnerung an jene Erhebung des griechischen Volks zu einer neuen Kulturstufe niedergelegt ist, dient nun als Prototyp desselben Durchgangs von der Finsternis zum Licht, von dem Tellurischen zum Uranischen, an welchen die Mysterienlehre das Heil und die bessere Hoffnung jedes Einzelnen anknüpft. Dasselbe gilt von der Stellung des Weibes. Liegt in der Sage von Medeas Begegnung mit Iason die Erinnerung an jenen Kampf des apollinisch-ehelichen mit dem hetärisch-chthonischen Dasein des Weibes, der zu den geschichtlichen Erlebnissen des Menschengeschlechts gehört, so wird jetzt der Eingeweihten unter diesem Bilde das große Gesetz aller orphisch-apollinischen Mysterien, die Ehe und die keusche Bewahrung ihres strengen Gesetzes, als das einzige Heil des weiblichen Daseins im Gegensatze zu den beiden Ausartungen desselben, zu amazonischer Männerfeindlichkeit und regelloser Hingabe an die Naturzeugung, vor Augen geführt. Der geschichtliche Mythus erscheint zuletzt als religiöse Lehre, die geschichtliche Tat als Sinnbild des Mysteriengedankens. Der geweihte Charakter Medeas, durch welchen sie weit über Iason sich erhebt, ist in der letzten Gestalt der Argonautika mit sichtlicher Vorliebe betont. Er entspricht vollkommen der hohen Stellung, welche das mütterliche Prinzip in allen Mysterien, besonders in den orphisch-apollinischen, einnimmt. Medea als Lehrerin Iasons, als Trägerin des Geheimnisses, als Mittlerin zwischen dem Manne und der Gottheit ist das Urbild jener lesbischen, epizephyrischen, pythagorischen Frauen, deren gynaikokratische Stellung ganz denselben religiösen Charakter trägt, und in demselben orphisch-apollinischen Mysteriendienste wurzelt. Auch hier geht die geschichtliche Wahrheit mit dem später allein festgehaltenen Religionsgedanken Hand in Hand. Zum Sturze des alten Tellurismus hat das Weib das meiste beigetragen. Durch Medea siegt Iason, durch Medea wird Pelias gestürzt, durch Arete des Absyrtus Absicht vereitelt. Die Sehnsucht nach dem bessern Dasein ergreift zuerst das Weib; an das Weib knüpft sich die große Erhebung, die Apollo Eous dem Menschengeschlecht eröffnet. Die Mutter bleibt fortan die Hüterin des Mysteriums, ihrem empfänglichern Sinne wird es anvertraut, durch sie dem Manne mitgeteilt, durch sie verwaltet. Wir werden die mütterlich-religiöse Gynaikokratie in den folgenden Abschnitten dieses Werkes als die wahre Grundlage einiger der höchsten Erscheinungen des alten Frauenlebens wiederfinden. Hier genügt es, auf ihren Urtypus, die Aeetestochter Medea, aufmerksam gemacht und in dem orphisch-apollinischen Charakter der Argofahrt den Schlüssel zum Verständnis des iasonisch-aeolischen Eherechts nachgewiesen zu haben.

106. Halten wir die religiöse Bedeutung der Argofahrt fest, so gewinnt nun das Begegnis der Minyer mit den Kolchern des Phasis sein höchstes Interesse. Zwei Religionen treten am Ostende des Pontos miteinander in feindliche Berührung: die orphisch-apollinische mit ihrem strengen Eherechte und ihrem Mysterium auf der Seite der Minyer, auf Seite der Kolcher der indisch-aethiopische Koros-Helios mit seinem Hetärismus und der amazonischen Lebensrichtung seiner Frauen. Wir haben schon auf die völlige Übereinstimmung des indischen, aethiopischen und kolchischen Sonnenkultes und auf seine Verbindung mit der Gestaltung des Königtums hingewiesen. Bei den genannten drei Völkern, die von den Alten in unmittelbares Abstammungsverhältnis gesetzt werden, gelten die Könige als Söhne eines ganz phallisch-zeugend gedachten Koros-Helios, dem das Weib als Kandake (Korokan-

dame) zur Seite tritt. Nach dieser Auffassung hat der Herrscher keinen sterblichen Vater, sondern nur eine Mutter, weshalb jener gar nicht hervorgehoben, diese dagegen durch den hohen Namen Kandake ausgezeichnet wird. Die ausschließliche eheliche Verbindung verliert dadurch alle Bedeutung. Daher erscheinen neben den Königinnen auch Pallades, und diese werden als Mütter sogar mit größerer Achtung und Ehrfurcht als die Gemahlinnen umgeben. Der Hetärismus ist mit dem Koros-Helios-Kultus notwendig verbunden und eine natürliche Ergänzung desselben. Zu Heliopolis, in der Stadt des indischen Phönix, weiht sich eine edle Jungfrau dem Sonnengotte, der von ihr Preisgebung fordert. Wie mit solchen Zuständen nur das Mutterrecht verträglich ist, und wie sich dieses wiederum in natürlichem Gegensatz zu der Hybris der Männer zu amazonischer Strenge und Unweiblichkeit entwickelt, bedarf keiner Ausführung mehr.[17] In dem kolchischen Königshause finden wir alle diese Züge wieder.[18] Als *summus sator* erscheint Sol, kein irdischer Vater. Als Heliaden haben die Kinder keinen bestimmten sterblichen Erzeuger, sondern nur eine Mutter, und darum wird für sie nur die Gemeinsamkeit oder die Verschiedenheit der mütterlichen Abstammung hervorgehoben. Aeetes erscheint selbst als befruchtender Helios, neben ihm Absyrtus als Phaethon und seines unsterblichen Erzeugers Wagenlenker. Die hetärische Befruchtung, die am üppigsten gedeiht, wo mit der Kraft des Wassers sich die Hitze des Sonnenstrahls verbindet, hat in der beide Elemente umfassenden Phaethon-Natur des Absyrtus nicht weniger als in dem Besitz der kadmeischen Drachenzähne und in *Circe meretrix* ihren Ausdruck gefunden.[19] Dem entgegen nimmt Medea die Gestalt einer Amazone an, die in ihrem Anschluß an Artemis[20] die ganze Strenge der Mondgöttin, in ihrer Verbindung mit der Perseustochter Hekate den finstern Todesgedanken, der in dem Amazonentum herrschend hervortritt und die Amazonen zu Grabeshüterinnen, wie in lykischen und nach Laborde auch in arabischen Felsengräbern macht, bekundet. In Medea hat das traurige Los, zu welchem der Dienst des Helios-Koros die Frau verurteilt, seine höchste Stufe erreicht. Darum ist sie es, die sich nach Erlösung sehnt und kein Bedenken trägt, des grausamen Gottes Macht zu trotzen. Nicht ohne Bedeutung hebt es die Sage hervor,[21] daß Aeetes stets nur von seinen Töchtern Verrat fürchtete, daß Medea nur die Mutter zu betrüben Trauer empfand, daß sie ihren Haß vorzugsweise gewalttätigen Männern, einem Absyrtus und Talos, dann Pelias, Perseus, zuletzt dem das Ehegesetz verletzenden Iason selbst, zuwendet. Jenes Leben, das der Frau nur zwischen Hetärismus und dem der männlichen Hybris entgegentretenden Amazonentum die Wahl gestattet, erregt in dem Weibe zuerst die Sehnsucht nach einem gesegnetern Dasein. In diesem Sinne geleitet Atalante die Minyer, in diesem tritt Medea zu ihnen über, in diesem wird sie die grausame Rächerin des beleidigten Ehebettes.

Wir erkennen nun den ganzen Gegensatz, der jenes indisch-kolchische Leben von dem orphisch-apollinischen Prinzip der Minyer scheidet. Dort offenbart sich die Unreinheit des orientalischen Daseins, hier die Zucht und Strenge, welche zu allen Zeiten den Occident ausgezeichnet hat und Apollo besonders den frommen Hyperboreern befreundet. Der ganze Kreis der dem Hetärismus ergebenen Völker Asiens, Afrikas, Europens, nämlich außer den schon hervorgehobenen noch besonders die Phöniker mit ihren Verzweigungen nach dem kadmeischen Theben, nach dem Eridanoslande der Heliaden, nach Korinth, nach den *Circaea litora* Italiens und der üppigen Sybaris, ferner Assyrier, Etrusker, Eleer, Meder, Perser und alle arischen Stämme überhaupt, werden in eine Gruppe vereinigt,[22] während auf der andern Seite achaeische und aeolische Stämme dem aus dem Norden hervordringenden reinern apollinischen Mysterienkulte sich anschließen. Was in dem Kriege der Hellenen gegen die assyrische Troja zu Tage tritt, der Kampf des ehelichen Lebensprinzips gegen den asiatischen Hetärismus, das wird durch die minyeischen Helden vorbereitet. Der Mythus bringt in bedeutsamer Weise Trojas ersten Untergang und Hesionens Befreiung mit der Argofahrt in Verbindung, und setzt diese darin fort, daß er Medea neben Helena dem Menelaosgefährten Achill als Gattin zuweist.[23] Der Kampf gegen den Orient und die Üppigkeit seines Lebens bezeichnet alle großen Wendepunkte der griechischen Geschichte, alle Fortschritte seiner Religion und Kultur. Der Ausgang, welchen der Mythus dem Unternehmen der Minyer leiht, zeigt, daß in Asien selbst das hellenische Prinzip nicht zum Siege zu gelangen vermochte. Nur in Griechenland und bei den Völkern des Westens obsiegte die neue reinere Lehre; hier unterlag Absyrtus, während in Asien selbst das goldene Vließ keine bleibende Stätte fand, und in der aphroditisch-phönizischen Korinthos Iason seinem Prinzipe selbst wieder untreu wurde. Mir scheint, daß die Sage von Phrixos' Flucht nach Kolchis, von seiner

Verbindung mit der Aeetestochter Chalkiope und seinem Tode, von dem Vließe des athamantischen Widders und dem Versuche der Rückkehr, den Phrixos' Nachkommen fruchtlos unternahmen,[24] derselbe Gedanke wie in Trojas resultatloser erster Bekämpfung niedergelegt ist. Nicht in Asien selbst vermag das Höhere, Reinere zur Durchbildung zu gelangen, Hellas allein bietet hiefür den geeigneten Boden, wie in Hellas die Danaiden zu einer höhern Lebensstufe übergehen und Medea, zu Korinth verraten, nach Athen sich wendet.[25] In Lydien dient Herakles dem Weibe, während die Minyer ohne seinen Beistand Kolchis erreichen; die amazonischen Frauen am Thermodon und im Kaukasus werden nicht bezwungen, während die arkadische Atalante und der Sumpfmann Palaimon gern den Minyern folgen.

In allen diesen Zügen tritt der tiefe Gegensatz zwischen dem, was wir das orientalisch-hetärische und das occidentalisch-eheliche Prinzip nennen können, zwischen Helios-Koros und dem hyperboreischen Apoll, bedeutsam hervor. Der Kampf beider bildet den leitenden Gedanken der Argofahrt und des feindlichen Begegnisses zwischen dem apollinischen Iason und dem Kolcher Aeetes. Das Ostende des Euxeinos ist der Punkt, wo die asiatischen und griechischen Völker miteinander zusammentreffen und sich ihres Gegensatzes bewußt werden. Was der Mythus zu einem einzigen großen Unternehmen zusammendrängt, muß als der Ausdruck eines fortgesetzten Verkehrs und lange dauernden Kampfes aufgefaßt werden. Trug dieser einerseits mächtig zur Verbreitung des höhern orphisch-apollinischen Lebens bei, so konnte andererseits auch eine Rückwirkung der indisch-kolchischen Religion auf die reinere thrakische nicht ausbleiben. Aus der Verbindung beider ging jener Dionysos hervor, der immer entschiedener an die Stelle des Eous-Apollo tritt und im Fortgang der Zeit zu einer den Orient und den Occident einigenden Bedeutung sich erhebt. Der Einfluß der aus Indien einerseits nach Arabien und Aethiopien, andererseits nach dem Euxeinos, nach Kolchis und Sinope reichenden phallischen Lichtgottheit auf die Gestaltung der thrakisch-hyperboreischen Kulte ist in den bacchischen Mythen so bestimmt hervorgehoben, daß er zu den wohlbegründetsten Tatsachen der Religionsgeschichte gezählt werden muß. Ihm ist die Umgestaltung der apollinischen zu der dionysischen Orphik zuzuschreiben. Hat Orpheus dem wilden amazonischen Orgiasmus der thrakischen Frauen den reinern apollinischen Kult entgegengestellt, so vermag er es andererseits nicht, sich der entwickelten Lichtnatur des asiatischen Gottes zu entziehen. An Apollos Stelle tritt jetzt Dionysos, in welchem das männliche Sonnenprinzip eine höhere Entwicklung erhält, und mit der reichern Entfaltung des Mysteriengedankens eine sinnlich-üppigere Ausbildung der phallischen Potenz Hand in Hand geht. Alles Apollinische ist nun dionysisch. Orpheus, der mit der größten Bestimmtheit apollinischer Prophet heißt, dem nach Hygin nur Apollos Ruhm am Herzen liegt, tritt nun ebenso entschieden in dionysische Verbindung ein. Das apollinische Mysterium wird zum dionysischen, die orphische Mystik mit der dionysischen völlig gleichbedeutend. Auch die Argofahrt vertauscht nunmehr den apollinischen mit dem dionysischen Verein. Zwei Bacchussöhne, Phanos und Staphylos, begleiten nach Apollod. 1, 9, 16 die minyeischen Helden. Das Parderfell, mit welchem Pindar (Pyth. 4, 143) in bezeichnenden Worten Iason bekleidet, das Gewand, das ihm Apollonios (1, 721 bis 729) leiht, ist bacchischer Bedeutung. Ino, der minyeischen Mater Matuta, wird der neugeborne Gott zur Erziehung übergeben, der paphlagonische Strom Kallichoros auf den indischen Dionysos und seinen Kult bezogen,[26] Hypsipyle, die lemnische, dem Iason ergebene Königin, in ihrem Vater Thoas von Dionysos hergeleitet, endlich infolge der gleichen Assimilation von Apollonios die Vergleichung Medeas mit Ariadne durchgeführt. Wir können hinzufügen, daß der Mythograph Dionysios [27] Argonautica, Bacchica, Amazonica schrieb, drei Gegenstände, deren engen Zusammenhang jetzt niemand mehr verkennen wird. So bereitet sich schon in der ältern Sage vor, was die sogenannte orphische Argonautik vollendet. Hier überragt Dionysos weit Apollo; Orpheus ist hier vorwiegend dionysischer Weihepriester; das orphisch-dionysische Mysterium erscheint als der ausschließliche Träger aller alten Mystik überhaupt. Das iasonisch-apollinische Ehegesetz ist jetzt das dionysische, die Vernichtung des Amazonentums und die Bekämpfung des Hetärismus eine bacchische Tat, die religiöse, auf das Mysterium gegründete Gynaikokratie der Mutter fortan eine dionysische. Diese Umgestaltung des thrakischen Eous-Apollo zu der entwickeltern und üppigern Lichtnatur des Dionysos gehört zu den merkwürdigsten Erscheinungen der alten Religionsgeschichte. Sie ist oft bemerkt, selten erklärt, nie in ihrer ganzen Bedeutung gewürdigt worden. Mir erscheint sie als die Rückwirkung des indisch-kolchischen Heliosdienstes auf die reinere, weniger sinnliche Natur des thrakischen Eous-Apollo. Geht dieser siegreich aus seinem Kampfe mit dem hetärischen Lebensgesetz der asiatischen Völker hervor, so kann er sich doch dem Einfluß des gewaltigern Sol-Aeetes nicht entziehen. Machtlos erscheint neben Helios-Koros und neben dem in der höchsten Entfaltung der Sonnennatur strahlenden Aeetes der zwar reiner, aber morgendlich bescheidener leuchtende Iason.[28] Die zwölf Sonnenmädchen, welche Arete Medeen schenkt, spotten des unmächtigen Kohlenfestes, mit dem die Iasoniden ihren Apoll auf Anaphe feiern. So steigt unter dem Einfluß des üppigen asiatischen Sonnendienstes die männliche Lichtnatur zu reicherer Entfaltung empor. Als Dionysos kehrt Apollo aus Asien zu den Hellenen zurück. Als Dionysos vollendet er das Werk, welches der thrakische Eous begonnen hatte. Diese so durchgeführte Erhebung Apollos zu Dionysos ist es allein, die der orphischen Lehre den entscheidenden Sieg zu erringen vermag.

An Iasons Begegnis mit Medea knüpft sich also eine Doppelerscheinung der merkwürdigsten Art. Wir sehen einerseits das reine apollinische Prinzip dem hetärischen Heliosdienst der Kolcher entgegentreten, und im Kampf mit ihm sich messen; andererseits die apollinische zur dionysischen Lichtnatur sich erheben und durch diese gewaltigere Entwicklung der Männlichkeit den letzten entscheidenden Sieg über den alten Tellurismus und das Amazonentum vorbereiten. Als apollinischer Held war Iason in Kolchis Medea erschienen, aber vor den minyeischen ›Aioleae‹ offenbart nicht Apoll, sondern der sinnlich glänzendere Dionysos seine alles gewinnende Macht. Der Gegensatz ist bezeichnend: die apollinische Orphik ist die Vorbereitung zu jener Umgestaltung, welche die dionysische vollendet. Zu den Kolchiern bringen die Minyer Iason-Apollo, zu den Minyern kehrt jetzt Dionysos-Apollo zurück. In der minyeischen Sage treten alle drei Stufen der Entwicklung hervor. Der Tellurismus mit seiner rein mütterlichen Lebensgestaltung unterliegt dem thrakisch-apollinischen, dieses wieder dem dionysischen Lichtrecht. Wie der Fortschritt von der ersten zu der zweiten Stufe an die Argofahrt sich anknüpft, so ist es der Mythus von den orchomenischen ›Korai‹, der den Sieg der dritten bezeichnet. Es wird uns jetzt ein leichtes sein, in die Bedeutung des orchomenischen Ereignisses noch tiefer einzudringen, und alsdann, nachdem wir das Verhältnis des Dionysos zu dem thrakischen Apoll erkannt haben, auch dasjenige desselben Gottes zu der höchsten delphischen Entwicklung des Lichtprinzips und seiner Paternität dem Verständnis zu eröffnen.

107. In dem Mythus von den Aioleae ruft der Übergang aus dem amazonischen in das dionysische Leben eine jener bacchischen Bluttaten hervor, die der orphische Argonaut (431) mit denen der Giganten zusammenstellt: ›der Brimo, des Bakchos und der Giganten schreckliche Taten‹. Hippasos' Zerfleischung wird mit der Erregung des Kampfes, der sich nun entwickelt, in Verbindung gesetzt, und als Folge des zur Raserei gesteigerten Orgiasmus der bacchisch-begeisterten Mädchen dargestellt. Dasselbe wiederholt sich in so vielen andern Sagen, daß wir auch hierin die Erinnerung wirklicher Ereignisse nicht verkennen können. Dergleichen wird in ruhigen Zeiten nicht erfunden, vielmehr, wie die Verwandlung der Aioleae in Krähe, Fledermaus und Nachteule zeigt, umgeben mit dem Ausdruck des Abscheus vor den bluttriefenden mütterlichen Scheusalen, deren Tat spätern Geschlechtern und ihrer mildern Sitte unbegreiflich ist [...].

[Kap. 107-108 Mitte: »Aus dem Extreme amazonischer Enthaltsamkeit und Strenge geht das Weib in das entgegengesetzte des bacchischen Orgiasmus über ... Aus einer Feindin des Gottes wird sie dessen orgiastische Begleiterin. Gebrochen ist der Widerstand. Die Amazone erscheint nun selbst als bacchisches Gefolge.« Extreme Ausformung ist die »dionysisch ergriffene Mutter in der Opferung des Sohnes«. Die Liebe-erregende Wirkung des Weins macht Bachofen für das Aufbrechen des Widerstandes und die Bezwingung verantwortlich. Der 'Lohn' ist Verzeihung, Versöhnung, Bündnis, »aus einem früheren gewalterfüllten, düstern Dasein zu geordneter und friedlicher Gesittung« – Dionysos, ein siegreicher Held neben Achill, Perseus, Theseus und Herakles.

An der Einführung des bacchischen Kults ist die Frau in vielfacher Weise beteiligt, nicht nur passiv aufnehmend – leiblich und seelisch erregt –, sondern auch aktiv darauf einwirkend. Nur »den Frauen offenbart sich Dionysos«, »nur das Frauenopfer (erscheint) ihm genehm«, »nur Frauen (feiern) des phallischen Gottes Feste«. Selbst in des »Gottes Bildung« und in des Mannes Verhalten »herrscht die weibliche Natur«. Auf das Weib hat Dionysos »seine Herrschaft gegründet, ihm schenkt er seine Huld, von ihm empfängt er seinen Dienst. Das Mysterium seiner Religion hat er dem Weibe enthüllt und anvertraut«. – »Prinzipat des Muttertums«. Dort wo »Geschichte nicht hinaufreicht«, setzt Bachofen die Mythenanalyse und ist sicher, aus ihr die »wirklichen Erlebnisse des Menschengeschlechts« zu erschließen. Die gegenseitige Bedingtheit von amazonisch-hetärischer Ausartung des Mutterrechts und Sturz, sowie Verbreitung des dionysischen Kults sieht er so hinreichend belegt.]

108. [...] Überlegen wir genau die Bedeutung aller dieser Erscheinungen, so wird der Übergang aus dem amazonischen in das dionysische Leben eine immer wachsende Anschaulichkeit gewinnen. Das amazonische Weib opfert seine alte Herrschaft, um sie mit einer neuen zu vertauschen. Auf dem Untergang der frühern erhebt sich eine neue Gynaikokratie. Ist jene mit kriegerischer Größe verbunden, so gründet sich diese wesentlich auf den religiösen Prinzipat der Frau. Dadurch wird ihr ein zwar verborgenes, aber festeres und dauernderes Fundament gegeben. Durch die religiöse Seite seiner Natur hat das Weib zu allen Zeiten sich den mächtigsten Einfluß gesichert und die größte Macht über das Geschlecht der Männer ausgeübt. Strabos Bemerkung, daß die ›Götterfurcht‹ in des Weibes Natur begründet sei und von diesem unter die Männer verbreitet werde, enthält gewissermaßen den Schlüssel zu dem Verständnis der Stellung, welche in dem dionysischen Kulte die Weiber einnehmen, und der Macht, zu welcher sie durch ihn emporsteigen. Der Hang zur Bekehrung ist in dem Weibe zu allen Zeiten stärker gewesen als in dem Manne, sei es, daß das Gefühl der Schwäche in der Religion eine Stütze sucht, sei es, daß das Bedürfnis der Unterjochung, welches dem weiblichen Geschlechte eingeboren ist, sich von der leiblichen auf die geistige Sphaere auszudehnen strebt. Von neuem zeigt sich die Erhebung des Menschengeschlechts zu größerer Gesittung an die Frauen geknüpft. In ihnen erwacht am frühesten die Sehnsucht nach geordneten Zuständen und das Bedürfnis wie das Verständnis einer geläuterten Religion. Je verwilderter die Zustände, je unnatürlicher die Heldengröße, um so begeisterter wird das Neue ergriffen und als Erlösung aus unerträglich gewordenen Banden begrüßt. Ist in den rohesten Zuständen das Weib, die Mutter zumal, die einzige Trägerin des Friedens, der Ordnung, der Gerechtigkeit, und durch den Einfluß ihres Wesens geeignet, die wildesten Leidenschaften zu ent-

waffnen, kämpfende Schlachtlinien zu trennen, und das Beispiel einer über die eigene Person sich erstreckenden Liebe und Sorge aufzustellen, durch alles dies aber der erste und einzige Mittelpunkt einer werdenden Gesittung: so erfüllt es nun von neuem denselben Beruf, schreitet dem Manne wiederum voran, erkennt zuerst den neuen Gott, wird seine Vorkämpferin mit den Waffen, nachher durch den mächtigen Einfluß ihrer religiösen Weihe.

Die Ausartung, welcher in spätern Zeiten der bacchische Kult anheimfiel[29] und die trotz mannigfach versuchter Regenerationen unaufhaltsam fortschritt, darf nicht in die Anfänge desselben zurückversetzt werden. Eine Zeit der Reinheit und Strenge ist in manchen Zügen zu erkennen. Die ›nüchternen, weinlosen Trankopfer‹ waren noch in späterer Zeit hie und da erhalten.[30] In dem Mythus von den Aioleae entströmen Honig und Nektar dem Munde des Gottes; von der feurigen Gabe des Weins, der schmerzenlösenden Träne, der die Weiber zur Liebe und Unkeuschheit verführt, ist keine Rede. Des reinsten, alle Unkeuschheit verabscheuenden Tieres, der Biene Gabe wird mit dem Nektar der Unsterblichen verbunden und so die doppelte Wohltat der Telete, ›das Gedeihen‹, die irdische Fülle, und der ›Gewinn‹, welcher in der Aussicht auf ein ewig-seliges Dasein enthalten ist, beide als Lohn der Hingabe an den Gott, bildlich ausgesprochen. Züchtig, nicht berauscht von Wein und hellem Flötengetön, lagern bei Euripides[31] die drei Scharen Inos, Agaves, Autonoes auf Kithaerons Höhe: ›Züchtig, nicht wie du sagst, vom Wein berauscht‹. Frevel ist Pentheus' Neugierde, kein Mann soll sich den gottbegeisterten Bacchen nähern, wie die Fernhaltung des männlichen Geschlechts nach dem, was wir von den römischen Bacchanalien wissen, ursprünglich offenbar allgemein war. Das Gebot der Keuschheit ist das höchste der dionysischen wie aller Mysterien überhaupt. Nur die reine Matrone ist zum Dienste des Gottes zugelassen. Wie in der messenischen Inschrift die Frauen vor der Teilnahme an den andanischen Mysterien ihre Reinheit beschwören, so spricht die Geraira zu der Königin, der Dionysosgemahlin: ›Ich lebe keusch, bin unbefleckt und rein sowohl von den anderen unreinen Dingen als auch vom Verkehr mit einem Mann.‹ Um das Unsagbare zu beschauen, ist der höchste Grad der Reinheit unerläßliche Vorbedingung. Nur in dieser Natur eines die Heiligkeit der Matrone fordernden Gottes konnte Dionysos mit Demeter, der reinen Bienenmutter, an deren Fest der Männlichkeit keine Erwähnung geschehen darf, in innigen Kultverein eintreten, nur in dieser durch seine Verbindung mit Libera das Vorbild der ›heiligen Hochzeit‹ den Menschen zeigen. In ihrer Richtung gegen regellose Geschlechtsmischung tritt die dionysische Telete jenem aphroditischen Hetärismus entgegen, der die notwendige Folge der amazonischen Ausartung des Weibes bildet. Beiden Klippen tritt der neue Gott gleichmäßig entgegen, männerfeindlichem Sinne und regelloser Hingabe an die Männlichkeit, um zwischen ihnen in versöhnender Mitte Ehe und eheliches Muttertum dem Weibe als sichern Halt eines glücklichern Daseins, als Vorbedingung seines diesseitigen und jenseitigen Friedens anzuweisen, und durch die Verwirklichung des kosmischen Gesetzes, das die zwei großen Himmelskörper ewig einander zu folgen nötigt, in dem Dasein der Menschen diese zu einer neuen Gesittung und zu einem trostreichen Leben hindurchzuführen. Wenn wir auf Grabvasen Aias' Angriff auf Kassandra mit Herakles' Kampf gegen Antiope oder Theseus' Sieg über Hippolyte mit Sinis und Perigune verbunden sehen, so ist die absichtliche Combination der amazonischen und der hetärischen Ausartung und ihre Unterwerfung unter das durch die Strahlenkrone deutlich hervorgehobene Mysteriengesetz, mithin der Gedanke an harmonische Regelung des Daseins, als Inhalt der dionysischen Religion jetzt nicht mehr zu verkennen.

109. Wenn in dem Mythus von den Aioleae der unwiderstehliche Zauber des bacchischen Kults für die Natur des Weibes als einer der merkwürdigsten Züge hervortritt, so sind wir jetzt in den Stand gesetzt, die innern Gründe dieser Erscheinung zu erkennen und zu würdigen. Dionysos ist vorzugsweise der Frauen Gott. Alle Seiten der weiblichen Natur finden in ihm ihre Befriedigung. Der amazonischen Weiberfeindlichkeit und der Regellosigkeit hetärischer Geschlechtsverbindung setzt der jugendlich schöne, dem Weibe freundlich gesinnte Gebieter des Lebens das Gesetz der Ehe und ausschließlicher ehelicher Verbindung entgegen. Als ›die Hochzeit Weihender und Vollendender‹, als Verbündeter des Hymenaeus, als Liber neben Libera, als Vorbild der ›heiligen Hochzeit‹ zeigt er dem Weibe das große Gesetz, in welchem seine Natur allein dauernden Frieden zu finden vermag. Wenn die hetärische genußlose Begattung mit dem Drachen der finstern Tiefe Psyche in immer neue Leiden, immer bittrere Täuschungen hineinführt, so erhebt dagegen die Ehe zu der Wonne ewigen Vereins im Reiche

des Lichts und bereitet jenen Genuß ungetrübter Seligkeit, der in dem Symplegma der Kunstdarstellungen seinen Ausdruck gefunden hat. Der Psychemythus entspricht so sehr dem Inhalt der dionysischen Gottheitsnatur, daß er selbst mit in den Kreis bacchischer Vorstellungen aufgenommen wurde. Zwei Stufen der weiblichen Existenz treten gleich der doppelten Figurenreihe mancher Vasenbilder übereinander hervor: die tiefere des unreinen hetärischen Tellurismus und die höhere der zu ewiger Einigung mit dem Geliebten durchdringenden uranischen Existenz; dort die irdische, hier die himmlische Aphrodite; dort der unreine Eros schlammiger Tiefen, hier der uranische, welcher des Weibes Gemüt verwundend trifft und allein das Geheimnis der Heilung in sich trägt; dort Kalamos, die *infelix canna*, hier Karpos; dort die unruhig flackernde Öllampe, deren überfließender Tropfen sich mit dem Herrn des Feuers zu verbinden strebt, hier das helle Licht des nicht brennenden Feuers; dort Helena, die aphroditischem Triebe folgend der Leiden, der Unruhe, der Irrfahrten kein Ende findet, hier die ewige Einigung auf der leuchtenden Mondinsel mit ihrer ungestörten Wonne. Das ist es, was die Befolgung des dionysischen Gesetzes dem Weibe verheißt. Dem ordnenden regelnden Prinzip der Rhythmik und Orchestik soll das Leben unterworfen, ein höheres psychisches Dasein auf die Harmonie des sinnlichen gegründet werden.

Erscheint so Dionysos dem Weibe als der Ausgangspunkt seiner irdischen Wohlfahrt, so führt er den Blick desselben noch weiter in ein zukünftiges Dasein. Die Mutter, welche im Leben das dionysische Gesetz der Ehe erfüllt, gelangt im Tode zu dem ewigen Vereine mit dem Gotte, dem sie sich ergeben. Als Dionysosgemahlin findet sie in uranischer Existenz die Fortsetzung und Vollendung ihres irdischen Muttertums. Jeder Mutter bietet Dionysos Ariadnes Krone, die nie verwelkend am Himmel erglänzt, nachdem der tönerne Sarg den sterblichen Leib umschlossen. Jede wird Psyches Wonne genießen, jeder öffnet sich Leuke und die Teilnahme an Helenens Seligkeit. Bräutlich geschmückt in der Blüte vollendeter Schönheit erscheint das Weib auf so vielen Grabgefäßen, Spiegeln, Terracotten. Genien leihen ihm jene Schönheit, die es zum Empfang des himmlischen Herrn, des ersehnten Gottes vollendeter Männlichkeit, befähigt. Im Tode gelangt die dionysische Frau zur vollen Entwicklung des weiblichen Zauberreizes, welcher Achilles und Perseus mit Liebe zu der in ihren Armen sterbenden Amazone erfüllt. Auf ein Gesetz gründet sich des Weibes diesseitiges und jenseitiges Wohlergehn. Das Muttertum erscheint als der Träger und Ausgangspunkt des höhern Daseins, zu welchem es Dionysos beruft. Dadurch vorzüglich wird er im vollsten Sinne ihr Retter, ihr ›Soter (Retter)‹, ihr ›Lyaios (Löser)‹ und ›Eleutherios (Befreier)‹, dadurch wie kein anderer der Frauen Gott. Jede Seite ihres aus sinnlichen und übersinnlichen Trieben so wunderbar gemischten, mehr seelischen als geistigen Daseins weiß Er gleichmäßig zu befriedigen. Den körperlichen und den psychischen Bedürfnissen bietet sich Dionysos als der ersehnte und gesuchte Heiland an. Er erweckt in dem Weibe das Gefühl der Penia und gibt sich als Plutos dar. Er wird zu gleicher Zeit zum leiblichen und geistigen Befruchter, zum Mittelpunkt des ganzen Daseins auf seinen verschiedenen Stufen. Allen Seiten des weiblichen, das Diesseitige und Jenseitige, Irdische und Himmlische, Religiöse und Erotische so innig verbindenden Gemütslebens bringt er Erfüllung, begründet das geistige Leben auf die Regelung des sinnlichen, adelt das Sinnliche durch Verknüpfung mit dem Übersinnlichen, läßt seinem Munde Honig und Nektar zugleich entströmen und stellt so das Muttertum als den Inhalt und die Quelle aller weiblichen Vollendung, als das letzte Ziel alles weiblichen Strebens dar.

Kein Gott zeigt mit der Natur der Frau so vollkommene Congenialität wie Dionysos. Darum hat sie keiner mit so unwiderstehlicher Gewalt fortgerissen, keiner den Orgiasmus, dessen sie fähig ist, zu solcher Höhe gesteigert, keiner in dem Weibe einen so begeisterten Anhänger und Verbreiter gefunden. Jenes ›Rasen‹ der Bacchen, welche uns Euripides schildert, und die auf so manchen Kunstwerken in ihrer körperlichen Erscheinung dargestellt ist,[32] wurzelt in den Tiefen des weiblichen Gemütslebens und wird durch die unlösbare Verbindung der beiden gewaltigsten Mächte, religiöser Erregung und sinnlicher Sehnsucht, zu der Wut einer Begeisterung gesteigert, deren taumelnder Rausch als unmittelbare Offenbarung des herrlichen Gottes erscheinen mußte. In dem Sitze seines Lebens getroffen, durchstürmt das Weib die stillen Gebirgshöhen, überall den erkannten Gott suchend, der selbst am liebsten über die Anhöhen einherschreitet. An dem noch erzitternden Fleische des zerlegten Zickleins findet das Mädchen Wohlgefallen, die bewußtlose Grausamkeit schont des jungen frischen Lebens nicht. Die Glut des aus Religion und Sinnlichkeit gemischtem Orgiasmus zeigt, wie das Weib, wenn gleich schwächer als der Mann, sich doch zu Zeiten höher zu schwingen vermag als jener. Durch sein Mysterium ergreift Dionysos die weibliche Seele bei ihrem Hang für alles Übernatürliche, dem Gesetzmäßigen sich Entziehende, durch seine sinnlich blendende Erscheinung wirkt er auf die Einbildungskraft, welche für das Weib den Ausgangspunkt aller seiner innern Erregungen bildet, und auf das Liebesgefühl, ohne welches es nichts vermag, dem es aber unter dem Schutze der Religion einen alle Schranken durchbrechenden Ausdruck verleiht.

Auf dem Wege der Reflexion werden wir es nie vermögen, die Erscheinungen des dionysischen Frauenlebens in ihrer ganzen Eigentümlichkeit zu erfassen. Aber sie darum aus dem Gebiete der Wirklichkeit in das der Poesie und künstlerischen Erfindung zu verweisen, würde zu gleicher Zeit geringe Kenntnis der Tiefen des menschlichen Wesens und Unverstand in Vermengung der Zeiten, der Länder, der Religionen verraten. Im Süden, wo man tiefer fühlt und glühender empfindet, wo die Natur durch die Wärme und Fülle ihrer Erscheinung den Sterblichen zur Hingabe an ihre Reize und zum Sinnengenuß einladet, unter der Herrschaft einer Religion, die des Menschen Erhebung nicht auf Unterdrükkung, sondern auf Entwicklung der Sinnlichkeit gründet, der das Gesetz des Kampfes fremd und die Scheidung des diesseitigen und jenseitigen Daseins keine absolute ist; endlich unter der Nachwirkung von Zuständen, deren Trostlosigkeit die Sehnsucht nach Erlösung und das Verlangen nach Begründung eines gesegneteren Daseins zur Unwiderstehlichkeit entwickeln mußte, da sind Erscheinungen möglich, welche nicht nur die Grenzen unserer Erfahrung, sondern auch die unserer Einbildungskraft weit hinter sich lassen. Die Verbreitung des amazonischen, später die des bacchischen Kults durch kriegerische Frauen kann so wenig überraschen als die ähnliche Erscheinung, welche die ersten Zeiten des Islam darbieten. Wenn dann mit dem Siege die Wut der ersten Begeisterung sich beruhigt und die wild erregten Wogen allmählich sich legen, dann tritt der Zeitpunkt ein, wo an der Stelle der Waffen und physischer Gewalt der allmächtige Einfluß der religiösen Weihe sich geltend macht. Durch diesen haben die Frauen der alten Welt sich nicht nur vor Unterdrückung zu sichern, sondern eine neue Gynaikokratie zu begründen vermocht. Mit der religiösen verbindet sich zuletzt die sinnlich-erotische Macht ihres Geschlechts, und beide Faktoren gewinnen an Bedeutung und Einfluß, je weiter der politisch-staatliche Verfall fortschreitet. Dieser erotischen Entwicklung des dionysischen Lebens haben wir nun noch einige Aufmerksamkeit zu schenken.

110. Wenn Dionysos der amazonischen Gestaltung des weiblichen Daseins Ehe und Muttertum als das höchste Gebot seiner Religion entgegenstellt und an die Erfüllung der geschlechtlichen Bestimmung jede bessere Hoffnung der Frau anknüpft, so trug dieses Prinzip neben dem Keime sittlicher Erhebung und eines unverkennbaren gesellschaftlichen Fortschritts von Hause aus die Gefahr neuen Verfalles in sich. War Regelung des sinnlichen Lebens und Begründung eines reinen Matronentums der ursprüngliche unverdorbene Gedanke des bacchischen Dienstes, so mußte doch die Enthüllung des Phallus eine Entwicklung des geschlechtlichen Lebens begünstigen, dessen Übermaß durch das Religionsgebot selbst gefordert zu sein schien. An die Stelle gewaltsamer Unterdrückung der weiblichen Natur trat eine vollkommene Entfesselung derselben, getragen und gefördert durch das bacchische Gebot der Hingabe an des jugendlichen Gebieters unerschöpfliche, in allen Erscheinungen der Natur sich offenbarende Männlichkeit. Dadurch wurde dem weiblichen Dasein eine mehr und mehr stofflich-sinnliche Richtung und dieser selbst das Gepräge religiösen Verdienstes gegeben. Der durch Dionysos erregte Sinnenrausch schöpfte aus dem Kulte immer neue Nahrung und fand in ihm seine Weihe. Das Weib, dem die Hingabe an den Gott der männlichen Kraft als Bedingung seines Heils erscheint, wird notwendig zu jener Stimula, in welcher wir den bezeichnenden Ausdruck einer dionysischen Frau erkennen. Mag es sich mit der Etymologie dieses Namens verhalten, wie es will, die Auslegung, welche man ihm gab, ist für den Sinn allein entscheidend.[33] Als Stimula ist die bacchische Frau eine verführende, buhlerische Aphrodite, die als Peitho-Suadela den Mann stets von neuem an sich fesselt, eine Eva-Pandora, bei deren Anblick die Unsterblichen das dem Menschengeschlecht bereitete Schicksal zum voraus erkennen, eine Ariadne, deren Liebe zu Dionysos, als Pantomime dargestellt, die Gäste des Kallias sofort ihren Frauen in die Arme trieb,[34] ein ›schönes Übel als Entgelt für ein Gut‹, stets darauf bedacht, die Naturzeugung zu befördern und des phallischen Gottes Gebot zu erfüllen. Das ganze Streben des Weibes muß fortan darauf ge-

richtet sein, seinem Dasein den höchsten Liebreiz zu leihen und mit aller Erfindungsgabe des weiblichen Geistes die natürliche Schönheit durch die Mittel der Kunst zu erhöhen. Durch Helenas Reize selbst in den Greisen Sehnsucht zu erregen und sich zum Empfang des jugendlich schönen Gottes vorzubereiten, ist das Ziel alles Strebens, wie es in dem Begegnis jener campanischen Matrone, die vor der Mutter der Gracchen sich ihres Schmuckes rühmte, hervortritt.[35] Darin wurzelt die nach ihrem innersten Wesen ganz erotische Gestaltung des dionysischen Frauenlebens, das zu der Schilderung einer haushälterisch-braven Matrone, wie sie Salomo (Sprüche 31) als semitisches Frauenideal entwirft, in demselben Gegensatz steht, der den jüdischen Monotheismus von dem bacchischen Naturkult scheidet.

Die dionysische Religion ist die des Friedens, der Ruhe, der sinnlichen Fülle,[36] dadurch die mächtige Förderin des verfeinerten Lebens, der Ausgang und die Trägerin erhöhter Kultur und einer durch und durch aphroditischen Civilisation. Sie entwickelt das sinnlich-materielle Dasein und legt den Beruf zur höchsten Verfeinerung desselben vorzugsweise in des Weibes Hand. Von Dionysos begeistert, nimmt das Geschlecht der Frauen Teil an allen jenen höhern Bestrebungen, deren letztes Ziel die Verwirklichung des vollendeten Schönheitsideals bildet. Bei den Grazien weilt Bacchus, in der Umgebung der Musen finden ihn die boeotischen Frauen, musische Wettkämpfe werden ihm gehalten.[37] Der Dichter Philiskos führt als Dionysospriester die alexandrinische Pompa des Ptolemaeus Epiphanes an. In echt dionysischem Sinne ehrt dieser Lagide jede Muse, die zum Preise des Gottes ertönt.[38] Der Musenruhm der lokrischen Frauen wurzelt in der Idee des bacchischen Kults, wie jeder *lepus dicendi* eine Gabe Aphrodites ist;[39] dionysisch ist das Leben und Streben der lesbischen Dichterinnen, und die Weiber des lagidischen Königshauses bieten in Arsinoe, die auf dem bacchischen Strauß reitend auf dem Helikon dargestellt war,[40] besonders aber in der letzten Kleopatra das vollendete Bild einer dionysischen Stimula, eines nach Plutarchs Zeugnis (Anton. 27, 3. 4.) weit mehr durch erotische Geisteskultur als durch körperliche Reize zu Aphroditens irdischer Verkörperung entwickelten Weibes.

Mit dem weiblichen Prinzipat in den Mysterien verbindet sich eine Entfaltung des weiblichen Geisteslebens, die in der steten Verbindung des Sinnlichen und Übersinnlichen, der körperlichen und der psychischen Schönheit bis zu jener Grenzlinie zweier Welten vordringt, von welcher der Rückfall in die Tiefen der niedern Sinnlichkeit nie ausbleiben wird. Hat Sappho an der Spitze der auserwählten Dichterinnen gegen nichts so sehr geeifert als gegen die hetärische Entartung des Daseins und in ihren Epithalamien den reinen Gedanken der orphisch-dionysischen Religion als Mittelpunkt des höhern weiblichen Lebens festgehalten, so ist doch gerade Lesbos dem Hetärismus und seinem ganzen Verderben in besonderem Grade zur Beute geworden. Dasselbe Schicksal traf alle dem dionysischen Leben ergebenen Völker des Altertums. Eine Religion, welche die geschlechtliche Bestimmung der Frau zur Grundlage ihres Heils macht, vermag zwar wohl die Menschheit zur Hervorbringung der vergeistigten Naturidee in Poesie und Plastik zu befähigen und sie selbst der Verwirklichung des höchsten Schönheitsideals zu nähern: aber dem Verderbnis und raschen sittlichem Verfall vorzubeugen, ist ihr unmöglich.

Dionysos hat seine Herrschaft auf das Weib gegründet. Aber statt der religiösen Weihe, welche die Matrone zum Mittelpunkt des Mysteriums erhebt, wird nun Verfeinerung und die Erhöhung der sinnlichen Reize die Waffe, mit welcher es seines Gottes Reich verbreitet. Eine neue Gynaikokratie erhebt sich. Derselbe Gott, der das Weib von seiner amazonischen Höhe herabstürzte und seine alte Macht brach, derselbe gibt ihm die Gewalt von neuem in die Hände, erst durch die religiöse Weihe, mit der er es umkleidet, dann durch die Entwicklung des sinnlich-erotischen Lebens, zu der sein Dienst hinführt. *fons mali* wird von Livius (39, 15, 9) das Weib genannt, wie, ebenfalls mit Rücksicht auf die dionysischen Mysterien, von den Kirchenvätern *ianua diaboli* und ›Verfehlung der Natur‹. Von dem Weibe geht die Verbreitung des Kultes aus, von ihm auch die sinnlich-üppige Gestaltung desselben, von ihm die Verführung des Mannes. Die Rollen der Geschlechter scheinen gewechselt. Die der Amazone abgenommene Beute legt Herakles der lydischen Omphale zu Füßen. Besieger des kriegerischen, männerfeindlichen Mädchens, wird er des aphroditischen Weibes Sklave.[41] Was die Gewalt nicht vermochte, das erreichen die sinnlichen Reize im Dienste der Mysterien und ihrer nächtlichen Feiern. Herakles bricht die Herrschaft des Weibes und sinkt nun selbst unter dasselbe: ein Bild des Verhältnisses der Geschlechter, wie es sich in Folge der dionysischen Religion gestaltete. Von neuem überragt das Weib den Mann. Der bacchische

Kult hat beides bewirkt: die amazonische Entartung der alten Weiberherrschaft gebrochen und eine neue Gynaikokratie sinnlich-aphroditischer Natur hervorgerufen. In weiblicher Kleidung nimmt der Mann an dem Kulte der Frauen Teil, und je mehr er sich ihre Art anzueignen vermag, um so vollkommener ist sein dionysischer Charakter. Die durchsichtigen Gewänder und die Verkehrung der Geschlechtsverhältnisse wie des Geschlechtsgenusses werden Religionsübung, als solche auch durch eine große Zahl den Gräbern entstammender Kunstwerke dargestellt. Am tiefsten sinkt in solcher Ausartung der Mann; er ist es, der dem Verderbnis des dionysischen Lebens vorzugsweise zum Opfer wird. Jede erotisch-sinnliche Civilisation wird zu demselben Resultate führen, das Weib über den Mann erheben und diesen zum Werkzeug der Lust erniedrigen, jenes mit allen Reizen eines verfeinerten Daseins ausstatten, diesen dem Wesen seiner Mannesnatur entfremden. Im Hause der Ptolemäer tritt die angedeutete Doppelerscheinung deutlich hervor. Dasselbe dionysische Leben hebt Kleopatra zu einer Höhe empor, die den Zeitgenossen als Verwirklichung aphroditischer Gottheitsnatur erschien, und zerstört in Physkon und Auletes die letzten Spuren männlicher Würde. Mit Verachtung wendet sich nun das Weib selbst ab von dem Manne, den es in solcher Entartung sieht. Mit der Schwächung des männlichen steigt stets die Kraft des weiblichen Geschlechts, der geistige und der leibliche Vorzug zugleich liegt auf der Seite der Frau. Nach den Römern wirft Kleopatra ihre Blicke, und jener apulischen Busa Sorge für die Trümmer des bei Cannae vernichteten Heeres mag in derselben Bewunderung ungebrochener Manneswürde, derselben Verachtung des eigenen Volks ihre Erklärung finden.

Die Gestaltung, welche die dionysische Religion dem Leben der alten Welt lieh, trägt in allen Teilen einen vorzugsweise weiblich-stofflichen Charakter. Sie hat das Gesetz des leiblichen Lebens, Freiheit und Gleichheit unter den Menschen, an die Spitze gestellt, alle Unterschiede, welche aus politischem Gesichtspunkte stammen, aufgehoben, Fesseln gelöst, den dienenden Ständen Erlösung gebracht, dadurch die Demokratie und die aus ihr hervorgehenden Tyrannis Einzelner, eines Caesar und Pisistratus begünstigt,[42] überall Glanz und Pracht des Lebens befördert, dem Fleische Emanzipation gebracht, zur Hervorbringung des Naturideals in Poesie und Plastik begeistert, die Sinnlichkeit selbst in die Ideen über das zukünftige Dasein übergetragen, und durch die Verbindung aller dieser Wirkungen die Völker des Altertums zu einer Stufe materieller Entwicklung erhoben, die unter dem Glanze der höchsten Prachtentfaltung und unerreichter Verfeinerung die Fäulnis der Entsittlichung und Entkräftung verbarg. Die Welt der Gräber, welche durch einen erschütternden Gegensatz die Hauptquelle zur Kenntnis dieser spätern Zustände geworden ist, zeigt uns alle Seiten des dionysischen Lebens, welche wir bisher hervorgehoben haben, den Trost der auf das zukünftige Dasein hinweisenden Mysterien, die ganz erotisch-sinnliche Auffassung der menschlichen Bestimmung, die Unterwerfung aller Kulte und Mythen unter den dionysischen Gedanken, die immer zunehmende Nacktheit in der Darstellung des Geschlechtslebens und in allem das Weib als den Träger dieser ganzen Kultur, als das von dem Gotte auserwählte und bevorzugte dionysische Geschlecht.

Kaum läßt sich in der Geschichte des weiblichen Daseins eine ähnliche Erscheinung wieder finden. Was sich ewig auszuschließen bestimmt war, rückhaltlose Hingabe an das üppigste Sinnenleben und Festhalten an der über den Tod hinausgehenden bessern Hoffnung, also das Tiefste und das Höchste, dessen die weibliche Seele fähig ist, reicht sich hier versöhnt die Hand. Keine Idee von Kampf, von Selbstbesiegung, von Reue und Buße stört die Harmonie dieses sinnlich-übersinnlichen Frauenlebens. Keine Kluft öffnet sich zwischen dem Diesseits und dem Jenseits. Fest ruht auf der doppelten Grundlage religiöser Geltung und sinnlich-erotischer Ausbildung die neue Gynaikokratie, die wir im Gegensatz zu dem Mutterrecht der Vorzeit die aphroditisch-dionysische nennen können. In welcher Weise diese sich im Leben darstellte, und welchen Charakter sie dem Weibe lieh, werden wir später an der Betrachtung der lesbischen und epizephyrischen Frauen genauer zu entwickeln Gelegenheit finden. Jetzo, nachdem wir die hohe Stellung, zu welcher Dionysos die Frauen berief, erkannt haben, wird es unsere nächste Aufgabe, auch die Stufe, zu welcher derselbe Gott (›der Väterliche‹ Pausan. 1, 43, 5) das Vaterprinzip erhob, zu ermitteln, und ihr das richtige Verhältnis einerseits zu dem alten Tellurismus, andererseits zu der delphischen Ausbildung der apollinischen Paternität anzuweisen.

111. Wir haben das Mutterrecht stets in Verbindung mit der poseidonischen Stufe der Männlichkeit,[43] und ebenso die Erhebung des

Vaterrechts als Ausfluß und Tat der Lichtmächte gefunden. Je entschiedener der Sieg der letztern über die erstere ist, desto vollkommener der Triumph des Paternitätsprinzips. Die Lichtmacht selbst zeigt nun eine von unten nach oben fortschreitende Stufenfolge, nach welcher die Reinigung und Entstofflichung derselben durchgeführt wird. Das Licht nimmt nämlich eine tellurische, lunarische und solarische Gestalt an. Am unreinsten ist das erste, am reinsten das letzte. In der Mitte zwischen beiden zeigt das lunarische jene Mischnatur, die den Mond als die Grenzscheide zweier Welten auszeichnet. Die Frage nach dem Grade der Erhebung des Paternitätsprinzips in dem dionysischen Kult fällt also mit jener nach der Stufe der Reinheit, die er dem Lichte leiht, zusammen. [...]

112. Fassen wir dies alles zusammen, so läßt sich die Stufe, welche die dionysische Religion der Paternität anwies, leicht bestimmen. Denn diese ist nur ein Ausfluß des Grades der Reinheit, zu welchem das Lichtprinzip erhoben wird. Als Lichtmacht tritt Dionysos ein in die Reihe der großen Besieger des weiblichen Tellurismus, dem das Mutterrecht und seine amazonische Steigerung angehört. Er hat die phallische Männlichkeit, deren poseidonische Stufe noch dem *gremium matris* untergeordnet ist,[44] zu uranischem Glanze erhoben, und ihr das stoffliche Muttertum unterworfen. Aber der Paternität die höchste und reinste Entwicklung zu geben ist ihm nicht gelungen. Diese wird in Apollons immaterieller Lichtnatur erreicht. Die dionysische Paternität ist die körperlich zeugende, die apollinische die höhere geistige des ›nus‹, des *ignis non urens*; jene die lunarisch-doppelgeschlechtige, diese die solarische, dem weiblichen Verein ganz entrückte. Dauernde und vollkommene Besiegung des Mutterprinzips ist nur auf dieser apollinischen Höhe erreicht, die entschiedene Überwindung des Weibes eine Tat des apollinisch-metaphysischen Prinzips. Des Dionysos phallische Stofflichkeit dagegen bewegt sich auf dem Gebiete der Sinnlichkeit, auf welchem die Herrschaft zuletzt notwendig dem Weibe und dessen entwickelterer Materialität verbleiben wird. Der Sieg des Mannes liegt in dem rein geistigen Prinzip. Vermag er zu diesem nicht durchzudringen, so wird auf den Sieg ein neues Unterliegen folgen. Denn an Sinnlichkeit überragt ihn das Weib, das der Begierde Stachel stärker antreibt, und das den zehnfachen Geschlechtsgenuß empfindet.[45] Die geschichtliche

Entwicklung der dem dionysischen Kult ergebenen Völker, insbesondere der aegyptischen Lagidendynastie, bestätigt diese Bemerkung vollständig. Dionysos, der das Weib gestürzt und seiner Männlichkeit untergeordnet, ist der Begründer einer neuen sinnlich-erotischen Gynaikokratie, sein Kult der Ausgangspunkt der tiefsten Erniedrigung des männlichen Geschlechts geworden.

Die bacchische Religionsidee und die Gestaltung des bacchischen Lebens stehen in voller Übereinstimmung, beide haben in Dionysos' Lunusnatur ihren klarsten Ausdruck erhalten. Von den zwei Potenzen, die sich im Monde durchdringen, dem stofflichen Tellurismus und der unstofflichen Lichtmacht, ist die letztere, weil der Sonne entstammend, zwar ihrer Natur nach höher, die erstere aber durch das Schwergewicht der Materie zu der entschiedensten Herrschaft gelangt. In der hermaphroditischen Geschlechtsmischung des Mondes stehen Lunus und Luna neben- und ineinander, aber Luna überwiegt, selbst Deus Luna ist gebräuchlich[46] und mit dieser Bezeichnung das Vorherrschen des Weibes in der menschlichen Ehe nach altem Glauben notwendig verbunden.[47] Ebenso wird in des Dionysos-Lunus doppelgeschlechtiger Bildung die Männlichkeit durch die weibliche Weichheit der Körperformen ganz in den Hintergrund gedrängt, wie sie durch der Bacchusgeweihten weibliches Truggewand verborgen ist. In diesen Vorstellungen und Gebräuchen offenbart sich das Schicksal, welches der bacchische Kult dem Siege der Männlichkeit bereitete. Auf dem Gebiete des stofflichen Lebens durchgeführt, blieb er unvollkommen und legte dem Weibe die Mittel in die Hand, zu neuer Gewalt emporzusteigen. Die lunarisch-psychische Mittelstufe der kosmischen Weltordnung ist diejenige, auf welcher das dionysische Eheprinzip stehen blieb. Alle dionysischen Frauen tragen den Mondcharakter, alle schließen sich an des männlichen Gottes Lunusnatur an. So Demeter-Ceres, Ariadne-Aridela, Aphrodite, Athene, Artemis, Semele. In allen herrscht der stoffliche Charakter vor, dessen sich das Weib auch auf seiner höchsten Stufe nicht zu entkleiden vermag; daher wird allen insgesamt die Eigeburt beigelegt.[48] Der Mond vereinigt alle Eigenschaften des dionysischen Weibes. Als Penia stets neuer Befruchtung nachgehend, folgt er ewig der Sonne Bahn und erborgt von ihrem goldenen Lichte den Silberschein, mit dem er leuchtet, ›unechtes Licht durch die männliche Fackel‹.[49] Erotisch ist der innerste Kern seiner Natur. In ihm vollzieht sich ohn' Aufhören Dionysos' höchstes

Gesetz, die geschlechtliche Mischung. Darum steht er den Liebenden bei. Darum wird Hippodamias Gürtel von dem Helden, der sie zur Mutterbestimmung hinüberführt, im Scheine des Vollmonds gelöst, wie alle Erdzeugung, auch die Eibrut, am besten im Vollmond gedeiht, wenn der himmlischen Königin *udae ignes* das Werk fördern.[50] Der Mond erregt selbst in den Tieren jenes ›Rasen‹, welches die Bacchen fortreißt und die in der psychischen Grenzregion, der auch der Mond angehört, ihren Sitz hat.[51] In der Stufenfolge der großen Weltkörper steht der Mond, das *familiarissimum nostrae terrae sidus,* tiefer als die Sonne, von dem fernern Gestirn erborgt er all seinen Glanz. Aber die Sonne entsagt ihrer höchsten Reinheit, und in den Mond eingehend, nimmt sie selbst des Stoffes Natur an und erniedrigt sich, ihrer geistigen Höhe entsagend, zum Dienste der weiblichen Materie, die darauf eine neue Herrschaft gründet.

Die Stufe der dionysischen Entwicklung des männlichen Lichtprinzips wird durch dies Verhältnis zu der lunarischen Welt genau bestimmt. Ganz stofflich ist die bacchische Paternität, ihr Sieg über das Muttertum eben darum unvollkommen und unsicher. Die Verbindung mit dem reinern apollinischen Lichtprinzip schien dazu angetan, das tiefere bacchische vor dem Verfall zu bewahren und die letzte Erhebung der Männlichkeit aus den Banden des Stoffes zu vollenden. Aber in dem Kampfe der beiden Systeme blieb der Sieg dem tiefern bacchischen Prinzip. Bei Nonnos (19, 253 ff.) sind Dionysos und Apoll gewärtig, wem von beiden die Unsterblichen den Sieg zusprechen werden. Da bietet jener den Göttern den feurigen Wein, den Apoll, sich bewußt, daß er dieser Gabe keine ähnliche entgegenzusetzen habe, schlägt, beschämt über seine Besiegung, den Blick zur Erde nieder. Bacchus' sinnliche Herrlichkeit trägt über die geistige Reinheit des Delphiers den Sieg davon, wie das unkeusche Weinopfer über das nüchterne Milch- und Honigopfer der alten Zeit,[52] wie auch in den römischen Bacchanalien der apollinische Tag durch die dionysische Nacht verdrängt wird. Der Wein ist der ganz entsprechende Ausdruck der dionysischen Göttlichkeit, ihrer sinnlich und geistig zugleich wirkenden Kraft, ihres Orgiasmus, ihrer in Liebe und Freundschaft alle Wesen einigenden Natur, ihrer schmerzenstillenden Fröhlichkeit, ihrer Unkeuschheit, ihrer mit dem schnellen Untergang alles Gezeugten stets zwischen Freude und Trauer schwebenden Gemütserregung. Darum wird er in den ›Mysterien des Dionysos Lysios‹ (Suid s. v.) den Eingeweihten herumgereicht,[53] darum die Traube, ›des Dionysos Frucht, schmerzstillender Weinstock‹,[54] auf so unzähligen Grabgefäßen als Zeichen bacchischer Initiation dargestellt. Das sinnliche, die Geschlechter zur Zeugung begeisternde Feuer des Weines hat Dionysos unter Göttern und Menschen den Sieg errungen. Dem weichlich schönen hermaphroditischen Gott der Naturzeugung, nicht Apoll, tritt Zeus selbst den Szepter seiner Macht ab und bezeichnet so den Beginn eines neuen, des sinnlich-dionysischen Weltalters.[55] Nach dieser Seite hin entschied sich der Sieg in dem Kampfe der phallischen mit der metaphysischen Auffassung der Paternität. Die Nacktheit, welche in den Gräbern selbst die erotische Sinnlichkeit des dionysischen Phalluskults erreichte, und die allgemeine Verbreitung des *fascinus, quo territoria cuncta florescunt,*[56] zeigt am besten, bis zu welchem Grade das Schwergewicht des Stoffes seine Macht zur Geltung bringen konnte. Die Materie, zu deren vollendeter Idealisierung Dionysos die Menschheit erhoben hatte, führte die Welt von neuem in die Schlammtiefen des Hetärismus und eines rein sinnlichen Daseins zurück. Durch seine Stofflichkeit selbst hat Dionysos über Apollo den Sieg davongetragen. Seine Verwandtschaft mit der sinnlichen Menschennatur macht seine Stärke aus, wie die Erhebung über dieselbe Apolls Schwäche. Bei Iamblichus (de mysteriis 5, 15 p. 219f.) wird Heraklit das Wort in den Mund gelegt, des Geistigen und völlig Reinen seien kaum wenige unter allen Menschen empfänglich; bei der Anordnung des Kults müsse daher vor allem die menschliche Materialität in Berücksichtigung gezogen werden; nur wer das Übersinnliche auf das Sinnliche gründe, vermöge seinen Zweck zu erreichen. Das Schicksal, dem der dionysische Kult anheimfiel, zeigt den tiefen Irrtum dieser Auffassung. Statt zu der apollinischen Reinheit emporzuführen und mit den stofflichen Gütern der Menschheit auch die unstofflichen zu sichern, machte er sie beider verlustig, und hat mehr als irgend eine andere Ursache zu dem Untergang der alten Civilisation und unrettbarem Verfall der Völker beigetragen.

113. Die Stufe der dionysischen Paternität und ihr Verhältnis zu der apollinischen ist in der bisherigen Ausführung nach der Reinheit des Lichtprinzips, wie es in den beiden zu Delphi vereinigten Gottheiten erscheint, festgestellt worden. In Apoll hat das Vatertum des Lichts seine Vollendung und seine unkörperliche Reinheit

erreicht. In ihm erscheint es des Stoffes entkleidet, ungeschlechtlich, weiberlos. In Dionysos dagegen ist es stofflich zeugend, darum stets dem Weibe geeint, und an seiner Materialität beteiligt. Dort sieht es sich keinem neuen Unterliegen ausgesetzt, hier unfähig, seinen Sieg zu behaupten. Vor dem Übergewicht metaphysischer Männlichkeit beugt sich die Frau für immer, dem der phallischen Macht setzt sie den Zauber ihrer höhern Sinnlichkeit erfolggekrönt entgegen.

[Im weiteren Teil von Kap. 113 und in Kap. 114, sowie 118:
Weitere Details zum Verhältnis des Dionysischen und Apollinischen, auch was deren Gegensätzlichkeiten betrifft, wie sie in manchen Mythen erkennbar wird. Ablehnung der Dichtungsinterpretation, die bloß vom Ästhetischen ausgeht und nicht von den alten Ideen, vor allem auch den Religionsanschauungen. So sieht Bachofen im Euripideischen Ion besonders deutlich »die Verlegung des Vatertums in das apollinische Prinzip« und die »dionysische Paternität..., so daß alle Grade der Entwicklung ihre Stelle einnehmen, und wir von dem reinen Mutterrecht stufenweise zu der phallischen Natur der bacchischen, von dieser zu der metaphysischen der apollinischen Paternität als der höchsten Ausbildung des Lichtrechts von dem Dichter emporgeführt werden. Wenn auf der obersten Stufe der Vater allein ohne alle weibliche Ergänzung erscheint und gerade dadurch seine metaphysisch-reine Natur offenbart, so nimmt er auf der dionysischen phallische Zeugungskraft an und verbindet sich dadurch mit dem Weibe, zu dessen Stofflichkeit er hinabsteigt. Das leibliche, auf Begattung ruhende Vatertum ist dionysisch, das geistige, zu welchem das erstere erhoben wird, apollinisch. Diesen Gedanken, den unsere frühere Darstellung in seiner Allgemeinheit darstellte, finden wir im Ion in sehr bemerkenswerter Weise entwickelt«. »So wird in Euripides' Ion nicht nur die höchste Ausbildung des athenischen Vaterrechts, das zu schmähen Sünde ist, erkannt, sondern durch die Verbindung der mütterlich-tellurischen mit der dionysischen und apollinischen Stufe die dreifache Grundlage des delphischen Kults, der in gleicher Weise von der Erde zu dem höchsten, reinsten Lichte fortschreitet, vor Augen geführt.«
In Kap. 115 und 116 wird vorbereitend dargestellt, wie die »Ausbildung des Paternitätsprinzips zu der apollinischen Stufe... in der Entwicklung der Adoption praktische Gestaltung angenom-

men« hat. »Der Fortschritt des menschlichen Geistes von der stofflichen zu der apollinischen Auffassung tritt auf keinem andern Rechtsgebiete in so merkwürdiger Weise hervor. Mit der *naturae imitatio* wird begonnen, mit bewußter Überwindung dieses Standpunkts geschlossen. Die Nachahmung des weiblichen Geburtsaktes als Adoptionsform wird durch eine Mehrzahl von Berichten hervorgehoben.«

Bachofen traut Reiseberichten, Erzählungen und vor allem den Mythen auch für die Darlegung dieser Seite des Mutterrechts und der Gynaikokratie unmittelbare und restlose Wahrheit zu und hat folglich auch hier sehr mannigfaltiges Material zusammengetragen – unter anderem Berichte über angebliche Bräuche wie diese: Die kybrische Sitte, daß ein Knabe sich zu Bett legen mußte »und Stimme und Bewegung einer kreißenden Frau nachahmen« und daß ebenso in ganz Brasilien die Sitte verbreitet gewesen sei, »daß bei der Geburt eines Kindes statt der Mutter der Vater mehrere Wochen lang sich in die Hängematte legt, die Pflege der Wöchnerin genießt und die Kindbetterinbesuche der Nachbarn annimmt.«]

117. Wenn wir nunmehr die Entwicklung der Adoption von ihrer mütterlich-natürlichen Stufe zu der höhern apollinischen Auffassung verfolgen, so bieten schon die bisher betrachteten Fälle der *imitatio naturae* eine Seite dar, an welche sich jener Fortschritt anknüpft. Die zweite Geburt enthält in allen Fällen eine Erhebung des Sohnes zu höherer, reinerer Natur. In Herakles' Adoption durch die Zeusgemahlin liegt die Anerkennung seiner Jovialnatur. Das Verhältnis der ersten zu der zweiten Mutter ist das gleiche, welches zwischen der am Sumpf gefällten und in der Erde wieder grünenden Keule[57] und den der Sonnenregion bestimmten Pfeilen, von welchen Prometheus' Erlösung und Trojas Fall abhängt, besteht. Durch die zweite Geburt erhält Herakles einen himmlischen Vater, er wird zum Zeussohn erhoben.[58] Dieselbe Hinweisung auf einen höhern Erzeuger liegt in Dionysos' Doppelgeburt, ja hier ist sie um so kenntlicher, da der Vater selbst die Stelle der gebärenden Mutter vertritt. Ist Elaras Sprößling nach dem Tode der Mutter von der Erde aufgenommen und zur Reife ausgebildet worden, Daphne ebenso im Schoße der Mutter geborgen, so geht dagegen Dionysos in des Vaters vollendende Kraft über und leitet von ihr den edlern Teil seiner Natur her.

Am deutlichsten tritt diese Auffassung in der Gestalt hervor, welche die zweite Geburt der fälschlich Totgesagten zu Rom annahm. In der schon angeführten fünften römischen Frage stellt Plutarch die griechische Behandlung der ›fälschlich Totgesagten‹ mit der römischen zusammen und erkennt in beiden die Äußerung derselben Idee. »Woher kommt es, daß man diejenigen, von welchen sich ein falsches Gerücht verbreitet, daß sie in der Fremde gestorben wären, wenn sie zurückkommen, nicht zur Türe hineingehen, sondern vom Dach ins Haus hinuntersteigen läßt? Die Ursache, die Varro davon angibt, ist völlig fabelhaft, daß nämlich im sizilischen Kriege nach einer blutigen Schlacht viele, die fälschlicher Weise totgesagt worden, wieder nach Hause gekommen, bald darnach aber gestorben wären; daß ein einziger die Türe seines Hauses durch einen Zufall verschlossen gefunden und, weil sie sich allen Versuchen ohnerachtet nicht eröffnen ließ, sich vor derselben schlafen gelegt und da einen Traum gehabt habe, der ihm riet, über das Dach ins Haus zu steigen, daß er dieses befolgt habe und dann glücklich und alt geworden sei. Dadurch soll nun in der Folge diese Gewohnheit veranlaßt worden sein.« Dieser Varronischen Erzählung wird nun die Ähnlichkeit der römischen mit der uralten griechischen Ansicht von der Unreinheit der Totgesagten und mit allen Leichenzeremonien Beerdigten gegenübergestellt, und dann so geschlossen: »Es ist also kein Wunder, wenn auch die Römer bei jener Gelegenheit denen, die einmal begraben zu sein und in das Reich der Toten zu gehören scheinen, den Eingang zur ordentlichen Haustüre, durch welche man zum Opfer aus- und nach dem Opfer wieder eingeht, zu verwehren nötig fanden und ihnen befahlen, von oben aus dem Freien ins Freie herabzusteigen, denn ordentlicher Weise müssen bei ihnen alle Reinigungen unter freiem Himmel geschehen.« Zwei Punkte treten mit Sicherheit aus dieser Darstellung hervor: erstens das Faktum, daß der ›fälschlich Totgesagte‹ nicht zur Türe, sondern von oben herab in sein Haus eintritt; zweitens, daß diese Übung auf einer symbolischen Auffassung beruht und den Akt der zweiten Geburt als die Reinigung von den Folgen der eingetretenen Gemeinschaft mit den Toten darstellt. Der Sinn des Ganzen ist also klar. Nach der ersten stofflichen Muttergeburt und dem ersten leiblichen Tode kann die zweite Geburt nur eine höhere geistige sein. Durch diese wird die Unreinheit der frühern getilgt und dem ›fälschlich Totgesagten‹ das von oben stammende, von oben her befruchtende Licht zum Vater gegeben. Gereinigt und mit frischen

Windeln umhüllt erblickt Aristinus zum zweiten Male das Tageslicht. In dem Namen selbst tritt die eingetretene Erhöhung der Natur bedeutsam hervor, und Varros Angabe, daß nur der eine, welcher, dem Traumgesicht folgend, von oben herab in das verschlossene Haus eintrat, zu glücklichem Alter gelangte, läßt in ihrer mythischen Ausdrucksweise denselben Gedanken erkennen. Ein solcher Aristinus ist jeder ›fälschlich Totgesagte‹, vor allen der durch Hera zum Zeussohn erhöhte Herakles. Wir erkennen den Einfluß des höhern Lichtprinzips, verstehen die Verbindung des Aristinusmythus mit dem delphischen Gotte und haben für das von Christus gebrauchte Bild[59] einen Anknüpfungspunkt in den Vorstellungen der ältesten Welt gefunden. – Jetzt wird uns auch Trajans Adoption durch Nerva, wie sie Plinius (Paneg. 8, 1) schildert, in ihrem Gedanken deutlich. *itaque non in cubiculo, sed in templo, nec ante genialem torum, sed ante pulvinar Iovis Optimi Maximi adoptio peracta est.* Hier vertritt Zeus selbst die Vaterstelle, der Mutter wird gar nicht gedacht. Die Erhebung, welche die zweite Geburt verleiht, erscheint in ihrer geistigsten Durchführung. Ihr gegenüber steht die *adoptio in cubiculo* tiefer, sie verhält sich zu jener *ante pulvinar Iovis* wie die geschlechtlich-dionysische zu der ungeschlechtlich-apollinischen Lichtnatur der Paternität.

Überblicken wir von dem jetzt gewonnenen Standpunkt aus die Fälle der mit ganz sinnlicher Nachahmung der Muttergeburt verbundenen Adoption, so ist die Stufe des Eherechtes, dem sie angehört, leicht zu bestimmen. Die Paternität erscheint in ihrer physischen Stofflichkeit, zeugend, mithin an das Weib gebunden, und vermittelt durch die Fiktion der Muttergeburt. Von dieser dionysischen Mittelstufe zu der höchsten des apollinischen Lichtrechts emporzusteigen wurde den römischen Juristen um so leichter, als der politische Gesichtspunkt des Imperium, der ihren Staat sowohl als die Familie beherrschte, nicht nur die Unterordnung, sondern die gänzliche Entfernung des Mutterprinzips, wie sie sich in der ausschließlichen Anführung des Vaternamens äußert, in sich schloß. Nichtsdestoweniger zeigt sich in der Ausbildung der Adoptionstheorie bis zuletzt ein hartnäckiger Kampf des natürlichen gegen den vollendet geistigen Gesichtspunkt, und neben dem entschiedensten Siege des letztern taucht doch in einzelnen Entscheidungen die *imitatio naturae* wiederum als leitender Grundsatz auf. Für die Beurteilung der römischen Adoptionstheorie ist die Trennung der beiden angedeuteten Gesichtspunkte, nämlich des männlichen Imperium und der apollinischen Paternität, festzuhalten. Aus jenem erstern Grundsatze wird die Unfähigkeit der Frau zur Adoption, ebenso zum Eintritt in eine fremde Familie durch Arrogation abgeleitet.[60] Erst in später Kaiserzeit wurde der hergebrachte Grundsatz so weit verlassen, daß *in solacium liberorum amissorum* in einzelnen Fällen durch kaiserliche Verfügung auch Müttern zu adoptieren gestattet wurde.[61] Dem apollinischen Gesichtspunkte dagegen, dem die römischen Juristen huldigen,[62] entsprechen folgende Sätze. Adoption und Arrogation werden den Männern auch dann gestattet, wenn sie keine Frauen haben.[63] Ebenso wird auch denen, welchen die physische Zeugungskraft fehlt, und zwar nicht nur in Folge vorgerückten Alters, sondern auch den *spadones* – nur nicht den *castrati* – die Adoption gestattet.[64] Man sieht, der Grundsatz *adoptio naturam imitatur, adoptio in his personis locum habet, in quibus etiam natura potest habere,*[65] ist gänzlich verlassen. Ja, auch in der Frage über das Altersverhältnis des Adoptivsohnes zu dem Vater neigten sich zu Gaius' Zeit manche einer die *natura* verletzenden Entscheidung zu. *sed illa quaestio est, an minor natu maiorem natu adoptare possit.*[66] Justinian entschied wieder zu Gunsten der Naturwahrheit. *minorem natu non posse maiorem adoptare placet: adoptio enim naturam imitatur, et pro monstro est, ut maior sit filius quam pater. debet itaque is, qui sibi per arrogationem vel adoptionem filium facit, plena pubertate; id est decem et octo annis praecedere*: eine Entscheidung, welche mit dem weit stofflichern Standpunkt, den Justinian auch in andern Teilen des Familienrechts einnimmt, übereinstimmt. In seiner Behandlung derselben Frage stellt Cicero[67] den Gesichtspunkt der Naturwahrheit ganz in den Vordergrund und verschärft ihn noch durch die Bemerkung, daß die Adoption nur ergänzungsweise und im Notfall gewählt werden soll. *quod est, pontifices, ius adoptionis? nempe ut is adoptet, qui neque procreare iam liberos possit et, cum poluerit, sit expertus... quid est horum in ista adoptione quaesitum?... non aetas eius, qui adoptabat, est quaesita, ut in Cn. Aufidio, M. Pupio: quorum uterque nostra memoria, summa senectute, alter Oresten, alter Pisonem adoptavit: quas adoptiones, sicut alias innumerabiles, hereditates nominis, pecuniae, sacrorum secutae sunt... factus es eius filius contra fas, cuius per aetatem pater esse potuisti* etc. Je bestimmter sich der Redner hier gegen die Lostrennung der Adoption von ihrem natürlichen Vorbilde ausspricht, um so bemerkenswerter ist der immer entschiedenere Sieg derselben. Darin zeigt sich der Einfluß jener rein geistigen Auffassung der Paternität, die in dem apollinischen Lichtrecht ihre Grundlage hat. Nicht mehr durch Zeugung allein, sondern durch einen Akt geistiger Natur kann das Sohnsverhältnis hervorgerufen werden. Von Apollo aber geht das unkörperliche Wort aus, ihm stammt es von dem höchsten Zeus. Ihm gehören die Kinder, die *exsecto matris ventre* geboren sind, also ohne den Akt der natürlichen Geburt das Licht erblicken. Von dem apollinischen Standpunkt aus kann auch der Ehelose einen Sohn haben, wie Athene ohne Mutter aus Zeus' Haupt hervorgeht, wie Apoll selbst *uxoris expers* und *nuptiis contrarius* heißt.[68] Die *imitatio naturae* hat auf dieser Stufe der Entwicklung alle Berechtigung verloren, die Adoption eines ältern durch einen jüngern kein Bedenken. Auch die Gegenwart des zu Adoptierenden ist jetzt nicht mehr wesentlich. Als Nerva vor dem *pulvinar Iovis* die Worte sprach ›zu gutem Glück des Senats und des Volkes: ich nehme den Marcus Ulpius Nerva Traianus an Kindes Statt an‹, war Traian selbst in Pannonien.[69] So sehr ist der stofflich-dionysische Gesichtspunkt überwunden, daß der Adoptierte zu der Gemahlin des Adoptivvaters in kein Verhältnis eintritt, und in Umkehr des natürlichen Verhältnisses die Cognation nur als Folge der Agnation angenommen wird.[70] Der Adoptivsohn ist also stets mutterlos, sein Verhältnis zu dem Vater ein unkörperliches, ohne alle auch nur fingierte Grundlage der Blutsgemeinschaft. Nur durch die völlige Lostrennung von der natürlichen Körperlichkeit wurde die Begründung des Sohnesverhältnisses durch testamentarische Verfügung möglich. Hat diese auch keine rechtliche Anerkennung gefunden, so lebte sie doch in den Übungen des Volks und zeigt, bis zu welchem Grade der Geistigkeit die Idee der Paternität ausgebildet worden war.

Die Begründung des Kindesverhältnisses durch bloße Willenserklärung und seine Entstehung in einem Augenblicke, da der bereits erfolgte Tod des Adoptierenden den Eintritt der väterlichen *potestas* unmöglich machte, löst das Vatertum vollends von jeder natürlich-geschlechtlichen Grundlage ab. Daher kömmt es, daß in der testamentarischen Adoption vorzugsweise ein geistiges Moment erkannt wurde. Die letztwillig ausgesprochene Erhebung zum Sohne bringt diesem keine materielle Bereicherung, sie gibt keine Agnations- und keine Gentilitätsrechte, so wie sie auch die bestehenden nicht auflöst; ihre Bedeutung ist eine viel höhere, die Anerkennung geistiger Ebenbürtigkeit. Als Erbe alles Ruhmes und aller Auszeichnung, die sich an den Namen des Verstorbenen anknüpft, wird der testamentarisch auserwählte Sohn dem Volke dargestellt. Das äußere Merkmal dieser höchsten Dignation ist die Annahme des Namens, sodaß diese Adoption meist als ein *in familiam nomenque,* oder einfach *in nomen adoptare* bezeichnet wird. In allen Stellen der Alten, welche die letztwillige Adoption berühren, wird das *nomen* und die *nominis mutatio* besonders betont und in den Vordergrund gestellt.[71] Die Verbindung mit der Erbeseinsetzung ist zwar eine regelmäßige, aber durch diesen Zusammenhang wird die geistige Bedeutung der Adoption nicht aufgehoben, vielmehr in noch helleres Licht gesetzt. Neben der Repräsentation der vermögensrechtlichen Persönlichkeit erscheint nun das Sohnesverhältnis und die Annahme des Namens als Eintritt in die ganze Familienwürde des Verstorbenen. Die Stellvertretung wird über das Vermögen auf die geistige Bedeutung des Erblassers ausgedehnt. In der Verbindung beider Verfügungen nimmt die Adoption die höhere Stelle ein. Dadurch unterscheidet sie sich von der Erbeseinsetzung *sub condicione nominis ferendi.* Hier ist die Annahme des fremden Namens zum Bestandteil einer rechtlichen Verfügung gemacht, während die *adoptio in familiam nomenque* sie ganz selbständig hinstellt und dem Rechtsgebiet völlig entrückt. In jener Form wird sie Gegenstand der juristischen Beurteilung, während sie in dieser von Hause aus keinen rechtlichen Charakter trägt, wie denn Caesar dem August in einer besondern *cera* seinen Namen erteilte und Tiberius sich darauf beschränkte, das Vermögen des Senators Marcus Gallius anzunehmen, das damit verbundene Angebot der Adoption aber auszuschlagen.[72] Ein Zweifel über die Berechtigung zu dieser Teilung der beiden testamentarischen Verfügungen konnte nicht obwalten, während die *condicio nominis mutandi* zu der Frage führte, ob durch die Wahl dieser Form der Wille des Testators Zwang erhalte. Die Art, wie Gaius[73] sich hierüber äußert, zeigt, daß während der Praetor die Erfüllung der Bedingung verlangte, die Juristen geneigter waren, nur eine moralische, nicht eine rechtliche Verbindlichkeit anzunehmen. Die rein geistige Bedeutung der testamentarischen Adoption wird gerade durch ihre nicht juristische Natur besonders hervorgehoben. Es ist nicht sowohl die Frage des Zwanges als die der Berechtigung, welcher sie unterliegt. Ciceros Schreiben an Atticus 7, 8, 3 aus dem Jahr 704 gibt hierfür ein Beispiel. *Dolabellam video Liviae testamento cum duobus coheredibus esse in triente, sed iuberi mutare nomen. est ›politikon stemma (politisches Problem)‹, rectumne sit nobili adolescenti mutare nomen mulieris testamento.* Ob Dolabella die angebotene *adoptio in familiam nomenque* annehmen dürfe, das ist es, was Cicero bezweifelt. Er nennt sein Bedenken ein politisches, kein privatrechtliches. Es ist eben nicht die Unfähigkeit der Frau zur Adoption, die hier in Betracht kommt, denn diese ruht auf dem Mangel der *potestas,* die bei der testamentarischen ›Adoption‹ keine Rolle spielt. Das Bedenken ist anderer Art. Es liegt darin, daß Rom den Frauen keinerlei öffentliche Stellung einräumt. Wir sehen auch hieraus wieder, welchem Gebiete diese Adoption angehört. Die geistige Erhebung, die sie erteilt, hat einen Eintritt in die politische Stellung des Verstorbenen zur Folge. Die ganze staatliche Würde des Adoptierenden wird auf den Adoptierten übertragen, die Weihe des Geschlechts ihm zu Teil. Durch eine Frau kann diese nicht fortgepflanzt werden, am wenigsten nach dem patrizischen Staatsrecht, dessen Satzungen Dolabella zu achten hat.

Durch ihre politische Natur eignet sich die testamentarische Adoption ganz besonders zur Bezeichnung des Regierungsnachfolgers. In diesem Sinne adoptiert Caesar den Octavian. Die Nachrichten hierüber sind besonders geeignet, die abstrakt-geistige Natur der durch Testament konstituierten Paternität in ihr wahres Licht zu stellen. Durch seine Erklärung der Annahme des angebotenen Sohnesverhältnisses erwirbt August kein Agnations- und kein Gentilrecht. Erst durch die Lex curiata, die er selbst rogiert, sind ihm diese gesichert. Appian und Dio[74] heben diesen Punkt mit der größten Bestimmtheit hervor. Dagegen knüpft sich der Eintritt in Caesars staatliche Stellung nur an die *adoptio in familiam nomenque,* nicht an die Durchführung der Lex curiata an. In jener erkennt das Volk Augustus' Berufung zur Herrschaft,[75] in ihr die Mutter Atia die höchste Gefahr für ihren Sohn. Durch die Annahme des Caesarnamens stellt sich August als Erben der geistigen Natur seines Adoptivvaters, als Fortsetzer seiner Geschlechtsweihe, wie durch die Antretung der Erbschaft als dessen vermögensrechtlichen Repräsentanten dem römischen Volke dar. Alles in diesem Verhältnisse ist immaterieller Natur. Dadurch tritt es mit Augusts apollinischer Beziehung in Zusammenhang. Ganz apollinisch ist jene Begründung geistiger Paternität durch eine geistige Tat,[76] ganz apollinisch ist auch August. Nicht an das mütterliche Recht der großen Göttin des julischen Stammes schließt sich die Adoption in ihrer höchsten Vergeistigung an, vielmehr an das väterliche Lichtprinzip Apollons. Nach diesem tritt August gegen die Mörder seines Vaters als rächender Orestes auf.[77] Eine Statue des Agamemnonsohnes im argivischen Heraion trug zu Pausanias' Zeiten den Namen Augustus.[78] Die Identität beider Personen liegt in ihrer apollinischen Natur, kraft deren sie beide als Rächer des verletzten Vaterrechts auftreten. An Orests Gebeine knüpft sich der Gedanke des siegreichen Vatertums, und darum haben sie unter den sieben *pignora imperii* Aufnahme gefunden.[79] Augusts apollinische Auffassung tritt in vielen Zügen hervor. In Apolls Tempel wird Atia von einem Drachen beschlafen, ihr Körper trägt lebenslang das Drachenmal. Der zehn Monate später geborne Knabe gilt als Apolls Sohn.[80] Dem Körper nach Erechthide und dem *draconteum genus*, das nur eine Mutter kennt, angehörend, steigt er zu apollinischer Natur empor und wird durch die Adoption in ausschließliche Verbindung mit dem Vater gesetzt. [...]

Als der julische Stern am Tage von Caesars Totenfeier erschien, wurde der Beginn des zehnten Weltalters, des apollinischen Sonnenreichs, geweissagt. An die Stelle des aphroditisch-julischen Weltalters trat das apollinisch-solarische.[81] Nur nach diesem apollinischen Rechte kann Caesar sich einen geistigen Sohn, dem Reiche einen Nachfolger seiner Macht geben. Nach diesem wird aber fortan das Geschlecht der Caesarn unsterblich sein. Ist das durch körperliche Zeugung vermittelte Vatertum endlich dem Untergang durch Kinderlosigkeit ausgesetzt, so unterliegt dagegen die geistige Fortpflanzung dem Lose des Stoffes nicht. Sie teilt die Ewigkeit des Gottes, dessen Natur sie entspricht. Ist ohne Mutter und ohne Zeugung in Octavian ein neuer Gaius Iulius Caesar erstanden,[82] so wird später die *Caesaris nominatio* zur regelmäßigen Ernennungsart der Reichsnachfolger. Sie bildet sich aus jener testamentarischen Adoption hervor und trennt diese von der Verbindung mit der privatrechtlichen Beerbung. Darin liegt der Abschluß der ganzen Entwicklung. Ohne Muttergeburt, ohne Fiktion derselben, ohne *acta Saturni*,[83] durch bloßes Wort ohne alle Verbindung mit irgend einer vermögensrechtlichen Bestimmung und testamentarischer Solennität wird der Eintritt in das Sohnesverhältnis durch die einfache Benennung Caesar hervorgerufen. Wie August durch Adoption zu C. Iulius Caesars Sohn und selbst zu Caesar wurde, so die spätern Kaiser durch die bloße Erteilung des Namens Caesar, der nun zugleich das Sohnesverhältnis und die Anwartschaft auf die Regierungsnachfolge in sich schließt.[84]

Die Unsterblichkeit des apollinisch-geistigen Vatertums hat hierin ihre volle historische Bewahrheitung erhalten. Der Gedanke, den des Euripides Ion in mythischem Gewande vorführt, kehrt als geschichtliche Wirklichkeit wieder. Wir erkennen nun den Gegensatz zwischen der Todesnacht, in welche das Geschlecht der Erechthiden verzweifelnd hinausschaut, und der apollinischen Fortsetzung der Persönlichkeit in seiner ganzen Fülle und Bedeutung. Nur mit der Überwindung des stofflichen Mutterrechts ist das Gesetz des Stoffes, der Untergang durch Kinderlosigkeit ebenfalls überwunden. Freudig zum Lichte empor schaut nun das Elternpaar, denn für alle Zeiten hat ihm Apoll Dauer gesichert. Die Bemerkung, daß Apollo sich der Kinder annehme, in weite Ferne wirke, und daß ihm vor allen die Bezeichnung *Patrous* zukomme, hat nun ihre ganze Verständlichkeit und ihre volle Bedeutung erhalten.[85] Lichtsöhne setzen sich fortan auf alte Throne nieder, Iones oder Caesares, denn beides sind apollinische Namen, Ion der von außen zugewanderte, Caesar der *exsecto ventre natus* und deshalb *Apollini consecratus.* Beide bezeichnen nicht eine einzelne Individualität, sondern ein ganzes Geschlecht, das eine unendliche Reihe von Nachfolgern zählt. Nicht durch den einen Ion ist die Gefahr des Untergangs entfernt, sondern durch das apollinische Prinzip, das in ihm zur Herrschaft gelangt. Daher heißt es bei *Eurip. Ion,* 1464 ›das Land hat Herrscher‹ d. h. das Land ist für jetzt und für alle Folgezeit der Fortdauer seines Herrschergeschlechts gewiß. Wie wir August als Orestes gefunden haben, so könnten wir ihn auch mit Ion vergleichen. Dieselbe apollinische Idee liegt in Ion wie in Orest, in jedem nach einer andern Seite. Daher stehen sie beide unter Athenes Schutz, wie die jungfräuliche Göttin sich allen apollinischen Lichthelden wohlgewogen und hilfreich beigesellt. Durch ihr Drachenmal stellt sich Atia, Augusts leibliche Mutter, der Kreusa als Erechthide zur Seite. Auch sie soll dem Glauben sich hingeben, daß nicht der sterbliche Vater, sondern Apoll selbst sich ihr befruchtend nahte, Caesar der kinderlose gleich Xuthos sich des von Apoll ihm geschenkten Sohnes freuen, und Augustus-Ion es glauben, daß seine Mutter ihn von dem himmlischen Lichtgotte gebar. Auf alten Thronen setzen sich beide nieder, Ion auf dem von der Mutter her angestammten des Erechtheus, Augustus, als zweiter Romulus und gleich ihm mit dem Augurium der zwölf Geier geehrt, auf dem des Aphroditesohnes Aeneas. Neben der apollinischen Vaternatur tritt bei beiden auch das Alter und die Nobilität des *maternum genus* hervor.[86] Dem Volke aber ist nun die Fortdauer des Herrschergeschlechts, von dem sein Heil stammt, auf alle Zeiten gesichert. So gehen Rom und Athen, die beiden Mittelpunkte des ausgebildeten Vaterrechts, einander zur Seite. Mythus und Geschichte reihen sich erläuternd an einander an und offenbaren, jedes in seiner Weise, das gleiche Entwicklungsgesetz der alten Welt und die gleiche Vollendung desselben durch die Geistigkeit des apollinischen Lichtrechts.

Elis

119. Unter den gynaikokratischen Ländern nimmt Elis eine hervorragende Stelle ein. Zugleich wird dasselbe als besonderer Sitz des dionysischen Kultes genannt. Dadurch ist unserer folgenden Betrachtung eine bestimmte Ordnung vorgeschrieben. Wir haben zunächst die alte, nachher die dionysische Gynaikokratie der Eleer zu betrachten. Die Zeugnisse über jene erstere beziehen sich teils auf die Niederungen, welche der Peneus durchströmt, die ›Elis‹ oder ›elische Niederung‹ teils auf die Pisatis, den südlichern Teil der Landschaft mit dem Strome Alpheus und Olympia, teils endlich auf Triphylien. Nach Strabo (8, 354) waren die Machtverhältnisse dieser drei Gebiete zu verschiedenen Zeiten verschieden. Pisas Glanz schließt sich an Pelops den Achäer, Oenomaus' Nachfolger, an, die triphylische Pylos gelangt unter den Nestoriden zu größerer Bedeutung; Elis dagegen gewann seit der Rückkehr der mit den Herakliden verbündeten epeischen Aetoler überwiegende Bedeutung. Augeas unterwarf sich die Reste des achäischen Volksstammes so vollkommen, daß selbst in der Tradition Elis und Pisatis vielfältig verwechselt, Oenomaus und Pelops der erstern, Augeas der letztern zugeteilt wurden.[1] Zuletzt, bemerkt Strabo (8, 355), verschwanden die Pisatis, das Volk der Kaukonen und Pylos selbst dem Namen nach, hauptsächlich seit Messenes Fall, Pylos' Reste gingen auf Leprea über. Wir werden zuerst von Elis, dann von der Pisatis, zuletzt von Triphylien sprechen.

Herakles' Unternehmen gegen Augeas zeigt uns die Gynaikokratie der elischen Epeer[2] in mehrern beachtenswerten Zügen. Der Mythus, wie ihn Pausanias (5, 1, 1-5, 3, 7) mitteilt, erzählt, Augeas der Epeierkönig habe die Verteidigung seines Landes gegen Herakles dem Thessalier Amarynkeus und den Söhnen Aktors, Eurytos und Kteatos, von einheimischem Stamme, übergeben. Als es Herakles unmöglich geworden, ihrer Tapferkeit obzusiegen, nahm er seine Zuflucht zu geheimer Gewalttat. Die Aktoriden wurden, als sie zu den isthmischen Spielen aufbrachen, bei Kleonae aus dem Hinterhalt erschlagen. Molione, die Mutter, ließ nicht ab, dem Mörder nachzuspüren. Als sie seinen Aufenthalt zu Tirynth erfahren und vergebens die Argiver aufgefordert hatte, ihren Bürgern jede fernere Beteiligung an den isthmischen Spielen zu untersagen, schritt sie dazu, den Eleern selbst das Verbot aufzulegen und alle, die demselben zuwider handeln würden, mit ihrem Fluche zu belegen; weshalb die Eleer in aller Folgezeit sich der Teilnahme an den Isthmien enthielten. Später unternahm Herakles an der Spitze einer Schar Argiver, Thebaner, Arkader einen zweiten Zug gegen Elis, plünderte und verwüstete das Land, schonte zwar des Augeas, übertrug aber die Regierung auf dessen Sohn Phyleus, der sich ihm von Anfang an befreundet erwiesen hatte. Damals geschah es, daß die elischen Frauen, als sie die geringe Zahl der Männer bemerkten, der Athene Gelübde taten, wenn sie ihnen gleich bei der ersten Begattung Schwangerschaft verleihe, und daß sie nach der Erfüllung dieser Bitte der Göttin unter dem Namen ›Athene Meter‹ einen Tempel erbauten. Die Stelle, wo die Begattung stattgefunden, sowie der vorbeifließende Strom erhielten den Namen ›Bady (süß)‹, nach dem Genuß, den sowohl die Männer als die Frauen bei jener Begegnung empfunden. Nach Herakles' Entfernung ordnete Phyleus die Angelegenheiten des Landes. Da er aber nach Dulichium wegzog und Augeas in hohem Alter starb, kam die Regierung auf Agasthenes, einen Sohn des Augeas, und auf Amphimachos und Thalpios, zwei Söhne des Eurytos und Kteatos von den beiden Töchtern des olenischen Königs Dexamenos, von welchen Theronike mit Kteatos den Amphimachos, Theraiphone mit Eurytos den Thalpios gebar.[3] Amphimachos fand seinen Tod vor Ilium. Aus Freundschaft zu ihm nannte Polyxenos, des Agasthenes Sohn, seinen eigenen Sprößling mit demselben Namen. Von diesem zweiten Amphimachos stammt jener Eleus, unter dessen Regierung die Aetoler den Herakliden geeint in den Peloponnes eindrangen. Des Aristomachos Söhnen war nämlich das Orakel geworden, sie sollten den Dreiäugigen zum Führer ihres Zuges wählen. Als sie darauf einem Manne mit einem einäugigen Maultier begegneten, erkannten sie den Sinn des Götterspruchs. So wurde Oxylos der Anführer des Zuges, und auf sein Geheiß die Seefahrt dem Landweg vorgezogen. Zur Belohnung überließen ihm die Dorer das elische Land. Oxylos selbst stammte von Haimon, dem Sohne des Thoas, der die Atriden nach Ilium begleitete; von Thoas bis Aetolus, dem Sohne Endymions, sind es sechs Geschlechter. Die Herakliden und die aetolischen Könige standen in Blutsverwandtschaft, weil Hyllos und Thoas von zwei Schwestern gezeugt worden waren. Oxylos hatte Aetolien in Folge eines Totschlags verlassen müssen, sein Diskus traf seinen eigenen Bruder Thermios. [...]

Die Religionsstufe, der das elische Urrecht angehört, zeigt alle jene Züge, welche wir als regelmäßige Umgebung der Gynaikokratie gefunden haben, Verlegung der männlichen Kraft in das poseidonische Element, Erhebung des chthonischen zu dem lunarischen Tellurismus, endlich das Vorwalten der werdenden vor der seienden Welt, des Dualismus einer in Zwillingsverbindung gedachten, zugleich schaffenden und zerstörenden Doppelkraft[4] vor der Einheitlichkeit der solarischen Region.[5] [...]

121. [...] Ist es bei Babyloniern und Lydern eine allgemeine Verpflichtung jedes Weibes, bestimmt zur Sühne der großen Naturmutter für die in der Ausschließlichkeit der Ehe liegende Verletzung derselben, so finden wir es dagegen anderwärts für die Zeiten besonderer Gefahr des Landes aufbehalten. Das merkwürdigste Beispiel solcher Einschränkung bieten die epizephyrischen Lokrer. Diese, für welche der Hetärismus im Dienste der Aphrodite Zephyritis im weitesten Umfange bezeugt wird,[6] entsagen demselben späterhin ganz, kehren aber zu Dionysios' Zeit zu dem Keuschheitsgelübde zurück, um durch das größte Opfer, dessen das Weib fähig ist, den drohenden Untergang von ihrer Stadt abzuwenden.[7] Noch größere Einschränkung liegt in der Sitte, statt der Keuschheit das Haar darzubringen, wie die römischen Frauen in der gallischen Gefahr,[8] wie Berenike des Magas' Tochter[9] für ihren Gemahl, oder an der Stelle der Matrone eigens dem Hetärismus bestimmte Hierodulen zu weihen, wie die korinthischen, deren Fürbitte zur Zeit des persischen Angriffs Aphroditen für die Rettung des bedrohten Landes zu gewinnen besonders geeignet schien.[10] Die gleiche Idee liegt dem Gelübde der elischen Frauen zu Grunde. In der äußersten Gefahr des Landes nahen sie der großen Mutter mit der höchsten Gabe, welche sie darzubringen haben, dem Opfer ihrer matronalen Keuschheit. Wenn es heißt, ihre Bitte sei dahin gegangen, die Göttin möge ihnen durch einmalige Begattung Fruchtbarkeit verleihen, so ist hierin ein weiteres Zeugnis jenes Strebens, den Hetärismus auf das geringste Maß zurückzuführen, zu erkennen. In gleicher Weise sind die epizephyrischen Frauen bemüht, das Gelübde selbst zu umgehen, und ihm durch eine bloße Scheinerfüllung zu genügen. So gewinnt der Bericht des Pausanias über das elische Bady seine volle Verständlichkeit. Die Lage des Ortes am Flusse entspricht nicht weniger den Übungen des Hetärismus, der meist am Seegestade, wie

von den kyprischen Mädchen,[11] geübt wird, und mit der zeugenden Bedeutung des aphroditischen Elements in Übereinstimmung steht. Wenn endlich die elischen Frauen nicht der auch in Elis einheimischen und dort bedeutsam mit der Schildkröte verbundenen Aphrodite, sondern Athene, der elischen Burggöttin, das Keuschheitsopfer darbringen, so liegt hierin ein neues Zeugnis, daß diese in Athen zu der höchsten Geistigkeit entwickelte Göttin in dem stofflichen Elis jener materiellen Mutternatur, in der sie zur Mondfrau erhoben wurde, in der auch ihre Beziehung zur Nacht und zur Webearbeit wurzelt, treu geblieben war, ja daß ihr die wilde Naturbegattung der Sümpfe, welche sich in ihrer Verbindung mit dem Sumpfvogel ›Taucher‹, mit dem Pferde der chthonischen Gewässer und mit Narkaios (von *nar*, *aqua*, ›neron‹) ausspricht, daselbst keineswegs fremd war.[12] So gewinnt alles den befriedigendsten Zusammenhang. Insbesondere ist das Verhältnis des elischen Frauengelübdes zu der elischen Gynaikokratie nunmehr völlig klar. Ruht die Macht in des Weibes Hand, so ist auch das Weib zunächst zu ihrer Verteidigung berufen.[13] Wie Molione durch ihre Söhne das Land gegen Herakles schützt, wie sie es ist, die die Rache des Mordes übernimmt und den zu allen Zeiten geachteten Fluch ausspricht, so sind es die elischen Matronen, welche durch das Keuschheitsopfer der großen uranischen Mutter Hilfe erflehen gegen den Feind aller weiblichen Macht, gegen Herakles. Beide Ereignisse stimmen vollkommen überein; sie werden daher nicht ohne Grund mit einander in Verbindung gebracht. Denn in allen Wendungen der Sage sind der Sieg der Molioniden, Herakles' Flucht, Moliones Fluch und der Hetärismus der elischen Mütter als Teile eines und desselben Ereignisses dargestellt.

In einem dritten Ereignisse zeigt sich die aus allen Kämpfen siegreich hervorgehende elische Gynaikokratie von einer neuen Seite. In seiner Erwähnung des Collegiums der sechzehn elischen Matronen hebt Pausanias (5, 16, 5) als die älteste Tätigkeit desselben das Richteramt in öffentlichen Streitigkeiten hervor. Demophon, der König von Pisa, schädigte die Eleer in jeder Weise. »Als er starb, und die Pisäer alle Mitschuld, als hätten sie sich durch öffentlichen Beschluß an den Untaten beteiligt, von sich wiesen, da ließen es sich auch die Eleer gefallen, ihre Ansprüche friedlich beizulegen. Und so kamen sie überein, aus den sechzehn damals bewohnten Städten der Landschaft Elis aus jeder eine Frau zur Schlichtung der Streitigkeiten auszuwählen, und zwar jedesmal diejenige, welche an Jahren, an Würde und Ansehen allen andern vorginge. Die Städte, aus welchen sie die Frauen auswählten, waren die Städte der Landschaft Elis. Diese Frauen entwarfen das Friedensverkommnis zwischen den Pisäern und Eleern.« Dasselbe Matronencollegium besaß noch andere Attribute rein kultlicher Natur, die sich bis in Pausanias' Zeit erhielten, während jene politische Befugnis längst untergegangen war. Wir werden diese übrigen, welchen Pausanias (5, 16, 4) eine spätere Entstehung zuschreibt, weiterhin in anderer Verbindung betrachten und jetzt bei dem Richteramte stehen bleiben. Es hat in der Bestimmung des karthagisch-gallischen Bündnisses, nach welchem über die Beschwerden der Gallier gallische Frauen richten sollten, ebenso in Erscheinungen der germanischen Welt und in manchem, was von amerikanischen Völkern erzählt wird, beachtenswerte Analoga.[14] Für Elis verdient besonders das Beachtung, daß wir hier die Gynaikokratie in ihrer gleichmäßigen Erstreckung über den Staat und über die Familie vor uns haben. Es ist schon früher darauf aufmerksam gemacht worden, daß die Familiengynaikokratie einen Rückschluß auf die staatliche erlaubt, daß aber diese letztere in der Regel viel früher verschwand als die erstere. Elis gibt uns nun ein höchst merkwürdiges Beispiel für die ursprüngliche staatsrechtliche Stellung der Frauen, durch welche auch Moliones Erscheinung und das Opfer der Mütter in Athenes Dienst neues Licht erhält. Zugleich sehen wir das Richteramt der Frauen mit der Annahme eines weiblichen, also offenbar durch die Muttergeburt vermittelten Adels, und mit einer ebenfalls mütterlich-tellurischen Landeseinteilung mit fester, durch alle Zeiten hindurch beibehaltener Grundzahl verbunden. Einem ähnlichen Gedanken folgt die römische Tradition, welche die dreißig Curien und ihre Namen mit den sabinischen Müttern in Verbindung bringt.[15] Die Vergleichung beider Erscheinungen ist um so zutreffender, da die Sabinerinnen, nach welchen die Römer den mütterlichen Namen Quirites tragen, in ihrer Macht über die streitenden Schlachtlinien und in der Bestimmung des Bündnisses, von der Plutarch (Quaest. Rom. 85) berichtet, ganz im Lichte gynaikokratischen Ansehens erscheinen, gleich den Perserinnen, mit welchen die Sabiner in Verwandtschaft stehen sollen.[16] Dazu kömmt, daß die sabinischen wie die elischen und gallischen Frauen als Trägerinnen des Friedens und der Versöhnung auftreten. Das Muttertum ist so sehr das Prinzip der Ruhe und friedlicher Gestaltung eines jeglicher rohen

Mannesgewalt abgeneigten Daseins, das Weib so sehr der Gegensatz des Demophon, daß der nach weiblicher Auffassung genannte Mars Quirinus als Friedensgott verehrt wird, und zu Geronthrae in Lakonien den Frauen das Betreten des Areshains am jährlichen Feste untersagt ist, wiewohl in Elis Hera als Hoplosmia Verehrung fand.[17]

Es erscheint als höchst bedeutsam, daß in der ältesten elischen Tradition das Gesetz des Friedens mit der hohen Stellung, welche dem Weibe zukam, in Verbindung gesetzt wird. Diese Auffassung ist reich an Aufschlüssen über eine Mehrzahl von Tatsachen, die nun in ihre richtige Verbindung eintreten. Der Gottesfriede, der die heilige Elis schützte, und den selbst die Tiere beobachten, wird weiblich als Ekecheiria personifiziert.[18] Friede und Pflege der Religion, zwei Attribute, die dem Mutterprinzipe besonders entsprechen, ist die auszeichnende Eigenschaft der Eleer, welche auch von dem Orakel zu Delphi vor dem Krieg mit den Heloten an diesen ihren Beruf erinnert werden.[19] Die merkwürdige Erscheinung, daß ein politisch nie zu höherer Bedeutung entwickelter Stamm seiner Panegyris und seinen Spielen den von Pindar hervorgehobenen, alle übrigen weit überstrahlenden Glanz zu geben wußte, verliert nun viel von ihrer Rätselhaftigkeit. Wir haben oben für Aegypten den Zusammenhang großer, die Grenzen des engern Gebiets überschreitender Festversammlungen, an denen sich ein ganzes Volk in seiner Brüderlichkeit fühlt, mit dem Vorwiegen des Muttertums angedeutet.[20] Die gleiche Verbindung bewährt sich auch für Elis. Das tellurisch-weibliche Prinzip reicht weiter als das männlich-politische. Es faßt das Volk nach seiner stofflichen Existenz, in welcher das von der Mutter stammende Brudertum enthalten ist, weshalb von ›kokkos (›weibliche Scham‹)‹ und ›Kokkoka‹, wie Artemis in Elis genannt war,[21] das ganze Menschengeschlecht ›kokkotion‹ heißt. Es ist eine von den Alten mehrfach berichtete Tatsache, daß Gesandte der Eleer sich am Hofe des Königs Psammis oder Amasis der höchsten Billigkeit in Anordnung der olympischen Feste rühmten und dabei die Zulassung der Fremden besonders hervorhoben.[22] Dieser Wettkampf um den Preis der höchsten Gerechtigkeit[23] gewinnt durch die gleiche gynaikokratische Grundlage der beiden streitenden Völker, deren Zusammenhang noch in andern merkwürdigen Tatsachen hervortritt,[24] an innerer Bedeutung. Die Einwendung des Aegypters, daß die vollendete Billigkeit sogar den Ausschluß der eigenen Volksgenossen zu verlangen scheine, weil sonst eine Parteilichkeit zu Gunsten derselben unvermeidlich sei, enthält eine Übertreibung der zu Grunde liegenden Idee, die dadurch nur noch in helleres Licht gestellt wird. Die strenge Gerechtigkeit, gegen welche Kyniskas höhnende Bemerkung gerichtet scheint, und die auch in dem Verbot, mit eigenen Pferden um den Preis zu ringen, hervortritt, verbindet sich mit dem Ruhme der ›guten gesetzlichen Ordnung‹, welchen Pausanias den Eleern überhaupt erteilt.[25] Erst Philippus, des Amyntas Sohn, gelang es, durch Bestechung Zwiespalt zu säen.

Die konservative Richtung gynaikokratischer Staaten offenbart sich in Elis in der immer größern Oligarchisierung des Regiments, das auf seine frühere mehr demokratische Grundlage zurückzuführen Phormios, eines Schülers Platos, gesetzgeberische Aufgabe bildete.[26] Dem ruhigen Fortschritt des Lebens mag es hauptsächlich zuzuschreiben sein, daß über die elischen Einrichtungen so äußerst Weniges bekannt ist. Aber das sogenannte ›Gesetz des Oxylos‹, welcher Darlehen auf elisches Land untersagte, scheint in seiner alten Geltung als Gewohnheitsrecht auf dem religiösen Grundsatz der Heiligkeit der Erde, welche ein solches *vinculum iuris* nicht erträgt, zu ruhen.[27] Das auf einen Fluch zurückgeführte Verbot, auf elischem Gebiet Stuten durch Esel beschälen zu lassen, hat seinen Grund in derselben Hochachtung der Maternität, die durch Hervorbringung eines seiner Natur nach unfruchtbaren Tiers in ihrer innersten Natur, der gebärenden Tätigkeit, verletzt erscheint.[28] Die Zurückführung aller dieser Gebräuche auf eine religiöse Sanktion, welche auch in Moliones Fluch wie in der Übung des Gottesurteils durch Zweikampf[29] hervortritt, steht mit der vorzugsweisen Hingabe der Eleer an das Alte und mit ihrem treuen Festhalten an dem Hergebrachten auch in der Sprache in innerer Verbindung. Dieses zeigt sich in civilen Dingen nicht weniger als in religiösen Übungen. Verschieden von der Anlage anderer griechischer Städte zeigte das Forum der Stadt Elis mit dem ›Wohnsitz‹ der sechzehn Matronen eine viel ältere Bauart.[30] Die Grundzahl 16, welche als das Quadrat der die Zehn aus sich gebärenden Tetras mit unter den heiligen Zahlen genannt wird, und in den ›Sechzehnsilblern‹ der aeolischen Sappho, ihrer Grundlage nach aber in dem Vier- und Achtgespann des Pelops wiederkehrt, wurde bis in die späteste Zeit beibehalten und den wechselnden Gebietsverhältnissen stets von neuem angepaßt.[31] Mit gleicher religiöser Scheu hielt man das Verbot der isthmischen Spiele,[32] mit gleicher Treue wurde die älteste historische Landestradition bewahrt. Des elischen, aus Platons zwei Gesprächen und dem Protagoras bekannten Sophisten Hippias' Richtung auf historische Studien, die ihn besonders zu Lakedaimon berühmt machten,[33] scheint darnach als Erbstück seines Volkstums betrachtet werden zu können. In der ehernen Standbildern auferlegten Mordsühne[34] offenbart sich eine Stufe der Auffassung, die, noch ganz durch den Stoff beherrscht, leblose Gegenstände den belebten an die Seite stellt, nur das Faktum der Verletzung, nicht das geistige Moment des Willens beachtet, und jene Hochhaltung körperlicher Integrität bekundet, die bei allen Muttervölkern als oberstes Gesetz erscheint. Es ist bemerkenswert, daß in dem Kleinern Hippias eine mit der eben berührten elischen Geistesrichtung zusammenhängende Frage erörtert wird, wie wir im Menexenos (p. 237 c), der[35] ebenfalls auf die Verspottung von Hippias berechnet war, die Theorie von dem Muttertum der Erde und dem auf diese weibliche Abstammung gegründeten Adel[36] bestimmter und schärfer als anderswo vorgetragen finden.

Das Zurücktreten des ethischen, innerlich-geistigen Moments vor der Tatsache und der äußern Erscheinung offenbart sich in den beiden berühmtesten elischen Sophisten, in Pyrrho und Hippias, wenn auch durch verschiedene, doch sehr bezeichnende Äußerungen. Einen Einfluß der elischen Geschichte und Kulturanlage auf die Ausbildung der genannten Männer läßt sich um so weniger in Abrede stellen, als das hohe Ansehen, welches sie bei ihrem Volke genossen, sie als die ausgezeichnetsten Vertreter desselben darstellt. Im Eingang des größern Platonischen Gesprächs, dessen Erörterung über die Schönheit und das schöne Mädchen unwillkürlich an die elischen ›Schönheitswettbewerbe‹ erinnert, hebt Hippias seine vielfältige Verwendung in Staatsangelegenheiten hervor.[37] Pyrrho aber wurde nach Diogen. Laert. 9, 11 (64) zum Archiereus ernannt, und die Ursache der Steuerfreiheit für alle Sophisten überhaupt. Nach Pausanias (6, 24, 5) war sein Standbild in der Nähe des elischen Forums, sein Grab in dem Demos Petra nahe der Stadt errichtet. In den vielen originellen Zügen, welche Diogenes Laertius mitteilt, offenbart sich eben jene, jedem äußern Faktum sich unterordnende Geistesrichtung, die in der Natur und ihren Gesetzen, sowie in dem Anschluß an das Verhalten der Tierwelt und ihre ›Selbstgenügsamkeit‹, das Ziel und die beste Richtschnur des menschlichen Lebens erkennt. Der Stoff und seine Erscheinung sind allein maßgebend, was über sie hinausgeht, verfällt der Skepsis; das Innere mag Sokrates untersuchen, für den Eleer ist nur die Erscheinung und diese stets in ihrer Einzelnheit von Bedeutung. Solcher rein natürlichen Auffassung entspricht das hohe Gefallen, das Pyrrho an der Homerischen Vergleichung der Menschen mit den Blättern fand, ebenso die Zusammenstellung mit den Fliegen, die in elischen Kulten Veranlassung hatte, die Betonung des allem Leben gemeinsamen Todesloses, die Ausbildung der ›praktischen Tüchtigkeit‹, welche Sokrates im kleinern Gespräche von Hippias, der alles, was er am Leibe trug, selbst anzufertigen verstand, hervorhebt, endlich die Natur der Werke des Eleers, unter welchen die ›Aufzeichnung des siegreichen Olympioniken, Benennungen der Völker (Spartoi)‹ und eine ›Sammlung‹ hervorgehoben werden.[38] Die Beziehung der letztern auf eine ›Sammlung berühmter Frauen‹ stützt sich auf die Anführung der Thargelia Milesia, ›an Aussehen sehr schön und weise‹,[39] und hat in dem elischen Weiberrechte, sowie in der Sammlung der *iconicae imagines* der Siegerinnen in den heräischen Spielen[40] eine sehr beachtenswerte einheimische Veranlassung.

Aber nicht nur in dem civilen Leben, sondern namentlich auf dem Gebiete der Sprache und des Kultus bewährt sich die treue Anhänglichkeit der Eleer an das Hergebrachte und die ältesten Formen. Hier bemerken wir, um nur einige bisher wenig gewürdigte Züge hervorzuheben[41], die Anwendung des Hundes zur Haruspizin von Seite der Iamiden, des Ölbaumzweiges zum Siegeskranze, des die weibliche *fecunditas* bewirkenden Spinngewebes zur Bestimmung des heiligen Raums, des Weizenbrots zum Opfer, des Aschenaltars und des Fliegensymbols, ferner die Zurückführung der Spiele auf den kretischen Herakles, den ältesten der fünf aus Heras Fingern geborenen idaeischen Dactyli, die Verbindung des Szepters mit der linken Hand, welche Phidias sicher nach alter Tradition befolgen mußte, und die dieser Auffassung entsprechende Hervorhebung des Muttertums auf Kunstwerken, die Stellung des Sosipolis zur Linken Tyches, die Aufnahme der römischen Kaiserbilder in das dorische Metroon, womit die einundzwanzig Schilde des Mummius und die Weihe des ›Thrones des Arimn(est)os‹ des Königs der ebenfalls dem Prinzipat des Muttertums huldigenden Etrusker, zusammengestellt werden muß; Hermes' Auffassung als Kronos' jüngster Sohn im Hymnus des Ion von Chios; die Voranstellung der Hestia und des Schweineopfers: alles Züge, in welchen der mütterliche Prinzipat hervortritt, die sich daher der besondern Verehrung mütterlicher Gottheiten und der dieser entsprechenden Heilighaltung des tellurisch-poseidonischen Elements mit seinem Pferdesymbol als bedeutsame Konsequenzen anschließen. Verbinden wir mit diesen Erscheinungen des elischen Lebens noch jene besondere Prosperität des Landes, die in dem Mythus von Augeas, von dem reichen Narkaeus, dem Bedenken des Oxylos, den Herakliden den Wohlstand und die Blüte der Landschaft zu zeigen, und in der ›Fülle an guten Männern‹ des Volkes hervortritt, so ergibt sich das Bild eines Zustandes, der uns die Gynaikokratie von neuem als den Mittelpunkt und Träger frühzeitig erreichter höherer Ackerbaugesittung erkennen läßt. Die sechzehn elischen Matronen, die der blutigen Rache für Demophons Unbill die friedliche Ausgleichung des Streits, dem Krieg das Bündnis vorziehen, vergegenwärtigen uns den Ruhm, der mit bemerkenswerter Übereinstimmung allen Muttervölkern beigelegt wird, nämlich die vorherrschende Richtung auf friedliche Entwicklung, auf Pflege der Religion und Gerechtigkeit, die Deisidaimonia und Eunomia, die Heilighaltung des Hergebrachten in Leben, Staat und Kult, die Philoxenia, und in allem dem die Grundlage einer Blüte des Staates, welche ihrerseits den mächtigsten Wall gegen gewalttätigen Umsturz bildet.

122. Durch die Einwanderung der stammesverwandten Aetoler erhielt das alte epeische Volkselement des Peneuslandes ein solches Übergewicht, daß es ihm gelang, alle fremdartigen Bestandteile zu unterwerfen und aus ihrer Verschmelzung das Gesamtvolk der Eleer zu gestalten. Die alte mütterliche Grundlage des Lebens erlitt dadurch keine Umgestaltung, vielmehr haben wir in jener Zuwanderung der epeischen Aetoler, deren Weiber sich noch später durch Tapferkeit auszeichneten, und die in Gestalten wie Marpessa, die Mutter der Meleagergemahlin Kleopatra, wie Sterope, die Mutter der Sirenen, wie Althaea und Leda, die Töchter des Thestios, jene die Mutter Deianiras, der Herakles-Erwählten, die Erinnerung an ihre alte Mannhaftigkeit und Ritterlichkeit bewahrten, eine neue Sicherstellung derselben zu erkennen.

[Im weiteren des Kapitels 122 wird auf die »ursprüngliche Beziehung der olympischen Spiele zu dem Monde« (und d. h. stets zur »stofflichen Mütterlichkeit«) hingewiesen. Daß Pelops »der wahre und eigentliche Gründer der olympischen Spiele« ist und sie durch seine »höhere Religionsstufe« geprägt wurden, wird in Kap. 124 ff. fortgeführt – im Zusammenhang der (in Kap. 123 begonnenen) Darlegung der allmählichen »Hinüberführung des tellurischen Mutterrechts in eine höhere Religionsstufe... Die tiefste Stufe knüpft sich an Oenomaus, die mittlere an den achaeischen Stammheros Pelops, die höchste ist herakleisch-apollinisch.«]

125. [...] Überblicken wir nun diese Berichte der Alten über das Verhältnis der Frauen zu den olympischen Spielen, so tritt der merkwürdigste Gegensatz zu der elischen Gynaikokratie und der mütterlich-stofflichen Grundlage der Olympien selbst, wofür wir oben die Beweise zusammengestellt haben, hervor. Der hohen Bedeutung Hippodamias insbesondere steht die Ausschließung der Matronen von dem Zeusaltar und den Spielen gänzlich fremdartig gegenüber. Sie ist offenbar in bewußter Abweichung von den gynaikokratischen Zuständen des epeisch-aetolischen Volkes zu Stande gekommen; die Größe der Strafe, der Widerstand der makedonischen und spartanischen Frauen, die Feindschaft gegen Herakles, welche sich in den verschiedensten Mythen ausspricht, zeigt, wie tief man noch späterhin den Widerspruch fühlte. Der neue höhere Standpunkt kann unbedenklich dem Einflusse Delphis zugeschrieben werden. Wie der pythische Gott für die Erhaltung und Hebung des in Pelops und seiner olympischen Feier niedergelegten Keimes einer höhern, dem Tellurismus sich entringenden Religion gegenüber der epeisch-aetolischen Stufe Sorge trug, haben wir an der Hand der Überlieferung bereits nachgewiesen. Durch die Verbindung der Aetoler mit den Herakliden mußte dieser apollinische Zusammenhang jenes Übergewicht erlangen, welches in Herakles' göttlicher Verehrung nach der Anordnung des Oxyliden Iphitos sein höchstes Anerkenntnis gefunden hat. Aus der Verbindung mit den Herakliden stammt die Einmischung der hyperboreischen Sage in die Entwicklungsgeschichte der Olympien, aus ihr der Mythus von Apollos olympischem Siege, aus ihr der sakrale Gebrauch der dorischen Sprache, des dorischen Tempelstils, aus ihr die Einführung des Herakles selbst und die überwiegende Bedeutung, welche ihm für Olympia so wie für die Entwicklung des ganzen elischen Volkes eingeräumt wird.[42] Seit dieser Zeit mußte der herakleisch-apollinische Geist der alten mütterlich-stofflichen Religion immer entschiedener entgegentreten,

die Verbindung mit dem libyschen Ammonium und dem gynaikokratischen Aegypten der delphischen weichen, und der olympische Zeus aus der poseidonisch-tellurischen Stufe, in welcher er wurzelt, zu jener höhern Natur sich erheben, auf der die Verbindung mit den heiligen Strömen Alpheus und Kladeos nur noch als Befreundung mit tieferstehenden Mächten, die Weissagung der Urmutter Erde aber als gänzlich überwundene Stufe erschien.

Jetzt ist die Bedeutung der Zurücksetzung der Frauen und ihr Verhältnis zu den gerade in Elis so zahlreichen Beweisen ihrer gynaikokratischen Stellung nach Veranlassung und Inhalt völlig klar. Sie gehört der herakleisch-apollinischen Religionsstufe, während die Reste gynaikokratischer Macht sich als Erbstücke der frühern heraklesfeindlichen Zeit erhielten. Dabei bleibt die Tatsache, daß keiner der beiden Standpunkte zu vollkommenem und entschiedenem Siege zu gelangen vermochte, daß insbesondere der alte in seinem Anschluß an die Verehrung der Mutter des Sosipolis, an das Collegium der sechzehn Matronen und die Heräen, sowie an die überwiegend große Zahl mütterlicher Gottheiten stetsfort hohe Geltung behielt, eine höchst merkwürdige und für die altertümliche Richtung des elischen Volksgeistes sehr bezeichnende Erscheinung. Wir können das doppelte Prinzip dieses Volkslebens bis in die Unterscheidung eines doppelten Herakles verfolgen. Der idaeische kretischer Herkunft gehört wie die Daktylen, an deren Spitze er steht, und die nächtliche Demeter, deren Tempel er hütet, dem ältern überwiegend mütterlichen Prinzip der Kureten, der jüngere Amphitryonide, Alkmenes Sohn, der apollinischen Stufe, welche die Lichtpaternität als den Lohn siegreich bewährter Trefflichkeit auffaßt. In Elis haben sie beide neben einander Berechtigung, und die Unmöglichkeit, sie immer zu unterscheiden, welche Pausanias (5, 14, 9) hervorhebt, ist der ganz entsprechende Ausdruck der angedeuteten Mischung tieferer und höherer Zustände. Wenn Strabo (8, 355) sie beide verwirft und als alleinige Gründer der olympischen Feier die aetolischen Epeer anerkannt wissen will, so versäumt er über dem Streben nach historischer Wahrheit die Bedeutung der stufenweisen Erhebung und Läuterung des Kultes, welche in der Hervorhebung jenes zwiefachen Herakles mythisch angedeutet und auch für die Nemeen bezeugt wird.[43]

Der herakleisch-apollinische Geist tritt in der Zurücksetzung des Weibes bei den Olympien in sehr verständlicher Weise hervor. Aber selbst hierin ist der delphische Gesichtspunkt nicht bis zu seiner letzten Konsequenz durchgeführt worden. Während dem pythischen Heiligtum kein weißer weiblicher Fuß naht, werden die Mädchen bei den Olympien zugelassen, Matronen ringen mit um die Palme, Hippodamia reicht den Siegeskranz, Kyniska empfängt als Heroide Verehrung, die Heräen werden von den Mädchen auf dem olympischen, nur um ein Sechsteil verkürzten Stadium abgehalten;[44] besonders aber gilt die Priesterin der Demeter Chamyne, wenn sie den heiligen Schutz des weißen Göttersteines genießt, für unantastbar. Herakles gegenüber erscheint Demeter als die Repräsentantin der frühern pelopisch-achäischen Kultstufe, in der nach Maßgabe des samothrakischen Systems die große Erdmutter die erste Stelle einnimmt. In den römischen Circusspielen und dem cerealischen Ei, das nach Varro vorangetragen wird,[45] hat Demeter ihr Prinzipat entschiedener gewahrt als zu Olympia; aber auch hier wagte man es nicht, dem herakleischen Prinzip die hergebrachte Bedeutung Chamynes zum Opfer zu bringen. Neben dem allgemeinen Ausschluß der Matronen bewahrte sie ihr altes, hohes Ansehen. Die Unterscheidung der unverheirateten und der verheirateten Frauen zeigt deutlich, von welchen Grundgedanken die Zurücksetzung des Weibes eingegeben war. Aelian (Nat. an. 5, 17) führt sie auf das Gebot der ›Besonnenheit‹ zurück und deutet damit, wenn auch nur oberflächlich, das Richtige an. Offenbar liegt die leitende Idee in der innigsten Verbindung des stofflichen Muttertums mit dem ebenfalls stofflichen Naturgesetze des leiblichen Todes. Feiern die olympischen Leichenspiele die Überwindung dieses letztern durch das höhere uranischer Wiedergeburt, so darf die Mutter durch ihre Anwesenheit den Gedanken der Apotheose nicht zu dem Stoffe, dem die Sterblichkeit entstammt, zurückführen. Der Gedanke des Sieges über das Tellurische verlangt Ausschluß desjenigen Geschlechts, dem eben dieses tellurisch-gorgonische Gesetz angehört. Der Zulassung keuscher Jungfrauen stand also nichts entgegen, wie die Thespienser das Priestertum des Herakles einer lebenslänglicher Keuschheit gewidmeten Jungfrau übertrugen. Nur die Matrone dient dem Untergang und dem Tode, nur sie hat durch Verletzung der ›Besonnenheit‹ des Stoffes Recht befördert.

Wir sehen, wie dieser Gedanke sich an jenen der zweimaligen Liebe Poseidons zu Pelops vollendend anschließt, erkennen, wie Herakles gerade infolge seines höhern Gesetzes dem achäischen Heros zu Ehren die Spiele feiern konnte, begreifen endlich, wie das Orakel auf den Gedanken kam, die Gebeine des Pelops und des Herakles Pfeile mit einander zu verbinden, Trojas Fall von ihrer vereinigten Wirkung abhängig zu machen, und wie man das schützende Palladium aus Pelops Gebeinen entstehen ließ und die *ossa* des Pelopiden Orest den *septem pignora imperii* beizählte.[46] Pelops und Herakles streben demselben Ziele entgegen, erheben sich beide über das düstere Gesetz des reinen Tellurismus: Pelops als beginnender, Herakles als vollendender Besieger desselben; jener als Poseidons, dieser als Apollos Geliebter, jener durch die phallische, dieser durch die unstoffliche Männlichkeit des Lichts. Pausanias (5, 13, 4) teilt uns eine Erzählung mit, aus welcher das spätere Zurücktreten des Pelops vor Herakles' höherer Natur hervorgeht. Pelops' Gebeine, auf Delphis Rat nach Olympia zurückgebracht, sind in der nachfolgenden Zeit verschwunden, das poseidonische Prinzip, dem die *ossa,* der Schrein, der sie umschließt, und das Erz angehören, hat selbst ihre Vernichtung herbeigeführt. Herakles dagegen überdauert allen Wechsel der Zeiten. Der von ihm aus dem Lande der apollinischen Hyperboreer nach Olympia verpflanzte Oleaster grünt in stets neuer Blüte.[47] Die Weißpappel, die Herakles an Acherons Strand entdeckt, liefert allein das Holz, mit welchem die olympischen Opfer entzündet werden. Wenn irgend ein Zug des Mythus die Idee der Überwindung des stofflichen Untergangs und der Besiegung des Todes für die Festfeier am Alpheus außer Zweifel setzt, so ist es der hier ausgesprochene Gegensatz zwischen Acheron und *alba populus,* der durch die besondere Verehrung des Hades in dem elischen Lande und die besondere Furchtbarkeit des olympischen Taraxippos unendlich an Nachdruck gewinnt. Herakles der Weiberlose erscheint wiederum als der Erretter aus den Banden des Stoffs, wie er auf olympischen Denkmälern hier als Besieger der Amazone und als Prometheusbefreier dargestellt war, und vor dem heimkehrenden Sieger die Mauern der Städte gebrochen sich eröffnen.[48]

Dieselbe Überwindung des Todesgesetzes liegt in der Vertreibung der Fliegen, welche als Wirkung des herakleischen Opfers dargestellt wird. An Leichnamen und Verwesung nährt und erzeugt sich die Schmeißfliege, deren Farbe der das Fleisch der Verstorbenen von den Knochen abfressende Eurynomus trägt. In ihrer unabtreibbaren Schamlosigkeit und Lüsternheit nach Blut zeigt sie den Menschen das unerbittliche Todeslos, dem alles Leben anheimfällt, und zwar auch sie wieder als Gesetz des mütterlichen

Stoffs, nämlich weiblich als ›Myia (Fliege)‹, die gleich Diana den schönen Endymion liebt. Darum ist sie Herakles verhaßt, darum ihm gegenüber das Bild der finstern dämonischen Naturseite; darum ist sie unverträglich mit Apollos reiner Lichtnatur, darum durch das Stieropfer zu sühnen, darum endlich auf eine Linie gestellt mit dem Weibe, dessen Mutterschoß das Todesgesetz in sich trägt, und das an Achills Kenotaph beim Eintritt der Nacht das Klagelied über die Hinfälligkeit alles Lebens anstimmt, wenn die Eröffnung der Olympien und die Feier des männlich-herakleischen Unsterblichkeitsprinzips bevorsteht.[49]

Auf dieser Höhe der apollinischen Idee nimmt Zeus die Natur vollendeter Geistigkeit an. In gleicher Entfernung von Heras mütterlichem und Pelops' poseidonisch-männlichem Heiligtum erhebt sich sein Altar, über dessen Prothysis kein Weib, auch keine Jungfrau, emporzusteigen wagen darf. In ihm ist jener Gegensatz von Leben und Tod, wie ihn auch Herakles in sich trägt, zur Einheit des unabänderlichen Seins aufgelöst. Ihm gegenüber muß daher der Unterschied zwischen Mutter und Jungfrau wegfallen, von seinem Tempel auch jeder, der an Pelops Totenopfer Teil hatte, fernbleiben. Durch des Feuers Glut verzehrt, hat der Stoff sich aller Schlacken entledigt, mit der Mütterlichkeit und ihrem Wechsel die Paternität und ihre Ewigkeit vertauscht. Kein Weib und von den Männern niemand, der das Totenmahl genossen, kann mit dieser Spitze der Göttlichkeit in irgend eine Berührung treten. Blicken wir von der Höhe dieser Religionsentwicklung zurück, so erscheint uns jenes Wort des Pausanias, daß Pelops den übrigen Heroen in demselben Verhältnis vorgehe, in dem Zeus über die Schar der andern Götter erhaben ist, in der ganzen Fülle seines Gewichts. Doppelt beachtenswert aber wird es, wenn wir bedenken, daß jene höchste Entwicklung sich selbst an Pelops anschloß und, ausgehend von dem Totenkult und der Trauer über die Vergänglichkeit, zu der Idee eines über allen Untergang erhabenen und der stofflichen Region gänzlich entrückten göttlich-einheitlichen Vaters emporstieg.

Gerechtfertigt ist also im vollsten Maße die einleitende Bemerkung, mit welcher wir oben der Entwicklung des olympischen Dienstes besondere Aufmerksamkeit zu gewinnen suchten, daß nämlich sie vor allem eine Stufenfolge der Erhebung zeige, die mit allmählicher Überwindung des Stoffes eine entsprechende Zurückdrängung des mütterlichen, des weiblichen Prinzips überhaupt verbinde. In den elischen Kulten haben alle drei Entwicklungsperioden, die oenomaische des reinen Naturgesetzes, die pelopisch-achäische des höhern menschlichen Daseins, die apollinisch-herakleische reiner Paternität ihre Spuren zurückgelassen. Besiegt und in den Hintergrund gedrängt, sind die Reste der tiefern Stofflichkeit doch keineswegs vernichtet. Selbst Herakles, selbst Apollo haben sie nicht überall abgestreift. In dem Lobe der Gefräßigkeit erscheint jener, in dem der ›Schlemmerei‹ dieser noch ganz materiell; neben dem Olympier Zeus spielt in dem Artemismythus des Alpheus Schlammwasser eine kultliche Rolle, und mit Zeus Chthonios verbindet sich die Verehrung des Zeus Katharsios. Nicht anders erscheint in dem Bady das Weib hetärisch, in den Heräen und dem Sosipoliskult als herrschende Matrone, bei den olympischen Feiern kraft seiner Mütterlichkeit ausgeschlossen, an Zeus' Altar um ihrer stofflichen Natur willen dem Manne untergeordnet, und alles dies neben der Tradition, welche Hippodamia mit Pelops und den übrigen Freiern den Wagen besteigen, die Oenomaustochter selbst den Kranz darbringen läßt und das Verbot der Isthmien auf eines Weibes Fluch zurückführt: Gegensätze, die nur darum bis heute keinen Anstoß gegeben haben, weil sie nach dem bisherigen System mythologischer Betrachtung notwendig unbeachtet bleiben mußten. Dem Gesetze historischer Entwicklung unterworfen, verteilen sie sich auf eine Mehrheit von Kulturstufen und erhalten so ihre befriedigende Lösung.[50]

[Kap. 126 und 127 bringen weitere detaillierte Mythenanalysen zu mutterrechtlichen Verhältnissen. »Haben wir so bei den triphylischen Minyern dasselbe stofflich-mütterliche Recht wiedergefunden, das die epeisch-aetolische Vorzeit beherrscht, so kann es nicht überraschen, wenn auch die übrigen Eigentümlichkeiten der gynaikokratischen Kulturstufe in den minyeischen Traditionen hervortreten. Die poseidonische Auffassung der männlichen Kraft zeigt sich auch hier wieder in Verbindung mit der Herrschaft des Todesgedankens, der in dem Neleusnamen, ebenso in Pelias, dem schwarzen, in Tyro, dem Schwarzfuß Melampus wie in dem sikyonischen Melanaigis, selbst in Proetus zu erkennen ist, sowie in jedem Dualismus, der nach Maßgabe der Eigeburt der Dioskuren und Molioniden das die sichtbare Naturschöpfung beherrschende Doppelgesetz des Werdens und Vergehens zur Darstellung bringt. Der Gedanke ewiger Vernichtung, welchen wir bei der Betrachtung der Argofahrt als die Grundidee des minyeischen Tellurismus nachgewiesen haben, zeigt sich nicht nur in der Mordlust des Salmoneus, des Tyrosohnes Pelias, der Stiefmutter Sidero, nicht nur in den Bildern von dem wurmzerfressenen Gebälk, dem einstürzenden Hause, dem rostenden Schwerte, dem gefällten Baume, sondern namentlich auch in der Zurückführung der minyeischen Chloris auf Minyas, der Persephone Sohn, in der besonderen Verehrung des Hades zu Phylos, in der Sage von dem Beistand, den dieser Gott im Verein mit Hera den Pyliern leistete, als Herakles die Stadt verwüstete, das Geschlecht der Neliden dem Untergang nahe brachte und Hera in die rechte Brust verwundete, in der Rolle, welche die minyeischen Heroinen in den Nekyien spielen, in der Beziehung der Minyas zu dem Orcus sowie in dem elischen und argivischen Totenfest der Agriania und in den Höhlenkulten von Pylos und Nonakris. Demnach kann es nicht auffallen, wenn das eine Glied des Dualismus, der mit beachtenswerter Konsequenz in allen Verzweigungen des Tyrogeschlechtes wiederkehrt, stets mit dem Gedanken der Vernichtung und des Todes sich identifiziert.«

[Die Duplizität und Gegensätzlichkeit sieht Bachofen im Mythischen, Religiösen und Geschichtlichen in vollständiger Adäquatheit.

Kap. 128-132 bringen sehr ins Detail gehende Analysen zur weiteren Darlegung des »Fortschritts von der chthonischen Mütterlichkeit zu der apollinischen Paternität« – hauptsächlich auf dem Gebiet der Mantik: zum Zusammenhang der verschiedenen Sehergeschlechter und Weissagungen.]

133. Wir haben die Entwicklung des elischen Volkes nach den drei Landschaften, der Coele-Elis, der Pisatis, der triphylischen Pylos, betrachtet, und die Traditionen, welche sich an jede derselben anschließen, gesondert verfolgt. So eigentümlich nun auch das einzelne erschien, so ist doch das Gesetz des Fortschritts für alle das gleiche. Über dem stofflichen Mutterrecht erhebt sich das Lichtprinzip der apollinischen Paternität. In diesem Endpunkte finden sich zuletzt die verschiedenen Entwicklungslinien zusammen. Einheit tritt an die Stelle der Mannigfaltigkeit. Wie in dem elischen Namen die früher getrennten Volkselemente sich einigen, so finden die verschiedensten Religionsstufen in der olympischen Feier und in der Ausbildung der Gottheitsidee des olympischen

Zeus ihren Abschluß. Elis bietet jetzt ein höchst beachtenswertes Schauspiel dar: die tiefste und die höchste Stufe religiöser Entwicklung treten mit gleicher Entschiedenheit neben einander hervor. Nirgends ist der tellurisch-poseidonische Kult in gleichem Ansehen geblieben wie bei den Eleern; nirgends aber auch apollinischer Geist zu vollkommenerer Anerkennung gelangt als in der herakleischen Ordnung der olympischen Feier. Ist jener erstere das Produkt des einheimischen epeisch-aetolischen Volksgeistes und seiner eminent konservativen Kraft, so erkenne ich in diesem eine Folge des dorischen Einflusses, der seit der siegreichen Festsetzung der Herakliden im Peloponnes mächtig zur Erhebung des olympischen Kults und der an die höchste Stufe des Zeusaltars geknüpften apollinisch-väterlichen Weissagung der Iamiden beitrug.

In dem weiten Raume, der die Gegensätze trennt, setzt sich, beide vermittelnd und verbindend, der dionysische Kult fest. Nirgends fand Dionysos in den althergebrachten Landesdiensten einen festern Anhaltspunkt als in Elis; nirgends aber trat ihm hinwieder eine gleich scharfe, unüberschreitbare Grenze entgegen. Der tellurische Neptunismus entspricht der physischen Grundlage des dionysischen Dienstes nicht weniger als die in dem Achäer Pelops erkannte Beziehung zu uranischer Wiedergeburt der Mysterienseite des als Erretter und Überwinder des Todes gefeierten männlich schönen Lichtgottes. Insbesondere aber mußte die in Elis hergebrachte hervorragende Bedeutung des Matronentums der Festsetzung des bacchischen Dienstes den größten Vorschub leisten. In ihm fand das mütterliche Ansehen eine neue Stütze und jene Religionsweihe, die in dem innigen Verhältnis des phallischen Herrn der tellurischen und uranischen Welt zu dem Weibe und seiner Geistesanlage ihren Grund hat. Höchst beachtenswert ist es also, daß jenes Collegium der sechzehn Matronen, das in die Urzeiten des Volkes zurückreicht, von Plutarch als ein Verein bacchischer Priesterinnen dargestellt wird. Ursprünglich ohne alle Verbindung mit dionysischem Kult, schloß es sich später diesem an, und wußte so seinem Ansehen und seiner Macht eine neue, gegen alle Angriffe gesicherte Grundlage zu verleihen. Der Anteil, welchen die Sechzehn und ihre Anführerin Megisto, Timoleons Gemahlin, an dem Fall des elischen Tyrannen Aristotimos, des Damaretos Sohn, eines Schützlings des Antigonos, nahmen, legt von der hohen, ganz religiösen Macht der elischen Matronen auch noch in dieser spätern Zeit das glänzendste Zeugnis ab. Mit Ölzweigen und den heiligen Binden des Gottes, dem sie dienen, geschmückt, treten sie dem Tyrannen auf dem Markte von Elis entgegen; aus Ehrfurcht weicht die Leibwache zurück; sitzend wie die matronalen Gottheiten, richtet Megisto ihre Rede an Aristotimos. Als bacchisches Collegium verbinden die Sechzehn mit dem Chorus der Hippodamia einen zweiten zu Ehren der Physcoa, welche im elischen Demos Orthia des Dionysos Liebe genoß und den ersten Verehrer des Gottes, Narcaeus, zur Welt brachte.[51]

Der Eintritt der elischen Frauen in dionysische Verbindung liegt sicherlich auch jener Darstellung der delphischen Lesche, wo mitten unter den berühmten Weibern der aeolischen Vorzeit die orchomenische Chloris, des pylischen Neleus Gemahlin, mit dem Haupte in Thyias Schoß ruhend, abgebildet war, zu Grunde. Pausanias erblickt hierin die Andeutung der innigsten Freundschaft, welche er auf Thyias Liebe zu Poseidon, dem Neleusvater, zurückführt. Diese neptunische Verbindung widerspricht der dionysischen Natur, welche anderwärts Thyia aufs entschiedenste beigelegt wird, durchaus nicht. Thyia ist es, die zuerst Dionysos' Orgien feiert und für die Bacchantinnen den Namen Thyien oder Thyiaden begründet. Als Personifikation des weiblich-dionysischen Mysteriums und darum mit dem Feste Herois besonders verbunden, leiht sie der Neleusgemahlin, deren Beziehung zu den olympischen Heräen wir oben hervorgehoben haben, einen entschieden dionysischen Charakter und versinnbildet auf diese Weise die Erhebung der altminyeisch-chthonischen zu der bacchischen Gynaikokratie. Es ist bemerkenswert, daß sich an das Eindringen des dionysischen Dienstes in Elis keine jener Traditionen von blutigen Verirrungen der Frauenwelt, wie wir sie für Orchomenos, für die Chierinnen, Lakonerinnen, Argiverinnen gefunden haben, anschließt. Die Lokalisierung des Proetidenmythus in Triphylien[52] zeigt vielmehr, welche Bedeutung der siegreichen Bekämpfung des dionysischen Lichtdienstes durch den chthonisch-melampodischen auch für die elische Küstenlandschaft beigelegt wurde. Als der Gott später dennoch zur Anerkennung gelangte und, durch die berühmte Epiphanie der trieterischen Thyien getragen, sich überall Heiligtümer und Kulte erschuf, trat ihm der tiefgewurzelte düstere Ernst der chthonisch-mütterlichen Religion, verbunden mit der strengen Zucht der matronalen Macht elischer Frauen, mäßigend und das Alte wahrend zur Seite.

Der Gebrauch des Weines bei den Opfern vermochte nie den Charakter der alten Nephalia zu verdrängen. Er blieb stets sehr beschränkt, von dem gemeinsamen Altar aller Götter ganz ausgeschlossen, und wurde namentlich von den sechzehn Frauen bei ihren religiösen Handlungen verworfen. Die Nymphen und ihr Kult nahmen eine hervorragende Stelle ein und bewahrten für Elis namentlich ihre Geltung als ›Anführer in Frömmigkeit und Gottesfurcht‹.[53] Noch zu Pausanias' Zeit hielt sich das Matronencollegium an das Opfer des demetrischen, dem unkeuschen Weine feindseligen Schweines und an die Wasserlustration, welche zusammen mit der oben berührten Sage von Melampus, daß er zuerst die Mischung des Weines mit Wasser anbefohlen habe, und mit dem Gebet der elischen Frauen an den stierfüßigen, dem Meere entsteigenden Gott der Befruchtung[54] das strenge und bewußte Festhalten an der tellurischen, phallische Üppigkeit ausschließenden Stufe der Männlichkeit bekundet. Dieser Widerstand gegen das bacchische Weinprinzip, welches auch in dem Namen des Physcoasohnes Narcaeus hervortritt, offenbart sich in dem ruhigen Vereine der pylischen Chloris mit der delphischen Thyia, die beide nur mit der poseidonischen Seite des Dionysos in Verbindung gebracht und, bacchischer Erregung entgegen, im Zustande stiller Ruhe und Besonnenheit dargestellt waren. Der Mythus von Hemithea, in deren Tempel die Schweine nächtlicher Weile die Weingefäße umstießen, und jener von Bona Dea, in deren Heiligtum das bacchische Getränk die alten Namen *lac* und *mellarium* nicht zu verdrängen vermochte, dienen dazu, die Bedeutung des siegreichen Widerstandes der elischen, dem Heradienst ergebenen Matronen gegen den unkeuschen Wein noch mehr ins Licht zu stellen. Die Sage von der Verwandlung des Wassers in dem sorgsam geschlossenen Heiligtum beweist durch ihre abergläubische Wunderlichkeit, die Pausanias zu verspotten sich nicht scheut, den Widerstand, den die nüchterne poseidonische Religionsstufe der Eleer der sinnlich entwickeltern Feuermacht des Gottes der üppigsten Naturschöpfung entgegensetzte, und welcher Mittel es bedurfte, um seiner Herr zu werden, obwohl wenigstens den Männern Trunksucht mit Lügenhaftigkeit und geringer Bildung von den Alten vorgeworfen wird. Im Anschluß hieran gewinnt es Bedeutung, daß Dionysos in Elis als Leukyanites mit dem Fluß desselben Namens in Verbindung gesetzt wird; daß der Silen allein, ohne den Gott, mit Methe ein Heiligtum besaß; daß Dionysos nicht mit den Bacchen, wie zu Sikyon, sondern mit den Gratien, deren Namen die drei heräischen Proetiden trugen, mit den Musen und Nymphen zusammengestellt wurde; daß der phallische Gott im Tempel der Hera eine Statue besaß, mithin dem heräischen Matronentum dienend aufgefaßt wurde; daß endlich, wie die Darstellung auf dem Schilde des Iphiklos beweist, die düstere chthonische Seite des Gottes vor seiner phallisch-zeugenden hervorgehoben wurde.

Wenn sich in allen diesen Erscheinungen[55] ein fortgesetzter Widerstand des einheimischen poseidonisch-tellurischen Standpunkts gegen die freiere Entwicklung des orgiastischen Dionysosdienstes offenbart und der Einfluß des dem Alten vorzugsweise ergebenen, in Elis so mächtig hervorragenden Matronentums nicht verkannt werden kann, so ist andererseits auch die Mitwirkung des durch die Herakliden zu hervorragender Bedeutung erhobenen Apollo in Anschlag zu bringen. Je reiner und metaphysisch-geistiger sich die Paternität des Pythiers entwickelte, um so mehr mußte des ihm zu Delphi geeinten Dionysos sinnlichere Vaternatur in den Hintergrund treten. So wirkten in Elis zwei ihrer Natur nach ganz entgegengesetzte Momente der Alleinherrschaft des dionysischen Kultes entgegen: die Kraft und das Ansehen der hergebrachten chthonisch-mütterlichen, von den Matronen gehüteten Kulte einerseits, andererseits die herakleisch-apollinische, durch besondere Weissagergeschlechter vertretene reinere Gottheitsidee; dort die Strenge und der Ernst des heräischen, hier die Erhabenheit des väterlichen Zeusprinzipes. Durch diese Schranken nach zwei Seiten hin eingeschlossen, mochte Dionysos zwar in dem Streben des Demos nach freierer und heiterer Lebensentwicklung eine nicht unbedeutende Stütze finden: eine Umgestaltung des ganzen Daseins, wie sie ihm anderwärts gelang, hat er in Elis, zumal unter dem weiblichen Geschlecht, nie durchzuführen vermocht. Insbesondere ist der merkwürdige Gegensatz, der sich in der Stellung der elischen Frauen offenbart, von ihm nicht überwunden, nicht ausgeglichen worden. Durch ihren heräischen Verein auf allen Gebieten des Lebens mächtig hervorragend und gestützt durch die Erinnerung an die Frauen der Vorzeit, eine Molione, Hippodamia, Chloris, sind sie doch bis zuletzt von den olympischen Feiern und der höheren Stufe des Zeusaltars ausgeschlossen geblieben. Durch Dionysos mit neuer priesterlicher Weihe umgeben, wagen die sechzehn Matronen dennoch nicht, zur Zeit der Spiele den

Alpheus zu überschreiten, oder den apollinischen Iamiden auf die Höhe des Zeusaltars zu folgen. Neben der größten Erhebung bleibt die größte Erniedrigung in voller Kraft. Der dionysische Kult, statt in versöhnender Mitte beide Extreme zu vereinigen, ist genötigt, selbst sich ihnen unterzuordnen. Eine Erscheinung, die unter der Zahl der außerordentlichen Verhältnisse des elischen Küstenlandes gewiß nicht die wenigst beachtenswerte ist und für die innere Kraft und Festigkeit gynaikokratischer Lebensgrundlage ein neues, beachtenswertes Zeugnis ablegt.

Die epizephyrischen Lokrer

134. Von den Eleern wenden wir uns zu den epizephyrischen Lokrern, bei welchen sich Reste der alten Gynaikokratie des lelegisch-aeolischen Volksstammes bis in spätere Zeiten erhalten haben. Die Zeugnisse verdanken wir Polyb, der zu den Lokrern in engem Verhältnis stand, ihre Stadt mehrmal besucht und in dem Streite zwischen Aristoteles und Timaeus über den Ursprung der italischen Kolonie sich für die Meinung des erstern entschieden hatte. Diese, behauptet er,[1] sei die einheimische Tradition der Lokrer, welche sie durch eine Reihe von Beweisen stützten. »Zuerst führen sie den Umstand an, daß aller Ruhm und Glanz der Abstammung bei ihnen von den Frauen und nicht von den Männern hergeleitet werde, z. B. gleich das, daß für adelig nur die aus den sogenannten Hundert Häusern gehalten werden. Diese ›Hundert Häuser‹ aber seien jene, welche von den Lokrern schon ausgezeichnet worden, noch ehe die Kolonie abging, und aus welchen sie dem Gebote des Orakels gemäß die zum Opfer nach Ilium bestimmten Jungfrauen durchs Los auswählten. Von diesen Weibern nämlich seien einige mit der Kolonie ausgezogen, und deren Nachkommen würde noch jetzt adelige Herkunft und die Bezeichnung ›die aus den Hundert Häusern‹ beigelegt. Ferner aber wurde von der zu Lokri sogenannten Phialephoros daselbst folgende Geschichte erzählt: daß nämlich, als sie zuerst die Sikuler aus dem Teile Italiens, den sie nunmehr selbst inne haben, vertrieben und sahen, daß bei jenem Volke ein Knabe aus einem der angesehensten und adeligsten Geschlechter bei den Opfern den Dienst verrichtete, sie mit den meisten übrigen sikulischen Gebräuchen, da sie selbst keine heimatliche Überlieferung hatten, auch den angeführten beibehielten, daß sie aber dabei doch die Verbesserung anbrachten, nicht einen Knaben, sondern ein Mädchen zur Phialephoros zu machen, und zwar dies aus Ursache der bei ihnen von der weiblichen Seite abgeleiteten Adelschaft.« Ein zweites Zeugnis liefern die von Mai aus einer vaticanischen Handschrift[2] zuerst herausgegebenen Polybianischen Fragmente.[3] Kann man auch die in diesen neuen Bruchstücken des zwölften Buchs entwickelte Polemik gegen den Vorwurf der Geschmacklosigkeit nicht in Schutz nehmen, so wird sie uns doch dadurch wichtig, daß sie in gewissen Erscheinungen der lokrischen Ge-

schichte einen neuen Ausdruck des Prinzipats der weiblichen Seite erblickt. Darauf gehen die Worte (12, 6b, 2) ›Daher‹ – nämlich um die Schande der väterlichen Abkunft zu verdecken – ›haben sie auch wohlweislich ihre Stadt nach den Frauen benannt und Verwandtschaft mit den anderen Lokrern nur in weiblicher Linie behauptet, ebenso nur die ererbten Freundschaften und Bündnisse erneuert, die auf dieser Beziehung beruhten‹ (Drexler). Endlich wird der Vorzug der Mutterseite bei den Epizephyriern auch von Eustath. zu Dionys. Perieges (364 ff.) hervorgehoben. In der Darstellung des Dionysius findet sich eine bemerkenswerte Verschiedenheit der Lesart. Statt ›mit ihren Herrinnen vereinigt‹ hebt schon Eustath hervor ›andere schreiben mit ihrer Herrin vereinigt oder ihr folgend‹, und darnach schreibt Priscian (Perieges. 359 ff.)

... Locri celeres, qui tempore prisco
istuc reginam propriam venere secuti
Ausoniamque tenent, qua currit flumen Alecis.

Die Gynaikokratie kehrt hier in einer uns schon bekannten Äußerung wieder. Wie die Phönizier unter Dido nach Libyen, die orchomenischen Minyer unter Chloris nach Triphylien, die Gallier unter Onomaris fortwandern, so steht an der Spitze der Lokrer Aphrodite, die ihren auch in Aegypten begegnenden Namen Zephyritis dem Volke und der Stadt mitteilt und als ›Herrscherin‹ öfter erscheint.[4] Aphrodite, als die lokrische Urmutter, gibt der Gynaikokratie ihre religiöse Grundlage. Im Anschluß hieran erhält das Gelübde der lokrischen Matronen sein Verständnis und eine bestimmte Beziehung zu der Gynaikokratie. Iustin. 21, 3, 2: *cum Rheginorum tyranni Leophronis bello Locrenses premerentur, voverant, si victores forent, ut die festo Veneris virgines suas prostituerent. quo voto intermisso cum adversa bella cum Lucanis gererent, in contionem eos Dionysius vocat; hortatur, ut uxores filiasque suas in templum Veneris quam possint ornatissimas mittant; ex quibus sorte ductae centum voto publico fungantur religionisque gratia uno stent in lupanari mense, omnibus ante iuratis viris, ne quis ullam attaminet. quae res ne virginibus voto civitatem solventibus fraudi esset, decretum facerent, ne qua virgo nuberet, priusquam illae maritis traderentur. probato consilio, quo et superstitioni et pudicitiae virginum consulebatur, certatim omnes feminae impensius exornatae in templum Veneris conveniunt: quas omnes Dionysius immissis militibus spoliat ornamentaque matronarum in praedam suam vertit.*[5] Wie die elischen Matronen im Bady, so bringen die lokrischen in der Zeit der Staatsgefahr der schützenden Königin ihrer Stadt das größte Opfer, das der Keuschheit, dar. Aphrodites Natur entspricht dies am besten, wie denn die ihr geweihte Schildkröte, das Tier sumpfiger Gründe, der Ehe feindlich ist.[6] Ebendarum war es Sünde, das Gelübde unerfüllt zu lassen; noch größere aber, die der Gottheit sich weihenden Frauen zu berauben. Der Gynaikokratie gehört die Idee, daß zu des Volkes Wohl sich das Weib zu opfern berufen ist. Die Darbringung der aepytidischen, hyakinthidischen, lesbischen Jungfrauen sowie die der zwei lokrischen Mädchen zur Sühne des von Aias an Kassandra verübten Frevels schließen sich gleichbedeutend an.[7] Jetzt erhält Pindar Pyth. 2. *19*, 36ff. sein richtiges Licht. Erlöst aus den Gefahren des Krieges, singt die lokrische Jungfrau Hierons Lob, der Anaxilas', des rheginischen Tyrannen, feindselige Absicht vereitelt hatte (1,99; 2,34). Nicht nur dichterischen Gründen, sondern insbesondere der hohen Stellung des lokrischen Weibes hat Pindar Rechnung getragen, indem er die ›zephyrisch-lokrische Jungfrau‹ in den Vordergrund stellt. Tzetzes (Chil. 5, 726ff.) beschreibt ein Reinigungs- und Sühnfest und gedenkt dabei des Lykophron ›Über die Lokrerinnen‹, was wiederum auf eine hohe religiöse Stellung der Lokrerinnen hinweist.

Die Zahl der Zeugnisse für die lokrische Gynaikokratie vermehrt sich, wenn wir aus der epizephyrischen Kolonie in das Mutterland zurückgehen. In der mitgeteilten Stelle des Polybius werden die Hundert Häuser ausdrücklich in die Zeit vor der Ausführung der Kolonie und in das lokrische Heimatland verlegt. Für dieses aber hebt Pindar in der neunten olympischen Ode zum Preise des Opuntiers Epharmostos den weiblichen Gesichtspunkt besonders hervor. Nicht nur nennt er (Vers 20) die in herrlicher Fruchtebene gelegene Opus ›bäumeprangende Mutter‹,[8] er gibt ihr auch (Vers 41) die Bezeichnung ›Protogeneias Stadt‹ und gründet ganz im Sinne des Eumatridentums den Adel des Königsgeschlechts, dem Epharmostos selbst angehört zu haben scheint (V. 55ff.), auf die mütterliche Abstammung.[9] Dazu kommt, daß auch der Name Opus von dem ›Vater der Mutter‹ abgeleitet wird (64), so daß wir also das Mutterrecht in drei verschiedenen Äußerungen, in der Zurückführung von Opus und seinem Königsgeschlecht auf Protogeneia, in der Bestimmung des Adels durch weibliche Abkunft, endlich in der Benennung der Kinder nach den mütterlichen Voreltern, erkennen. Ganz im Sinne der Gynaikokratie sagt das

Scholion zu V. 64, obwohl Opus von Zeus und Protogeneia herstamme, so spreche der Dichter doch nur von der Mutter, ›um den Adel der Mutter zu zeigen, sagt er, es sei die Stadt der Protogeneia von Opus‹.[10] Die Mutter ist für das Kind die Quelle auch des väterlichen Adels, weil dieser nur durch den gebärenden Schoß vermittelt werden kann: eine Idee, die Dante[11] in den auf Maria bezüglichen Worten *tu se' colei che l'umana natura nobilitasti* niedergelegt hat, und nach welcher bei Sophokles (Trach. 311) von Iole gesagt wird ›Wer gebar sie? Welcher Vater zeugte sie?‹; also erst die Mutter, in zweiter Linie der Vater, wie in den weiblichen Genealogien des Kataloges und der Eoeen. Protogeneia nun geht auf Pyrrha und Deukalion, die in der lokrischen Opus oder in Kynos[12] ihren ersten Sitz nehmen, zurück. Die Lokrer treten dadurch in das lelegische Steingeschlecht ›derer, die von Pyrrha abstammen‹, der ›von der Erde Aufgelesenen‹, ein, und die ganz stoffliche Auffassung, die dieser Bezeichnungsart der weiblichen Abstammung zu Grunde liegt, wiederholt sich in der entsprechenden ›die aus den Hundert Häusern‹.[13] Auf den Zusammenhang der Leleger mit dem Muttervolke der Karer, Aetoler, Thessaler und Messenier genügt es, mit einem Worte hinzuweisen. Protogeneia führt uns noch zu einem zweiten Muttervolke, nämlich zu den Eleern. Während sie bei Apollod. 1, 7, 2. Schol. Od. 10, 2 Mai. Schol. Pind. Ol. 9, 64 Deukalions Tochter heißt, gibt ihr Pindar (Ol. 9, 58. 62) den Eleer Opus zum Vater. Eine Stadt Opus findet sich auch in Elis.[14] Strabo (9, 425) bezeugt die festliche Verwandtschaftserinnerung, und die Wechselbeziehung beider Stämme tritt darin noch mehr hervor, daß Protogeneia bald aus Lokris nach Elis geführt wird,[15] bald, wie bei Pindar, wieder aus Elis nach dem lokrischen Lande gelangt.

Eine dritte Volksverbindung der Lokrer mit gynaikokratischen Stämmen liegt dem Mythus bei Konon, Narr. 3 zu Grunde. Lokros und Alkinoos werden hier des Phaiax Söhne genannt, der erstere sogar nach Italien zu Latinus geführt und eine alte Blutsverwandtschaft der korkyräischen Phaiaken mit den Epizephyriern behauptet.[16] So vereinzelt diese Angabe dasteht, so unbegründet wäre es, sie von der Hand zu weisen. Serv. Aen. 11,265 nennt eine von den Lokrern kolonisierte libysche Insel Cercina, Steph. Byzant. die ›Banaurides‹ des tyrrhenischen Meeres, die ihren Namen von einem Sohne des Lokrers Aias erhielten. Mit Kabya, der Mutter der ozolischen Lokrer, fallen die opikische Capua sowie die arkadischen ›Kaphyer‹ zusammen.[17] Die Völker des Teleboas, eines Enkels des Lelex, reichen von Leukadien nach den Inseln an der Westküste Italiens.[18] Die uralte Verbindung Siziliens und Unteritaliens mit der Insel Drepane-Korkyra, den benachbarten Eilanden und den Küstenländern Epirus und Akarnanien gehört zu den feststehenden Tatsachen, für welche ich jetzt bloß auf die arkadische, zakynthische und sizilische Psophis, auf die Wanderung des Agrolas und Hyperbios aus Sizilien nach Akarnanien und auf die Versetzung Pyrrhas und Deukalions nach dem sizilischen Aetna verweise. Endlich heißen Graicus und Latinus Brüder, beide Söhne der Pandora, der lelegischen Deukaliontochter.[19]

Die Bedeutung des Muttertums bei den Phaiaken ist durch Aretes hehre Gestalt erwiesen. Alle Züge, die Homer in seine Schilderung aufnimmt, schließen sich den Eigentümlichkeiten des Mutterrechts an.[20] Arete gebietet im Hause;

> ›Diese hat Alkinoos zu seiner Gattin gemacht und hat sie geehrt, wie keine andere geehrt wird auf der Erde, so viele Frauen heute haushalten unter dem Gebot der Männer‹ (Schadewaldt).

Durch diese Worte hebt Homer den Gegensatz seiner Zeit zu den Zuständen der Phaiaken hervor. Ganz religiös ist die der Königin von ihrem Gemahle, den Kindern, dem gesamten Volke dargebrachte Ehrfurcht. Wen sie schützt, der gilt für unverletzlich. Als höchste Richterin steht sie da: ›und wem sie wohl will, dem schlichtet sie – sogar den Männern – Streitigkeiten‹ (Schadewaldt). Als höchste Richterin zwischen streitenden Männern schließt sich Arete den elischen, gallischen, germanischen Matronen an. Gleich ihr haben wir oben Eriphyle als Richterin gefunden; zwischen Amphiaraos, dem Gemahl, und Adrast, dem Bruder, ist sie von vornherein zur Schlichterin jeglichen Streites bestellt. Arete und Eriphyle schließen sich um so enger an einander an, da Phaiax' Mutter Kerkyra, eine Asopidin aus Argos, Schwester Aeginas und Thebes genannt wird.[21] Als oberste Richterin erscheint Arete auch in dem Streit Medeas und Iasons mit den sie zurückverlangenden Kolchern des Aeetes. Denn wenn die argonautischen Gedichte auch in dem Sinne ihrer Zeit Alkinoos den Spruch in den Mund legen, so ist es doch Arete, welche die Erfüllung desselben und Medeas Rettung herbeiführt. Auf Anaphe spotten die zwölf von Arete der Medea geschenkten Mädchen der Iasoniden und ihres Gottes Apollo Aigletes: ein Zug, der im Gegensatz zu Apolls Vaterprinzip das weibliche der Phaiaken hervorhebt.[22] In Homers Schilderung tritt ferner die dem Mutterrecht eigentümliche Auszeichnung der jüngsten Geburt hervor.[23] Eurymedons jüngste Tochter Periboea, ›unter den Frauen an Aussehen die beste‹, wird durch Poseidon die Stammutter des Königsgeschlechts, in welchem nach der Sitte der Aeoler die Geschwisterheirat angenommen ist. Zwar heißt Arete nicht Schwester, sondern Bruderstochter des Alkinoos.[24] Aber dies ist offenbar eine spätere Auffassung und unvereinbar mit der ältern echten, die nur wenige Verse früher hervorgehoben und auch von Hesiod (fr. 102) angenommen wird.

Die phaiakische Gynaikokratie, deren Bild durch die wasserholende, das Maultiergespann lenkende Nausikaa ergänzt wird, ist in dem Commentar des Eustathius als Erfindung des Dichters behandelt; in der Erscheinung Aretes wird nichts als der Zauber poetischer Darstellung bewundert, von Welcker[25] nur »eine natürliche Folge aus der angenommenen Persönlichkeit Arete 'Tugend'« erblickt. In Verbindung mit dem gynaikokratischen Rechte der Urzeit aber erhält sie die Bedeutung echter historischer Überlieferung, an welche sich, wie wir später bei der Darstellung des Carpocratianismus sehen werden, noch in viel neuerer Zeit eine eigentümliche Auszeichnung der mütterlichen Abkunft auf Kephallenia anschließt. Mag man der poetischen Ausmalung des friedlichen Glückes der Alkinoosinsel noch so sehr Rechnung tragen: das verdient immer die höchste Aufmerksamkeit, daß auch auf Scheria die gynaikokratische Lebensform als die Grundlage höherer Gesittung und eines auf Frieden, Ackerbau, Übung der Künste, besonders des Gesangs und Tanzes, gerichteten Daseins,[26] wie es den Muttervölkern vielfältig beigelegt wird, erscheint.[27]

In dem Kulte tritt dieselbe Religionsstufe hervor, die wir überall als Umgebung des Mutterrechts gefunden haben. Poseidonisch wird die männliche Kraft aufgefaßt und dargestellt unter dem Bilde eines ehernen Stiers, wie er nach Olympia und Delphi geweiht wurde.[28] Das phallische Prinzip steht also zu dem Tellurismus und dem demetrischen Muttertum[29] in demselben Verhältnis der Unterordnung, das die älteste Auffassung dem Meere gegenüber dem *gremium matris terrae* anweist, und welches die dodonäische, mit Deukalion so enge verbundene Acheloosreligion und die ihr angehörende kerkyräische Geißel von spätern Kulten unterscheidet. Mütterlich-tellurisch ist das Hundesymbol, welches in Alkinoos' Palast eine hervorragende Stelle einnimmt,[30] wie es auch bei den Lokrern leitend hervortritt, und dieser Religionsstufe entspricht nicht nur der Name ›Phaiax‹ von ›phaios‹ 'dunkel'[31] (wie die orchomenischen ›Psoloeis (die Rußigen)‹, die Kimmerier, die Völker des Eridanus, die schwarzen Daunier),[32] sondern besonders der Umstand, daß Arete nun aus Odysseus' Mund die Schilderung seiner Unterweltsfahrt und der berühmten Heroinen, die er erblickte, vernimmt. Derselben gehört ferner der Gedanke des Totenkults, welcher nicht nur in Rhadamanths Verbindung mit den Phaiaken vorliegt,[33] sondern der ganzen Sage, wie sie Homer nach Vorgang älterer Gedichte darstellt, ihr eigentümliches Gepräge mitgeteilt hat. Nach Welckers Darstellung[34] ist darüber zu zweifeln nicht mehr möglich. Dennoch hat auch er teils nicht alles, teils zu viel gesehen, insbesondere es versäumt, aus Porphyrs Antrum Nympharum denjenigen Vorteil zu ziehen, den diese für die Kenntnis der Orphik so höchst lehrreiche Schrift für seinen Gesichtspunkt darbietet. Wenn es in der Schilderung der Schiffe des Alkinoos[35] heißt, sie führen weder Steuer noch Steuermänner, ›sondern sie selber wissen die Gedanken und Absichten der Männer‹, so hat dieser Zug in der redenden und weissagenden Argo eine ganz entsprechende Parallele, die dadurch an Bedeutung gewinnt, daß Argo, wie schon in den Naupaktien Iason,[36] nach der Alkinoosinsel geführt wird und Medea dort den Hauptwendepunkt ihres Geschickes findet: Verbindungen, welche durch Hinweisung auf ihren korinthischen Ursprung abzufertigen kaum ausreichend sein dürfte.

Die höhern Religionsgedanken, welche wir oben für die Argonautik nachgewiesen haben, erstrecken sich also auf die Phaiaken; die unverkennbaren Beziehungen zu Tod und Jenseits, welche in der homerischen Darstellung enthalten und von Porphyrius in seiner Schrift über die Höhle auf Ithaka, in welcher Odysseus von den Phaiaken ausgesetzt worden, entwickelt sind, werden so in ihre richtige Verbindung gebracht und auf ihre wahre Quelle zurückgeführt. Was Welcker den versteckten Sinn der bedeutsam den Schluß der Seemärchen bildenden Phaiakensage nennt, stehe ich keinen Augenblick an, als den Mysteriengedanken der frühern pelasgisch-chthonischen Religionsstufe zu bezeichnen. Sprechend ist vor allem der Phaiaken nächtliche, in Gewölk und Dunkel gehüllte Fahrt und Odysseus' Zauberschlaf, der mit der Erhebung des Morgensterns endet.[37] Tritt hier der dem Mutterrecht und seiner Kulturstufe eigentümliche Prinzipat der Nacht deutlich hervor, so wiederholt sich in dem Schlafe und seiner Beendigung die Vorstellung von dem siegreich das Dunkel überwindenden Frühlicht, dessen Herrlichkeit Orpheus auf dem Pangaeon sehnsuchtsvoll entgegenharrt, das der heiligen Mysteriennacht ein Ende macht und dem Glauben an Aufwachen aus dem Todesschlafe zum Ausgangspunkte diente. Im Anschluß an diese Vorstellungen wird Odysseus das Bild des wechselvollen, stets zwischen Rettung und Untergang schwebenden menschlichen Lebens mit seinen Mühen und m durch den Tod vermittelten Übergang in die jenseitige leuchtende Heimat.[38]

> »Ach, der bisher gar viel herzkränkende Leiden erduldet, Männerschlachten umher und schreckliche Wogen durchstrebend, / Jetzo schlief er so ruhig und all sein Leiden vergessend.« (Odyss. 13, 90ff.)

An der Heimat Gestade, beim ersten Erscheinen des Morgensterns, wacht der herrliche Dulder auf; schneller als der Habicht, so rasch wie Fittich und Gedanken ist die Fahrt, und stets glücklich; jedes Menschen Heimat kennt das Schiff, alle Verirrten führt es gern dahin zurück, denn nur Geleit, nicht Aufenthalt geben die gegen Fremde argwöhnischen Bootsleute.[39]

Wer erkennt nicht in jedem dieser Züge die Religionsidee, nach welcher die ganze Schilderung gedichtet ist! Es mag Staunen erregen, bei Homer diesem Gedankenkreis aus der vorhellenischen Zeit der chthonisch-mütterlichen Mysterienkulte zu begegnen. Aber die ganze Episode von dem Besuch des Phaiakenlandes steht mit fremdem, eigentümlichen Gepräge und als ein besonderer Sagenkreis den übrigen Stücken der Odyssee gegenüber. In ihr offenbart sich das durch den Zauber der Erinnerung verklärte Bild der in Hellas untergegangenen sogenannten pelasgischen Kulturstufe, die in dem Mysterium chthonischer Religion einen Keim der würdigsten Anschauungen von dem Verhältnis der diesseitigen und jenseitigen Welt besaß. Alle Eigentümlichkeiten der auf dem Mutterrecht beruhenden Kultur erscheinen neben einander: mit Aretes überragender Herrlichkeit verbindet sich der mütterlich-tellurische Kult, sein Hundesymbol, sein Neptunismus, ebenso die Weihe des Mysteriums, mit dem der geheiligte Charakter des Weibes, die der Nausikaa beigelegte Erfindung der Sphaira bekannter orphischer Bedeutung sowie die weiße Gewandung der phaiakischen Frauen, die mit magischem Knoten geschlossene Lade, Rhythmus und Orchesis in dem engsten Zusammenhang stehen;[40] endlich jene gesetzliche Ordnung und jenes friedliche Glück, welches gynaikokratischen Staaten besonders beigelegt wird und aus dem höchsten Teile ihrer Religion entspringt. Die Grundlagen dieses Gemäldes sind nicht dichterische Fiction, sondern historische Zustände. Der Mythus erscheint nicht als das Anfängliche, sondern als das Hinzutretende. Unter Homers Hand haben die in ihrem Ursprunge rein religiösen Züge den Charakter bestimmter Ereignisse und in ihrer Verwebung mit Odysseus' Schicksalen das Gewand wirklicher diesseitiger Erscheinungen angenommen, wie andererseits die bestimmten geschichtlichen Anhaltspunkte unter dem Einfluß des Religionsgedankens unkenntlich geworden sind. Scheria erscheint nun im Lichte einer Insel der Seligen; es wird nicht nur weit hinausgerückt über die Grenzen der übrigen Welt, sondern den Verhältnissen irdischer Art überhaupt enthoben und jenseitigen Regionen mit ihrem ewigen Zephyr gleichsam als Phantasiebild zugewiesen. Aber klar muß es jedem sein, der das Verfahren des Mythus kennt, daß alles dies nicht genügen kann, die Phaiaken als ein rein mythisches Volk, eine bare Erfindung zu erklären und den Ursprung des Märchens an »irgend eine ausländische entfernte Religion und Sage«[41] anzuknüpfen. Gegen die übereinstimmende Beziehung der Alten auf Korkyra kann die Entfernung von allen menschlichen Sitzen, welche öfter hervorgehoben wird,[42] nicht geltend gemacht werden, denn dieser Zug ist nicht geographischer, sondern religiöser Natur, und nicht dem diesseitigen, sondern, um mich so auszudrücken, dem jenseitigen Phaiakenlande entnommen, wie die gedankenschnellen, keines Steuermannes bedürftigen, seelenbegabten Schiffe mitsamt dem schlummernden Odysseus auch nur dem letztern angehören. Für das erstere kann keine Beweisführung, welcher es an allen Anhaltspunkten fehlt, sondern nur die Tradition der Alten zugelassen werden. Diese aber nennt mit erdrükkendem Gewichte Korkyra, das schon die hesiodischen Gedichte auf die Heroinen mit Scheria identifizieren,[43] und leiht dem phaiakischen Volkstum lokrisch-lelegische Verwandtschaft, zu deren reiner Erdichtung keine auch noch so entfernte Veranlassung zu entdecken ist.

[In Kap. 135-136 sind weitere Zeugnisse für die lokrische Gynaikokratie zusammengestellt: »die Kataloge, Naupaktien und Eoeen, welche bei aller Verschiedenheit in Anlage und Durchführung sich doch an den Gedanken des mütterlichen Prinzipates anschließen und als Erzeugnisse eines lokrischen Zweiges der hesiodischen Dichterschule erscheinen«. (Hesiod wird auch von den Lokrern als Landesheros in Anspruch genommen.)

Besonders hervorgehoben wird das Streben nach »Zucht und Ordnung« und die »eminent konservative Richtung«, »jener aller Neuerung abgeneigte Sinn, welcher demokratischem Verfall am längsten wehrt«, ebenso der auch hier feststellbare »Charakter der Universalität« beim mütterlichen Prinzip. Kap. 137 geht auf die amazonischen Zustände im südlichen Italien ein. »Der gewaltsame Untergang der alten Weiberreiche bildet offenbar die Regel. Die Fälle, in welchen eine friedliche Umgestaltung derselben eintrat, gehören zu den Ausnahmen«.

In Kap. 138 und 139 wird »die Entwicklung des Mutterrechts der Epizephyrier von der aphroditisch-hetärischen Stufe zu dem reinern Ehegesetz Athenes« verfolgt. »So tritt aus dem Dunkel jener Zeit ein Verhältnis des Antagonismus zweier Kulte und zweier Volksbestandteile mit aller Bestimmtheit hervor. Dem asiatischen Aphroditismus tritt Athenes züchtigere und strengere Natur entgegen. Sind die Lokrer jenem verfallen, so bringen die einheimischen Volkselemente diese zur Herrschaft. Nach Athenes Weisung ordnet Zaleukos das durch Feindseligkeit der Stände zerrüttete Gemeinwesen und sichert ihm so jene Wohlfahrt und Dauer, die der rein aphroditische Standpunkt nie erreicht haben würde. Aus dieser Stellung der Zaleukischen Gesetze erklärt sich ihre Wichtigkeit für das römische Staatswesen, deren Anerkennung in der Nachricht von dem römischen Bürgerrecht des Zaleukos sowie in der Aufnahme des *uti possidetis* erblickt werden muß. Auch hier derselbe Gegensatz einer kräftig emporstrebenden einheimischen Bevölkerung und eines Patriziates asiatischen Ursprungs und aphroditischer Verknüpfung, auch hier eine siculische Urbevölkerung, deren innere Kraft und Lebensfähigkeit in dem Untergang des letzten Führers Ducetius glänzend hervortritt. Was aber Rom vor Lokri auszeichnet, das ist die frühzeitige und schonungslose Durchführung des Paternitätsprinzips und des mit ihm verbundenen männlichen Imperium in Familie und Staat. Lokri bleibt dem angestammten aphroditischen Grundsatz des Mutteradels getreu und wird durch diesen nach langer Blüte ins Verderben gerissen; Rom dagegen gründet sein Staatswesen auf die Vernichtung des ursprünglich auch ihm angehörenden asiatischen Mutterprinzips und ist sich dieser Verletzung Aphrodites so sehr bewußt, daß gerade hierin die hauptsächlichste Ursache seiner dem sizilischen Eryxdienste gewidmeten Sorge erblickt werden muß.«

(Der Gegensatz zwischen dem lokrisch-weiblichen und dem römisch-männlichen Prinzip findet auch in der verschiedenen Zahlenreihe, der beide huldigen, seinen Ausdruck. »Das römische Patriziat verwirft die Zehnzahl der Gesetzestafeln und substituiert ihr die männliche Zwölf; die Lokrer dagegen halten an der Fünf fest und schreiten von dieser zu der Zehn, Hundert, Tausend ...«)]

140. [...] Überall tritt der tiefere überwundene und ihm gegenüber der höhere siegreiche Standpunkt Athenes hervor. Aber auch auf diesem letztern behauptet das Muttertum seinen Prinzipat. Stofflich-lunarische Natur trägt die Athene Großgriechenlands, der die Siriten das Brotopfer darbringen. Ihre Beziehung zu Mond, Wasser, agrarischer Fruchtbarkeit tritt überall hervor. Wie sie Zaleukos im Traum sich offenbart, so gibt sie, als Aethra Mutter des nächtlichen Taus, dem Phalanthus auch nächtlichen Sieg und läßt in der Siritis ihren Dienst durch einen weiblich gekleideten Knaben verrichten.[44] Auf der Verehrung des mütterlichen Prinzips ruht die Zucht und Strenge, welche die unteritalischen Staaten zu ihrer Macht und Blüte erhob. Sitzend war Athene in den meisten Städten ihres ältesten Kults dargestellt:[45] ein sprechendes Bild der höchsten matronalen, in Handhabung der Zucht, des Friedens, des Rechts und jeglicher bürgerlichen Ordnung sich betätigenden Würde. Phalanthus zu Aethras Füßen, von dem liebenden Weibe gepflegt und zu höherm Dasein hindurchgeführt, faßt die ganze kulturgeschichtliche Bedeutung der alten Gynaikokratie gleichsam in plastischer Darstellung zusammen.

Einige neuere Schriftsteller, wie Clavier und Raoul-Rochette, haben gegen die bisher betrachteten Erscheinungen der lokrischen und tarentinischen Ursprünge die Unwahrscheinlichkeit, welche der Annahme solcher Berichte entgegenstehe, geltend gemacht, O. Müller und seine Nachfolger die Entstehung der Tradition von den Partheniern aus dem Ruf der spätern Weichlichkeit abgeleitet, aus dem jene rückwärts gedichtet worden sei. Aber so wenig voreheliche Zustände und die langsamen Fortschritte der Menschheit zu geregelten Familienzuständen in Abrede gestellt werden können, so wenig die Lakedaemonier gegen Polyandrie, gegen Übertragung der Frauen[46] und andere Freiheiten im Geschlechtsverkehr eine Verteidigung, wie sie die neue Zeit für nötig erachtet, in Anspruch genommen haben würden: so töricht erscheint es überhaupt, die Wahrscheinlichkeit zum Maßstab der Geschichtsbetrachtung zu erheben und so dasjenige, was seine Kritik nur in sich selbst trägt, von dem Grade subjektiver Erfahrung und Einsicht abhängig zu machen. Noch unerfreulicher aber ist die Zusammenstellung des spätern Verfalls mit der naturwüchsigen Roheit der frühern Zeit. Aus dieser haben sich die blühendsten und kräftigsten Staaten entwickelt, jene ist unheilbar. Das lehrt alle Geschichte, daß an Tatendrang, an Ehrgeiz und Hang zu abenteuernder Unternehmung Parthenier es den meisten zuvortun. Wenn das Orakel solche Scharen vorzugsweise nach dem rohern Italien sandte, sie dagegen von Sikyon, wo Athene ebenfalls als Burggöttin thronte,[47] abhielt, so kann dem delphischen Priestertum das Zeugnis weiser Förderung seiner Kulturziele nicht versagt werden. Zu allen Zeiten hat Kampf und Mühe läuternd auf die Völker gewirkt. Ihm ist die Überwindung der frühern Zustände und die Begründung einer höhern Gesittung hauptsächlich zuzuschreiben. Auf die Einsicht in diesen Fortschritt lege ich das hauptsächliche Gewicht. Einzelne Abweichungen in der Tradition und chronologische Schwierigkeiten verlieren ihm gegenüber alle Bedeutung. ›Indessen, auch wenn die, die uns die Lokalgeschichte überliefern, nicht übereinstimmen, darf man nicht diese ganze Geschichte abtun; sondern manchmal ist sie vielmehr im großen und ganzen zu glauben.‹[48]

141. Die Darstellung des lokrischen Mutterrechts beschließe ich mit einer genauen Betrachtung des Mythus von Eunomos' delphischem Wettkampf mit dem Rheginer Ariston.[49] Niemand hat es unternommen, in das Verständnis desselben einzudringen, und doch bringt er uns eine Fülle von Belehrung und eröffnet, wenn richtig verstanden, einen tiefen Blick in die würdigste Seite der auf dem Mutterprinzipat ruhenden aeolischen Lebensanschauung. Auf dem Forum der Stadt Lokri stand eine Bildsäule des Eunomos, in der Hand die Kithara, darauf eine Zikade. »Wie Timaeus erzählt, so hielten einst an den pythischen Spielen dieser Eunomos und der Rheginer Ariston einen Wettkampf auf der Kithara, bei welchem der letztere die Delphier ersuchte, seine Partei zu ergreifen, weil seine Ahnen Apoll geweiht gewesen wären und die Kolonie von Delphi ausgegangen sei. Dagegen habe Eunomos geltend ge-

macht, den Rheginern fehle es an der ersten Vorbedingung zu einem Gesangeswettkampf, da bei ihnen selbst die Zikade, dieses wohltönendste aller Tiere, stumm bleibe. Nichtsdestoweniger habe Aristons Gesang Beifall gefunden und ihm Siegeshoffnung gegeben. Schließlich aber sei der Preis dem Eunomos verblieben, und von ihm zur Feier des Sieges das genannte Standbild in seiner Vaterstadt errichtet worden. Als ihm nämlich mitten im Kampfe eine Saite riß, ließ sich eine Zikade nieder und füllte den fehlenden Ton aus.«[50]

Den Mittelpunkt des Mythus bildet die Zikade, welche als lokrisches Religionssymbol auftritt. Von dem Verständnis ihres Sinnes wird das des Standbildes und des mit ihm verknüpften Mythus abhängen. ›Tettix‹, ihres lauten Gesanges wegen von den Eleern ›babakos (Schreierin)‹, sonst ›achetas, echetas (die Tönende)‹ und, wenn klein, ›kerkope‹ genannt, erscheint in vielen Zeugnissen als Darstellung des Muttertums der Erde und der einseitigen Mutterabstammung der ›Erdentsprungenen, Ureinheimischen‹.[51] Nach Plato (Sympos. p. 191 c) herrschte der Glaube, die Zikade zeuge in die Erde, weshalb sie als Vorbild des ältesten Menschengeschlechts, wo auch nicht eines in das andere, sondern jedes in die Erde zeugte, angesehen wurde. Mit dem Muttertum der Erde verbindet sich das der Nacht und des nächtlichen Taues.[52] Zur Zikade wird Herse verwandelt, nachdem sie mit Hermes den Tithonos, dieser mit Aurora den Kephalos erzeugt.[53] Erscheint hier Tettix als taureiche, fruchtbare Mutter Nacht, so wird zugleich ihre Verbindung mit dem aus dem Schoße des Dunkels hervortretenden Frühlicht angedeutet. Tettix erscheint nun selbst als Tithonos, als der eosgeliebte junge Tag; daher der Glaube an eine stets wiederkehrende Verjüngung der Zikade.[54] Gleich der Sonne dem Untergang zueilend, kehrt sie gleich ihr immer wieder zur Jugend zurück. Der Mutter Nacht steht der Tag als männliche Potenz zur Seite. Wie nun mit der Nacht das Stillschweigen, mit dem Frühlichte die Bewegung des Lebens sich verbindet, so ist die weibliche Tettix ewig stumm, singend nur der männliche,[55] sobald am Mittag die Sonne ihre höchste Kraft erreicht, entwickelt sie ihren vollen Gesang.[56] Nach diesem Beispiele will Plato (Phaedrus p. 259 c.) dem Philosophen nicht gestatten, daß er mittags schlafe und nicht rede.

Die Religionsstufe, welcher Tettix angehört, ist hienach leicht zu bestimmen. Nicht das ewig wechsellose Licht, sondern der nachtgeborne und stets in die Nacht zurückkehrende Tag[57] erscheint als ihr Reich. Sie schließt sich der Idee nach jenem den Minossohn erweckenden Polyidos an, der die täglich dreimal wechselnde Farbe des Wunderrindes mit der Brombeerstaude vergleicht. Ihr Reich ist das des unerschöpflichen, aber stets wechselnden Naturlebens, welchem die der Heteremeria der Dioskuren des Sagras vergleichbare, auf Kephallenia wiederkehrende[58] Sage von dem Wechselverhältnis stummer und singender Zikaden angehört. Die agrarische Bedeutung wird namentlich in der anakreontischen Ode (von Plin. N. H. 11, 95) und auf metapontinischen Münzen hervorgehoben. Halten wir diese Verbindung fest, so ergibt sich ein inneres Entsprechen der Tettix und des lokrischen Mutterprinzips: hier und dort die aeolische Betrachtung alles Lebens nach dem Maßstab der tellurischen Vegetation. Aber von der rein physischen Bedeutung steigt nun Tettix zu einer höhern mystischen empor. Die letztere ruht auf der erstern, wie Demeters Mysterienbedeutung eine Vergeistigung ihres materiellen Muttertums ist. Der ewige Wechsel, verbunden mit der ewigen Verjüngung der Pflanzenwelt, der ewige Untergang der Sonne, verbunden mit ihrer ewigen Wiedergeburt, wird das Vorbild der höhern Hoffnung des Menschengeschlechts. Tettix ist der Ausdruck dieses Mysteriengedankens. Wir erkennen ihn in einer Reihe von Äußerungen. Der am Taenarus ruhende kretische Tettix zeigt in seinem Psychopompeion und seiner Verbindung mit dem Kitharoeden Arion,[59] dem Kasario zweier tarentinischer Münzen die den Tod und den Untergang besiegende Kraft der Weihen, welche sich in der bildlichen Vorstellung des dem Kerberos eine Zikade vorhaltenden Odysseus in ebenso sprechender Weise äußert.[60] Die Natur selbst schien das oberste Gesetz der Mysterien, die Verschwiegenheit, angedeutet zu haben. In der Auffassung, welche die Alten dem taureichen Himmel unterlegen, daß er nämlich ›Bildung‹ anzeige und die von oben über die Menschenseelen sich ergießende Weisheit bedeute (weshalb auch Orpheus und Pythagoras von Tau genährt dargestellt werden), liegt ein Anschluß an die Mysterienbeziehung der Grille, die ja mit Herse identifiziert wird und von dem feinsten Tau sich nährt.[61] Man wird jetzt die Wichtigkeit des Umstandes einsehen, daß nicht Jünglinge, sondern Greise die goldene Zikade in dem Haarbüschel,[62] tragen. Bei Homer (Il. 3, 151.) werden die Alten, deren Gespräch Helenas Erscheinen anregt, den Zikaden verglichen; in dem Mythus von Tithonos ist es die *longaevitas*, welche die Verwandlung in eine Zikade bewirkt,[63] in der anakreontischen Ode endlich heißt es ›das Alter reibt dich nicht auf‹. Die hierin waltende Idee ist dieselbe, welche auch in der Wahl von Greisen zu Thallophoren[64] hervortritt. Tettix, die aus dem Alter zur Jugend zurückkehrt, bildet des der Auflösung entgegenschreitenden Greises schönste Hoffnung. Auf Gräbern sie zu finden, kann daher nicht auffallen. Sie ist auch hier Symbol empfangener Weihen.[65]

Wir sind jetzt zu dem Punkte gelangt, wo die Verbindung der Zikade mit der brechenden Saite ihr Verständnis erhält. Zu höherer himmlischer Geburt wird durch Tettix der verfallende tellurische Organismus hindurchgeführt. Die *melioris spei initia*, die *novae salutis curricula*, die ›schönen Hoffnungen‹, welche den höhern Inhalt aller Mysterien, den ›Gewinn‹ der ›Weihe‹ bilden,[66] werden so bestimmt hervorgehoben, daß es hierorts füglich unterlassen werden kann, die ganze Reihe alter Zeugnisse beizubringen.[67] Für das weniger bekannte Symbol der brechenden Saite mache ich auf folgende entscheidenden Analogien aufmerksam. Amenophis-Memnon gibt, wenn von der aufgehenden Sonne ersten Strahlen berührt, einen Ton von sich, den Pausanias (1, 42, 3.) dem einer zerspringenden Saite vergleicht: ›den Ton könnte einer am ehesten mit dem vergleichen, wenn eine Saite einer Kithara oder Lyra reißt‹.[68] Callistratus' Bemerkung,[69] daß bei aufgehender Sonne ein freudiger, bei niedergehender ein trauriger Ton gehört werde, leiht jener Vergleichung ihren richtigen symbolischen Sinn. Dem lokrischen Mythus schließt sich aber der aethiopische Memnon, der bei Catull[70] *unigena*, d. h. Bruder des *ales equus Arsinoes Locridos*, d. h. des Zephyrus,[71] genannt wird, um so enger an, da auch mit diesem letztern dieselbe Beziehung zu der taureichen Nacht und dem aus ihrem Schoß hervorgehenden Frühlichte, derselbe Prinzipat des gebärenden Mutterschoßes, die gleiche Hoffnung auf Überwindung des Todes sich verbindet. Besonders belehrend für die letztere Beziehung ist das im C. I. Gr. 4747[72] mitgeteilte Epigramm, eines der vielen auf dem Kolosse selbst eingegrabenen ›Zeichen der Verehrung‹. Achill und Memnon werden sich in demselben entgegengestellt. Zwar traf beide gleiches Todeslos, aber ewig schweigt jener, während dieser laut verkündet, er lebe, und dadurch der trostlosen Thetis Schmerz stillt.

›Lerne, Thetis im Meer, daß Memnon lebt und es laut verkündet, von der Fackel seiner Mutter erwärmt etc.‹[73]

Wir erkennen hier denselben Gedanken der Wiedergeburt, welcher in dem Adonisgesang der Argiverin bei Theokrit[74] ausgesprochen ist, und auch Adonis wird von den Frauen im Morgentau mit den ersten Strahlen der Sonne[75] zu der schäumenden Meereswoge getragen, wie die Aethioper, *qui nascentis dei Solis inchoantibus radiis illustrantur*, nach Lucian die aufgehende Sonne verehren.[76] Nur aus diesem höhern Gesichtspunkt erklärt sich der Ruhm des sogenannten Memnonkolosses, der Theben für Griechen und Römer zum Wallfahrtsorte machte.[77] Nicht die bloße Neugierde, sondern die an den erklingenden Stein geknüpfte Religionshoffnung sprach sich in den Besuchen und den sie bezeugenden ›Zeichen der Verehrung‹ aus. Trotz seiner Verstümmlung tritt Memnon, den die Mutter schon bei seiner Geburt mit Tautränen benetzt, tönend aus dem Schoße der lautlosen Nacht hervor und verkündet dem horchenden Fremdling die freudige Botschaft, er lebe. Daß es die Mutter auch hören möchte, das ist der Wunsch, den mehrere Besucher aussprechen. Denn in Memnon tritt der Schmerz und die Wonne der Mutter und die ganze Innigkeit ihres Verhältnisses herrschend hervor. Überhaupt hat sich die Grundanschauung des Mutterrechts in den Memnoninschriften nach allen Seiten hin geltend gemacht. Wie die Männer beim Ertönen des Steins vorzugsweise der weiblichen Glieder ihrer Familie, der Mütter, Schwestern, Gemahlinnen liebend gedenken, so sind dem Gotte die ›Zeichen der Verehrung‹ der Frauen besonders erwünscht. Neben Trebulla Caecilia finden wir Balbilla, welche ihr ›Zeichen der Verehrung‹ darbringt, ihre mütterliche Herkunft hervorhebt und in dem Gebrauch des aeolischen Dialekts einen bewußten und absichtlichen Anschluß an die Auszeichnung der aeolischen Frauen und den orphisch-dionysischen Charakter ihrer Poesie kundgibt.[78] Wenn so äußerlich und innerlich der enge Anschluß des griechischen Memnonkults an aeolisch-lokrische Religionsgedanken sich bewährt, wenn auch Lesbos seinen ›Gesang der Steine‹ besitzt,[79] wenn Tithonos, der Eosgemahl, Memnons Vater, selbst zur Zikade verwandelt wird, so ist auch die gleiche Bedeutung des Bildes von der zerrissenen Saite und ihrem durch Tettix schöner wiederhergestellten Tone für beide Mythen außer Zweifel.

Das Verständnis des lokrischen Mythus ist durch diese Zusammenstellungen so weit gefördert, daß wir die innere Verbindung desselben mit einer Nachricht des Heraclides (Pol. fr. 30) nicht mehr verkennen können: ›bei den Lokrern ist es nicht üblich, über die Verstorbenen zu jammern, sondern wenn sie sie begraben, feiern sie einen Schmaus‹. Ich habe oben auf die Ähnlichkeit der hier angedeuteten Sitte mit der der Keer und Lykier aufmerksam gemacht. Aber erst jetzt wird die volle Bedeutung der bei den Epizephyriern mit fröhlichem Gelage verbundenen Totenfeier ersichtlich. Die Äußerungen der Freude sind eine Folge des Mysterienkults, ein Ausfluß jenes Glaubens, der das Zerreißen der Saite als Vorbedingung des Sieges auffaßt und den Mißton derselben durch die schönere Harmonie der göttlichen Tettix ersetzt. Am nächsten schließen sich hier die ähnlichen Erscheinungen der pythagorischen und lesbischen Orphik an. Jene verbannt Trauer und Tränen,[80] und ebenso verweist Sappho ihrer Tochter jede Äußerung des Schmerzes über der Mutter Tod: ›Sappho an ihre Tochter: nicht darf in einem Haus, wo man den Musen dient, ein Klaglied sein. Das steht uns nicht an.‹[81] Je mehr die lesbische wehmutreiche Dichterin anderwärts[82] den Untergang als ein Unglück beklagt – denn wäre er keines, so stürben auch die Götter –, je mehr sie des Hades Gier bejammert und in dem Linos-Oitolinos sowie in dem Adonisliede jenen Klageton anschlägt, den Horat. C. 2, 13, 24 als die ergreifendste Seite der aeolischen Lyrik hervorhebt, um so bestimmter weist ihre Verwerfung der Totenklage auf die höchste Seite der orphisch-dionysischen Mystik hin, die in Lesbos einen ihrer berühmtesten Sitze hatte und die ganze Anlage der aus keinem andern Gesichtspunkt richtig zu würdigenden lesbischen Lyrik beherrscht. In der bacchischen Religion tritt der Gedanke der Trauer und des Schmerzes über den steten Untergang alles Lebens so ergreifend in den Vordergrund, daß darnach die Menschen selbst ›Tränen‹ genannt werden,[83] aber er ist nicht das Letzte, er löst sich auf in die Zuversicht der höhern Geburt, die aus dem verfallenden Leibe wie aus dem brechenden Ei des Enorches im Tode selbst hervorgeht. Dieser letztere Gedanke, an welchen auch die Eier des römischen Circus sich anschließen, hat in Sapphos Worten ihren Ausdruck gefunden, wie er das epizephyrische Bild des durch Tettix errungenen Sieges und das fröhliche Begehen des Totenfestes von Seite der Lokrer (auch der Frauen, die bei den Lykiern allein trauern) wie der Massilier und der Thraker beherrscht und erklärt.[84] Kann es nach diesem einem Zweifel unterliegen, in welchem Sinne Pindar die Epizephyrier eine ›hochweise Schar‹ nennt, warum er sie an Ixions Strafe erinnert, mit welchem Gedanken endlich er ihnen das Lob erteilt ›und es liegt ihnen Kalliope am Herzen‹?[85] Nicht die Zuneigung zu Musik und musischem Leben in rein realem Sinne wird lobend hervorgehoben, vielmehr diesem Preise eine bestimmte Religionsbeziehung, die jedem Alten verständlich war[86] und den Ausdrükken ›schön, weise, Schar‹ inwohnt, gegeben. Gerade hier zeigt die Zikade den vollkommensten Parallelismus mit dem epizephyrischen Volke. Auch sie heißt ›heilig und musisch‹, auch sie ›weise‹ wie die Biene; auch sie steht mit den Musen, mit Kalliope zumal, im innigsten Verein.[87] Pindar zeigt mit Platons Darstellung[88] eine solche Übereinstimmung, daß wir den einen durch den andern erläutern können. Das Leben der Zikade, die ohne Speise und Trank singt, bis sie stirbt, dann zu den Musen gelangt und mit den ältesten unter ihnen, Kalliope und Urania, welche die schönsten Töne von sich geben, geeint wird, ist im Phaedrus das Vorbild des Philosophen, der, des Leibes nicht achtend, unablässig um die Kenntnis der göttlichen Dinge sich bemüht. Wie bei Pindar, begegnet hier die Verbindung mit den Musen, zumal mit Kalliope, die vorzugsweise die himmlischen Dinge pflegt; die Fröhlichkeit aber, mit welcher das Tierchen dem schmerzlos sich nahenden Tode entgegensieht, um durch ihn zum Verein mit der ältesten Muse hindurchzudringen, bildet den Inhalt jener höchsten ›Weisheit‹, die den Tod als den schönsten der Siege mit Freudenfesten feiert und der brechenden Saite verhallenden Ton der vollendeten Kunst des heiligen Sängers unterordnet.

So tritt in der Zikade die edelste Seite des lokrischen Geisteslebens hervor. Haben wir früher ihr Verhältnis zu der physischen Grundlage des aeolischen Mutterprinzipats hervorgehoben, so erkennen wir jetzt in der Mysterienbeziehung die metaphysisch geläuterte Auffassung desselben. Auf diese bezieht es sich, wenn nun die unstoffliche und völlig reine Natur des stets nach dem Lichte sich sehnenden Sängers hervorgehoben wird. Immateriell, ein Tropfen des feinsten Taues ist seine Nahrung, immateriell, ›mit Fleisch ohne Blut‹, ihr Körper. Schuldlos und rein, ›fast den Göttern zu vergleichen‹, darum ›geehrt bei den Sterblichen‹, der reinen cerealen Biene verwandt, aber verhaßt den Schwalben, die man darum unter seinem Dache nicht dulden soll, ist sie das Vorbild des Geweihten, der dem Mysteriengebote gemäß ›sein Leben rein führt‹. Auch in dieser Auffassung bleibt sie ihrer mütterlichen Beziehung getreu. Sie wird den Musen, diesen weiblichen Trägern des Mysteriums, und als solche auf Sarkophagen oft dargestellt, geeint, und wie der ältesten derselben, Kalliope, der orphischen Apollomutter, so auch dem ältesten Menschengeschlecht zugeteilt. Der höchste und letzte Schritt ist der Eintritt in den apollinischen Verein. Wir sehen diesen in dem Mythus von dem delphischen Siege der Zikade. Anerkannt ist er bei Anakreon: ›dich liebt Phoibos selber, hellen Gesang gab er dir‹, während Pindar, Plato, Philostrat den ursprünglichen Zusammenhang mit den Musen ausschließlich hervorheben; dargestellt auf metapontinischen Münzen und bestätigt durch die Natur der messenisch-andanischen Mysterien, deren zugleich demetrischen und apollinischen Charakter wir aus der großen, neulich entdeckten Inschrift kennen lernen: eine Parallele, die dadurch besonderes Gewicht erhält, daß die Grille auch den Messeniern angehört, wie ihre Münzen beweisen, und Proserpina-Kore, die dem orphischen Menschengeschlecht wohlgewogene Göttin, bei Messeniern und Lokrern gleichen Kult empfängt.[89]

So ist der Stufengang von dem chthonischen Muttertum zu der väterlich apollinischen Lichtnatur vollendet; dasselbe Tierchen, das im Beginn die Erechthiden als ›Erdentsprungene‹ bezeichneten und vorzugsweise den ältesten Stämmen, Athenern, Kretern, Kephallenern, Messeniern angehört, wird jetzt auf Apollo Patrous bezogen.[90] Der Wettkampf des Lokrers mit dem Rheginer gewinnt von diesem Standpunkte aus sein höchstes Interesse. Ariston begründet seinen Anspruch auf den pythischen Sieg mit dem ursprünglich apollinischen Charakter der rheginischen Stadt. Der Lokrer dagegen kann sich dieses Vorzugs nicht rühmen. Rein mütterlich, ja aphroditisch-hetärisch ist der Ursprung der Epizephyrier. Aber wenn Eunomos hiedurch Apollos Feindschaft gegen sich aufruft, so hat er den reinen Delphier durch die höhere Entwicklung, die er dem Muttertum gab, für sich gewonnen. Entkleidet des unreinen Charakters, findet das Muttervolk der Lokrer apollinische Anerkennung. Über Ariston trägt Eunomos den Sieg davon: ein Zeugnis von höchstem Gewicht für die innere Tüchtigkeit der auf Mutterrecht gegründeten Lokri und des aeolischen Volkstums überhaupt. Bedeutsam erscheint es nun, daß das Keuschheitsopfer der lokrischen Matronen dem Kampfe gegen dieselbe Rhegium angehört. Der Gegensatz der Religionen, auf welchen die eine und die andere Stadt beruht, tritt hier von neuem in voller Schärfe hervor. Aus dem appollinischen Verbande kehren die Epizephyrier zu der ältesten Königin ihrer Stadt, zu Aphrodite, zurück. Der Widerstand und das Sträuben, welches sie diesem Schritte entgegensetzen, erhält nun sein ganzes Gewicht. Die Stadt ist auf dem Wendepunkte ihres Geschicks angelangt. Apollo und Aphrodite streiten sich um dieselbe. Der tiefste und der höchste Zustand treten sich feindlich gegenüber. Langsam entscheidet sich zwischen beiden der Sieg, aber zuletzt wird das epizephyrische Volk, nachdem es in Eunomos seine höchste Erhebung gefeiert, dem aphroditischen Leben wiederum zur Beute: eine Bestätigung der geschichtlichen Erfahrung, daß die Zustände der Jugend im Alter, jetzt aber als unheilbarer Verfall, von neuem zur Geltung gelangen. *nascentes morimur finisque ob origine pendet.*[91]

142. An die epizephyrischen Lokrer Lesbos anzuschließen, rechtfertigt sich nicht nur durch die Gleichheit des aeolischen Volkstums,[1] sondern insbesondere durch die große Ähnlichkeit der Erscheinungen, welche beide Länder darbieten. Viel Rätselhaftes birgt Sapphos Heimat. Ohne Erfolg hat die Altertumswissenschaft um das Verständnis der lesbischen Dinge gerungen. Staunend, aber hilflos stehen unsere Schriftsteller vor dem Kreise jener mit männlichem Bemühen aus dem Dunkel des Privatlebens hervortretenden Dichterinnen, an deren Spitze Sapphos bewunderter Name glänzt. Lob und Tadel haben abwechselnd um den Preis gestritten und zum Maßstab des Urteils die sittlichen Begriffe des Christentums auserkoren. Die einen sprechen das Verdammungsurteil, die andern erschöpfen sich in Lobeserhebungen, die gegenüber den kurzen aber mächtigen Aussprüchen eines Plutarch (Erotic. 18) und Horaz (Od. 4, 9, 10) immer noch frostig erscheinen. Beides gleich grundlos, und für das Verständnis ohne Frucht. Unbestreitbar ist es nun allerdings, daß keine geschichtliche Erscheinung völlig erklärt werden kann, am wenigsten das, was in seiner Art das Höchste ist, und auf diesen Ruhm hat Sappho nach dem einstimmigen Zeugnis des ganzen Altertums den vollsten Anspruch.[2] Ihr gegenüber fühlen wir stärker als sonst die Ohnmacht eines Wissens, das meist nur an Äußerlichkeiten hinanreicht. Aber das Wenige, das erreicht werden kann, ist nicht geleistet worden. Einen Anknüpfungspunkt für die Erscheinung der lesbischen Frauen hat man in der besondern Naturanlage des pelasgischen und aeolischen Stammes, in den gynaikokratischen Einrichtungen der italischen und griechischen Lokrer, endlich in der hohen Selbständigkeit der dorischen, besonders der spartanischen Weiber gesucht.[3] Unzweifelhaft haben alle diese Gesichtspunkte Gewicht und Berechtigung. Aber derjenige, der die meiste Belehrung in sich schließt, ist unter ihnen nicht enthalten. Wir haben ihn bei der Betrachtung des dionysischen Frauenlebens angedeutet und zum Verständnis der höhern Beziehung des epizephyrischen Musendienstes benützt. Er liegt in der orphischen Religion, an welche sich das lesbische Frauenleben überhaupt anschließt, und von deren Geist die aeolische, von dem Weibe mit höherer Auszeichnung als von dem Manne gepflegte Lyrik durchdrungen ist. In dem folgenden soll

die Richtigkeit dieser Auffassung sowohl durch historische Zeugnisse als durch die Vergleichung der leitenden Gedanken der lesbischen Poesie mit denen der orphischen dargetan, und zuletzt die von den Alten überlieferten, von den Neuern gänzlich unbeachtet gelassenen Bestimmungen über das lesbische Dotalrecht erörtert werden. Alles so, daß es sich dabei mehr um die Eröffnung der Schächte als um ihre vollständige Ausbeutung handelt.

Ich kann mich der Aufgabe überheben, die Reihe der Zeugnisse über die hervorragende Bedeutung des bacchischen Kults auf Lesbos einzeln zu prüfen.[4] Aber reich an Belehrung ist der Mythus, welcher den lesbischen Musenruhm auf die freundliche Aufnahme und Bestattung des aus dem thrakischen Hebrus singend an dem Inselgestade anlangenden Orpheushauptes zurückführt. Nach der unerfreulichen Betrachtungsweise unserer Tage wird auch dieser, wie so vieles andere, als eine durch spätere Zustände veranlaßte Rückwärtsdichtung behandelt.[5] Wir wollen darüber nicht rechten. Welche Entstehung und welches Alter die Sage auch haben mag: dafür, daß Lesbos als einer der berühmtesten Sitze der dionysischen Orphik betrachtet wurde, bleibt sie, wie diejenige von Terpanders Besitz der orphischen Lyra und von dem ebenfalls lesbischen Arion und Pythagoras' lesbischem Aufenthalt, immer gleich beweisend.[6] So sehr die Berichte in einzelnen Punkten von einander abweichen, so stimmen sie doch in der Hauptsache, dem Anschluß der lesbischen an die orphisch-thrakische Muse, völlig überein. Besonders belehrend wird die Verbindung beider Länder durch das entgegengesetzte Verhalten der thrakischen und der lesbischen Frauen. Während jene der orphischen Lehre feindlich entgegentreten, findet sie bei diesen freudige Aufnahme und ihre schönste Entwicklung. Durch die Thrakerinnen wird Orpheus dem Tode geweiht, aber Lesbos bereitet seinem sangreichen Haupte in aeolischer Erde willig das Grab.

Indem der Mythus die Greueltat der ciconischen Mütter mit den Brandmalen ihrer Haut in Zusammenhang bringt, gibt er uns das sicherste Mittel an die Hand, der Grundidee, welcher er folgt, näher zu treten. Die Tätowierung der thrakischen Frauen wird vielfältig und noch für sehr späte Zeiten bezeugt. Klearch[7] leitet die Tätowierung der thrakischen Frauen von jener der skythischen her und stimmt in seiner übrigen Darstellung mit Eustath[8] überein. Andere Zeugnisse heben den Unterschied des Geschlechts nicht hervor.[9] Die Abweichungen, welche in der Darstellung der mitgeteilten Zeugnisse obwalten, sind eine Folge der Entwicklung des Geschlechterverhältnisses. In ihrer Beschränkung auf die Frauen erscheint die Tätowierung als ein Ausdruck des mütterlichen Adels, als ›Zeichen edler Abkunft‹, wie dies Chrysostomus mit besonderer Bestimmtheit hervorhebt. Nur die Königin und die freien Frauen zeigen das Stigma. Ausgedehnt auf die Knaben wird es das Merkmal des von mütterlicher Seite auf sie übertragenen Adels. Die hervorragende Stellung der Mutter erscheint hier wieder als Teil einer tiefern, rein materiellen Stufe des Daseins. Sie verbindet sich mit hetärischen Geschlechtsverhältnissen, wie sie Herodot (5,3-6), Eustath (zu Dionys. Per. 322), Heraclides (Pol. 28) bezeugen, mit der Anwendung der Mantelspangen zur Einritzung der Zeichen, worin nach früher schon mitgeteilten Beweisen die Idee der Geschlechtsmischung vorherrscht, endlich mit der Lambdaform der Stigmata, welche, dem Kreuze sich anschließend, nach einer über die Mehrzahl der Völker alter und neuer Welt verbreiteten Symbolik den Zeugungsakt versinnbildet. Dieser tiefern Religionsstufe tritt Orpheus feindlich entgegen. Die reinere Lichtlehre, welche der apollinische Priester verkündet, erregt der Frauen Rache und entflammt sie zu der Bluttat. Darin, daß das weibliche Geschlecht der Einführung der gereinigten Lehre widerstand, stimmen sämtliche Zeugnisse überein. Alle Wendungen der Sage beherrscht der Gedanke an einen tiefen Widerstreit der neuen Religion mit den Rechten der Weiber.[10] Vom Standpunkt der höhern Lehre mußte nun die Tätowierung der Frauen als eine Strafe für den geleisteten Widerstand erscheinen. Was seinem Ursprunge nach ein Zeichen der ›edlen Abkunft‹ war, gestaltete sich jetzt zum Merkmal der Schande und des Verbrechens. Darin findet der Mythus, welcher die Stigmata auf Orpheus' Ermordung zurückführt, seine Erklärung, nicht minder die Beschränkung der Tätowierung auf die Sklaven bei den Geten, und der Gesichtspunkt des bloßen Schmuckes, welchen Klearch und Eustath als den zuletzt allein maßgebenden betonen, volle Rechtfertigung.

Gewinnt somit die von Phanokles[11] am ausführlichsten mitgeteilte Sage ihre Verständlichkeit, so treten nun auch die ›männlichen Leidenschaften (Erotes)‹ in ihrer ganzen Bedeutung hervor. Sie erscheinen als Gegensatz der auf das Weib gerichteten rein sinnlich-geschlechtlichen Begierde. Durch Orpheus wird dem mächtigsten der Triebe eine neue, edlere Richtung gegeben. Auf die ›männlichen Leidenschaften‹ gründet der apollinische Prophet die Erhebung des Menschengeschlechts aus dem Sumpfe hetärischer Sinnenlust zu einer höhern Stufe des Daseins. Nicht Sinnlichkeit der Liebe, an welche Ovid (Met. 10,83f.), der Genosse einer entarteten Zeit, allein denkt, sondern Erhebung über dieselbe, Ersetzung des gemeinen durch den höhern Eros, Erzeugung der sittlichen Scham ist der Gedanke der Männerliebe in seiner ursprünglichen Reinheit. In der Geschichte der Religion nimmt sie eine wichtige Stelle ein. Wir haben sie oben in Verbindung mit Pelops gefunden, und Pelops gehört auch Mytilene an. Dem achäischen Helden tritt Chrysipp in derselben Stellung zur Seite, welche Ganymed neben Zeus, Pelops selbst neben Poseidon einnimmt, und die Knabenliebe der Kreter, Eleer, Megarer, Thebaner, Chalkidier sowie jene der Phryger mag ursprünglich dieselbe Religionsbedeutung gehabt haben.[12] Je rätselhafter diese Erscheinung uns entgegentritt, um so dringender ist die Aufforderung, nur den Zeugnissen der Geschichte zu folgen. Als Beförderung der Tugend wurde der männliche Eros von den Alten, insbesondere den Aeolern und den Dorern, die ich nur als eine besondere Entwicklung jener betrachten kann, in ihr öffentliches Leben aufgenommen[13] und noch von Spätern in demselben Lichte betrachtet, in welchem ihn Orpheus zum Ausgangspunkte eines höhern apollinischen Daseins machte. An die ›männlichen Leidenschaften‹ knüpft Sokrates die erste Erhebung des Menschen an, in ihnen erkennt er die Befreiung von der Herrschaft des Stoffes, den Übergang von dem Leibe zur Seele, in welchem die Liebe sich über den geschlechtlichen Trieb erhebt; er erklärt sie deshalb als das beste Mittel, sich der Vollkommenheit zu nähern.[14] In die gleiche Auffassung stimmt Xenophon ein; ein großer Teil der Gespräche, mit welchen die Freunde das von Kallias seinem geliebten Autolykos gegebene Gastmahl würzen, bewegt sich um dieselbe Frage und vertritt die gleiche Auffassung. Bei beiden Schriftstellern kehrt der Gedanke, aus welchem der Widerstand der Thrakerinnen hergeleitet wird, mit der größten Bestimmtheit wieder.[15]

Die orphischen ›männlichen Leidenschaften‹ erhalten dadurch ihre gesicherte Stellung in der Entwicklung des Menschengeschlechts zu höherer Gesittung. Jetzt erscheint das Verhältnis der thrakischen und der lesbischen Welt in seiner vollen Bedeutung. Die thrakischen Weiber treten der orphischen Lehre feindlich entgegen und bleiben der sinnlichen Stufe ihres Daseins getreu; die Lesbierinnen dagegen erwählen, entgegen den früheren amazonischen Zuständen ihrer Insel, orphisches Leben und verdanken diesem jene höhere Entfaltung ihres Geistes, welche in Sappho und dem sie umgebenden weiblichen Kreise den Gipfelpunkt erreicht. Am bedeutungsvollsten erscheinen in der sapphischen Poesie Aphrodite und Eros, und wie sich hierin der Anschluß an den ältesten samothrakisch-orphischen Religionskreis offenbart, so erkennt auch die Entwicklung, welche die lesbische Lyrik beiden Gestalten leiht, den orphischen Religionsgedanken als ihren leitenden Stern.[16] Abgerissen von diesem Hintergrunde bleibt die Erscheinung der lesbischen Frauen ein unnahbares Rätsel, in Verbindung mit dem angegebenen kultlichen Gedanken dagegen werden die befremdlichsten Erscheinungen verständlich.

Den orphischen ›männlichen Leidenschaften‹ tritt das Liebesverhältnis des Weibes zu seinem eigenen Geschlechte gleichartig zur Seite. Erhebung aus den tiefern Stufen der Sinnlichkeit, Läuterung der physischen zu psychischer Schönheit ist auch hier das einzige Ziel. Auf Erziehung ihres Geschlechts ist Sapphos Bestreben gerichtet, daraus entstehen alle Freuden und Leiden ihrer durch Eros zu stets neuem Wirken und Schaffen, Ringen und Jagen begeisterten Seele.[17] Ist es nicht die Stimme der sorglichen Mutter, sondern die Erregung der Leidenschaft, aus welcher ihre Feuerworte hervorgehen, so hat diese erotische, das Sinnliche und Übersinnliche, Leibliche und Psychische mit gleichem Ungestüm erfassende Begeisterung ihre letzte und reichste Quelle doch nur in der Religion. Was sich ewig auszuschließen scheint, Liebe und Geschlechtsgleichheit, tritt jetzt in den innigsten Verein. Mit ruheloser bebender Seele wirbt Sappho um die Gegenliebe der Mädchen ihres Volks; sie, die größere, bemüht sich dienend um die geringern. Und nicht einer allein widmet sie ihre Sorge, zu allen treibt sie Eros; die Erhebung und Erziehung des ganzen Geschlechts ist ihre Aufgabe. Wo immer sie leibliche Schönheit findet, da treibt sie Eros, auch die geistige zu erzeugen. Seine Tat sind ihre Lieder, seine Wirkung der Wahnsinn ihres Herzens, der Größeres wirkt als menschlich-nüchterne Besonnenheit. Der religiösen Natur dieser Erregung entspricht das Ziel, auf welches die Dichterin immer und immer wieder hinweist. Dem Ungeregelten, dem Anmutlosen selbst in der Kleidung und äußeren Erscheinung tritt sie entgegen; ihr ist die Schönheit nur eine, der Mittelpunkt ihrer ganzen Geisteswelt, der Ausgangspunkt jeder Veredlung. Aber über der leiblichen wird die geistige gepriesen und als letztes Ziel des Strebens hingestellt. Allem Hetärischen, jeder die Harmonie orphischen Lebens störenden Leidenschaft tritt sie strafend entgegen, der züchtige Blick ist ihr Beweis der innern Zucht der Seele, die sie als den schönsten Schmuck des Weibes preist.[18]

So von den niedern zu den höhern Erscheinungen aufsteigend, das Körperliche vergeistigend und das sinnliche Leben selbst zur Grundlage des psychischen erhebend, führt sie das Mädchen über die Grenzen des leiblichen Daseins hinaus, eröffnet ihm den Blick in die Unsterblichkeit, die dem höhern Eros angehört, zeigt ihm unter dem Bilde des Goldes den bleibenden Wert jener Schönheit, die weder der Wurm noch der Rost zu zerstören vermag, und entflammt so in des Weibes Seele die Sehnsucht nach der Ewigkeit des Nachruhms, den ihr selbst die Musen, des Vaters goldenes Haus verlassend, durch das Geschenk ihrer Werke gesichert haben. Vor diesem Gedanken erscheint ihr kleinlich alles, was sie sonst wert hielt und, echt mädchenhaft, anpries, Geschmeide, Reichtum, jeder Schmuck des äußern süßen Daseins. Wie bejammert sie die reiche Frau, deren Seele, von keinem höhern Streben edel gehoben, ohne Anteil an den Rosen aus Pierien, unter den dunkeln Schatten lautlos und vergessen dahinflattern wird.[19]

Am höchsten aber führt sie Eros empor, wenn er, ihre Seele beschwingend, sie über die Trauer des Todes hinweghebt. Dem höchsten Gedanken der orphischen Religion leiht sie Ausdruck, wenn sie es für Sünde (›nicht themis‹) erklärt, in dem musendienenden Hause Klage anzustimmen über den Untergang, da doch des apollinischen Propheten erstorbenes Haupt, von der Lyra getragen, singend an ihrer Insel Gestade antrieb. »Möcht' ich, solches Lied hörend, sterben«, war Solons Wunsch. Wie weit sind hinter dieser Erhebung diejenigen zurückgeblieben, die in jenem Gedanken nichts als einen neuen Ausdruck des unzerstörbaren Hanges zu stets heiterm Lebensgenuß, den man als den hervorstechenden Zug der sapphischen Lyrik betrachtet, zu erkennen vermögen.[20] So hat die Vernachlässigung der religiösen Idee, welche die lesbische Lyrik durchdringt, die Betrachtung um ihre schönste Frucht betrogen. In der richtigen Auffassung der höhern Mysterienidee, worauf sich auch Sapphos Gesang über Selenes Liebe zu Endymion bezieht,[21] liegt der Schlüssel zu der Erklärung der merkwürdigsten Seite, welche die aeolische Muse darbietet. Einerseits Wehmut, Klage, Schmerz über den steten Untergang alles Lebens, andererseits die Zuversicht der Unsterblichkeit, welche die Trauer verbannt: in welchem Gedanken findet dieser Widerspruch seine Lösung? Aber die orphische Religion bietet das gleiche Janusgesicht; auf dem einen Antlitz thronen Schmerz und Klage, auf dem andern frohe Zuversicht und Freudigkeit, beide geeint in dem Gedanken, daß über dem steten Untergang alles tellurischen Daseins die Ewigkeit des uranischen Lebens versöhnend wohnt. Je tränenreicher die Klage ertönt, um so mehr wird der Geist auf den höhern Teil der Lehre, die jenseitige Hoffnung, gerichtet. Nirgends tritt das völlige Entsprechen der orphischen und sapphischen Religionsanschauungen bestimmter hervor als hier. Wehmutsvoll ist der Ton der orphischen Lyra, ihr Klang ein Klagegesang.

flebile nescio quid queritur lyra, flebile lingua
murmurat exanimis, respondent flebile ripae.[22]

Mit Linos und Ialemos verwandt, ist Orpheus der Vater der ›Totenklage‹.[23] Sappho aber besingt den Linos-Oitolinos schwermütig und hoffnungsreich zugleich, wie die Argiverin den herrlichen, nun dem Tode verfallenen Adonis in Theokrits Adoniazusen. Den Tod bejammert sie als ein Unglück, wär' er keines, so stürben auch die Götter. Gellos Gier, der schöngefiederten Taube starrer Tod, die von den Hirten des Gebirgs niedergetretene Hyazinthe, Niobes Schicksal: an alles knüpft sich die wehmütige Erregung ihrer Seele, die gleich einer reizbaren Saite unter den Eindrücken der stets wechselnden Außenwelt erzittert. Der lesbischen Mädchen ›Lied‹ wird zur ›Totenklage‹. Sapphos Lyra nimmt in dem Reiche der Schatten selbst den Zauber und die Kraft des orphischen Klagegesanges an und entwickelt ›in der Totenklage‹ ihren höchsten Reiz.[24] So stellt sie uns Horaz (c. 2, 13, 23ff.) dar:

sedesque discretas piorum et
Aeoliis fidibus querentem
Sappho puellis de popularibus.

Den klagenden Melodien horchen die Unterirdischen, wie Orpheus' Lyra alles bezwingt. Bis in den Hades folgt Sapphos Liebe den Mädchen ihres Volks, denen sie die Lieder sang, deren schönste Entwicklung ihre ganze Seele fesselte. Daß so viele ihre Liebe durch keine Gegenliebe lohnten, so viele, die den Dienst der orphischen Musen verschmähten, nun verloren sein sollten, das ist es, was ihren Schmerz nicht zur Ruhe kommen läßt. Denn das orphische Geschlecht allein ist Proserpina lieb, und an des apollinischen Propheten Grab ertönt der Nachtigall Gesang mit doppeltem Zauber.[25] Nichts vermag Hades über die, welche durch die Pflege des Eros und der Musen Orpheus nacheiferten; den unsterblichen Jungfrauen geeint wandeln sie tanzend einher. Das grobe Gewand des tellurischen Körpers[26] wird in der Region der Gestirne durch ein feineres ersetzt, das Athene webt. Diese tröstliche Lehre verkündet bei Nonnus[27] der lesbische Sänger Leukos, und der Zusammenhang mit den orphischen Mysterien ist hiefür ebensowenig zu verkennen, als es andererseits kaum zufällig sein wird, wenn Dikaearch die Leugnung der Unsterblichkeit gerade in seinen lesbischen Reden niederlegte.[28] Die Wechselbeziehung der Trauer und der höhern Mysterienhoffnung wiederholt sich in Erinna, die aus der Zahl der weniger berühmten Freundinnen Sapphos besonders hervortritt. Wenn sie in dem Epigramm auf Baukis' frühen Tod des Hades Gier und der spinnenden Parze unerbittliches Todesgesetz wehmütig beklagt, so besingt sie andererseits auch die Zikade; an die Zikade aber und die ihr so eng verknüpften Musen, Kalliope und Urania, knüpft sich die höchste Mysterienhoffnung, der Sieg, zu welchem die brechende Saite hindurchführt.[29]

Der orphische Charakter der sapphischen Muse begründet jene religiöse Weihe, welche die Alten der Dichterin beilegen. Wenn sie als zehnte den neun Schwestern angereiht und dadurch mit derselben Mysterienbedeutung umgeben wird, welche die Orphik jenen beilegt,[30] wenn sie in gleichem Sinne vorzugsweise ›die Schöne, die Weise‹, bei Alkaeus selbst ›rein‹, anderwärts ›hehr, göttlich‹ heißt, so tadelt Plutarch (Quaest. symp. 7, 8, 2.) die Hersagung Platonischer Dialoge, Sapphischer und Anakreontischer Gesänge bei Gelagen als eine Entweihung, bei welcher er jedesmal aus ehrfurchtsvoller Scheu den Trinkbecher wegzusetzen sich versucht fühle. Anakreon aber ist nach Maximus Tyrius' Bemerkung von derselben sittlichen Anlage ›ethos‹ wie Sappho, die eben darum trotz der Zeitverschiedenheit[31] von Hermesianax zu jenem in Liebesbeziehung gesetzt wird. Auch er liebe alle Schönen, preise ihre körperlichen Reize, sehe aber stets nur auf ›Besonnenheit‹ und rühme mit Recht von sich: mich mögen die Knaben lieben meiner weisen Sprüche wegen, Schönes singe ich, Schönes versteh' ich zu reden.

Sprechender noch als alles dies ist die Art, wie Sokrates der lesbischen Dichterin gedenkt. Im Phaedrus (p. 235 c. Hermias) nennt er Sappho die Schöne an der Spitze derer, die sein volles Herz wie Ströme ein Gefäß erfüllt und ihm den Stoff zu seiner begeisterten Lobrede auf Eros geliefert hätten. Als Offenbarung jenes wunderbaren Weibes stellt er all seine Kenntnis von dem höhern Wesen des orphischen Gottes dar, und mit dieser Auffassung stimmt der mystische Flug der Rede, in welcher er das erkundete Geheimnis mitteilt, nicht weniger die echt vestalische Würde, in der Sappho auf Bildwerken erscheint,[32] vollkommen überein. Wie er aber hier in erster Linie der weisen Sappho gedenkt, so legt er im Gastmahl den höchsten, geheimnisreichsten Teil seiner Liebeslehre der Mantineerin Diotima in den Mund. Zu ihr wandelt er, um das ihm selbst Verschlossene zu erkunden. Vor ihrer höhern Weisheit beugt er sich wie vor einer begeisterten Pythia, ohne Scheu es bekennend, daß er nur mit Mühe in die Tiefen des Mysteriums zu folgen vermöge.[33] Beide Frauen tragen denselben Charakter, beiden leiht Sokrates dieselbe Erhabenheit, dieselbe Unmittelbarkeit der Erkenntnis, denselben priesterlich-wahrsagenden Charakter.[34] Ganz religiöser Natur ist ihre Erscheinung und all ihr Wissen, mysteriös der Gott, dessen höchstes Wesen sie enthüllen, mysteriös der Flug ihrer Rede, mysteriös die Quelle ihrer Begeisterung. Die Erhabenheit des Weibes ist eine Folge seiner Stellung zu der Geheimlehre, wie wir diese früher schon entwickelt haben. Der Frau ist das Mysterium anvertraut, von ihr bewahrt, von ihr verwaltet, von ihr dem Manne mitgeteilt. In keinem Zuge tritt Sapphos Weihecharakter bestimmter hervor als in dem Verhältnis, das sie gegenüber Sokrates einnimmt, und dieses ist nicht willkürliche spätere Auffassung, auch nicht eine durch des Weibes nähere Verwandtschaft mit Schönheit und Liebe nahegelegte Fiction, sondern ein Anschluß an den historischen Charakter der Dichterin, eine Festhaltung des orphischen Wesens der lesbischen Lyrik und der orphischen Bedeutung des Mystagogen Eros selbst.[35] Der lesbische Mythus von der Ankunft des singenden Orpheushauptes, seiner begeisterten Aufnahme und seinem Einfluß auf die Gestaltung der lesbischen Muse tritt mit dem Charakter, den Sokrates in Sappho erkennt, in unmittelbare Verbindung, und so ist auch die sokratische Entwicklung der Liebe die schönste Erläuterung jenes Eros, der Sapphos Seele begeisterte und all ihr Schaffen hervorrief. Die unbegreiflichsten Seiten, welche der Dichterin Erscheinung darbietet, werden durch Sokrates' Speculation Schritt für Schritt dem Verständnis enthüllt. Es ist, als hätte der größte der Philosophen die begeistertste der Frauen zum Urtypus des von ihm entworfenen Bildes der Liebe, ihrer Natur und ihrer Wirkungen auserwählt.

Alles, was Sokrates als die Kraft des die Seele beschwingenden Eros darstellt, hat Sappho an sich selbst persönlich erlebt.[36] In philosophischer Entwicklung liegt dort vor, was wir hier in lebensvoller Wirklichkeit vor uns sehen. Nicht nur ist der Fortschritt von dem Sinnlichen zu dem Geistigen, von dem Leib zu der Seele, von den schönen Gestalten zu den schönen Sitten und Handlungsweisen, von dem Streben nach Zeugung in den Leibern zu der in den Seelen, mithin die orphische Grundidee von der stufenweisen Läuterung des Stoffes bei beiden dieselbe, nicht nur die Hinüberleitung der Liebe von ihrer Richtung auf das andere zu der Erziehung des eigenen Geschlechts hier und dort der Ausgang aller höhern Gesittung; überraschender noch sind die Parallelen, welche einzelne Züge und Schilderungen darbieten. Die glühende Werbung um die Liebe eines schönen Mädchens, welche den Inhalt der bei Dionys. de compos. verbor. 23 vollständig erhaltenen sapphischen Ode bildet, jener Schmerz, den Atthis' Abtrünnigkeit erregt,[37] wie könnte er schöner geschildert werden als durch die Vergleichung mit dem Nachjagen und Fliehen, in welchem Sokrates den Kampf und die Prüfung der Liebe erblickt![38] Wahnsinn des Herzens nennt die Dichterin (Fr. 1, 18) die Leidenschaft, welche sie zu ihren Genossinnen hinzieht, und eben diesen Wahnsinn schildert Sokrates als die dämonische Kraft der Liebe, die, wenn mit sterblicher Besonnenheit verdünnt, nur Sterbliches sparsam auszuteilen vermag.[39] Klagt Sappho, sie treibe es hinaus vom Webstuhl, Liebe lasse ihr keine Ruhe, Sehnsucht jage sie hin zum schlanken Knaben, so bedient sich Sokrates[40] der Worte, weder des Nachts zu schlafen noch bei Tage irgendwo auszudauern vermöge bei ihrem Wahnsinn die Liebe, sondern sehnsüchtig eile sie immer dahin, wo sie den, der die Schönheit besitzt, zu erblicken hoffe. Wie Sappho dem Alkaeus, den Scham zu reden hindert,[41] vorwirft, daß wenn gut und schön das wäre, was er begehre, nichts ihn hindern könnte, frei zu sprechen,[42] so sagt Sokrates, es sei schöner, öffentlich lieben als verstohlen, und zwar vorzüglich die Edelsten und Besten.[43] Schildert jene Eros als das bittersüße Ungetüm,[44] so hebt auch Sokrates[45] die stete Verbindung von Schmerz und Wonne hervor und weist darauf hin, daß der Besitzer der Schönheit der einzige Arzt sei für die unerträglichen Schmerzen. Schildert Sappho die Wirkung des Anblicks der Schönheit als schmerzhafte Erregung, welche die Zunge festbannt, das Auge verdunkelt, mit kaltem Schweiß den Körper bedeckt, mit Zittern die Glieder schüttelt, nennt sie dabei den Genuß doch einen göttergleichen,[46] so werden wir an Sokrates' Worte[47] erinnert, in welchen er, um die Empfindungen eines in die höhere Schönheit Eingeweihten darzustellen, erst von Schauder und Ängsten, dann von Fieber, Schweiß und ungewohnter Hitze spricht. Und wenn ferner von Eros ausgesagt wird, immer wandle er umher, das Schöne zu suchen, worin er erzeugen könne, habe er es gefunden, dann unternehme er sogleich zu unterweisen und besitze eine Fülle der Rede über Tugend, wenn die Tonkunst als Wissenschaft der Liebe, diese als Schöpfer der Dichter, die Begeisterung für Einen als geringfügig und nur die allem Schönen dargebrachte Huldigung als würdige Liebe dargestellt, von der innern Einheit des in der Idee Schönen, von der höhern Göttlichkeit des Liebhabers als des Geliebten, weil nur in jenem der Gott wohne, und wieder von dem Dienen des Größern und dessen Ringen um die Gegenliebe des Geringern gesprochen wird, so scheint unter der Hand des großen Künstlers Sapphos Bild immer kenntlicher aus dem zuvor rohen Marmor hervorzutreten. Welch ein Schauspiel, zwei der schönsten Gestalten des Altertums in solcher Verbindung zu erblicken, Sappho die Wunderbare, neben ihr als Exeget Sokrates den Göttlichen: dort Eros' Kraft in dem Weibe verwirklicht, der mächtige Flügelschlag einer durch religiöse, sinnlich-übersinnliche Erregung beschwingten Seele; hier der Mann, durch des Weibes Reden wie mit fremden Strömen erfüllt, speculativ erfassend, was in jenem unbewußt wirkt,[48] und ohne Beschämung anerkennend, daß nüchterne Geistestätigkeit nie der mächtigen Erhebung einer in den Tiefen der weiblichen Gemütswelt wurzelnden Begeisterung zu folgen vermag. »Ich weiß, o Diotima, daß ich einen Lehrer gebrauche.«[49]

Diese Unterordnung unter des Weibes unmittelbare Anschauung, die in dem Mysterienprinzipat der Frau ihren Anhalt hat, ist um so beachtenswerter, da in Sokrates sich mit der speculativen Betrachtung die Kraft der erotischen Begeisterung selbst verbindet. Durch diese tritt er Sappho als eine völlig analoge Erscheinung zur Seite. Die Parallele beider Gestalten nimmt jetzt ihre größte Bedeutung an. Nicht mehr bloß als Exeget, vielmehr als Sapphos Rivale erscheint uns Sokrates: »Ist es erlaubt, Altes mit Neuem zu vergleichen« – so äußert sich Maximus Tyrius –, »so fragen wir, worin denn der Lesbierin Eros von dem Liebesverhalten des Sokrates verschieden ist? Beide gleichen sich durchweg. Jene bemühte sich um die Liebe der Weiber, dieser pflegte die der Männer, und beide gestanden, daß sie Viele liebten und von allen Schönen gefesselt würden. Was dem Sokrates Alkibiades, Charmides, Phaedrus, das sind für Sappho Gyrinno, Atthis, Anaktoria; was dem Sokrates die Kunstnebenbuhler Prodikos, Gorgias, Thrasymachos, Protagoras, das sind der Sappho Gorgo und Andromeda. Jetzt schilt sie diese, jetzt widerlegt sie dieselben, und bedient sich gerade derselben Ironie wie Sokrates. 'Sei mir, Ion, gegrüßt', sagt Sokrates; 'sei mir vielmal, Polyanaktidas' Tochter, gegrüßt', sagt Sappho. Sokrates erklärt, er habe den Alkibiades zwar schon seit lange geliebt, aber nicht eher sich ihm nähern wollen, als bis er ihn für fähig gehalten, seine Reden zu verstehen; 'Du scheinst mir noch ein kleines unanmutiges Kind zu sein', sagt Sappho.[50] Jener verspottet Haltung und Sitz eines Sophisten, und diese sagt: 'welche in roh ländlichem Putze'. Diotima sagt zu Sokrates, Eros sei nicht der Sohn, sondern der Begleiter und Diener der Aphrodite,[51] und auch zu Aphrodite sagt Sappho in einem Liede: 'und auch dein schöner Diener Eros'.[52] Diotima sagt, Eros gedeihe im Überfluß und sterbe im Mangel; das hat Sappho in die Worte 'süßbitter und schmerzenbringend' zusammengefaßt.[53] Sokrates nennt den Eros einen Sophisten, Sappho einen Redekünstler.[54] Sokrates wird aus Liebe zu Phaedrus vom Wahnsinn ergriffen, der Sappho aber erschüttert Eros alle Sinne, wie der Wind, der sich im Gebirge auf die Eiche stürzt.[55] Jener tadelt Xanthippen, daß sie über seinen Tod wehklagt; diese sagt im gleichen Falle zu ihrer Tochter 'nicht darf in dem Hause, welches den Musen dient, Trauer schallen; es ziemt solches uns wahrlich nicht'.[56]«

Weit hinter der Wahrheit würden wir zurückbleiben, wollten wir dieser Parallele nur das Verdienst einer geistreichen Vergleichung zuerkennen. Sie verbindet, was trotz zeitlicher und volklicher Trennung geistig zusammengehört, und gibt diesem richtigen Gefühle einen im einzelnen vielleicht manchen Einwendungen zugänglichen Ausdruck. Derselbe Eros beflügelt Sappho und Sokrates, ist für sie kein bloßer Name, sondern lebendig wirkende Gottheitskraft, der Bildner ihrer Seele, wie er als der größte Wohltäter für das Staats- und Privatleben gepriesen und in dieser lebendigen Wirksamkeit von den Gesetzgebern angerufen wird.[57] Beide erkennen in ihm den einzigen Urheber aller ›Wiederherstellung der Seele‹;[58] seinem Triebe folgend widmen sich beide der Erziehung ihres Geschlechts, dem Werke der Zeugung in dem Schönen, das für sie Ausgangspunkt jeder sittlichen Größe wird. Seinem Fluge folgend gelangen beide zu jener Region, wo nicht die Erscheinung, sondern das Wesen der Schönheit wohnt; denn Eros ist seiner Natur nach der Unsterblichkeit verwandt.[59]

Es hätte nur der Beachtung dieses Wechselverhältnisses bedurft, um Sapphos wahres Wesen zur Kenntnis zu bringen und ihr Bild vor dem Schmutze zu bewahren, mit dem Jahrhunderte und die in der Erniedrigung des Großen sich gefallende Bestialität es bis zur Unkenntlichkeit überzogen haben. Wenn ich sie so gemißhandelt sehe, möchte ich im Gefühl der Scham den Trinkbecher bei Seite setzen. Plutarch, der seine orphisch-dionysische Weihe[60] durch große Würde religiöser Anschauung bekundet, kömmt das Verdienst zu, gegenüber den pasquillartigen Zerrbildern der Komödie,[61] in welchen der ionische Geist seine Richtung auf Erniedrigung des Weibes und der ihm verhaßten Altertümlichkeit des Aeolismus von neuem bekundet, die wahre Natur jener erotischen Begeisterung, deren stufenweise Erhebung er in seinem Eroticus einleuchtend darstellt, erkannt und mit Feuerworten ausgesprochen zu haben. Aber wirkungslos werden sie an denen vorübergehen, die, »mit verdünnendem Verstande nur Sterbliches sparsam austeilend« (Platon), keinen Teil haben an jener sittlichen Reizbarkeit, ohne welche es niemand möglich wird, sich auf diesem Gebiete der Altertumswissenschaft über das Gemeine zu erheben. Sappho wird auch fernerhin dem Schicksal nicht entrinnen, von dem einen nach der Auffassung der Komödie, von dem andern nach Sokrates beurteilt zu werden; jenem als Beute des niedern tellurischen, diesem als begeisterte Dienerin des reinen uranischen Eros zu erscheinen; von dem einen mit unbefleckten Kränzen geschmückt, von dem andern der ›Liebe zu Schimpflichem‹ verdächtigt zu werden. Bei der Feststellung des Urteils müssen Zeit, Volksart, Individualität bestimmend einwirken. Jeder sieht und vergöttert nur sein eigenes Lebensgesetz. Den kältern, dem Geiste des Altertums und dem südlicher Naturen so unendlich fernstehenden Nord zu überzeugen, daß seine Begriffe von Sittlichkeit und reiner Weiblichkeit keinen Anspruch haben, als allgemeiner Maßstab der Moralität zu gelten, ist nicht weniger schwierig, als dem christlichen Bewußtsein gegenüber ein Gesetz der Sittlichkeit zur Anerkennung zu bringen, das nicht auf die Ertötung der Sinnlichkeit und Leidenschaft, sondern auf ihrer Reinigung und successiven Läuterung beruht und mit dem Geiste verliebter Freundschaft, welcher der Jugend überhaupt eigen ist, in geheimer Wechselwirkung steht. In dem Verhältnis der sinnlichen und der übersinnlichen Ansprüche der menschlichen Natur liegt der wahre Unterschied alter und neuer Weltanschauung, alter und neuer Religion und Bildung. Jene bringt beide in harmonischen Zusammenhang, diese scheidet sie zu feindseligen Gegensätzen. Darum kann nur dort die Idee der sinnlichen Schönheit sich zur sittlichen erweitern, nur dort Eros und Kallos (das Schöne, nicht das Reizende) zum Mittelpunkt der Religion und zum Entwicklungsprinzip der Gottheit sowie des Göttlichen in der Menschennatur erhoben werden, nur dort dem Weibe eine so hervorragende Führerschaft in dem Werke der Sittlichung zukommen. Ohne diese Einsicht ist Sappho und der von den Alten ihr beigelegte Religionscharakter, durch den allein das Weib sich zu wahrer Größe emporzuschwingen vermag, durchaus unverständlich, ohne diese der Zusammenhang der aeolischen Muse mit der orphischen Mysterienlyra, die übersinnliche Richtung der durch und durch erotischen Naturpoesie, die Vereinigung der glühendsten Leidenschaft mit der größten Selbstbeschränkung, die Natur eines nicht sowohl in Sinnestaumel fortreißenden als über die Sinnlichkeit emporführenden Eros ewig ein Rätsel. Sapphos und Anakreons Lieder sind Produkt und Darstellung einer Religionsstufe, die das Diesseits und das Jenseits gleich umfaßt, der aeolischen Volksanlage seine schönste Entwicklung brachte und in der Lehre des thrakischen Propheten ihren leitenden Stern erkannte.

143. Je enger sich die lesbische Muse an den Geist der orphischen Religion anschließt, um so mehr Beachtung verdient es, daß die dionysische Entwicklung der letztern trotz der hervorragenden Bedeutung des bacchischen Kults auf Lesbos sehr in den Hintergrund tritt. Zwar wird Arion Erfinder des bacchischen Dithyrambus genannt, die apollinische Kithara, welche Terpander noch vorzugsweise übt, durch die sinnlichere, klagende Lyra zurückgedrängt und neben asiatischen Instrumenten auch lydische Weise begünstigt; zwar offenbart sich in Sappho selbst alles, was wir als Auszeichnung des bacchischen Frauenlebens gefunden haben, die völlige Hingabe an alle Wonnen und Schmerzen des Naturlebens, die innige Verbindung des sinnlichen und übersinnlichen Daseins, die durch und durch erotische Glut der Seele, veredelt

durch dieselbe musische Bemühung, ausgezeichnet durch denselben Hang zur Pflege jedes süßen Behagens, jeder Verfeinerung des sinnlichen Daseins, jeglicher Anmut; zwar läßt sich in der Erwähnung der durchsichtigen Gewänder, welchen die messenische Mysterieninschrift entgegentritt, des skythischen Glättholzes, der purpurnen Handtücher, der vielfarbigen Kleider, der bunten lydischen Schuhriemen, der Cista, der Kränze aus Dille und Epheu, ebenso in der des weißen Eis und in dem Ausdrucke ›mit rasendem Sinn‹, dessen sich auch die bacchische Orphik zur Bezeichnung der ›erotischen Rasereien‹ begeisterter Frauen bedient, dionysischer Festanklang nicht verkennen: dennoch tritt bei Sappho Aphrodite, nicht Bacchus, die mütterliche, nicht die väterliche Naturseite, und als Bezeichnung der phallischen Potenz nicht der zu überragender Herrlichkeit entwickelte Dionysos, sondern der älterer Zeit angehörende, in untergeordnetem, dienendem Verhältnis zu der Mutter, wie Iakchos neben Demeter, Attes neben Kybele, Kureten und Daktylen neben der sie überragenden Rhea gedachte Eros in den Vordergrund. Noch hat das stofflich-weibliche Prinzip seine Herrschaft unvermindert beibehalten, während die dionysische Orphik die Männlichkeit des Sohnes zu höherer Majestät erhebt und die höchste Kraft der Mysterien, Wiedergeburt und ›Rettung‹ von der Mutter, der es die älteste Auffassung beilegte, auf die phallische als höchste zeugende Lichtmacht gedachte Potenz übertrug. Sappho besingt vorzugsweise weibliche Gottheiten, die Chariten und Musen, die nach Myrsilus' beachtenswertem Mythus in die voraeolische Periode zurückreichen; ferner Peitho, Latona und Niobe, Artemis mit den Beinamen Ariste und Kalliste, Hera, an deren Kallisteia die Dichterin, in der Hand die goldene Lyra, den Chorreigen der Mädchen anführt, die Anadendraden, vor allen Aphroditen. Die vollständig erhaltene Ode eröffnet uns einen Einblick in die Innigkeit des Verhältnisses, welches die Dichterin mit der großen Mutter alles Lebens verbindet, und einzelne kleine Bruchstücke vervollständigen das Bild dieser kindlich rückhaltlosen, treuherzigen, wahren Hingabe, die keine Falte des Herzens vor der Himmelskönigin verschließt, von ihr jedes Wunsches Erfüllung erwartet, bei ihr für das durch Eros stürmisch aufgewühlte Gemüt Ruhe findet.[62] Alles, was von Sappho erhalten ist, legt Zeugnis ab für diesen Verein. Die lesbische Lyrik ist der vollendete Ausdruck der aphroditischen Gottheitsnatur. So weit diese reicht, so weit erstreckt sich jene. Wie der nächtlichen Himmelskönigin allgebärende Mütterlichkeit die ganze Welt der sinnlichen Erscheinung als eine ununterschiedene Gesamtheit umfaßt, so hat auch die aeolische Lyrik im Reiche der Natur keine Grenzmarken errichtet. Nicht Unterscheidung, nicht Trennung, sondern einheitliche Umfassung der ganzen Schöpfung, Gefühl ihres innern Zusammenhangs, Verschmelzung der verschiedensten Organismen in der Unität eines einheitlichen Lebensprinzips, wie es Eryximachos der Arzt bei Plato (Symp. p. 186 b sqq.) schildert, tritt uns als Grundton der sapphischen Anschauungsweise entgegen. Der tellurischen Vegetation reiht der Mensch sich als deren schönste Entfaltung an. Von der Blumen- und Baumwelt entlehnt Sappho die herrlichsten Bilder zur Darstellung des weiblichen Daseins: so die Vergleichung eines schutzlos dahingegebenen Mädchens mit der Hyazinthe, die im Gebirg der Hirten Fuß zur Erde tritt; der blühenden Jungfrau mit dem geröteten Süßapfel an der äußersten Spitze des Astes, wo der Apfelpflücker nicht hinreichen konnte; der Ehe mit dem Schicksal der von fremder Hand gepflückten Blume und der am Ulmbaum sich rankenden Rebe. In der Rose erkennt die Dichterin Aphrodites und ihres eigenen Geschlechts schönstes Bild, und weil sich das innerlich Verwandte auch äußerlich darstellen soll, so wird nur dem schön mit Blumen bekränzten Mädchen das göttliche Wohlgefallen zugesichert.[63]

In dieser Auffassung offenbart sich die Unterordnung des menschlichen Daseins unter die Gesetze der stofflichen Welt, die Hingabe der Seele an den Reiz der sinnlichen Erscheinung. Rezeptiv steht die Aeolerin den Eindrücken der Natur gegenüber. Gleich ihrer Göttin ist sie mehr feurig als tief, ihre Poesie mehr Malerei als Schilderung, vorzugsweise melodisch, jeder Vers bis in die letzte Silbe Musik, durchaus unnachahmbar, blühend in der Farbenpracht des sie umgebenden Naturlebens, liebkosend und süß, nach echt weiblichem Sinne ganz heimisch und volksmäßig, zumal in der Sprache, naturgetreu, einfach zugleich wie kunstreich und der Schönheit beflissen, ›aus dem eigenen Herzen ein Urbild ziehend‹,[64] erotisch und doch rein gleich der im Pflanzenschmuck prangenden Erde. In allem ihrer Göttin Ebenbild, kennt sie gleich ihr nur Liebe und Einigung, keine Entzweiung, keine Feindschaft, die sie (nicht) schnell überwindet.[65] Fern hält sie sich von Alkaeus' Beteiligung an den politischen Stürmen ihres Heimatlandes und all der haßerfüllten Leidenschaft, die in der Seele ihres männlichen

Zeitgenossen einen neuen Quell der Begeisterung eröffnet.[66] Ihr gehört des Frühlings und der warm über Land und Meer sich lagernden alkyonischen Bruttage friedliche Wonne. Hesperus, der alles zusammenführt, was die rosige Eos trennt, der den Küchlein die Mutter, allen Wipfeln die Ruhe wiederbringt, er erglänzt ihr als der mildeste und schönste aller Silbersterne am Himmelszelt. Ein Ton tiefer Wehmut durchdringt diese Sehnsucht nach dem Frieden des Abends.[67]

›Siehe, wie still! Nun schweiget das Meer, und es schweigen die Winde! Aber es schweigt mir nicht im innersten Busen der Jammer.‹ (Mörike)[68]

Mit einer dem Altertum sonst so fremden Sentimentalität begrüßt sie die volle Scheibe des Nachtgestirns, das über dem Erdkreis erstrahlt, besingt sie das kühle Wasser, das durch die Quittenzweige plätschernd Schlummer niederwallen läßt. Mitternächtiges Sinnen wandelt sie an, da sie, einsam sitzend, den Mond und die Silbersterne dem Untergang sich zuneigen sieht.[69] Am nächsten ist der Dichterin Urania bei nächtlicher Weile, wenn der Mond in das von der Sonne verlassene Reich herrschend eintritt. Als ›himmlische Erde‹ thront Aphrodite am Himmel, neben ihr und durch sie zum nächtlichen Tempelhüter bestellt Phaethon, dem Sappho begeisterte Lieder der Liebe sang.[70]

Wie sie hierin sich dem göttlichen Urbild anschließt, so wiederholt sich auch in ihrer Geistesart die ganze Eigentümlichkeit jener lunarischen Mittelwelt, deren innige Verwandtschaft mit dem weiblich-stofflichen Naturprinzip sich hier von neuem offenbart. Die aeolische Lyrik steht mitten in der Erregung der sublunarischen Welt. Das Doppelgesetz der Natur mit allem Trug und Zauber ihres in stetem Wechsel kreisenden Lebens ist die tiefere Quelle jener Unruhe und ewigen Sehnsucht,[70] jenes zwischen Schmerz und Wonne stets auf- und abwallenden Gefühlslebens, das den Klängen der lesbischen Lyra das Beben stets erregter, nie erfüllter Erwartung verleiht. Nicht die Klarheit und unangefochtene Ruhe der apollinischen Natur liegt auf Sapphos Dichtungen; zu dieser Höhe dringt Aphrodite, die Königin der Nacht, dringt ihre Tochter nicht empor; vielmehr eignet ihr die elegische Klage, diese ihrer innersten Anlage nach weibliche Begeisterung, die aus dem nie endenden Schauspiel des ewigen Untergangs jeder blühenden Schönheit ihre Nahrung schöpft. Selbst in den ›Liedern zum Mahlen‹, zu welcher Gattung das lesbische Lied ›mahle, Mühle, mahle‹

gehört, wie das Drehen der Mühlen in Griechenland noch heute Geschäft der Frauen ist, und in den Hochzeitsgesängen, von deren Anlage und Ton das unvergleichlich schöne Catullsche Lied *Vesper adest, iuvenes, consurgite* die richtigste Vorstellung zu geben geeignet ist, mit den Wechselchören der Mädchen und Jünglinge, überwiegt das wehmütige Gefühl, das die Erfüllung der höchsten weiblichen Bestimmung an die Darbringung des schwersten Opfers, den Sieg an das Unterliegen geknüpft sieht.[72] Welche Kontraste bietet nicht dieser Wendepunkt des weiblichen Geschicks! Wie ergreifend wechselt hier das ›Stets bleibe ein Mädchen ich!‹ mit dem Nachruf an den entschwundenen Jungfrauenstand ›Mädchenzeit, sprich, Mädchenzeit, sag wohin enteilen willst du? – Nimmermehr kehr ich wieder, nimmermehr wieder, wenn ich dich einmal verlassen habe‹ (nach Treu). Aber Aphrodite hat selbst dem Mädchen solch süßbittres Ziel gesetzt. Von ihrem himmlischen Sitze herabsteigend, gießt sie am Festgelage in schimmernde Goldpokale den Nektar voll bis an den Rand, leiht sie doppelte Dauer der Nacht, aus der die Liebenden, eines an des andern Brust gelehnt, ungern aufwachen.[73]

So zu gleicher Zeit Dichterin des Natur- und des Frauenlebens, umschließt Sappho in der Welt ihrer Gefühle alle Seiten der Göttin, der sie dient, mit welcher sie daher auch in der Volkstradition von dem jetzt menschlich gedachten Phaon und dem leukadischen Sprung zu Einer Gestalt verschmolzen erscheint.[74] Die Stufe der Geistesentwicklung, die sich in ihr offenbart und das Wesen der aeolischen Welt überhaupt bildet, ist jener Mittelzustand, den im Kosmos der Mond zwischen Sonne und Erde, im Menschen ›psyche (Seele)‹ zwischen ›nus (Geist)‹ und ›soma (Leib)‹ einnimmt, welchen Timaeus Locrus c. 3 als ›gleiche Geltung in einer unauflöslichen Zusammenfügung‹ bezeichnet, den auch Diotima[75] dem Eros beilegt; denn nicht häßlich und nicht schön nennt sie ihn, sondern etwas zwischen beiden, nicht sterblich und nicht unsterblich, sondern zwischen beiden, nicht Mensch und nicht Gott, sondern beides, nicht weise und nicht unverständig, sondern philosophisch mitten inne, nicht einheitlich und absolut rein, sondern von doppelter Herkunft. Gleich dem Monde zweier Welten verschiedenes Gesetz in sich vereinigend, ist die aeolische Kulturstufe nicht Überwindung des weiblich-stofflichen Prinzips, sondern Läuterung und Verklärung desselben, daher auch auf ihrer größten Höhe gekennzeichnet durch Endlichkeit und eine gewisse Einförmigkeit der Empfindung, sinnlicher Gebundenheit verfallen, weniger durch Schärfe und Freiheit der Umrisse als durch ahnungsreiche Gefühle ausgezeichnet, mehr beherrscht durch Triebe als durch Reflexion, stets verfallen den ›zwei Sinnesarten‹ und der Gefahr jenes den Frauen eigentümlichen, ziellosen Ringens, über das Sappho klagt, schwebend zwischen ›Rasen‹ und ›Besonnenheit‹, ›Üppigkeit‹ und ›Tüchtigkeit‹,[76] zwischen Erregung und Besonnenheit, mithin in allem weiblich-stofflich, nicht väterlich-apollinisch, ganz beherrscht von Aphrodite, an ihrer Größe und Beschränktheit zugleich teilnehmend, mit ihr wandelnd auf derselben Schwindelhöhe, wo Glut und Vernunft in ewigem Streit sich das Gegengewicht halten.

Um so ruhmreichere Erwähnung verdient es, daß Sappho, Aphroditens Mondreich hinter sich lassend, Prometheus zu der Sonne, dem Sitze des dritten höchsten Eros, emporführt, und seine Fackel nicht an des Mosychlos stofflicher Flamme, sondern an den reinen Strahlen des Tagesgestirns sich entzünden läßt.[77] Doch ihr Volk zu dieser apollinischen Höhe hindurchzuführen ist ihr nicht gelungen. Wie schmerzlich berührt die Wahrnehmung, daß eben jenes Geschlecht, dessen höherer Erziehung die Dichterin alle Kräfte ihrer Seele gewidmet hatte, gar bald dem tiefsten Eros zur Beute wurde, den Musenruhm durch den des entwickeltsten Hetärentums verdrängte und der auf das eigene Geschlecht gerichteten Liebe eine Sinnlichkeit lieh, durch deren Bezeichnung ›lesbiazein‹[78] der Name der orphischen Insel auf alle Zeiten hinaus gebrandmarkt dasteht. Mag der Einfluß des benachbarten Asien auf das der Üppigkeit und dem Materialismus besonders zugängliche aeolische Volkstum[79] und die durch den Weinreichtum der Insel beförderte, stets sinnlichere Entwicklung des bacchischen Kults als Entschuldigung zugelassen werden: immer bleibt es eine den Stolz unseres Geschlechts tief demütigende Erfahrung, daß keiner auf den Stoff und das Naturleben gegründeten Religion zuletzt Phaethons Schicksal erspart werden wird. Sie trägt das Verderben und, wie Athenaeus[80] sich ausdrückt, die ›Gefährdung zur Zuchtlosigkeit‹ in sich, und verfällt ihm nach kurzem Blütenfrühling unrettbar.

[In Kap. 144 und 145 wird das lesbische Dotalrecht im Zusammenhang des Mutterrechts und des entsprechenden Religionssystems abgehandelt. Die Bestellung der Dos (Aussteuer) nimmt die Mutter vor, und zwar ohne die Verlobung abzuwarten. Im Fall des frühzeitigen Todes der Mutter hatte die Tochter ein gerichtliches Klagerecht auf Leistung der Dos. Die Achtung des mütterlichen Willens wurde, »mit dem Verfall der Sitten«, auch gerichtlich geschützt.

»Das Volk ehrt nicht den Vater, sondern die Mutter, und schreibt ihr großen Anteil an den Entschlüssen seiner Lieblinge zu. Von neuem spricht sich hierin die innigste Verbindung der natürlichen Gerechtigkeit mit dem Wesen des Muttertums aus. Huldigt der Vater dem politischen Standpunkt und seiner Ungleichheit, so ist dagegen der Mutter die Vertretung der stofflichen ›Gemeinschaften‹ und ›Gleichheit‹ allein angemessen. In der Aufschrift *Cornelia mater Gracchorum* liegt dieser Gedanke ausgesprochen. Sie zeigt die Mutter als die Quelle der von den Söhnen vertretenen natürlichen Gleichheitstheorie und setzt dadurch den ersten Versuch einer Umgestaltung des alten römischen Staatswesens mit der ersten Hervorhebung des mütterlichen Prinzips in eine sehr beachtenswerte Verbindung. Gerade hierin aber bewährt sich von neuem die Verwandtschaft der Gracchischen Bestrebungen mit der aeolisch-lesbischen Anschauungsweise, die in Diophanes' Einfluß auf Tiberius' Entschlüsse ihre geschichtliche Anerkennung gefunden hat.«]

Mantinea

146. Die Verbindung, in welche die Alten Sappho mit Diotima setzen, führt uns von Lesbos nach der arkadischen Stadt Mantinea. Diotimas bisher so wenig verstandene Erscheinung findet ihre Erklärung in demselben Religionszusammenhang, den wir für Sappho und die aeolische Muse überhaupt nachgewiesen haben. Die Frage, aus welcher Quelle konnte denn dem Weibe jene tiefe geheimnisvolle Weisheit, vor welcher ein Sokrates sich beugt, herstammen? hat von vornherein alles Quälende verloren. Damit sind auch die Zweifel an Diotimas historischer Existenz, welchen Ast[1] Raum gibt, gehoben. Liegt doch ihre einzige Quelle in der angeblichen Unerklärlichkeit einer Erscheinung, deren richtige Verknüpfung für die Arkaderin schon durch ihre Verbindung mit der lesbischen Dichterin deutlich genug hervorgehoben wird. Ich gebe zu, daß alle spätern Erwähnungen Diotimas[2] in dem Platonischen Gespräche selbst ihre Quelle haben; aber Sokrates' Angabe nimmt auf so bestimmte und so naheliegende Ereignisse Bezug, daß bare Erfindung undenkbar ist. »Sie besaß in der Seherkunst und in vielen andern Dingen eine hohe Weisheit, verschaffte einst den Athenern, als sie zehn Jahre vor der Pest opferten (Ol. 85, I), Aufschub der Seuche, und lehrte mich die Kunst zu lieben«.[3] Im Verlauf des Gesprächs kömmt Sokrates noch öfters auf seinen Besuch und seine Unterredung mit der Seherin zurück: ›dich, Diotima, bewunderte ich wegen deiner Weisheit und ging zu dir, um eben dies zu lernen‹.[4] Ob eine solche Unterhaltung je wirklich gepflogen wurde, scheint mir eine völlig müßige Frage. Zwar widerspricht sie dem Charakter des Sokrates, der Aspasia um der Beredsamkeit, Theodote um der Schönheit willen besuchte, durchaus nicht;[5] aber wenn wir auch die Fiction zugeben und mit dem Inhalt des Gesprächs selbst Diotimas Persönlichkeit in das Gebiet der Dichtung verweisen: so behält die Frage, warum denn Sokrates von einem Weibe in der Kenntnis des Eros unterrichtet wird, und warum an der Stelle einer Athenerin eine Frau aus Mantinea als Lehrerin auftritt, dennoch ganz gleiche Bedeutung. Es ist klar, daß auch die Fiction in wirklichen Verhältnissen ihre Rechtfertigung finden muß. Insbesondere kann die Verbindung mit Aphrodite und Eros für Diotima nicht weniger als für Sappho nur in einem kultlichen Hintergrunde wurzeln. Diesen

nachzuweisen fehlt es uns keineswegs an Hilfsmitteln.

In der Nähe Mantineas wird Kapyae des Anchises Gründung genannt;[6] Kapys aber heißt des Anchises Sohn, des Assaracus Enkel.[7] Anchises' Besuch in Arkadien schildert Virgil (Aen. 8, 152 ff.). Pausanias (8, 12, 8) nennt das ›Anchises-Gebirge‹, am Fuße das Anchisesgrab, dabei die Trümmer eines Aphroditetempels. Sieben Stadien von dem ›Flecken Melangeia‹, woher die Mantineer ihr Trinkwasser nach der Stadt leiten, liegt die Quelle der Meliasten, die hier die dionysischen Orgien feiern, dabei ein Heiligtum des Dionysos, und ein anderes der Aphrodite Melainis. Zum Gedächtnis der Teilnahme an der Seeschlacht bei Actium gründen die Mantineer einen Tempel ›der Kampfgenossin Aphrodite‹, deren Kultbild eine Frau, Nikippe, des Paseas Tochter, weihte. Die Wahl Aphrodites zur Bundesgöttin hat ihren Grund in der gemeinsamen Beziehung derselben zu beiden Völkern, zu Mantinea sowohl als zu Rom, insbesondere zu dem Iulischen Geschlecht.[9] An Aphrodite schließt sich Eros, den Venus als *mea magna potentia*[10] anredet, in untergeordneter Stellung an. Ihn nennt Diotima[11] der Göttin Begleiter und Diener wegen seiner Empfängnis an ihrem Geburtsfest. Darin stimmt sie mit Sappho[12] überein. Der Anschluß an den samothrakischen Götterkeis, der hier hervortritt,[13] wiederholt sich in den übrigen Kulten Mantineas. Nach Mnaseas[14] nimmt Demeter unter den samothrakischen Kabiren[15] als ›Verehrungswürdige‹ die erste Stelle ein. Für Mantinea aber bezeugt sie Pausan. (8, 8, 1. C. I. Gr. 1518); für die pelasgischen Arkader überhaupt Herod. (2, 171), der sie als die große Weihegöttin der arkadischen Frauen darstellt.[16] Auf dem Alesium tritt sie mit Rhea in Verbindung, wie auch Samothrake beide einander gleichstellt.[17] In der Verbindung mit Persephone und den Dioskuren zeigt sich wiederum das samothrakische System, welches jene als ›Hochheilige‹, diese in den ursprünglich als Zweizahl gedachten Kabiren wiederholt.[18] Der dem samothrakisch-pelasgischen System eigentümliche Prinzipat der Mütterlichkeit offenbart sich zu Mantinea in der Häufung weiblicher Gottheiten, unter welchen außer den genannten auch Vesta, Autonoe, Latona, Hera, Athene, Hebe, Penelope, Maera aufgeführt werden.[19] Wie Mantinea, so steht Arkadien überhaupt mit Samothrake in der engsten Kultverbindung. Das Volkstum ist dasselbe. Herodot (2, 171) bezeugt für Arkadien, was er (2, 51) für Samothrake hervorhebt. Hier werden die Pelasger ausdrücklich als erste Bewohner der Insel und als Begründer der

Kabirenweihen genannt. Es sind diejenigen Pelasger, welche zu Athen gewohnt hatten, und die von hier nach den Inseln, namentlich nach Imbros und Lemnos, übersiedelten,[20] mithin jene Tyrsener, von welchen Thucyd. (4, 109) und Callimachus reden, und nach welchen Plato (leg. 5p. 738c.) die samothrakischen Weihen tyrsenische nennt.[21] Arkadische Auswanderer bringen den samothrakischen Kabirenkult nach Pergamus. Elektra gehört Arkadien nicht weniger als Samothrake, wo sie ›Heerführerin‹ hieß; ebenso Dardanos, der als Träger dieser ganzen, von Vorderasien über Samothrake, Kreta und Arkadien nach Italien reichenden Religionsverbindung auftritt.[22]

Diese Zeugnisse lassen keinen Zweifel, in welchem Religionssysteme Diotimas hervorragende Erscheinung, ihre Eroslehre und ihr wahrhaft priesterlicher Weihecharakter seine Wurzel hat. Alles das gehört der pelasgisch-samothrakischen Welt, welcher das Muttertum und dessen Mysterienprinzipat zum Mittelpunkt dient. An den gebärenden Schoß knüpft die ›kabirische Weihe‹ alle Auszeichnung. Auf Seite der Mutter liegt die Ursprünglichkeit, wie sie Pelasgos' Erdgeburt darstellt;[23] auf Seite der Mutter die Unsterblichkeit, welche Demeter vor ihrem Geliebten, dem Dardanosbruder Iasion, auszeichnet;[24] auf Seite der Mutter die Macht, welche Eros und Kasmilus neben Urania, Iakchos neben Demeter, Attes neben der phrygischen Göttermutter anerkennt. Überall ist in diesem Systeme nur das Weib genannt. Wird der arkadische Zeus als ›Vater der Mutter‹ angerufen,[25] so tritt der Mutter Axieros-Demeter nur eine Tochter Axiokersa-Persephone, kein Sohn zur Seite. Das religiöse Vorbild der ausschließlichen Tochtererbfolge, wie sie das Mutterrecht darbietet, läßt sich hierin nicht verkennen. In Isis und Misa, der Midasmutter,[26] liegt das gleiche System, und der Verfasser des dem Euripides mit Recht abgesprochenen Prologs der Danae[27] hat darin, daß er erst eine Tochter und nur im zweiten Geschlecht einen Sohn verheißt, dem samothrakischen Systeme sich richtig angeschlossen. Wie bei der Geburt, so erscheint auch beim Tode die Mutter allein. Gleich einem geängstigten Vogel die Länder durchirrend, sucht Demeter traurig die entschwundene Tochter; an des Sipylus hoher Felswand weint Niobe ewige Tränen über der Kinder Tod, und wie die karischen und lesbischen Weiber des Threnos anstimmen, so beweinen die Schwestern Gorgos, die drei Jungfrauen, Pythos Untergang, heißt Ino *flebilis,* Aerope *tristis,* beklagen die ›Zwillingsschwestern‹ des memphitischen Serapeum Osiris' Tod, und legt noch Plato im Menexenos die epitaphische Rede in eines Weibes Mund.[28] Der Sterbende aber kehrt in den Schoß der Mutter, aus dem er hervorgegangen, zurück. Dem athenischen Ausdruck ›Demetrier‹ entspricht der arkadische ›die Guten‹, den Plutarch urkundlich nachweist und nach Aristoteles auf die Verstorbenen bezieht.[29] So des Kindes physische Pflegerin und Nährerin, wird die Mutter auch seine Hoffnung im Tode, durch die Weihe aber die Quelle der bessern Zuversicht, welche die Schrecken des Untergangs mildert. Von Demeter stammt die ›Weihe‹, von Frauen wird sie nach Arkadien gebracht und hier wieder nur den Frauen mitgeteilt. Aller leiblichen und geistigen Wohltat Quelle ist die Mutter. Auf dieser Stufe der Religion erscheint das männliche Prinzip vorzugsweise als poseidonische Wassermacht und als finsterer Hades ›der Hochheilige‹, wie sie in den samothrakischen Mysterien und entsprechend in dem Poseidonskulte von Mantinea[30] sich offenbart. Von der Mutter wird die zeugende Kraft umschlossen und beherrscht,[31] und auf der Mondstufe, zu welcher das samothrakische System den Stoff erhebt, das gleiche Verhältnis beider Potenzen wiederholt. Als himmlische Erde haben wir uns Elektra, Harmonia, Aphrodite und alle samothrakischen Mütter überhaupt zu denken. Ihnen untergeordnet walten die Kabiren-Dioskuren in den Feuererscheinungen der niedern Erdatmosphäre, welcher Achilles-Pemptus, Bellerophon, Phaethon und selbst der arkadische Zeus angehören.[32] Ganz in der Welt der stofflichen Erscheinung und des wechselreichen Naturlebens ist diese Religion gefangen. In ihr herrscht die Materie, und darum das Weib. Nicht überschritten ist die Grenzregion des Mondes, welcher als die höchste weibliche Quelle der Lehre und des Mysteriums dasteht. In der auf Demeter und Dionysos bezüglichen ›heiligen Geschichte‹ redet Orpheus die Mysten unter dem Namen Musaeus also an: ›Ich werde reden, wie es Brauch ist... Du aber höre, Nachkomme des lichtspendenden Mondes, Musaeus.‹[33] Stofflich-mütterlicher Natur und Entstehung ist die höchste ›Weisheit‹, welche diese Religionsstufe und die samothrakische Weihe in sich trägt.

Diotimas Erscheinung erhält aus diesem Systeme volle Verständlichkeit. Die doppelte Richtung ihrer religiösen Tätigkeit, die Lehre und die pestabwendenden Opfer, findet in der Natur jener ältesten Weisheit, die als ›physiologia‹[34] bezeichnet und von Cicero auf die Kenntnis der *natura rerum* bezogen wird, ihre innere

Einigung. Wohlbegründet ist also der Mythus,[35] wonach Aeolus in der ›Naturbetrachtung‹ von seiner Gemahlin Hippo, Chirons Tochter, unterrichtet wird; bedeutsam die Auffassung der Theano als erster Philosophin;[36] verständlich endlich Agnodike und das von Hygin (f. 274) berichtete Ereignis über die Entbindungskunst der Frauen[37] sowie die große Zahl der *mulieres medicae*, wovon ein Blick in Hermanns Catalogus überzeugt. An einer Philosophie physischer Grundlage kann auch das Weib sich erfolgreich beteiligen. Das Wichtigste, der religiöse Prinzipat des Weibes, erscheint nur als die Wiederholung der Stellung, welche in der Götterwelt dem demetrischen Muttertum eingeräumt ist. Das Mysteriöse der pelasgisch-chthonischen Religion und der Weihecharakter der Frau sind notwendig und durch innern Nexus verbunden. Das Altertum gibt uns manche belehrende Beispiele für diesen Zusammenhang. Die Danaiden bringen die Weihen zu den Pelasgern, aber nicht den Männern, sondern den Frauen werden sie mitgeteilt.[38] Die Weihen der thebanischen Kabiren stammen ihnen von Demeter, ihre Erhaltung knüpft sich an Pelarge, die an erster Stelle vor ihrem Manne genannt und mit einem trächtigen Mutterschweine verehrt wird.[39] Chryse, des Pallas Tochter, bringt ihrem Gemahl Dardanos als Hochzeitsgabe die Weihen der großen Götter, die sie gelernt hat[40] Kaukon, des Phlyus Enkel, übergibt die ›Weihe der großen Götter‹ der Messene, des Triopas Tochter, Lykos dieselben dem Aphareus, dessen Kindern und Gemahlin Arene.[41] Bei der Wiederherstellung der Stadt auf dem Ithome verkündet Kaukon dem Epiteles im Traume: ›wo er am 'Ithome' Eibe und Myrte wachsen finden werde, solle er in der Mitte von ihnen graben und die Greisin retten; sie leide in dem ehernen Gefängnis eingeschlossen und sei bereits ohnmächtig.‹ (E. Meyer). Der eherne Sarg findet sich, und darin ein aus feinen Bleiblättern gebildetes Buch, das einst Aristomenes hineingelegt hatte,[42] mit der Beschreibung der von Kaukon aus Eleusis gebrachten Orgien. Die Bewahrung der Weihen wird also auch hier wieder an eine Frau geknüpft. Die messenische Mysterieninschrift schließt sich erläuternd an das von Pausanias mitgeteilte Ereignis an, und erwähnt auch ›die Kiste und die Bücher‹. Nach Pausanias (1, 38, 3) verrichten des Keleos drei Töchter die Mysterien, als ›heilige Frauen‹ nach der messenischen Inschrift IV. 1.20. Von Baubo wird Demeter zu Eleusis aufgenommen, von Iambe erheitert.[43] Bei Apuleius[44] läßt sich Lucius zuerst in die Mysterien der Isis, nachher in die des Osiris aufnehmen. So innig ist das Mysterium mit dem weiblichen Naturprinzip verbunden, daß es auch in den dionysischen Weihen nicht auf den zum höchsten Glanze entwickelten männlichen Gott übergeht, sondern mit dem Muttertum verbunden und darum nächtlicher Weile gefeiert wird.[45] Das Ei, des gebärenden Mutterschoßes Bild, bildet ihren Mittelpunkt; selbst das männliche Geschlecht nimmt in weiblicher Kleidung Anteil daran, die Kränze werden von den Zweigen der *materna myrtus* gebildet, weibliche Gottheiten sind die Lehrerinnen.[46] In der Erzählung von den römischen Bacchanalien tritt die Bedeutung des Weibes, der Mutter zumal, bezeichnend hervor.[47] In dem Demosthenischen Angriff auf Aeschines' Jugendjahre[48] wird ihm vorgeworfen, er habe zur Nachtzeit bei den Weihungen seiner Mutter die orphischen Bücher vorgelesen. Das delphische Fest Herois enthält einen auf Semeles Rückführung bezüglichen mystischen Teil, den nur die Thyiaden kennen, und auf dasselbe folgt das Schuhschlagen der Charila.[49] Auch die Errichtung des Liknites ist nur der Thyiaden Tat. Hierophantiden oder Prophantiden erteilen die Weihe. Zu erwähnen ist besonders jene, welche den Kaiser Hadrian in die Eleusinien einweihte.[50] Die darauf bezügliche Inschrift, im Jahre 1785 von Worthley zu Eleusis entdeckt, wird mitgeteilt von Schow.[51] Beachtung verdient, daß die Hierophantin, die nach heiliger Satzung ihren Geschlechtsnamen verschweigt,[52] sich ›Mutter des Markianos, Tochter des Demetrios‹ nennt. Das Muttertum und seine *fertilitas*[53] wird hier im Anschluß an die demetrische Natur besonders hervorgehoben.[54] Zur Einweihung werden die Kinder von den Müttern dargebracht, so daß auf den Katalogen der hermionischen Demeter vielfältig nur der Muttername erscheint.[55] Die Einweihung durch Frauen kehrt wieder in dem Neuplatonismus, wie denn Proclus durch Asclepigenia, die Tochter seines Lehrers Plutarch von Athen, in die ›Weihen und die ganze heiligende Lebensweise‹ eingeweiht wurde.[56]

In die Reihe der Zeugnisse für die hervorragende Rolle des Weibes bei der Initiation treten auch bildliche Darstellungen ein. Der erste Platz gebührt den beiden oben erwähnten Silberkantharn von Bernay, welche mit dem bacchischen Ei die zerbrochene Lyra verbinden.[57] Die Frau erscheint hier in hervorragender Stellung. Sie wird als die begeisterte Verkünderin des Mysteriums in imponierender aktiver Haltung dargestellt; der Mann erscheint ihr gegenüber in empfangender, horchender, hingegebener Stellung. Wie

Sokrates vor Diotima, so sehen wir hier den bärtigen Alten, in der Gewandung eines Philosophen stehend, dem sitzenden, aus der geöffneten Rolle (dem ›Buch‹ der messenischen Inschrift) das Gesetz des Heils verkündenden, begeisterten Weibe gegenüber treten, begierig, aus der Hierophantin Mund die Offenbarung des Geheimnisses, dessen ganze Tiefe Sokrates kaum erfaßt, das Zeus bei Themis erkunden muß und Io vorahnt, zu vernehmen. Das Relief der pompeianischen Cista, das in den Annali abgebildet ist, gibt der Zusammenstellung des Philosophen mit dem ihn unterrichtenden Weibe dadurch einen entschiedenen Mysterienbezug, daß Eros selbst mit den Abzeichen der Weihen, mit Taenia und Cista versehen, der Unterredung beiwohnt. Wie diese Darstellung, so hat man auch die eines Sardonyx im Pariser Cabinet[58] auf Sokrates und Diotima bezogen. Der Ruhm, zu welchem die Darstellung gelangte, wäre kaum hinlänglich gerechtfertigt, entspräche sie nicht durch die Stellung, welche sie dem Weibe anweist, einer Religionsidee von weitestem Umfang und einer allbekannten Mysterienübung. In der Tat, wohin immer wir blicken, überall tritt der Weiheprinzipat des Weibes uns entgegen. Vor dem Enorches-Ei in Contemplation versunken, steht eine weibliche Gestalt, Weiber halten das Mysterien-Ei; weiblich ist Telete mit dem bacchischen Ei, weiblich die ungeheure Mehrzahl aller Grabterracotten, weiblich die aus Blumengewinden hervortretenden Köpfe auf unzähligen Grabvasen, besonders Unteritaliens, wo für beide Geschlechter die Mysterienhoffnung an Kores Epiphanie geknüpft erscheint. Mädchen tragen die heiligen Schriften nach Eleusis.[59] Eine große Zahl von Grabterracotten, unter andern eine Pariser, welche Eros als Mysteriengenius vertraulich der sitzenden Matrone sich anschmiegend darstellt, und Grabmalereien zeigen das Diptychon oder die Rolle in den Händen oder auf den Knien weiblicher Gestalten.[60] Der höchste Mysteriengedanke knüpft sich an die mit Tänien um die Hörner geschmückte Mondkuh Io an, und der dionysisch Geweihte spricht den Wunsch aus ›trüge mich doch eine schöne Frau (in den dionysischen Reigen) mit reinem Sinn‹.

Alle diese Erscheinungen sind Ausfluß derselben Idee, äußerlich verschiedenartige, aber innerlich verwandte Manifestationen der das Mysterium der chthonisch-pelasgischen Religion beherrschenden Auffassung, in welcher die Mutter als Trägerin nicht nur alles leiblichen, sondern auch alles geistigen Wohls an der

Spitze der Familie und der ganzen Kultur steht. In dieser Welt findet Sokrates eine Erleuchtung der Weisheit, die ihm die attisch-ionische nicht mehr bot.[61] Die Entwicklung der metaphysischen Natur des Eros, des Göttlichen und Bleibenden in der Schönheit, verkündet eine Seherin aus dem Autochthonengeschlecht der ›Arkader, die älter sind als der Mond‹,[62] eines Muttervolkes, welches der spätern Bewegung des hellenischen Volksgeistes vielfältig fremd geblieben war[63] und dessen Frauen magische Kräfte, besonders die, den Mond durch ihre Beschwörungen auf die Erde herabzuziehen, noch zu Plutarchs und Lucians Zeit beigelegt wurde. Zu einer ältern Bildungsstufe, zu jenem pelasgischen Matronentum, das in dem Besitz und der Verwaltung der Weihen seine religiöse Größe fand, kehrt Sokrates zurück, und bringt so dem hohen Gehalt der vorhellenischen Kultur in der Ehrfurcht vor dem pelasgischen Weibe die größte Anerkennung dar. Diotima gehört durchaus nicht zu der Klasse der berühmten Frauen. Inmitten des glänzenden Hetärentums der attisch-ionischen Welt mußte sie altväterisch und unbegreiflich erscheinen. Aspasia zog aller Blicke auf sich, und neben ihr haben viele Hetären, die königliche Diademe mit Füßen traten, ihren Namen Dauer gesichert. Diotima dagegen zieht Sokrates aus dem Dunkel hervor. Sie ist nicht eine ihrem Volkstum ganz fremde Erscheinung, welche gar keinen Schluß auf die Zeitgenossen zuließe. Nur die Höhe, nicht die Richtung ihres Geistes ist es, was an ihr rein individuell genannt werden kann.

147. Die Nachrichten über Mantinea ergeben das Bild einer Stadt, deren Charakter mit dem Diotimas wesentlich übereinstimmt. Derselbe Anschluß an eine vorhellenische Kulturperiode, dieselbe Verbindung mit den altpelasgischen Mysterienkulten, dieselbe ›Götterfurcht‹. Wir sehen die Stadt, welche Polybius (2, 56, 6) die älteste Arkadiens nennt, ausgezeichnet durch die Pflege der Musik, des Tanzes und der Philosophie, dreier Bestrebungen, deren Zusammenhang unter sich und mit der Religion, insbesondere mit den mystischen Kulten, uns bei den Epizephyriern und Lesbiern entgegengetreten ist, und von den Alten öfter hervorgehoben wird.[64] [...]

Diotimas Heimat ist vorzugsweise den ältesten Formen der pelasgischen Kultur treu geblieben. Die hervorstechenden Züge gynaikokratischer Lebensgrundlage, ›gute gesetzliche Ordnung, Gerechtigkeit, Besonnenheit‹, Vorliebe für das Hergebrachte, die mit dem Einfluß des Weibes nach Strabos Bemerkung stets verbundene ›Frömmigkeit‹ und die aus dem Prinzipat des chthonischen Muttertums folgende demokratische Gleichheit aller Staatsmitglieder kehren zu Mantinea wieder, wie wir sie in Lykien, Kreta, Aegypten, Lokri, Elis gefunden haben. [...]

Alles, was wir von Mantinea wissen, schließt sich der samothrakischen Religion und ihren Weihen an. In Verbindung mit diesen wird die ganze Lebensgestaltung der altberühmten Arkaderstadt in ihrer Eigentümlichkeit wie in ihrem Gegensatz zu der ionisch-attischen Bildung verständlich, und Diotimas priesterlich erhabene Gestalt aller Rätselhaftigkeit entkleidet.[65]

[In Kap. 148 werden noch einige, vor allem etymologisch erschlossene Einzelheiten zum pelasgischen Mutterrecht »anhangsweise« zusammengestellt und am Ende übersichtlich zusammengefaßt:]

In den Mysterien fand das edelste Vermächtnis der pelasgischen Welt einen sichern Hort und festen Schutz gegen die allem Mystischen feindselige, auf der Entwicklung des männlich-geistigen Prinzips beruhende Richtung des ganz diesseitig-klaren Hellenismus. Wer die Stetigkeit und Unabänderlichkeit im Gebiete alles Religiösen und die von heiliger Scheu getragene ›Unantastbarkeit‹[66] des Mysteriums, den ›uralten Brauch, der der beste ist,‹[67] in seiner ganzen Bedeutung zu würdigen weiß, der wird auch an der treuen und reinen Bewahrung der alten pelasgischen Ideenwelt in der neuern Orphik durch ihre Vermittlung in dem Pythagorismus und den platonischen Schulen, selbst den jüngsten unter ihnen, keinen Zweifel hegen. Von diesem Gesichtspunkte aus war die Verbindung des orphischen Namens mit den uns teils vollständig, teils in Bruchstücken erhaltenen religiösen Liedern, selbst denen, die wie die Argonautika und die vielleicht noch jüngern Hymnen dem Widerstand gegen das siegreiche Christentum ihre Entstehung verdanken, durchaus gerechtfertigt. Die Unechtheit des Namens wird durch die Echtheit der ausgesprochenen Gedanken, wie sie sich schon bei der Betrachtung der Argonautik herausgestellt hat, ganz bedeutungs- und folgelos. Das Verhältnis ununterbrochenen Zusammenhangs verbindet die pelasgische Welt mit den orphischen Lehren selbst der spätern, unter dem Druck einer siegreich fortschreitenden Religion nur um so entschiedener dem

Alten anhängenden Schulen, wie denn gerade Proclus' Werke, besonders seine Commentare zum Timaeus und Alkibiades, über die Mystik und Symbolik der alten Welt einen noch lange nicht gehobenen Schatz der reichsten Belehrung darbieten. Die Übereinstimmung in der Anschauungsweise der orphischen und der pelasgischen Lehre ist ebenso groß und durchgreifend, als andererseits tiefgehend der Unterschied, welcher beide von der hellenischen Geisteswelt trennt. Man darf es nicht vergessen, daß die letztere sich im Gegensatz zu der pelasgischen Anschauung entwickelt und ihre Größe auf den Ruin dieser gegründet hat, bis das wiedererwachende, auf das Jenseits blickende religiöse Bedürfnis von neuem zu den tiefern Ideen der alten pelasgisch-chthonischen Kulte zurückkehrte und in der dionysischen Orphik, die Religionsweihe des Muttertums mit der Erlösungsidee eines zur vollsten Lichtentwicklung erhobenen Sohnes verbindend, dem orphischen Dionysos den Scepter des hellenischen Zeus übertrug.

In dem Schicksale des weiblichen Geschlechts spiegelt sich der Verfall und die Wiedererhebung der pelasgischen Weltanschauung. Mit ihr sinkt das Geschlecht der Frauen in das Dunkel zurück, mit ihr steigt es von neuem zu seiner alten Würde und Herrlichkeit empor. Die Erscheinung der Pythagoreerinnen hat nirgends einen Anknüpfungspunkt als in der pelasgischen Welt, der Diotima, der vollendetste Ausdruck weiblicher Hierophantie, angehört, keine andere Ursache als den von dem Pythagorismus der demetrisch-matronalen Naturseite zurückgegebenen Religionsprinzipat. Wie es keinem Zweifel unterliegen kann, daß das civile Mutterrecht, wo immer es, wie bei den Lykiern, in späte Zeiten hinein sich zu erhalten wußte, in der Mysterienweihe des Weibes seinen Stützpunkt fand (und die Darstellungen des sogenannten Harpyenmonuments, besonders der darauf hervortretenden Eier, erhalten nur aus den an Lykos' Namen geknüpften Weihen ihre Erklärung, was alle bisherigen Erklärer, selbst Curtius und der ihm nachschreibende Ritter im letzten Band seiner Erdbeschreibung, übersehen haben): ebenso sicher ist es, daß jede neue Erhebung der Frau mit einer neuen Belegung der chthonisch-mystischen Kulte der pelasgischen Welt in innerm Zusammenhange steht. Wir werden in dem Folgenden die Stellung des Mutterprinzips in der pythagorischen Religion um so genauer betrachten, je weniger die bisherigen Forschungen, selbst die Röths[68] nicht ausgenommen, der Wichtigkeit dieses Punktes eingedenk gewesen sind, und schließen hier nur noch die Bemerkung an, daß die Mysteriendarstellungen der Grabvasen eine nicht minder entschiedene Rückkehr zu den ältesten pelasgischen Anschauungen, zu der Bevorzugung der linken Seite und ›der Rückseite‹ zu erkennen geben.

Der Pythagorismus und die spätern Systeme

[Kap. 149 bis Anfang Kap. 150: »Die Rückkehr des Pythagorismus zu dem Prinzipat und der Mysterienbedeutung des Muttertums offenbart sich in einer Reihe von Erscheinungen, welche in der hervorragenden Stellung der pythagorischen Frauen ihren Abschluß, gewissermaßen ihre Verkörperung gefunden haben. Ich nehme mir vor, die wichtigsten derselben so zusammenzustellen, daß die pythagorische Reproduktion aller wesentlichen, mit der Kultur des Muttertums verbundenen Züge in ihrem Gegensatz zu dem Hellenismus anschaulich werde.«

Die Verehrung, die die pythagorische Religion dem »chthonischen Muttertum der Erde« zollt, besteht aus recht unterschiedlichen Einzelheiten wie diesen: »Während des Gewitters soll man zu der Mutter Erde seine Zuflucht nehmen... offenbart sich die Maternität in der Heiligkeit der Eier und der Bohnen. Eier oder eigebärende Tiere zu genießen ist infolge ihrer Beziehung zu dem Muttertum Sünde« u. a. Die Ehe, inklusiv der *Pflicht* der Kindererzeugung, zeigt für Bachofen sehr deutlich die »ganz physisch-natürliche Auffassung des Muttertums« im Pythagorismus. »Die Versagung der Pflicht wird in Demeters unterirdischem Hause gebüßt... die Festigkeit des Ehebündnisses liege in den Kindern.«

»Überall wird den Folgerungen aus dem Aphroditekult und den Entartungen des Dionysosdienstes aufs entschiedenste entgegengetreten: ein Ziel, in dem Pythagoras mit Zaleukos, mit Sappho, Diotima, Berenike zusammentrifft. Nicht zu verkennen ist, daß in dieser antiaphroditischen Richtung des Pythagorismus eine Abweichung von der strengen Durchführung seines weiblich-orientalischen Grundprinzips enthalten ist, so daß die Lehren Platos und die der Epikuräer, welche wir öfter mit den Pythagoreern zusammengestellt finden, als Rückkehr zu der Konsequenz des physisch-natürlichen Muttersystems erscheinen.«

Den »engen Anschluß des Pythagoras an das demetrische Prinzip« weiß Bachofen, wiederum in überwältigender Fülle, in vielen Erscheinungsformen darzulegen, wobei seiner Vorliebe für die Zahlensymbolik breiten Raum gewährt wird. Auch bei diesen Erläuterungen steht es für ihn vorab fest, daß auf der Seite des Mannes

Krieg und auf der Seite des Weibes Friede ist.

»Wie des Leibes Nahrung, so führt Pythagoras auch die Gaben des Geistes auf Demeter zurück und opfert zum Dank für die Erkenntnis des pythagorischen Lehrsatzes der Göttin einen Stier aus Weizenmehl. Wie sehr diese demetrische Natur alle andern Bezüge überwiegt, zeigt die Nachricht, daß Pythagoras' Wohnung nach seinem Tode Demeter geweiht worden sei... Pelasgisch gleich Demeter ist auch Hera, die wie in Iolkos so in Korkyra, Argos, Elis, Euboea, und als Lacinia in Großgriechenland ihren mit Weihen verbundenen Kult empfängt und eine der demetrischen nahe verwandte Natur zeigt. Mit ihr steht aber Pythagoras in besonderer Verbindung, so daß wir hierin von neuem seinen Anschluß an das pelasgische Mutterprinzip erkennen. Aus diesem folgt ferner die Herrschaft des weiblichen Prinzips in dem pythagorischen Zahlensystem, in der Voranstellung der Nacht und des Sternenhimmels, in der Erstreckung des *ius naturale* über alle Teile der tellurischen Schöpfung, in der Auszeichnung des Schwester- und des Tochterverhältnisses in dem Totenkult und dem damit zusammenhängenden weiblichen Heroentum.« Ebenso der Musen. »In der wesentlich weiblich-lunarischen Auffassung der Dinge ruht das Gewicht, welches der Pythagorismus auf Musik, Ton, Rhythmus legt, wie denn Leierspiel ohne Gesang geübt wurde; auf ihr das Überwiegen der Dichtung, deren stofflich-weibliche Anlage darin hervortritt, daß aller Geschichte zum Trotz Theano als die erste Dichterin dargestellt wird. In beiden Erscheinungen bewährt sich die enge Verwandtschaft des Pythagorismus mit der aeolischen Kultur, die nur Poesie, kein irgend bedeutendes prosaisches Werk hervorgebracht hat. Seiner stofflich-weiblichen Auffassung bleibt das pythagorisch-orphische System getreu.« Dazu kommt vor allem noch der dem Weibe zugehörige »religiöse Beruf« und die »Bewahrung der Schriften und Geheimnisse.« Weiterhin:]

150. [...] In den demetrischen Weihen behauptet das Muttertum seinen Prinzipat in ungeschmälerter Fülle, wobei die phallische Potenz Bacchus-Iacchus in untergeordneter Stellung auftritt; in den dionysischen dagegen ist der männliche Gott zu der höchsten Lichtentwicklung emporgestiegen und vorzugsweise zum Erfüller der Mysterienhoffnung, zum Retter, Heiland, Erlöser, Überwinder des Hades und seiner Schrecken, zum ›Lysios‹, zum Mittel-

punkt der ›Weihen des Lysios‹ geworden, so daß hier an der Stelle der demetrischen Ähre der männliche Wein erscheint, wie Iustin. c. Tryph. 295 ›und Wein bringen sie bei seinen Mysterien herbei‹ und die häufige Darstellung der Traube auf Mysterienvasen beweisen. Wir werden hiedurch auf den Gedanken geführt, daß die ›Weihen des Dionysos‹ eine Fortsetzung und den ergänzenden Abschluß der ›heiligen Geschichte‹ bildeten, wie auch in der großen, nach Suidas und Eudocia aus 24 Büchern bestehenden orphisch-pythagorischen Epopoee, die, vielfach commentiert, den Mittelpunkt dieser ganzen Theologie bildete,[1] Dionysos als die höchste Entwicklung der Heilslehre, als Zeus' Sohn und Nachfolger in der Weltregierung an letzter Stelle aufgeführt wird.[2]

Daß Arignote nicht nur die mütterlich-demetrischen, sondern auch die männlich-dionysischen Weihen zum Gegenstand ihrer schriftlichen Lehre machte, bestätigt unsere in einem frühern Abschnitte ausgesprochene Beobachtung, wonach der Weiheprinzipat des Weibes durch die dionysische Entfaltung der Männlichkeit keine Beeinträchtigung erlitt, vielmehr dieser väterlichen Entwicklung der Orphik bis auf ihre letzte Höhe nachfolgte. Zu Delphi schloß sich Dionysos an Apollo an; er hat nach Plutarchs Ausdruck an diesem Heiligtum so viel Anteil als der Pythier; aber während der letztere nach völliger Abstreifung der Nacht und Finsternis, die ihm auf tiefern Stufen der Entwicklung durchaus nicht fremd gewesen war,[3] die höchste Lichtreinheit der Sonnenzahl Zwölf anzog, blieb Dionysos auf der Stufe der Eilf stehen, so daß eilf Dionysiades ihn feierten, und Moderatus Gaditanus ›»Was Männern gefällt«‹ in eilf Büchern niederschrieb.[4] Es ist nur eine weitere Äußerung der Verknüpfung des Mysteriums mit weiblicher Offenbarung, wenn das Werk des Philolaos, nämlich die drei alten Bücher desselben, den von Heeren ohne Grund angefochtenen Titel ›Bakchai‹ trugen.[5] Auch hier erscheint die pythagorische Lehre wieder als die prophetische Verkündung weiblicher Priesterinnen, und die Beziehung des Titels zu der ›Einführung in die Mysterien göttlicher Dinge‹, von welcher Proclus spricht, unverkennbar. In die engste Beziehung hiemit tritt die Angabe des Philostrat, der auf Veranlassung einer Frau, der uns durch den Besuch des Memnonbildes schon bekannten Kaiserin Iulia Severi, des Apollonius von Tyana pythagorisches Leben beschrieb. Von einer theatralischen Aufführung zu Korinth heißt es ›mitten im Vortrag der orphischen Dichtung und Theologie handeln sie bald als Horen, bald als Bakchen‹. Die Vorlesung der orphischen Schriften war also von mimischen Darstellungen der Bacchen und Horen begleitet: eine Verbindung, deren Grundgedanke mit dem Titel ›Bakchai‹ übereinstimmt. Hätte Boeckh diesen ganzen Zusammenhang beachtet, so wäre ihm die Verlegenheit über den Titel der Philolaischen Schrift erspart worden. Von einem »schönen Namen« und von dem »phantastischen Thrasyll«, der ihn erfunden haben soll, zu reden zeigt, wie ungeahnt ihm nicht weniger als in neuester Zeit dem sonst um die Kenntnis der Orphik so verdienten Röth die weibliche Mysterienverknüpfung des Pythagorismus geblieben ist. Auch für die Dreizahl der Bacchen hätte etwas mehr als das Hirtsche Relief oder Ino, Agave, Autonoe angeführt werden können. Die bacchische Trias äußert sich in einer langen Reihe von Beispielen,[6] besonders in den trieterischen Festen,[7] an welchen Dionysos in jedem dritten Jahr durch ganz Griechenland als der große ›Soter‹ der Welt gefeiert wurde,[8] und in der Dreizahl der dem Pythagoras beigelegten Schriften.[9] Von früher schon besprochenen Erscheinungen bietet sich zu fernerer Bestätigung des aufgestellten Gesichtspunktes die Medea der argonautischen Dichtungen dar. Durch ihren religiösen Charakter überragt die Aeetestochter Iason, der ohne sie nichts vermag und in allem auf ihre Geheimwissenschaft angewiesen ist. Hierin vorzüglich entspricht die Kolcherin dem Grundgedanken der Orphik, deren Kreis ihr Mythus angehört, wie denn die berühmte, mit argonautischen Vorstellungen geschmückte Talosvase von Ruvo und das von Philostrat iun. Imag. 9 beschriebene Gemälde die Beziehung zu den dionysischen Mysterien aufs bestimmteste in den Vordergrund stellen. Bei Hermesianax verkündet Antiope zu Eleusis ›den Jubelruf der Geheimkunde‹ als Demeters Weihepriesterin.

Fassen wir das alles zusammen, so ist nun die Verbindung Theanos mit Diotima und Sappho,[10] der Pythagoreerinnen mit den pelasgischen und aeolischen Frauen vollkommen verständlich. Die Verknüpfung aller dieser in den letzten Abschnitten einzeln betrachteten Erscheinungen liegt in der gemeinsamen Religionsgrundlage, an welche sie sich anschließen. Die aegyptischen, karischen, lykischen, makedonischen Mütter, die lokrischen dem Musendienst und der Dichtkunst ergebenen Frauen, die lesbisch-aeolischen Mädchen, Sappho an ihrer Spitze, die pelasgische Diotima aus Mantinea, endlich Theano als vollendetes Vorbild der Pythagoreerinnen gehören insgesamt der vorhellenischen Kulturstufe und jener an Samothrake, Eleusis, Dodona geknüpften stofflich-mütterlichen Religion, welche der empfangenden und gebärenden ›kteis (Scham)‹ den Prinzipat im Reiche des Naturlebens einräumt und sie in dem demetrischen oder heräischen Mysterium zum Mittelpunkt einer in das Jenseits hinüberreichenden Hoffnung erhebt. Aus dieser Quelle fließen alle jene überraschenden Einklänge, welche die pythagorische Orphik mit den Erscheinungen des lesbischen, epizephyrischen, mantineischen Lebens, jeder örtlichen und zeitlichen Trennung zum Trotz, darbietet. Wie Sappho Adonis-Oitolinos' Untergang beklagt und der Lesbierinnen ›Lied‹ zur ›Totenklage‹ wird, also singt Pythagoras zur Leier die Totenklage auf Euphorbos den Panthoiden, in welchem er seine eigene Sterblichkeit bejammert. Linos gehört auch zu den pythagorischen Gesangsformen, wie Orpheus', Achills und Sapphos Leier in der Klage ihren zauberreichsten Ton entwickelt und die ganz der Idee phallischer Befruchtung, der ›Andersheit und Entgegensetzung‹, des ›Werdens und Vergehens‹, dem ›Zweifältig‹ und der weiblichen Dyas hingegebene dionysische Religion in dem Epheu vorzugsweise das ›Unterirdische‹ und ›Trauernde‹ erkennt.[11] Aber wie Sappho ihrer Mysterienhoffnung in dem Verbot der Trauer Ausdruck gibt, so verurteilt auch Pythagoras die Äußerung des Schmerzes, die mit dem höhern Teil seiner Lehre sich nicht verträgt,[12] und weist Proclus in seinem ›Buch von der Mutter‹ über die Mysterien der großen Mutter und des Attes nach, ›daß das Ohr nicht mehr erschreckt werde von den Klagen, die unangemessen sind, und von dem anderen dort geheim Vorgebrachten‹.[13] Gleich Sappho und Diotima hebt Pythagoras überall die zukünftige Bestimmung, die ›Wiederherstellung der Seele‹, die ›Erhebung des Lebens‹ hervor. Keine Last soll man abwerfen, nach der Abreise nicht zurückkehren, sterbend nicht zurückblicken,[14] den Tod als Erlösung begrüßen.

Hiemit steht der Vorzug der weißen vor der schwarzen Farbe,[15] der rechten vor der linken Seite in Verbindung. Der Prinzipat des Muttertums und der Nacht, wie wir ihn für den Pythagorismus nachgewiesen haben, scheint die Bevorzugung der linken Seite zu erfordern, und in der Tat offenbart sich diese in der von Plin. N. H. 28, 33 mitgeteilten pythagorischen Verbindung körperlicher Mängel mit der ungleichen Vokalzahl und der rechten Seite. Aber der *laevae partis maior honor* gilt nur noch für das diesseitige tellurische Dasein, weshalb der im Ei eingeschlossene Dionysos das Band am linken Arme trägt, wie Semiramis' und Rhodogunes linke Kopfhälfte allein geordnetes Haar zeigt.[16] Auf dem höhern Gebiete des Mysteriums wird das Verhältnis das entgegengesetzte. Die chthonische Mutternatur, das Links, soll überwunden, das männlich-geistige Rechts, das Prinzip des Lichts, zum Siege hindurchgeführt werden. *laeva pars,* früher die gute Seite (›aristeros‹ = links (vgl. ›aristos‹ der beste), ›eyonymos (mit gutem Namen) = links), wird jetzt die des Untergangs, Rechts die des Lebens und des Lichts.[17] Wie in dem Platonischen Symposion die Reden zu Eros' Lob rechts herumgehen, so verlangt Pythagoras, daß man auf der rechten Seite in das Heiligtum trete und den rechten Schuh zuerst anziehe; denn Rechts ist die Göttlichkeit, ›Licht‹, ›Monade‹. Nach dem Lichte weist das orphische Mysterium, wie Pythagoras schon als Knabe der aufgehenden Sonne seinen Blick zuwendet, Helios als die höchste und geistigste Männlichkeit darstellt und den weißen Hahn, das Bild des erstehenden Tages, den Überwinder der tellurischen Finsternis, zu schlachten verbietet.[18] In diesem Ziele des Daseins erkennen wir das Streben Sapphos, die an den Rädern des Sonnenwagens Prometheus' Fackel sich entzünden läßt und, gleich Diotima von dem Stofflichen zu dem Unstofflichen stufenweise emporsteigend, ›wie auf einer Stufe der Weihe‹,[19] ihre ethischen Gesetze auf eine Abstraktion aus den physischen, zu welchen sie stets im Verhältnis der Unterordnung und Abhängigkeit stehen, gründet.[20] Denn dieser Fortschritt von unten nach oben, von links nach rechts, vom Dunkel zum Licht, vom weiblichen zum männlichen Prinzip, von ›hyle (Stoff)‹ zu ›eidos (Form)‹ als dem ›stärkeren Teil‹[21] ist mit dem ganz auf stofflich-mütterlicher Grundlage ruhenden Pythagorismus aufs innigste verwoben, wie außer dem schon früher angeführten Damascius de principiis auch Alexander Aphrod. (in Aristot. Metaph. p. 800) und der allgemeine, von Iamblich[22] bezeugte Mysteriengebrauch, die stofflichen Götter vor den unstofflichen anzurufen, hinreichend beweisen. Eben diese materielle Grundlage einer in ihrer Natur ganz physischen und sensitiven Philosophie, die zu der Betrachtung der höchsten Göttlichkeit zwar emporleitet,[23] sie aber mehr nach Mondnatur ahnen läßt als sonnenartig klar erkennt,[24] ist es, die ihre Verwandtschaft mit der weiblichen Natur begründet; sie auch, die ihre Offenbarung in den Mond und den gestirnten Nachthimmel, zu dessen Betrachtung das eben darum mit besonderer Mysterienbedeutung umgebene Auge berufen ist, verlegt.[25] In dieser kosmischen Mittelstufe hat die pythagorische ›Weisheit‹ und das ihr eigentümliche mathematische Wissen ihre uranische Heimat, sodaß sie auch hierin mit der pelasgisch-aeolischen Geisteswelt weiblicher Anlage gleichartig sich verbindet.[26] Als ›himmlische Erde‹ kehrt Demeter am Himmel wieder, wie denn die mütterliche Doppelexistenz als Erde und Mond, als chthonische und uranische Hyle, sowie die ganze Lehre von der Mittelstellung der lunarischen Sphäre zwischen der des Werdens und jener des Seins, der des stets bewegten und jener des unveränderlichen Lebens, eine Grundanschauung der Orphik bildet.[27] Mit Demeter aber verbinden sich die Musen,[28] in welchen die bedeutendsten Züge der pythagorischen Religion, der Prinzipat der Weiblichkeit, die mütterliche Attribution der Weihe und des Mysteriums, endlich die Verknüpfung der tellurischen und der uranischen Welt, des diesseitigen und des jenseitigen Lebens zu einer einheitlichen Harmonie,[29] deren astrales Gesetz, das ›himmlische Musterbild‹, jede physische und psychische Bewegung der vergänglichen Welt ›nach einer gewissen sympatheia‹ regiert, sich zu ihrem reinsten und geistigsten Ausdrucke erheben. Wenn Pythagoras den Schwestern seinen Kult widmet, und dann nach vierzigtägigem Fasten in ihrem Heiligtum stirbt,[30] so wird der Gedanke dieser Darstellung nur dann in seiner ganzen Fülle erkannt, wenn wir jene innige Beziehung der Musen zu dem höchsten Inhalt der Mysterienlehre, durch welche sie selbst zur Personifikation der weiblichen Hierophantie erhoben werden,[31] festhalten. Aufs neue begegnen wir den Erscheinungen des epizephyrischen und des lesbischen Lebens, besonders auch darin, daß Kalliope und Mnemosyne, ›die den Musen alle Instrumente zu allererst gab‹,[32] als ›Mütter‹ und Göttinnen des ältesten Menschengeschlechts, des Orpheus und Achill,[33] hier wie dort gefeiert werden.

So haben wir den Mutterprinzipat auf allen Stufen, in welchen sich der Pythagorismus aufbaut, mit vollendeter Folgerichtigkeit festgehalten und in den mannigfaltigsten Erscheinungen durchgeführt gefunden. Das glänzende Hervortreten der pythagorischen Frauen und ihr priesterlicher Weihecharakter erhält dadurch seine tiefere Begründung und richtige Verknüpfung. Es ist keine vereinzelte Merkwürdigkeit, sondern der Abschluß, gewissermaßen die äußere Darstellung des dem Pythagorismus zu Grunde liegenden demetrischen Mutterprinzipats. Mit dem Zurückgehen auf die chthonischen Mysterienkulte der pelasgischen Welt kömmt auch die hohe Würde des Weibes wieder zur Geltung. In bewußtem Gegensatz zu der hellenischen Entwicklung wird Pythagoras der Wiederhersteller der alten Religion, ein zweiter Orpheus,[34] als solcher der Erheber des weiblichen Geschlechts, der Hersteller seines religiösen Charakters und der darauf gegründeten Würde. Nicht aus den Erscheinungen des ionisch-attischen Lebens, sondern nur aus denen der pelasgischen Welt erklärt sich die eigentümliche milde Größe der pythagorischen Frauen, die neben der Knechtschaft der Athenerin und dem glänzenden Hetärentum der ionischen Stämme in altertümlicher Unbegreiflichkeit dastanden und darum, gleich Sappho, der Komödie einen sehr ergiebigen und erwünschten Stoff des Spottes und der Satyre darboten.[35] Es ist, als träte eine längst untergegangene Welt von neuem aus dem Grabe ans Licht hervor. In allem setzt sich der Pythagorismus in den schärfsten Gegensatz zu der Entwicklung der hellenischen Kultur, wie sie sich im fünften Jahrhundert gestaltet hatte, in allem schließt er sich an die orphischen Grundsätze und den orphischen Weihedienst, welcher den eigentlichen Mittelpunkt seiner Religion bildet, mithin an die Anschauungsweise der ältesten Zeit an. Was immer Pythagoras' Namen trägt, ist nach Iamblichs bezeichnender Ausdrucksweise von einem Hauche höhern Altertums durchweht.[36] Auf das Ursprüngliche wird überall zurückgegangen, wie in der Religion, so in der Lebensweise. Symbolisch ist die Lehrart, eine Wiederbelebung der ältesten orphischen, mit aegyptischen und asiatischen Ideen und Bildern aufs engste zusammenhängenden Ausdrucksweise. Für alles Mythische wird der unbedingteste, jede Forschung ausschließende Glaube in Anspruch genommen, an Gott und göttliche Offenbarung alles in Leben und Staat angeknüpft und so auf eine unwandelbare, jede Neuerung ausschließende Grundlage zurückgeführt.[37]

Wie enge sich diese Geistesrichtung an das Mysterium und den mütterlichen Prinzipat anschließt, wie sehr sie auch mit historischen Erscheinungen des alten gynaikokratischen Lebens, zumal bei den Lokrern, übereinstimmt, brauche ich an dieser Stelle des weitern nicht mehr auszuführen. Aber das verdient Bemerkung, daß auch der Pythagorismus gleich allen auf den Mutterprinzipat gegründeten Kulten der männlichen Kraft die tellurisch-poseidonische Stufe, auf welcher die Erde über das Meer herrscht, und die die Erde umgebende Atmosphäre, welcher die Winde angehören, anweist.[38] Von dem Flusse, bald Nessus, bald Kosas, bald

Kaukasus genannt, wird Pythagoras mit dem berühmten *salve Pythagora* begrüßt.[39] Der Wärme ist das Wasser übergeordnet, das Gold daher auch dem Wasser beigelegt.[40] Des Meeres Gründe beherrscht und durchdringt der Weise, wie die Erzählung von dem Fischzug beweist.[41] Von den aegyptischen Priestern und Thales, die das Wasser zum ersten Prinzip erheben, wird er unterrichtet.[42] Mit Meerwasser soll lustriert werden.[43] Bei aufgehender Sonne am Meeresstrande, des Nachts am Flußufer ausgestreckt, wird er auf Kreta gereinigt. Im Meere soll Hippasos, weil er Pythagorisches ausbrachte, umgekommen sein. Des Proclus Schüler Heliodor führt, diesem Tellurismus folgend, Homer auf die hetärische Schlammzeugung, die in dem langen, schilfartigen Haare seiner Schenkel sich kundgibt, zurück.[44] Als *comatus Samius*[45] tritt Pythagoras in die Reihe jener ein, die nach mütterlich-tellurischer Auffassung, wie Apollo ›mit ungeschorenem Haar‹[46] der Argonautik, keiner Schere ihr Haar unterwerfen.[47] Je mythischer alle diese Erzählungen, um so bedeutungsvoller sind sie für die Religion. Auf Pythagoras wird die Göttlichkeit der Kultstufe, welcher er angehört, übertragen: eine Erscheinung, von der das höhere Altertum viele Beispiele darbietet, und die, wenn gehörig gewürdigt, eine Menge von Zweifeln und Vorurteilen der heutigen subjektiven Kritik mit einem Male in ihr Nichts auflöst. Von den verschiedenen Stufen, in denen sich Dionysos' phallische Kraft aufbaut, ist es also vorzugsweise die tiefste poseidonische, an welche sich Pythagoras anschließt. In dem pythagorischen ›Stier‹ erkennen wir jenen Dionysosstier, welchen die argivischen und elischen Frauen bezeichnend in doppeltem Ausdruck ›würdiger Stier, würdiger Stier‹ aus des Meeres zeugenden Wogen hervorrufen, und den die Italer als Hebon mit triefendem Barte oder mit wasserstrahlendem Munde darstellen.[48] In dem goldenen Schenkel[49] aber erscheint der weise Samier selbst als Dionysos ›mit doppelter Mutter‹, den nach der Mutter auch der Vater als zweite Mutter zur Welt bringt. Der Prinzipat des gebärenden Schoßes und die pelasgisch-poseidonische Stufe der Männlichkeit treten hier in ihrer innern Verbindung entgegen, und es scheint doppelt bedeutsam, wenn Pythagoras nicht mit dem hellenischen, den Python besiegenden, sondern mit dem pelasgischen, von Python getöteten Apollo, dem Silenussohn, in Verbindung gesetzt wird.[50]

Alles führt zu den vorhellenischen Völkern und ihren Kulten zurück. Alles offenbart den Anschluß an eine frühere Welt und das bewußte Bekämpfen des dem chthonischen Mysterium entwachsenen Hellenismus. Von neuem sehen wir uns mitten in jenen Weihedienst, den der thrakische Orpheus als apollinischer Prophet des siegreich erglänzenden Frühlichts begründet, und welcher die höhere Seite der pelasgischen Kultur bildet, zurückversetzt. Darum reicht Pythagoras ebenso weit als jene frühere Religion und der große Kulturzusammenhang der alten pelasgischen Welt; denn mit den Sitzen der ältesten Gesittung wird er vorzugsweise in Berührung gebracht: mit Samothrake, das schon durch seine geographische Lage auf der Völkerstraße von Europa nach Asien als ein Vereinigungspunkt des Ostens und Westens, Südens und Nordens erscheint; mit Eleusis, das neben Samothrake als der heiligste Kultsitz genannt[51] und von Cicero[52] durch die Worte *ubi initiantur gentes orarum ultimae* gepriesen wird; mit den Weihen des kretischen Zeus, mit Phrygien, dem Euphorbes zugewiesen wird,[53] mit dem tyrrhenisch-lydischen Stamme, mit Aegypten, Phoenizien, Arabien, Babylon, mit Asien überhaupt, wie denn gegenüber der hellenischen Geisteswelt der Pythagorismus aufs entschiedenste als Orientalismus dargestellt wird, überdies mit den durch größere Reinheit ausgezeichneten, aber in dem weiblichen Prinzipat übereinstimmenden Lehren der Völker nordischer Verwandtschaft, mit Thrakern, Geten, Kelten, Iberern, besonders mit den Hyperboreern und ihrem durch amazonische Mädchen gefeierten Apollo.[54] Wie man immer über die Geschichtlichkeit dieser Angaben denken mag: für den Kulturkreis, dem der Pythagorismus angehört, legen sie nicht weniger als die Nachricht von der im thrakischen Leibethron durch Aglaopham empfangenen Weihe[55] das vollgiltigste Zeugnis ab. Die Alten sind trotz ihrer Anerkennung vielfältiger Fälschung, wie sie jeder Religion sich anschließt,[56] doch darüber durchaus einig, daß die pythagorische Orphik eine Wiederbelebung des ursprünglich thrakisch-orphischen Mysterienkultes in sich schließt, und daß sie eben darum eine Negation alles dessen enthält, was man als Hellenismus zu bezeichnen pflegt. Nur aus diesem tiefen Gegensatz erklärt es sich, daß Griechenland dem neuen Orpheus keine Stätte für seine Lehre bot. Er fand seine Anhänger in den Westländern, bei Völkern, die der spätern Entwicklung ferner geblieben waren, deren Kulte und Anschauungsweise festere Haltpunkte darboten, bei Stämmen, die wie die Lucaner, Messapier, Peucetier, Römer den Hellenen noch als Barbaren erschienen.[57] Die meisten der ausgezeichneten Pythagoreer gehören den Städten Großgriechenlands, den Lucanern und den ältesten oder Altem vorzugsweise ergebenen Völkern des Peloponnes, den Arkadiern und Lakedaemoniern.[58] In der pythagorischen Lehre erblickten die Frauen eine Wiederherstellung ihrer frühern, durch den Einfluß des Hellenismus bedrohten Würde und Macht. Darin wurzelt die begeisterte Hingabe des weiblichen Geschlechts an den orphischen Weisen und jene Bereitwilligkeit, mit welcher die Krotoniatinnen die ihnen liebsten Gegenstände, die Prunkgewänder und den weiblichen Schmuck, zum Opfer brachten; darin die so hervorragende Beteiligung der Frauenwelt an der Pflege und Verbreitung der orphischen Lehre[59] sowie der sokratischen und platonischen Philosophie.[60] Es ist ein Kampf für die Wiederherstellung der alten würdigen Mysterienreligion, zugleich der alten Majestät des Weibes. Pythagoras erscheint als der Vertreter des Frauengeschlechts, als der Verteidiger seiner Rechte, seiner Unverletzlichkeit, seines hohen Berufs in der Familie und im Staate. Den Männern stellt er die Unterdrückung des Weibes als Sünde dar. Nicht unterworfen, sondern mit voller Gleichberechtigung dem Gatten beigeordnet soll das Weib sein. Phintys nennt die Mutter ›Hausherrin, und den Vorsitz des Hauses führend‹.[61] Gemeinsam ist das Leben und alles Gut: eine Idee, von welcher Plutarch (Praecepta coniug.) selbst das römische Verbot der Schenkung unter Ehegatten ableitet. Es ist sehr bezeichnend, daß Pythagoras den gleichen Beruf und die gleiche Würde der weiblichen und der männlichen Geistesanlage vielfältig hervorhebt. Hephaist als ausschließliche Muttergeburt, Athene als ebenso ausschließliche Vaterzeugung werden von ihm in diesem Sinne angeführt und mit diesem Gedanken gleichgestellt.[62] In keiner andern Absicht scheint Plato[63] den berühmten Mythus von der ursprünglichen Einheit und Verbindung der zwei Geschlechter gedichtet zu haben. Wir erkennen in beidem ein entschiedenes Entgegentreten gegen die mit der Entwicklung des ionisch-attischen Lebens stets zunehmende Herabwürdigung der Frau, deren Ansehen weder durch die glänzende Entwicklung des Hetärentums noch durch die gelegentlichen Wutausbrüche der Weiber wieder gehoben werden konnte.

An den Pythagorismus und seine Erscheinungen, mittelbar also an das demetrische Mysterium der ältesten Orphik, knüpfen sich die Platonischen Ansichten von der Würde des Muttertums an. Wie Aristoteles in der Metaphysik (1, 6) diesen Zusammenhang hervorhebt und Syrian »von der Übereinstimmung des Orpheus, Pythagoras, Plato« schrieb, so gibt Tzetzes[64] die Sage vom Kauf der Philolaischen Bücher durch Platon, der sie aus den Händen pythagorischer Frauen empfing, von ihnen mithin als Pythagoreer betrachtet wurde. Je unhistorischer diese Erzählung, desto lauter bezeugt sie die Auffassung des Altertums. Die Zurückführung des Brudertums aller Bürger, der sie verbindenden Liebe und der Pflicht, für das Mutterland zu sorgen, auf die Gemeinsamkeit des gebärenden Schoßes, ist ein der ältesten Orphik angehörender demetrisch-stofflicher Gedanke, den auch der Pythagorismus mit aller Bestimmtheit ausspricht, und der, weit entfernt von bloßer philosophischer Speculation, in einer Reihe von Erscheinungen des ältesten Lebens seine Verwirklichung erhalten hat. Wenn Plato in der Durchführung des aufgestellten Grundgedankens viel weiter geht als Pythagoras und in der Gemeinsamkeit der Weiber und Güter sowie in der unbeschränkten Geschlechtsmischung den Orientalismus bis zu seiner letzten Konsequenz verfolgt, so darf nicht vergessen werden, einerseits daß Platon zu den Medontiden, einem messenischen Geschlechte, gehörte, andererseits daß auch die Ausartung als Folge einer zu weit gehenden Reaktion gegen die Zustände des attischen Lebens betrachtet werden muß.[65] Mit derselben polemischen Tendenz wird von Proclus[66] die ›Gemeinsamkeit bezogen auf die Form der Vorzüglichkeit (Tugend)‹ besonders hervorgehoben, und die ›gemeinsame Erziehung‹, wie sie Sokrates lehrte, die aeolischen und die dorischen Völker stets übten, unter Hinweisung auf die ›männliche Vorzüglichkeit‹ einer Diotima und Theano aus jener Gleichheit der Naturanlage abgeleitet,[67] ja zu den Worten ›und auch der Frauen gedachten wir in dem Sinne, daß sie mit den Männern nach Maßgabe der natürlichen Gleichartigkeit gepaart werden müssen etc.‹ (Apelt) hinzugesetzt: ›Platon hielt es passender Weise für richtig, daß die Tugenden von Männern und Frauen gleich sind etc.... weil die Geschichte dies bestätigt: denn gut erzogene Frauen scheinen weit besser als die Männer‹.[68] Im Anschluß hieran gewinnt es Bedeutung, wenn auch dem berühmten Stoiker Kleanthes ein Werk ›»Daß die Tugend (Tüchtigkeit) des Mannes und der Frau die gleiche sei«‹ zugeschrieben wird,[69] während Xenophon,[70] besonders Aristoteles und die Peripatetiker in ihrem Gegensatz zu dem orphisch-religiösen Standpunkt wieder auf die Lehre von der geringern Fähigkeit und dem geringern Werte des Weibes zurückkommen.[71] Was der

Stagirite[72] an Lykurgs Gesetzgebung tadelt, sie habe ihre Aufgabe mit Bezug auf die eine Hälfte des Volks unerfüllt gelassen, zeigt, wie wenig er in diesem Punkte die Auffassung der frühern Zeit zu würdigen wußte. Denn das ist unzweifelhaft, daß Lykurgs Nichtberücksichtigung des weiblichen Geschlechts keineswegs in einer Versäumnis, sondern vielmehr in der religiösen Scheu vor dem geheiligten, unantastbaren Charakter des in dem Weibe verehrten demetrischen Muttertums und seiner Weihe ihren Grund hatte,[73] wie wir denn bei den Römern gleiche Unangreifbarkeit des Weibergutes und gleichen Ausschluß desselben von dem Gebiete der Staatsgesetzgebung in merkwürdigen Ereignissen hervortreten sehen.[74] In dem römischen Leben offenbart sich die Macht des religiösen Gesichtspunktes um so stärker, je schonungsloser von Anfang an die natürliche Auffassung der Tyrannei des staatlichen Imperium unterlag. Diesem gegenüber war das Gewicht der religiösen Scheu um so unentbehrlicher. In Mythen und Ereignissen tritt es mit seiner ganzen Allgewalt hervor, stets mächtig genug, jeden Versuch ungebührlicher Steigerung des männlich-politischen Imperium zurückzuweisen.[75] [...]

Den innern Zusammenhang religiöser Anschauung und äußerer Lebensgestaltung, wie er sich uns bisher in so vielen Anwendungen gezeigt hat, bewährt seine Berechtigung auch in dem unverkennbaren Einfluß des christlichen Mariakultes auf die Wiederherstellung der neuen politischen Gynaikokratie. Bodin[76] macht darauf aufmerksam, daß die vier ersten Königinnen insgesamt den Namen der Christusmutter trugen: »ainsi voit-on quatre femmes de même nom avoir fait ouverture à la gynécocratie ès royaumes de Hongrie, Norvège, Suède, Ecosse et Angleterre«. Ein merkwürdiger Zusammenhang heidnischer und christlicher Anschauungen knüpft sich an den berühmten, im Cabinet des Antiques zu Paris aufbewahrten, unter dem Namen Vase der Ptolemäer bekannten Kantharos, dessen bacchisch-cereale Darstellungen über die ursprüngliche dionysische Beziehung des Gefäßes keinen Zweifel gestatten. Von Dionysos, dem großen ›Soter‹ der alten Welt, ging der Becher in den Schatz des gleichnamigen christlichen Heiligen über. Zum mindesten seit dem neunten Jahrhundert in der Abtei St. Denys aufbewahrt, wurde er nach einer von Marion Dumersan mitgeteilten Überlieferung den französischen Königinnen am Krönungstage, mit dem geweihten Weine angefüllt, zum Trinken dargereicht. Die hohe Würde, welche der dionysische Kult mit seinen

Mysterien dem Weibe verlieh, hat hierin einen letzten Nachklang gefunden. Zu welcher Verbreitung aber in ganz Gallien die orphisch-pythagorische Mystik gelangt war, dafür legen nicht nur die sämtlichen Silbergefäße des Fundes von Bernay Zeugnis ab, sondern es sprechen dafür noch lauter die in ungeahnter Varietät und Sinnlichkeit aus dem französischen Boden zu Tage geförderten phallischen Vorstellungen, die den Reichtum der Sammlung Muret zu Paris bilden, und für einige der hervorstechenden Eigenschaften der französischen Naturanlage einen wichtigen geschichtlichen Anknüpfungspunkt darbieten.

151. Die Rückkehr zu der Anschauungsweise der vorhellenischen Zeit, welche wir in dem Pythagorismus erkannt haben, erreicht in den gnostischen Doktrinen der Carpocratianer ihre höchste Vollendung. Die letzten Zeiten des sinkenden Heidentums führen die Menschheit wieder zu jenen Zuständen zurück, in deren Überwindung wir den Übergang zu den Anfängen eines gesitteten Daseins erkannt haben. Das Ende der Entwicklung stellt sich dem Beginn als Zwillingsbruder zur Seite. Eine zweite Kindheit tritt ein, der ersten nicht an Hoffnung, sondern nur an Hilflosigkeit vergleichbar. Vorbote kräftiger Jugend beim Aufgang, ist sie beim Niedergang Zeichen eintretender Verwesung. Haben wir am Beginn dieses Werkes die Zeugnisse der Alten über voreheliche Zustände zusammengestellt, um durch ihren Gegensatz die Kulturbedeutung des ehelichen Mutterrechts, über welches auch ein Tacitus (Germ. 40,3 ff.) so falsch urteilte, ins rechte Licht zu stellen, so bleibt uns nun als letzter Teil unserer Aufgabe die Betrachtung des Rückfalls in eben jene Lebensformen, welchen die Allgemeinheit eines die ganze tellurische Schöpfung umfassenden stofflich-mütterlichen *ius naturale* als leitendes Gesetz zu Grunde liegt. Meinem bisherigen Verfahren getreu wähle ich auch hier aus der Mehrzahl geschichtlicher Erscheinungen[77] eine einzelne aus, um der Betrachtung eine feste historische Grundlage und dem allgemeinen Gesichtspunkte das gesicherte Fundament einer Detailuntersuchung zu geben.

Als eigentliches Vaterland des Carpocratianismus, den Irenaeus, Euseb und Theodoret[78] ausdrücklich der Gnosis anreihen, erscheint Kyrene und Aegypten, mithin eben jenes Afrika, das wir als den entschiedensten Anhänger des mütterlichen Prinzipats in der Religion, im Staate, in der Familie gefunden haben, in welchem er bis heute fortbesteht, und aus dem auch der christliche Mutterkult seine Verbreitung über die Länder des Occidents erhalten hat.[79] Alexandriner ist Carpocrates, sein Sohn Epiphanes von einem kephallenischen Weibe geboren. In Aegypten lehrte Prodikos, von welchem dieselbe Schule auch die der Prodikianer genannt wurde. Alexandria gehört Synesius, der im Jahr 410 zum Bischof der afrikanischen Pentapolis geweiht wurde, trotz seines Christentums dennoch den alexandrinischen Gnostikern beigezählt werden muß, und mit Hypatia, der berühmten, von Ammonius dem Platoniker unterrichteten Philosophin, in engem, auch brieflichem Verkehr stand. Die carpocratianische Gnosis gibt, wie überhaupt alle Gnosis, auch die neueste ophitische der Templer, der mütterlichen Stofflichkeit ihren alten Prinzipat mit allen daraus folgenden Konsequenzen zurück. Zu dem Geiste der christlichen Lehre tritt sie in den entschiedensten Gegensatz. Sie erscheint als die gewaltigste Reaktion des Orients und seiner vorwiegend materiell-weiblichen Grundidee gegen das rein väterlich-geistige Prinzip der neuen Religion, welcher seit dem zweiten Jahrhundert unserer Zeitrechnung durch sie, wie ein Jahrtausend später durch die Templer, der Sieg streitig gemacht wurde. [...]

Die Lehre der carpocratianischen Gnosis zeigt uns also jenes aus Aphrodites Mutternatur abgeleitete *ius naturale*, das wir in seinem Gegensatz zu dem *ius civile* als das ursprüngliche orientalische Rechtsprinzip dargestellt haben, mit voller Konsequenz entwikkelt. Es ist das Gesetz der stofflichen Schöpfung, das sich über alles Tellurische gleichmäßig verbreitet, die positiven Gesetze als eine Verletzung der natürlichen ›Gleichheit‹ verwirft, jedes Mein und Dein an Frauen und Gütern von sich weist, jedes Mehr oder Weniger verbannt, und in dem Sondereigentum eine Verletzung des Rechts, eine ›widerrechtliche Verletzung der Gemeinschaft‹ erblickt. Gegen diese Verletzung anzukämpfen und die Reinheit des stofflichen *ius naturale* wieder herzustellen, verpflichten sich die Carpocratianer in der zweiten Inschrift durch die Worte ›die Verletzung des Gesetzes niederzukämpfen‹. Die erste nennt die Durchführung dieses Prinzips ›vollkommenen Frieden‹, und auch diese Bezeichnung schließt sich an die Auffassung Aphrodites als der großen Mutter des irdischen Friedens und an entsprechende Ausdrücke der orphischen Gesänge an. Wir sehen das Muttertum wieder als den Träger der allen ihren Kindern gleich austeilenden, keines zurücksetzenden, vollendeten Gerechtigkeit, wie sie der *iustissima tellus* eingeboren ist, von Apollonius[80] so nachdrücklich hervorgehoben wird und in der Anwendung der Idee des ›Gerechten‹ auf tellurische Ereignisse, insbesondere auf das Steigen des befruchtenden Nils und den Tod des Menschen, wiederkehrt. Ausfluß desselben Grundsatzes ist die Gemeinschaft der Frauen, welche, wie in den angeführten Inschriften, so öfters hervorgehoben wird.[81] Dabei wird die Mischung mit den nächsten Blutsverwandten, mit Müttern und Schwestern, gestattet[82] und öffentliche Begattung nach Art der Tiere zur Pflicht gemacht.[83] Unsere Bemerkung, daß das Ende der menschlichen Entwicklung die frühesten tierischen Zustände wieder zurückbringe,[84] findet in dieser Erscheinung ihre merkwürdigste Bestätigung. Die Gleichstellung des Hetärismus mit der Sumpfvegetation, der tiefsten Stufe des wilden Naturlebens, hat in dem Namen der *Borboritae* oder *Borboriani*, i. e. *caenosi, lutei,*[85] von neuem ihren Ausdruck erhalten.

Es ist klar, daß nach dem carpocratianischen Systeme nur die Mutterabstammung in Betracht kommen kann, wie wir den Sumpfkult in der Mutterlinie vererbt gefunden haben. Daraus erklärt sich ein Umstand, mit welchem die bisherigen Interpreten sich nicht zurechtzufinden vermochten. Epiphanes erhielt in seiner mütterlichen Heimat auf Kephallenia, nicht in der väterlichen zu Alexandria, göttliche Verehrung.[86] Dodwell und Fuldner nehmen ihre Zuflucht zu der Annahme, daß Same Hauptsitz der Schule gewesen sei, wogegen Gesenius nachweist, daß Kyrene und Aegypten diese Bedeutung allein in Anspruch zu nehmen berechtigt sind. Die wahre Ursache liegt in den Grundsätzen der Sekte selbst. Nach diesen war das Mutterland für den Ort, der Neumond für die Zeit der Verehrung maßgebend. Sumpf, Mond, Muttergenealogie erscheinen hier wieder in inniger Verbindung, und ihnen schließt sich die weibliche ›kteis‹, sowie das Ei, gleichgeltend an. Beide finden wir auf gnostischen Monumenten. Die bewußte Rückkehr zu den ältesten Vorstellungen offenbart sich, wie in der fingierten Rückversetzung des einen Monuments auf Ol. 86, 3, so namentlich in der Schreibweise ›abwechselnd von rechts nach links und von links nach rechts‹, welche die erste der mitgeteilten Inschriften in Übereinstimmung mit manchen, besonders basilidianischen Amuletten und Denkmälern der gnostischen Templer befolgt.[87] Den Zusammenhang jenes Gebrauchs mit dem Prinzipat des Muttertums und der Herrschaft der linken Seite haben wir früher entwickelt. Bezeichnend ist es daher, daß die gnostische

Sekte der Kanaiten oder Judaiten die Göttlichkeit in die mütterliche Dyas auflöst und zwei weibliche Prinzipien, ›Sophia (Weisheit)‹ und ›Hystera (Gebärmutter)‹, unterscheidet.[88]

Wenn wir die in allen diesen Erscheinungen hervortretende weiblich-stoffliche Grundlage des Carpocratianismus festhalten, so wird die Teilnahme der Frauen an seiner Pflege und Verbreitung zugleich beachtenswerter und weniger rätselhaft sein. Besonders genannt ist Marcellina.[89] Sie erinnert an Stimula, das Vorbild der dionysischen Frau, wie die nächtlichen carpocratianischen Mysterienfeiern den dionysischen in ihrer höchsten Entartung sich anreihen.[90] Nach Marcellina verdient die Spanierin Agape, die Gründerin der Agapiten, Erwähnung. Durch Marcus, einen gebornen Memphiten, der in Alexandria oder in der Cyrenaica erzogen worden war, dem Gnostizismus gewonnen, scheint sie in Spanien ihrem Lehrer nicht geringere Dienste geleistet zu haben als Marcellina dem Epiphanes. »Überhaupt«, bemerkt Matter,[91], »ist es sehr merkwürdig, welche große Rolle die Frauen in der Geschichte des Gnostizismus spielen. Helena war allmächtig bei Simon dem Magier. Die Frau des Nicolaus trug nach übereinstimmenden Traditionen Schuld an dem Schisma der Nicolaiten. Eine in ihrem Ursprunge sehr mystische, im Verlaufe mehr gewöhnliche Verbindung machte den Marcion zum Haupte einer berühmten Schule. Philomene teilte dem Apelles Offenbarungen mit, die Marcosianer schmeichelten vorzüglich den Frauen der höhern Stände. Der Flora trug Ptolemaeus in einem eigenen Briefe sein System vor«.[92] Von neuem sehen wir hier den Einfluß des Weibes geknüpft an einen in seiner ganzen Anlage sinnlich-dionysischen Mysterienkult. [...]

Überhaupt ist es der höchsten Beachtung wert, daß vorzugsweise gynaikokratische Stämme an den religiösen Bestrebungen der spätern Zeit sich beteiligen und Beispiele eines erhöhten weiblichen Geisteslebens darbieten. Gehören Proclus und Nicolaus Lykien an, so erzeugte Thrakien Hipparchia, Lampsakos Themisto, Kyrene Arete und Ptolemais, die ›im pythagoreischen Anfangsunterricht der Musik‹ angeführt wird, Phlius Axiothea, Mantinea Lasthenia, Korkyra Anagallis, welche die Erfindung der mit den orphischen Mysterien so innig verbundenen Sphaira der Alkinoostochter Nausikaa zuschreibt.[93] So stehen die spätesten Zustände mit den frühesten in einem innern Zusammenhang. Der drohende Untergang der alten Religion weckt noch einmal das schlummernde Bewußtsein und ruft von neuem jene Völker zum Kampfe auf, die, von dem entwickelten Hellenismus in den Hintergrund gedrängt, an der geistigen Entwicklung der alten Welt lange Zeit keinen Anteil genommen hatten.

Von diesem Gesichtspunkt aus gewinnt die hervorragende Stellung, welche der kyrenische Carpocratianismus dem samischen Weisen unter seinen Hierophanten einräumt, erhöhte Bedeutung. Der Orientalismus der pythagorischen Orphik wird dadurch völlig bestätigt. In ihm allein liegt das Bindeglied der kyrenischen und der italischen Lehre. Auf die Herrschaft des stofflich-mütterlichen Prinzips und ihr Symbol, die ›kteis‹, gründen beide ihren Mysterienkult. Hat auch Pythagoras den Tellurismus zu der Stufe des keuschen demetrischen Muttertums erhoben, überall das Hetärische bekämpft, und die höhere Würde wie die höhere Bestimmung des Menschen im Gegensatz zu allen übrigen Geschöpfen der Erde mit besonderm Nachdruck hervorgehoben:[94] so ist doch die Grundlage seines ganzen Religionssystems die alte asiatisch-pelasgische, welche dem empfangenden und gebärenden Muttertum der Materie den Prinzipat des diesseitigen und des jenseitigen Lebens zuerkennt, der Charakter seiner ganzen Philosophie der weibliche materiell-sensitive, ihr kosmischer Träger der Mond, dessen ›Abkömmlinge‹ die ›Weisen‹ heißen. Dieselbe Grundlage wird von den Epikureern und den Kyrenaikern, zumal von den Carpocratianern, anerkannt, von ihnen aber bis zu jenen äußersten Konsequenzen entwickelt, die, von dem Pythagorismus verworfen, ja bekämpft, schon in der platonischen Lehre sich Bahn zu brechen wußten. Daher kann es nicht überraschen, die Epikureer von den Alten mit den Pythagoreern zusammengestellt und den Carpocratianismus auf die platonische Philosophie begründet zu sehen. Bei Diogen. Laert. prooem. 15 ist eine Reihe von Nachfolgern aufgestellt, nach welcher die pythagorische Schule zuletzt auf Epikur hinausläuft: eine Verbindung, welche Ritter[95] als erdichtet erklärt, obwohl auch Philargyrius (zu Georg. 4, 219) sie anerkennt, und Athenaeus (4 p. 163 e) an dem Beispiel des Aspendiers Diodor sie hervorhebt. Des Epiphanes auffallende Ähnlichkeit mit Apollonius von Tyana kann niemand entgehen, wie denn die orphisch-pythagorischen Grundsätze von einer über alle tellurischen Schöpfungen sich erstreckenden ›Gerechtigkeit‹ mit den Lehren der Carpocratianer durchweg übereinstimmen, die Gebote des ›Freunden ist alles gemeinsam‹,[96] des gemeinsamen Wohnens, der gemeinsamen Mahlzeiten und der reinsten Liebe eine teilweise Verwirklichung jener stofflichen ›Gemeinschaft‹ in sich tragen, endlich Dionysos-Osiris in beiden Systemen mit gleicher Geltung als Herr alles Lebens, daher auf dem zweiten der kyrenäischen Denkmäler mit dem Kreuz, dem Zeichen der Geschlechtsmischung, dem Attribut des Hermes Chthonios, der Dioskuren, der Artemis Ephesia, Demeter Axiokersa, verbunden auftritt. Epiphanes, der Gründer des Carpocratianismus, heißt ausdrücklich Platoniker,[97] Plato selbst[98] *haereticorum patriarcha* und *haereticorum condimentarius.* Es läßt sich nicht verkennen, daß die Platonische Gemeinschaft der Güter und Frauen und die Mischung der Brüder und Schwestern[99] demselben weiblich-stofflichen Prinzipe entspringt, auf dem die pythagorische und die carpocratianische Lehre beruht, wie denn die Geburt vollständig bewaffneter Krieger an die Idee des ›Heeres (des kriegerischen und philosophischen Wächters)‹, die Vergleichung des weiblichen Lebens mit dem der Hunde[100] an die uralte, im Carpocratianismus und in der ophitischen Gnosis der Templer[101] wiederkehrende Mutterbedeutung des ›Hundes‹ erinnert.

Mit Pythagoras und Epikur werden Thot, Kronos, Zoroaster und Masdakes zusammengestellt. Dadurch erhält der Carpocratianismus seine Verbindung mit jenen Religionssystemen, in welchen die Herrschaft des weiblichen Materialismus am entschiedensten ausgebildet war. Führt uns Thot zu der phönizisch-aegyptischen Lehre und ihrer stofflich-hetärischen Grundlage,[102] Osiris zu dem makedonischen Mutterrecht zurück,[103] so erscheint Kronos als Träger des ›reinen Gesetzes‹, dem das silberne Menschengeschlecht huldigte, Zoroaster-Zarades dagegen als Repräsentant jener persischen ›Männlichkeit‹ und ›Haltung der Ruhmsucht‹,[104] auf deren Grundlage Masdakes die Verwirklichung der platonischen Lehre von der Gemeinschaft der Frauen und Güter von neuem versuchte.

Der ganze Kreis jener Völker, bei welchen wir den mütterlichen Tellurismus am entschiedensten ausgebildet und mit der größten Konsequenz durchgeführt gefunden haben, tritt hier nochmals vor uns auf. Der Carpocratianismus ist sich seines Zusammenhangs mit dem Urzustande der asiatischen Welt bewußt, und unternimmt die Wiederherstellung desselben mit jener Entschlossenheit, welche in der Ahnung des dem alten Glauben drohenden Untergangs ihren Grund hat. Dem Christentum und seiner geistigen Paternität wird das mütterliche Sumpfprinzip und der tellurische Hetärismus entgegengestellt. Die Länder des sinnenschmeichelnden Orients, Afrika zumal und Syrien, nehmen den Kampf mit der größten Entschiedenheit auf. Ereignisse der spätern Zeit zeigen, daß er keineswegs hoffnungslos war. Unter dem Einfluß des Zauberreizes asiatischer Natur hat es der lange Zeit von den Päpsten mit so vielen Privilegien ausgestattete christliche Templerorden nicht vermocht, den Sieg des geistigen Prinzips über das sinnlich-natürliche der ophitischen Gnosis und seiner mütterlich-dualistischen Achemoth (*acha-›moth‹*) aufrecht zu halten. Die zu Wien und Mannheim zahlreich erhaltenen Baphometen (von welchen die vollends entscheidenden Mannheimer bisher unbenützt geblieben sind) lassen nach des Herrn v. Hammer Untersuchungen[105] keinen Zweifel über die phallische, in tiefster Sinnlichkeit gedachte Grundlage des gnostisch-templerischen Mysteriums, und für halbchristliche Völkerschaften des Libanon bezeugen Männer wie Burckhardt und Silvestre de Sacy[106] die Fortdauer aphroditischer Verehrung der weiblichen ›kteis‹ bis auf den heutigen Tag.

Der Kampf des Stoffes und des väterlichen Geistes durchzieht, wie das Leben des einzelnen Menschen, so das unsers ganzen Geschlechts. Er bestimmt seine Schicksale, alle Hebungen und Senkungen seines Daseins. Sieg und Fall wechseln mit einander ab und fordern zu stets erneuter Wachsamkeit, stets neuem Ringen auf. Wie schwer es dem Menschen wird, den Kampf gegen die Natur und ihr weiblich-materielles Prinzip zu bestehen, dafür liefert das Schicksal des Pythagorismus den vollsten, welthistorisch merkwürdigen Beweis. Mag auch von ihm mit voller Wahrheit gesagt werden, »seine Prinzipien und Gründe seien von der Art, daß man mittelst ihrer zum höhern Sein aufsteigen könne, ja sie passten mehr für dieses als für die Untersuchung der Natur«,[107] so beweist doch diejenige Ausbildung desselben, welche, durch Plato und dessen Nachfolger vermittelt, in dem Epikurismus und den Mysterien der Carpocratianer Verwirklichung erhielt, daß bei einer solchen Mischung des Physischen und Metaphysischen, wie sie die lunarisch-mathematische Mittelstufe des orphisch-pythagorischen Naturkults in sich trug, das Schwergewicht der Materie, des Sumpfkotes und seiner hetärischen Lust zuletzt sicher den Sieg behaupten wird. Was in ›hyle (Stoff)‹ und ›physis (Natur)‹ wurzelt, kehrt wieder dahin zurück. ›Hundehochzeit‹ eröffnet[108] und schließt den Kreislauf der antiken Welt. Von unten nach oben aufsteigend, entgeht die orphische Lehre dem Schicksal nicht, von der Höhe wieder in die Tiefe zurückzusinken. Ihr Mysterium sieht seinen edlern Bestandteil dem sinnlichen geopfert, ja zuletzt dem tiefsten hetärischen zur Beute werden. Mit der Idee des staatlichen Imperium hat Rom, mit der des apollinischen Vatertums Athen das Mutterrecht des gebärenden Stoffes bekämpft, beide ohne dauernden Erfolg. Hier und dort drängt sich mit dem demokratischen Verfall des Staats das weibliche Prinzip von neuem in den Vordergrund, und wie der erste der Kaiser in den leges Iulia et Papia Poppaea[109] dem alten Grundsatze des Familienrechtes jenen stofflichen Gesichtspunkt der *fecunditas,* der im Laufe der Zeiten zu immer entschiedenerer Herrschaft fortschritt, entgegenstellte,[110] so rief der geistige Zustand des athenischen Volkes die Aristophanische Schilderung des Vogelstaates hervor, in welcher Rhea-Basileia und das orphische Urei der Mutter Nacht als Grundlage allgemeiner Gleichheit und einer Lebensgestaltung, wie sie das weiblich-stoffliche Prinzip mit sich bringt, erscheinen.[111] Wohin wir blicken, überall tritt uns die gleiche Wahrheit entgegen: keinem Volke, dessen religiöse Anschauung in dem Stoffe wurzelt, ist es gelungen, den Sieg der rein geistigen Paternität zu erringen und der Menschheit dauernd zu sichern. Auf der Zertrümmerung, nicht auf der Entwicklung und stufenweisen Reinigung des Materialismus ruht der Spiritualismus des einheitlich-väterlichen Gottes. Die Kluft, welche beide Systeme trennt, hätte auch die höchste Kraft des philosophischen Gedankens nie zu überwinden vermocht. Darum erhebt sich Paulus (1, 11, 5-13) mit so großer Entschiedenheit gegen die orientalische Lehre von dem Prinzipat des weiblichen Stoffes: ›denn nicht ist der Mann aus der Frau, sondern die Frau aus dem Mann‹. Darum lassen es sich auch die Kirchenväter so angelegen sein, der Begründung des menschlichen Brudertums auf den gemeinsamen Ursprung aus Einem Mutterschoße die höhere aus der Kraft Eines Vaters gegenüber zu stellen. *fratres autem vestri (paganorum) sumus iure naturae, matris unius*[112] ... *at quanto dignius fratres et dicuntur et habentur, qui unum patrem Deum agnoverint, qui unum spiritum biberint sanctitatis, qui de uno utero ignorantiae eiusdem ad unam lucem expaverint veritatis.*[113] In diesem Gegensatz des von der Mutter stammenden leiblichen und des von dem Vater abgeleiteten geistigen Geschwistertums ist der ganze Unterschied der beiden Religionssysteme enthalten. Auf jenem ruht die vorchristliche, auf diesem die christliche Anschauung. Der tiefe Gegensatz, der sie beide scheidet, erstreckt sich über alle Teile der alten und der neuen Gesittung, und leiht der einen wie der andern ein so durchweg entgegengesetztes Gepräge. Daraus schöpfe ich die lohnende Zuversicht, daß die jetzt zu ihrem Ende gelangte Untersuchung für das Verständnis des Altertums überhaupt fördernd und auch für die tiefere Kenntnis des Entwicklungsgangs der heutigen Welt, welcher französische Schriftsteller die Rückkehr zu dem Isisprinzip und zu der Naturwahrheit des Mutterrechts als alleiniges Heilmittel anempfehlen,[114] nicht ohne Frucht sein wird.

Anmerkungen

Lykien

[1] Müller, Fr. h. Gr. 3, 461.
[2] de rebus publicis fr. 15 (Fr. h. Gr. 2, 217).
[3] Apollod. 2, 3, 1. Xenomed, in den Fr. h. Gr. 2, 43 fr. 2 ed. Müller.
[4] Serv. Georg. 4, 363. 381. Plut. de Is. et Osir. 38.
[5] Ioseph. de bello Iud. 4, 8, 3, besonders Plutarch. Quaest. conv. 5, 10.
[6] Denn so nennt ihn Nicolaus Damascenus in den Fr. h. Gr. 3, 367 fr. 16.
[7] Il. 6, 193. Schol. zu Il. 6, 155 in den Fr. h. Gr. 3, 303.
[8] Apollod. 2, 3, 2. Pindar. Ol. 13, 84ff. Athen. 11 p. 497 b.
[9] Steph. Byz s. v. Farsos. Aristoph. Acharn. 426ff.
[10] bei Tzetzes zu Lycophr. 17.
[11] Man denke an das Fischorakel und an Latonens Sumpfsee, Athen. 8 p. 333 d. Menecrates Xanthius in den Fr. h. Gr. 2, 343, 2. Ovid. Met. 6, 337, sowie an die patarische Salacia, Fr. h. Gr. 3, 235 fr. 81.
[12] Pausan. 10, 10, 6.
[13] Schol. Il. 6, 155.
[14] Il. 6, 200. Eustath. zu Dionys. Per. 867, Bernhardy p. 270.
[15] Pindar Ol. 13, 91.
[16] Ovid. M. 13, 632. Serv. Aen. 3, 80.
[17] Tzetz. Lyc. 17.
[18] Serv. Aen. II, 85. 90.
[19] Diodor. fr. 1. 6.
[20] Plut. Cons. ad Apollon. bei Hutten 7, 322.
[21] Schol. Il. 6, 155.
[22] Lassalle, Philosophie des Herakleitos, Berlin 1858. 1, 128f.
[23] Natal, Com. 9, 4 Fr. h. Gr. 2, 379 fr. 13.
[24] Serv. Ecl. 8, 75. Plut. Is. et Os. 36.
[25] Plut. de def. orac. 21.
[26] Alex. Polyh. in den Fr. h. Gr. 3, 236 fr. 84.
[27] Athen, 5 p. 185 b.
[28] Alex. Polyh. de reb. Lyc. in den Fr. h. Gr. 3, 235. Strabo 14 p. 664.
[29] Ovid. M. 10, 245.
[30] Schol. Il. 6, 155.
[31] Il. 6, 145-149. S. noch Jesus Sirach 14, 19.
[32] Cassius Dio 57, 12, 4 mit Reimarus Bemerkung T. 2, p. 857.
[33] Ulpianus, Dig. 50, 16, 195, 5. – Gaius, Dig. 50, 16, 196, 1.
[34] Steph. Byz. s. v. Tegyra.
[35] Serv. Aen. 4, 143. Plato, Symp. 190 b.

[36] Eustath. zu Dionys. Per. 823 bei Bernhardy p. 260 [...].

[37] Il. 6, 186. Pindar. Ol. 13, 87ff., Apollodor. 2, 3, 2. Schol. Pind. p. 284 Boeckh [wenn nicht anders vermerkt, im folgenden Pindar immer nach Boeckh zitiert]. Schol. Lycophr. Cass. 17, woraus Eudocia p. 88 schöpft.

[38] Strabo 12, 573; 13, 630; 14, 676.

[39] Apollod. 2, 3, I. 2. Hygin. Poet. Astron. 18. Fulgent. Mythol. 3, I. Serv. Aen. 5, 118. Fr. h. Gr. 4, 549 fr. 21. Diodor. fr. libri 6. Tzetzes Lycophr. 17.

[40] Is. et Os. 56.

[41] Quaest. Rom. 103.

[42] Iulian. Dig. 22, I, 25 pr. I.

[43] Opp. t. 6 p. 32 ed. Neapoli 1722.

[44] So bei Iulian. Dig. 30, 82, 2. 3. 4.

[45] Opp. 6 p. 219.

[46] Dies hebt Hugo im Civilistischen Magazin 4, 1813, 483 und in der Rechtsgeschichte Lehrbuch des röm. Rechts bis auf Justinian, elfte Auflage, Berlin 1831, 1, 131, richtig hervor.

[47] Paulus, Dig. 2, 4, 5.

[48] Inst. Iust. 3, 5, 4.

[49] Cuiacius, Opp. 5, 86f. und ad Nov. 18, Opp. 2, 930 DE.

[50] Opp. 5, 157 DE.

[51] eodem patre nati, Gaius Inst. 3, 10 mit den Parallelstellen bei Boecking p. 148 ed. tertia, Bonn 1850.

[52] Libanius in epistola ad Ulyssem 1. 25.

[53] Ovid. M. 5, 140 Clytiumque Claninque, matre satos una.

[54] Plut. Is. et Os. 38.

[55] Inst. Iust. 1, 2 pr.

[56] Herod. 1, 216 und 4, 172.

[57] Vgl. Sextus Empiricus, Pyrrh. Hypotyp. 3 p. 168, 23 Bekker.

[58] Dionys. Per. 766 p. 735 Bernhardy. Diodor. 14, 30, 7.

[59] Anab. 5, 4, 34. Ebenso Apollon. Rhod. Arg. 2, 1023ff.

[60] An dem See Tritonis sucht Diodor. 3, 52, 4 den Ursitz der libyischen Amazonen. Eine aethiopische Königin, Kandake, erwähnt Strabo 17, 820.

[61] Solinus 30, 2. 3 [...], Mela 5, 8, 1, 45. Plin. H. n. 5, 45. Martianus Capella 6, 674 [...]

[62] Plin. H. n. 6, 192. Aelian. H. A. 7, 40. Plut. adv. Stoic. de commun. notit. II.

[63] Is. et Os. 44.

[64] Hygini f. 75. Arnob. adv. gent. 5, 13. Über den Zusammenhang des Hundes mit dem Mutterrecht wird später aus Anlaß des hölzernen Hundes, den die der Gynaikokratie ergebenen Lokrer verehren (Plut. Qu. gr. 15), noch weiter gesprochen werden. Hier mache ich nur auf

das Nötigste aufmerksam. In den Philosophumena des Origenes (Miller, p. 144) wird ein Tempelbild erwähnt, worauf ein phallisch gebildeter Greis eine ›Frau mit Hundsgestalt‹ verfolgt. Ob die Namen, welche altem Brauche gemäß auf dem Gemälde den Figuren beigeschrieben waren, unrichtig mitgeteilt werden, wie Neuhaeuser (Cadmilus, *Leipzig 1857*, p. 33) annimmt, lasse ich dahingestellt. Der Hekate besonders ist der Hund eigen, den Lichtgöttern dagegen verhaßt, wie das herrschende Weib (Plut. Qu. R. 111); ebenso der Mania Genita und Dianen (Plut. Is. et Os. 71, Qu. R. 52), während auf der apollinischen Delos kein Hund zugelassen und niemand begraben werden darf (Strabo 10, 486). Auf einem Hunde reitend war Isis auf ihrem römischen Tempel dargestellt, gewiß in demselben Sinne, in welchem die elische Aphrodite ›auf einem Bock‹ sitzt, nämlich als *fascino inequitans*, wie nach Arnobius die römischen Matronen, also mit der Befruchtungsidee. Denn *multimamma* ist auch Isis (Macrob. Sat. I, 20, 18), die steter Befruchtung harrende Erde. Plut. Is. et Os. 53. Wie auf den Münzen von Ardea, so erscheint der Hund auch auf sizilischen *nummi*, mit derselben physischen Bedeutung. Servius Aen. 5, 30. Die Schamlosigkeit steter öffentlicher Begattung macht den Hund zum Bild der Hetäre. Bei Homer Il. 6, 344. 366 nennt Helena sich selbst Hündin, Il. 8, 423 Iris die Athene, Il. 21, 481 Hera die Artemis. Ebenso heißen die üppigen pflichtvergessenen Mägde in Odysseus Haus ›Hündinnen‹ (Od. 18, 338; 19, 91. 154. 372; 22, 35). Bei Plato im Staate 7 p. 563c finden wir das Sprüchwort, die Hunde seien wie junge Fräulein, und 5 p. 466c d werden die mit den Männern zum Kriege ausziehenden und ihnen stets folgenden Frauen den Hunden verglichen, die mit zur Jagd ziehen. Über die Kyniker Athen. 13, 93. Der Hund ist der hetärischen, frei nach Hundesart sich begattenden aethiopischen Frau völlig entsprechendes Sinnbild.

65 Fr. hist. Gr. 3, 463.

66 Nach Plutarch. Qu. R. 17 bitten die römischen Frauen die Muttergottheit Ino-Matuta um Segen nicht für ihre eigenen, sondern für ihre Schwesterkinder. Ino soll selbst ihren Schwestersohn Dionysos gesäugt haben. In gleichem Verhältnis tritt Anna sorgend und pflegend der Schwester Dido zur Seite. Daß Daedalus seiner Schwester Sohn Talos vom Fels stürzt ist ihm besondere Sünde. Lobates soll seiner Schwester Anteia Beleidigung strafen. Er steht ihr näher als der Gemahl Proetus. Weiteres hierüber wird später beigebracht. S. noch Suet. Aug. 94, 11.

67 Plin. H. n. 5, 45.

68 Diodor. 5, 18, 1 [...].

69 Dazu Pacho, Relation d'un voyage dans al Marmarique etc. Paris 1827, p. 71.

70 Arnob. 5, 19.

[71] Herod. 5, 6. Wie wenig das Christentum an diesen Sitten geändert hat, bezeugt Cousinéry [...].

[72] Mela 1, 42.

[73] Strabo 15, 735.

[74] Pausan, 10, 30, 2.

[75] Plutarch. Qu. Rom. 46.

[76] hortari nach Antistius Labeo bei Plutarch. 1 c. Serv. Aen. 1, 720.

[77] Plut. Is. et Os. 12.

[78] Athen. 15 p. 692 e.

[79] Bei Diogenes Laertius 2, 26.

[80] Darüber Jacobs in den Vermischten Schriften, Leipzig 1830, 4, 218. 219. Wyttenbach zu Platons Phaedon, Leyden 1810, p. 326.

[81] Bei Athen. 8 p. 353 a.

[82] Bei Athen. 14 p. 647 a.

[83] Mythologische Forschungen und Sammlungen, Tübingen-Stuttgart 1842, 1, 193.

[84] Strabo 16, 775.

[85] Diodor. 3, 32, I. 33, 4.

[86] Liv. I, 13, I. Dionys. 2 p. 110-112 Sylb.

[87] Herod. I, 105; 4, 67. 74; Hippocrates de aëre et locis p. 561 Kühn.

[88] Herod. 4, 53. 127.

[89] Pausan. 8, 42, 1. Vergl. Virgil. Georg. 4, 126. 291.

[90] Nicol. Dam. in Fr. h. Gr. 3, 462.

[91] Nicol. Dam. 3, 463. [Vgl. dagegen zu den asiatischen Tapyren, Strabo 11, 520 und 515.]

[92] Herod. 4, 107.

[93] Schol. Apollon. Rhod. I, 943. Strabo II, 506. Apollod. 3, 45.

[94] Suid. et Harpocrat.

[95] Strabo 5, 244. 245.

[96] Wie sie Strabo 16, 776. Diodor. 3, 33, 2. Sext. Empir. Pyrrh. Hyp. 3, 10 p. 174, 20 Bekk. beschrieben.

[97] Troyon, im Anzeiger für schweizerische Geschichte und Altertumskunde 2, 1856, 8.

[98] Herod. 4, 45.

[99] Pol. 2, 1, 13.

[100] Um die physische Wahrheit auf das Vatertum zu übertragen, wird zuweilen die Sitte angenommen, daß bei der Niederkunft des Weibes auch der Vater sich zu Bette legt und die Gebärende nachahmt. Wir werden später bei den Adoptionsgebräuchen hierauf zurückkommen. Jetzt mache ich nur auf die Sitte der Cyprier bei Plut. in Theseo 20, 4 und auf die iberische bei Strabo 3, 165 aufmerksam.

[101] de aëre et locis p. 555 Kühn und p. 564.

[102] Herod. 4, 116.

[103] Strabo II, 501.

104 Fr. h. Gr. 3, 458.

105 Plut. Alcib. 23, 7; Pyrrh. 27, 4. Aristot. Pol. 2, 6, womit vorzüglich Plutarch. in Lycurgo 14-16 zu vergleichen ist. Hier wird des Nicolaus Erzählung bestätigt, und genau ausgeführt, auch des Lycurgus Grundsatz, daß die Kinder nicht den Vätern, sondern dem Staate gehören, besprochen.

106 Ausgewählte Lehren des römischen Civilrechts, 1848, S. 9 n. 22-24. Über des jüngeren Cato Tat Appian B. C. 2, 99. Tertull. Apol. 39, 12. Polyb. in Script. vet. nova coll. Mai 2 p. 384. Über Helvius Cinnas Antrag auf Vielweiberei Sueton Caes. 52, 3. Über die Vielweiberei der Griechen lese man Jacobs, Allgemeine Ansicht der Ehe, in den Vermischten Schriften 4, 215-219. Über Cato kommt noch Strabos Bericht hinzu 11, 514: »Von den (parthischen) Tapyren wird berichtet, es sei bei ihnen anerkannter Gebrauch, ihre angetrauten Gemahlinnen, sobald sie mit ihnen zwei oder drei Kinder erzielt, an andere Männer zu übergeben, wie denn auch zu unserer Zeit Cato dem Hortensius, der ihn darum bat, seine Marcia überließ, einer althergebrachten Sitte der Römer gemäß [...]

107 Nicol. Dam. 3, 462. Steph. Byz. s. v. Abylloi

108 Strabo 14, 663; 16, 783. Herod. 4, 172; 1, 195 (Assyrer).

109 Heraclid. fr. 28 Schneidewin p. 97. Herod. 5, 5. Eurip. Androm. 215. Über die Paeones Herod. 5, 16.

110 Plut. in Mario.

111 Pausan, 10, 12, 10.

112 Von den Sarmaten, welche Hippocrates p. 555 und Strabo 7, 296 zu den Skythen zählen, und deren Ursprung von Herodot 4, 110-114 mütterlicherseits auf die Amazonen zurückgeführt wird (vgl. Steph. Byz. s. v. Amazones Priscian. Per. 645-648), bemerkt Nicolaus FHG 3. 460 ›den Frauen gehorchen sie in allem als Herrinnen‹. Martianus Capella 6, 695 *Pandaeam gentem feminae tenent, cui prior regina Herculis filia.* – Als Quelle des Rechts erscheint das weibliche Naturprinzip auch in jener thessalischen Stute Dikaia, womit man Plutarchs Erzählung von jener Stute, die Pelopidas am Grabe der leuktrischen Jungfrauen opferte, vergleichen muß, wie denn Aelian (h. a. 4, 7) den skythischen Mythus von einem Pferde mitteilt, das durch keinen Zwang dahin gebracht werden konnte, mit seiner Mutter sich zu begatten.

113 Opere vol. 1, 4 (ed. Firenze 1845).

114 Bei Servius zu Virg. G. 1, 12.

115 Heraclid. fr. 1, 3 [...].

116 Plut. Qu. Gr. 2 (Onobatis).

117 Serv. Georg. 1, 12.

118 Serv. Aen. 11, 89. Hygin. fr. 183. Spanheim ad Callimachi h. in Cererem 67. Lucian. de salt. 7. Strabo 10, 467. 468.

[119] Aelian. hist. anim, 4, 7.
[120] Tzetz. Lycophr. 17.
[121] Polit. 5 p. 457 a-461 e.
[122] Pol. 10 p. 611 c.
[123] Athen. 13, 2.
[124] Strabo 10, 487.
[125] 1, 5, 1 mit Fouchers Anhang zum Zendavesta, Leipzig und Riga 1781, Bd. 1 S. 212.
[126] Gaius, Inst. 1, 55 [...].
[127] Bentley, Opuscula philologica, Lips. 1777, p. 347. 445. Plut. de plac. phil. 2, 1.
[128] Plato, Symp. p. 190b.
[129] Plut. de def. orac. 13.
[130] Paulus I. Korinther 15, 40. 41.
[131] Plut. Qu. Rom. 84. Gellius, N. A. 3, 2, 2.
[132] Macrobius 1, 15, 4. Plut. Qu. Rom. 77. Herodot. 5, 16 über die drei Pfeiler; die fünfzehn Brüder der arabischen Königstochter bei Strabo 16, 783 entsprechen dem Vollmond der Idus, an welchem die Weiber am leichtesten gebären (Plut. Qu. Rom. 77. Horapollo 1, 4).
[133] Plato, Staat 7 p. 521 c.
[134] [Meuli weist darauf hin, daß Bachofen die Verbindung Athenes mit dem Metroon als Irrtum zurückgenommen hat.]
[135] Strabo 16,601.
[136] Lucret. 5, 656. Ovid. F. 6, 475. Liv. 5, 19, 6.
[137] Serv. Aen. 10, 189.
[138] Herod. 2, 73 ist die Hauptquelle [...]
[139] Über welche man Creuzer, Symbolik 2, 1, 163-170 und Martini, Lactanti carmen de Phoenice nachsehen mag.
[140] Virg. Ecl. 4, 5.
[141] Mustoxides und Schinas, Anecdota Graeca, Venet. 1817, p. 13.
[142] Virgil. Ecl. 4 mit Servius zu v. 4.
[143] Strabo 17, 816. Herod. 2, 4.
[144] Strabo 17, 816. Plut. Qu. Rom. 35.
[145] Sext. Empir. Pyrrh. Hypot. p. 168 Bekker.
[146] Strabo 15, 712. 714 in.
[147] Bei Athen. 12, 11.
[148] Herod. 1, 176. Appian. B. C. 4, 80.
[149] Strabo 11, 492.
[150] Il. 6, 208.
[151] Plut. de mul. virtt. Melienses. Strabo 12, 573.
[152] Pol. 2, 6.
[153] Athen. 13, 79.
[154] Wozu Athen. 13, 90.
[155] Strabo 14, 664.

156 Wie wir sie bei Iustin. 2, 3-5, bei Herod. 4, 1. 11; 1, 15. 103. 105, bei Strabo 1, 61; 11, 511; 15, 687 geschildert finden.
157 Solin. 36, 1. 2.
158 Diesen Zusammenhang finden wir besonders bei den Kantabrern, vgl. Strabo (3, 165) [...] Hier erscheinen die Weiber als Inhaber alles Vermögens. Die Schwestern verheiraten die Brüder, die Männer sind gehalten, den Weibern zu einer Aussteuer zu verhelfen. Auch die Bestellung des Landes obliegt den Frauen, weil ja alles nur auf die Frauen erbt. Strabo 3, 165 in. Heracl. Pont. fr. 23.
159 Strabo 14, 662; 12, 564. 570. 572; 1, 48. 61.
160 Diodor. 2, 44-46; 3, 51-54. Iustin. 2, 3, 4.
161 Herod. 4, 1. Heraclid. fr. 26. Strabo 6, 280. Aristot. Pol. 5, 6. Plato, Ges. 3 p. 682d.
162 Herod. 4, 26, besonders Athen. 13, 10. 83. Diodor. 2, 34, 5f.
163 Bei Hutten, ed. 1791, 7, p. 345.
164 Cicero, N. D. 2, 66. Diodor. 1, 12. Aeschyl. Sept. 16-19.
165 Heraclid. fr. 9 [...]
166 Strabo 10, 478; 499; 12, 557.

Kreta

1 Herod. 4, 45. Strabo 14, 667.
2 c. 17, ed. Hutten 12, 124.
3 Pausan. 4, 26, 3.
4 Fest. p. 221 Müller.
5 Plut. Quaest. conv. 8, 7, 2.
6 Liv. 3, 50, 5. Flor. Epit. 1, 9, 5.
7 in Romulo 22, 4. 5.
8 Auct. ad Herenn. 1, 13, 23. Cic. de inv. 2, 148, Liv. Epit. 68. Orosius 5, 16, 23.
9 Cic. pro Rosc. Amer. 30. 70. 71 [...].
10 de mul. virtut. 8, 272 Hutten.
11 Tzetzes zu Lycophr. Cass. 1379.
12 Plut. Thes. 19, 9.
13 Hygin. Fab. 39. [...]
14 in den Fr. hist. Gr. 3, 271 Müller.
15 4, 79; 5, 80, 1.
16 Diodor. 5. 79, 4.
17 Noch zu Diodors Zeit besaß der sizilische Tempel 3000 heilige Kühe, bekannte Bilder der Mütterlichkeit. Man sehe die Mythen bei Plutarch, Parall. 35. »Halte den Stier von der Kuh ab«, läßt Aeschylus im Agamemnon die Kassandra von Aegistheus und Klytaemnestra sagen. – Auch Tyche-Fortuna, die Urmutter, wird mit Rindshaupt gebildet,

Laurent. Lyd. de mens. 4, 33 p. 192 Roether, Leipzig 1827. Die säugende Kuh ist ein sehr bekanntes Bild der asiatischen Aphrodite. Zu Rom kam neulich bei S. Maria sopra Minerva das Bruchstück einer kindsäugenden Kuh zum Vorschein, das dem dort gelegenen Isisheiligtum angehört haben muß.

18 Pausan, 1, 1, 4.

19 Eurip. Heraclid. 839.

20 Soph. Ant. 569.

21 Hesiod. Th. 117.

22 Diodor 5, 77, 1. Od. 5, 125. Im Homerischen Hymnus in Cererem 123 kommt Demeter aus Kreta. Nach Bacchylides beim Schol. ad Hes. Th. 914 wird Persephone auf Kreta geraubt. – Über den Inselnamen Kreta bemerke ich, daß er mit cresco (ceres, cerus, cera) zusammenhängt. Wir finden zu Korinth den Dionysos mit dem Beinamen ›Kresios‹, bei Pausan. 2, 23, 7. [...].

23 Bei Plut. Rom. 22, 3.

24 Bei Plut. Parall. 22b.

25 Diodor 3, 58, 4. Herod. 4, 59 Zeus Papaeus bei den Skythen.

26 Bei Plutarch, Thes. 18, 3.

27 Eine ähnliche Bedeutung haben die Tochtersöhne Entorias in Eratosthenes Gedicht Erigone bei Plutarch. Parall. 9a.

28 Apollodor. 3, 1, 2. Steph. Byz. s. v. Dardanos, Thassos. Schol. Eurip. Phoen. 5.

29 Amator. Hygin. Poet. astron. 2, 5. Pausan. 2, 23, 8. Plut. Thes. 20, 7, Il. 18. 592.

30 Bei Orpheus h. 36, 3 wird Artemis Pasiphaessa genannt. [...]. Nach Macr. Sat. 3, 8, 3 ist Aphrodite selbst der Mond.

31 Chishull, Antiquitates Asiaticae, London 1728, 136.

32 Plut. Thes. 18, 3; 23, 3.

33 Apollod. 3, 1, 4, 3. Diod. 4, 77, 1.

34 Serv. Aen. 1, 533.

35 Plut. Thes. 19, 3. 4.

36 Hygin. fr. 178. Apollod. 2, 5, 7.

37 Apollod. 3, 1, 6; 3, 4, 1-3.

38 Propert. 2, 32, 58. Philostr. Im. 1, 16. Virg. Ecl. 6, 53.

39 Servius Aen. 1, 30.

40 Lucian. Philops. 19. Apollod. 1, 9, 26.

41 Pausan. 8, 53, 5.

42 Diod. 4, 77, 3. Apollod. 3, 1, 3. Hygin. fr. 40. – Anders Ovid. Heroid. 10, 102. – J. Pellerin, Recueil de médailles, Paris 1763, t. 3 tb. 98 n. 24.

43 Hygin. fr. 30.

[1] 12, 573 Casaub.

[2] Plut. Qu. Rom. 30. Plutarch erklärt es als Ausdruck der Mitherrschaft. Jedenfalls aber steht der Mann voran, die Frau leitet all ihr Recht von ihm ab. In der Geschichte der Larentia und des Tarutius, wie sie Plutarch Qu. Rom. 35 erzählt, zeigt sich das alte Recht. [...]

[3] Polyaen. 7, 43. Zenob. 4, 37. Suidas s. v.

[4] Strabo 7, 324. 327. 328. 329.

[5] Worunter man die männlichen Orakelexegeten (Demosth. in Mid. 53 p. 478. Philostr. Imag. 2, 33 p. 103 Jacobs) oder die Selli, welche Aristoteles Meteor. 1, 14. Stephan. Byz. s. v. Dodone erwähnt und Homer ›Orakelverkünder mit ungewaschenen Füßen, auf dem Boden lagernd‹ nennt, oder endlich die Tomuren, über deren Etymologie so viel gestritten wird, verstehen kann.

[6] Pausan. 10, 12, 10.

[7] Plut. Quaest. conv. 9, 14, 2.

[8] Apollod. apud Schol. Od. 3, 91. [...].

[9] Philostr. Herioc. p. 98 Boissonade.

[10] Herod. 2, 55. [...].

[11] Vergl. Horapollo 2, 32.

[12] Sil. Ital. 3, 669ff. Creuzer, Symb. 3, 181 N. 1.

[13] Sur l'Hercule assyrien et phénicien, Paris 1848, p. 25 suiv.

[14] Plut. Thes. 35, 1. Paus. 1, 27, 7. Diod. 4, 63, 4. Aelian. V. H. 4, 5. Philochori fr. p. 32.

[15] Plutarch. Demetr. 40, 8, Diodor. 16, 57, 4. – Pausan. 1, 3, 4. [...].

[16] Diodor. 4, 16, 2. 28, 1. [...].

[17] Herod. 9, 27. Pausan. 5, 11, 7.

[18] Lys. Epitaph. 4. Isocrat. Panegyr. 19, 68, Aristid. Panath. 13, 188. Plato, Menex. 239b. [...].

[19] Hieronymus und der parische Marmor setzen den Kampf unmittelbar nach der Vereinigung des Volkes in Theseus' Stadt. Nach Thrasyll. bei Clem. Alex. Strom. p. 401 Potter (Fr. h. Gr. 3, 503) fällt er ins Jahr v. Chr. 1220 [...].

[20] Maxim. Steiner, Über den Amazonenmythus in der antiken Plastik, 1857, S. 29-37.

[21] Aristoph. Lysistr. 678.

[22] Pausan. 1, 17, 2; 5, 25, 11. Plin. H. n. 36, 18.

[23] Pausan. 1, 15, 2. 3.

[24] Steiner S. 86ff.

[25] Plut. Thes. 27, 6. Die olympische Erde bedeutet den Mond, dessen Beziehung zu dem Amazonentum uns aus früherem klar ist.

[26] Nach Ammonius ›Über Altäre und Opfer‹ bei Harpokration und Suidas s. v. Amazoneion war es eine Gründung der Amazonen selbst.

Nach Diodor. 4, 28, 2 hatten sie dort ihr Lager geschlagen.
27 Pausan. 1, 2, 1. und 1, 41, 7. und 2, 32, 9. Macrob. Sat. 1, 17, 18. Hom. Hymn. in Apoll. 272. Plut. Thes. 27, 9.
28 Pausan. 4, 31, 8. und 1, 2, 1.
29 Plut. Thes. 26, 2-5. und 27, 6.
30 Dio Chrysost. or. 29, 18 p. 544 Reiske.
31 So meldet der Troezenier Hegias bei Paus. 1, 2, 1. [...].
32 Tzetz. Lycophr. 1332, p. 135 Potter.
33 Bei Pausan. 1, 41, 7.
34 Bei Plut. Thes. 28, 2.
35 Pausan. 2, 27, 4.
36 Serv. Aen. 7, 761. 776; 5, 95.
37 [diese und die folgenden Angaben beziehen sich auf Plut. Thes. 25, 31 und 35, auf Pausan. 1, 2, 3 und 5.]
38 Aelian. V. H. 5, 15.
39 Zahlreich sind die Wörter, in welchen der Stamm wiederkehrt, stets mit derselben Bedeutung. Erechtheus, Erichthonius der Erdgeborne, Erigone, Eridanus der Erdstrom, den Virgil (Georg. 4, 371) unter den unterirdischen nennt, welche Aristaeus tief unten im Schattenreiche erblickt. Eros, die den Stoff durchdringende, ihn zur Selbstumarmung bestimmende Liebeskraft, der Grund aller Erdzeugung (Plut. Symp. 8, 1, 3), ›eria‹ die Grabhügel aus Erde aufgeworfen, ›Erebos‹ die Unterwelt und ›erebinthos‹ (Plut. de primo frigido 17...), ›enerol‹ und umgesetzt ›nerteroi‹ die Toten (Plut. Quaest. Plat. 9), die zur Erde zurückkehren, ›erineos‹ der wilde Feigenbaum, ›Hera‹ die argivische Erdmutter, ›Erato‹ (Plut. Symp. 9, 14, 7), ›ernos‹ der Baum, der Keim, ›heros‹ der mit der Erde wieder vereinigte, in ihr, Demeters Erdseele verbunden, fortlebende Held (wie von ›da, ga‹, ›polyeros‹reich an Erde, und manche andere liefern hierzu reiche Belege, und eine weitere Verfolgung derselben Wurzel würde uns zeigen, daß sie weit über das Gebiet der griechischen und lateinischen Sprache hinausreicht.
40 Hygin. fr. 201. Albricus philos. de deorum imagg. 6.
41 Soph. Antig. 569. Sabinisch sporium, Plut. Qu. Rom. 103.
42 Bei Lykophron v. 1152 Name der ilischen Athene.
43 Clem. Alex. protr. p. 13. Euseb. praep. Ev. 2, 3, 15.
44 Hygin. fr. 166.
45 Plut. Tischreden 3, 3.
46 Plut. Qu. Rom. 30.
47 Plut. de Is. et Os. 56. [...] de plac. phil. 1, 9, 10. [...].
48 Pausan. 5, 3, 2. [...], daß es auch stets Weiber sind, welche die Totenklage anstimmen. Von Pausanias sagt Plutarch, Parallel. 10 Ab, die Mutter habe des Sohnes Leichnam unbegraben hingeworfen. Sie rächt hier den an der Mutter begangenen Verrat. Das Weib beweint des Stoffes Untergang. Auch sind es Weiber, die bei der Mordsühne tätig

sind. Zu Athen kommen die Enchytristrien vor; sie fangen in Töpfen das Blut auf, wenn es aus der Wunde des noch an der Mutter saugenden Ferkels vorschießt, und gießen es dann über den Mörder hin. Schol. Aristoph. Wespen 289. Plato Minos 315 d. O. Müller, Eumenid. S. 146. Die trächtige Sau wird vorzugsweise mater genannt. Hygin. fr. 257. Pausan. 9, 25, 7. 8. (Pelarge).

49 Ihre Gleichstellung mit Diana bezeugt Plutarch. de facie in orbe lunae c. 24 [...]. Der Mond aber wird, wie wir oben hervorgehoben, von den Alten als eine himmlische Erde betrachtet und mit derselben chthonischen Kraft ausgerüstet gedacht wie unsere Erde. [...]

50 Pausan. 8, 25, 4 und 8, 34, 2. 3.

51 Plutarch. de facie in orbe lunae 28. und Qu. Rom. 52. [...].

52 Callimachus im Hymnos auf Delos 249 bis 255. Aen. 6, 646. Ovid. F. 5, 105. Pindar. Nem. 5, 43. [...]. Plut. Quaest. conv. 8, 1, 2 und 9, 3. Schol zu Aristoph. Plut. 1126. Gellius, N. A. 15, 2, 3. Lucian. Pseudol. 16. [...].

53 Welcker zu Philostr. Imagg. 2, 17 p. 485. Strabo 14, 652.

54 Plut. 1. 1. Plut. Qu. Gr. 9. Serv. Aen. 1, 30; 3, 332. Serv. Ecl. 4, 5. 10. Liv. 5, 25, 5 ff. Plutarch. Ei ap. Delph. 8. Serv. Aen. 4, 58. Vgl. Macrob. Sat. 1, 18, 1 p. 310 Zeune.

55 Hermann, Annal. Vindobon. vol. 111, 238 ff. Opusc. 6, 2 p. 189 ff.; Aeschylus, tragoediae, vol. 2 p. 623 ff.

56 Plut. de Ei ap. Delphos 7. 8. Aristot. Metaph. 10, 1.

57 Varro L. L. 6, 3. Ovid. F. 3, 812; 6, 651. Lactant. 1, 18, 23. Sueton. Domit. 4, 4. Festus v. minusculae.

58 Plut. Qu. Rom. 2. Plato. Legg. 6 p. 775 a. Fünf Hochzeitsgäste, nicht mehr und nicht weniger; man denke auch an das ›entweder fünf trinken oder drei oder wenigstens nicht vier.‹ Athen. 10, p. 426 d. und an das fünffache Gericht und Festkleid Benjamins, 1. Mose 43, 34; 45, 22.

59 Isodor. Or. 3, 3, 3. Philo und Macrob. 11. 11. Serv. Ecl. 2, 11.

60 Vgl. Serv. Aen. 6, 37. und 3, 73; 4, 143; 3, 743.

61 Philo de mundi opific. 35. Censorin. de die nat. 14, 9. Euseb. praep. Ev. 13, 12, 9. Ambros. Epist. 6, 39. Müller zu Philo. p. 314.

62 Serv. Georg. 1, 284. Statius, Silv. 1, 2, 191 und 4, 1, 6 et septemgemino iactantior aethera pulset roma iugo. Dionys. Halic. 7, 72, 5. Gellius 3, 10, 16. Cassiod. 3, 51, 10. Sueton. Domit. 4, 3.

63 Publius Victor de regionib. Sueton. Tit. 1, Spart. Sept. Sever. 19, 5. Dionys. Hal. 2, 55, 5; 5, 31, 4. 36, 4. Dionys. 7, 64, 6. Liv. 2, 21, 7. Pausan. 5, 10, 5.

64 Liv. 29, 11, 12. Gellius 1, 12, 6. Lucan. 1, 602. Plin. Ep. 2, 11, 12. Cato, R. R. 157, 1. Solin 1, 27.

65 Serv. Aen. 6, 230; Ecl. 3, 62; 4, 10; Aen. 3, 274; 8, 720. 680. Pausan. 2, 17, 3.

66 adv. Marcionem 4, 128. – Aug. C. D. 11, 31.

[67] Plutarch. Parall. 16. Demodikes Mutter klagt wegen des an der Tochter begangenen Mordes.
[68] Pausan. 9, 40, 11.
[69] J. A. Capellmann, Die weiblichen Charaktere des Sophocles, Coblenz 1843, S. 14ff.
[70] Hygin. fr. 120, 261.
[71] Plut. Parall. 35.
[72] Plut. Parall. 33. Etymol. magn. Pausan. 8, 24, 9. und 10, 20, 2. Nonn. Dion. 42, 209ff.
[73] Soph. El. 534. 537ff.
[74] Pausan. 1, 34, 2. Hygin. fr. 73. Pausan. 5, 17, 7; 8, 24, 10; 9, 41, 2. Suet. Galba 18.
[75] Pausan. 5, 17, 8.
[76] Pausan. 8, 24, 7. und 5, 17, 8.
[77] Pausan. 1, 34, 5.
[78] Beim Scholiasten zu Oedip. Col. 42.
[79] Tzetz. zu Lycophron p. 21 ed. Bas.
[80] Vgl. Scholion Pindari Nem. 10. Lactant. Inst. 1, 21, 23. Virg. Ciris.
[81] Censorin. D. N. 4, 3.
[82] Hygin. fr. 197.
[83] Aesch. fr. 44. bei Athen. 13 p. 600 b. – Plut. in Crasso 17, 10. [...].
[84] Plin. 36, 17. Pausan. 1, 33, 7. Walz, Nemesis p. 23.
[85] Lex. Rhetor. in Bekkeri Anecdota 1, 282.
[86] Pausan. 2, 10, 5.
[87] Walz a. O. p. 21.
[88] Pind. Ol. 14.
[89] Inst. Iust. 1, 3, 2 servitus autem est constitutio iuris gentium, qua quis domino alieno contra naturam subicitur.
[90] Serv. Aen. 8, 564.
[91] Hygin. fr. 225.
[92] Nach Heliodor. Aethiop. 3, 14, 3. Dazu vergleiche man, was Wilda, über die unecht geborenen Kinder (Zeitschrift für deutsches Recht 15, 1855, 244) über den deutschen Ausdruck Unflatskinder und Hurenkinder (von horo, horan ›Kot, Sumpf‹) beibringt.
[93] Pausan. 7, 36, 4.
[94] nach Hygin. fr. 13.
[95] E. Curtius, Die Ionier vor der ion. Wanderung, Berlin 1855, S. 23. 51.
[96] Schol. Od. 11, 322 = Pherecyd. fr. p. 197 Sturz ed. sec.
[97] Vergl. Eustath. zu Il. 5, 567, K. O. Müller, Aeginetica. Berlin 1817. p. 172; Die Dorier. Breslau 1844, 2, 263.
[98] Vom Scholiasten zu Eurip. Hec. 934. Müller, Fr. h. Gr. 2, 481.
[99] Andere Angaben der Alten stellt Müller, Dorier 2, 260 Note 5. 6. zusammen.

[100] Pausan. 2, 30, 4 (wo auf Herodots Erzählung besondere Rücksicht genommen wird), und 2, 32, 2, wo die troezenische Tempelsage der epidaurischen und aeginetischen entgegengestellt wird.
[101] Plut. Quaest. conv. 9, 14, 4.
[102] Serv. Aen. 10, 198.
[103] Ich verspare ihre Zusammenstellung auf eine spätere Stelle des Buches und verweise einstweilen auf Baehr zu Herodot 5, 82 (vol. 3 p. 149).
[104] Aelian. V. H. 3, 38; 5, 4.
[105] Plut. de Ei ap. Delph. 18.
[106] Diodor. 20, 41, 3. Philostrat. V. Ap. Ty. 4, 25 Aelian. V. H. 13, 9.
[107] Plut. de Ei ap. Delph. 8; de Is. et Os. 76; Quaest. conv. 9, 3, 2. Aristot. de caelo 1, 1.
[108] Vgl. Cic. pro Quinctio 25.
[109] Herod. 5, 83.
[110] Plut. de Ei ap. Delph. 8. Wir werden später durch den kretischen Achillesnamen Pemptus noch einmal auf diesen Punkt geführt und ihn dann genauer betrachten.
[111] Plut. Amator. 20.
[112] Plut. Qu. Rom. 56.
[113] Pausan. 1, 43, 3. Iulian. Or. 5 initio. Pollux 3, 11. Photius [...].
[114] Aelian. V. H. 1, 18.
[115] Iuliani Or. 5 init.
[116] Plut. Quaest. conv. 9, 14. 3.
[117] Pausan. 5, 20, 9. und 1, 13, 8.
[118] Bei Athen. 4 p. 148.
[119] Aelian. V. H. 2, 38. Plut Qu. Rom. 6. Über des pelasgischen Fürsten Piasos' Tod im Weinfaß, in welches ihn seine Tochter Larisa stürzt, Strabo 13, 621.
[120] Aelian. V. H. 5, 13.
[121] Pythainetos, in Müller, Aeginetica 63.
[122] J. Chr. Wolf, Fragm. London 1739, p. 240. 242.
[123] Pol. 2, 6, 8.
[124] Besonders von Plutarch, Laconum apophthegmata p. 192. 203. 262.
[125] Hesych. s. v. Oiketis. Theocrit. 18, 38. Plut. Lyc. 14, 2. Epictet. 40 Schweigh.
[126] [alle diese Angaben beziehen sich auf:] Pausan. 1, 39-42. und 9, 8. Plut. Quaest. Rom. 16. 17. Theocrit. 15, 34.
[127] Vergl. Aristot. Pol. 4, 4, 1.
[128] Pausan. 4, 27, 11. Über Megaras Dorismus, von dem uns Aristophanes' Archarner einige Kenntnis geben, spricht Pausanias 1, 39, 5. Iamblichus, Vit. Pythag. 34 nennt den dorischen Dialekt den ältesten und besten und vergleicht ihn dem enharmonischen Tongeschlecht, weil er aus den tönenden Vokalen bestehe. Die langen Vokale α und ω herrschten oft circumflectiert in ihm vor und ließen sich besonders

rein und hell vernehmen. – Ich mache auf diese aus der Schule der Pythagoreer stammende Bemerkung darum hier aufmerksam, weil später die Beziehung der Vokale zu dem weiblichen Naturprinzip besonders hervorgehoben wird und sich daraus ein innerer Zusammenhang zwischen der hohen Stellung der dorischen Frau, der mehr physisch-weiblichen Grundlage ihrer Religion und dem Vorherrschen der tiefen Vokale in ihrer Sprache von selbst ergibt.

129 Wofür Müller, Dorier 1, 121 das einzelne ausführt.

130 Aelian. V. H. 3, 14.

131 Pausan. 1, 40, 6.

132 Pausan. 1, 42, 5.

133 Über alles Pausan. 1, 41, 1 ff. 42.

134 Amator. 9. Damit stimmt, was Pausan. 1, 41, 1; 10, 29, 7 bemerkt.

135 Aelian. V. H. 8, 5. Eine beachtenswerte Analogie finde ich bei W. Munzinger, Über die Sitten und das Recht der Bogos, Winterthur 1859, S. 63.

136 Serv. Aen. 4, 58.

137 Müller, Fr. h. Gr. 2, 131.

138 Nach Strabo 10, 482.

139 Aristot. Pol. 7, 9, 2. Dionys. 1, 34, 4.

140 Tzetz. Lycophr. 1332. Virg. Aen. 11, 655. Paus. 5, 25, 11.

141 Plut. Quaest. conv. 7, 9. Aristot. Pol. 5, 9, 2.

142 Bei Athen. 11 p. 483 c und 4 p. 148 f.

143 Aristot. Pol. 5, 9, 2. Plut. Quaest. conv. 2, 10, 2.

144 Quaest. conv. 1, 1, 2; 2, 10, 1. und Qu. Gr. 44.

145 Athen. 10 p. 437 c.

146 Cato de agr. 76, 3.

147 [Die folgenden Quellenangaben bis zum Ende des Kap. beziehen sich auf:] Plut. Quaest. conv. 3 und 6; Qu. Gr. 45; Herod. 1 und 5 und 7; Strabo. 7 und 12 und 13 und 14; Paus. 7; Aelian. N. A. 12; V. A. 3; Polyaen. 8.

Lemnos

1 Nach dem Scholiasten zu Apollon. 1, 615.

2 Schol. Apoll. Rh. 1, 867.

3 Beim Schol. Apoll. 1, 608.

4 Bronzene Kuh auf Lemnos: Plut. de facie in orbe lunae 22.

5 Eurip. Ion 616; Med. 263.

6 Plut. Parall. 33.

7 Schol. Apoll. 1, 769.

8 Com. Gr. fragm. vol. 2, pars. 2 p. 1096-1103

9 Bei Pollux 9, 44.

10 Apollodor. 3, 6, 4. Hygin. fr. 15. 74.
11 Strabo 1, 45. Herod. 4, 145. Pind. Pyth. 4, 253. Serv. Ecl. 4, 34.
12 Bei Euseb. pr. Ev. 6, 10, 14.
13 Herod. 4, 145-167. Schol. Pind. Pyth. 4, 85. 88a. 449. 455b. 459a; 5, 96a. K. O. Müller, Orchomenos, Breslau 1820, S. 300-337.
14 Dionys. 1, 25, 5.
15 Eurip., Iphig. in Taur. 32 ›Thoas, der flügelgleich den schnellen Fuß setzt und so zu seinem Namen kam‹, was Aristophanes spottweise zum Gegenteil verkehrt. ›Thoas, im Laufen der Langsamste von allen Menschen‹ [fr. 357 K.]
16 Virgil. Georg. 3, 19, womit man Buonaroti, Osservazioni sopra alcuni framm. di vasi antichi, Firenze 1716, tav. 30. 31, und meine Abhandlung über die drei Mysterien-Eier. § 19, in: Gräbersymbolik 1859, 228ff., vergleichen muß.
17 In dem Heroic. c. 19, 14.
18 Schol. Apoll. Rh. 1, 917.
19 Athen. 10 p. 437c.
20 Nach Plutarchs Darstellung in den Tischreden 6, 8, 1.
21 Pausan. 2, 31, 8.
22 Plut. Amator. 20.
23 Valerius Flaccus 2. 315 und Schol. Apollon. Rhod. 1, 850 heben diesen Zug ausdrücklich hervor.

Aegypten

1 Sextus Empiric. Pyrrh. Hypotypos. 1, 168 ed. Bekker.
2 Iustin. 43, 3. Fr. h. Gr. 2, 176 fr. 239. Plut. Solon 2, 7.
3 Diodor 1, 27, 1. 4. Paus. 1, 7, 1. Philo de special. leg. p. 780.
4 Apollod. 2, 1, 4. Herod. 2, 182. Schol. Il. 1, 42. Pausan. 2, 37, 2. Nach Hygin. fr. 277. Pausan. 2, 19, 6.
5 Schol. Apollon. Rh. 1, 747.
6 Pausan. 8, 1, 4. Asius fr. 8.
7 Serv. G. 4, 291; Aen. 1, 741; 4, 246. Vgl. auch Mutterrecht, Kap. 7 und 95.
8 Pausan. 8, 24, 12.
9 Aelian. V. H. 2, 32.
10 Sext. Empir. Pyrrh. Hypot. 3 p. 168 Bekker.
11 Strabo 17, 801-808. Herod. 2, 60. Diodor. 1, 85, 3. 4. Theophr. Char. 2 p. 136.
12 Cod. Iust. 5, 5, 8.
13 Pausan. 3, 12, 2; 2, 37, 1f.; 7, 1, 6f.
14 Hygin. fr. 273 und fr. 170.
15 Plut. Is. et Os. 32.

[16] Apollod. 1, 7, 4. Paus. 10, 28, 8 verweist sie nach Mylasa in Karien, wo sie, in Übereinstimmung mit dem karischen Mutterrecht, göttliche Ehre genoß.

[17] Zu der schon angeführten Stelle Plutarchs Qu. Rom. 76 kommen noch einige andere. Iuvenal. 7, 192. Isidor. Or. 19.

[18] Über alles dieses sehe man W. H. Prescott, History of the conquest of Peru, Paris 1847. p. 4-11. J. G. Müller, Amerikanische Urreligionen, Basel 1855, § 60-84, besonders S. 362-365; 385-388; 304-306. Klemm, Die Frauen, 1, 196-204. Unter den Quellenschriftstellern besonders Garcilasso de la Vega (ein Sprößling der Inka), Commentarios reales, Lisboa 1609, 1. 2c. 9-11; 1. 4c. 1-7.

[19] Von den amerikanischen Amazonen handeln Ch. M. de la Condamine, Journal du voyage à l'Equateur, Paris 1751; J. Franklin, Zweite Reise an die Küsten des Polarmeeres, Weimar 1826, S. 322. Freret, Mémoires de littérature etc. de l'Acad. des inscriptions 21, 1754, p. 113. Spix und Martius, Reise in Brasilien, München 1823-1831, 3, S. 1092.

[20] Klemm, Die Frauen 1, 30. Jean de Lery, Historie d'un voyage en Brèsil, Rouen 1578.

[21] Geschichte der Menschheit 4, 5: Langsame Fortgänge der Sittlichkeit im Umgange der beiden Geschlechter.

[22] Plut. de Is. et Os. 75.

[23] Serv. Ecl. 8, 75 und über die Dreizahl meine Abhandlung über die drei Mysterieneier § 20, Gräbersymbolik, 1859, 243ff.

[24] Ulp. Dig. 25, 3, 5, 16 und 12, 6, 26, 12. und Ulp. fr. Vat. 28, 5.

[25] Plut. de Is. et Os. 47.

[26] Macrob. Somn. Scip. 1, 2, 19.

[27] Serv. Aen. 4, 58.

[28] Plut. de Is. et Os. 61.

[29] Bachofen. Die drei Mysterieneier § 13.

[30] Isidor. Orig. 15, 4, 2.

[31] Plut. Quaest. Rom. 56.

[32] Heroid. 14, 3.

[33] Pausan. 2, 19, 6.

[34] Plut. virt. mul. 7.

[35] Virg. Aen. 10, 497ff.

[36] Pausan. 2, 19, 6. 20, 7. 21, 1f.

[37] Pausan. 2, 16, 1; 2, 19, 3-7; 7, 1, 6; 2, 38, 4; 8, 38, 6; 2, 24, 2. Serv. Aen. 8, 343. 663; 4, 458. Plut. Quaest. Gr. 39.

[38] Serv. Aen. 10, 497.

[39] Klemm, Die Frauen, 1, 256.

[40] Plut. Qu. Rom. 35.

[41] Aristot. de part. anim. 1, 1. Bachofen, Die drei Mysterieneier, 108ff.

[42] Schol. Pind. Pyth. 4, 145.

[43] Über das Ei-Symbol auf dem Grabstein in den Syrten Bachofen, Die

drei Mysterieneier, S. 141, über die Verbindung des Eis mit der Linken S. 39. 123. 126. Iul. Valer. 3, 20. Artemid. Onirocr. 1, 2 p. 11 Reiff.

44 Schol. Pind. Pyth. 4, 133. 168. Hygin fr. 12.

45 Boeckh, Expl. p. 264. Eckhel, Dectrina numm. 4, 121.

46 Bei Plut. Thes. 21, 2.

47 Bei Apul. Met. 11, 10 p. 362 Bip.

48 Heliodor. Aeth. 10, 15.

49 Nach Macrob. Sat. 7, 13, 13.

50 Bei Plin. N. H. 7, 15.

51 Bei Plut. de plac. phil. 5, 7.

52 Bachofen, Die drei Mysterieneier § 14, S. 171 ff. und S. 416.

53 Nach Plato de leg. 717a. bei Plut. de Is. et Os. 26.

54 Dionys. Hal. 1, 17, 3. Hier werden die Aetoler ganz allgemein den Koureten gleichgestellt, ein Name, der auch auf eine besondere Sitte der Haarschur, ›kura‹ hindeutet.

55 Pausan. 5, 3, 5.

56 Pausan. 10, 31, 3. Apollodor. 1, 8, 2, wo Meleager als apollonischer septimus erscheint. Vergl. Theogn. 1287-1294. Homer. Il. 9, 524 f. Preller, Myth. 2, 202 ff.

57 Serv. Aen. 7, 684.

58 K. W. Göttling, Geschichte der röm. Staatsverfassung, Halle 1840, § 5.

59 Serv. Aen. 7, 684.

60 Die Stelle, aus welcher ich die Kenntnis dieses Detailpunktes schöpfe, findet sich bei R. Rochette, Histoire critique de l'établissement des colonies grecques 1, Paris 1815, 408.

61 Wie sie von Silius Ital. 1, 291 ff. 378; 2, 603. Liv. 21, 7, 2. Serv. Aen. 7, 796 bezeugt wird.

62 Welche man bei R. Rochette a. O. 1, 404-412. Gerlach, Von den Quellen der ältesten röm. Geschichte, Basel 1853, S. 25-27, zusammengestellt und richtig gewürdigt findet.

63 Schol. Apollon. Rh. 2, 498.

64 Dionys. Hal. 1, 11, 2.

65 Strabo 9, 440.

66 Hygin. fr. 66. 67. Diodor. 4, 64, 1 ff. Pausan. 9, 18, 6; 10, 5, 3. Apollod. 3, 5, 7-9. Hom Il. 23, 679; Od. 11, 271 mit dem Scholion. Schol. Pind. Ol. 2, 70. Lact. ad Stat. Theb. 3, 286. Schol Eur. Phoen. 13. Sophocles, Oed. Tyrannus und Oed. Col., wozu namentlich die Scholien. Senecae Oedipus. Euripidis Phoenissae. Zenob. Cent. 2, 68. Hes. Op. 163. Heyne zu Apollod. p. 596 ff. Schneidewin, Die Sage vom Oedipus, Göttingen, 1853.

67 O. Jahn, Archäolog. Beiträge, Berlin 1847, 112 ff.

68 Schol. Eurip. Phoen. 5. Hygin. fr. 178; 179. Schol. Apollon. Rh. 3, 1177-87 f.

[69] Aristoph. Ranae 1192.
[70] Schol. Pind. Pyth. 4, 398.
[71] Schol. Pind. Pyth. 4, 133. 168. Hygin. fr. 12. Herod. 2, 91; 4, 82.
[72] CIGr. 3, 4946.
[73] Pausan. 3, 24, 10.
[74] Bei Diomed. 1. 2.
[75] Schol. Apollon. Rh. 4, 1396.
[76] Hygin. fr. 178 sparsit et aravit. Schol. Pind. Isthm. 7, 13. Lact. zu Stat. Theb. 7, 667. Pausan. 9, 10, 1.
[77] Dem Sinne nach richtig könnte man sie auch Parthenopaei, Jungfrauenkinder, nennen. Parthenopaeus heißt Atalantes Sohn, Schoeneus, des Binsenmannes Enkel. Diodor. 4, 65, 4.
[78] Hygin. fr. 25.
[79] Vergl. Pausan. 5, 11, 2. Als Schildzeichen des Parthenopaeus, der auf die Mutter Atalante und den mütterlichen Ahn Schoeneus, den Binsenmann, zurückgeführt wird, gewinnt die Sphinx doppelte Bedeutung. Aesch. Sept. c. Th. 541.
[80] Apollodor. 3, 5, 8. Schol. Eurip. Phoen. 1760.
[81] Lact. zu Stat. Theb. 3, 286 nennt statt Iocasta als Oedipusgemahlin Sinenea; dies erinnert an die schöne Sinis, die Sumpffrau, an deren Stamm sich der Mutterkult des Schilfs im Geschlechte der Ioxiden anknüpft.
[82] Plut. Parall. min. 13.
[83] Schol. Soph. Oed. Col. 91. E. Wunder, Ad Oed. Col., Gotha 1832, 10. C. Fr. Hermann, Quaest. Oedip., Marburg 1837, 69. Müller, Orchomenos 220. 223.
[84] Antonin. Lib. 1.
[85] Hygin. fr. 67 in fine.
[86] Nach Apollod. 3, 5, 7 wird mit der ›perone‹ dem Kinde von der Mutter der Fußknöchel durchstochen; eine Wendung, welche mit dem Gebrauch, den Oedipus selbst von der fibula macht, in vollem Einklang steht.
[87] Schol. Soph. Oed. Col. 388.
[88] Pausan. 1, 28, 7; 30, 4.
[89] Plut. Quaest. Gr. 35; Thes. 16, 3.
[90] Diodor. 4, 65, 5. Bachofen, Die drei Mysterieneier § 5 S. 67-72.
[91] Homer Il. 23, 679ff.
[92] Herod. 4, 149.
[93] Boeckh zu Pind. Pyth. 5 p. 289. Müller, Orchomenos 327ff.
[94] Pind. Ol. 2, 43f.

[1] Selbst die Anfertigung des Alexanderbildnisses, welche an diejenige des Cortes durch Abgesandte des Montezuma erinnert, hat ihren Anhaltspunkt in der von den Indern besonders gepflegten Physiognomik, die wir nicht nur bei Marco Polo, sondern schon im Altertum erwähnt finden.
[2] Hecat. fr. 237. Oben S. 90.
[3] Arrian. 7, 12, 6. Über Sisygambris, die Dariusmutter, Curtius 3, 3, 22. 12, 7. 12, 24, wo Sisygambris von Alexander 'mater' angeredet und 'regina' genannt wird; 5, 2, 22, wo Alexander die Gefangene tröstet. 5, 3, 12f. Iustin. 11, 9, 12; 13, 1, 5. Plut. Alex. p. 216. 217. 232 Korais 21 und 30; de fort. Alex. 1, 5 [...].
[4] Brisson. I. 1c. 136 p. 193.
[5] Athen. 2 p. 58a.
[6] Diodor. 17, 77, 6. Curt. 3, 3, 24. Athen. 13 p. 556b. Brisson. I. 1c. 110-114; l. 2c. 159.
[7] Herod. 1, 131. Brisson. 1. 2c. 23-26.
[8] Ammian. Marc. 17, 5, 3; 23, 6, 5.
[9] Herod. 1, 110. 122. 140. Iustin. 1, 4, 10. Brisson. I. 1c. 105.
[10] Herod. 1, 133; 9, 110. Athen. 4 p. 143f.
[11] Herod. 1, 132. Eurip. Alope fr. 108 N².
[12] Herod. 1, 135. 136. Brisson. I. 1c. 106.
[13] Herod. 1, 75. 91. 107. 109. 130.
[14] Athen. 13 p. 560 d-f.
[15] Curt. 5, 2, 19.
[16] Plut. ad princ. inerud. 2. Brisson. I. 1c. 107. 108.
[17] Herod. 3, 119, dazu Soph. Ant. 908-915.
[18] Herod. 7, 61. 150.
[19] Herod. 3, 68. 69; vergl. 5, 19. 20.
[20] Die Herodot (6, 32) und Plut. de malign. Herod. (13) bezeugen (Brisson. 1. 2c. 163. 164).
[21] Brisson. I. 2c. 69 nach Iustin. 10, 2, 4 und Plut. in Artaxerxe 1, 3.
[22] Besonders 151. 155-158. 613-622. 623. 823. Tzetzes, Chil. 7, 357ff.
[23] Abgebildet bei Niebuhr, Reise nach Arabien Bd. 2, 1778, Taf. 6 und Ch. H. de Paravey, Dissertation sur les Amazones dont le souvenir est conservé en Chine, Paris 1840, Pl. 1, B.
[24] Xenoph. de rep. Laced. 3, 4.

Orchomenos und die Minyer

[1] Ovid. Met. 4, 1ff.
[2] Vgl. Valer. Max. 4, 6, ext. 3 mit Pind. Pyth. 4, 47 und Schol. zu 4,

85 p. 349 Boeckh. Schol. Pind. Pyth. 4, 35. 455 b. Herod. 4, 145. Schol. Pind. Pyth. 4, 88. Valer. Max. 1, 8, 1. Eurip. Elektra 1238-1287; Orest. 554-556; Iphig. Aulid. 827.

3 Eustath. zu Dionys. Perieg. 195, p. 122, 8 Bernhardy. Herod. 4, 110. Pindar. Pyth. 4, 66f. Schol. Pind. Nem. 3, 64a.

4 Hygin. Poet. astr. 2, 7. Schol. Pyth. 4, 313a und 4, 154.

5 Orph. Argon. 721ff. Apollon. Rh. 2, 274f. Schol. Ap. Rh. 2, 711.

6 Orph. Argon. 344. Apul. Met. 11, 5 p. 257 Bip.

7 Orph. Argon. 231. Apollon. Rh. 3, 117.

8 Apollon. Rh. 2, 702.

9 Apollod. 1, 9, 19.

10 Pind. Pyth. 4, 428. Pausan. 2, 3, 10f. Diodor. 4, 40-57.

11 Diodor. 3, 65, 6.

12 Serv. Aen. 4, 58.

13 Diodor. 3, 55, 8f.

14 Orph. Argon. 683ff. Apollon. Rh. 2, 317ff. 549ff. Apollod. 1, 9, 22. Pind. Pyth. 4, 370ff.

15 Orph. Argon. 409ff. Apollon. Rh. 1, 553. Pind. Pyth. 4, 180f.

16 Diodor. 4, 42, 3. 49, 3.

17 Schol. Apollon. 2, 963.

18 Valer. Flacc. 1, 505 und 266. Tzetz. Lycophr. 174. Schol. Apollon. Rh. 4, 223; 2, 373, 3, 1236.

19 Schol. Apollon. Rh. 3, 1177-1187 e. Serv. Aen. 7, 19; 12, 164.

20 Orph. Argon. 905. 986. Diodor. 4, 51, 1.

21 Apollon. Rh. 4, 10 und 30f.

22 Diodor. 4, 48. Schol. Apollon. Rh. 2, 946-954abc.[...]

23 Diodor. 4, 42, 2.

24 Apollon. Rh. 2, 1095ff.

25 Tzetz. Lycophr. 798. 174. 1318. Apollod. 1, 9, 28. Diodor. 4, 55, 4f.

26 Schol. Apollon. Rh. 2, 904. Valer. Flacc. 5, 75.

27 Nach Diodor. 3, 66, 5f.

28 Apollon. Rh. 1, 725f. und 3, 1225-1245.

29 Plutarch. Parall. 19.

30 Plutarch. de tuenda sanit. 19 p. 132e, Hutten 7, 397; de cupidit. divit. 8 p. 527d. Athen. 5 p. 200c.

31 Eurip. Bacch. 686. und 823. Diodor 3, 64, 3. Soph. Antig. 962ff. Vergl. auch Serv. Aen. 3. 14.

32 Callistr. Descriptiones 2 p. 26, 3ff. K.

33 Liv. 39, 12, 4 vergl. mit Ovid. Fast. 6, 503. Vet. Schol. in Iuvenal. 2, 3. Augustin. Civ. Dei 4, 11. 16.

34 Xenoph. Sympos. c. 9, 2ff.

35 Valer. Max. 4, 4 in.

36 Diodor. 3, 63, 2ff.

37 Pausan. 2, 35, 1; 1, 2, 5. 31, 6. Diodor. 4, 4, 3. Strabo 10, 468 [...]

[38] Athen. 5 p. 198bc. Theocrit. Id. 17, 112ff. Aelian. V. H. 4, 15.
[39] Lucret. R. N. 1, 28.
[40] Pausan. 9, 31, 1.
[41] Plutarch. Quaest. Gr. 45 p. 301f.
[42] Serv. Ecl. 5, 29. Herod. 1, 64. Diodor. 4, 2, 6. Athen. 12 p. 533c.
[43] Serv. Aen. 3, 241.
[44] Vergl. Hymn. Orph. 27, 8.
[45] Hesiod. fr. 162 Rz. Nonn. Dionys. 42, 210ff. Pausan. 8, 24, 9f.
[46] Tertull. Apol. 15, 1.
[47] Spartian. Carac. 7, 3. Plato, Symp. p. 190b.
[48] Neocles bei Athen. 2 p. 57f.
[49] Nonn. Dion. 38, 378.
[50] Pind. Ol. 10, 74f. Apul. Met. 11, 2. Plutarch. Amat. 13. p. 756e sqq. Varro, L. L. 5, 61 p. 67 Spengel. Plut. Is. et Os. 52 p. 372d. Colum. R. R. 8, 11, 11.
[51] Aelian. N. A. 4, 10; 9, 6.
[52] Macrob. Sat. 1, 12, 25. Plut. Quaest. Rom. 20 p. 268de. Diodor. 5, 62, 3ff. 63, 1. Strabo 13, 621.
[53] Iustin. c. Tryphon. p. 295. Röth, Geschichte unserer abendländ. Philosophie, Mannheim 1846, 2, S. 152. 153. N. 903. 906.
[54] Eurip. Bacch. 772.
[55] Olympiodor. in Phaedon. p. 61c. bei Hermann, Orphica p. 509 fr. 20.
[56] Arnob. 5, 28.
[57] Pausan. 2, 31, 10.
[58] Serv. Aen. 2, 491.
[59] Ev. Joh. 3, 5; vergl. auch Paulus, Gal. 4, 19.
[60] Gaius. Inst. 1, 104.
[61] Cod. Iust. 8, 47 (48), 5.
[62] Iuvenal. 1, 128.
[63] Paul. Dig. 1, 7, 30.
[64] Gaius, Dig. 1, 7, 2, 1.
[65] Inst. Iust. 1, 11, 4. Iavol. Dig. 1, 7, 16.
[66] Gaius, Inst. 1, 106.
[67] pro domo ad pontif. 34-36.
[68] Serv. Aen. 3, 85; 1, 20; 10, 316; 4, 58.
[69] Zonaras, Ann. 11, 20.
[70] Paul. Dig. 1, 7, 34. Aup. Dig. 5, 2, 29, 3.
[71] Man findet sie in meiner Abhandlung über die testamentarische Adoption, Ausgewählte Lehren des römischen Civilrechts, Bonn 1848 S. 230-234, gesammelt.
[72] Sueton. Caes. 83, 2. und Tib. 6, 3.
[73] Dig. 36, 1, 65 (63), 10.
[74] Appian. bell. civ. 3, 94. Dio 45, 5, 3; 46, 47, 4.
[75] Dio. Cass. 44, 35, 2.

[76] Serv. Aen. 3, 85.
[77] Sueton. Aug. 10, 1. Serv. Aen. 1, 286; Ecl. 5, 65.
[78] Pausan. 2, 17, 3.
[79] Serv. Aen. 7, 188. Hygin. fr. 261.
[80] So Asclepiades bei Sueton. Aug. 94, 4. Über die zehn Monate der Knaben Serv. Ecl. 4, 60.
[81] Zu Virgil. Ecl. 4, 10 *casta fave Lucina, tuus iam regnat Apollo* bemerkt Servius: *ultimum saeculum ostendit, quod Sibylla Solis esse memoravit; et tangit Augustum, cui simulacrum factum est cum Apollinis cunctis insignibus,* womit Serv. Ecl. 9, 46; Aen. 1, 291 und die Plutarchsche Erzählung, De def. orac. 17 p. 419 b, von der Alkmaeonsinsel und der mit ihr verbundenen Weissagung über den Untergang der alten tellurisch-mütterlichen Religion zu vergleichen ist.
[82] Dio. Cass. 46, 47, 5.
[83] Serv. Georg. 2, 502.
[84] Lactant. de mort. persec. 20.
[85] Serv. Aen. 3, 332; 1, 329.
[86] Serv. Aen. 5, 568.

Elis

[1] Pausan. 5, 4, 1 ff. und Strabo 8, 356. Schol. Pind. Ol. 1, 28.
[2] Vergl. Strabo 8, 338 und 341.
[3] Eustath. zu Hom. t. 1 p. 245 ed. Lips.
[4] Il. 23, 641.
[5] Vergl. Pausan. 5, 1, 9 ff. Pherecyd. beim Schol. zu Il. 11, 709.
[6] Athen. 12 p. 516 a.
[7] Iustin. 21, 3, 2 ff.; vgl. 18, 5, 4. Aelian. V. H. 9, 8.
[8] Serv. Aen. 1, 720 über *Venus calva.*
[9] Nach Catull. 66, 7 ff.
[10] Athen. 13 p. 573 c; vergl. Philostr. Imag. 2, 1.
[11] Iustin. 18, 5, 4. Aelian. V. H. 3, 42.
[12] Pausan. 6, 25, 1. Plut. Is. et Osir. 75. Pausan. 6, 26, 3. Tzetz. Lyc. 359. Pausan. 1, 5, 3. 41, 6. Pausan. 1, 30, 4. 31, 5 f.; 3, 25, 9; 5, 15, 5 ff.; 8, 47, 1 ff.; 5, 16, 7. Aelian. N. A. 4, 11 *equa* gleich *mulier libidinosa.*
[13] Aelina. V. H. 12, 28.
[14] Plut. Mul. virt. Gallicae 6 p. 246 bc. Tacit. Hist. 4, 65, 4. Chr. Meiners, Geschichte des weibl. Geschlechts, Hannover 1788, 1, 40-54. 214. 262. 270. 239 ff.
[15] Liv. 1, 13, 6 f.
[16] Serv. Aen. 8, 638.
[17] Tacit. Germ. 40, 2 und Myrsil. Lesb. Fr. h. Gr. 4, 457 fr. 4. Serv. Aen. 6, 860; 1, 294. Pausan. 3, 22, 6 f. Lycophr. 614. 858.

[18] Strabo 8, 358 init. Aelian. N. A. 5, 17; 11, 8. Plin. N. H. 10, 75; 29, 106. 107; 10, 28. Pausan. 5, 14, 1. Pausan. 5, 26, 2. Strabo 8, 343.
[19] Phlegon. Trallian. Olympiad. in den Fr. h. Gr. 3, 603 fr. 1.
[20] Vergl. Philostr. Vita Apoll. 5, 26 und Plato, Menexen. p. 237 b-239 a.
[21] Pausan. 5, 15, 7.
[22] Herod. 2, 160. Diodor. 1, 95, 2. [...]
[23] Vergl. Aelian. V. H. 14, 43, 31.
[24] Pausan. 6, 23, 6. Charax in den Fr. h. Gr. 3, 640 fr. 18. 19. Pausan. 6, 20, 16ff.; 5, 15, 11f. Philostr. Her. 2 p. 678 Olear.
[25] Plut. Agesil. 20. Pausan. 5, 8, 3. und 4, 28, 4.
[26] Aristot. Pol. 5, 5, 8. Thucyd. 5, 47. Plut. Praec. rei publ. ger. 10.
[27] Aristot Pol. 6, 2, 5.
[28] Plut. Quaest. Gr. 52. Pausan. 5, 5, 2. 9, 3. Plut. plac. philos. 5, 14 [...]
[29] Pausan. 5, 4, 1f. Strabo 8, 357. Über eine merkwürdige Anwendung desselben bei den sakischen Frauen Aelian. V. H. 12, 38.
[30] Pausan. 6, 24, 2.
[31] Von Philostrat. Vita Apoll. 3, 30. Proclus in Hesiod. Erga 780. Welcker, Sylloge epigr. Gr., Bonn 1828, p. 236. Philostr. Imag. 1, 17. Pausan. 5, 16, 6ff. 9, 4ff.
[32] Pausan. 6, 16, 2; 5, 2, 5; 6, 4, 5.
[33] Plato. Hipp. mai. p. 286 a.
[34] Pausan. 5, 27, 9f.; 6, 11, 2ff.
[35] nach Athen. 11 p. 506f.
[36] Plato, Menex. p. 237c.
[37] Plato. Hipp. mai. p. 286d sqq. 287e. und p. 281a. Athen. 13 p. 609f. und 5 p. 218c.
[38] Plato. Hipp. min. p. 368b sqq. Philostr. Vitae Sophist. p. 597. Vergl. Fr. h. Gr. 2, 59-63.
[39] Athen. 13 p. 609a.
[40] Pausan. 5, 16, 3. Plin. N. H. 34, 16.
[41] Pausan. 5 und 6 und 10, 22, 5ff. Dio Chrysost. or. Rhod. vol. 1 p. 625 Reiske 15, 3. Plin. N. H. 16, 240. Schol. Iuv. 2, 141 p. 64. Phlegon in den Fr. h. Gr. 3, 604. Strabo 8, 343 und 358. Schol. Ven. Il. 11, 688. Herod. 4, 148. Tzetz. Lycophr. 151. Plin N. H. 4, 14.
[42] Pausan. 5ff.
[43] Schol. Introd. in Pind. Nem. p. 424f. Boeckh.
[44] Pausan. 6, 20, 3. und 5, 16, 2ff.
[45] Bachofen, Gräbersymbolik, S. 221ff. Pausan. 9, 27. 6ff.
[46] Pausan. 5, 13, 4. Clem Alex. ad gentes p. 42. Serv. Aen. 2, 116; 7, 188. Pausan. 8, 54, 4; 3, 3, 6f.
[47] Plin. N. H. 16, 240.
[48] Pausan. 5, 10, 9; 5, 11, 6; 6, 20, 19, 25, 2f.; 10, 28, 7f. Plin. N. H. 16, 12.
[49] Lucian. Muscae encom. 6. Eustath. zu Hom. Il. 21, 394 p. 1243, 21ff.

Cic. de orat. 2, 247. Horapollo. Hierogl. 1, 51. Schol. Pind. Ol. 11, 113. Lucian. 1. c. 10. Auch in der Sage bei Schol. Apollon. Rh. 1, 156. Vergl. Joh. Bapt. Friedreich, Symbolik und Mythologie der Natur, Würzburg 1859, § 309. Pausan. 2, 11, 7. und 6, 23, 3. 24, 1. Schol. Pind. Isthm. 4, 110b.

50 Pausan. 5 und 6. Athen. 8 p. 346b.

51 Plut. Mul. virtut. Micca. Megisto 15 p. 250f sqq. de Is. et Osir. 35; Quaest. Gr. 12; Pausan. 5 und 6 und 10.

52 Strabo 8, 346f.

53 Schol. Pind. Pyth. 4, 104.

54 Plut. Quaest. Gr. 36; Thes. 16, 1ff.; de Is. et Osir. 35.

55 Diodor. 5, 62, 1-63, 3. Macrob. Sat. 1, 12, 25 p. 269 Zeune. Porphyr. de abstin. 2, 20. Athen. 1 p. 34a; 8 p. 350a; 10 p. 442e. Pausan. 5 und 6 und 2, 7, 5f.

Die epizephyrischen Lokrer

1 Polyb. 12, 5, 6ff.

2 Im 2. Band der Scriptorum vett. nova coll., Rom 1827.

3 1829 von Jac. Geel, Polyb. hist. excerpt. Vatic., Lugd. Bat.

4 Hymn. Orph. in Aphrod. 55, 18. 19. Plin. N. H. 3, 74. Strabo 17, 800; 14, 683. Athen. 7 p. 318b sqq. Posidipp. bei Athen. 7 p. 318d [...].

5 Klearch bei Athen. 12 p. 515f sqq. Serv. Aen. 1, 505.

6 Serv. Aen. 1, 505.

7 Über dies ilische Mädchenopfer Tzetz. Cass. 1141 p. 119. 120. Plut. de sera num. vind. 12 bei Hutten 10, 245. Strabo 13, 600 [...]

8 Strabo 9, 425.

9 Vgl. auch Boeckh, Explic. p. 190.

10 Zur Vergleichung erinnere ich an Herakles, der, obwohl Zeus' Sohn, dennoch nach der Mutter Hera genannt ist: Sophocl. Trach. 1105.

11 Paradiso 33, 4f.

12 Strabo 9, 425.

13 Die Zugehörigkeit der Lokrer zu dem lelegischen Stamme wird durch Aristoteles, durch Hesiod, durch Dionys. Halic., Stephan. Byz. Dionys. Calliph., Scymn. Chius 586, Plin. N. H. 4, 27 bezeugt.

14 Diodor. 14, 17, 8. Steph. Byz. s. v.

15 Pausan. 5, 1, 3ff. Apollod. 1, 7, 2. 5. Schol. Apollon. Rh. 4, 57.

16 Vgl. Heyne, Opusc. academ., Göttingen 1787, 2, 49. Welcker, Kleine Schriften, 2, 45 N. 96, 97.

17 Plut. Quaest. Gr. 15. Serv. Aen. 1, 2; 2, 35; 10, 145. Pausan. 8, 23, 6. 7.

18 Strabo 7, 322. Raoul-Rochette, Hist. de l'établissement des colonies greques, Paris 1815, 1, 209. Soldan über Karer und Leleger im Rhein.

Mus. 3, 1835, 115.

19 Pausan. 8, 24, 1ff. und 1, 28, 3. Hygin. fr. 153. Raoul-Rochette a. O. 1, 377 N. 4. Iohann. Lyd. de mensib. c. 4 p. 5 Schow.

20 Odyss. 6, 304-315; 7, 53-77.

21 Eustath. Od. 5, 32 p. 1521, 36. Diodor. 4, 72, 1ff. [...].

22 Apollon. Rh. 4, 990-1227. Orph. Argon. 1284-1344. Apollod. 1, 9, 25, 26. Athen. 1 p. 24b. Tzetz. Lyc. 818 p. 803.

23 Nach Festus p. 122 Müller sind *maior* und *minor* in der frühesten Zeit nur weibliche Beinamen. Entscheidend ist Philostr. Her. 19 p. 737 Olear.

24 Odyss. 7, 56ff.; 10, 5-7.

25 Kleine Schriften 2, 35.

26 Odyss. 7, 190; 6, 259; 8, 252f.

27 Vgl. Strabo, fr. 8 libri 7.

28 Pausan. 5, 27, 9f.; 10, 9, 4.

29 Aristot. fr. 512 R. ap. Schol. Apollon. Rh. 4, 984. Eustath. Hom. Od. 5, 32, p. 1521. 30ff.

30 Odyss. 7, 91.

31 Welcker, Kl. Schriften, 2, 11f. Schol. Pind. Nem. Hypoth. p. 425.

32 Timaios, Fr. h. Gr. 1, 196 fr. 13. Aelian. V. H. 12, 38.

33 Odyss. 7, 323 f. Welcker a. O. 2, 22 und 26.

34 Kl. Schriften 2, 1-79.

35 Odyss. 8, 555-566.

36 Pausan. 2, 3, 9.

37 Odyss. 8, 562. 13, 18-80.

38 Wie dies Numenius bei Porphyr. Antr. nymph. 34 bestimmt hervorhebt.

39 Odyss. 6, 278f.; 8, 28.; 7, 17.

40 Odyss. 8, 372f.; 6, 27f. 64; 8, 438-445. Clem. Alexandr. Protr. p. 15 Potter. Bachofen, Gräbersymbolik, S. 8. und 125.

41 Mit Welcker a. O., 2, 17ff.

42 Odyss. 6, 8. 204. 279.

43 Hesiod. fr. 65-71. 217. 264. 150 Rzach. Pausan. 2, 3, 9.

44 Iustin. 20. 2. 4ff. Tzetz. Lyc. 987.

45 Strabo 13, 601. vergl. auch Tacit. Germ. 40, 2. 3.

46 Polyb. 12, 6b, 8.

47 Pausan. 2, 5, 6.

48 Strabo 1, 22.

49 Nach Korrektur entfallen.

50 Strabo 6, 260. [...]

51 Rich. Chandler. Voyage dans l'Asie Mineure et en Grece etc., trad. de l'anglais..., Paris 1806, 2, 224. Theocr. Id. 7, 138. Hey sch. s. vv. Eustath. Il. 3, 150 p. 396, 1; Od. 4, 48 p. 1481, 51. Tzetz. Chil. 9, 997ff.

52 Phaedrus p. 230a. Plin. N. H. 11, 93.
53 Apollod. 3, 14, 3f. Ovid. Met. 2, 737ff. Tzetz. Cass. 18.
54 Serv. Georg. 1, 447. Tzetz. Cass. 18 p. 304 Müller.
55 Plin. N. H. 11, 92.
56 Zeugnisse bei Creuzer, Symbolik 4^3, 580.
57 Plato, de rep. 521c.
58 Antig. Caryst. Mir. 3.
59 Serv. Ecl. 8, 55. Pausan. 9, 30, 2; 3, 25, 7f. Herod. 1, 23f.
60 Plut. de sera num. vind. 17. Pausan. 9, 30, 4. J. B. Friedreich, Symbolik und Mythologie der Natur, Würzburg 1859, S. 638. Horapoll. 2, 55. [...].
61 Horapoll. 1, 37. Str. 4, 628.
62 Himer. Or. 8. 4 p. 546. Xenoph. Anab. 5, 4, 13. Lucian. Navig. 3. Dies hebt auch Lucian ausdrücklich hervor.
63 Serv. Georg. 1, 447; 3, 328; Aen. 4, 585.
64 Wie sie Xenoph. Sympos. 4, 17. Philochor. fr. 26 und Dicaearch. fr. 86 anmerken.
65 Raoul-Rochette, Monumens inédits d'antiquité figurée etc. 1re partie; cycle héroïque, Paris 1833, p. 251. Über eine Fortsetzung dieser Ideen in der christlichen Symbolik Görres, Christl. Mystik, Regensburg 1837, 2, 223.
66 Bachofen, Gräbersymbolik, S. 32. Cicero, De leg. 2, 36. Isocr. Paneg. 6 p. 59. Apul. Met. 11, 21, p. 270 Bip.
67 G. H. Bode, Orpheus, poetar. Graec. antiquiss., Göttingen 1824, 163. u. a.
68 Vergl. Strabo 17. 816, besonders Philostr. Imag. 1, 7.
69 Statuae 9.
70 Coma Berenices, c. 66, 53.
71 Hesiod. Theog. 379.
72 = Epigrammata Gr. ex lapid. conl. ed. G. Kaibel N° 993. (nach K. Meuli).
73 Vergl. Philostr. Her. 19, 14 p. 325, 20 Kayser und Pind. Ol. 2, 91. CI Gr. 4740. 4758, Philostr. Vita Apollon. 6, 4. Eustath. Il. 1, 427, p. 128, 36ff.
74 Id. 15, 96ff. Plut. Nicias 3, 1ff.
75 Theocr. 15, 132f.
76 Iupp. trag. 42. Vergl. Valer. Max. 7, 3, ext. 2.
77 Philostr. Her. 3, 4 p. 699 Olear. Athen. 15 p. 680b.
78 CIGr. 3, 4721-4763. Letronne, Recueil des inscr. grecques et lat. de l'Egypte, 2, 326. Serv. Aen. 1, 489. Ovid. Met. 13, 622.
79 Philostr. Her. 10. 7 p. 713 Olear.
80 Iamblich. Vita Pythag. 33. 234. Prophyr. Vita Pythag. 59.
81 Sappho fr. 109 D. Maxim. Tyr. 18, 9.
82 Fr. 137. 47. 62. Pausan. 9, 29, 8.

83 Fr. Orph. 36 p. 493 Hermann.

84 Valer. Max. 2, 6, 7 und 2, 6, 12. Mela 2, 18. [...].

85 Pind. Ol. 10. 14 und 11, 19 Pyth. 2, 21.

86 Stob. Floril. 2 p. 104. 139 Meineke. Lucian. de saltat. 15. 16. Bachofen, Gräbersymbolik, 283. 290. Strabo 10, 167.

87 Schol. Aristoph. Nub. 984. Plut. Quaest. conv. 8, 7, 3. Clem. Alex. Strom. 5 p. 661 Potter. Artemid. Onirocr. 3, 49. Anacreont, 32, 12 und 16. Philostr. Imag. 2, 12.

88 Im Phaedrus p. 258d. 259d.

89 Eustath. Il. 3, 150 p. 395, 30-32; Od. 1, 357 p. 1423, 29. Anacreont. 32, 9 und 14 und 17. Plut. Quaest. conv. 8, 7, 3 p. 727e. Eurip. Bacchae 73. Strabo 10, 469. Hymn. Orph. 76, 7 und 24, 12. Vita Apollon. 7, 11. Carelli 115, 116. Creuzer, Symbolik, 4^3, 580. Eurip. Rhes. 938ff. 963-966. Liv. 29, 18, 1ff. Valer. Mac. 1, 1, 1.

90 Schol. Aristoph. Nub. 984.

91 Manil. Astr. 4, 16.

Lesbos

1 Schol. Pind. Nem. 11, 43. Pausan. 10, 24, 1. Strabo 13, 582. Plin. N. H. 5, 139. Plehn. Lesbiaca, 37ff.

2 Strabo 13, 617. Arist. Rhet. 2, 23, 10.

3 Plehn, Lesbiaca 28ff. Plut. Lycurg. 18, 9. Xenoph. Symp. 8, 35f.; de rep. Laced. 2, 13. Aelian. V. H. 3, 10. 12. Müller, Dorier 2, 292ff. Jacobs, Verm. Schriften 3, 215ff. Welcker, Kl. Schriften 2, 95ff.

4 Tzetz. Cass. 212, dazu Bachofen, Gräbersymbolik, S. 36. Plut. Quaest. conv. 3, 2, 1. Clem. Alex. Protr. 3, p. 36 Potter. Pausan. 10, 19, 3. Creuzer, Symbolik und Myth. 3^2, 353ff. Euseb. Praep. Evang. 5, 36, 3. Horat. Carm. 1, 32, 5ff.

5 Vergl. Eustath. zu Dionys. Per. 536.

6 Nicomach. Gerasen. Harmon. man. I. 2 p. 29 Meibom. Herod. 1, 23. Fronto. Arion p. 373. Gell. 16, 19, 3ff. Hygin. fr. 194. Serv. Ecl. 8, 55. Plehn 149-169. Diog. Laert. 8, 1, 2. Plut. Quaest. conv. 4, 5, 3. [...]

7 ap. Athen. 12 p. 524d.; vergl. auch Plutarch. de sera num vind. 12.

8 zu Hom. Od. 24, 230. p. 1960, 15ff. Besondere Beachtung verdient Dio Chrysostom. Or. 14, 19 (Reiske 1, 442.).

9 Herodot. 5, 6. Eustath. zu Dionys. Per 322 p. 151 Bernhardy. Artemid. Onirocr. 1, 8. Valer. Max. 9, 13, ext. 3, [...].

10 Pausan. 9, 30, 5. Conon. Narr. 45. Ovid. Met. 10. 80. Ps. Eratosth. Catast. 24. Hygin. Poet. astr. 2, 7.

11 vgl. Anm. 6.

12 Athen. 13 p. 602e. Plut. de lib. educ. 15. Plato Symp. p. 182b. Bei

Serv. Aen. 4, 215. Welcker, Kl. Schriften 2, 89-95.

13 Plut. Lycurg. 18, 2f.

14 Sympos. p. 211b.

15 Jacobs, Über Männerliebe, in den Vermischten Schriften 3, 212-252ff. Welcker, Kleine Schriften 2, 88ff.

16 Maxim. Tyrius. Diss. 18, 9d. Ovid. Heroid. 15, 15ff. Welcker, Kleine Schr. 2, 116 N. 66. Pausan. 9, 27, 2ff. und die Stellen fr. 132 p. 132 Bergk.[4] Plin. N. H. 36, 25. [...]

17 Sappho fr. 37 D. Hermias in Plat. Phaedr. bei Hermann, Orphica Fr.

18 Sappho passim. Athen. 13 p. 564d.

19 Sappho passim. Plato, Symp. p. 218e sq. Athen. 15 p 687a.

20 Bernhardy, Griech. Literaturgesch. 2, 600.

21 Schol. Apollon. Rh. 4, 57 verglichen mit Serv. Georg. 3, 391. Epigr. de statua Terpandri bei Jacobs, Anthol. 3, 165.

22 Ovid. Met. 11, 52f. testudinis... forma per heredem tantum post fata sonatis. Manil. Astron. 5, 325f. Vgl. Virgil. Georg. 4, 454-527. Sil. Ital. 11, 475ff.

23 Diodor. 3, 67, 2. 4. Schol. Pind. Pyth. 4, 313; 12, 12. 15 p. 421 Boeckh. [...].

24 Sappho passim.

25 Plut. Erot. 17. bei Hutten 12, 39. Eurip. Rhes. 938ff. 963-966. [...]. Pausan. 9, 30, 6.

26 Porphyr. Antr. nymph. 14.

27 Dionys. 24, 231f.

28 fr. 9 Wehrli bei Cic. Tusc. 1, 77; Fr. h. Gr. 2, 265. 266.

29 Erinna, fr. 6, 3 bei Bergk p. 703; Welcker, Kl. Schr. 2, 145ff. Anth. Pal. 7, 12, 4. Plin. N. H. 34, 57.

30 Hymn. Orph. 76, 5-7.

31 Athen. 13 p. 599c.

32 Welcker a. O. 2, 140. [...].

33 Symp. 209e-210a.

34 Peoclus in Plat. Polit. p. 420, 422, ed. Basil. 1534.

35 Plut. Amat. 19 p. 765a. Lucian. Amor. 32. Hymn. Orph. 58, 9f. [...].

36 Longin. de sublim. 10, 1. Sappho fr. 37, 11f. 20. D.

37 Fr. 33. 41. Terent. Maur. 2154.

38 Plato, Symp. 184a.

39 Plato, Phaedr. 244a. 251. 252de. 256c sqq.

40 Plato, Phaedr. 251e.

41 Alcaeus fr. 55.

42 Sappho, fr. 149D.

43 Plato, Symp. 182c.

44 Fr. 137 D.

45 Plato, Phaedr. 251c.

46 Fr. 2, 1ff.

47 Plato, Phaedr. 251de. und Symp. 180b. 187c. 196de. 209b.

48 ingenitis pollens viribus; die von Plut. Quaest. conv. 10 gefeierte lesbische Rätseldichterin Eumetis sprechenden Namens.

49 Plato, Symp. 207c.

50 Fr. 41 und 61 D.

51 Plato, Symp. 203c.

52 Vergl. Fr. 110D.

53 Plato Symp. 203e. und Fr. 137D.

54 Plato Symp. 203d. und Fr. inc. lib. 72. Lobel.

55 Fr. 50D.

56 Plato, Phaedr. 117d. Sappho fr. 109D.

57 Plato, Phaedr. 244ab. Plut. Amat. 18. bei Hutten 12 p. 45.

58 Timaeus Locr. de anima mundi 17.

59 Plato, Symp. p. 207a.

60 Consul. ad uxor. 10 611de bei Hutten 10 p. 397.

61 Welcker, Kl. Schr. 2, 105-110.

62 Herod. 1, 23. Plut. de mus. 3. Strabo 13, 618. Hygin. Poet. astr. 2, 7 p. 440 Staveren. Pausan. 5, 14, 8. Sappho fr. 103D. Aristot. Polit. 8, 7, 15. Athen. 14 p. 625d. Philostr. Imag. 2, 1. Plut. Erot. 13. Plato, Symp. 180c sqq. Virgil. Aen. 1, 664. Hymn. Orph. 55, 7. Pausan. 1, 29, 2. Philostr. Vita Apollon. 1, 30. Sappho, passim. [...].

63 Catull. 62, 39ff. Fr. 80. 102. 116. 117D. 146B.

64 Athen. 13 p. 591a.

65 Plato, Symp. 195b 197d und Fr. 108.D.

66 Strabo 13, 617. Horat. Carm. 4, 9, 7f.

67 Demetr. de eloc. 166. Fr. 120.D. Catull. 62, 20ff. Demetr. de eloc. 141.

68 Theocrit. Id. 2, 38f.

69 Fr. 4. 5. 88. 94.D.

70 Hymn. Orph. 38, 2. Palaephat. 48.

71 Fr. adesp. 1. D.

72 Eustath. Hom. Il. 18, 570 p. 1164, 12. Plut. Conviv. sept. sap., 14. [...].

73 Fr. 6. 102. 131. 134.D. inc. lib. 81 Lobel

74 K. O. Müller, Griech. Literaturgesch. 1, 312-316. Plehn. Lesbiaca 175-196. Welcker, Kl. Schr. 2, 135-138. 105-110.

75 Plato, Symp. 202b-204c. Plut. Is et Osir. 57.

76 Fr. 46.D. und Athen. 15 p. 687a.

77 Vergl. Schol. Apollon. Rh. 1, 489. Serv. Ecl. 6, 42.

78 Lucian. Dial. meretr. 5, 2. Plehn, Lesbiaca 122ff. Welcker, Kl. Schr., 2, 86 N. 14.

79 Athen. 14 p. 624 und 1 p. 29bc.

80 13 p. 610b.

1 Platons Leben und Schriften, Leipzig 1816, S. 312 N. 2.
2 Aristides, Or. Platon. 46t. 2 p. 127 Jebb. [...].
3 Plato, Sympos. 201 d.
4 206b. ebd.
5 Plato. Menexen. 236b.
6 Strabo 13, 608.
7 Serv. Aen. 1, 273; Georg. 3, 35. Dionys. Hal. Antiqu. 1, 62, 2. Apollod. 3, 12, 2.
8 Pausan. 8, 6, 5. und 8. 9. 3.
9 Manil. Astron. 1, 798. [...].
10 Virg. Aen. 1, 664.
11 Plato, Symp. 203c.
12 Fr. 74. 132. Vgl. auch Maxim. Tyr. 18, 9.
13 Plin. N. H. 36, 25.
14 Beim Schol. zu Apollon. Rh. 1, 917.
15 Strabo 10, 472.
16 Vergl. Pausan. 9, 25, 5; 2, 22, 2.
17 Pausan. 8, 10, 1 und 2. Lobeck. Aglaophamus 548. Hermann, Orphica p. 492.
18 Schol. Apollon. Rh. 1. 917. Serv. Aen. 3, 12. Varro L. L. 5, 58.
19 Pausan. 8, 9, 2ff. und 8, 12. Vergl. Plin. N. H. 28, 39. Herod. 2, 49-51. Bachofen, Gräbersymbolik, 142, 2; 153, 4.
20 Herod. 6, 137; 5, 26. Strabo 9, 401. Pind. fr. 265. Bowra.
21 Io. Lydus de mensib. p. 82 Schow.
22 Pausan. 1, 4, 6; 8, 24, 2ff. Schol. Apollon. Rh. 1, 916. Apollod. 3, 10, 1. 12, 1. Dionys. Hal. 1, 61, 1.ff. Strabo 7, 331 fr. 50. 51. Serv. Aen. 1, 380; 2, 166. 325; 3, 12, 148; 8, 285. Diodor. 5, 48, 2f. Clemens Alex. Protr. p. 12 Potter.
23 Pausan. 2, 14, 4; 8, 1, 4; 2, 22, 1f. Apollod. 3, 8, 1.
24 Hesiod. Theog. 963ff. Diodor. 5, 49, 1ff. Schol. Theocr. Id. 3, 50. [...]
25 Bei Clemens Alex. Strom. 5, 724, 11 P. Dionys. Hal. 1, 62, 1.
26 Hymn. Orph. 42, 9.
27 Fr. Wilh. Wagner, Poetarum trag. graec. fragm. vol. 2, Breslau 1844, fr. p. 156. Jacobs, Vermischte Schriften 5, 607.
28 Porphyr. Vita Pythag. 16. Welcker, Griech. Tragöd. 685.
29 Plutarch, Quaest. Rom. 52; Quaest. Gr. 5. Arist. fr. 592R.
30 Pausan. 8, 5, 5. 10, 1ff. 37, 9. Schol. Pind. Ol. 11. 10, 72, 83 p. 252 Boeckh.
31 Pausan. 8, 5, 5. 10, 1f.
32 Vergl. Plut. plac. philos. 2, 13. Hymn. Orph. 38, 2; 3, 8. Schol. Aristoph. Pax 277. Diodor. 5, 49, 6. Schol. Apollon. Rh. 1, 917. Cic.

N. D. 3, 37. Hymn. Orph. 38, 4f. Clem. Alex. Protr. p. 8. [...].
33 Orph. fr. 245. Euseb. Praep. evang. 13, 12, 5. Iustin. martyr. bei Hermann, Orphica p. 447. Lobeck, Aglaoph. p. 438-443. Plato, R. P. 364e.
34 Euseb. praep. Evang. 3, 16, 4.
35 Bei Clem. Alexandr. Strom. 1 p. 361 Potter.
36 Vergl. Cyrill. c. Iulian. 4 p. 134 ed. Lips. Didymus ap. Clem. Alexandr. Strom. 1 p. 366.
37 Hygin. fr. 274, 10.
38 Herod. 2, 171.
39 Pausan. 9, 25, 7f.
40 Dionys. Hal. Antiqu. 1, 68, 3. Phot. Lex. p. 268.
41 Pausan. 4, 1, 5f. 4, 2, 4. und 4, 26, 7.
42 Boeckh im CIGr. 1, 539 p. 486. Pausan. 4, 20, 4. 26, 7. Vergl. 9, 31, 5f.
43 Arnob. 5, 25. Pausan. 1, 39, 1. Apollod. 1, 5, 1.
44 Met. 11, 27. p. 276 Bip.
45 Hymn. Orph. 79, 9; 52, 4; 54, 10.
46 Plut. Quaest. conv. 2, 3, 1. Aristoph. Ranae 330. Tzetz. Cass. 1328. Bachofen, Gräbersymbolik, 1859. S. 25. 26. 65. 87. Hymn. Orph. 24, 10.
47 Liv. 39, 13, 8. [...].
48 Demosth. pro corona, or. 18, 259, p. 313.
49 Plut. Quaest. Gr. 12.
50 Plut. Is. et Osir. 35. Pausan. 10, 6, 4. CIGr. N° 432. 435. Dio Cass. 69, 11, 1. Spartian. Hadr. 13, 1. [...].
51 Charta papyracea Graece scripta Musei Borgiani Velitris, Romae 1788, 4° p. 77ff.
52 Lucian. Lexiph. 10.
53 Vergl. CIGr. 1436. 1440. 1446. [...].
54 wie auch auf einer amyklaeischen Inschrift und auf einem von Chandler zu Elensis gefundenen Titel.
55 CIGr. 1207. 124. 1193;
56 Marini Vita Procli 28.
57 Raoul-Rochette, Notice sur deux vases d'argent provenant du dépôt de Bernay du Cabinett des Antiques, Paris 1838.
58 Lenormant, Trésor de numismatique, Gal. mythol. p. 146.
59 Schol. Theocrit. Id. 4, 25.
60 Raoul-Rochette, Troisième mém. d'antiqués chrétiennes, 1838, pl. 3, 1 [...].
61 Vergl. Porphyr. de abstin. 2, 16.
62 Pausan. 5, 1, 1f; 8, 4, 1. Plut. Quaest. Rom. 76.
63 Porphyr. de abstin. 2, 16.
64 Plut. de mus. 32. Luc. de saltat. 7ff. Strabo 10, 467. 468. Timaeus Locr. de anim. 17.
65 Über spätere Philosophinnen aus Mantinea, besonders Lastheneia,

Clem. Alexandr. Strom. 4. Diogen. Laert. 3, 46; 4, 2. [...].

66 Herod. 6, 134. Serv. Aen. 3, 701.

67 Porphyr. de abstin. 2, 18.

68 E. Röth, Geschichte unserer abendländ. Philosophie, Mannheim 1858.

Der Pythagorismus und die spätern Systeme

1 Marini Vita Procli 26. 27. Eudocia, Violar. p. 318. Damasc. de princip. 380.

2 Röth, 2, 629-632.

3 Plut. de sera num. vind. 28 bei Hutten 10, 273. Pausan. 2, 24, 1. Serv. Aen. 3, 108.

4 Porph. Vita Pyth., 48. Pausan. 8, 26, 2; 3, 13, 7. Philostr. Vita Apoll. 4, 16. Emile Egger, De quelques textes inédits récemment trouvés sur des papyrus grecs etc., Paris 1857, p. 13.

5 Stob. Ecl. phys. 1, 26, 4 p. 540; 1, 16, 7 p. 360. [...].

6 Bachofen, Gräbersymbolik, S. 247 N. 1.

7 Hymn. Orph. 30, 2. 5; 52; 53, 4. Philostr. Her. 11 p. 720 Olearius. Porphyr. de abst. 2, 60.

8 Hymn. Orph. in Dionys. Bassar. triet. 45, 5. 6. Röth 2, 711 ff. 691.

9 Mullach zu Hierocles, Berlin 1853, introd. p. 19.

10 Lucian. Imag. 18; Erotes 30; Eunuch. 7 p. 207 Bipont. Procl. in Plat. Polit. p. 420 ed Basil. 1534.

11 Iambl. 139 Philostr. Her. 19, 2 p. 730 Olear. Stob. Ecl. phys. 1. p. 279. 281. Porphyr. de antro nymph. 29. 31.

12 Porph. Vita Pyth. 59. Iambl. Vita Pyth. 33, 234.

13 Marini Vita Procli 33. Suid.

14 Porph. Plut. Numa 14, 7.

15 Iambl. 21, 100; 28, 155. Diogen. Laert. 8, 1, 19ff.

16 Bachofen, Gräbersymbolik, Taf. 4. Philostr. Imag. 2, 5.

17 Iambl. 28, 153. 156. Stob. Ecl. phys. 1 p. 358 Heeren. [...].

18 Porphyr. de antro nymph. 3 in fine. Diogen. Laert. Pythag. 8, 1, 27. Plut. Pyrrh. 3, 7ff. Plin. N. H. 7, 20. [...].

19 Marini Vita Procli 22.

20 Procl. in Tim. 1.

21 Ecphant. 1. c. Procl. in Tim. p. 1. 2. 3. 16B passim. Tim. Locr. de an. mundi 1.

22 De myster. 5, 14 p. 217 Parthey; vergl. 3, 28; 5, 13.

23 Aristot. Metaph. 1, 8, 23-27. Iambl. Vita Pyth. 32, 218.

24 Boeckh, Philolaos S. 42. 151.

25 Chaeremo bei Porph. de abst. 4, 8. Iambl. 25, 112. Tim. Locr. de anima mundi 11. Plato, de rep. 530a. Aristot. Metaph. 12, 8, 8. Lucian. Astrol. 10.

[26] Marini Vita Procli 22. Stob. Ecl. phys. 1, 22, 1 p.491., Porph. Vita Pyth. 47. Aristot. Metaph. 1, 6, 6. Boeckh, Philolaos S. 42. Karer erste Sternbeobachter und Astromanten, Clem. Alex. Strom. 1 p.361 P. Euseb. Praep. Ev. 10, 6, 2.
[27] Hymn. Orph. 1, 2; 3, 2. Boeckh, Philolaos S. 167ff.
[28] Iambl. Porph. 4. 57. Diogen. Laert. 8, 1, 40.
[29] Procl. Tim. p.14a.
[30] Iambl. 35, 264. Porph. 57. Diogen. Laert. 8, 1, 40.
[31] Hymn. Orph. 76, 1, 7.
[32] Hermann, Orph. fr. 28, 15.
[33] Philostr. Her. 19, 17 p.747 Olear.
[34] Herod. 2, 81. Plut. Quaest. conv. 2, 3, 1.
[35] Diogen. Laert. 8, 1, 37. 38. Athen. 4 p. 161a sqq.
[36] Porph. Vita Pyth. 53 [...].
[37] Porphyr. antr. 4. Iambl. 28, 139. 18, 86; 30, 174; 27, 130; 7, 33. Valer Max. 8, 7, ext. 3. Aristot. Polit. 2, 9, 5.
[38] Porph. antr. 17. Porph. Vita Pyth., 29.
[39] Iambl. 28, 134. Aelian. V. H. 2, 26.
[40] Stob. Ecl. phys. 1 p.292. Porph. Epist. 32; de antro 10. 11. Bachofen, Gräbersymbolik, 321, 3. Iambl. 28, 153.
[41] Porph. Vita Pyth., 25.
[42] Athenag. suppl. pro Christ., 18 p.18 Gale. Valer. Max. 4, 1, ext. 7; 8, 7, ext. 2. Bachofen, Gräbersymbolik, S. 320.
[43] Iambl. 28, 153.
[44] Heliodor. Aethiop. 3, 14, 3.
[45] Philostr. Vita Apoll. 1, 32; 8, 7, 6. Athen. 4 p.163e.
[46] Pausan. 5, 22, 3.
[47] Apollon. Rh. 2, 709ff. Philostr. Vita Apoll. 3, 15. Philostr. Her. 6 p.705 Olear. Plut. Thes. 5, 1ff. [...].
[48] Iambl. 13, 61. Porph. Vita Pyth. 24. Soph. Trach. 13f. Philostr. iun Imag. 5. Nonn. Dion. 11, 156-164. Streber über den Stier mit dem Menschengesicht, Abh. d. Münchener Akad. 1, 1835, 527ff.
[49] Iambl. 19, 92; 28, 135. 140. Porph. a. O. 28.
[50] Porph. 16.
[51] Aristid. Panathen. t. 1 p.189. Tacit. Ann. 2, 54, 2. Plut. Lucull. 13, 2.
[52] De nat deor. 1, 119.
[53] Philostr. Her. 17. p.725 Olear. Vita Apoll. 1, 1. Diogen. Laert. 8, 1, 4. Ovid. Met. 15, 160ff.
[54] Plut. Quaest. conv. 8, 7, 1; 8, 8, 2. Iambl. 27, 127. Porph. Vita Pyth. 2. 10. Marinus, Vita Procli 15. Röth, 2, 264-266. Iambl. 28, 151; 30, 173. Artemid. ap. Strabon. 4, 198.
[55] Iambl. 28, 146. Pausan. 9, 30, 9ff.
[56] Herod. 7, 6. Clem. Alex. Strom. 1 p.397; 6 p.745 Potter [...].

57 Diogen. Laert. 8, 1, 14. Porph. 22.
58 Plut. Agis. 7, 4. Schol. Aristoph. Lysistr. 1237: Kleitagora.
59 Iambl. 36, 267.
60 Lasthenia von Mantinea und Axiothea von Phlius; Clemens Alex. Strom. 4 p. 619. Diog. Laert. 3, 46; 4, 1, 2. [...].
61 Stob. Flor. 3, 65, 31 Meineke.
62 Schol. Apollon. Rh. 4, 1310. Iambl. 8, 39.
63 Im Sympos. 189d sqq.
64 Chil. 10, 797f.
65 E. v. Voorthuysen, De Platonis doctrina de communione bonorum, mulierum et liberorum in libris de republica proposita. Trajecti ad Thenum 1850, Hildenbrand, Geschichte und Systeme der Rechts- und Staatsphilosophie, 1860, S. 131ff. 209.
66 in Polit. p. 420 ed. Basil. 1534.
67 Vergl. Clem. Alex. Strom. p. 754. 755 Potter.
68 Plato, Tim. p. 18c. Procl. im Tim. 1. 46. 1ff. Diehl. Plut. Cleomen. 39. 1.
69 Philargyr. ad Virg. Georg. 4, 219, Diog. Laert. 7, 5, 175; 10, 4.
70 De rep. Laced. 3, 4.
71 Vergl. o. S. 249f. Aristot. Polit. 1, 5. [...].
72 Aristot. Polit. 2, 6, 5ff.
73 Paus. 3, 14, 5.
74 Appian. de bello civ. 4, 135-146. Valer. Max. 8, 3, 3; vergl. 9, 2, 1. Quintil. Inst. orat. 1, 1, 6.
75 Plut. Quaest. Rom. 56. Virg. Aen. 8, 336. Valer. Max. 4, 4 pr.; 2, 1, 2. 5; 5, 2, 1; 9, 12, 2.
76 Les six livres de la république 1. 6 ch. 5, Paris, 1580, chez Dupuis, p. 735ff.
77 Antisthenes der Kyniker und Zenon wie Chrysipp, die Häupter der ganz physisch-materialistischen Stoa, lehren Weibergemeinschaft Diogen. Laert. 6, 2, 72. 7, 1, 4; 1, 33. Luciani Cynicus. Vergl. Diodor 2, 55, 2 bis 60 über Iambulos' Staatsroman.
78 Iren. adv. haeres. 1, 25, 6. Euseb. Hist. eccles. 4, 7, 9.
79 Rochet d' Héricourt, Second voyage ..., 1846, p. 227. 241.
80 Bei Philostrat. Vita Apollon. 1, 15. 32; 3, 33, 34.
81 Clem. Alex. Strom. Fr. Münter, Versuch über die kirchl. Altertümer der Gnostiker, Anspach 1790.
82 Euseb. Hist. eccl. 4, 7, 11.
83 Theodoret. Haeret. fab. 1, 6; 5, 20, 27. Clem. Alex. Strom.
84 Porphyr. de abst. 3, 10.
85 Cod. Iustin. 1, 5, 21, 1. Theodoret. Haeret. fab. 1, 13 in fine.
86 Clem. Alex. Strom.
87 Pausan. 5, 17, 6. [...].
88 Fuldner, De Carpocratianis 212. Gesenius 9.

[89] Epiphan. Haer. 27, 6, 8. Iren adv. haeres. 1, 25, 6.
[90] Clem. Alex. Strom. [...].
[91] Histoire critique du gnosticisme, Paris 1828, 2, 204.
[92] Epiphan. haer. 33, 7, 10. [...].
[93] Athen. 1 p. 14d.
[94] Iambl. Vita Pyth. 22, 101. verglichen mit 32, 218, 219. Ecphantus ap. Strob. Flor. 2 p. 248. 266 Meineke.
[95] Geschichte der pythagorischen Philosophie, Hamburg 1826, S. 56.
[96] Iambl. a. O. 69f.; 33, 229f.
[97] Clem. Alex. Strom. Epiphan. und Theodoret. Haeret. fab. 1, 5.
[98] Bei Tertull. adv. Hermog. 8; de anima 23.
[99] Plato, de rep. 461de.
[100] Plato a. O., 466cd.
[101] Hammer a. O. 63. 71 et passim. Offenb. Ioh. 22, 15.
[102] Euseb. praep. Evang. 1, 9, 24 p. 21; 10, 1 p. 22ff.; 2, 1, 1 p. 29ff. Diodor. 1, 16, 2. 27, 1ff. Iamblich. de myster. 1, 1.
[103] Euseb. praep. Evang. 2, 1, 4 p. 29ff.; 1, 10, 16ff. p. 23.
[104] Schol. Theocrit. Syr. p. 974 Kießling.
[105] In dem 6. Bande der Fundgruben des Orients, Wien 1818 (Mysterium Baphometis revelatum p. 1-120; Gegenrede wider die Einrede der Verteidiger der Templer p. 445-449).
[106] Observations sur une pratique superstitieuse attribuée aux Druses du Liban, Journal asiatique, 1re série t. 10, 1827, p. 321-351. Lajard, Culte de Vénus. Silvestre de Sacy zu Sainte-Croix, Mystères.
[107] Aristot. Metaph. 1, 8, 26.
[108] Tzetz. Lyc. 111 p. 388f. Müller.
[109] Vergl. Valer. Max. 7, 7, 3. 4.
[110] Vergl. CIGr. 1436. 1440. 1446. Aristot. Polit. 2, 6, 13. [...].
[111] Schol. Aristoph. Aves 1535. Diod. 3, 55-58. Procl. in Tim. p. 15C [...].
[112] Ecphantus bei Stob. Flor. 2 p. 266, 20.
[113] Tertull. Apolog. 39, 8. 9.
[114] Michelet, La femme, Paris 1860, p. 240ff. E. de Girardin, La liberté dans le mariage par l'égalité des enfants devant la mère, Paris 1854, p. 7ff.

Inhaltsverzeichnis von stw 136 ›Materialien zu Bachofens *Das Mutterrecht*‹ Herausgegeben von H.-J. Heinrichs

Johann Jakob Bachofens
Gesammelte Werke

Mit Benützung des Nachlasses unter Mitwirkung zahlreicher Fachgelehrter herausgegeben von KARL MEULI †. – 10 Bände.

Bisher erschienen:

Band I: Antrittsrede. Politische Betrachtungen über das Staatsleben des römischen Volkes. Beiträge zur Geschichte der Römer. Politische Aufsätze zur Zeitgeschichte.
Herausgegeben von Max Burckhardt, Matthias Gelzer, Gustav Meyer, August Simonius, Peter Von der Mühll.
524 Seiten mit 2 Tafeln. Leinen DM 32.–*, Halbleder DM 40.–.

Bände II/III: Das Mutterrecht.
Mit Unterstützung von Harald Fuchs, Gustav Meyer und Karl Schefold herausgegeben von Karl Meuli.
1178 Seiten mit 9 Tafeln. Leinen DM 76.–*, Halbleder DM 90.–.

Band IV: Versuch über die Gräbersymbolik der Alten.
In Verbindung mit Harald Fuchs und Karl Meuli herausgegeben von Ernst Howald.
604 Seiten mit 12 Tafeln. Leinen DM 38.–*, Halbleder DM 45.–.

Band VI: Die Sage von Tanaquil.
Herausgegeben von Emanuel Kienzle.
498 Seiten mit 3 Tafeln. Leinen DM 38.–*, Halbleder DM 45.–.

Band VII: Die Unsterblichkeitslehre der orphischen Theologie. Römische Grablampen.
In Verbindung mit José Dörig und Harald Fuchs herausgegeben von Emanuel Kienzle, Karl Meuli und Karl Schefold.
550 Seiten mit 75 Tafeln. Leinen DM 38.–*, Halbleder DM 45.–.

Band VIII: Antiquarische Briefe.
In Verbindung mit Harald Fuchs und Karl Meuli herausgegeben von Johannes Dörmann und Walter Strasser. Mit einem Beitrag von Herman Lommel.
651 Seiten mit 5 Tafeln. Leinen DM 45.–*, Halbleder DM 52.–.

Band X: Briefe.
In Verbindung mit Harald Fuchs, Karl Meuli und Peter Von der Mühll herausgegeben von Fritz Husner.
630 Seiten mit 10 Tafeln. Leinen DM 55.–*, Halbleder DM 62.–.

Bände V und IX: In Vorbereitung.

* Leinenbände können auch einzeln bezogen werden. Mehrpreis DM 5.– pro Band.

Schwabe & Co · Verlag · Basel/Stuttgart

Bernhard Groethuysen
Die Entstehung der bürgerlichen Welt- und Lebensanschauung in Frankreich

Band 1: Das Bürgertum und die katholische Weltanschauung
Band 2: Die Soziallehren der katholischen Kirche und das Bürgertum
stw 256. 368 und 320 Seiten

Groethuysens ausgreifendes Unternehmen ist als Untersuchung der Entstehung einer spezifisch bürgerlichen Sensibilität, einer Welt- und Lebensanschauung zumal, konzipiert, wie sie sich im Frankreich des 17. und 18. Jahrhunderts herauszubilden begann. Die Arbeit erschien zuerst in den Jahren 1927 und 1930. Sie reiht sich der Intention nach den Studien von Dilthey und Simmel zur Entstehung des »modernen« Geistes an, greift aber tiefer ins soziale Gestein der Epoche, so daß sie einerseits mit Franz Borkenaus materialistischer Ideologiegeschichtsschreibung (*Vom feudalen zum bürgerlichen Weltbild*), andererseits mit Norbert Elias' historisch-soziologischen Analysen (*Über den Prozeß der Zivilisation*) verglichen werden kann.
Groethuysens Werk ist also eine »geistesgeschichtliche« Untersuchung besonderer Art. Es thematisiert nicht die großen philosophischen Lehren, die eine reflektierte Form bürgerlicher Ideologie zum Ausdruck bringen, sondern gerade die alltäglichen und anonymen, sozusagen vorreflexiven Gestalten bürgerlichen Denkens und Handelns. Der Autor geht in phänomenologischer Manier aus »vom Leben selbst«, von den Selbstverständlichkeiten des bürgerlichen Lebenszusammenhangs, der sich im 17. und 18. Jahrhundert allmählich von den religiösen Bindungen des Katholizismus emanzipierte. Man kann sagen, daß es sich hier wie bei Walter Benjamins Trauerspielbuch um eine Art »anonyme Geistesgeschichte« des Bürgertums insofern handelt, als nicht seine »anerkannten« Ideologen, sondern seine »populären« Vertreter zu Wort kommen.
Anhand zahlreicher Quellen – etwa von Predigten und pädagogischen Abhandlungen – zeigt Groethuysen, wie sich die Einstellungen des Bürgers sukzessive profanisieren, wie sich seine Anschauungen über Gott, Tod und Sünde, über reich und arm immer mehr von den kirchlichen Lehren lösen und zu einer eigenen Physiognomie in Lebens- und

Weltanschauung führen: »So bildet sich das bürgerliche Klassenbewußtsein. Der neue Wirtschaftstyp, wie er sich in den alten Lebensformen nicht entwickeln konnte, erhält seine geistige Bedeutung und Umgrenzung; er wird zu dem Vertreter einer besonderen, in sich charakterisierten und immer wieder im Gegensatz zu anderen, religiös bedingten Vorstellungsweisen erlebten Einstellung gegenüber Welt und Leben, einer selbständigen bürgerlichen Ideologie, für deren Gestaltung und Ausbildung das Verhältnis des Bürgertums zur Kirche von entscheidender Bedeutung gewesen ist.« Der vielzitierte und -gelästerte Typus des Bourgeois wird von Groethuysen »urgeschichtlich« (Benjamin) bzw. »archäologisch« (Foucault) erforscht.

Bernhard Groethuysen wurde 1880 in Berlin geboren. Er studierte Philosophie, Psychologie, Kunstgeschichte und Wirtschaftspolitik. Unter dem Einfluß Simmels und Diltheys stehend (dessen Gesamtwerk er mitherausgab), beschäftigte er sich gleichermaßen mit psychologischen, anthropologischen und historischen Fragen. In den zwanziger Jahren pendelte er zwischen Paris, wo er im Kreis des Verlags Gallimard die Funktion eines intellektuellen Mentors ausübte, und Berlin, wo er als Privatdozent lehrte, hin und her. Im Jahre 1933 legte er aus Protest gegen die Nationalsozialisten seinen Berliner Lehrauftrag nieder und blieb in Frankreich, wo er fortan als freier Schriftsteller lebte. Er starb 1946 in Luxemburg. Werke: *Das Mitgefühl* (1904); *Philosophische Anthropologie* (1931); *J.-J. Rousseau* (1949); *Philosophie der Französischen Revolution* (1956).

Alphabetisches Verzeichnis der suhrkamp taschenbücher wissenschaft